中共三门峡市委
三门峡市人民政府 主办

2016

（总第十六卷）

SANMENXIA YEARBOOK

三门峡年鉴

中共三门峡市委党史地方史志办公室 编

“史志崤函”微信二维码

方志出版社
Publishing House of Local Records

图书在版编目(CIP)数据

三门峡年鉴. 2016 / 中共三门峡市委党史地方史志办公室编. --北京：方志出版社，2016.12
ISBN 978-7-5144-2245-0

Ⅰ. ①三… Ⅱ. ①中… Ⅲ. ①三门峡—2016—年鉴
Ⅳ. ①Z526.13

中国版本图书馆 CIP 数据核字(2016)第 302304 号

三门峡年鉴(2016)

编　　者：中共三门峡市委党史地方史志办公室
责任编辑：宁　芳
出 版 人：冀祥德
出 版 者：方志出版社
地址　北京市朝阳区潘家园东里 9 号（国家方志馆 4 层）
邮编　100021
网址　http：//www.fzph.org
发　　行：方志出版社发行中心
电话（010）67110500
经　　销：各地新华书店
印　　刷：洛阳市森美印刷有限公司
开　　本：889×1194　1/16
印　　张：22
字　　数：910 千字
版　　次：2016 年 12 月第 1 版　2016 年 12 月第 1 次印刷
印　　数：0001~1500 册

ISBN 978-7-5144-2245-0　定价：268.00 元

编 辑 说 明

一、《三门峡年鉴》是中共三门峡市委、三门峡市人民政府主办的具有公报性、资料性、综合性、权威性、文献性的大型年刊，创刊于2001年。其宗旨是向三门峡市、河南省乃至国内外，全面、系统、翔实地介绍三门峡市上一年度政治、经济、文化和社会发展各方面的基本情况，为各级领导科学决策服务，为社会各界了解三门峡、研究三门峡、发展三门峡服务，并为续修《三门峡市志》积累资料。

二、《三门峡年鉴》由中共三门峡市委党史地方史志办公室组织编纂，各县(市、区)、市直各单位和各企事业单位、驻三门峡部队等供稿。

三、《三门峡年鉴(2016)》以邓小平理论、“三个代表”重要思想、科学发展观为指导，深入贯彻落实中共十八大、十八届三中、四中、五中、六中全会精神和习近平总书记系列重要讲话精神，运用辩证唯物主义和历史唯物主义的立场、观点、方法，全面记述三门峡市2015年度国民经济和社会发展的基本情况和变化，为推动三门峡经济社会转型发展、提前全面建成小康社会服务。

四、《三门峡年鉴 (2016)》记载时限从2015年1月1日起至12月31日止(除个别内容外)。年鉴采取分类编辑法，设类目、分目、条目3个层次。本卷共设29个类目：特载、大事记、三门峡概貌、政党、政权·政协、群众团体、人民武装、法治、农业、工业、城乡建设·环境保护、交通运输、信息产业、经济协作与开发、商贸·市场、旅游业、财政·税务、银行·保险·证券、黄河三门峡水利枢纽工程、经济综合管理、科技、教育、文化、卫生·体育、精神文明创建活动、社会生活、县(市、区)概貌、人物、附录。

五、为突出时代特点，增加年鉴可读性，公益彩页部分照片采用2016年照片。

六、为查阅方便，主体内容后编排有索引，中文目录之后编排英文目录。

七、《三门峡年鉴》所用统计数据，均经各供稿单位审核。统计资料由市统计局提供。

八、《三门峡年鉴》的编辑出版得到了三门峡市各级领导的关心和各县(市、区)、各部门、各单位的大力支持与协助，谨此致谢。

SANMENXIA YEARBOOK

《三门峡年鉴》编纂委员会

《三门峡年鉴》编辑部

《三门峡年鉴(2016)》供稿员名单

陈　静	李韶林	王笑雨	高军政	焦晓君	韩　霞
王惠娟	闫江艳	张怡杰	赵玉丽	侯俊晓	王　静
王聪敏	周了明	寇晓辉	卫安均	蒋　倩	王晓晖
贠益峰	赵经纬	陈天栋	晁媛媛	薛　丹	李彦城
孙世伟	宋　文	李　华	席　荣	季　鑫	康　彦
何宇鹏	卫彦康	赵小静	屈超峰	李　龙	段　晶
焦新祥	范晓林	李淇淇	陈　莹	刁冬冬	李卫国
李　猛	郭　英	田金管	尤　洋	刘　青	王改凤
顾春晖	王建锋	茹志琼	周应平	王欧阳	王　通
王玲玲	王　莹	李春雷	岳　格	杨世理	王万宝
刘一虹	侯金成	杨俊峰	杨玉莉	李　飞	刘丹青
苏鹏飞	姚宗华	陈黎明	马慧娟	周贯红	靳晓燕
张新成	曹东静	丁　涛	王象炜	李晓培	祐　峰
周玉乐	李书坡	宁宝宝	王鹏松	石安娜	周　颖
韩文鸽	王　毅	李建平	侯文凯	李坤昂	王　丽
李少民	王向红	孙秋亮	王　萌	何干国	李晓宇
石莉蓉	龚　震	段红涛	水燕妮	王　泊	张　玫
马建华	朱春江	李　娜	宋粉霞	刘瑞莉	潘　飞
董江辉	范艳红	孙淑兰	杨　洁	张宗敏	赵汉卿
武云景	卫　丹	周付民	赵志娜	马海英	李　婧
裴泽涛	阴岩峰	王小萌	何雪峰	王　燕	王　瑜
薛珺晓	冯　燕	张文青	张　睿	金小燕	李国宣
范艳龙	王群旺	卢丽娜	刘媛媛	赵慧利	马红丽
史书现	张丽敏	张素娥	薛欣欣	赵　阳	常琳静
王欢欢					

SANMENXIA YEARBOOK

目 录

特 载

大事记

三门峡概貌

政 党

·中国共产党三门峡市委员会·

组织工作

宣传思想文化工作

统战工作

政策研究工作

党史地方史志工作

档案工作

政权·政协

人民武装

法 治

农 业

工　业

城乡建设·环境保护

交通运输

信息产业

经济协作与开发

商贸·市场

旅游业

财政·税务

银行·保险·证券

经济综合管理

科 技

教 育

文 化

卫生 · 体育

精神文明创建活动

社会生活

县(市、区)概貌

人　物

附　录

CONTENTS

PEOPLE´S ARMED FORCES

RULE OF LAW

AGRICULTURE

INDUSTRY

URBAN CONSTRUCTION AND ENVIRONMENTAL PROTECTION

TRANSPORTATION AND POSTAL SERVICE

INFORMATION INDUSTRY

ECONOMIC COOPERATION AND EXPLOITATION

COMMERCIAL TRADE AND MARKET

TOURIST INDUSTRY

FINANCE AND TAX

BANKING, INSURANCE AND SECURITIES

SANMENXIA KEY WATER CONTROL PROJECT OF YELLOW RIVER

ECONOMIC COMPREHENSIVE ADMINISTRATION

SCIENCE AND TECHNOLOGY

EDUCATION

CULTURE

HYGIENE AND SPORTS

ACTIVITIES IN SPIRITUAL CIVILIZATION CONSTRUCTION IMPROVEMENT

SOCIAL LIFE

SURVEY OF COUNTY(CITY) DISTRICT

FIGURES

APPENDIX

INDEX

预祝首届中国（三门峡）
白天鹅·野生动物国际摄影大展
圆满成功！
首届中国（三门峡）白天鹅·野生动物国际摄影大展
The Launching Ceremony for the First China (Sanmenxia) White Swan Wildlife International Photography Festival
启动仪式
Launching Ceremony

启动
Launching

野生动物国际摄影
(Sanmenxia) White Swan Wildlife International Photograph
动仪式

中国（三门峡）白天鹅·野生动物国际摄影大展

白天鹅篇

冬日劲舞 （郭安民/摄）

飞翔在田野上 （张东南/摄）

夕阳无限好 （任民良/摄）

天外来客 （马世民/摄）

湖上天使 （张天理/摄）

中国（三门峡）白天鹅·野生动物国际摄影大展

野生动物篇

刘孝良/摄

王新妹/摄

陈　俨/摄

苗秋闹/摄

加快改革开放　深化区域合作

◎2015年，三门峡市按照"开放提升、优化结构、转型发展"的思路，以传统产业高端化和新型产业规模化为重点，以引进行业龙头企业和重大战略合作项目为支撑，积极扩大开放领域，完善开放机制，优化开放环境，不断提高主导产业的集聚度和开放型经济的竞争力。全市签约招商项目176个，总投资730.7亿元，履约率85.8%，开工率67.6%，资金到位率31.3%。引进实施中电投等央企合作项目11个，完成投资145亿元。对外贸易进口额2.62亿美元，同比增长123%；出口额1.75亿美元，增长47.3%。对外承包工程和劳务合作合同金额3300万美元，增长59.1%。

2015年5月19日，在三门峡国际文博城多功能厅举行第21届黄河旅游节经贸客商交流推介大会暨项目签约仪式

（市商务局提供）

2015年9月10日，义马市一带一路大宗商品交易中心项目首列发运仪式举行

（义马市提供）

2015年3月24日，三门峡市代表团参加在香港喜来登酒店举办的豫港经贸合作推介暨2015年豫港企业家春茗活动

（市商务局提供）

2015年6月8日，晋陕豫黄河金三角区域商标保护协作签字仪式暨商标战略推进工作会议在三门峡市召开

（市工商局提供）

2015年5月18日，三门峡职业技术学院承办的河南科技大学应用工程学院举行成立揭牌仪式

（三门峡职业技术学院提供）

培育新兴产业　推动转型升级

◎2015年，三门峡市工业经济转中趋稳，全部工业增加值690.92亿元。高新技术产业完成增加值104亿元，占规模以上工业增加值的17.2%。积极培育装备制造、新材料、新能源、生物医药等战略性新兴产业，河南能化汽车零部件产业园、乐氏同仁药业中药产业园等项目加快推进。新认定国家级高新技术企业7家、院士工作站等各类创新平台15家。三门峡产业集聚区创业服务中心被认定为国家级孵化器。电子商务蓬勃发展，阿里巴巴·三门峡产业带运营平稳，培育省、市电商示范企业27家。现代物流业加快发展，万石物流等项目进展顺利。4家公司在“新三板”挂牌，8家公司在上海股权托管交易中心挂牌，27家公司进入省上市“后备队”。

2015年3月5日，全市促进大众创业万众创新工作会议在三门峡国际文博城召开　　（市科学技术局提供）

2015年12月7日，三门峡众创空间暨创业孵化基地启动仪式在三门峡职业技术学院举行
（三门峡职业技术学院提供）

河南骏通车辆有限公司的生产车间内，工人们正在忙碌工作　　（梁如意/摄）

2015年8月13日，河南大有能源义煤集团新安煤矿安全检查组成员在井下检查瓦斯抽放打钻机管路连接状况　　（王　斌/摄）

三和灯饰照明有限公司车间，工人正在生产LED照明灯 （孙 猛/摄）

2015年8月13日，在三门峡智能装备制造有限公司生产车间，工人正对准备出口到马来西亚的产品进行检测 （孙 猛/摄）

2015年10月16日，在河南东腾电器年产20万台空调、40万台洗衣机项目建设工地，工人们正在加紧施工 （孙 猛/摄）

2015年3月17日，在位于义马市产业聚集区的河南康平光电高科技有限公司车间，工人正在生产导电玻璃 （孙 猛/摄）

2015年4月28日，位于三门峡产业集聚区的三门峡宏鑫公司铜深加工车间里工人正在生产导线 （杜 杰/摄）

2015年8月17日，位于陕县观音堂镇的三门峡奥科化工有限公司职工正在车间巡检 （王建栋/摄）

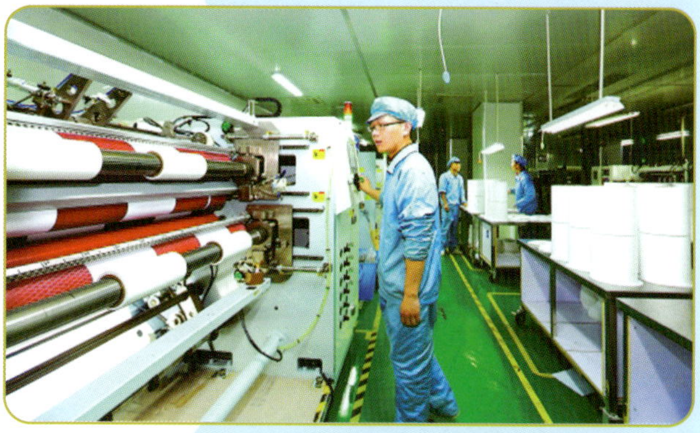

2015年10月16日，在河南义腾新能源隔膜科技有限公司生产车间，工人正在生产纳米陶瓷涂覆隔膜 （孙 猛/摄）

2015年11月30日，在三门峡天康成套设备有限责任公司生产车间，工人正在调试多功能防爆球 （孙 猛/摄）

做优特色农业
促进农业增效农民增收

◎三门峡市从本地自然条件和资源禀赋出发，立足实际，因地制宜，在稳定粮食生产的基础上，坚持“调结构、抓特色、转方式、增收入”，着力做大做强特色农业，着力转变农业发展方式，初步形成了以果品产业为龙头，以烟叶、食用菌等优势产业为支撑，以畜牧、林业、中药材、水产等为补充的现代特色农业发展新格局，有力促进了农业提质增效、农民富裕增收。2015年，全市第一产业增加值完成118.5亿元，比2014年增长5%，增速位居全省第一位；农村居民人均可支配收入达到11084元，比全省的10853元高231元，增长幅度为9.7%，增速位居全省第五位；全市特色农业占农业总产值的比重达85%以上。

陕州区二仙坡苹果

三门峡市雏鹰农牧有限公司生态养猪项目陕州区养殖区全景

①
2015年12月4日，全市农业电子商务暨信息进村入户现场会在陕州区召开
（市农业局提供）

②
2015年10月8日，卢氏县双槐树乡东川村烟农在回潮烟叶（叶新波/摄）

③
2015年1月7日，在河南垄润农业科技股份有限公司人工精选车间，工人正对食用菌进行最后的人工筛选
（孙 猛/摄）

创新办节思路
加快全域旅游城市建设

◎2015年，三门峡市抢抓“一带一路”国家战略机遇，突出区域合作、对外开放、招商引资和文化旅游产业发展，成功举办了第21届中国（三门峡）国际黄河文化旅游节暨投资贸易洽谈会、中国旅游日河南主会场活动。1700余名中外嘉宾出席活动，参与群众超过10万人次；签约项目73个，投资总额281亿元；全市旅游景区累计接待中外嘉宾和国内外游客14万人次。围绕主城区旅游、精品景区建设和旅游产品提档升级，扎实推进“一带三园五区”（天鹅湖国家城市湿地公园—陕州公园—黄河公园—三门峡大坝沿黄生态旅游带；虢国文化产业园、函谷关老子文化产业园、仰韶文化产业园；三门峡黄河度假区、高阳山温泉旅游度假区、黄河丹峡休闲旅游度假区、小秦岭山地旅游度假区、卢氏生态旅游度假区）重点旅游项目建设。完成重点旅游项目投资18.6亿元。全市接待国内外游客2687万人次，同比增长13.2%；旅游总收入225.6亿元，增长11.3%。

2015年5月21日，“高阳山温泉杯”全国山地自行车邀请赛在陕县举办　　（市旅游局提供）

2015年5月20至22日，“中流砥柱”首届中国（三门峡）黄河大合唱艺术节圆满举行
（市旅游局提供）

① 2015年9月12日，丝绸之路黄河金三角旅游联盟西安推介会
（市旅游局提供）

② 2015年5月17日，千车万人畅游“黄河三门峡· 美丽天鹅城”活动启动仪式
（市旅游局提供）

③ 2015年5月23日，5000名横渡黄河的游泳爱好者从三门峡三河广场河岸下水横渡母亲河
（市旅游局提供）

①

②

③

陕州区地坑院

地平线下古村落 民居史上活化石

◎陕州地坑院距今已有4000多年的历史,这种奇特的民居方式，在中国乃至世界上独一无二，“见树不见村、进村不见房、入户不见门、闻声不见人”是其真实写照，充分体现了古人“天地相融，方圆共存，天人合一”的哲学理念，具有极高的历史学、建筑学、社会学、地质学、艺术学价值。2011年5月，地坑院营造技艺被国务院列入第三批国家级非遗保护项目名录。地坑院营造技艺基本靠工匠口传，主要为：相地、方院，下院、打窑，饰边、碾场，安装、粉饰，排水、砌炕。2013年5月，国务院公布陕县庙上村地坑院为第七批全国重点文物保护单位。（照片、文字均由陕州地坑院景区提供）

青山绿水织锦绣　生态崤函谱新篇

黄河公园千亩葵花园

甘山红叶

渑池黄河丹峡风光

燕子山景区

卢氏熊耳山

灵宝娘娘山

纪念抗战胜利70周年活动

2015年8月26日，纪念中国人民抗日战争暨世界反法西斯战争胜利70周年三门峡道德讲堂主题活动在三门峡国际文博城多功能厅举行　（市直机关事务局提供）

2015年7月，灵宝市抗日战争纪念馆布展结束。纪念馆位于灵宝市大王镇贺村　（王高鸿　孟　俊/摄）

2015年8月30日，由湖滨区委宣传部、区文联主办的“纪念中国人民抗日战争暨世界反法西斯战争胜利70周年大型公益书画笔会及万人签名活动”在湖滨广场举行　（牛富江/摄）

2015年8月27日上午，陕县纪念中国人民抗日战争暨世界反法西斯战争胜利70周年活动在陕县烈士陵园举行　（王建栋/摄）

中共三门峡市委党史方志办荣获“全国地方志系统先进集体”称号

2015年12月29日，全国地方志系统先进模范座谈会在北京人民大会堂隆重召开。图为座谈会会场　（杨献珺/摄）

◎2015年12月29日，全国地方志系统先进模范座谈会在北京人民大会堂隆重召开。中共中央政治局常委、国务院总理李克强作出重要批示，中共中央政治局委员、国务院副总理刘延东接见与会代表并讲话。河南省地方史志办公室党组书记、主任管仁富应邀参加座谈会。中共三门峡市委党史地方史志办公室荣获“全国地方志系统先进集体”称号，市委党史方志办主任杨献珺作为河南省唯一先进集体代表赴京参加座谈会，在人民大会堂领取荣誉证书和奖牌，并受到刘延东副总理亲切接见。

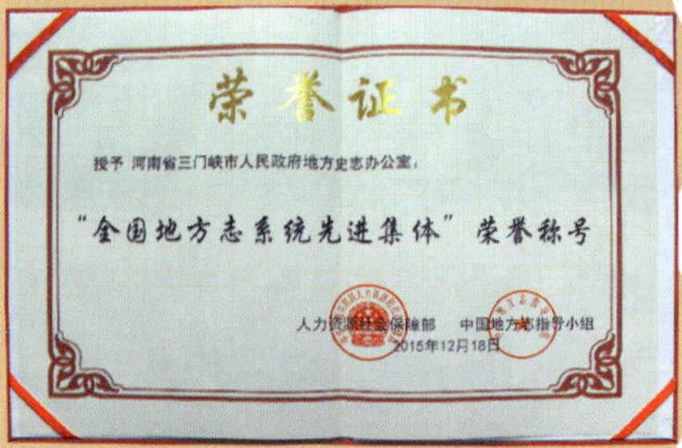

荣誉证书

授予 河南省三门峡市人民政府地方史志办公室：

“全国地方志系统先进集体”荣誉称号

人力资源社会保障部　中国地方志指导小组

2015年12月18日

坚定不移加快转型发展 为决胜全面小康而努力奋斗

——在中国共产党三门峡市第七次代表大会上的报告

(2016 年 9 月 25 日)

中共三门峡市委书记 刘南昌

一、过去五年的工作回顾

市六次党代会以来，我们在省委的坚强领导下，全面贯彻党的十八大和十八届三中、四中、五中全会精神，认真贯彻落实习近平总书记系列重要讲话精神，按照中央、省委的决策部署，团结拼搏，扎实工作，克服了经济下行压力加大等诸多不利因素，圆满完成了市六次党代会确定的各项工作任务，为全面建成小康社会奠定了坚实基础。

——转型发展态势良好。持续转变经济发展方式，经济综合实力和质量效益不断提升。2015 年，全市生产总值达 1251 亿元，五年间年均增长 9.2%。人均生产总值 5.6 万元，居全省第 3 位；财政公共预算收入达 94 亿元，年均增长 13.6%；五年来全社会固定资产投资累计完成 5736 亿元，年均增长 21.9%。三次产业结构不断优化，进一步调整到 9.5:58.2:32.3，农业现代化加快推进，成功创建全国农业标准综合示范市，成为全省特色农业第一大市；工业结构不断优化，高成长性制造业、高技术产业成为经济增长的重要推动力量；第三产业对经济增长的贡献率由 2010 年的 23.3%上升到 2015 年的 69.2%，成为发展的重要支撑。产业集聚区、服务业“两区”建设加快推进，聚集带动效应不断增强。节能减排成效明显，五年来全市万元地区生产总值能耗、万元工业增加值能耗累计分别下降 17.2%和 30%。

——改革开放成效显著。持续深化重要领域和关键环节改革，非行政许可审批事项全面取消，医药卫生、财税金融、工商登记等重点领域改革扎实推进，机构改革稳步推进,党政机关公车改革成效明显。建成三门峡海关、三门峡出入境检验检疫局、国家铝及铝制品检验中心三大"国字号"通关机构,进、出口增速跃居全省第一;实际利用外资年均增长12.4%,实际利用省外资金年均增长18.3%。全面融入"一带一路",推动"晋陕豫黄河金三角区域合作"上升为国家战略。

——民生事业全面进步。省、市"民生工程"扎实推进,财政民生支出累计520.7亿元,占财政支出的70%。城乡居民收入稳步增加,农民人均纯收入增速连年位居全省前列。教育、文化、卫生、计生、养老等社会事业全面发展,人民群众受教育程度和健康水平不断提高,城乡低保、农村五保集中供养覆盖面及标准位居全省前列。就业形势保持稳定。城镇保障性住房建设和农村危旧房改造稳步推进,困难家庭住房条件得到有效改善。农村扶贫开发成效明显,累计实现13.5万贫困人口稳定脱贫。城乡基础设施不断完善,建成了"三纵四横"的综合交通网络,陕县撤县设区,中心城区建设实现跨越发展,县(市)城区、中心镇、美丽乡村建设协调推进,五年间城镇化率提高到51.6%,年均提高1.47个百分点。生态文明建设成效显著,全市森林覆盖率达50.7%、保持全省第一。

——精神文明建设成果丰硕。"践行价值观、文明我先行"、学雷锋志愿服务、书香三门峡等活动不断深化。扎实推进精神文明建设,文明城市、文明村镇、文明单位创建取得丰硕成果,"扶人协会"等公益组织不断涌现,三门峡好人、最美人物等道德模范层出不穷,公民道德素质、法治素养和城乡文明程度不断提升,"做文明人、办文明事"在崤函大地蔚然成风。文化事业、文化产业不断壮大,崤函古道石壕段遗址申遗成功,实现入选世界文化遗产"零"突破。文化惠民、文化利民取得明显成效,人民群众精神文化生活更加丰富。

——民主法治建设扎实推进。坚持党的领导、人民当家做主和依法治市有机统一,社会主义民主法治建设取得显著成效。人大依法行使职权,各项监督工作深入开展。政府依法行政,法治政府建设持续推进。政协充分履行职能,政治协商、民主监督作用显著增强。基层民主政治建设得到加强。统一战线工作不断创新,各民主党派、工商联和无党派人士参政议政作用明显。工会、共青团、妇联等群团组织作用充分发挥。国防动员、民兵预备役和"双拥"工作取得突出成绩,实现"全国双拥模范城"五连冠。依法治市取得积极成果,法、检"两院"工作成效明显。维护群众权益机制、社会矛盾纠纷调解机制、突发事件应急管理机制、社会治安防控体系不断完善,安全生产形势平稳,社会大局和谐稳定,是全省唯一获全国社会治安综合治理最高荣誉"长安杯"的省辖市。

——党的建设全面加强。深入开展党的群众路线教育实践活动、"三严三实"专题教育和"两学一做"学习教育,党员干部的政治意识、大局意识、核心意识、看齐意识不断增强,领导班子建设和干部队伍建设取得新进展。狠抓农村基层党建工作,基层党建水平明显提升。坚持一年一个载体,相继组织开展"三廉""三治三促""两带两树""一学两抓三责"和"一学两抓三严"等系列活动,持续加强廉政教育,坚决惩治腐败分子,反腐败斗争取得新成果。

同志们,过去的五年是极不平凡、极不寻常的五年。五年来,我们取得的成绩,是省委正确领导的结果,是全市各级党组织带领广大干部群众团结拼搏、奋勇争先的结果,是历届市委以及广大老同志、各民主党派、工商联和社会各界人士共同努力的结果。在此,我代表中共三门峡市第六届委员会,向全市广大党员、干部、群众,向所有为三门峡建设发展作出贡献的各界朋友,表示衷心的感谢并致以崇高的敬意!

回顾五年来走过的历程,我们深刻认识到,必须高举中国特色社会主义伟大旗帜,始终在思想上政治上行动上同以习近平同志为总书记的党中央保持高度一致,坚定正确的政治方向;必须牢固树立以人民为中心的发展思想,始终把群众呼声当作第一信号、把群众期待作为工作目标,真心实意解民忧、尽心竭力促民富,让人民群众共享改革发展成果;必须持续加快转型发展,在转型中增效益、求突破,走出资源型城市发展的困境;必须不断深化改革开放,以改革的办法破解发展难题,以开放促改革促调整促发展,不断增强发展的动力活力;必须坚持全面从严治党,始终把纪律规矩挺在前面,抓早抓小,动辄得咎,有效防止小问题演变为大祸害,从源头上阻断不正之风和腐败现象滋生蔓延。这些理论和实践成果,是三门峡政通人和、事业发展的根系所在,凝聚着全市人民的智慧和心血,必须倍加珍惜、发扬光大!

过去的五年,尽管我们取得了不小的成绩,但必须清醒地认识到:在全国、全省的大格局中,我市发展还不够快,体量偏小、结构不佳,存量不优、增量不足的矛盾仍然十分突出,转型发展的任务艰巨繁重;社会事业发展欠账较多,脱贫攻坚时间紧迫,社会稳定面临不少挑战,民生改善的任务艰巨繁重;我们在黄河金三角地区的区域影响力、辐射带动力、核心竞争力有待于进一步提升,建设省际中心城市的任务艰巨繁重;大气污染防治、节能减排、环境保护等依然面临很大压力,生态文明建设的任务艰巨繁重;改革创新的体制机制不活,少数同志有畏难情绪、不敢啃硬骨头,全面深化改革的任务艰巨繁重;个别干部在岗在位却不在状态,主动出击少、被动应付多,开拓创新少、按部就班多,与推进转型发展的任务还不相适应,干部作风建设的任务艰巨繁重;腐败大案多发频发,"蚊贪蝇腐"屡禁不绝,政治生态受到严重破坏,全面从严治党的任务艰巨繁重。这些突出问题,我们绕不过、躲不开,必须迎难而上、奋力向前!

二、今后五年工作的总体要求和奋斗目标

未来五年,是我们厚植优势、补齐短板、跨越赶超的关键五年。省委对三门峡的发展寄予了殷切期望,要求我们"以壮士断腕的决心推进转型发展,以舍我其谁的勇气建设省际中心城市,以敢于担当的责任感推动脱贫攻坚,以驰而不息的精神推动作风转变",为我们指明了前进方向,提供了重要遵循,增添了必胜的信心和力量。

——未来五年是全面小康的决胜期。要实现经济更加发展、民主更加健全、科技更加进步、文化更加繁荣、社会更加和谐、人民生活更加殷实的全面小康社会目标绝非易事,部分指标还有相当大的差距。这就要求我们,必须拿出攻城拔寨的勇气和决心,坚定不移地落实"五大发展理念",结合三门峡实际细化方案、强化措施,苦干实干、加倍努力,以工作时间换取发展空间、以工作力度换取发展跨度、以工作频率换取发展效率,巩固提升已达指标、填平补齐未达指标,扭住关键,攻坚克难,全力冲刺,确保决战决胜。

——未来五年是转型发展的窗口期。我国经济发展进入新常态,认识新常态、适应新常态、引领新常态,是转型发展的大逻辑;推进供给侧结构性改革,实现更高质量、更有效率、更加公平、更可持续的发展,是经济发展的大思路;区域经济、不同行业、不同企业分化加剧,发挥市场在资源配置中的决定性作用、更好地发挥政府作用,更好地实现资源优化组合,是经济发展的大趋势。在此背景下,中央要求,要摆脱"速度情结"和"换挡焦虑",保持战略定力;要改变粗放式发展模式,更多依靠科技进步、改革创新等提高全要素生产率。"处大事贵乎明而能断。"我们一定要敏锐把握中央宏观经济政策给我们转型发展带来的"窗口"时间,深刻认识不转型"资源支撑不住、环境容纳不下、社会承受不起"的严峻现实,坚定不移地把转型作为发展的主线、根本和重中之重,以"立说立行、立竿见影"的狠劲,"闯关夺隘、破釜沉舟"的拼劲,"绵绵用力、久久为功"的韧劲,加快推进转型发展,努力做到调速不减势、量增质更优。

——未来五年是建设省际中心城市的机遇期。打造省际中心城市、提高城市在省际区域的影响力、辐射力和带动力,既是省委对三门峡提出的明确要求,也是全市人民多年来孜孜以求的奋斗目标。国务院批复的《晋陕豫黄河金三角区域合作规划》以及省政府下发的《河南省晋陕豫黄河金三角区域合作规划实施方案》,都明确支持三门峡打造"晋陕豫黄河金三角区域中心城市",并且对功能定位、发展布局、产业安排等给予有力的指导和支持,为我们带来了极具"含金量"的政策机遇。"明者因时而变,知者随事而制。"我们一定要抢抓机遇、乘势而上,发挥比较优势、突出地方特色,加快建成区域交通枢纽、商贸物流中心和生态宜居城市。

——未来五年是政治生态的修复期。习近平总书记强调:"做好各方面工作,必须要有一个良好的政治生态。政治生态污浊,从政环境就恶劣;政治生态清明,从政环境就优良。"近年来,我市个别领导干部严重违纪违法,对政治生态的破坏是巨大的,群众有一些怨言怨气、干部有一些低沉低落也在所难免。"当积弊之后,非雷霆震厉,无以去淤;方谋新之始,非日月清明,无以成理。"面对如此严重的"内伤"、如此惨痛的代价,市委必须勇敢站出来、自觉担起来,抓住当前"人心思稳、万众思定"的时机,突出领导干部这个"关键少数",坚持不懈地加强理想信念教育,驰而不息地推动作风转变,一寸不让地破除"潜规则"陋习,保持坚强定力,踏着不变步伐,拔"烂树"、治"病树"、正"歪树",净化政治生态、还三门峡一片晴朗的天空。

今后五年工作的总体要求是:高举中国特色社会主义伟大旗帜,以马克思列宁主义、毛泽东思想、邓小平理论、"三个代表"重要思想和科学发展观为指导,深入贯彻落实习近平总书记系列重要讲话精神,按照"五位一体"总体布局和"四个全面"战略布局,以转型为主线发展经济,以人民为中心改善民生,以队伍建设为重点全面从严治党,振奋精神,担当奉献,确保完成"十三五"规划目标任务,奋力夺取全面建成小康社会伟大胜利。

今后五年的发展目标是:

——全面建成小康社会目标圆满完成。在提高发展质量效益的基础上,主要经济指标增速高于全省和金三角地区平均水平。地区生产总值年均增长8%以上,全社会固定资产投资年均增长13.5%,财政公共预算收入年均增长8.5%,人均指标继续走在全省前列。全市贫困人口全部脱贫,卢氏县贫困县摘帽脱贫。物质文明、精神文明、政治文明和生态文明共同进步。

——转型发展实现重大突破。经济结构战略性调整取得显著成效,特色农业持续壮大,新型工业化加速推进,现代服务业扩量提质,网络经济快速发展,努力建设新型工业化城市、高成长性服务业先进市、特色农业强市、网络经济大

市。巩固提升黄金、铝工业、煤及煤化工等三个千亿级传统优势产业集群，存量不断优化；培育壮大装备制造、铜精深加工、食品加工、生物医药、新材料、新能源、新型建材等七个百亿级接续替代产业集群，增量不断扩大。科技研发投入力度不断加大，科技创新与科技成果转化水平不断提升。能源资源利用效率不断提高，单位生产总值能源消耗、二氧化碳排放和主要污染物排放不断下降，使三门峡的天更蓝、水更清、地更绿、城市更宜居。

——省际中心城市建设取得实质性进展。晋陕豫黄河金三角区域一体化发展迈出新步伐，基础设施互联互通、产业分工协作协同、生态环境共保共治、公共服务共建共享不断加强，真正成为中西部承接产业转移的重要集聚地和示范区。中心城区框架不断拉大，城市功能不断完善，城市品位不断提升，交通、能源、信息、水利等基础设施建设达到新水平，基本形成布局合理、产城互动、城乡统筹、健康有序的现代城乡体系，全市常住人口城镇化率力争达到60%。优势产业不断发展、战略性新兴产业不断壮大，城市的集聚、辐射、带动功能不断增强，在晋陕豫黄河金三角地区的中心地位进一步凸显。

——人民生活水平显著提升。基本公共服务均等化水平稳步提高，公共服务体系更加健全，社会保障体系进一步完善，人民健康水平持续提升，教育事业全面进步。分配制度不断完善，收入差距逐步缩小，城乡居民收入普遍较快增长。人民群众精神文化生活更加丰富，创造活力进一步激发。改革发展成果更多更公平地惠及全市人民，社会治理能力和水平进一步提高，人民群众的安全感、获得感、幸福感明显增强。

——政治生态得到明显优化。党的纪律和规矩真正挺起来、立起来，领导干部的带头作用充分发挥，严肃认真的党内政治生活经常性开展，选人用人的正确导向进一步树立，腐败现象滋生蔓延的土壤有效铲除，“不敢腐、不能腐、不想腐”的长效机制不断完善，社会主义先进政治文化深入人心，明规则大行其道、潜规则无处容身，政治生态得到净化纯化、实现弊革风清。

一个行动胜过一打纲领。要实现上述目标，必须坚持“严”字当头、“实”字打底、“干”字为先，把握大方向、遵循铁规律、严守硬规矩，力戒空谈、崇尚实干，一步一个脚印地把三门峡各项事业推向前进。要严谨科学干。牢固树立和自觉践行“创新、协调、绿色、开放、共享”五大发展理念，努力以发展理念转变引领发展方式转变，以发展方式转变推动发展质量和效益提升。自觉增强全局意识，善于观大势、谋大事，主动把三门峡工作放在全国、全省大局中去思考、去谋划、去推动，创造性地开展工作，努力发挥自身优势，作出更大贡献。要把握机遇干。准确把握战略机遇期内涵的深刻变化，敏锐捕捉机遇，倍加珍惜机遇，牢牢抓住机遇，切实用好机遇，努力把重要战略机遇期转化为黄金发展期，把三门峡面临的叠加机遇转化为发展的累累硕果。要长短结合干。牢固树立正确的政绩观，立足当前，着眼长远，把稳增长与补短板结合起来，多做打基础、备后劲、利长远、得民心的工作，绝不搞脱离实际的攀比，绝不搞劳民伤财的“形象工程”“政绩工程”。要积极主动干。不因原主要领导接连出事而否定转型发展的好态势，不因个别干部违纪违法而否定三门峡干部队伍的主流，要丢掉包袱，去掉顾虑，振奋精神，轻装上阵。大力支持改革探索，推崇创新突破，鼓励积极作为，研究建立容错机制，区别对待探索失误和违法违纪行为，为担当者担当，替干事者撑腰。要遵章守纪干。坚持按章程、按原则、按规矩办事，严格落实“八项规定”精神，守好“底线”，不碰“红线”，不越“边线”。要牢记手中的权力是党和人民赋予的，是上下左右有界受控的，不可以为所欲为，不可以随心所欲。要把权力运行的规矩立起来、讲起来、守起来，谁坏了规矩，谁就要受到严肃的追究和惩罚。要着力构建“亲”“清”的政商关系，提高廉洁发展的工作能力，提振干事创业的精气神，唱响反腐倡廉的正气歌！

三、以转型为主线，主动适应和引领经济发展新常态

一代人有一代人的使命和任务，一代人有一代人的责任与担当。今年是三门峡恢复地级市建制30周年。30年来，历届市委始终围绕转型发展做文章，进行了卓有成效的探索，努力摆脱对资源的依赖，逐渐调出了新结构、找到了新动能、转出了新天地。当前，三门峡又站在了一个新的历史起点上，我们必须坚持把转型发展，作为深入落实“五大发展理念”的具体行动和全面建成小康社会的必由之路，执着探索，一以贯之，持续推进，不断以转型发展新成效开辟三门峡经济社会发展新境界。

(一)突出“三量并举”，加快产业转型升级步伐

坚持“做大增量、优化存量、主动减量”这一转型根本路径，科学把握增量与存量的关系，加快新旧动能转换，强化传统优势产业升级、接续替代产业培育双轮驱动，真正走出一条有质量、有效益、可持续的三门峡转型发展新路子。

一是全力做大增量。立足全市经济体量偏小、发展不充分的现实，全力以赴做大增量、壮大总量，提升规模效益。要突出农业的特色优势，巩固一产。围绕特色大做文章、做大文章，着力增加优势品种，提升产品品质，打造名优品牌，进

一步壮大特色农业规模。聚焦现代农业，创新农业资源配置方式，提高农业产业化、规模化水平。积极实施“菜篮子”工程。大力发展农村电商，催生更多的兴农新模式和富民新产业。要突出工业的主导地位，做强二产。着力培育战略性新兴产业，做大做强装备制造、铜精深加工、食品、生物医药等新兴工业集群。着力推进信息枢纽中心建设，推动信息化与工业化深度融合，以信息化引领转型升级。要突出服务业的后发优势，提升三产。坚持全区域规划、分层次开发、大企业牵引、差异化竞争，以悠久的文化底蕴为依托，以白天鹅和美丽山水为名片，着力打造一批高层次文化山水景观、新型特色乡镇、医疗养生基地。联合出海、加大宣传推介力度，扩大旅游资源的知名度和美誉度，尽快使旅游产业成为新的经济增长极。坚持优先发展生产性服务业、提升发展生活性服务业，做到生产性服务业与生活性服务业并重、现代服务业与传统服务业并举，切实把服务业打造成转型发展的新引擎。要大力开展招商引资，培育新的发展后劲。创新招商引资的方式，坚持系统招商、延链招商，引进一批大企业，实施一批大项目，特别是做好与中央企业的对接，争取一批央企落户三门峡。改革招商体制，将招商机构延伸到资本输出地、产业输出地、技术输出地、信息汇聚地，强化坐地招商。完善招商人员收入分配机制，实行基本工资加绩效工资的薪酬激励制度，使招商人员的收入和招商规模、质量紧密挂钩。要大力推进项目建设，扎实推进“十三五”期间谋划的六大领域、1000多个亿元以上重大项目，确保项目落地见效。

二是着力优化存量。抓紧实施智能制造、质量品牌、服务型制造、绿色制造和成熟型资源城市转型五大产业升级工程，推动制造业转型升级。依托现有产业基础，综合运用链条延伸、技术改造、企业服务、品牌打造等手段，对传统产业进行改造提升，进一步增强整体影响力和竞争力。持续提升产业层次，进一步加强与中金集团、大唐电力、河南能化等大企业合作，重点打造黄金、铝工业、煤及煤化工三大全产业链，促进产业链向终端延伸、价值链向高端攀升，努力把三门峡建设成为全国重要的黄金加工交易基地、铝工业产业基地和煤及煤化工产业基地。持续提高技术水平，鼓励企业不断加大技改投入，加快运用新装备、新材料、新技术、新工艺对现有产业进行改造提升，使传统产业焕发新的生机和活力。鼓励支持企业兼并重组、战略调整，提高产业集中度，提高市场竞争力，培育一批具有核心竞争力的大型企业集团，推动产业结构优化升级。进一步加大为企业服务力度，切实减轻企业负担，尽全力帮助企业破解要素瓶颈制约，实现降本增效。大力实施质量强市战略，深入开展质量品牌创建工程，以培育名企、名牌为抓手，打造一大批附加值高、美誉度好的知名品牌，使更多的“三门峡产品”变为“三门峡品牌”“河南品牌”“中国品牌”。

三是积极主动减量。牢固树立绿色发展理念，坚持“减量化、再利用、可循环”的原则，大力发展绿色经济、循环经济、低碳经济，鼓励产业集聚区、重点产业进行循环化改造，全面提升资源综合利用水平。强化节能、环保等指标约束，提高行业准入门槛，坚决杜绝“两高一资”行业项目。探索和建立能源消耗强度与能源消费总量“双控”制度，大力实施节能减排科技创新工程，全面推行清洁生产，确保完成节能减排目标。坚持“企业主体、政府推动、市场引导、依法处置”的原则，加快淘汰落后产能，依法化解低效和过剩产能，妥善处置“僵尸企业”，促进生产要素向新兴产业转移。

（二）坚持“三管齐下”，加快打造省际中心城市

认真落实国务院《晋陕豫黄河金三角区域合作规划》，坚持打造“区域交通枢纽”“商贸物流中心”“生态宜居城市”，三管齐下，推动人流、物流、资金流、信息流加速聚集，不断增强对区域发展的辐射力、带动力、影响力，不断提升区域核心竞争力。

一是加快打造快捷高效的枢纽之城。加强内引外联，着力推进PPP项目建设。加快蒙华铁路三门峡段建设，积极争取蒙华铁路运营中心落户三门峡。完善西煤东调、北煤南运的铁路运输网络，抓紧实施三门峡至洋口港铁路、运城至三门峡至十堰高速铁路建设，争取陇海线改道取直工程尽快开工，进一步完善区域铁路网，在三门峡形成双高铁十字交会布局。重点推进垣曲至渑池高速公路、三淅高速公路建设，力争黄河公铁两用桥早日建成通车，尽快启动渑池至洛宁、栾川至卢氏、卢氏至洛南等高速公路建设。集中力量抓好310国道三门峡段南移工程，加大域内省道改建升级力度，织就四通八达的干线公路网。尽快启动建设三门峡通用机场、通用航空产业园，争取三门峡机场建设纳入国家民航发展规划，争取卢氏伏牛山机场纳入秦巴山片区扶贫支线机场建设规划。加快黄河三门峡段渡口群和黄金水道建设，提高黄河航运能力。完善形成衔接顺畅、便捷高效、先进适用、安全可靠、管理规范的现代综合交通体系，形成“零距离换乘”的全国性客运中心，努力打造晋陕豫黄河金三角和中西部地区重要交通枢纽。

二是加快打造商贸繁荣的流通之城。抓住河南、陕西自贸区设立的重大机遇，进一步深化与郑州、西安的合作，积极申建三门峡综合保税区和三门峡铁路口岸。积极推进“一站

式”通关和电子口岸建设，加快三门峡陆港中心建设步伐，争取设立郑新欧国际班列三门峡停靠站，奋力打造“一带一路”重要节点城市。大力发展大宗商品物流、冷链物流、保税物流、电商物流，加快推进锦江大宗商品物流产业园、义马铝产品交割中心、北京金银岛物流中心、卢氏中药物流园等综合物流项目建设，积极争取国际国内知名企业在三门峡设立货运基地，努力构建以三门峡为中心的晋陕豫黄河金三角物流体系，打造全国最大的大宗商品物流基地和内陆物流集散中心。以服务业“两区”建设引领现代商贸业发展，着力优化布局，提升档次，完善功能，做大体量，加快构建主体多元、业态多样、布局合理、运作有序的现代商贸发展格局，努力建设区域性商贸中心。

三是加快打造功能齐全的宜居之城。积极推进“一核两翼三带多点”城镇体系建设，统筹城乡发展，提高城镇化水平。加快中心城区建设，重点构建“一带、两片、三心、四组团”的中心城市空间布局，加快湖滨城区和陕州城区基础设施互联互通，推动融合发展，快速做大中心城区规模。依托沿黄生态带、崤山—小浪底生态带、伏牛山—熊耳山生态带，依山就势、顺势而为，把好山、好水、好风光融入城市，形成绿地相连、青山为屏、湖河为带、园城一体的美丽画卷。统筹地下建设和地上建设，规划建设城市地下综合管廊，积极建设“海绵城市”，着力解决“城市内涝”“马路拉链”等人民群众反映强烈的问题。加快建设“智慧城市”，让数据多跑路，让群众少跑腿。强化人性化、精细化管理，提高城市的宜居性，让人民群众生活得更方便、更舒心、更美好。加强对历史文化遗存的保护、修复和利用，留住三门峡特有的地域环境、文化特色、建筑风格等城市“基因”，让传统与现代笔断意连，让古老文化与现代文明交相辉映，塑造有历史记忆、有地域特色、有人文情怀的诗意城市。

(三)注重“三力联动”，加快实现发展动力转换

改革开放、创新发展是经济社会发展的动力之源、活力之本，必须依靠改革的推动力、开放的带动力、创新的驱动力“三力联动”，形成我市转型发展的强大引擎。

一是以改革的推动力破解新难题。坚持以影响经济社会发展的重大问题为导向，立足于经济社会发展的瓶颈制约、群众反映强烈的突出问题，全面深化改革，努力破除体制机制障碍。要不断完善基本经济制度，坚持深化国有企业改革，着力解决历史遗留问题。坚定不移地推动非公有制经济发展，激发非公有制经济活力和创造力。要深化行政审批制度改革，深入开展效能革命，努力将三门峡打造成中部地区审批环节最优、办事效率最高的城市。坚决消减各种烦琐的审批项目，除法律法规和上级有明确规定的外，其他一律取消。实行一站式审批、限时办理、全程代理和缺席默认制。强化问责监督，对不能有效履行职责、遇事推诿扯皮、吃拿卡要的，一律严肃追究。要深化管理体制改革，整合各职能部门管理的融资平台，改组组建由政府授权的投资公司。加强土地资源管理，建立集土地收储、整理、运营为一体的土地开发机构。通过资源重组、系统运营、资产证券化、股权多元化，增强城市整体融资能力和抗风险能力。改革城市资源运作机构干部管理体制，引入职业经理人制度，实行公开选聘、绩效管理、市场化薪酬。要积极推进政府改革，全面科学推行权力清单、责任清单制度，加快建设法治政府、阳光政府、服务政府、廉洁政府。深入推进机关财务管理改革，清理归并部门账户，堵塞管理漏洞，杜绝部门腐败。稳步推进以大部门制为重点的政府机构改革，强化对企业的服务功能和改善民生的支撑功能。健全完善以解决权责交叉、多头执法问题为重点的行政执法体制改革。坚持推进城乡一体化改革发展，深化户籍制度改革，帮助和促进农业转移人口举家进城落户。

二是以开放的带动力增创新优势。充分利用晋陕豫黄河金三角区域人力资源和市场优势，积极推进“规划统筹、交通同网、信息同享、市场同体、产业同步、科教同兴、旅游同线、环境同治”的区域一体化发展，加快构建次区域经济合作圈，努力把三门峡建设成为带动晋陕豫黄河金三角区域协同发展的核心增长极。充分利用郑州、西安、太原等省会中心城市的优势进行合作引进，促进与郑州都市区、关中—天水经济区、山西资源型经济转型综改区的联动发展，全面融入国家“一带一路”战略。积极推进晋陕豫黄河金三角承接产业转移力度，扩大对外影响，提升开放水平。培育壮大“走出去”主体，支持企业开展境外资源开发、承揽海外工程，提升国际化经营能力。巩固和保持对外贸易大幅增长的强劲态势，进一步提升优势产品国际市场份额。加强文化对外交流合作，推动三门峡特色文化走出国门、走向世界。

三是以创新的驱动力打造新动能。强化企业主体地位，充分发挥国家级科技企业孵化器作用，不断完善以院士工作站、工程技术研究中心、重点实验室为核心的企业创新平台。大力提升产业协同创新水平，围绕黄金、铝精深加工、煤及煤化工、铜精深加工、先进制造业、生物医药等关键技术领域，加强与中国科学院、中国农科院等科研院所以及北京、郑

州、西安等地高等院校的合作，建立机制灵活、互惠高效的产业技术创新战略联盟。继续实施“崤函人才计划”，用感情留人，用事业留人，用环境留人，用适当待遇留人，聚集一批位居行业前沿、具有国际视野的领军人物和创业人才。积极顺应“大众创业、万众创新”蓬勃发展的时代潮流，加快建设市场化、专业化、集成化、网络化的众创空间，提供低成本、便利化、全要素的开放式综合服务平台，让创业智慧充分释放、创新力量全面迸发。

四、以人民为中心，大力发展社会事业增进民生福祉

我们党是全心全意为人民服务的政党，为人民服务是我们的宗旨；我们的政府叫人民政府，为人民服务是我们的本分；我们的干部叫人民公仆，为人民服务是我们的天职。我们必须牢记“木无根则槁，灯无膏则灭，鱼无水则死”的道理，始终坚持以人民为中心的发展思想，把人民群众“满意不满意、高兴不高兴、答应不答应”作为工作的出发点和检验成效的标准，把人民群众对美好生活的向往作为我们的奋斗目标，加倍努力工作、服务人民，真正做到“发展依靠人民，发展为了人民，发展成果由人民共享”。

（一）紧盯脱贫攻坚，决战全面小康。脱贫之战承载着人民之福，是决胜小康输不起、等不得的大仗硬仗。要按照既定目标思路、时间表和路线图，以“敢教日月换新天”的气概、“咬定青山不放松”的韧劲、“不破楼兰誓不还”的勇气，向贫困发起总攻，确保全面实现小康路上不让一个人掉队。一是打好“组合拳”。紧盯目标，以精准扶贫、精准脱贫为主线，以产业扶贫为关键，以持续增收为核心，实现从“大水漫灌”向“精确滴灌”转变；坚持因地施策、因户施策、因人施策，实施产业扶贫、易地搬迁、生态补偿、雨露计划、光伏扶贫、电商扶贫等扶贫工程，做到帮扶“到户上门”。二是形成“新格局”。全面落实中央、省、市脱贫攻坚政策，抓好政策落地生根开花结果，向贫困村、贫困户倾斜，形成政策合力；整合各类社会力量，坚持专项扶贫、行业扶贫、社会扶贫多措并举，有机结合、互为支撑，形成“三位一体”大扶贫格局，形成攻坚合力。三是用好“指挥棒”。市一级落实指导责任，确保方向不偏离、政策不走样；县一级要落实一线指挥责任，把地方的事情想清楚、弄明白、布好局；乡和村要落实主干责任，做好具体工作。要进一步健全激励和惩戒办法，强化精神作风保障、机制保障、组织保障和投入保障。

（二）顺应群众期待，凝聚民心民力。民生连着民心，民心凝聚民力。我们必须立足当前“社会利益分化、群众诉求多元、历史欠账较多”的实际，坚持“群众出题目、党委把方向、政府抓落实、各方齐监督”的工作格局，扎扎实实办好民生实事、真真切切增进民生福祉。一是办好人民满意的教育。就学是民生之基。要坚持普惠发展学前教育，均衡发展义务教育，科学发展高中阶段教育，大力发展现代职业教育，努力发展高等教育。加大教育改革力度，优化教育资源配置，以优势学校为龙头组建教育集团，整合教育资源，扩大规模数量，优化资源结构，不断提高全市整体教育质量，促进教育公平。加快政事分开，教育部门原则上不直接管理学校，为学校发展壮大创造宽松优良的环境。加快引进民办教育资源，实现公立教育与民办教育共同发展、公平竞争。围绕产业转型升级和优质劳动力资源输出，大力发展职业教育，增强职业教育的针对性。加快高等教育“一本三专”建设进度。二是不断扩大就业。就业是民生之本。要在加快发展的同时，出台落实更加积极的就业政策，多渠道开发就业岗位，健全公共就业服务体系，深化“崤函创业扶持行动”，实现更加充分、更高质量的就业，让人民群众“劳有所得”。三是提高全民健康水平。就医是民生之急。要稳步推进城市公立医院综合改革，加强基层医疗卫生人才队伍建设和医疗保障服务，深化医药卫生体制改革，构建多元化养老服务体系，完善健康服务网络，促进基本医疗卫生服务均等化和“病有所医”，建设“健康三门峡”。稳妥实施全面二孩政策，加大对计生特殊困难家庭帮扶力度。四是推进住房保障和供应体系建设。住房保障是民生之安。要加紧构建以政府为主提供基本保障、以市场为主满足多层次需求的住房供应体系，倡导符合国情的住房消费模式，执行经济、适用、环保、安全的住房标准，努力把住房保障和供应办成经得起实践、人民、历史检验的德政工程。五是健全社会保障体系。社会保障是民生之盾。要实施全民参保计划，全面推行统一标准的城乡居民养老保险制度，完善城乡社会救助体系、社会福利体系，发展公益慈善事业。六是高度重视群众反映问题的快速反馈和及时解决。高度重视群众诉求，注意倾听民声、善用民智、引导民意，坚持和完善民生台账，集中办好省市“重点民生工程”，加快解决供暖、供水、供气、环保等历史遗留问题。办好人民群众给党委政府的来信来访，办好人民网、政府网站等处的网民留言，办好各大主流新闻媒体反馈的群众意见，真正做到把群众来信当家信、把群众事情当家事，以服务群众的新成效凝聚加快发展的正能量。

（三）打造人文品牌，建设精神家园。文化是人民的精神家园，是党和国家的精神旗帜。要坚持高度的文化自觉和文化自信，进一步实施文化强市战略，打造特色人文亮点，促进

文化繁荣发展，增强全市人民的自豪感、荣誉感和归属感。一是把握先进文化前进方向。大力开展社会主义核心价值观教育、各类群众性精神文明创建活动和诚信三门峡建设，弘扬向上向善的时代新风，增强广大干部群众的思想认同、情感认同和价值认同。二是推进历史文化传承创新。深度挖掘保护仰韶文化、老子文化、虢国文化、黄帝文化遗址，编撰《文化三门峡》系列丛书，加快建设庙底沟遗址公园及博物馆，构建“早期中国”文明长廊，积极联合“一带一路”沿线区域申请世界文化遗产，加快把三门峡发展成华夏文明传承创新示范区；充分挖掘三门峡历史文化资源、民俗资源，以及白天鹅、剪纸、仰韶彩陶、澄泥砚、地坑院等独具特色的元素内涵，规划包装一批叫得响的三门峡文化产品；坚持以深入办好“三门峡黄河文化旅游节”为载体，大力发展文化产业，积极创作文艺精品，打造一批大中型文化企业，开展多渠道、多层次、多形式的文化交流。三是提升公共文化服务水平。统筹城乡公共文化设施布局，加快重大文体设施建设，构建市县乡村四级公共文化服务网络，完善现代公共文化服务体系，促进公共文化服务标准化、均等化发展。鼓励和引导社会力量参与文化建设，促进公共文化服务主体和方式多元化。

(四)推进民主法治，保障人民权利。一是加强民主政治建设。大力支持人大及其常委会依法行使职权、积极开展工作，充分发挥人大在推进民主法治建设、促进转型发展上的重要作用；大力支持人民政协围绕团结和民主两大主题履行职能，加强党对协商民主建设的领导，重点加强政党协商、政府协商、政协协商，积极开展人大协商、人民团体协商、基层协商，增强社会齐监督的实效。二是提升依法治市水平。认真落实全面依法治国基本方略，建设法治三门峡，打造法治诚信政府，着重完善市县政府及其工作部门重大决策制度，坚持“于法周延、于事简便”原则，深化重大改革、重要规划、重大财政投资、重大民生事项、重大项目等决策的法律风险评估；全面推进依法行政，大力营造办事依法、遇事找法、解决问题用法、化解矛盾靠法的法治环境；稳步推进司法体制改革，加强法治队伍建设，进一步提升司法公信力；认真实施“七五”普法教育，健全立体化、社会化的普法格局，推进法治社会建设，进一步形成尊法、学法、守法、用法的良好氛围，不断增强人民群众对法律的内心拥护和真诚信仰。三是调动各方积极因素。巩固和发展最广泛的爱国统一战线，积极为各民主党派、工商联、无党派人士发挥作用搭建平台；加强和改进留学人员、新媒体中的代表人士、非公有制经济人士特别是年青一代的工作，引导他们发挥积极作用；着力推动群团组织改革创新，支持工青妇等人民团体依照法律和各自章程开展工作；认真做好民族、宗教、侨务、对台和港澳工作；加强国防教育，加强国防动员和后备力量建设，支持和服务好驻三门峡人民解放军、武警部队建设，提高全国双拥模范城创建水平，推动军民融合发展。

(五)深化社会治理，共享和谐安宁。社会治理的重心必须落实到城乡、社区。坚持深化“平安三门峡”建设，巩固“长安杯”创建成果，加强社会治理综合创新，把三门峡打造成最具安全感的城市。

一是坚持“风雨同舟”式的系统治理。按照“加强党委领导、发挥政府主导作用、鼓励和支持社会各方面参与”的要求，充分发挥人民团体、群众组织、企事业单位、社会组织的积极作用,实现政府治理和社会自我调节、居民自治良性互动。二是坚持“未雨绸缪”式的源头治理。进一步健全矛盾纠纷化解机制，完善市县乡村四级矛盾纠纷排查化解网络，构建“访、信、网、电、视频”五位一体综合平台，尽可能使社会矛盾和社会冲突少产生、少转化、少激化，从源头上预防和减少信访问题。完善落实稳定风险评估机制，加快健全公共安全体系，提高对自然灾害、事故灾难和公共卫生、社会安全等事件的预防、应急处置能力。三是坚持“标本兼治”式的综合治理。健全横向到边、纵向到底、网格化管理的社会治安防控体系，深入排查、认真解决非法集资、征地拆迁等影响社会稳定的因素，对各类违法犯罪行为重拳出击、严打惩治，营造更加安定的社会环境。坚持在服务中教育引导群众了解政策、理解政策、用好政策，正确处理国家利益、集体利益和个人利益的关系，更好地感党恩、听党话、跟党走，为维护稳定、促进和谐提供有力保证。树牢安全发展理念，坚决守住安全生产底线，确保安全生产形势总体平稳。加强食品药品安全治理，保障人民群众“舌尖上的安全”。切实打好大气污染防治攻坚战，强化联动配合，严格监管执法，建好天蓝水清的三门峡。

五、以队伍建设为重点，强力推进全面从严治党

习近平总书记指出：“从严治党，关键是从严治吏。”落实总书记重要讲话精神，全面加强党的建设，就必须突出干部队伍建设这个重点，着力培养一批忠诚干净担当的好干部，打造一支具有铁一般信仰、铁一般信念、铁一般纪律、铁一般担当的好队伍，营造心齐、气顺、劲足的好环境，把全面从严治党的各项要求落到实处。

(一)加强思想建设，坚定理想信念。思想建党是我们党

的光荣传统和政治优势，必须摆在首位、全力抓好。要强化理论学习，深入开展学习型党组织建设，巩固和深化“两学一做”学习教育成果，把习近平总书记系列重要讲话作为思想理论建设的重点，作为各级中心组学习重要内容，列入干部培训计划和党校教学计划，坚持不懈地用马克思主义中国化最新成果武装头脑，引导党员干部坚定理想信念，不断增强政治意识、大局意识、核心意识、看齐意识，始终在思想上政治上行动上同党中央保持高度一致。要加强道德建设，教育引导党员干部讲党性、重品行、作表率，从自身做起、从当前做起、从小节做起，争做社会主义道德的示范者、诚信风尚的引领者、公平正义的维护者，不断彰显共产党人的人格力量。要扎实做好意识形态工作，严格落实党管意识形态工作责任制，牢牢掌握意识形态工作主动权，引导促进传统媒体和新兴媒体融合发展，讲好三门峡故事、传播三门峡声音，预防减少负面炒作，切实管好方向、把好关口、守好阵地。要及时了解分析党员干部的思想状况和能力素质，针对性开展新一轮大规模干部教育培训工作，优化干部知识结构，强化干部实践锻炼，不断提升推动转型发展、决胜全面小康的能力水平。

(二)严肃政治生活，促进党内团结。严肃党内政治生活是全面从严治党的基础。市委常委会是全市的领导核心，必须认真完善落实《加强市委常委会自身建设的意见》，带头严肃党内政治生活，带头讲政治、讲正气，带头做到忠诚干净担当。全市各级党组织都要周密布置、认真开展严肃的党内政治生活，深入学习、认真遵守以实事求是、“三大作风”、民主集中制、严明党纪等为主要内容的党内政治生活基本规范。一是严肃党的各项纪律。切实强化纪律意识和规矩意识，始终把纪律和规矩挺在前面，严格遵守党的政治纪律、组织纪律、廉洁纪律、群众纪律、工作纪律和生活纪律，以严肃纪律保证各项工作顺利推进。二是严明党的工作规则。着重围绕加强班子团结，健全执行民主集中制，促进集体领导和个人分工负责相统一；完善落实重大问题决策、重要干部任免、重大项目安排、大额资金使用“三重一大”制度，确保重要事项决策部署经得起实践的检验；建立健全党委常委会、全委会议事规则和决策机制，用好批评与自我批评有力武器，推动党委(党组)工作科学严谨。三是严格党的组织生活。坚持健全领导干部双重组织生活、民主评议党员等制度，促进党的组织生活制度化、经常化、规范化。健全落实党内情况通报、情况反映、听证咨询等制度，畅通党员参与和监督党内事务渠道，积极营造党内民主讨论、民主监督环境。

(三)从严选人用人，提高队伍素质。“秉公为国，不恤其私，乃谓之忠臣。”建设一支永远忠诚于党、德才兼备的高素质骨干队伍，是我们事业成功的根本保证。一是倡树正确导向。用好一个干部，树起一面旗帜；用错一个干部，贻害党的事业。要认真落实“信念坚定、为民服务、勤政务实、敢于担当、清正廉洁”的要求，严格执行干部选拔任用制度，树立公平公正的选人用人导向。牢牢坚持以《干部任用条例》为基本遵循，看德才、凭实绩、重公认，倡导“有为者有位、为担当者担当”，着力选拔政治上强、敢抓敢管、担当有为的“狮子型”干部，注重使用兢兢业业、埋头苦干、不事张扬的“老黄牛型”干部，坚决不用跑官要官、投机钻营、懒政怠政等问题型干部，激励广大党员干部争当“想为、敢为、勤为、善为”的先锋。二是狠抓关键少数。探索建立加强县(市)、区、乡(镇)党政正职以及市直重点领域、关键环节、重要岗位领导干部教育管理的办法，完善党建工作专项述职评议、领导干部报告个人有关事项等制度，促使关键少数带头示范，争做对党绝对忠诚、坚持民主集中制、践行群众路线、干事创业、清正廉洁的模范。三是创新选用机制。突出科学有效，探索完善干部考评体系，以科学考核促进科学识人；完善干部选任决策机制，以正确集中实现正确用人；改进选任程序办法，以程序公正确保结果公正；认真执行和完善干部选拔任用“一报告两评议”等制度，坚决防止干部带病提拔；注重选用优秀年轻干部，选拔配备女干部、非党干部和少数民族干部，切实优化班子结构。全面做好离退休老干部工作，为三门峡发展增添正能量。四是严格管理监督。健全干部谈心谈话、函询诫勉等制度，严格执行领导干部有关事项报告、干部档案核查及责任追究等制度，加强对干部的经常性管理监督，用他律促进自律，以严管体现大爱。

(四)创新基层党建，筑就坚强堡垒。党的工作最坚实的力量支撑在基层，最突出的矛盾问题也在基层。要落实基层党建工作责任制，始终把党建工作的主阵地放在基层，坚持政治功能和服务功能相统一，坚持资源力量向基层倾斜，使基层党组织真正成为服务群众、推动发展、决胜小康的坚强堡垒。一是坚持抓好“两个覆盖”强体系。着眼推进党组织的有形覆盖和有效覆盖，进一步加强农村、社区、机关、事业单位和非公有制企业、新社会组织党建工作，破解新兴领域党建难题，探索建立网络党组织，切实提高基层党组织的覆盖面、渗透力和影响力。二是坚持发挥“两个作用”强根基。致力发挥基层党组织的战斗堡垒作用和党员的先锋模范作用，突出加强农村基层党组织建设,巩固提高已有的成功经验,持续深化“百村示范千村提升”工程,深入整顿软弱涣散基层党组织,选优配强基层党组织带头人队伍,加大村级运转经费、活动场所等方面的投入,努力提高基层干部的政治待遇和经济待遇,确保基层组织有资源有能力、基层干部有激情有动力开展好各项工作,切实增强基层党组织的创造力、凝聚力、战斗力。三是坚持抓好“两个关口”强管理。把发展党员工作和加强党员管理教育结合起来,严把入口,持续抓好农村党员积分管理,严肃认真发展党员,注重发展青年人入党;慎开出口,改进对流动党员的管理服务,及时处置不合格党员,永葆党员队伍的先进性纯洁性。坚持推动全面从严治党向基层延伸,建立健全管住“微权力”的制度,认真纠正、严肃查处执法不公和基层侵吞惠民资金等“蚊贪”“蝇腐”问题,切实维护群众切身利益。

(五)深化作风建设,提振精神士气。精神力量有多大,发展动力就有多大;人心士气有多高,发展成效就有多高。我们要保持“作风建设永远在路上”的韧劲,着力锤炼党性、改变惯性、治理惰性,切实改变状态、改善服务、改进作风,重振精气神,凝聚正能量。一是在锤炼党性上下功夫。坚持党性原则,是做合格党员的基本要求,也是党员立身、立业、立言、立德的基石。要加强党性锻炼,提高党性修养,特别要把党性和人民性统一起来,着力解决好“为了谁、依靠谁、我是谁”的问题。深入学习遵守党章,明底线、知敬畏、守规矩,自觉做到“四个服从”,确保政令畅通、落地生根。二是在改变惯性上下功夫。面对错综复杂的矛盾和问题,各级党员领导干部必须要有勇于克难的决心、敢于攻坚的魄力、矢志不移的政治定力,决不能在困难面前畏首畏尾、踌躇不前,决不能寻找借口、自欺欺人,决不能转移目标、自我麻痹。要着力破除固有经验和思维定式束缚,破除条条框框的束缚,树立敢破敢立的创新精神;破除小进即满、小富即安的安逸心态,树立居安思危的忧患意识;破除高高在上的官僚思想,树立舍我其谁的担当精神;破除只说不做的浮漂作风,树立真抓实干的务实精神,以优良作风把三门峡的工作做实做到位。三是在治理惰性上下功夫。深入贯彻中央和省委的决策部署,切实做到说了就算、定了就干、干就干好。继续深入治理“懒政怠政”“为官不为”,拔掉“门好进、脸好看、事却不办”的“软钉子”,锤炼“马上就办、立说立行”的“硬作风”。切实向庸官懒政“慢性病”开刀,对“混日子”“磨洋工”的严肃进行问责,不在状态就换人。建立督查和考评机制,着力解决“能力不足不能为、动力不足不想为、担当不足不敢为”等问题,推进作风建设常态化、长效化。

(六)推进反腐倡廉,优化政治生态。“伐木不自其本,必复生;塞水不自其源,必复流;灭祸不自其基,必复乱。”当前,我市党风廉政建设和反腐败斗争形势依然严峻复杂,减少腐败存量、遏制腐败增量、重构政治生态的任务十分艰巨,我们必须高度重视、持续深入推进。一是落实责任。全面落实党委(党组)全面从严治党的主体责任,认真落实党委(党组)书记的第一责任、班子其他成员的“一岗双责”,切实做到有责必问、问责必严;支持各级纪委履行监督责任,强化监督、从严执纪、严肃问责。二是加强教育。进一步健全廉政教育机制,结合近年来发生在我市的党员领导干部违纪违法案例,运用身边的人和事,对照正反“两面镜子”,加大警示教育力度;充分发挥“3+2+1”廉政教育基地作用,引导党员干部树立正确的权力观,保持敬畏之心,防微杜渐、警钟长鸣。三是惩治腐败。坚持“无禁区、全覆盖、零容忍”,严肃查处插手工程建设和土地出让、买官卖官、跑官要官、腐化堕落等案件;加强和改进巡察工作,着力纠正解决党的领导弱化、党的建设缺失、全面从严治党不力的问题。四是健全机制。推进廉政监督机制创新,建立健全预防职务犯罪、经常性的提醒和批评等制度,充分运用监督执纪“四种形态”,加快构建不敢腐、不能腐、不想腐的长效机制。

同志们,上世纪20年代,三门峡就诞生了中共陕州工会支部。从此,全市人民就在党的领导下,进行了一场场气壮山河的艰苦斗争,谱写了一曲曲可歌可泣的壮丽诗篇。今天,三门峡的党组织已经发展成为拥有15万名党员的队伍,并且正在日益壮大。这是一支狂风吹不倒、暴雨打不垮、困难压不弯的钢铁队伍,是一支攻无不克、战无不胜、无坚不摧的伟大力量。无论遇到多少困难挫折,我们始终方向明晰、信念坚定;无论遇到多少艰难险阻,我们始终步伐铿锵、砥砺前行。现在,历史的接力棒传到了我们手里,宏伟蓝图已经绘就,奋发有为正当其时。让我们更加紧密地团结在以习近平同志为总书记的党中央周围,紧紧依靠和带领全市人民,励精图治、团结拼搏、奋发图强、开拓前进,万众同心创造更加幸福的生活,凝神聚力开辟更加美好的未来!

政府工作报告

——在三门峡市第六届人民代表大会第六次会议上

(2016年3月21日)

中共三门峡市委副书记、代市长 安 伟

一、"十二五"主要成就及"十三五"目标任务

"十二五"以来,宏观经济错综复杂,改革发展面临前所未有的多重困难和严峻挑战。在省委、省政府和市委的坚强领导下,全市上下全面落实党的十八大和十八届三中、四中、五中全会精神,深入贯彻习近平总书记系列重要讲话精神,抢抓国家"一带一路"战略、河南省"三大国家战略规划"实施等机遇,积极适应经济新常态,主动作为,敢于创新,善抓落实,交出了一份经济平稳增长、发展方式加快转变、群众生活持续改善、综合实力再上台阶的合格答卷。

综合实力竞争力显著提升。经济总量不断壮大,"十二五"期间,全市生产总值年均增长9.3%,人均地区生产总值5.6万元,均为2010年的1.4倍。规上工业增加值年均增长10.7%,一般公共预算收入年均增长13.6%,全社会固定资产投资年均增长21.3%,社会消费品零售总额年均增长14.4%,进出口总值年均增长21.8%。城乡面貌焕然一新,商务中心区、特色商业区建设成效初显,沿黄半岛景观带建设、旧城区和城中村改造扎实推进,"城市管理年"和"洁城行动"深入开展,中心城区品位魅力明显提升,县(市)城区带动力持续增强,全市城镇化率达到51.3%,农村人居环境显著改善,21个村入选全国和全省"美丽乡村"试点。

发展方式加快转变。三次产业结构由2010年的8.0:68.5:23.5转变为9.4:60.1:30.5。工业经济提质发展,黄金、铝等主导产业占规上工业增加值的80%以上,高新技术产业占规上工业增加值的比重提升12.3个百分点,荣获国家科技进步先进市称号。现代服务业提速发展,在全省率先建设商务中心区,服务业增加值年均增长9%,占生产总值比重比2010年提高7个百分点。现代农业加快发展,特色农业产值占比85%以上。万元地区生产总值能耗、万元工业增加值能耗分别累计下降17%和30%,化学需氧量、氮氧化物、二氧化硫、氨氮排放分别削减9.9%、15.5%、10.5%和13.4%,森林覆盖率达50.7%,保持全省第一,获得国家园林城市、国家森林城市等称号。

发展支撑日益增强。郑西高铁、三淅高速、连霍高速改扩建等建成通车,"三纵四横"交通网络不断完善。三门峡海关等三大通关机构顺利建成,国家果品及果蔬汁检测重点实验室落户。与省工、农、中、建、农发5家银行开展战略合作,落实协议资金1236亿元。"十二五"期间共实施重点项目1269个,完成投资3670亿元,中金黄金产业园等一批重大项目落地。河南科技大学应用工程学院挂牌成立,填补了我市本科院校的空白。崤函古道石壕段遗址联合申遗成功,实现入选世界文化遗产"零"突破,为转型发展提供了有力支撑。

改革开放扎实推进。重要领域和关键环节改革持续深化,非行政许可审批事项全面取消,医药卫生、财税金融、工商登记等领域改革扎实推进。积极开展招商引资,累计签约项目745个,总投资5280亿元,实际利用外资年均增长20.4%,实际到位省外资金年均增长23.4%。晋陕豫黄河金三角区域合作上升为国家战略。

群众生活不断改善。持续实施省市“十项重点民生工程”,财政民生支出累计520.7亿元,占财政支出的70%,是“十一五”的2.4倍。城镇累计新增就业27.9万人,转移农村劳动力40万人,城乡居民人均可支配收入分别年均增长10.1%和13.6%,农民人均纯收入增速连年位居全省前列。扎实推进新一轮脱贫攻坚,实现13.5万人稳定脱贫。社会大局和谐稳定,在全省率先荣获全国社会治安综合治理最高荣誉“长安杯”。

各位代表!“十二五”时期的辉煌成就,集中展现了全市人民的伟大创造力,极大增强了全市上下的自信心和凝聚力,必将激励我们在实现全面建成小康社会新征程上奋力前行!这些成绩的取得,是省委、省政府和市委的正确领导的结果,是市人大、市政协大力支持的结果,是全市人民团结拼搏的结果。在此,我代表市人民政府,向全市各行各业的建设者,向各位人大代表、政协委员、各民主党派,向驻峡解放军、武警官兵、公安干警,向广大客商以及关心支持三门峡发展的各界人士,致以崇高的敬意和衷心的感谢!

五年奋斗,五年发展,我们深深地感到,要加快转型步伐,实现华丽转身,必须始终坚持发展第一要务,在发展中调整,在调整中提升;必须主动适应经济新常态,不断以改革创新的举措激发活力、转换动力;必须坚持以人为本,始终把民之所望作为工作所向,多谋民生之利,多解民生之忧;必须加强作风建设,以精神状态的上行动力应对经济运行的下行压力,埋头苦干、久久为功。这是全市人民辛劳和智慧的结晶,我们一定要倍加珍惜、牢牢坚持,使之成为赢得未来发展的制胜法宝!

各位代表!往事可鉴,来者可追。“十三五”时期是全面建成小康社会的决胜阶段,也是我市加快转型发展的关键时期,我们一定要准确把握我市发展所处的历史阶段和经济新常态带来的趋势变化,以舍我其谁的勇气,奋力开拓发展的新境界!

根据市委意见,市政府编制了《三门峡市国民经济和社会发展第十三个五年规划纲要(草案)》,已与纲要说明一起印发会议,提请审议。

“十三五”全市经济社会发展的指导思想是:深入贯彻落实党的十八大和十八届三中、四中、五中全会精神,主动适应国际经济新形势新变化和国内经济新常态,以“四个全面”战略布局为总引领,全面贯彻创新、协调、绿色、开放、共享五大发展理念,紧紧围绕“一带一路”重要节点城市、黄河金三角区域中心城市、转型发展示范城市、休闲文化城市四大战略定位,不断优化生产、生活、生态三大空间布局,着力实现产业转型升级和中心城区转型两大突破,争取提前一年实现全面建成小康社会奋斗目标。

主要预期目标是:在提高发展质量和效益基础上,生产总值增速和主要人均指标高于全省平均水平,到2019年生产总值和城乡居民人均可支配收入比2010年翻一番,人民生活水平普遍提高,生态环境更加优良,转型升级实现突破,先进制造业、现代服务业、战略性新兴产业比重大幅提升,动能转换基本完成,城市带动能力显著增强,城乡发展日益协调,初步形成优势产业强大、新兴产业壮大、城市规模扩大的区域中心城市,跨入全省综合实力强市行列,现代化建设迈出坚实步伐,黄河明珠、天鹅之城展现出更加美好的发展前景。

实现上述目标,必须深入落实“54321”转型发展战略:

一是贯彻五大发展理念。把创新发展作为关键动力,强化理念、方法、路径创新,培育转型发展新动能。把协调发展作为有力保障,统筹城乡、区域、经济社会协调发展,增强发展的整体效能。把绿色发展作为内在要求,促进产业发展生态化、生态建设产业化,形成人与自然和谐发展新格局。把开放发展作为必由之路,扩大开放招商,深化区域合作,打造内陆开放新高地。把共享发展作为根本目的,推进脱贫攻坚,增进民生福祉,创造幸福和谐新生活。

二是明晰四大战略定位。抢抓国家实施“一带一路”战略机遇,努力建设“一带一路”重要节点城市。充分发挥比较优势,加快建设区域交通、物流、商贸、旅游中心,打造黄河金三角区域中心城市。坚持做强工业、做大服务业、做优农业,加快构建现代产业体系和自主创新体系,打造转型发展示范城市。依托生态环境优势和历史文化优势,加快城市转型发展,提升城市气质,增添城市魅力,打造休闲文化城市。

三是优化三大空间布局。优化生产空间布局,以产业集聚区、商务中心区、特色商业区为载体,推动形成产业升级与城市提升双轮驱动、互相促进的发展格局。优化生活空间布局,着力构建“一核两翼三带多点”的新型城镇体系,建设美丽乡村,推动城乡基本公共服务均等化,形成城乡互促联动、共同繁荣新局面。优化生态空间布局,科学划定绿色系统红线、生态保护红线和永久基本农田红线,加强生态文明建设,让美丽与发展同行。

四是着力实现两大突破。努力实现产业转型升级突破,建设新型工业化城市、高成长服务业先进市、特色农业强市、网络经济大市。努力实现中心城区转型突破,拉大城市框架,强化产业支撑，完善城市功能，提升文化品位，增强城市影响力和辐射带动力。

五是提前实现一大目标。坚持发展第一要务，持续保障改善民生，到2019年实现生产总值、城乡居民收入比2010年翻一番，提前一年实现全面建成小康社会目标。

各位代表！展望未来，奋进的目标召唤着我们，人民的期待鞭策着我们，光明的前景激励着我们，我们信心百倍。我们坚信，只要我们和衷共济、砥砺前行，我市“十三五”发展的宏伟蓝图一定能够如期实现！

二、2015年工作回顾

2015年是“十二五”的收官之年，也是我市经济社会发展极不平凡的一年。我们认真贯彻省委、省政府和市委决策部署，深入开展“三严三实”专题教育和“我为三门峡发展作贡献”主题实践，着力稳增长、保态势、抓落实，全市经济社会平稳健康发展。全市生产总值完成1261亿元，增长3.5%。一般公共预算收入93.9亿元，增长1.6%。规上工业增加值602亿元，增长1.8%。全社会固定资产投资1551亿元，增长15.9%。社会消费品零售总额397亿元，增长11.6%。进出口总值4.4亿美元，增长84.9%。城乡居民人均可支配收入分别达到2.38万元和1.1万元，实际增长5.4%和8.4%。

(一)重大项目建设取得新突破。全市23个省重点项目完成投资201亿元，占年度目标的140.5%。245个市重点项目完成投资858亿元，占年度目标的142%，其中亿元以上工业转型升级项目54个，完成投资295亿元。中金黄金产业园一期、连霍高速改扩建等48个项目建成，蒙华铁路等200多个重大项目加快推进。积极争取国家专项建设基金，54个项目争取基金39亿元，位居全省第三位，可带动全社会固定资产投资711亿元。12个项目纳入国家、省PPP示范项目。科学编制“十三五”规划，谋划重大项目1546个，总投资1.18万亿元。

(二)产业转型升级取得新进展。工业经济转中趋稳，积极培育装备制造、新材料、新能源、生物医药等战略性新兴产业，河南能化汽车零部件产业园、乐氏同仁药业中药产业园等项目加快推进。新认定国家级高新技术企业7家、院士工作站等各类创新平台15家。三门峡产业集聚区创业服务中心被认定为国家级孵化器。高新技术产业完成增加值104亿元，占规上工业增加值的17.2%。特色农业加快发展，粮食总产7.2亿公斤，占目标任务的143%。果品总产23亿公斤，其中苹果18.6亿公斤。收购烟叶57.5万担，规模和质量继续保持全省首位。食用菌突破1.76亿袋。省、市农业产业化集群达到39个，农业龙头企业206家，农民专业合作社1100家。“三品一标”农产品数量133个，“灵宝苹果”品牌价值171亿元，跻身全国初级农产品类地理标志产品十强。建成全省首家农产品质量安全追溯服务中心，被确定为全国信息化基地建设整体推进市。现代服务业扩量提质，第三产业占地区生产总值的比重比上年提高3.3个百分点。现代物流业加快发展，万石物流等项目进展顺利。义马市农商行正式挂牌，金融对经济增长的贡献率达6.8%。黄河公园等4家景区成功创建AAAA级景区。成功举办第21届黄河文化旅游节、白天鹅旅游季等大型活动，全年接待国内外游客2687万人次，增长13.2%，旅游总收入225.6亿元，增长11.3%。

(三)城乡建设取得新提升。陕州区正式挂牌，三门峡进入“一城两区”时代。商务中心区完成投资75亿元，基础设施建设基本完成，2000户居民实现回迁，3所配套学校正在建设，50多个招商项目有序推进，昔日的荒山荒沟，正在成为“生态宜居、产城融合”的城市新中心。虢国中路等4条新建、改建道路通车，新增供热面积30万平方米。上村一期等旧城区和城中村改造项目进展顺利。实施“魅力天鹅城·美丽三门峡”洁城行动，施行“以克论净·深度清洁”，城区路面达到“双十”标准。休闲文化城市建设扎实推进。义马、渑池基础设施对接加快，灵宝市被列入省级城镇化综合试点城市，卢氏县城跨洛河拓展，县(市)城区面貌持续改观。新增美丽乡村示范村61个，总数达138个。扎实推进农村环境综合整治，76%的行政村达到“三无一规范一眼净”，走在全省前列。农村基础设施不断改善，大石涧水库项目设计通过国家评审，国家抗旱规划项目等一批重大水利工程全面实施。

(四)发展活力取得新增强。各项改革深入推进，政府权力清单全面建立，减少行政审批事项26项。积极推行工商税务“三证合一”登记制度，新增市场主体9868家，增长13.2%。交通运输行政执法体制改革全面完成，党政机关公车改革、机关事业单位养老保险制度改革和农村土地确权颁证扎实推进。开放合作不断扩大，积极争取省政府出台《河南省晋陕豫黄河金三角区域合作规划实施方案》。推行“三专一委托”招商工作法，签约招商项目176个，总投资730.7亿元，履约率85.8%，开工率67.6%，资金到位率31.3%。引进实施中电投等央企合作项目11个，完成投资145亿元。对外贸易完成出口1.75亿美元，增长47.3%。对外承包工程和劳务合作营业额增长59.1%。4家公司在“新三板”挂牌,8家公司在上海股权托管交易中心挂牌,27家公司进入省上市“后备队”。发展载体日趋完善,推进产业集聚区“三上一提高”,三门峡产业集聚区在全省观摩中取得小组第一,渑池县产业集聚区进入全省“十快”。全市产业集聚区规上工业主营业务收入1877亿元,成为带动区域经济发展新的增长极。服务业“两区”建成区面积达到4.6平方公里,入驻企业941个,从业人员4.3万人。高阳山温泉国际度假区等11个项目建成投用,渑池县特色商业区被评为全省“十快”。电子商务蓬勃发展,阿里巴巴·三门峡产业带运营平稳,培育省、市电商示范企业27家。成立市特色农产品电子商务中心,农业电子商务千县万村计划和阿里巴巴“淘宝村”项目加快推进,卢氏县被确定为全国电子商务进农村综合示范县。全市电商交易额15亿元,网络零售额4亿元,均实现历史性突破。

(五)群众生活取得新改善。加大财政民生投入,积极实施省、市“十项重点民生工程”。努力扩大就业,扎实推进大众创业、万众创新,市创业孵化基地挂牌运营,完成全民技能振兴工程培训9.5万人次。持续实施“崤函创业扶持行动”,发放创业担保贷款6.1亿元,扶持创业7702人。城镇新增就业6.1万人,城镇登记失业率2.8%。加强社会保障,社会保险制度体系不断完善,城乡低保等覆盖面及标准位居全省前列。新开工保障性住房4624套,基本建成2425套。加大扶贫开发力度,3.7万名农村贫困人口实现稳定脱贫,解决14.9万名农村居民和在校师生饮水安全问题。积极发展社会事业,河南科技大学应用工程学院首批本科专业招生,学前教育行动计划二期等教育工程深入实施。县级公立医院改革扎实推进,市中心医院晋升“三级甲等医院”,单独二孩政策稳妥实施,免费孕前健康检查实现城乡全覆盖,人口自然增长率4.25‰。文化体制改革扎实推进,义马市荣获“全国文化先进县”称号,函谷关文化产业园入选省级文化产业示范园区,“政府采购百场戏”“舞台艺术送农民”扎实开展。群众健身活动蓬勃开展。新行政服务中心投入使用。加强精神文明建设,社会主义核心价值观和道德建设宣传教育工作在全省受到表彰,“文明河南·暖暖新年”系列活动成效显著,志愿服务形成了“爱心之家”“扶人协会”两大品牌,新增全国文明村镇2家,涌现出一批省级精神文明先进个人。加强生态文明建设,大力实施“蓝天碧水”工程,完成省政府下达的污染治理目标任务,万元地区生产总值能耗、万元工业增加值能耗分别下降0.7%和2.1%。大力发展清洁能源,风电装机规模34万千瓦,占全省一半以上。加强林业生态建设,新造林42.3万亩,森林抚育和改造34.5万亩。创新社会治理,预防和化解社会矛盾,全面排查处置非法集资风险,信访形势总体稳定。深入开展“三查三保”活动,安全生产和食品安全形势平稳,社会大局和谐稳定。国防动员和双拥共建深入开展,军政军民团结更加巩固。统计、审计、外侨、民族、宗教、对台、史志、人防、防震减灾、无线电、黄河河务、妇女儿童、残疾人、老龄、慈善等工作取得新成绩。

各位代表!在肯定成绩的同时,我们也清醒地看到,我市经济社会发展中还存在着一些突出矛盾和问题:主导产业产品以原材料和初加工为主,产业层次低,产品附加值不高,距离中高端水平还有较大差距。接替产业规模偏小,新兴产业培育不足,对经济社会发展的支撑作用有限。财政收入增长放缓,公共服务水平不高,脱贫攻坚任务繁重,民生领域欠账较多等。特别是在当前经济下行压力加大的形势下,一些企业生产经营困难,有的行业困难加剧,问题更加凸显。同时,法治政府建设仍需加强,一些地方和部门服务意识不强,行政效能不高,消极腐败现象依然存在。对此,我们一定高度重视,认真解决,尽心竭力做好政府工作,决不辜负人民重托!

三、2016年重点工作

今年是实施“十三五”规划、全面建成小康社会决胜阶段的第一年,也是推进结构性改革的攻坚之年。做好政府工作,必须全面贯彻党的十八大、十八届三中、四中、五中全会和中央、省委、市委经济工作会议精神,认真落实市委“54321”转型发展战略,以稳中求进、转型发展为主基调,牢牢把握产业升级和城市转型两大突破,着力稳定经济增长,着力培育优势产业,着力抓好城市建设,着力深化改革开放,着力推进脱贫攻坚,着力保障改善民生,促进经济社会持续平稳健康发展,不断提升区域核心竞争力,确保“十三五”良好开局。

经济社会发展主要预期目标是:地区生产总值增长8%以上,一般公共预算收入增长7%以上,规模以上工业增加值增长9%,固定资产投资增长15%以上,社会消费品零售总额增长12%,进出口总值增长10%,城镇居民人均可支配收入实际增长9%以上,农村居民人均可支配收入实际增长10%以上,节能减排、环保等约束性指标完成省定目标。

综合分析各方面情况,今年我们发展面临的困难较大、挑战较多,但困难和挑战并不可怕,我们的发展从来都是在应对困难和挑战中前进的,只要我们全面落实省委、省政府和市委各项决策部署，发挥好政策叠加的机遇优势，利用好作风建设的丰硕成果，以壮士断腕的决心推进转型发展，以舍我其谁的勇气建设省际中心城市，以敢于担当的责任感推动脱贫攻坚，以驰而不息的精神推动作风转变，万众一心、共克时艰，就一定能够披荆斩棘、破浪前行，赢得“十三五”发展的开门红！

今年要重点做好六个方面的工作：

（一）稳定经济增长，确保经济运行在合理区间。把稳增长、保态势作为全局工作的突出任务，全力抓好经济运行，推动全市经济发展提质增速。

加快项目建设。发挥投资对稳增长的关键作用，抓好22个省重点项目，年度完成投资152.9亿元。全力推进242个市重点项目，年度完成投资550亿元。加快实施已获得国家专项基金的54个项目。持续做好国家专项建设基金争取工作，力争继续在全省保持领先位次。谋划筛选适宜PPP模式的新项目，争取纳入国家、省PPP项目推介库。

加强企业服务。坚持分类指导、一企一策，加大对规上工业企业、限额以上商贸企业、农业龙头企业、小微企业服务力度，搞好产销、银企、用工、产学研“四项对接”，帮助解决实际困难。稳妥有序处置“僵尸企业”，对产品有市场、有效益但暂时遇到困难的企业，积极争取中央、省专项奖补支持。规范清理涉企收费，帮助企业降低生产成本和税费负担，为企业破解发展瓶颈提供“保姆式”服务。加强企业家队伍建设，推动提升经营理念和管理水平。

强化要素保障。强化土地、能源、资金等要素支撑，抓好资源整合开发，加快推进渑池煤下铝等国家整装勘查项目。实行有保有控的供地政策，优先保障重点项目用地。积极拓宽大用户直供、大工业用电渠道，做好煤电油运等要素供给。加强政银企合作对接，完善政保贷、助保贷、过桥资金池等政策措施，帮助企业解决融资难题。加强与国开行、农发行等金融部门对接，做好国家专项建设基金项目的融资工作。设立5000万元经济转型发展专项资金，研究建立推动产业升级和城市转型的若干基金，重点支持对全市经济发展贡献大的工业企业、商贸企业、电商企业和金融机构，确保优势产业和新兴产业今后发展的资金需求。

（二）坚持发挥优势顺应趋势，加快推动产业升级突破。坚持把培育优势产业、新兴产业作为转型发展的主攻方向，推动产业规模壮大、结构优化、层次提升。

加快建设新型工业化城市。以《中国制造2025河南行动纲要》和省委、省政府“十大重点产业”为指导，改造提升传统工业，培育壮大战略性新兴产业，强化工业化信息化深度融合，推动工业提质增效。黄金工业，抓好中金集团黄金产业园、灵宝4万吨锂电铜箔、志成金铅技改提升等项目，拉长黄金、铜精深加工产业链，建设全国重要的黄金珠宝加工交易基地和铜材生产加工基地。铝工业，抓好戴卡轮毂汽车零部件产业园、同人铝业年产60万吨铝合金铸造及深加工、锦江集团汽车轻量化等项目，推动铝工业向高端产品加工转变。煤化工，抓好开祥化工产品结构调整、义煤综能公司甲醇蛋白等项目，推进煤化工产业向精深加工发展。战略性新兴产业，抓好义腾新能源年产3000万套锂离子电芯、康耀电子年产300万片导电玻璃、乐氏同仁药业中药产业园等项目，加快装备制造、新材料、电子信息、生物医药等产业发展。突出创新驱动，支持行业骨干企业重大技术攻关、智能化改造和重大产业基地建设，推动电动汽车、新材料、新能源等重点行业领域实现技术突破。加快高新技术产业和创新平台建设，争取高新技术企业总数达到45家，高新领域企业总数突破150家，新认定市级以上创新平台10家。

加快建设高成长服务业先进市。以物流、金融等专业化服务为引领，加快发展生产性服务业，以休闲、健康等个性化消费为导向，加快发展生活性服务业，充分发挥服务业对转型发展的带动作用。提速发展现代物流业，确保锦江集团“一带一路”大宗商品交易中心等标志性项目开工建设，加强城乡物流配送体系建设，打造黄河金三角区域物流中心。积极发展金融服务业，陕州区农商行年内挂牌开业，灵宝市农信社达到农商行组建标准。加快组建村镇银行，实现县（市）村镇银行全覆盖。积极引进域外金融机构在我市设立分支网点。积极稳妥发展互联网金融、绿色金融、金融租赁等新兴业态。壮大提升旅游业，迎接正在兴起的大众旅游时代，整合自然山水和历史文化等旅游资源，加快发展全域旅游。推进旅游综合服务中心、陕州地坑院文化旅游区等重点项目，年内完成投资16亿元，创建AAAA级景区1家、省级旅游度假区1家。办好第22届黄河文化旅游节暨投资贸易洽谈会。积极发展大健康产业，依托“青山绿水好空气”生态环境优势，大力发展休闲、健身、养老、疗养等大健康产业。积极促进批发零售、住宿餐饮等传统服务业提档升级，推动教育、医疗、文化、体育等服务业加快发展。稳步发展房地产业，落实省、市政策措施，促进新市民在城镇购房，鼓励农民进城购房，争取房地产销售增长10%以上。建立购租并举住房制度，提高棚改货币化安置率。

加快建设特色农业强市。发挥特色农业优势，加强农业供给侧结构性改革,打造高品质、致力高品级、形成大品牌,推动农业向质量效益、生态化、品牌化转变。种植农业坚持生态化、品级化、有机化,大力推进地理标志农产品、无公害农产品和绿色食品等标志认证,加强生态原产地产品保护,使农产品真正成为大自然馈赠给人类的“精灵”。加工农业坚持链条化、效益化、品牌化,瞄准市场需求,加快发展果汁、食用菌、畜禽、核桃等加工产业,提高农产品效益。充分发挥农业龙头企业的引领带动作用,高起点嫁接利用汇源果汁、雏鹰农牧等知名品牌,实现跨越发展。农业产业集群坚持规模化、融合化、循环化,积极引进农业龙头企业,大力发展家庭农场、专业大户、农民专业合作社、股份合作经济组织等新型农业经营主体,持续提升果品、畜牧等集群发展水平。推进农村一二三产业融合发展,促进观光农业、加工农业、乡村旅游有机融合,形成全链条、全体系、全循环的现代农业产业发展体系。强化农业基础支撑,开工建设大石涧水库等水利工程,加快灌区建设和节水改造,继续实施中小河流治理和山洪、地质灾害防治。

加快建设网络经济大市。把网络经济作为创新发展、跨越发展的切入点和突破口,不断强化基础支撑、平台支撑和人才支撑,推动以电子商务为先导的网络经济加速发展。筹办好首届“互联网+”联盟峰会,搭建面向中西部的网络经济发展平台。加快电商园区建设,推进市商务中心区电商大厦、颐高集团电商产业园等项目,谋划打造三门峡快递物流园,抓好市电子商务创业园、市众创空间暨创业孵化基地等各类园区运营发展。抓好产业带运营,依托阿里巴巴·三门峡产业带运营优势,大力发展平台经济,扶持本土电商企业做大做强,谋划举办三门峡网上购物节,积极发展跨境电子商务。壮大农业电子商务,围绕“一村培育一品、一品叫响一店、一店带富一片”的目标,重点推进卢氏县、灵宝市“农村淘宝”项目,引领和带动全市农业电商发展,力争70%的行政村达到“一村一品”,网络销售额超过20亿元。加强人才培育,与国内知名电商培训机构和重点院校合作,谋划推动电子商务培训机构、专业学科建设,全年培训不少于1万人次。认真办好全省农业电子商务现场会。

(三)突出中心城区带动,加快推动城市转型突破。把中心城区转型作为转型发展的主战场,深入落实中央、省委城市工作会议精神,突出特色,传承文脉,增添魅力,加快构建“一核两翼三带多点”城镇化格局。

强化业态支撑。依托产业集聚区、开发区、湖滨工业园区等载体,大力发展先进制造业。依托城郊家庭农场,大力发展都市生态农业,促进特色农业与休闲度假等充分融合。以沿黄半岛景观带为主体框架,整合旅游资源,打造黄河天鹅湖湿地旅游度假区,加快青龙涧河景观带改造提升,做大做强主城区旅游。坚持一手抓建设,一手抓繁荣,加快服务业“两区”建设,持续抓好基础设施建设和项目招商,进一步提升承载能力,培育发展金融保险、研发设计、信息服务等生产性服务业和现代商贸、娱乐健身等生活性服务业。

完善城市功能。强力推进商务中心区建设,确保明珠大厦等在建项目尽快竣工、武警指挥中心等项目尽快开工,加快建设学校、医院等配套设施,进一步提升承载能力,打造连接湖滨区和陕州区的城市新中心。推动中心城区基础设施扩容提升,加快综合管廊、海绵城市规划建设。打通六峰南路等7条“断头路”和黄金大道、中心大道,推进经三路等3条雨污水管网和老旧道路、桥梁改造。加快推进上村片区、崖底村等旧城区和城中村改造项目,依法处置违法违规建设行为。完善城市交通网络,争取国道310线南移项目开工建设,抓好三淅高速豫晋省界至灵宝段、国道344、省道313等项目建设。推动陕州区与湖滨区融合发展,加快灵宝城区功能改造,积极向东与城乡一体化示范区对接发展。加快义马、渑池一体化进程,努力建设生态宜居新卢氏。

提升城市品位。坚持融入自然,依托沿黄生态带、崤山—小浪底生态带、伏牛山—熊耳山生态带,打造城市生态走廊。优化城市绿地布局,推动立体绿化规划建设。坚持融入文化,大力挖掘历史文化资源,加快推进庙底沟文化遗址公园等项目建设。大力弘扬社会主义核心价值观,积极开展“践行价值观、文明我先行”等系列活动,持续抓好精神文明创建,大力倡导“做文明人,办文明事”,加强社会诚信体系建设,持续开展好横渡母亲河、黄河大合唱、万人帐篷节等品牌活动,涵养城市底蕴和气质,塑造城市形象新名片。坚持融入现代,推进智慧城市规划建设,启动实施数字化城市管理指挥中心项目,持续开展“洁城行动”,中心城区主次干道“以克论净”达到“双五”标准,加强背街小巷的治理和管理,提升城市精细化管理水平,让我们的城市更有序、更干净,更美丽、更宜居。

统筹城乡协调。坚持“一基本两牵动三保障”,加快户籍制度改革和居住证制度“双落地”,维护进城落户农民土地承包权、宅基地使用权、集体收益分配权,将农民户口变动与“三权”脱钩,有序推动进城农民市民化。支持函谷关镇、洪阳镇、观音堂镇、官道口镇等重点镇因地制宜发展主导产业,提升城镇发展水平。巩固提升138个美丽乡村示范村,新启动

62个示范村创建，打造6条示范带。持续开展农村环境综合整治，实施农村生活垃圾治理5年专项行动，力争95%以上行政村基本达到“三无一规范一眼净”，40%以上行政村达到改善农村人居环境达标村标准。

(四)深化改革开放，增添经济社会发展动力。坚持以改革促发展，在开放中扩内需，激发转型发展动力活力。

持续深化改革。加快财税体制改革，积极推进预决算公开，加强政府债务管理。加快经济发达试点镇改革，推进灵宝市豫灵镇等4个试点镇成为县域经济新的增长点。深化投融资体制改革，加快实施PPP项目。全面完成土地确权登记颁证工作，稳妥推进农村各项改革，激发农村发展活力。加快医药卫生体制改革，稳步推进县级公立医院等其他领域改革。

加大招商引资。围绕培育优势产业，加强招商引资顶层设计，依托我市黄金及有色金属、铝工业等优势产业和黄金珠宝加工基地等重点项目，积极招大引强。用好“三专一委托”等工作方法，坚持产业链招商、驻地招商、以商招商，把握企业“抱团转移”新趋势，加强与行业协会、企业商会、中介机构对接合作，进行整体招商，着力提高招商引资实效。完善招商责任推进机制，加强签约项目的落地服务，提高签约项目履约率、开工率、资金到位率。办好“百名客商三门峡行”活动，争取第22届黄河文化旅游节暨投洽会、第四届特博会成功签约一批好项目。

深化开放合作。抓好外经外贸，充分发挥通关优势，主动融入“一带一路”，抓好省级苹果及果汁出口基地建设，培育食用菌等出口龙头企业，新增进出口备案企业50家以上。鼓励煤炭、黄金、水利工程等优势企业“走出去”，到境外承包工程、建立生产基地。强化区域合作，落实《晋陕豫黄河金三角区域合作规划》，加强区域内基础设施对接，加快蒙华铁路、黄河公铁两用大桥等项目建设。

(五)坚持绿色发展，建设美丽宜居新家园。坚持治、防、管一体抓，持续实施蓝天、碧水、乡村清洁工程和城市河流清洁行动计划，打赢污染治理攻坚战，努力让山更青、水更绿、空气更清新，环境更舒适更宜居，叫响“黄河三门峡，美丽天鹅城”品牌。

强力推进污染减排。全面落实《河南省减少污染物排放条例》，完成省政府下达的减排任务。加大工业污染治理力度，坚决淘汰落后产能。继续严把项目建设审批关，落实“四个不批”，规范建设项目竣工环保验收，从源头上杜绝污染。加强污水处理厂建设和运营监管，确保污水达标排放。

深入开展大气、水污染防治。加强大气污染治理，突出做好工业大气污染防治、机动车污染控制、扬尘综合治理、农作物秸秆禁烧、油气回收治理等工作，有效削减PM10和PM2.5浓度，遏制雾霾天气高发态势。继续深化断面水质达标行动，抓好涧河等重点流域水污染防治、卫家磨水库等饮用水源地保护、南水北调中线工程水源保护工作，守好水资源管理“三条红线”。

抓好生态环境建设。全面落实《河南省湿地保护条例》和《三门峡市白天鹅保护区管理办法》，提升黄河湿地生态系统整体功能，在全市形成“保护湿地、留住天鹅”的浓厚氛围。持续加强林业生态建设，完成生态造林30万亩，森林抚育和改造20万亩。完成省、市级生态村和生态乡镇创建任务。

(六)保障改善民生，持续增进民生福祉。继续实施好省、市“十项重点民生工程”，让人民群众更多地分享改革发展成果。

打好脱贫攻坚战。贯彻精准扶贫、精准脱贫基本方略，坚持“转、扶、搬、保、救”五措并举，大力实施“五个一批”工程，健全扶贫攻坚联动机制，完善定点扶贫机制和选派第一书记驻村帮扶机制，强化易地扶贫搬迁顶层设计和模式创新，积极创建政策性金融扶贫试验示范区，引导资金、土地、人才、技术等要素向贫困地区集聚，实现3.32万名农村贫困人口稳定脱贫，确保脱贫攻坚首战必胜！

积极扩大就业。持续开展大众创业、万众创新，继续实施“崤函创业扶持行动”，全年发放创业担保贷款5亿元以上。深入推进全民技能振兴工程，不断提高就业能力，确保城镇新增就业3.6万人以上。

强化社会保障。全面实施全民参保登记计划，深化机关事业单位养老保险制度改革，继续提高企业退休人员基本养老金。继续完善城镇基本医疗保险制度，加快养老、医疗、失业、工伤、生育保险市级统筹。深化医疗保险付费方式改革，将职工医保、城镇居民医保政策范围内住院费用支付比例分别提高到80%、75%左右，新农合和城镇居民医保年人均补助标准再提高30元。城乡低保财政补差水平月人均分别提高15元和12元。加强保障性住房建设，货币化安置比例达到50%以上。健全社会救助工作机制，建立经济困难高龄失能老人补贴、困难残疾人生活补贴和重度残疾人护理补贴制度。

发展社会事业。大力提升教育治理能力，全面提高教育教学质量。扎实推进“全面改薄”和“扩充城镇义务教育资源”工作，新建、改扩建16所幼儿园和132所中小学，改善基础教育办学条件;加快普及高中阶段教育。实施乡村教师支持计划,加大农村寄宿制学校建设力度。加快推进中职教育资源整合,在商务中心区开工建设1所高标准民办学校。建立健全贫困生资助体系,免除经济困难普通高中学生学杂费,努力让所有贫困家庭的孩子都能接受公平的教育!巩固基本药物制度,保持二级公立医院基本药物使用比例不低于45%,三级公立医院不低于30%。坚持计划生育基本国策,实施全面两孩政策,加大出生缺陷干预力度,开展产前基因检测,提高新生人口素质。抓好文化重点项目建设、文艺精品创作、文化惠民等重大文化工程,编辑三门峡文化丛书,推动传统媒体、新型媒体融合发展。加快文化产业发展,完善公共文化服务体系。大力发展体育事业,广泛开展全民健身行动。

创新社会治理。推进平安三门峡建设,健全社会治安防控体系,推进"一村一警"工作,争创全国社会治安综合治理优秀市"四连冠"。强力推进隐患排查和打非治违专项行动,坚决遏制重特大事故发生。完善体制机制,强化食品药品安全监管,确保群众"舌尖上的安全"。健全完善矛盾纠纷排查化解制度,着重解决信访突出问题。全力抓好非法集资处置和风险防控,最大限度维护群众利益,维护社会稳定。

继续加强国防动员、国防教育和国防后备力量建设,支持驻峡解放军、武警部队、民兵、预备役和人民防空建设,争创全国双拥模范城"五连冠"。支持工会、共青团、妇联等群团组织更好发挥桥梁纽带作用,继续做好统计、外侨、对台、民族、宗教、史志、气象、防震减灾等工作。

四、加强政府自身建设

深入贯彻落实新发展理念,把全面建成小康社会使命扛在肩上,把万家忧乐放在心头,不断提升政府治理能力和公共服务水平,建设人民满意的法治政府、效能政府、廉洁政府和服务型政府,营造良好政务环境。

推进依法行政。认真贯彻法治政府建设实施纲要,坚持依法履职,把政府活动全面纳入法治轨道,自觉运用法治思维和法治方式推动工作,法定职责必须为,法无授权不可为。健全依法决策机制,认真履行重大决策法定程序。推进服务型行政执法,全面落实行政执法责任制,加强行政执法监督,促进严格规范公正文明执法,启动"七五"普法。依法接受人大及其常委会法律和工作监督,主动接受政协民主监督,严格执行人大及其常委会决定,认真办理人大代表建议和政协委员提案。加强政府协商民主工作,落实与民主党派、工商联、无党派人士联系制度,广泛听取意见建议,自觉接受社会监督和舆论监督,让权力始终在阳光下运行!

提升政府效能。坚持勤勉履职、恪尽职守,全面提高政府执行力。深化政府机构改革和事业单位分类改革,坚持"放、管、服"三管齐下,继续取消和下放行政审批事项,清理规范行政审批中介服务,全面建立权责清单制度并实行动态管理,坚决把该放的放开、放到位,该管的管住、管好,激发市场活力,增强经济发展内生动力。推行行政审批标准化,推广"互联网+政务服务",推进政务公开,让企业和群众办事更便捷!

加强廉政建设。坚持纪严于法、纪在法前,严明政治纪律和政治规矩,履行主体责任和"一岗双责",全面落实党风廉政建设责任制。加强党规政纪教育,严格执行廉洁自律准则和各项规定。深入推进公务用车制度改革,完善"三公"经费预算管理和公开制度。加强行政监察和审计监督,加大查处违法违纪案件力度,以零容忍态度惩治腐败,以反腐倡廉的实效保障发展、取信于民!

改进工作作风。深入践行"三严三实",增强政治意识、大局意识、核心意识、看齐意识。认真开展"两学一做"学习教育,深化"我为三门峡发展作贡献"主题实践,督促引导各级公务人员"四问四做起",弘扬"主动作为、敢于创新、善抓落实"的工作作风,形成"比工作、比奉献、争一流"的良好氛围,继续推进懒政怠政为官不为专项治理,驰而不息纠正"四风"。深入基层调查研究,听实话、察实情、出实招。强化教育培训和实践锻炼,提升公务人员素质能力。完善全面覆盖的督查机制,打通政策落实中的"最后一公里"。健全激励机制和容错纠错机制,为担当者担当,为改革创新者撑腰鼓劲,让广大干部愿干事、敢干事、能干成事。

各位代表!实干实现梦想,拼搏赢得未来。让我们更加紧密团结在以习近平同志为总书记的党中央周围,在省委、省政府和市委的坚强领导下,凝心聚力,奋发进取,为提前实现全面建成小康社会目标而努力奋斗!

“三严三实”专题教育

【概况】 2015年5月27日，三门峡市“三严三实”（严以修身、严以用权、严以律己，谋事要实、创业要实、做人要实）专题教育党课暨动员部署会举行，标志着“三严三实”专题教育启动。此次教育对象是市、县两级党政机关、人民团体、企事业单位县处级以上领导干部。全市参加单位共106个，包含6个县（市、区），1个开发区，1个产业集聚区和98家市直单位，涉及县处级以上领导干部1405名，其中市厅级领导干部46名。专题教育中，市委把开展专题教育作为推动三门峡转型发展的强大动力，以省委“三查三保”活动和市委“我为三门峡发展作贡献”主题实践为重要载体和有力抓手，精心谋划组织，突出自身特色，突出抓小抓实，突出问题导向，突出问责追效，从严要求、扎实推进。

高度重视，以上率下。市委主要领导切实承担起第一责任人责任，亲自审定学习研讨计划，全程主持市委中心组集中学习研讨，带头深入基层和联系点调研指导工作；市党政领导班子党员领导干部结合分工确定联系点，及时参加并指导联系点党委（党组）中心组集中学习研讨。

加强指导，统筹推进。建立由市委组织部牵头，市委办公室、市纪律检查委员会、市委宣传部等多部门协作，市、县两级上下联动的工作机制，抽调专人成立工作机构。分专题研究制定指导性文件，指导全市专题教育统筹推进。加大宣传力度，在市、县主要媒体开设专栏，在全市上下营造浓厚氛围。上好党课，提升认识。各级党委（党组）书记围绕“三个讲清楚”（把教育定位讲清楚，把理论内涵讲清楚，把实践要求讲清楚），认真准备讲稿，分别上了一堂高质量的专题党课。全市基层党组织将庆“七一”与上专题党课有机结合起来，实现党课教育全覆盖。

【学习教育】 三门峡市深化学习教育，打牢思想基础。融入经常教育，增强学习效果。深入学习专题教育规定书目。组织市委中心组集体学习12次，邀请领导专家专题辅导3次，组织全市干部集中收看电视专题片，参加党规党纪知识闭卷考试，抽取18个市直单位参加党规党纪知识电视竞赛。发挥典型作用，用好“两面镜子”。一方面引导干部学习先进找差距。组织学习先进事迹选编读本，集中观看先进典型影片，组织市级领导干部集体参观甘棠苑廉政教育基地，开展“严以律己”承诺签名活动。另一方面教育干部对照反面促警醒。通过召开联系反面典型研讨会、编发反面典型案例警示录、观看反腐警示片、举办典型案例巡回教育展、开办廉政讲堂和庭审教育等方式，筑牢领导干部思想防线。开展集中研讨，力求学深悟透。精心设置三个专题（专题一：严以修身，加强党性修养，坚定理想信念，把牢思想和行动的总开关；专题二：严以律己，严守党的政治纪律和政治规矩，自觉做政治上的明白人；专题三：严以用权，真抓实干，实实在在谋事创业做人，树立忠诚、干净、担当的新形象）研讨目标要求、具体内容、方法步骤，党员领导干部对照党纪国法，对照“三严三实”，对照正反两面典型，举一反三、检身正己，撰写发言提纲。市委中心组于7月1日、9月9日、11月6日，分别开展了三个专题的集中学习研讨。

【开展“我为三门峡发展作贡献”主题实践】 三门峡市创新教育载体，突出实践特色。针对在干部作风上存在的责任心不强、执行力不强、工作不主动等9个方面“不严不实”问题，9月7日，中共三门峡市委办公室印发《关于在全市开展“我为三门峡发展作贡献”主题实践的实施方案》的通知，决定在全市范围内深入开展“我为三门峡发展作贡献”主题实践，将其作为专题教育的载体和抓手，教育引导全市干部自觉做到“四问四做起”：问是否把群众当亲人，把群众的事、企业的事当成自己的事？从身边小事做起；问是否爱岗敬业，把工作当成一项事业？从干好本职工作做起；问是否遇到困难迎难而上，把解决矛盾问题当成基本要求？从解决具体问题做起；问是否坚守岗位、遵守纪律，把纪律和规矩当成硬约束？从守时出勤做起。以“问”来反躬自省、严以律己，以“做”来落实行动、立行立改。组织全市干部对照“四问四做起”认真反思查摆、组织专题讨论，围绕服务发展、招商引资、项目建设等重点工作开展建言献策，共收集8个方面、1387条意见建议，梳理汇总成12类92条可行性建议，交市委市政府督查室督促落实，群策群力推动三门峡发展。

【撰写对照检查材料】 中共三门峡市委制定具体的实施方案，深化对“三严三实”新思想、新观点、新要求的学习；开展谈心谈话，广泛征求党员群众的意见建议，共征求各类意见及建议413条，梳理形成涉及4个方面、97条意见建议，纳入市委班子和常委个人对照检查内容。各级党委（党组)书记主持起草领导班子的对照检查材料,班子成员亲自动手撰写发言提纲,反复修改完善,经层层把关,最终形成定稿。

【召开专题民主生活会】 2015年11月30日,中共三门峡市纪律检查委员会、中共三门峡市委组织部下发《关于开好"三严三实"专题民主生活会的通知》,对"三严三实"专题民主生活会进行详细的部署,要求会议程序要规范有序。明确会议程序为:通报上年度领导班子民主生活会整改落实情况;党委(党组)书记代表领导班子作对照检查;逐人发言作自我批评,每人发言后其他班子成员对其开展批评;到会指导的领导点评;党委(党组)书记代表领导班子表态。12月24日,市委常委班子利用一天时间召开专题民主生活会,省人大常委会原副主任铁代生受省委委托出席并作点评讲话。市委班子"一把手"带头作自我批评,带头查摆问题,带头接受其他班子成员的批评意见。其他班子成员逐一作深刻对照检查,班子里的其他成员本着坦诚相见、团结互助原则,都对其提出批评意见,市委常委共提出相互批评意见95条。各县(市、区)、市直各单位党委(党组)专题民主生活会相继完成。

【整改落实】 三门峡市坚持问题导向,注重讲求实效。深入查摆整改。通过自己查、群众提、班子议等方式,市级领导干部共查摆问题263条,制定整改措施437项,已完成整改244项;县级领导干部共查摆问题9011条,制定整改措施11873项,已完成整改6374项。做到边查边改,不等不拖。同时对教育实践活动后续整改任务实行跟踪问效、持续推进。开展专项整治。将"三查三保"(查履职员责、执法监督情况,着力消除安全隐患,确保人民群众生命财产安全;查改革和发展措施落实情况,着力消除经济运行风险,确保经济稳定增长;查保障民生、服务群众和社会稳定情况,着力化解各类社会矛盾、确保大局和谐稳定)整治内容细分为25个方面,逐项落实到单位到人头,多措并举持续督导落实。集中开展反"四风"和腐败问题专项治理,共查处违规违纪问题108起,党政纪处分72人。集中开展市容环境卫生综合整治,城市管理水平明显提升。严格问责追效。出台《懒政怠政为官不为行为问责暂行办法》等文件,以"一学两抓三责"(学党规党纪,抓"两个责任"落实、抓"四风"问题整顿,定责、问责、考责)活动为依托,通过不落实的事追究不落实的人,以严格的问责促进作风持续转变。 (李韶林 邓斌)

·编辑 张怡杰 王惠娟·

2015年8月12日,三门峡市党规党纪知识电视竞赛(决赛)在三门峡国际文博城大剧院举行

大事记

1　月

5日　中科院河南产业技术创新与育成中心黄河金三角分中心成立。

6日　中共三门峡市委六届七次全体(扩大)会议暨市委经济工作会议在三门峡国际文博城会展中心举行，学习贯彻中央经济工作会议和省委九届八次全会、省委经济工作会议精神，回顾总结2014年市委常委会工作和全市经济工作，部署2015年的主要经济工作任务。

7日　位于崤山路市外国语小学门口东侧的三门峡市首座人行过街天桥建成通行。

13日　市委召开常委（扩大)会议，集中学习《河南省全面建成小康社会加快现代化建设战略纲要》，安排困难群体救助工作。

20日　三门峡市第三届“优秀建设者”表彰大会暨全市民营企业文化建设成果汇演举行。

21日　三门峡市人民政府与河南科技大学在洛阳签署合作协议，依托三门峡职业技术学院合作建设河南科技大学应用工程学院，正式结束了三门峡市没有本科院校的历史。

23日　三门峡军分区党委第四届第十次全体(扩大)会议召开。

2　月

2日　全市电子商务暨阿里巴巴三门峡产业带工作推进会召开。

3日　市纪委六届五次全会在三门峡大剧院召开。

4日　市委农村工作会议在三门峡国际文博城会展中心召开。

9日　三门峡市2015年保障性住房入住及分配活动举行。第一批配租公共租赁住房的家庭领到新房钥匙，第六批廉租住房及第二批公共租赁住房申报家庭公开配租了迎宾花园小区1020套廉租住房和惠利花园小区192套公共租赁住房，全市1212户困难家庭现场抽号选房。

10日　三门峡市一高2011级学生李鸿坤在郑州市接受“中国网事感动河南2014”年度十大网络人物颁奖。李鸿坤从小学到高中毕业十年间，背着身患疾病的“渐冻人”同桌刘同宇上学，并照顾刘同宇的在校生活，被誉为“中国好同桌”。

11日　2015年“书香三门峡”全民阅读活动启动仪式举行。

12日　三门峡市召开县(市、区)委书记抓基层党建工作述职评议会议。

13日　省人大常委会副主任、党组副书记蒋笃运带领省直有关部门负责人到三门峡市走访慰问困难企业和困难群众。

15日　市委全面深化改革领导小组第三次会议召开，研究讨论《市委全面深化改革领导小组专项小组设置方案》，研究审议“两规则一细则”三个文件。

25日　三门峡市5个集体1名个人受全国妇联表彰。

28日　渑池县仰韶镇、灵宝市阳平镇北阳平村被评为第四届全国文明村镇，三门峡市人力资源和社会保障局、三门峡市农业局被评为第四届全国文明单位。

3 月

19日　全市扶贫开发工作会议召开。

25日　市委中心组学习会议召开,集中学习习近平总书记在省部级主要领导干部学习贯彻党的十八届四中全会精神全面推进依法治国专题研讨班上的讲话,传达全国两会精神和省委九届九次全会精神,集中学习《中共中央、国务院关于举行中国人民抗日战争暨世界反法西斯战争胜利70周年纪念活动及其他有关活动的通知》。

31日　省委副书记、省长谢伏瞻率全省重点项目暨产业集聚区建设第二观摩组,到位于三门峡产业集聚区的中金集团中原黄金冶炼厂整体搬迁改造项目和骏通车辆年产5万辆一次成型节能型专用车厢项目,位于商务中心区的欢乐谷、环球金融中心、喜天下国际商贸城、义乌国际商贸城,国家铝及铝制品质量监督检验中心观摩。

同日　省委常委、纪委书记尹晋华到三门峡市调研市纪委监察局网站、"清风三门峡"政务微博运行情况。

4 月

8日　市委常委扩大会议召开,传达学习省产业集聚区建设工作会议精神。

10日　全市驻村任职工作会议召开,总结第一批驻村任职工作,动员部署第二批驻村任职工作。

13日　三门峡市确定27所校园足球特色学校。

14日至16日　中国人民政治协商会议三门峡市第六届委员会第四次会议举行。

15日至17日　三门峡市第六届人民代表大会第五次会议召开。

17日　河南科技大学应用工程学院通过专家评审论证,并经省教育厅正式批准成立。

22日　全市学习谷文昌事迹争做"四有"干部座谈会召开。

22日至23日　省人大常委会副主任王保存带领省人大调研组到三门峡市调研"三山一滩"扶贫开发等情况。

27日至28日　全市重点项目暨产业集聚区建设观摩活动举行。

28日　水利部党组成员、总规划师周学文带领调研组到三门峡市调研农村饮水安全工程。

同日　三门峡市4人被评为全国劳动模范,1人被评为全国先进工作者。

5 月

13日　全国人大常委会委员、农业与农村委员会主任委员陈建国率专题调研组到三门峡市特色农产品电子商务中心、市农业物联网总控中心,就建设现代农业和粮食安全问题进行专题调研。

14日　三门峡市组织收听收看全省"三严三实"专题教育党课暨动员部署会,并召开电视电话会议贯彻落实全省会议精神,对全市开展"三严三实"专题教育进行动员部署。

18日至25日　第二十一届中国(三门峡)国际黄河文化旅游节暨投资贸易洽谈会举行。在18日举行的经贸客商交流推介大会暨项目签约仪式上,集中签约投资3000万元以上项目73个,投资总额280.99亿元。

18日　三门峡职业技术学院承办的河南科技大学应用工程学院举行成立揭牌仪式。

19日至20日　省委书记、省人大常委会主任郭庚茂深入三门峡市调研指导工作。

19日　省委常委、宣传部部长赵素萍到三门峡市调研文化旅游产业、企业发展情况。

20日　三门峡市与中原银行签署战略合作协议。未来5年,中原银行将根据三门峡市重点领域和重点建设项目的融资需求,累计提供不低于180亿元的综合融资。

同日　三门峡市与中石化河南石油分公司签订战略投资合作发展协议。双方将本着优势互补、合作共赢的原则,在成品油输油管线、天然气管网建设、油气供应、成品油网络设施等方面展开深度合作。

21日　市委常委(扩大)会议召开,贯彻落实省委书记郭庚茂在三门峡市调研指示精神。

同日　"高阳山温泉杯"全国山地自行车邀请赛在陕县举行。

27日　全市"三严三实"专题教育党课暨动员部署会在三门峡国际文博城大剧院举行。

6 月

2日　市委常委(扩大)会议召开,学习贯彻全省县级以上机关"四项基础制度"建设工作电视电话会议精神、省委全面深化改革督办督察工作推进会精神,听取全市2015年十项重点民生工程初步建议的汇报、集中开展安全隐患大排查大整治专项行动的汇报,研究部署相关工作。

12日　三门峡市建成全国第二个"全光网城市"。

15日 市委常委（扩大）会议召开，传达学习省委中心组“三严三实”专题教育第一次学习研讨会议精神及在全省“三严三实”专题教育中开展“三查三保”活动要求，对三门峡市活动开展进行部署；研究分析全市经济运行形势，对做好下一步工作提出要求；集中学习《中国共产党统一战线工作条例(试行)》。

16日 三门峡市召开电视电话会议，专题动员部署开展“三查三保”活动。活动从6月开始，到年底结束。

同日 三门峡市卫生学校整体并入三门峡职业技术学院。

20日 省政府党组成员、省公安厅党委书记、省委政法委副书记许甘露到三门峡市调研指导公安工作。

24日 民政部副部长窦玉沛率调研组到灵宝市烈士陵园、灵宝市光荣院实地调研优抚安置工作。

25日 三门峡天鹅湖国家湿地公园一对“留守”白天鹅成功繁殖孵化的6只天鹅宝宝“满月”，创造了野生大天鹅首次在黄河流域成功自然繁殖出后代的奇迹。

同日 省高级人民法院党组书记、院长张立勇率调研组到卢氏县调研指导基层法院和人民法庭建设工作，并与驻三门峡市人大代表、政协委员举行座谈交流，征求对法院工作的意见和建议。

26日 副省长王艳玲到三门峡市检查指导防汛工作。

同日 全市贫困村党支部书记培训班座谈会召开，全市302个贫困村党支部书记和18位驻村第一书记参加座谈，共商加强贫困地区基层组织建设、加快脱贫致富工作。

29日 全市庆“七一”暨“三严三实”专题教育辅导报告会举行，中央党校党建部主任王长江教授应邀作专题辅导报告。

30日 市六届人大常委会第23次会议在三门峡国际文博城会展中心召开。会议决定命名白天鹅(学名大天鹅)、红腹锦鸡为三门峡市市鸟。

7 月

1日 蒙华铁路河南段建设动员大会在三门峡市举行，蒙华铁路煤运通道在河南省境内的项目建设正式开工。

同日 市委中心组以“严以修身，加强党性修养，坚定理想信念，把牢思想和行动的‘总开关’”为主题，举行“三严三实”专题教育第一次学习研讨会。

9日 市委民族工作会议暨市政府第三次民族团结进步表彰大会举行。

10日至12日 省人大常委会副主任、党组副书记张大卫深入“三严三实”专题教育联系点卢氏县调研指导。

13日至14日 省人大常委会副主任段喜中到三门峡市，调研《中华人民共和国残疾人保障法》及《河南省实施〈中华人民共和国残疾人保障法〉办法》贯彻实施情况。

15日至16日 省政协副主席靳克文到三门峡市调研黄河湿地保护与管理和经济社会发展工作。

17日 市委六届八次全体(扩大)会议在三门峡国际文博城召开，审议通过《中共三门峡市委六届八次全会决议》。

21日 市委精神文明建设工作会议召开。

23日 三门峡市召开领导干部会议。

27日 市委常委（扩大）会议召开，传达省委书记郭庚茂，省委常委、纪委书记尹晋华对三门峡工作的指示精神，研究讨论《第三季度市委重点工作及要事预安排》，听取关于省委、省政府“三查三保”督导组反馈意见立项督查情况的汇报。

28日 三门峡市被省委、省政府授予“2014年度平安建设工作先进省辖市”称号。

29日 市委常委议军会议召开，研究部署加强党管武装工作。

同日 《刘少奇与抗日战争》陈列展览在渑池县博物馆开幕。

29日至30日 三门峡市妇女第六次代表大会召开。

8 月

4日 全市“三严三实”专题教育开展情况汇报会召开。

12日 市委中心组开展“三严三实”专题教育集中学习讨论。

13日 九三学社陕西省委、九三学社河南省委调研组就“晋陕豫黄河金三角区域突破发展研究”课题到三门峡市调研。

同日 作为河南省纪念中国人民抗日战争暨世界反法西斯战争胜利70周年演出季剧目，由三门峡市戏曲研究中心改编创作的现代豫剧《红高粱》在河南省人民会堂演出。

17日 市委常委（扩大）会议召开，听取全市“稳增长、保态势、抓落实”专题调研成果汇报，认真分析研究经济发展情况，部署下一阶段工作。会议还传达学习习近平总书记关于安全生产工作的重要指示和国务院总理李克强的重要批示。

25日至26日 以全国总工会女职工委员会顾问马兰翠为组长的中华全国总工会专家调研组到三门峡市，调研“单独两孩”政策落实与女职工权益保障工作。

27日 赵海燕任中共三门峡市委书记。

同日 市委常委（扩大）会议召开，传达贯彻全省重点工作推进落实市县座谈会精神，研究部署三门峡市稳增长保态势、安全生产和社会稳定、加强党的建设等重点工作。

28日 三门峡速达交通节能科技股份有限公司在全国中小企业股份转让系统挂牌上市。

31日 在收听收看“9·3大阅兵”空气质量保障最高级别应急减排措施启动实施工作电视电话会议后，三门峡市召开电视电话会议，宣布自9月1日至9月4日，三门峡市启动实施最高一级应急减排措施。

9 月

3日 中国人民抗日战争暨世界反法西斯战争胜利70周年纪念大会在北京天安门广场举行，三门峡市各界群众通过广播、电视、电子屏、手机、电脑等方式收听收看现场直播，铭记历史，祝福祖国。

7日 三门峡市召开“加强作风建设、推动转型发展”大会。

同日 市委办印发《关于在全市开展“我为三门峡发展作贡献”主题实践的实施方案》的通知，在全市广大干部中开展“我为三门峡发展作贡献”主题实践。

同日 三门峡市出台《三门峡市懒政怠政为官不为行为问责暂行办法》。

8日 三门峡市庆祝第31个教师节暨表彰大会召开。全市196名有突出贡献的教师和先进教育工作者受到市政府表彰，293名优秀教师受到市人力资源和社会保障局、市教育局表彰。

9日 市委常委（扩大）会议召开，集中学习《中国共产党巡视工作条例》精神，研究部署招商引资和重点项目建设、“飞地经济”发展等方面工作。

同日 市委中心组举行“三严三实”专题教育第二专题学习研讨暨“我为三门峡发展作贡献”主题实践学习讨论会。

11日至12日 省政协副主席高体健、钱国玉带领省政协调研组一行到三门峡市，就《河南省人口与计划生育条例》贯彻落实情况进行专题调研。

16日 省委常委、政法委书记刘满仓到三门峡市调研平安建设和矛盾纠纷调处化解工作。

19日 “相约三门峡 舞动天鹅城”创世界纪录大型主题旅游活动在三门峡天鹅湖国家城市湿地公园三河广场举行。

25日 市委3个巡察组分别进驻三门峡产业集聚区、市工业和信息化局、市农业局开展第二轮巡察工作。

30日 市委召开常委（扩大）会议，学习贯彻全省稳增长保态势经验交流会精神，研究部署招商引资、项目建设、争取政策性资金等重点经济工作。会议还学习传达中央《推进领导干部能上能下若干规定(试行)》，就省委巡视组对三门峡市县(市、区)开展专项巡视有关工作进行部署。

同日 三门峡市举行烈士纪念日公祭烈士活动。

10 月

10日 灵宝川塬古枣林入选第三批中国重要农业文化遗产名单。

12日 省委第十巡视组专项巡视三门峡市5个县(市、区)工作动员会召开。根据省委统一部署，省委第十巡视组自10月12日至11月16日对三门峡市的灵宝市、陕县、湖滨区、渑池县、义马市进行专项巡视。

26日 全市庆祝河南省第18届环卫工人节暨表彰大会在三门峡国际文博城召开。

26日至28日 2015中国（三门峡）老年旅游文化周活动举行。

28日 市委中心组专题学习《中国共产党廉洁自律准则》和《中国共产党纪律处分条例》。

11 月

2日 三门峡市与法国电力集团、中国大唐集团在北京签订热电联产项目三方合作意向书。法国电力集团将在三门峡市投资、建设和运营新的城市热力管网，大唐三门峡发电公司将提供热源，双方合作为三门峡市居民提供热力服务。该项目总投资约7亿元，预计2020年全部建成投用。

4日 三门峡市17岁的射击运动员史梦瑶在2015年亚洲射击锦标赛青年组气步枪比赛中摘金并打破世界青年纪录。

5日 市委党的群团工作会议召开。

6日 市委中心组举行“三严三实”专题教育第三专题暨“我为三门峡

发展作贡献”主题实践学习研讨会。

9日 中央宣讲团党的十八届五中全会精神报告会在河南省人民会堂举行，三门峡市集中收听收看宣讲报告。

14日 中国邮政集团公司三门峡市分公司挂牌。

17日 省委宣讲团到三门峡市宣讲党的十八届五中全会精神，郑州大学党委副书记、教授、博士生导师吴宏亮作宣讲报告。

19日 中国(三门峡)首届互联网金融中原大会在三门峡市举行。在签约仪式上，三门峡市人民政府与中国互联网金融董事长联盟签订《战略合作框架协议》，建立长效合作机制，推动互联网金融与实体产业交流合作。

26日 三门峡市获立法权。

26日至28日 中共中央政治局原常委李长春到三门峡市考察。

30日 安伟任中共三门峡市委委员、常委、副书记。

同日 垣渑高速公路（河南段）建设工程开工仪式在渑池县仰韶镇举行。

12 月

2日 三门峡市收听收看省委中心组集中学习(扩大)报告会。

3日 市委召开常委会议，传达学习省委人大工作会议精神，传达学习全省省辖市市委书记抓基层党建工作述职评议会议和全省县级以上机关四项基础制度和两项机制建设市县座谈会精神，研究“我为三门峡发展作贡献”主题实践建言献策的建议反馈，传达学习全省文明河南建设工作推进会精神，传达学习省委统战工作会议精神，讨论研究市委《关于加强新形势下统一战线工作的实施意见(讨论稿)》。

4日 市六届人大常委会第27次会议举行，听取并审议表决通过三门峡市人大常委会关于接受赵海燕辞去三门峡市人民政府市长职务的决定，关于任命安伟为三门峡市人民政府副市长、代理市长的决定。

7日 市委巡察工作领导小组派出4个巡察组分别进驻卢氏县、市环境保护局、市交通运输局（不含公路局）、市国土资源局等4家单位及二级机构开展巡察工作。

8日 市委统战工作会议召开。

8日至9日 副省长王铁到三门峡市调研扶贫开发、农业电子商务等工作。

9日 市农业局被认定为全国农业农村信息化示范基地。

10日 省委、省政府“三查三保”集中督查第二督导组到三门峡市督导工作。

13日 副省长张维宁率领省督导组一行，到三门峡市督导检查空气质量保障工作。

17日 省委第十巡视组召开专项巡视三门峡市辖湖滨区、陕县、灵宝市、渑池县、义马市情况反馈会。

18日 市委召开常委会议，研究部署省委第十巡视组专项巡视三门峡市5个县(市、区)反馈意见整改工作。会议还听取了市委巡察工作领导小组有关全市巡察工作情况的报告。

19日 全市公务用车制度改革动员大会召开，传达省公车改革精神和三门峡市公车改革方案，宣读封车决定。

24日 市委常委班子“三严三实”专题教育暨“我为三门峡发展作贡献”民主生活会召开。

25日 全市32个重点项目(总投资128.7亿元)集中开工。

26日 三淅高速公路（河南省三门峡市到南阳市淅川县）卢氏至西坪段正式建成通车。

30日至31日 三门峡市开展重点项目招商引资暨产业集聚区、“两区”建设观摩点评活动。

·编辑 卢亚杰·

三门峡概貌

基本情况

【位置面积】 三门峡市位于河南省西部,豫晋陕三省交界处,东连洛阳,南接南阳,西与陕西省接壤,北隔黄河与山西省相望。介于北纬33°31′24″~35°05′48″,东经110°21′42″~112°01′24″之间,东西长153.2千米,南北宽132千米,总面积10496平方千米,占全省面积的6%。处于秦岭山脉东延与伏牛山、熊耳山、崤山交会地带,地貌以山地、丘陵和黄土塬为主,大部分地区在海拔300米~1500米,位于灵宝市的小秦岭老鸦岔垴主峰海拔2413.8米,是河南省的最高峰。三门峡市区坐落在黄河南岸阶地上,一面临青龙涧河,两面临三门峡水库,是一座“四面环山三面水”的湖滨城市。市区面积185平方千米,城市建成区面积35平方千米。

【气候】 三门峡市地处中纬度内陆区,大部分地区属暖温带大陆性季风气候。历年平均气温13.8℃,年平均日照2261.7小时,无霜期216天,年均降水量580毫米~680毫米。由于地貌特征复杂,形成了具有暖温带、温带和寒温带的多元气候。2015年平均降水量670.9毫米,较常年同期偏多13%,比上年同期偏多35%;年平均气温14℃,较常年同期偏高0.6℃,比上年同期偏低0.5℃;年日照时数1654.9小时,较常年同期偏少490.6小时,比上年同期偏少231.1小时。年内主要气候事件有雾霾、低温、高温、干旱、暴雨、连阴雨等。

【土地资源】 根据2015年年底土地变更调查,三门峡市土地总面积99.3573万公顷,其中耕地17.67万公顷,占全市土地总面积的17.78%;园地5.22万公顷,占土地总面积的5.25%;林地53.64万公顷,占53.99%;草地10.99万公顷,占土地总面积的11.06%;城镇村及工矿用地5.64万公顷,占土地总面积的5.68%;交通运输用地1.49万公顷,占土地总面积的1.50%;水域及水利设施用地2.06万公顷,占土地总面积的2.07%;其他土地2.65万公顷,占土地总面积的2.67%。

【矿产资源】 三门峡市具有丰富的矿产资源,共发现矿产66种,主要有贵金属、黑色、有色、稀有(散)、放射性等金属矿产,以及冶金辅助原料、燃料、化工原料等非金属矿产,共登记矿产地413处。提交资源储量的矿产有50种,保有储量居河南省前三位的有33种,已开发利用30种。“黄(黄金)、白(铝土矿)、黑(煤炭)”是三门峡市的三大优势矿产。至2015年年底,全市累计查明金资源储量596.08吨,保有260.56吨,位居河南省第一位;累计查明铝土矿资源储量34583.71万吨,保有资源储量2.96亿吨,居河南省第一位;累计查明煤资源储量167884.65万吨,保有资源储量为10.6亿吨,居河南省第五位;累计查明铁矿资源储量11307.968万吨,保有资源储量7440.8万吨,居河南省第三位;累计查明钼资源储量钼金属量25.55万吨(矿石量3.84亿吨),保有钼金属量25.25万吨(矿石量3.83亿吨);累计查明硫铁矿资源储量5486万吨,保有硫铁矿矿石资源储量4880.4万吨,居河南省第一位;累计查明铅金属量92.9369万吨,保有38.28万吨;累计查明锌金属量99.7749万吨,保有66.6万吨,居河南省第一位。除以上优势矿种外,锑、锰、镓、镉、铌、钽、铍、锂、铷、铯是三门峡市重要的特色矿产,重晶石、砷、铸型用石英砂岩、长石、云母、饰面用安山岩、建筑用安山岩、建筑用闪长岩等在河南省居重要位置。

【水文水资源】 三门峡市辖区处豫西山地,溪流较多。全市共有大小河流3000余条,分属黄河、长江两大水系,以黄河流域面积最大。长江水系主要是卢氏县南部和东南部的老灌河、淇河及其支流,流域面积1120平方千米,占总面积的10.7%,流域海拔高度在1000米~2057米,降水量较丰富。多年平均降水量在800毫米以上,因而河水流量大,为辖区水资源丰富地区。黄河干流由陕西省潼关县东入灵宝市境，流经灵宝、陕县、湖滨、渑池4个县(市、区)的16个乡镇，全长225千米，历史上最大洪峰流量达3.6万立方米/秒(1843年)。总出境水量383.17亿立方米，扣除过境水量377.3亿立方米，实际出境的水量只有5.87亿立方米。虽然过境水量丰富，但因受地形和提水设施发展水平的限制，利用量尚少。除黄河干流外，境内流域面积100平方千米以上的河流共33条，其中卢氏县境内14条，灵宝市境内11条，陕县境内5条，渑池县境内3条。其多年平均径流量及径流深，卢氏县为全市最大，径流量10.66亿立方米，径流深218.1毫米；灵宝市次之，径流量6.76亿立方米，径流深152.7毫米；陕县的径流量1.77亿立方米，径流深135.5毫米；渑池县的径流量为全市最少，仅1.12亿立方米，径流深为136.7毫米。全市地表水多年平均径流量16.18亿立方米，径流深157.9毫米，径流系数0.23；地下水多年平均值量5.45亿立方米。总计全市水资源多年平均总量为21.63亿立方米，扣除重复量4.2亿立方米，实际全市水资源总量是17.43亿立方米，人均占有780立方米，为全省人均占有量440立方米的近2倍，耕地每公顷占有量10826.1立方米。按照国家规定标准，三门峡市属于过渡带，但从历年径流量的变化上看，呈递减趋势，一些地区的多年平均径流深已接近过渡带的下边缘，不少年份的径流深处于少水带。同时，随着工农业生产和社会经济的发展，地下水人工开采量不断增加，使三门峡市辖区的地下水已形成面积达24平方千米、中心水位埋深92.5米的落降漏斗（泄水期）。所以，节约水资源、合理开发利用水资源已迫在眉睫。

【动植物资源】 三门峡市辖区处于暖温带和亚热带交界地带，同时又为豫西山地，基本上是全国植物区系划分的南北分界线。植物种类繁多，资源丰富，且产量大，经济价值高，特别是有许多重要的工业原料、药用淀粉、纤维和木本粮油植物。全境域内维管束植物144科780多属2100余种(不含农作物，以及城镇绿化、公园、学校、企事业单位、植物园、苗圃等引进的植物种类)。本区的伏牛山、小秦岭等山地不但植物种类极其丰富，而且有不少珍贵的稀有树种，主要有领春木(Euptelea pleiosperma Hook.f. et Thoms.)、望春花（Magnolia biondii Pamp.)、铁杉(Tsuga chinensis Pritz.)、连香树(Cercidiphyllum japonicum Sieb.et Zucc.)、暖木(Meliosam veitchiorum Hemsl.)、红豆杉(Taxus chinensis Pilger Rehd.)、糯米椴（Tilia henryana var.subglabra)、龙须木（Meliosam cuneifolia Franch.)、水曲柳(Fraxinus mandshurica Rupr.)等。

三门峡市的动物在全国动物区划的分类中，属于《中国动物地理区划》的华北区；在河南动物区划中，属于“伏牛山地及南坡丘陵”和“崤山山地及黄土丘陵平川”2个3级区内。因而动物特征是南北混杂的过渡性所表现出的多样化。加之山川地貌、地形的复杂，动物也呈垂直分布。市辖区内除家养动物外，仅野生的陆栖脊椎动物达140多种。其中，爬行类动物20多种，鸟类70多种，哺乳类动物42种，两栖类动物8种。主要动物和珍贵动物有：金钱豹(Panthera pardus)，是辖区内唯一一种国际保护动物。苏门羚(Capricornis sumatraensis)又称鬣羚、山驴子、羚羊，为国家一级保护动物。国家二级保护动物有大鲵（Andrias davidianus）俗称娃娃鱼，天鹅(Cygnus spp.)，豆雁（Anser Fabalis)，环颈雉(Phasianus colchicus)俗称雉鸡、野鸡、山鸡，鸳鸯（Aix galericulata)，麝(Moschus spp)又称香獐子、獐子，水獭(Lutra lutra)别称水狗、獭子等。

【生态资源】 三门峡市由于地貌特征复杂，形成了具有暖温带、温带和寒温带的多元气候。全市有林地面积47.31万公顷，森林覆盖率50.72%，生态环境良好，境内有亚武山国家森林公园、甘山国家森林公园、玉皇山国家森林公园、河南黄河湿地国家级自然保护区、卢氏大鲵自然保护区等生态环境保护区，总面积达326.2平方千米，占总面积的3.1%。

【旅游资源】 三门峡的历史文化源远流长。早在五六十万年以前，华夏民族的祖先就在这里刀耕火种，繁衍生息。举世闻名的仰韶文化首先在三门峡渑池县的仰韶村被发现，并以该村的村名命名；同时，在灵宝荆山铸鼎原周围发掘探明了全国最大的仰韶文化遗址群，经专家初步考证，中华民族的人文初祖——轩辕黄帝曾在这里铸鼎祭天、奠定政权。三门峡是黄帝时期政治、经济、文化的中心区域和“中华古祭坛”的所在地。大禹治水，斧劈三门，古代传说中大禹留下的镇河石柱——中流砥柱至今仍巍然屹立在三门峡大

仰韶文化博物馆

坝下游的黄河峡谷之中，被誉为中华民族不屈精神的象征。函谷关是中国古代著名的雄关要塞之一，紫气东来、鸡鸣狗盗、公孙白马、玄宗改元等成语典故和许多改变中国历史进程的战争均发生于此。老子西出函谷时，在这里写下哲学名著《道德经》，太初圣宫由此成为道家之源。函谷关也因名人、名关、名著而饮誉海内外。位于市区北部的虢国遗址博物馆是全国规模最大、出土文物最多、保存最完整的西周大型邦国墓葬群，1996年被国务院公布为全国重点文物保护单位，2001年被国家文物局评定为20世纪中国100项重大考古发现之一；在李家窑遗址新近发掘的古代城市供水管网，更加确定了三门峡市区就是虢国的国都所在地。此外，宝轮寺塔(中国古代四大回音建筑之一)、秦赵会盟台、义马鸿庆寺石窟、杜甫《石壕吏》遗址、空厢寺遗址、甘棠苑(钟鼓楼)等名胜古迹处处昭示着三门峡悠久灿烂的古代文明。全市有世界文化遗产1处，全国重点文物保护单位10处、省级文物保护单位36处、市级文物保护单位112处。

三门峡的名山秀水比比皆是。从地理位置上讲，三门峡地处秦岭山脉、黄土高原、黄河中下游平原的交会处，黄河由西向东横贯全境，长达200千米，山水形胜，钟秀汇聚。豫西大峡谷飞瀑流泉，自然天成，是度假养生、漂流拓展的好去处。黄河丹峡碧水红崖、奇峰林立。汉山风景区险峻奇崛，其主峰海拔2413.8米，为河南最高峰。双龙湾绿水环绕，步移景换。甘山国家森林公园丹枫流霞，峰回路转。燕子山秀峰林立，净潭棋布，古木参天。黄河公园芦荡烟雨，杨柳绕堤，曲径通幽。亚武山群峰翠微，奇秀双绝。玉皇山郁郁葱葱，气象万千。陕县温泉、卢氏汤河温泉水质极佳，是疗养保健的好去处。每年10月至次年6月三门峡库区蓄水期，三门峡水库碧水连天，波平如镜，良好的生态环境、滩涂水域及丰富的饵料，使三门峡库区成为候鸟迁徙和越冬的天堂。每年入冬后到次年初春这段风寒雪飘的季节，总会有数以万计的白天鹅从遥远的西伯利亚飞临这里越冬。在这里，人与白天鹅和谐相处，成为冬春季节黄河上一道最美最壮丽的风景，三门峡亦因此被誉为“天鹅之城”。

【土特名产】 三门峡特产可分为干鲜果品、农产品、中药材、蔬菜、食品名吃、矿产品、珍稀动物、名特树种等类近百种。干鲜果品类有享誉全国的灵宝苹果、大枣，渑池仰韶黄杏、牛心柿，卢氏猕猴桃、板栗、核桃、函谷红茶；农产品类有“贡米”之称的渑池坻坞小米，有著名的“灵宝421”黄豆、棉花、三门峡烟叶，豫西著名的肉牛、伏牛白山羊、豫西脂尾羊等；中药材类有丹参、天麻、苍术、连翘、九节菖蒲、紫贝母、卷叶贝母、山茱萸、柏麦、穿地龙等；蔬菜类有畅销国内外的卢氏黑木耳、猴头菌、香菇，有藕断丝不连、质脆而味甘的阌莲；食品名吃类有荣获世界名酒金奖的仰韶酒，有富于地方风味的观音堂五香牛肉、水花佛手糖糕、湖滨果汁等；矿产品类有著名的“黄、白、黑”(即黄金、铝矾土和煤炭)；珍稀动物类有国家级2类保护动物大鲵，还有鼋鱼、香獐等；名特树种类有国家级稀有树种漆树、油桐、乌桕、银杏、水杉、侧柏、金丝楸。在众多土特名产中，渑池的牛心柿饼、坻坞小米、仰韶黄杏等在古代为皇家贡品。灵宝的苹果、大枣、杜仲，渑池的牛心柿饼、坻坞小米、仰韶黄杏和仰韶酒，卢氏的连翘、黑木耳、卢氏鸡、核桃等相继被认证为国家地理标志产品。2012年灵宝苹果、卢氏黑木耳获得国家质监总局生态原产地保护认证。

【交通通信】 三门峡市有公路里程10118千米，其中高速公路310千米，国、省道1584千米，农村公路8224千米。全市交通的主骨架是“三纵四横”。“三纵”指内蒙古西部至江西吉安三门峡段煤运铁路通道、三门峡至淅川高速公路、国道209线。“四横”就是陇海铁路、郑西高铁、连霍高速、国道310线。“三纵四横”构成了三门峡交通运输发展的主骨架。全市共有客运企业11家，客车1280辆；货运企业490家，营运货车19234辆；危运企业14家，危运车辆284辆；专业运输企业46家。市区内共有公交线路17条、公交车辆262台，营运出租车600辆。

通信设施先进，移动通信、IP网络覆盖城乡。

【历史文化】 三门峡市是华夏文明的发祥地之一，早在旧石器时代，这里就留下了人类祖先的足迹，活动地点分布在陕县的三岔沟、侯家坡，灵宝市的邢家庄、孟村、朱阳、营里、卫家磨，渑池县的南村和卢氏县的雷家村，及湖滨区青龙涧河一带。进入新石器时代，人类活动范围更广泛，遗址在辖区内广为分布。距今6000年以前，出现了较大的文化群落，伴生着原始农业、畜牧业及制陶和编织等原始手工业，人类开始定居下来。约在公元前21世纪，这里是夏商王朝统治的中心区域。周灭商后，周武王封神农之后于焦(今陕县)，继封周文王之弟虢仲于虢(今陕县)，焦国、虢国都城均在今湖滨区境内。这两个诸侯国的封建，对建都镐京的西周王朝起到了屏藩的作用。周成王时，姬奭为三宰相之一，与周公姬旦分陕而治，“自陕以东，周公主之；自陕以西，召公主之”(出自《史记·燕召公》)。春秋时，先属虢，后属晋，战国时天下大乱，诸侯国之间互相攻伐，战事频仍，留下了“假虞灭虢”“唇亡齿寒”“鸡鸣狗盗”等著名历史典故。秦统一中国后，置三川郡，辖区属之。西汉属河南府，汉武帝时置弘农郡。北魏置陕州，一直延续到明清。民国元年(1912)设豫西观察使，不久改为道尹，市辖区属河洛道。民国21年(1932)，设河南省第十一行政督察专员公署，管理陕县、灵宝县、卢氏县、阌乡县、渑池县等7县。1945年1月，建立中国共产党领导下的河南(豫西)第二专员公署，公署下辖有渑池县、陕县等5个县抗日民主政府。1945年9~10月撤销。1946年7月，豫鄂陕第四专员公署成立，辖有卢灵洛县、卢嵩县、卢灵县、卢洛灵县、栾川县等县政府。12月，卢灵洛县政府改为卢灵洛中心县政府，辖卢嵩(嵩县)、卢灵(灵宝)、卢洛(洛宁)和栾川(1947年1月后)4个县政府。四专署隶属豫鄂陕行政公署。1947年9月，豫陕鄂第一行政督察专员公署成立，下辖陕县、灵宝县、卢氏县和阌乡县4个县政府。专署隶属豫陕鄂边区行政公署。1948年6月，豫陕鄂第一行政督察专员公署改称陕南一专署，下辖卢氏县、灵宝县、阌乡县、栾川县4个县政府，专署隶属陕南行政公署。1948年7月，陕南一专署更名为豫西七专署。1949年2月，又更名为豫西三专署。均属豫西行政公署领导，下辖卢氏县、灵宝县、阌乡县、陕县等5个县政府。1949年3月，豫西三专署改称陕州专员公署，隶属中原临时人民政府；5月，河南省人民政府成立，专署隶属河南省人民政府。专署辖卢氏县、灵宝县、阌乡县、陕县、渑池县等7个县政府。1952年4月，陕州专员公署与洛阳专员公署合并，称洛阳专员公署。1957年3月，经国务院批准成立省辖市三门峡市。1961年改为县级市。1986年1月，重新调整为地级市，实行市管县体制。2015年底，辖3个县（渑池县、陕县、卢氏县）、代管2市（义马市、灵宝市）、1区（湖滨区）和1个省级产业集聚区（三门峡经济开发区）、1个工业园区（三门峡产业集聚区）。全市总面积10496平方千米，共有76个乡镇和街道办事处、1474个村（居）委会，总人口228.53万人。

三门峡市国民经济和社会发展综述

【概况】 2015年，面对错综复杂的国内外经济形势，三门峡深入贯彻落实中央、省、市各项决策部署，主动适应经济发展新常态，统筹推进稳增长、促改革、调结构、惠民生各项工作，全市经济在困境中砥砺前行，各项社会事业稳步发展。全市生产总值1260.55亿元，按可比价计算，比2014年增长3.5%。其中第一产业增加值118.47亿元，增长5.0%；第二产业增加值757.67亿元，增长2.3%；第三产业增加值384.41亿元，增长7.0%。三次产业结构由2014年的9.0:62.5:28.5变化为9.4:60.1:30.5。“十二五”时期，全市生产总值年均增长9.3%；三次产业结构发生较大变化，第一产业比重提高1.4个百分点，第二产业比重降低8.4个百分点，第三产业比重提高7个百分点。全年居民消费价格总水平比2014年上涨1.5%，其中食品类价格上涨3.8%。在食品类中，粮食价格上涨2.2%，鲜菜价格上涨4.7%，肉禽及制品价格上涨9.1%。全年城镇新增就业人员6.1万人，失业人员再就业2.37万人，其中就业困难人员再就业1.06万人。年末城镇登记失业率为2.84%，控制在省定4.5%的目标之内。至2015年底，全市有省级产业集聚区7个，区内企业1402个，从业人员178407人；商务“两区” 7个（商务中心区1个，特色商业区6个），区内企业1023个，从业人员20019人。

【农业】 2015年，三门峡市粮食总产量71.57万吨，比2014年增长19.9%，其中夏粮36.98万吨，增长33.5%；秋粮34.58万吨，增长8.0%。烤烟产量4.17万吨，增长6.2%。棉花产量0.11万吨，下降7.9%。油料产量3.61万吨，增长22.8%。肉类总产量10.81万吨，下降1.7%。禽蛋产量5.67万吨，增长9.1%。牛奶产量4.85万吨，增长9.5%。农业特色产业稳步发展。2015年，全市果、牧、菌、菜、烟等八大特色产业产值达175.62亿元，占全市农林牧渔业总产值的比重达85.5%，较上年提高2.7个百分点。其中水果产值69.85亿元，按可比价计算（下同）增长5.6%；牧业产值41.13亿元，增长0.4%；食用菌产值23.03亿元，增长6.7%；蔬菜产值20.16亿元，增长5.9%；烟叶产值11.51亿元，增长6.2%。

【工业和建筑业】 2015年全部工业增加值690.92亿元，比2014年增长2.0%，增速比2014年回落7.6个百分点。其中规模以上工业增加值602.03亿元，增长1.8%，增速比2014年回落8.9个百分点。规模以上工业中，轻工业增加值下降8.8%，重工业增加值增长2.7%，轻、重工业比例为7.7:92.3。全年规模以上工业产品销售率为98.7%。全市规模以上工业涉及的36个行业大类中，增加值规模居前6位的行业及其增速分别为：有色金属矿采选业完成工业增加值241.71亿元，比2014年增长6.6%；非金属矿物制品业完成56.30亿元，下降1.5%；有色金属冶炼和压延加工业完成54.39亿元，增长17.1%；煤炭开采和洗选业完成48.14亿元，下降5.6%；化学原料和化学制品制造业完成29.31亿元，下降12.8%；电力、热力生产和供应业完成24.25亿元，下降8.5%。高新技术产业和高成长性产业领先增长。2015年，全市高新技术产业共完成工业增加值103.72亿元，比2014年增长5.7%，增速高于全部规模以上工业平均增速3.9个百分点，拉动全市规模以上工业增长1个百分点；占全部规模以上工业增加值的比重为17.2%，比2014年提高1.2个百分点。高成长性产业(指电子信息产业、装备制造业、汽车及零部件产业、食品产业、现代家居产业、服装服饰等) 共完成工业增加值86.36亿元，增长4.8%，拉动全市规模以上工业增长0.6个百分点，占全部规模以上工业增加值的比重为14.3%，比2014年提高0.3个百分点。主要工业产品产量中，黄金增长44.9%；电解铜7.5万吨，增长42.3%；铝材17.14万吨，增长16.6%；改装汽车3.9万辆，增长11.4%；精甲醇56.2万吨，增长10.9%；饮料酒42314千升，增长10%；氧化铝600.8万吨，增长2.2%；汽车配件395.26万件，下降0.3%；水泥570.81万吨，下降1.6%；发电量131亿千瓦小时，下降2.3%；化学肥料（折纯吨）13.86万吨，下降3.6%；原铝21.78万吨，下降5%；人造金刚石1.81万克拉，下降14.1%；原煤1124万吨，下降14.8%。全年全市规模以上工业企业实现主营业务收入3483.17亿元，比2014年增长0.4%；实现利税270.82亿元，下降18.6%，其中利润总额213.39亿元，下降20.0%；税金总额57.42亿元，下降12.7%。主营业务收入超百亿元的行业分别为：有色金属矿采选业实现主营业务收入1254.70亿元，下降0.3%；有色金属冶炼和压延加工业实现主营业务收入787.31亿元，增长19.4%；煤炭开采和洗选业实现主营业务收入349.3亿元,下降10.0%;非金属矿物制品业实现主营业务收入203.38亿元,下降7.8%;化学原料和化学制品制造业实现主营业务收入165.05 亿元,下降5.8%;电力、热力生产和供应业实现主营业务收入103.14亿元,下降11.2%。全市产业集聚区规模以上工业实现主营业务收入1876.92亿元,比2014年增长5.2%;产业集聚区规模以上工业利润总额39.82亿元,下降48.9%。全市建筑业完成增加值67.36亿元,比2014年增长5.7%。"十二五"时期,全市全部工业增加值年均增长9.8%,建筑业增加值年均增长11.2%。

【固定资产投资】 2015年,三门峡市全社会固定资产投资完成1551.36亿元,比2014年增长15.9%。其中固定资产投资(不含农户,下同)完成1538.77亿元,增长15.9%,农户投资12.59亿元,增长9.1%。"十二五"时期,全市全社会固定资产投资年均增长21.3%。全年固定资产投资中,国有及国有控股单位完成392.0亿元,比2014年增长6.3%;民间投资1138.93亿元,增长19.5%。分三次产业看,第一产业投资156.38亿元,增长43.8%;第二产业投资771.98亿元,增长3.3%;第三产业投资610.40亿元,增长29.5%。

全年房地产开发投资完成106.72亿元,比2014年增长9.0%,其中住宅投资53.04亿元,下降7.9%。商品房施工面积803.28万平方米,下降6.0%,其中住宅施工面积539.27万平方米,下降10.3%。商品房竣工面积104.79万平方米,增长26.3%,其中住宅竣工面积80.35万平方米,增长39.4%。商品房销售面积158.52万平方米,增长12.5%,商品房销售额59.06亿元,增长16.3%。"十二五"时期,全市房地产开发投资年均增长17.9%。全市产业集聚区完成固定资产投资700.24亿元,比2014年增长12.9%,占全市固定资产投资的比重为45.5%,比2014年降低1.2个百分点。其中产业集聚区工业投资528.38亿元,下降1.0%,占全市工业投资的比重为68.4%,比2014年降低3.0个百分点。产业集聚区固定资产投资增长对全市固定资产投资增长的贡献率为37.9%。

【国内贸易】 2015年,三门峡市社会消费品零售总额完成396.86亿元,比2014年增长11.6%。分销售地区看,城镇消费品零售额332.06亿元,增长11.5%;乡村消费品零售额64.8亿元,增长12.0%。分行业看,批发业零售额18.25亿元,下降12.8%;零售业零售额329.06亿元,增长11.5%;住宿业零售额3.94亿元,增长1.6%;餐饮业零售额45.61亿元,增长12.4%。"十二五"时期,全市社会消费品零售总额年均增长14.4%。全年全市批零贸易、住宿餐饮业共实现销售额(营业收入)911.35亿元,比2014年增长12.0%。其中批发业销售额380.65亿元,增长10.7%;零售业销售额452.45亿元,增长12.7%;住宿业营业额17.34亿元,增长11.5%;餐饮业营业额60.91亿元,增长15.0%。

【对外经济】 2015年,三门峡市对外贸易进出口总额27.2亿元人民币,比2014年增长86.9%。其中出口总额10.9亿元,增长48.8%;进口总额16.3亿元,增长1.3倍。全年全市新签利用外资合同14个,合同利用外资金额2.97亿美元,比2014年下降72.5%;实际利用外资10.08亿美元,增长5.4%。

【交通邮电旅游】 2015年,三门峡市交通运输、仓储和邮政业增加值98.79亿元,比2014年增长1.7%。全年全社会公路货运量4463万吨,比2014年增长0.9%;公路旅客运输量3230万人,增长13.7%;公路货运周转量149.81亿吨公里,增长6.4%;公路旅客周转量16.16亿人公里,增长9.3%。全年邮电业务总量26.95亿元,比2014年增长28.0%。其中邮政业务总量1.55亿元,增长0.5%;电信业务总量25.4亿元,增长30.2%。年末固定电话用户21.1万户,固定电话普及率为9.2部/百人;移动电话用户180.9万户,普及率为79.2部/百人,比2014年减少10.3部/百人。年末全市共有国际旅行社和国内旅行社57家;旅游景区(点)27处,其中A级旅游景区(点)19处,AAAA级以上景区12处;旅游星级饭店25家。全年共接待海内外游客2687万人次,其中接待入境游客9.7万人次,接待国内游客2677万人次。全年旅游总收入225.6亿元。

【财政金融】 2015年,三门峡市财政总收入129.21亿元,比2014年增长2.1%;一般公共预算收入93.94亿元,增长1.6%,其中税收收入62.57亿元,增长4.5%,税收占一般公共预算收入的比重为66.6%。在主要税种中,营业税、企业所得税、城市维护建设税分别比2014年增长3.7%、20.3%、8.9%,个人所得税、资源税、房产税和增值税分别比2014年下降9.3%、20.8%、7.9%和2.4%。"十二五"时期,全市一般公共预算收入年均增长13.6%。全年全市一般公共预算支出完成171.0亿元,比2014年增长3.2%。各级财政着力保障民生,持续加大对社会保障、卫生、城乡社区等方面的投入,切实关怀照顾社会弱势群体。全年社会保障与就业、医疗卫生与计划生育、城乡社区支出分别比上年增长18.5%、24.7%和30.0%。年末全市金融机构各项存款余额1037.59亿元,比年初增加95.32亿元,其中住户存款余额655.31亿元,比年初增加69.3亿元;各项贷款余额671.76亿元,比年初增加84.72亿元,其中短期贷款余额378.38亿元,比年初增加59.17亿元;中长期贷款余额259.12亿元,比年初增加24.37亿元。

【教育科学技术】 2015年年末三门峡市高等职业教育在校学生1.3万人,中等职业学校在校学生2.23万人,普通高中在校学生4.48万人,普通初中在校学生7.52万人,小学在校学生14.6万人。初中阶段学龄人口和小学学龄儿童入学率均达到了100%。全年组织实施各类科技计划项目158个,其中省级以上科技项目26个,专项资金965万元。年内7家企业被认定为高新技术企业,17家科技型中小企业通过省级备案,1家企业申报省级院士工作站、2家企业申报省级工程技术研究中心并通过认定,苹果、黄金省级产业技术创新战略联盟经省科技厅同意组建，河南省黄金资源综合利用重点实验室通过省科技厅认定。全年有28项科技成果获得市级科技进步奖，其中一等奖5项，二等奖10项，三等奖13项；5项科技成果通过省级鉴定，均达到国内领先水平；获得省科技进步二、三等奖各1项；共申请专利678件，授权473件。年末全市质量技术监督系统共有产品质量检验机构9个。全年监督检验工业产品15种150批次，完成计量合格认可3家，完成锅炉定检115台，电梯定检3471台，压力容器定检820台，强制检定计量器具总体受检率达95%以上。年末全市共有天气观测站4个、雷达站1个、高空气象站1个、卫星云图接收站6个、气象信息电话自动答讯服务系统2套，电视气象服务系统1套、多要素自动气象站37个、单要素自动气象站70个，农村气象灾害预警信息发布大喇叭1006个、特色作物气象科技服务示范园6个、气象电子显示屏46个、乡村气象信息服务站42个、土壤水分自动监测系统9套。全年发布气象灾害预警信号139次，适时进行人工增雨、增雪、消雹防雹作业253门次。

【文化、卫生和体育】 2015年年末，三门峡市共有艺术表演团体6个、文化馆7个、公共图书馆7个、博物馆7个、全国重点文物保护单位10处，入选国家级非物质文化遗产名录4个，入选省级非物质文化遗产名录31个，入选市级非物质文化遗产名录87个。全市所有的文化馆、图书馆全部免费向公众开放，7个博物馆中有4个博物馆实现了免费向公众开放。年末全市有市级广播电视台1座，县级广播电视台5座。年末广播人口综合覆盖率97.22%，电视人口综合覆盖率97.75%。年末全市共有卫生机构451个，其中医院、卫生院132个，妇幼保健院、所、站5个，疾病预防控制中心(防疫站)7个，卫生监督检验所7个。卫生机构病床床位13418张，其中医院、卫生院12620张。卫生技术人员13517人，其中执业医师和执业助理医师4797人，注册护士5154人，疾病预防控制中心(防疫站)卫生技术人员257人。农村乡镇卫生院75个，床位2391张，卫生技术人员2091人。新型农村合作医疗参合农民人数比上年增长0.63%。全年组织开展群众性体育活动1719次，涉及20余个健身项目，参加人数达106万人次。组队参加河南省第四届万村千乡农民篮球总决赛，“全民健身、幸福中原”2015年河南省第七届万村千乡农民篮球赛北部比赛、南北决赛，“全民健身、幸福中原”2015年全省新春乒乓球、羽毛球、健身秧歌、抖空竹、毽球比赛，获一等奖3个，二等奖3个，三等奖2个。组队参加省级及省级以上青少年比赛22次，取得金牌27枚、银牌22枚、铜牌25枚。举办全市青少年田径、篮球、跆拳道项目苗子运动员选拔赛，参赛总人数达695人；跆拳道运动员李佳获第一届全国青年运动会跆拳道项目参赛资格；射击运动员史梦瑶在全国射击锦标赛上获得亚军；射击运动员王策和史梦瑶入选国家射击队男子气步枪和女子气步枪6人名单；史梦瑶在第13届亚洲射击锦标赛上获冠军，并一举打破亚洲青年纪录和世界青年纪录。成功举办“2015中国·三门峡横渡母亲河”活动，31个省、自治区、直辖市(含港澳台地区)和西班牙队共175个代表队5000余人参加了横渡。成功承办“体彩杯”中原自行车骑行活动，来自全国各地的近300名骑行健儿参加比赛。成功申报6所省级青少年体育俱乐部，审批国家二级运动员23人，注册运动员211人，争取国家、省体育设施建设专项资金1500余万元，建成市区涧河南路大型体育健身公园；建成市体育馆拆装式游泳池及2个多功能运动场；新建100个农民体育健身工程（一场两台）和80个新型农民体育健身工程(一场一路径)，建成3个乡镇体育健身工程，建成28个全民健身路径工程，建成3个多功能运动场；在陕县、义马分别建成一个户外全民健身活动中心。拥有各级各类体育场地3000多个。全年全市体育彩票销售额2.39亿元，比上年增加0.72亿元。

【人口人民生活社会保障】 2015年年末，三门峡市总人口228.53万人，常住人口224.65万人，城镇化率达到51.61%。全年全市人口出生率为9.75‰，死亡率为5.50‰，自然增长率为4.25‰。“十二五”时期，全市城镇化率提高了7.36个百分点。全年全市居民人均可支配收入17314元，比上年增长8.9%，扣除价格因素，实际增长7.3%；居民人均消费支出12345元，增长7.1%，扣除价格因素，实际增长5.5%。按常住地分，城镇居民人均可支配收入23825元，增长7.0%，扣除价格因素，实际增长5.4%；城镇居民人均消费支出16942元，增长8.9%，扣除价格因素，实际增长7.3%。农村居民人均可支配收入11084元，增长9.7%，扣除价格因素，实际增长8.4%；农村居民人均消费支出7946元，增长5.0%，扣除价格因素，实际增长3.7%。全年共为7.4万名企业退休人员发放基本养老保险金16.64亿元，按时足额发放率达100%。年末参加城镇职工社会养老保险人数31.9万人，参加城镇基本医疗保险人数59.83万人，参加社会失业保险人数23.07万人。全年共发放城镇居民最低生活保障金9680.8万元，年末享受最低生活保障的有32515人。全年发放农村低保金12925.6万元，农村低保对象87057人。全年医疗救助资金总支出3618.7万元，其中资助参加合作医疗人数78600人，支出资金929.5万元；资助参加医疗保险人数26144人，支出资金135.9万元；直接医疗救助20139人次，支出资金2292.5万元；优抚对象享受医疗补助人数6703人，补助资金260.8万元。年末全市拥有各类收养性社会福利单位24家（其中民政部门登记养老服务机构19家)，福利单位床位2351张，收养1498人。其中收养性社会福利院2家，床位310张，收养193人。社会福利医院及光荣院各1家。城镇建立各种社区服务设施119个，其中社区养老机构69个，社区服务站39个，社区服务中心1个。社区养老机构拥有留宿收养床位4117张，留宿收养2971人。全年全市销售福利彩票1.61亿元，比上年减少0.22亿元。

【资源环境安全生产】 2015年年末，三门峡市已发现的矿产有66种。其中能源矿产4种，金属矿产24种，非金属矿产37种，水气矿产1种。已探明资源储量的矿种50种，已开发利用的矿产37种。全年万元生产总值能耗比2014年下降0.66%，超额完成省下达的万元生产总值能耗下降目标。全年全市共创建省级生态乡镇1个、省级生态村9个、市级生态村32个。全年全市饮用水源地取水水质累计达标率保持100%。全市18个监测断面中，水质符合Ⅰ~Ⅲ类标准的断面有6个，占33.3%，与上年持平；符合Ⅳ类标准的断面8个，占44.4%，比上年上升22.2个百分点；水质为Ⅴ类的断面0个，比上年下降5.6个百分点；水质为劣Ⅴ类的断面有4个，占22.2%，比上年下降16.7个百分点。城市环境空气质量方面，与2014年相比，二氧化氮和可吸入颗粒物平均浓度分别上升5.00%、3.91%，二氧化硫平均浓度下降16.1%。全年城市环境空气质量优良天数为197天。涧河渑池吴庄断面化学需氧量浓度达标率为58.3%。年末全市共有自然保护区3个，其中国家级自然保护区2个，省级自然保护区1个。全年完成绿化造林42.28万亩，完成森林抚育和改造34.45万亩，义务植树947万株。截至2015年底，三门峡市区建成区绿地面积1260公顷，绿地率42%；绿化覆盖面积1410公顷，绿化覆盖率46.7%；公园绿地面积446公顷，人均公园绿地面积14.87平方米。全年全市共发生各类生产经营性伤亡事故55起、死亡38人，死亡人数比2014年减少5人，下降11.6%。全年亿元地区生产总值死亡率为0.03。

组织机构及领导成员
（截至2015年12月底）

中国共产党三门峡市委员会

书　记　杨树平(8月免)
　　　　赵海燕(8月任)
副书记　赵海燕(女,8月离任)
　　　　郭绍伟
　　　　安　伟(12月任)
正市长级干部　李建顺
　　　　崔保连(5月离任)
常　委　吴　云(女)　赵予辉
　　　　赵中生　杨　骁
　　　　易树学　张建峰
　　　　吕挺琳　孟　斌(4月任)
　　　　高战荣(3月任)
秘书长　高战荣(3月任)
常务副秘书长　魏志选
副秘书长　魏志选　郝建让
　　　　张占海　胡志权

中国共产党三门峡市委员会工作部门

中共三门峡市委办公室

主　任　高战荣(3月任)
副主任　秦菊慧(女)
　　　　秦飞鹏
　　　　乔继明

中共三门峡市委政策研究室

主　任　曲振群

中共三门峡市委组织部

部　长　赵予辉
常务副部长　庆志英(女)
副部长、老干部局局长
　　　　范世谋
副部长　王云波
　　　　贾　辉
副县级组织员　郝建伟
市委人才办主任
　　　　范海燕(女)
副县级组织员　李宝松
干部监督室主任
　　　　殷　丽(女,2月任)
电教中心主任
　　　　张　燕(女,2月任)

中共三门峡市委宣传部

部　长　吕挺琳
常务副部长　张欣照
副部长　刘玉森　任战洲
　　　　张广杰　雷恒军

中共三门峡市委统一战线工作部

部　长　张建峰
常务副部长　李献民
副部长、市民族宗教局局长
　　　　薛建峡
副部长、市工商联党组书记
　　　　刘彦斌
副部长　张炳彦　杨鸿星

中共三门峡市委台湾工作办公室
（三门峡市人民政府台湾事务办公室）

主　任　毋慧芳(女)
副主任　李永辉

中共三门峡市委政法委员会三门峡市社会治安综合治理委员会办公室中共三门峡市委维护稳定工作领导小组办公室（合署办公）

书记、创新办主任、法学会会长
　　　　易树学
常务副书记　赵治钧
副书记、维稳办主任　苗万青
副书记　翟万寿
副书记、综治办主任、创新办副主任
　　　　汤立明
综治办副主任、市政法纪工委副书记
　　　　李　黎
创新办副主任　鲁　锋
维稳办副主任　朱国斌
法学会秘书长　张志飞
政治部主任　王　磊

中共三门峡市委群众工作部
（三门峡市人民政府信访局）

部　长　易树学
常务副部长(局长)、党组书记
　　　　严锦华
正县级信访督查专员、党组成员
　　　　骆雪峰
副部长(副局长)、党组成员
　　　　刘少君
　　　　马　萍(女)
　　　　向　勇
副县级信访督查专员、党组成员
　　　　张树珍(女,5月离任)
　　　　李永伟

三门峡市精神文明建设指导委员会办公室

主　任　宋惠学
副主任　王文辉

中共三门峡市委市直机关工作委员会

书　记　刘小英(女)
副书记、市直纪工委书记
　　　　张献东
副书记　王成新
市直工会主席　姚军歌
副县级专职委员　马灵强

中共三门峡市委农村工作办公室

主任、党支部书记 李立明

副主任 吴 林

副主任、党支部副书记 、

石线伟(女,2月离任)

副主任 郑 鋆(女)

南 明(2月任)

中共三门峡市委老干部局

局 长 范世谋

副局长 聂树杰

姚景华

中共三门峡市委保密委员会办公室(三门峡市国家保密局)

主 任(局 长) 郑宝梅(女)

副主任(副局长) 郭秀云(女)

总工程师 吴国欣

中共三门峡市委党史地方史志办公室(中共三门峡市委党史研究室、三门峡市人民政府地方史志办公室)

主 任 杨献珺

副主任 张安滨(女)

魏云超(4月离任)

周 箐(女)

三门峡市机构编制委员会办公室

主 任 韩迎春(女)

副主任 孙宏发 王宏伟

孙 禹(4月离任)

事业单位登记管理局局长

王立州

中共三门峡市委党校(三门峡行政学院、三门峡社会主义学院)

常务副校(院)长、党委书记 许胜高

党委委员、副校(院)长

张振平

纪委书记 周利平

党委委员、副校(院)长

赵光宇

党委委员、副校(院)长

曹丽华(女)

办公室主任 戴江琴(女)

教务处处长 陈芳芳(女)

科研处处长 郭来法

后勤处处长 王田玉

人事处处长 黄克成

纪检监察室主任 丁应晓(女)

图书信息中心主任 晋 一

学历教育中心主任 杨献省

基础理论教研部主任 刘全刚

党史党建教研部主任 黄会杰

三门峡日报社

社长、党委书记 李万泉

总 编 辑 孟国栋(6月离任)

党委副书记、纪委书记 王素梅(女)

副总编辑 王亚敏

刘建设

焦森森(女)

张玉琮

刘书芳

李 影(女,9月离任)

三门峡市档案局

局 长 韩 芳(女)

副局长 杨乘东

马俊芳(女,4月离任)

中共三门峡市纪律检查委员会、三门峡市监察局、三门峡市预防腐败局(合署办公)

书 记 吴 云(女)

副书记 张志鹏(兼监察局局长)

金校卫

宋中岳(2月任)

常 委 段荣武(兼预防腐败局局长、监察局副局长)

余秋华

宋中岳(2月离任)

谢喜来(7月离任)

茹蔚雯(女)

监察局副局长 张增固

楚松涛

预防腐败局副局长

狄 罡(7月离任)

张元伟(2月任,7月离任)

办公室

主 任 倪爱武(女)

组织部

部 长 汪海欧

宣传部

部 长 冯相儒

调研法规室

主 任 张文世

党风政风监督室(市政府纠正行业不正之风办公室)

主 任 李玉林

信访室

主 任 张元伟(7月离任)

案件监督管理室

主 任 赵俊成

第一纪检监察室

主 任 郭占忠

第二纪检监察室

主 任 王金玲(女,2月任)

第三纪检监察室

主 任 张 阳

第四纪检监察室

主 任 贺红民(2月任)

第六纪检监察室

主 任 张鹏飞

第七纪检监察室

主 任 孙秋君

案件审理室

主 任 马建峡(4月离任)

纪检监察干部监督室

主 任 何 宏(2月任)

预防腐败室(市惩治和预防腐败体系建设领导小组办公室)

主 任 张建武

派驻机构管理室

主 任 代军友

机关党委

专职副书记 杨永红(女,2月任)

派驻第一纪检监察组

组 长 褚建国

副组长 何 丽(女,2月任)

派驻第二纪检监察组

组 长 冯聪敏

副组长 王保仓

派驻第三纪检监察组

组 长 秦海棠(女)

副组长 孙玉生(2月任)

派驻第四纪检监察组

组 长 尚铁仓

副组长 李彩云(女)

派驻第五纪检监察组

组 长 周 钢

副组长 侯玉林

派驻第六纪检监察组

组 长 李 涛

副组长 兀少侠(7月离任)

派驻第七纪检监察组

组 长 王东林

副组长 靳葆青

派驻第八纪检监察组

组 长 雷雨川

副组长 韩清雅(女)

派驻第九纪检监察组

组 长 徐延彬(2月任)

派驻第十纪检监察组

组 长 贺新安

副组长 卫丰收

市委巡察办

主 任 张邦年(7月任)

副主任 马焕春(7月任)

李 磊(7月任)

市委第一巡察组

组 长 张元伟(7月任)

市委第二巡察组

组 长 兀少侠(7月任)

市委第三巡察组

组 长 曲振群(7月任)

市委第四巡察组

组 长 牛孟林(7月任)

市委第五巡察组

组 长 王永胜(7月任)

市委巡察组

副组长 徐书卿(7月任)

结铮铮(7月任)

邓慧兰(女,7月任)

王 星(女,7月任)

许俊刚(7月任)

市委副县级巡察专员

赵新辉(9月任)

赵民刚(9月任)

付 强(9月任)

郭海琴(女,9月任)

翟宝华(9月任)

三门峡市人民代表大会常务委员会

主 任、党组书记 王建勋

副主任、党组副书记 孙宗会

副主任 肖群兰(女)

副主任、党组成员

张朝红

李宝洲(10月离任)

吕均平

裴富平

张松林(4月任)

秘书长、党组成员 杨治安

副秘书长 王永胜(7月离任)

宋中魁

张根星(11月离任)

三门峡市人民代表大会常务委员会工作机构

办公室

主 任 王永胜(7月离任)

副主任 梁洪有

杨国谦

机关党委

书 记 杨治安

副书记 李广庆

调查研究室

主 任 上官卿

副主任 李 毅(女)

信访办公室

主 任 宋中魁

副主任 任社祥

财政经济工作委员会

主 任 卢夏慧

副主任 周 琛(女)

教育科学文化卫生工作委员会

主 任 杜宗文

副主任 郭凤霞(女)

副主任 南振民

农村工作委员会

主 任 靳跃军

副主任 赵占方(11月离任)

选举任免代表联络工作委员会

主 任 王永利

副主任 王茂启

内务司法工作委员会

主 任 任振廷(4月任)

副主任 张 晓

环境与资源保护工作委员会

主 任 钱随章

副主任 严 渊

预算工作委员会

主 任 李怀国

副主任 张淑春(女)

民族侨务外事工作委员会

主 任 赵节跃

副主任 杨爱琴(女)

法制工作委员会

主 任 张根星(11月任)

副主任 赵占方(11月任)

三门峡市人民政府

市 长 赵海燕(女,11月离任)

安 伟(12月任代理市长)

市长级干部 崔保连(5月离任)

常务副市长 赵中生

副 市 长 杨 骁 李 琳

高战荣(4月离任)

牛兰英(女)

王振清

李庆红(女,4月任)

市政府党组成员 宋 跃

水选民

李庆红(女)

张北超

王 峰

刘廷福

侯 鑫

张志鹏

秘 书 长 刘廷福

副秘书长 张武民

李晓波

张建军

吕大伟

王明智

陈 鹏

三门峡市人民政府工作部门

三门峡市人民政府办公室

主 任 刘廷福

副主任 郭旭昌

张红谱

封泽孝

韩际东

王东春

三门峡市人民政府法制办公室

主任、党组书记 崔晓战

副主任、党组成员 员三喜

张廷文

三门峡市人民政府金融服务办公室

主任、党组书记 康平森

副主任、党组成员 张建康

刘瑞锋

段保明

三门峡市人民政府外事侨务办公室

主 任 张武民

副主任 李 刚

三门峡市市直机关事务管理局

局长、党组书记 王志超

副局长、党组成员 李竹园

付新红(女)

吴志明

党组成员、文博城管理处主任

赵 倩(女)

河南省工业和信息化厅三门峡无线电管理局

局长、党组书记 高建生

副局长　刘　欣

三门峡市人民防空办公室

主　任　段孝廷

副主任　曹兴华　卫迎宾

三门峡市财政局

局长、党组书记　宋　东(兼任市投资集团有限公司董事长、党委书记)

副局长、党组成员　李安顺

副局长、党组成员

翟海燕(兼任市投资集团有限公司副总经理、党委委员，市财经投资公司总经理)

副局长、党组成员　刘泽夏

副局长、党组成员

刘玉侠(兼任市投资集团有限公司监事会主席、党委委员)

副局长、党组成员

秦建斌(兼任市投资集团有限公司副总经理、党委委员，挂职)

副局长、党组成员　冯　铎

市非税收入管理局局长、党组成员

刘灿烽

市财政国库集中支付(会计核算)

中心主任、党组成员　张世军

党组成员　李军民(兼任市投资集有限公司副总经理、党委委员)

三门峡市人力资源和社会保障局

局长、党组书记　毕立东(6月任局长)

副局长、党组成员　张宪法　武东发

孙建堃(女)

党组成员　冯聪珍(女)

史明学　张少锋

汪忠义　赵章锁

党组成员、劳动就业培训中心主任

徐新华

军队转业干部工作办公室主任

张高岩(4月离任)

就业促进办主任　王玉贤

市社会医疗保险中心主任

张武峰

市公务员局局长　张红旭

市社会养老保险中心主任

何增立

三门峡市行政服务中心

主任、党组书记　叶国明

副主任、党组成员　杨伟兵

杨海军

三门峡市审计局

局　长、党组书记　范社民

副局长、党组成员　刘树军

侯功亮

白提高

张　楠(女)

三门峡市统计局

局长、党组书记　张庆云

副局长、党组成员　赵葡萄(女)

副局长　李　玉

张亚珂(女)

三门峡市科学技术局

局　长　卢群召

副局长、党组书记　王松安

副局长、党组成员　王俊汝

彭增康

刘　涛

知识产权局局长　董文生

三门峡市公安局

市政府党组成员、公安局长、党委书记

王　峰

党委副书记、常务副局长

杨宗义(2月任)

党委委员、副局长

张长廷(正县级干部)

党委委员、副局长

陈沛林(正县级侦察员)

党委委员、副局长　王继勇

党委委员、副局长　李正民

党委委员、副局长　夏东亚

党委委员、副局长　宋中奎

党委委员、政治部主任　焦露阳

党委委员、副局长　段连才

党委委员、纪委书记　尚定固

党委委员　代练兵

三门峡市公安局警令部

主　任　叶　桢

三门峡市公安局交通管理支队

支队长　石　军

政　委　周西汉

三门峡市公安局特殊警务支队

支队长　杜社伟

政　委　王成峡

三门峡市公安局犯罪侦查支队

支队长　孙永民

政　委　彭　岩

三门峡市公安局国内安全保卫和反恐怖支队

支队长　李化坤

政　委　李　力

三门峡市司法局

局长、党委书记　张龙治

副局长、党委委员　杨　峰

纪检书记　杨素霞(女)

副局长、党委委员　黄　凯

张　虎

孙江涛

三门峡市民族宗教局

市委统战部副部长、局长、党组书记

薛建峡

副局长、党组成员　刘云鹏(正县级)

申春升

杨　柳(女)

三门峡市商务局

局长、党组书记　张翼飞

副局长、党组成员　李军方

黄秋丽(女)

张　涛　陈　一

开放办主任　王孝宽

贸促会会长　刘爱伟

三门峡市供销合作社

主任、党委书记　王保炜

副主任、党委委员　焦文婷(女)

郭建设

纪委书记　高　阳

三门峡市粮食局

局　长　张建存(4月离任)

局　长、党委书记　魏　玮(4月任)

纪委书记、党委委员　戚咏梅(女)

副局长、党委委员　雷乙声

副局长、党委委员　李瑞华(女)

副局长、党委委员　何　飞

三门峡市商业总公司

总经理、党委书记　杨军歪

副总经理　张秀梅(女)

纪委书记　赵军生

三门峡市物资总公司

总经理、党委书记　郑遂平

党委委员、纪委书记　张家明

副总经理、党委委员　卢登斌

三门峡市医药总公司

总经理　薛　飞

党委书记　任宏鑫
纪委书记　赵　峰

三门峡市旅游局

局长、党组书记　薛青池
党组副书记、市旅游协调办主任
王保仁
副局长、党组成员　邓伟华
许　艳(女)
胡中州
卢文斌
市旅游协调办专职副主任
张秀丽(女)

三门峡市安全生产监督管理局

局　长　李灵法
副局长　张菊霞(女,正县级)
刘向东
党　峰
王永全
煤监办主任　王灵超
执法监察支队支队长　邵　青(女)

三门峡市工业和信息化局

局长、党委书记　孙天成
副局长、党委委员　樊俊华　杜会强
纪委书记　绳靖富
副局长　郭喜宏
党委委员、中小企业服务局局长
韩海民
黄金办主任　孙连峰
信息化办主任　薛付立
市担保公司总经理　苏书芳

三门峡市教育局

市教育局党委书记、局长　聂红超
副局长、党委委员　金　锐(女)
杨伟建
许彦卿
段晋中
纪委书记　刘云仙(女)
副局长、党委委员　高超杰

三门峡职业技术学院

党委书记　郑建英
党委副书记、院长　吴勇军
党委委员、常务副院长　李久昌
纪委书记、工会主席　宋六锁
副院长　李　勤(女)
党委委员、副院长　马旭东
党委委员　袁文山
张雪冰(女)

三门峡市体育局

局　长　张景林
党组书记　孔　辉
副局长　武如仓
党组成员、副局长　刘晓宇
党组成员、体校书记　张　睿
体校校长　贾满坡

三门峡市文化广电新闻出版局（三门峡市文物局）

局　长　梅良川
党委书记　梅良川
副局长、党委委员　张书超
纪委书记　许建平
副局长　许海星
副局长、党委委员
宁会振
赵利英(女,9月离任)

三门峡广播电视台

台长、党委书记　任战洲
总编辑、党委委员　雷晓东(女)
副书记　杨殿法
副台长、党委委员　聂建英

三门峡市文化市场综合执法支队

支队长　姜一新

三门峡市卫生局

党委书记　齐秋安
党委委员、纪委书记　张杰生
副局长　韩绍卿
党委委员、副局长　刘存棣
邹　杰
王永生
陈少华

三门峡市住房和城乡建设局

党委书记、局长、市商务中心区建设指挥部办公室主任　杨青黑
党委委员　王道明(正县级)
党委委员、市住房公积金管理中心主任
何耀武
党委委员、副局长、市商务中心区建设指挥部办公室常务副主任
何　军
党委委员、副局长　董清华
段敬民
赵和平
陈鸿钧
李泳均
党委委员、纪委书记　张银良
党委委员、副局长　邱成峰

三门峡市规划和城市管理综合执法局

局长、党组副书记　李保民
党组书记、副局长　赵瑞平
党组成员　刘国泰(正县级)
石旭民(正县级)
赵文杰(正县级)
党组成员、副局长　刘振国
周秋良

三门峡市环境保护局

局长、党组书记　杨少敏
党组成员　张中良(正县级)
李光宏(正县级)
张铁道(正县级)
副局长　鲁雪生
副局长、党组成员　孔京周
卢华朝
鲜　玉(女)
党组成员、环境监察支队队长
沈建民
党组成员、环境监测站站长　郭建伟

三门峡市国土资源局

局长、党组书记　朱豫锋
党组成员　阴旭阳
徐建立
副局长　王西鹏
上官勤学
张寿西
土地总督察　乔娟芳(女)

三门峡市扶贫开发办公室

主任、党组书记　蔡伟成
副主任、党组成员　秦　炜
党组成员　韩钢锋

三门峡市农业局

党组书记、局长　王耀文
副局长、党组成员　张建业(兼,正县级)
党组成员　张建林(兼,正县级)
副局长、党组副书记
王晓福(兼,正县级)
副局长、党组成员　唐向志
李安昌
宋速快
副局长　陈林海

三门峡市农业科学研究院

党支部书记　王晓福
党支部副书记、院长　张建林
副院长　石景尚　翟玉洛

三门峡市畜牧局

党组书记、局长　张建业
副局长　彭　博
党组成员、副局长　盛显秋
李建强
刘小旺

三门峡市园艺工作总站

站　长　李明雷

三门峡市农业机械化管理办公室

主　任　王富宇

三门峡市农业产业化办公室

主　任　涂永华

三门峡市林业和园林局

党组书记、局长　水贤礼

党组成员、副局长　柴仁俊

李茂军

周文亮

周松坤

党组成员、小秦岭国家级自然保护区管理局局长　韩保健

党组成员、小秦岭国家级自然保护区管理局党委书记　刘汉良

党组成员　李　健

三门峡市水利局

党组书记、局长　段建民

党组成员、副局长　李国祥(正县级)

党组成员　黄更臣(正县级)

乔铁牛(正县级)

党组成员、副局长、窄口水务局局长　卫　伟

党组成员、副局长　赵新生

李定慈

李　平

市防汛抗旱指挥部办公室主任　李清君

水资源管理处党总支书记、处长　裴宗杰

水资源管理处副处长　王军峰

李春丰

三门峡市民政局

局　长、党委书记　常天朝

副局长、党委委员　张增盈

王明刚　王宏军

李　勇　赵国选

纪委书记　宁转果(女)

三门峡市人口和计划生育委员会

主任、党组书记　任晓云(女)

副主任　赵陕新　张正民

吴　刚

三门峡市发展和改革委员会

市城乡一体化示范区主任、市发展改革委主任、党组书记　刘会林

副主任　索亚荣

区域协作办主任、市发展改革委副主任　张项学

副主任　赵　宇　左军英

副主任、区域协作办副主任　李晓玲(女)

副主任　权振国　钱其宇

能源局局长　王志芳(4月离任)

物价办主任　苗朝霞(女)

市重点项目建设领导小组办公室主任　兰正军

市建设投资公司经理　郭项斌

三门峡市交通运输局

党委书记、局长　曹海生

副局长　李春来

王玺光(4月免)

孙玉龙(1月离任)

郑建锋　贾　利(女)

党委委员　赵翠玲(女)

纪委书记、副局长　郭社良

副局长、邮政管理局局长　李宝林

党委委员　尚柏仁

三门峡市公路局

局长、党委副书记　李春来

党委书记、副局长　赵翠玲(女)

党委副书记　许德华

纪委书记　曹利力(女,2月任)

副局长(副县级)　张　通

周建通　常见辰

建则军

三门峡市工商行政管理局

局长、党组书记　郭　群

副局长、党组成员　李保民

王均平

李贵标

纪检组长　张　辉

三门峡市质量技术监督局

局长、党组书记　索继军

副局长、党组成员　莫瑞庄

孔维玲(女)

谢贵强

纪检组长　徐书卿(8月离任)

稽查支队支队长　任艺峰

市质量检验检测中心主任　乌新平

三门峡市食品药品监督管理局

市政府食品安全委员会办公室主任、局长、党组书记　曹成建

副局长　何　耿　苗泉清

稽查支队支队长　王宏伟

市政府食品安全委员会办公室副主任　史　瑜

副　局　长　曲洪波(女,4月任)

纪检书记　马德超(3月离任)

三门峡市黄河河务局

党组书记、局长　卫保元

党组成员、副局长　张景芳

姚艳伟(女)

王泉钧

党组成员　卢多敏(正县级)

三门峡市地震局

局　长　姚　龙

党组书记　李守增(4月离任)

副局长、党组成员　郑　垚　韩浩然

党组成员　雷战龙

三门峡市盐业管理局

局　长　黄松涛

党委书记　高清傲

三门峡经济开发区管理委员会

党工委书记、管委会副主任　李宏伟

党工委副书记、纪工委书记　姚发挥

党工委委员、管委会副主任　王振江

马占方

路进良

杨文龙

刘　益

管委会副主任　杨　峰

三门峡产业集聚区管理委员会

主　任　朱　强

党工委书记　赵松勤

副主任、党工委副书记　狄治涛

副主任、党工委委员　王甲森

崔文泽

荆栓民

党工委委员、纪工委书记　董项虎

副主任、党工委委员　周　童

王彦超

副主任、党工委委员、公安分局局长　朱俊军

副主任　孙德厂(10月任)

党工委委员　孟兴林

荆柏松

中国人民政治协商会议三门峡市委员会

主席、党组书记　郭秀荣(女)

副主席、党组副书记　高从民

副主席、党组成员　李俊江

张礼堂

庆志英(女,4月任)

副主席　马仰峡

姚　龙
孙继伟
张景林
卢群召
秘书长、党组成员　王平灿
党组成员、机关党委书记
王平灿
副秘书长　何　盈
王朝周
杨素仙(女)
钱　程
李发军(4月任)

中国人民政治协商会议三门峡市委员会工作机构

办公室
主　任　何　盈
副主任　李明安　段燕红(女)

提案委员会
主　任　蔡中有
副主任　席国峰

经济科技委员会
主　任　蔡水文
副主任　张广武

文教体卫委员会
主　任　郭振平

港澳台侨和民族宗教委员会
主　任　张书敏(2月离任)
薛建峡(4月任)
副主任　牛通会(4月离任)

学习文史资料委员会
主　任　杨顺发
副主任　许瑞平(女)

社会和法制委员会
主　任　宋惠学(4月任)
副主任　王建强

机关党委
书　记　王平灿
副书记　李春宝(4月离任)

人口资源环境委员会
主　任　武少峰
副主任　林　平(女,4月离任)

三门峡市国防　审判　检察机构

三门峡军分区
司令员　叶　勇
政治委员　孟　斌
副司令员张洪标　张善富
参谋长　赵小强
政治部主任　陈俭富
后勤部部长　任江源

中国人民武装警察部队三门峡市支队
支队长　代练兵
第一政治委员　王　峰
政治委员　陈黎平
副支队长　李振国
副政治委员　张　良
参谋长　刘春江
政治处主任　李俊杰
后勤处处长　石红狮

中国人民武装警察部队三门峡市消防支队
政治委员　仰文祥
支队长　江俊伟
副支队长　马　雷　牛　杰
司令部参谋长　贺国波
政治处主任　武泽成
后勤处处长　彭　伟
防火监督处处长　赵立勋

三门峡市中级人民法院
院长、党组书记　梁　维
常务副院长、党组副书记　李主臣
副院长、党组成员　刘胜利
李红伟
任睿妮(女)
孙本立
党组成员、纪检组长　陈三奇
党组成员、政治部主任　王利荣(女)
党组成员、执行局长　贾巧梅(女)
党组成员　李建敏　薛保良

三门峡市人民检察院
检察长　邱　恺
党组副书记、常务副检察长　司玉新
党组成员、副检察长　匡江丽(女)
杨镜炜
杨红岩
张江波
党组成员、纪检组长　张俊合
党组成员、政治部主任　任高卿
党组成员、反贪局局长　水宝泉
党组成员、检察长助理　杨　森

三门峡市民主党派　工商联　群众团体

中国民主同盟三门峡市委员会
主　委　马仰峡
副主委　何建刚
李述勇
许海星
秘书长　李述勇(兼)

中国民主建国会三门峡市委员会
主　委　张景林
副主委　卫超民
朱振华

中国农工民主党三门峡市委员会
主　委　肖群兰(女)
副主委　赵光煊
陈天栋

九三学社三门峡市委员会
主　委　姚　龙
副主委　杭海龙
李发军
秘书长　楼晓红

三门峡市工商业联合会(总商会)
主　席　孙继伟
党组书记、副主席　刘彦斌
副主席　刘雪立
王　锋
副主席、党组成员　刘谋奎
秘书长、党组成员　盛　兵

三门峡市总工会
主　席、党组书记　孙宗会
副主席、党组副书记　武跃峰
党组成员　路敏茹(女)
张秀云(女)
党组成员　任民良
李万新
经审会主任　贾　林
副主席、党组成员　赵　敏

中国共产主义青年团三门峡市委员会
书　记　李瑞霞(女)
副书记　杨　军
曲　晓

三门峡市妇女联合会
主席、党组书记　张桂珠(女)
副主席、党组成员
李　珣(女)
史锁茹(女,7月任)
吕秋芬(女,4月离任)
王　星(女,6月离任)

三门峡市科学技术协会
主　席　马仰峡
副主席、党组书记　郭亚娟(女)
副主席　郭　宏
王春凌(女)

三门峡市文学艺术界联合会

主席、党组书记　孟国栋(6月任)

三门峡市社会科学界联合会

党组成员、副主席　黄　辉

三门峡市归国华侨联合会

主　席　闫正伟

三门峡市残疾人联合会

理 事 长　白拴鱼(女)

副理事长　张建廷　纪亚宇

国务院部属　省属直管单位

三门峡市国家税务局

局　长、党组书记　秦基选

副局长、党组成员　王　伟

程书华(女)

万广卿

胡继宏

党组成员、纪检组长　王亚平

党组成员、总会计师

刘淑娟(女,11月任)

党组成员、总经济师

王中华(11月任)

三门峡市地方税务局

局长、党组书记　霍　涛

副局长、党组成员　卫苏伟

陈　路(2月任)

王宗贤(2月任)

许　珺(女,9月离任)

孙东方(4月离任)

纪检组长　刘维平(4月任)

党组成员、总经济师　翟鹏戈

党组成员、稽查局长　崔　军

三门峡市烟草专卖局(河南省烟草公司三门峡市分公司)

局长、经理、党组书记　蒋笃彪

纪检组长　崔永才

党组成员、副经理　乔超伦

党组成员、工会主席　赵遂生

河南省电力公司三门峡供电公司

总 经 理　胡　刚

党委书记　闫爱国

副总经理　阴孝平

南国良

高　亮

张国山

纪委书记兼工会主席

毛克民

总工程师　张　翼

三门峡市气象局

局长、党组书记　武小明

副局长、党组书记　宋建予

副局长、班子成员　黄克磊

纪检组长　汤新海

三门峡市邮政局

党委书记、局长　张红旗

副局长、纪委书记、工会主席

刘亚芳(女)

副局长、党委委员　王海峰

中国联合网络通信有限公司三门峡市分公司

总经理、党委书记　吴振魁

副总经理　卫　娟(女)

副总经理　康　健

副总经理　纪　刚(2月离任)

副总经理　张　林

中国移动通信集团河南移动公司三门峡分公司

党委副书记、总经理　赵保君

纪检书记、工会主席、副总经理

张朝阳

副总经理　王节友

解奋一

刁旭川

中国铁通集团有限公司三门峡分公司

总经理、党委书记　崔宏嵚

副总经理　黄爱民　徐书国

中国电信集团河南省三门峡市电信分公司

总 经 理　公怀予

副总经理　董党伟

崔　杰

常海成

中国人民银行三门峡市中心支行

党委书记、行长　白崇建

党委委员、副行长　乔青峰

党委委员、纪委书记　孟宏杰

党委委员、副行长　赵春燕

党委委员、工会主任　许社敏

党委委员、副行长　姚　彤(4月任)

中国银行业监督管理委员会三门峡监管分局

局　　长　蒋红华

纪委书记　董社义

中国农业发展银行三门峡市分行

行　长、党委书记　程书贞

副行长、党委委员、纪委书记

段红伟

副行长、党委委员、工会主任

白玉琪

副行长、党委委员　李鹏杰

河南省农村信用社联合社三门峡市办公室

主　任、党组书记　刘安强

党组成员　杨长法(正县级)

副主任、党组成员　李怀林

中原银行股份有限公司三门峡分行

党委书记、行长　焦启民

党委副书记、纪委书记　昝红宇

党委委员、副行长　郑治军

范春晖

张成军

张　毅

中国工商银行股份有限公司三门峡分行

行长、党委书记　康广明(1月离任)

贺春朝(1月任)

副行长、党委委员　李铁生

杜振洪

吕　凡

姚辉元(7月任)

党委委员、纪委书记、工会主任

李灵博

资深经理　赵英民

高级经理　常卢颜

李跃伟

乔卫靖

高级客户经理　茹云中

中国农业银行股份有限公司三门峡分行

党委书记、行长　李正玉(9月离任)

张建新(11月任)

党委副书记、纪委书记

李毛拉(9月离任)

张建新

党委委员、副行长

张建新(9月主持工作)

党委委员、副行长、纪委书记

吴振华(12月任纪委书记)

党委委员、副行长　刘艳菊(12月任)

赵鹏飞

党委委员、副行长、纪委书记

郭晓兵(9月任、12月离任)

中国建设银行股份有限公司三门峡分行

行　长、党委书记　李刚军

副行长、党委副书记、纪委书记

张　健

副行长、党委委员　王东平

副行长、党委委员　崔　瑜

副行长、党委委员　刁海民

中国银行股份有限公司三门峡分行

行　长、党委书记　张世波(4月任)
行　长、党委书记　曹靖华(4月离任)
副行长、党委委员　王银川
副行长兼财务总监　李惠敏(女)
副行长、党委委员　朱经波
　　马光明(11月离任)
纪委书记、党委委员　陈文峰

中国邮政储蓄银行三门峡市分行

党委书记、行长　杨怀峰
党委委员、副行长　王月红(女)
党委委员、纪委书记、工会主席
　　张文武
党委委员、副行长　姚文华(女)

中国人民财产保险股份有限公司三门峡市分公司

副总经理、党委副书记　韩建丽(女，主持工作)
副总经理、党委委员　张　震(女)
纪委书记　张　震(女，7月任)

中国人寿保险股份有限公司三门峡分公司

总经理、党委书记　孙鸿雁
副总经理、党委委员　侯俊水
　　谷中立
　　韩勇军

中原证券股份有限公司三门峡六峰路证券营业部(8月注销)

总　经　理　杜洪涛

中原证券股份有限公司黄河金三角示范区分公司

总　经　理　杜洪涛
副总经理　牛晶峰(1月任)

三门峡黄河明珠(集团)有限公司(三门峡水利枢纽管理局)

党委书记、董事长(局长)　张保平
副董事长、总经理(副局长)　李明堂
党委委员、董事、副总经理(副局长)
　　陈印刚　王通战　牛锐锋
党委副书记、纪委书记、监事会主席
　　赵国民
党委委员、总工程师、董事会秘书
　　薛敬平
党委委员、工会主席、董事　高建民

三门峡库区水文水资源局

党委书记、局长　和晓应
总工程师　屠新武
党委委员、副局长　孙章顺
党委委员、纪委书记　丁宪宝
党委委员、工会主席　杨保松
党委委员、副局长　王生雄

三门峡库区水文水资源勘测局

局　长　贺亚平

西峰水文水资源勘测局

局　长　张积玉

天水水文水资源勘测局

局　长　蔡世林

三门峡库区测绘大队

队　长　李启高

中国石油化工股份有限公司河南三门峡石油分公司

总　经　理　赵稳勇
党委书记　郭景超
副总经理　李宗宏
　　夏世宏
　　孙晓旭

河南高速公路发展有限责任公司三门峡公司

总经理　夏　磊
党委副书记　吴卫军
副经理　李本志　翟书伟
　　平瑞峰　刘文亮

三门峡出入境检验检疫局

局　长　赵　奇
副局长　杨兴富
　　巩卫东(10月任)

三门峡海关

关　长　申志强
副关长　胡　华

三门峡市各县(市、区)工作机构

中国共产党湖滨区委员会

书　记　王清华
副书记　杨跃民
常　委　段青菊(女)
　　薛蒲生
　　宋双作
　　吴全乐
　　董兴连
　　徐典军
　　刘万增
　　王秀良

湖滨区人民代表大会常务委员会

主　任　方留聚
副主任　郭永和
　　吕志江
　　贾建强
　　刘霞青(女)
　　姚盈亮

湖滨区人民政府

区　长　亢哲楠
副区长　薛蒲生
　　杭海龙
　　贺转峡
　　师生林
　　徐红梅(女)

中国人民政治协商会议湖滨区委员会

主　席　杨会通
副主席　张豫宝
　　王志荣(女)
　　郑百群
　　相海平(女)
　　潘东生

中国共产党义马市委员会

书　记　张保军
副书记　李隽瑜
　　杨绍华(6月离任)
　　谢喜来(7月离任)
常　委　张保军
　　李隽瑜
　　杨绍华(6月离任)
　　谢喜来(7月离任)
　　方建超
　　崔飞飞(女)
　　马宗玉
　　郭　宏(2月离任)
　　刘文祥
　　张世林
　　吕良涛
　　李　岩
　　杜爱民(女，2月任)
市长级干部　陈军武
　　尚志军
　　陈　军

义马市人民代表大会常务委员会

主　任　焦爱民
人大党组书记　焦爱民
人大党组副书记　许万群
副主任　许万群
　　杨长富
　　邱明涛
　　李拴军

义马市人民政府

市　长　李隽瑜
副市长　刘文祥

吴鹏斐
程相渠
张晓红(女)
毛海港

中国人民政治协商会议义马市委员会

主　席　王卢生
副主席　陈守炯
闫新华(女)
刘　彧
贺宝军

义马市人民法院

院　长　董书军

义马市人民检察院

检察长　李文翔

义马市产业集聚区

主　任　崔飞飞(女)
副主任　贾立耘
马松良
纪工委书记　茹明和

义马市群众工作部

部　长　张百明

义马市工会

工会主席　杨建民

中共渑池县委员会

书　记　张松林
副书记　付晓亚(11月离任)
刘小亭
常务委员　张松林
付晓亚(11月离任)
刘小亭
姜玉良(1月任)
郭艳华(女)
王晓东
张行军
李志彬
王跃峰
单守江
宋黎静(女)
狄玉华
县长级干部　茹　鹏

渑池县人民代表大会常务委员会

主　任　崔优才
副主任　袁成学
刘建华(3月任)
范群才
石美丽(女)
党组书记　崔优才
党组副书记　袁成学
党组成员(副县级)　刘建华(女,3月任)
范群才
张赞民

渑池县人民政府

县　长　付晓亚(11月离任)
常务副县长　王晓东
副县长　李发军(5月离任)
周增顺(5月任)
杜爱民(女,2月离任)
石线伟(女,2月任)
吴武岳
赵铁安
党组成员(副县级)
刘建华(女,2月离任)
张耀军
姬宪伟
黄世民
张光明
周来拴
倪建军
王　飞

中国人民政治协商会议渑池县委员会

主　席　底长胜
副主席　李若松
侯铁军
杨　航
张发梅(女)
党组书记　底长胜
党组成员(副县级)　张　芳
李若松
侯铁军

中国共产党陕县委员会

书　记　高永瑞
副书记　赵　勇
冯　勇
正县级干部　唐科峰
卫月胜(8月离任)
常　委　吴自力
董树良
刘佰洋
冯俊珍(女)
潘新乐(3月离任)
张天生
朱　亮(4月离任)
宋广军
杨玉秋(女)
王彦凯(3月任)
童志明(10月任)

陕县人民代表大会常务委员会

主任、党组书记　李　蓓(女)
副主任　焦雪丽(女)
满向阳
介建新
高金庄

陕县人民政府

县　长　赵　勇
副县长　冯俊珍(女)
朱　亮(4月离任)
李海霞(女)
王彦凯(3月离任)
葛海水
苏占云
李　军(2月任)

中国人民政治协商会议陕县委员会

主席、党组书记　骆玉峰
副主席　王贯新
李建通
任文东
赵卫明(女)

陕县产业集聚区

主　任　潘新乐(3月任)

中国共产党灵宝市委员会

书　记　乔长青
副书记　杨　彤　杨海让
常　委　乔长青
杨　彤
杨海让
张　华(女)
侯乐见
吕根友
李万征
胡家群
林学彬
吴英民
吴　波
李赞鹏
刘付周

灵宝市人民代表大会常务委员会

主任、党组书记　张社平
副主任、党组副书记　李东风
杨世强
副主任、党组成员　方建民
贺锁立
副主任　冯军禄(5月离任)

灵宝市人民政府

市长、党组书记　杨　彤
党组副书记、市产业集聚区主任
侯乐见
常务副市长、党组副书记　吕根友

市长级干部　徐端业

副市长、党组成员　王高风
赵　龙
孙会方

副市长　朱振华

副市长级干部　杨社军

党组成员　张少波
杭建民
杜随波
卫铁峡
赵　睿
许万民(6月离任)
张　磊
彭占玉
樊革民

中国人民政治协商会议灵宝市委员会

主席、党组书记　张成宝

党组副书记　李赞鹏

副主席、党组成员　王义政
马保民

副主席　李俊伟
黑素妮(女)

中国共产党卢氏县委员会

书　记　王战方

副书记　张晓燕(女)
乔建厚

常　委　张邦年(7月离任)
狄罡(7月任)
周建文
卫　光
丹宝民
张志刚
余爱军(10月离任)
赵永丰
赵伟民
陈　钧(10月任)

卢氏县人民代表大会常务委员会

主　任　马书军(11月离任)

党组副书记　马书军(11月离任)
郭英辉

副主任　郭英辉
郭焕民
王贵生
王爱霞(女)
常金科

卢氏县人民政府

县　长　张晓燕(女)

副县长　周建文
赵道全(3月离任)
曲红波(5月离任)
梁信志
郭大鹏(10月离任)
张坤士
李　军(2月离任)
岳利平(10月离任)
王玺光(5月任)
吴文峡(2月任)
张　勇(10月任)
李　芊(10月任)

中国人民政治协商会议卢氏县委员会

主　席　张新民

党组书记　张新民

党组副书记　张君治

副主席　杨文山
张君治

·编辑　周　箐·

玉皇山·高山杜鹃

政 党

中国共产党三门峡市委员会

【概况】 2015年，中共三门峡市委深入贯彻党的十八大及十八届三中、四中、五中全会精神和习近平总书记系列重要讲话精神，认真落实省委、省政府决策部署，紧紧围绕经济社会转型发展，团结带领全市广大干部群众，锐意进取，顽强拼搏，全市经济持续健康发展，人民生活明显改善，城乡面貌焕然一新，社会大局和谐稳定。全年全市生产总值1261亿元，人均地区生产总值5.6万元，一般公共预算收入93.9亿元，规模以上工业增加值602亿元，全社会固定资产投资完成1549亿元，社会消费品零售总额397亿元，进出口总值4.4亿美元，城乡居民人均可支配收入分别达到2.38万元和1.1万元。

坚持把稳增长、保态势作为全局工作的首要任务，努力扭转经济下行局面。开展专题调研。在全市开展“稳增长、保态势、抓落实”专题调研活动，组建由市委常委带队、市四大班子领导共同参加的三个专题调研组，用1周时间深入各县(市、区)，围绕经济运行、重点项目建设、企业服务、企业“融资难”、招商引资、房地产市场运行、“两区”建设、“十三五”重点工作等进行深入全面调研，共梳理出27个全市性问题和涉及各县(市、区)的35个具体问题。市委常委会专题听取调研汇报，市四大班子成员集体会诊，就解决好全市经济社会发展的重大问题形成共识、凝聚力量。成立领导小组加快重点工作推进。坚持统筹兼顾，更强调突出重点，成立城市建设和管理、农业农村工作、工业经济和项目建设、招商引资和服务业发展、电子商务发展、“4+4+2”党建制度体系建设(第一个“4”，指的是在基层，建立健全民主科学决策、矛盾调解化解、便民服务、党风政风监督检查四项基础制度；第二个“4”，指的是在县级以上机关，建立健全民主集中制、严肃党内政治生活、干部选拔任用、反腐倡廉四项基础制度；“2”，指的是在全省各级党组织和国家机关建立健全权力规范运行和全面从严治党监督检查问责两项机制）等六个领导小组，由市委副书记或市委常委任组长，市四大班子领导成员任副组长。这六个领导小组既是决策机构，又是执行机构，同时也负责抓好督促检查，每周召开例会，定期研究部署，充分发挥推动各项重点工作的“突击队”作用。狠抓项目建设和招商引资。把项目建设和招商引资作为全市工作的重中之重，牢牢把握开放招商“一举求多效”，坚持实行大员招商、务实招商、精准招商，研究出台《三门峡市招商引资和项目建设考核办法》《鼓励“飞地经济”发展的意见》，不断提高招商引资针对性、实效性。强化企业服务。采取定人定点深入企业，一企一策研究方案、破解难题，帮助企业尽快复产达产。积极帮助企业开展产销对接，实施“助保贷”“政保贷”业务，设立“过桥资金池”，破解中小微企业融资难、融资贵问题。

强化提质增效，力促工业转型升级。立足三门峡资源型城市的实际，针对三门峡资源型产品比重过大的实际，加快推动工业转型升级、提质增效。推动传统产业转型升级，重点围绕黄金及有色金属、铝及深加工、煤及煤化工、能源等产业，拉长产业链条，推动传统产业走向价值链高端，加快打造先进制造业大市强市。全年共安排市级重点项目245个，总投资1987.5亿元。其中，总投资328亿元的中金集团黄金产业园、总投资350亿元的义煤综能煤化工产业园和总投资260亿元的同人铝业铝精深加工产业园等200多个重大项目加快推进，成为带动和支撑三门峡转型发展的主导力量。加快培育新兴产业和接续产业。积极顺应“互联网+”、智能制造等新产业、新模式、新业态等发展潮流，结合“中国制造2025”确定的十大重点领域，重点扶持装备制造业及汽车零部件、新材料、新能源、电子信息、生物医药等战略性新兴产业发展。在装备制造及汽车零部件产业方面，重点推进河南能化汽车零部件产业园等12个项目；在新材料产业方面，加快推进义腾新能源锂离子电池隔膜等项目7个；在生物产业方面，重点抓好赛诺维制药、卢氏乐氏同仁堂等项目6个，初步形成门类齐全的生物产业体系；在电子信息方面，重点抓好义马康平光电导电玻璃等8个项目，平昇电子年产1200万套液晶显示模块项目建成投产；在光伏及新能源产业方面，重点推进大唐、华能等风电场项目20个。加快产业集聚区建设。三门峡产业集聚区建成国家新型工业化示范基地、省级高新技术开发区，三门峡产业集聚区和渑池县产业集聚区建成省高新技术特色产业基地，义马产业集聚区进入全省“十强”产业集聚区。

突出富民增收，着力做优特色农业。始终把促进农民增收、农业增效放在突出位置，大力发展特色高效农业。抓好标准化生产基地建设。按照“抓源头、抓检测、抓追溯、抓召回”的要求，着力建基地、育品牌、强监管，制定、修订果、牧、菜、菌等57个品种108个无公害生产地方标准和技术规程，全市无公害农产品生产面积达到4.27万公顷、“三品一标”农产品(无公害农产品、绿色食品、有机农产品和农产品地理标志)数量达到139个，建成全省农业系统首家农产品质量安全追溯服务中心。扩大新型农业经营主体。按照家庭经营、集体经营、合作经营、企业经营等基本模式，推动农业规模化、专业化、现代化经营，全市已建成家庭农场270家，农民专业合作社1030个，规模以上的农业龙头企业200家，其中国家级龙头企业2家、省级龙头企业26家。培育特色农业产业化集群。紧紧围绕果、牧、烟、菌、药、菜等特色产业，培育现代农业产业化集群，全市培育形成了果品、畜牧、设施农业3个产值超百亿元产业，林药茶、粮食生产及加工2个产值超50亿元产业，特色农业产值占农业总产值比重达85%以上。抓特色农产品销售。抢抓“互联网+”机遇，对接腾讯入驻，加快推进农业电子商务千县万村计划和阿里巴巴“淘宝村”项目，成立三门峡市特色农产品电子商务中心，全市苹果和食用菌出口增长连年达100%以上，均创历史最高水平。

用好“两区”(商务中心区、特色商业区)载体，加快发展现代服务业。坚持把加快发展现代服务业作为产业转型升级的“战略策源地”，促进现代服务业上规模、上水平。加快“两区”建设。重点谋划推动三门峡商务中心区建设，打造服务业集聚平台和城市新中心，市商务中心区区域控制性规划和市政专项规划全面完成，50多个项目开工建设，100多栋楼宇主体结构封顶，累计完成投资近200亿元，被确定为河南省三个商务中心区示范区之一。全市“两区”建成区面积达4.57平方千米，基础设施建设累计完成投资34亿元，入驻企业971个，从业人员达2.1万人。加快现代服务业发展。抢抓“郑欧班列”机遇，加快推进现代物流项目建设。积极发展主城区旅游，谋划建设沿黄半岛景观带，黄河公园建设把昔日沟壑纵横、垃圾遍地的沿黄荒坡变成了一座长5千米、占地250余公顷的大型城市生态公园，并成功创建国家AAAA级景区。积极引进新兴业态。在全省率先开展电子商务创业培训，阿里巴巴三门峡产业带上线运营，首批上线企业209家。第三产业规模不断扩大。

推进新型城镇化，努力打造休闲文化城市。按照湖滨区和陕州区“两大”和义渑一体化、灵宝城区改造、生态旅游卢氏“三小”基本布局，以人的城镇化为核心，加快构建新型城镇化体系，全市城镇化率达到49.9%。打造休闲文化城市。按照打造景区的标准，着力推进天鹅湖国家城市湿地公园、陕州公园、黄河公园提升，加快青龙涧河改造，给市民和游客打造一个休闲胜地。大力实施畅通工程，力争用三年时间将城区断头路全部打通。大力实施“魅力天鹅城·美丽三门峡”洁城行动，出台《三门峡市推进“以克论净·深度清洁”实施意见》，城区路面达到“双十”标准(路面尘土每平方米不超过10克、垃圾停留不超过10分钟)，加强主城区背街小巷综合整治，真正让主城区干净起来、美丽起来、有序起来、有品位起来。激发县城活力。义渑一体化步伐加快，义渑城区面积达35平方千米，城镇人口达到31万左右；灵宝城区功能改造初见成效，加快与三门峡城乡一体化示范区的对接，建成区面积达到25平方千米，城镇人口达到31万左右；生态宜居的新卢氏更加优美，建成区面积达到10平方千米，城镇人口达到12万左右。加快建设美丽乡村。结合三门峡地处豫西、山地丘陵多的实际，以示范村为重点，稳步推进具有豫西特色的“美丽乡村”建设。进一步强化环境整治，在全市所有的行政村深入扎实开展以垃圾和污水治理为重点的环境整治工作，全市有987个行政村达到“三无一规范一眼净”(村内及周边无垃圾堆放、无污水横流、无杂物挡道，日常生产生活物品堆放规范有序，主次干道两侧环境干净)标准，占行政村总数的74.9%。

突出绿色发展，大力推进生态文明建设。坚持“保护生态环境就是保护生产力，改善生态环境就是发展生产力”理念，更加自觉地推动绿色发展、循环发展、低碳发展。狠抓生态环境整治。大力实施“蓝天碧水”工程，严格项目准入，依法取缔“三高”(高污染、高耗能、高投入)企业，对企业开展能源审计，持续推进大气、水体、土壤等污染治理，集中开展大气污染防治专项行动。大力推进生态建设。实施林业生态提升工程，围绕创建“全国绿化模范城市”目标，大力加强林业生态建设，构筑绿色秀美的生态屏障，全市森林覆盖率达到50.72%、居全省第1位；市区建成区绿地率46.2%，绿化覆盖率49.9%，成功创建国家森林城市；黄河湿地每年都吸引成千上万只白天鹅来此栖息越冬，三门峡成为全国最大、最好的白天鹅栖息观赏地。

坚持以人为本，切实保障和改善民生。坚持把民生改善作为工作的出发点和落脚点，解决好群众关心的教育、就业、就学、医疗等热点难点问题，努力提高人民群众的幸福感和满意指数。加大民生投入。切实办好省、市十项民生工程，用于民生的支出占财政收入的70%以上，市外国语小学扩建、虢国路改造等一大批重点民生项目陆续建成投用。加大保障性住房建设力度，迎宾花园保障房项目荣获中国人居环境范例奖。努力扩大就业。深入推进大众创业万众创新，积极实施“崤函创业扶持行动”，重点做好返乡农民工、大学生就业和下岗职工就业再就业工作，全市城镇登记失业率持续控制在2.75%以内。全面发展社会文化事业。教育事业快速发展，基础教育进一步巩固提升，职业教育势头强劲，高等教育实现新突破，河南科技大学应用工程学院挂牌成立，填补了三门峡市没有本科院校的空白；医疗卫生体系不断健全，初步形成了以医疗中心为龙头、以特色专科医院为骨干、以社区卫生机构和乡镇卫生院为基础的医疗服务网络；公共文化服务体系不断完善，文化产业加快发展，函谷关文化产业园成为入选省级文化产业示范园区。加大扶贫开发力度。突出精准扶贫、产业扶贫，大力实施搬迁式扶贫，加大扶贫工作力度，帮助3.7余万农村贫困人口实现稳定脱贫。

全面深化改革，不断激发发展动力活力。把全面深化改革作为推动发展的动力之源，有力有序推进各项改革措施取得实质性进展。不断完善改革机制。定期召开市委全面深化改革领导小组会议，在市委全面深化改革领导小组下设的原有4个工作小组的基础上，调整完善为9个专项小组、44个专题小组，确保全面深化改革协调推进。着力推动改革措施落地生根。跟进落实好中央和省委各项重点改革措施，抓好市委确定的重点改革任务，围绕解决影响全市经济社会发展的突出障碍和群众反映强烈的突出问题，对全市2015年重点改革任务分解为3个方面、35项136条，建立工作台账，实行动态管理，加大推进力度，促使改革任务落到实处。特别是三门峡市深化黄河金三角区域合作的做法引起了省委改革办的高度关注，省委以《三门峡市以改革促进区域合作创新发展》为题刊发了三门峡市的经验做法。

坚持依法治市，维护社会和谐稳定。坚持依法治市，扎实推进法治三门峡建设，提升领导干部运用法治思维和法治方式解决问题的能力，推动三门峡市社会治理体系和治理能力现代化。切实加强法治建设。强化法治意识，切实加强执法规范化建设，深入开展普法教育，努力在全社会形成“学法、尊法、守法、用法”的法治环境，为全市经济社会发展提供了有力的法治保障。切实加强社会管理创新。重点围绕发展、改革、民生、稳定和民主法治抓社会管理创新，积极预防和化解社会矛盾，不断深化平安三门峡建设，努力把三门峡打造成全省乃至全国最平安、最稳定、最和谐的地区之一和人民群众宜居宜业的平安家园，全市公众安全感指数连年居全省前列。切实加强安全生产。深刻吸取鲁山火灾、天津瑞海火灾爆炸等事件教训，重点排查消除消防、交通、建筑、矿山等十个方面安全隐患，及时制定切实可行的整改措施，落实人员、资金和责任，确保整改到位，坚决杜绝重大安全生产事故发生。切实防范社会风险。认真开展政府性债务审计，控制化解债务风险，严厉打击非法集资活动，妥善化解市场风险、行业风险、金融风险等各类风险，确保社会大局和谐稳定。

加强党的建设，为转型发展提供作风保障。坚持把抓好党建作为最大的政绩，围绕发展抓党建，以马克思主义中国化的最新成果武装头脑，在思想上、行动上坚决与党中央保持高度一致，努力建设一支政治坚定、纪律严明、勤政为民、作风过硬的党员干部队伍，以全面从严治党新成效为加快转型发展提供坚强作风保障。扎实搞好“三严三实”专题教育。按照中央、省委部署，做好规定动作，体现自身特色。坚持领导带头，市级领导班子成员对照“十不十欠”，共查摆问题242条；同时，结合“三查三保”活动，深入各自联系点，针对基层整改方案制定、解决突出问题、深化专题整治、强化正风肃纪等4个方面开展调研督导，推动整改事项落到实处，防止反弹回潮。持续深化“进千村帮万户”活动，建立“民生问题台账”，引导党员领导干部为群众解难题、办好事。深入推进“4+4+2”党建制度体系建设。坚持结合实际，分类施策，大胆创新，统筹推进，探索形成具有三门峡特色的经验做法。基层四项基础制度全面推开，取得初步成效，探索形成党员积分管理、“进千村帮万户”等一些好经验、好做法。特别是运用“互联网+社会治理”的手段开展工作，开发矛盾纠纷调解化解网络软件，群众用手机就可以跟踪查询办理全过程，得到了群众的一致好评。在县级以上机关四项基础制度方面，围绕反腐倡廉制度建设，在全省率先实行考察人员持证上岗制度；在两项机制方面，不断完善“三重一大”事项决策机制和程序，对全市59个单位梳理出4041项职权事项。市委常委会率先垂范，以身作则，出台《关于加强市委常委会自身建设的意见》，为进一步提高班子决策水平、提高发现和解决自身问题能力打下坚实基础。强化干部队伍建设。认真贯彻中央《党政领导干部选拔任用工作条例》《推进领导干部能上能下的若干规定》，严格执行选人用人原则、标准和程序，树立起“比工作、比奉献、争一流”的用人导向，引导广大干部把精力和心思用到干事创业上来。深入推进党风廉政建设和反腐败斗争。坚持把加强党风廉政建设摆在更加突出的位置，切实强化党委主体责任，创新开展“一学两抓三责”活动，和全市工作大局同谋划、同部署，确保党风廉政建设工作落到实处。充分发挥巡视利剑作用，推动巡视工作制度化、规范化、科学化。

【市委六届七次全体(扩大)会议暨市委经济工作会议召开】 2015年1月6日，市委六届七次全体(扩大)会议暨市委经济工作会议在三门峡国际文博城会展中心召开。会议学习贯彻中央经济工作会议和省委九届八次全会、省委经济工作会议精神，全面分析经济发展新常态的新变化、新特征、新趋势，回顾总结2014年市委常委会工作和全市经济工作，部署2015年的主要经济工作任务，动员全市上下主动适应经济发展新常态，千方百计保持经济社会持续平稳健康发展的良好态势。会议审议通过《中共三门峡市委六届七次全会决议》。

【三门峡市召开县(市、区)委书记抓基层党建工作述职评议会议】 2015年2月12日，三门峡市召开县(市、区)委书记抓基层党建工作述职评议会议，专题听取6个县(市、区)委书记和三门峡经济开发区、三门峡产业集聚区工委书记抓基层党建工作述职，并请与会人员进行评议。

【省委书记、省人大常委会主任郭庚茂深入三门峡市调研指导工作】 2015年5月19日至20日，省委书记、省人大常委会主任郭庚茂深入三门峡市调研指导工作。郭庚茂对三门峡市经济社会发展给予充分肯定，并提出了明确要求和殷切期望。省委常委、省委秘书长李文慧，省委办公厅副主任何利平，省委政研室副主任曾德亚，省委组织部部委委员李明，省发展改革委巡视员张廷建等参加调研。

【市委常委班子召开"三严三实"专题教育暨"我为三门峡发展作贡献"民主生活会】 2015年12月24日，市委常委班子召开"三严三实"专题教育暨"我为三门峡发展作贡献"民主生活会，按照"兰考标准"，紧扣践行"三严三实"主题，聚焦对党忠诚、个人干净、敢于担当，对照不严不实具体表现和"四问四做起"，深入开展批评和自我批评，切实增强市委常委班子的凝聚力和战斗力，以作风建设的新成效加快推动三门峡转型发展。省人大常委会原副主任铁代生受省委委托出席会议并作点评讲话，省委考核组副组长、省政府发展研究中心纪委书记张桂英及考核组成员、省纪委有关人员到会指导。 (陈 静)

组织工作

【概况】 2015年，三门峡市委组织部以学习贯彻党的十八届三中、四中、五中全会精神和扎实开展"三严三实"专题教育为主线，以从严选拔任用和管理监督干部、加强基层服务型党组织建设为重点，统筹抓好领导班子和干部队伍建设、基层党组织建设、人才队伍建设和组织部门自身建设，不断提高组织工作科学化水平，为三门峡经济社会持续健康发展提供坚强组织保证。至年底，全市共有中共党员157530名，其中女党员36920名，占23.44%；发展新党员3462名，其中女党员1028名，占29.69%；共有基层党组织6601名，其中党委309个、总支部361个、支部5931个。

【干部教育培训工作】 2015年，市委组织部圆满完成上级调训任务，共调训86名干部参加上级培训；抓好党校春季主体班和秋季主体班培训工作，根据不同的培训对象，分设县处级领导干部能力提升研修班、公共管理与服务研修班、城乡统筹发展研修班，采取多样化培训方法培训领导干部300名；完成第四批全国干部学习培训教材的订购和发放工作，共订购发放1420套教材；举办2期"经纬讲坛"干部选学视频会，全市200余名县级干部参加学习；先后与多家市直单位在北京、重庆、延安等地联合举办6期专题培训班， 培训干部938人次。全市共培训干部31406人次，其中党政干部21644人次。

【领导班子和干部队伍管理】 2015年，市委组织部一是深化干部经常性调研工作。围绕加强领导班子和干部队伍建设，就改进年度综合考核办法、完善选人用人机制等6个专项开展调研工作，拟定《三门峡市领导班子和领导干部综合研判工作办法》；改进完善干部选拔任用工作，起草完成《中共三门峡市委关于完善干部选拔任用工作的意见》；探索加强和改进优秀年轻干部选拔培养工作，拟定《加强和改进优秀年轻干部选拔培养工作实施办法》(征求意见稿)。二是开展超职数配备干部消化工作。对符合条件的领导干部，采取转岗、调离等措施予以消化；对自愿退出领导岗位的22名县级干部，及时提请上会研究。全市核定超配干部数620人，已完成556人，占消化任务的89.7%，其中累计消化超职数配备的县级干部123名，超职数配备干部整改消化工作受到省委组织部的肯定和表扬。三是强化干部日常管理。配合做好中组部、省委组织部到三门峡市的干部考察、推荐、调研工作；做好县级干部调整充实工作，市委先后研究干部8批次135人，其中提拔正县级7名、副县级30名；开展好干部人事档案专项审核工作，累计审核县处级干部档案1274卷；做好2015年度从优秀村党组织书记、村委会主任中招录乡镇公务员工作；做好领导干部公开选拔考试试题开发工作，编写领导干部结构化面试试题21套、案例素材20套。同时，做好县级干部到龄退休、年度考核、"两会"选举、科级干部审核备案、因公出国(境)、干部调转任、公务员统计、公务员考录、援疆干部、军转干部安置、工资等工作。

【干部管理监督工作】 2015年，市委组织部一是加强对领导干部的监督。收集上报45名省管干部及12名县(市、区)委书记、县(市、区)长的个人有关事项报告；审核录入1200余名市管干部的个人有关事项报告信息，随机确定123名核查对象，委托有关部门进行信息查询，根据核实比对情况，分类提出处理建议；对39名考察对象个人有关事项报告进行重点核实；委托市审计局对23名领导干部、5名事业单位法人进行经济责任审计；开展违规办理和持有因私出国(境)证件专项治理工作，市县共7928人进行登记备案、核查比对；落实干部监督工作联席会议制度，收集备案、分类通报各类干部监督信息89条。二是狠抓干部选拔任用监督。在6个县(市、区)、94个有用人权的市直单位开展干部选拔任用工作"一报告两评议"，评议新选拔任用的科级领导干部104名；开展2014年度"带病提拔"倒查工作，对符合倒查条件的35名干部开展自查，未发现"带病提拔"问题；做好第三批干部监督员选聘工作，聘请308名干部监督员开展工作；做好6个县(市、区)党政机关和事业单位进人情况的检查工作。三是做好举报受理工作。安装"12380"举报信息管理系统，组建举报信息管理平台；坚持"12380"举报电话24小时专人值守制度，做好本级受理举报件和上级、巡视组转交举报件的调查核实工作，全年共受理举报31件。

【青年干部、女干部和非党干部工作】 2015年，市委组织部做好从大学生村干部中招录乡镇机关公务员、省选调生工作，通过严格面试、体检和考察，最终确定60人为乡镇机关公务员录用人选、12人为省选调生录用人选；做好2013年市直机关8名下派挂职干部期满返回工作,做好2015年市直机关7名年轻干部到基层挂职锻炼工作，选派3名干部到省直单位挂职锻炼；配合省委组织部做好后备干部调研工作，推荐副厅级后备干部初步人选16人、中长期培养对象初步人选7人；加强对后备干部和青年干部的管理服务，做好非党干部、少数民族干部、女干部的培养选拔工作。

【基层党建工作】 2015年，三门峡市健全落实基层党建工作责任制,市、县党委建立党建工作领导小组和工作协调机制，两级围绕118项重点工作建立基层党建工作台账,采取“一竿子插到底”的方式,督导推进基层党建工作落到实处；加强基层党组织带头人队伍建设，选派62名市直机关干部和296名县直机关干部担任驻村第一书记，实行党组织软弱涣散村和省级贫困村全覆盖；强化基层基础保障,全市共投入资金5462.8万元,改扩建村级组织活动场所99个,修缮升级368个，实现村村有标准化活动场所;完善落实“4+4+2”制度体系建设,成立以市委书记任组长的领导小组,研究出台《关于加强市委常委会自身建设的意见》等文件,力促党建制度体系落地生根;推进全市农村党员积分管理工作,全市55950名农村党员中,除年老体弱行动不便的党员外，有47868名党员参与积分管理，参与率达85.6%；推进软弱涣散基层党组织整顿工作,按照10项认定标准,坚持不低于10%的比例，确定139个农村软弱涣散基层党组织,全力开展整顿工作。同时做好社区“两委”换届选举、大学生村干部分流、基层党建调研宣传等工作。

【党员教育管理工作】 2015年，市委组织部对乡镇(街道)党(工)委书记、村(社区)党组织书记进行普遍轮训,提升基层党组织书记素质。建立全市党员干部教育培训师资库，入选专兼职教师人选79名;建立现场教学点资源库，入选现场教学点9个。组织19名基层党组织书记分批次参加省委组织部示范培训班。全市累计培训农村党员干部10352人次，其中村党支部书记1361人次。持续推进“万名农村中青年党员技能培训工程”,累计举办各类培训班149期，完成培训10177人。严把发展党员程序关,提高新发展党员质量。办理因私出国(境)手续62人次，收缴管理在职市管干部因私出国(境)证件82本。做好中华人民共和国成立前老党员生活补贴发放工作，发放生活补贴8.28万元。各级党组织广泛开展老党员、困难党员、特困党员慰问和救助工作，共支出慰问经费104.835万元,慰问3533人。充分利用12371党员咨询服务热线平台,市本级接待、受理党员咨询73人次。

【远程教育工作】 2015年，市委组织部一是积极服务大局。在三门峡党建网开设十八届四中、五中全会精神学习专栏和“三严三实”专题教育专栏，累计更新信息1061条、视频54部;选取各县(市、区)在开展党的群众路线教育实践活动中涌现出的先进基层党组织和优秀共产党员典型，拍摄纪实电视系列片《固本强基谱新篇》;组织开展《筑梦中国》专题学习,累计培训党员干部和群众18万余人次。二是有效拓宽渠道。推进“智慧党建”试点建设;开通“三门峡远教”微信公众平台，累计发布图文信息40期;筛选第二批“红色网络教育家园”示范站点78个;创建28个党员干部现代远程教育学用示范基地；组织开展冬季和夏秋季农产品网上购销对接会，共发布农产品供求信息1215条，销售总额5890余万元。三是提升管理水平。提升远程教育“四支队伍”服务能力,举办全市党员干部现代远程教育管理员示范培训班，召开全市党员干部现代远程教育工作会议，累计培训远程教育系统工作人员166人次;为全市1430个远程教育终端站点均配备2名专(兼)职管理员,督促各项工作落实;构建全面系统的考核体系,开展半年督查考评,提出18条整改意见,并及时开展“回头看”。

【人才队伍建设】 2015年，三门峡市市县联动,形成工作合力,大力引进各类急需紧缺人才，全市共引进各类人才2250名,其中博士研究生21名、硕士研究生134名、本科生1204名,高级职称21名、中级职称95名。在上海复旦大学举办“三门峡市拔尖人才素质提升培训班”,提升市级拔尖人才素质。组织17名新一届市级拔尖人才开展专家义诊、联合攻关、科技下乡等活动10余次。开展第二批“双百双千”人才选拔工作，评选出高层次企业经营管理人才30名、专业技术关键人才42名、优秀高技能人才247名、农村优秀实用人才261名。市委组织部指导各县(市、区)培养各类一线人才2000余名;优化人才服务水平,组织召开新一届市级拔尖人才座谈会，多次到挂职单位走访看望省博士服务团成员,做好管理和服务工作；协助省人才工作处做好9名省优秀专家服务工作;推荐1名青年专家参加河南省2015年春季专家政治理论培训班；协调办理11名2014年引进到事业单位的优秀专项人才的编制人事手续；结合三门峡市实际,探索建立合理规范、运作高效的人才工作资金保障机制;在《三门峡日报》开辟“优秀人才风采录”等专栏,宣传三门峡市省管专家、市级拔尖人才等优秀人才典型;牵头组织17个人才工作领导小组成员单位，确定人才工作协同创新重点任务61项,及时收集信息,督促工作落实;牵头相关单位在全市1400多个规模以上企业中开展人才状况调查统计；开展科技创新平台建设等专题调研，有效服务人才工作决策研判。

【组工宣传、信息及调研工作】 2015年,市委组织部围绕中心抓宣传。围绕组织工作重点任务和特色亮点工作，撰写《三门峡市打造基层党组织零距离服务群众链条》《进千村帮万户　转作风惠民生》《践行“三严三实”　争做“四有”干部》《从严从实做好组织工作为经济转型发展提供坚强组织保证》等典型材料、理论文章14篇,分别被中组部《组工通讯》、《河南组工通讯》《河南组工信息》等刊载。加大组工调研力度。围绕创新农村党员队伍管理、推进干部能上能下、防止干部“带病提拔”等课题,完成重点调研任务15项，其中《关于建立党员干部直接联系服务群众长效机制问题研究》被收入省委组织部《组织工作调研文集》,《关于建立完善改进作风常态化制度问题研究》被评为全市优秀调研报告;针对农村基层党建经费保障等问题，深入开展专项调研,为领导决策提供依据。三是注重创新抓信息。及时调整确定18个乡镇(街道)作为信息工作联系点，构建组工信息市、县、乡、村四级工作网络,共编发《三门峡组工信息》46期，在《河南组工信息》刊发信息16篇,在省级以上媒体和主流网络媒体刊发各类信息40余篇。

【开展干部人事档案专项审核工作】 2015年,市委组织部按照“以客观事实为依据,以上级精神和规定为准绳”的原则,坚持从严审核,从实处理,客观公正地做好档案审核工作。档案审核过程中,牢牢扭住“三龄两历一身份”(年龄、工龄、党龄,学历、工作经历,干部身份)这个关键点,合理把握审核、汇总、梳理、反馈、认定等各个环节,严格贯彻执行上级政策，耐心细致倾听干部意见，细致稳妥地做好档案修正工作。至9月,市管干部1233本档案全部审核完毕,其中无问题的587人;涉及出生年月问题的370人；不涉及出生年月问题,但涉及工作时间、入党时间或学历学位等问题的有276人。

【聘请干部监督员】 2015年，市委组织部聘请308名干部监督员开展工作。严把人选资格。以代表性强、责任心强、覆盖面广为原则，按照个人自荐、组织推荐、市委组织部部务会研究、媒体公示的程序,坚持择优选聘。明确职责权利,分组培训《干部监督员制度》和有关干部政策法规,明确4项纪律、5项权利和5项职责，提升监督能力,要求依规监督。广辟监督渠道。干部监督员采取调查研究、明察暗访、日常接触、平时了解、收集社情民意等方式,了解掌握领导干部工作圈、生活圈和社交圈中的不良反映，并通过来访、来电、来信等形式反映问题,或者直接向市委组织部领导反映情况。健全机制保障。健全完善双向联系机制、保密保护机制、问题处理机制等,市委组织部对干部监督员反映的问题严格保密，对不配合及打击报复的单位和个人,按有关规定严肃惩处,市委组织部部务会负责研究落实干部监督员反映的问题及提出的意见、建议,做到事事有回音、件件有落实。

【建立民生问题台账】 2015年，市委组织部一是逐户走访征集问题。采取市、县直属单位包村,市、县、乡2005名活动指导员驻村(每村1名至2名)的形式，组织1万多名党员干部深入全市1363个村（涉农社区)，对全市44.1万余农户逐户走访。二是分门别类梳理问题。对群众反映的问题,按照“两次梳理、三级会商”方法研究确定需要解决的问题事项。两次梳理,即包村单位领导、驻村指导员和村组干部进行第一次梳理,在此基础上,对情况属实的问题事项，乡镇召开党政班子会议与村干部进行二次梳理。三级会商,即对需要政策解决的问题,由市、县相关职能部门和乡镇三级进行联合会商,研究解决办法,确定需要列入台账的具体事项。三是上下联动建立台账。对确定列入台账的事项,按照一户一账要求,建立“民生问题台账”。实行销号管理,办结一起，销号一起,并及时向群众反馈。四是落实责任强化督导。对需要政策解决的事项,明确乡镇为第一责任主体,县(市、区)职能部门具体承办，包村单位和驻村指导员负责协调督促,市直单位积极协助,力争用足用活惠农政策，最大限度解决群众困难。

【开展驻村任职工作】 2015年，市委组织部严格根据省委组织部划定的10项标准,按照10%的比例进行倒排查,确定软弱涣散村党组织139个、省级建档立卡贫困村255个、软弱涣散村和贫困村重合31个,共选派363名优秀干部担任驻村第一书记（中央国家机关1名、省直机关4名、市直机关62名、县级选派296名)。及早谋划安排。3月，市委召开常委会专题研究选派工作,制定下发选派工作方案,市直机关选派62名优秀干部担任驻村第一书记。按照省委组织部要求,在个人自愿报名的基础上,各县(市、区)选派296名干部,实现软弱涣散村和贫困村全覆盖。注重教育培训。针对选派的干部特点,入村前进行岗前培训,邀请党建、农业、信访等领域的领导重点讲授党建、涉农法规、扶贫政策、矛盾化解和纪律要求。加强日常管理。制定下发《选派到村党组织第一书记管理考核暂行办法》,明确工作职责、日常管理、考核奖惩等,采取直接入村明察暗访的形式对第一书记在岗和工作进展情况进行督查,并对督查情况进行通报;推行驻村第一书记公开承诺活动,接受干部群众监督。强化支持保障。积极协调落实驻村任职干部的办公经费和生活补助,解决选派干部的后顾之忧。市派驻村第一书记每年由市财政安排3000元办公经费，驻村期间每人每天发放70元生活补助费,足额发放到位。各县(市、区)派第一书记分别由县(市、区)财政安排办公经费和生活补助费。

【推进全市农村党员积分管理工作】 2015年,市、县组织部门每季度召开一次工作例会，对积分管理运行情况进行分析研判。建立包村指导机制,全市1363个村(涉农社区),每个村都有市直、县直单位联系或乡镇科级干部分包,每个单位都明确一名分管领导、一名联络员具体负责，并全程参加村里每季度召开的支部审议会和积分评定大会。建立工作督导机制,市、县组织部门坚持每季度末直接深入乡村,实地调研,加强指导。市委组织部先后召开乡镇党委书记、市直单位农村党员积分管理工作推进会,并对14家工作不积极的市直单位进行通报批评。全市55950名农村党员中，除年老体弱行动不便的党员外，有47868名党员参与积分管理,参与率达85.6%。乡村党组织先后对3000多名积分管理中涌现的优秀党员进行表彰，对100多名相对落后党员进行谈话教育。全市农村党员办好事实事16万余件,平均每名党员都做了3件以上的好事。

【推进“智慧党建”试点建设工作】 2015年，市委组织部联合市联通公司制定下发《三门峡市“打造智慧党建服务党员群众”试点工作方案》,共选定269个党建基础好、经济条件强、网络设施完善的村(社区)进行试点,计划用2年至3年的时间实现全市所有行政村“智慧党建”手机专网全覆盖。加大资金投入，联合联通公司新建成手机基站1300个，确保手机网络信号强度和覆盖面。整合资源，为“智慧党建”269个试点村（社区）安装“智慧党建”免费WiFi，方便党员群众开展学习。开展“智慧党建”专项培训，先后举办73期管理员队伍培训班，培训乡镇（街道）、村（社区）管理员2900余人。全年全市累计发展“智慧党建”用户9413户，建成“智慧党建”试点村（社区）213个。

【探索实施专项人才引进】 2015年，三门峡市探索实施专项人才引进，研究制定《三门峡市专项人才引进管理办法》，经市委研究同意，由市委办公室以三办〔2015〕1号文件印发，明确引进专项人才的范围条件、方法程序和有关要求。建立专项人才编制，对于单位急需引进专项人才但没有空余编制的，可使用专项人才编制。探索建立实用高效的引进机制，制定《专项人才引进工作应把握的原则》《三门峡市引进专项人才面试和考察办法》等，确定需求评估、按岗引进、分类管理、严格程序的基本原则，探索建立发布公告、面试考察、联席会议研究、主管领导审批的引进程序。全年为市动物疫病预防控制中心等3个单位引进急需专项人才11名，其中使用专项人才编制3名。 （李韶林）

宣传思想文化工作

【概况】 2015年，三门峡市宣传思想文化系统牢牢把握“务实宣传，创新求进”的总要求，以深入学习宣传贯彻习近平总书记系列重要讲话精神为主线，紧扣作风建设与转型发展、文明河南建设、“黄河三门峡·美丽天鹅城”城市品牌宣传三大任务，着力加强思想理论建设，着力提高舆论引导能力，着力培育践行社会主义核心价值观，着力加强网络建设及管理，着力推动文化改革发展，着力加强基层基础工作和队伍建设，突出重点、真抓实做，整体工作导向正确、格调鲜明、成效显著，做成了一批领导关注、群众满意、反响较大的工作项目，创树了一批有特色、有亮点、有影响的工作品牌，巩固发展了积极健康向上的良好态势。

【理论武装工作】 2015年，市委宣传部一是加强意识形态领域的引导和管理。学习贯彻中央《党委（党组）意识形态工作责任制实施办法》和省委书记郭庚茂在听取全省意识形态工作汇报时作的重要讲话精神，印发《关于加强和改进意识形态工作的若干意见》，明确各级党委意识形态工作的主体责任，初步形成党委统一领导、党政齐抓共管、宣传部门组织协调、有关部门分工负责的工作格局，初步健全舆情收集、上报机制，完善情况分析和通报制度。制定严格的审查报备制度，做到对社科研究机构、各种学会协会、高校课堂、讲座论坛、报告会、研讨会等所有意识形态阵地可管可控。二是以中心组学习为龙头，提升领导干部思想理论水平。主要是坚持完善述学制度，切实加强对县级党委（党组）中心组学习的管理督查考核。11月，在全省率先召开党委（党组）中心组学习习近平总书记系列讲话精神专题学习座谈会，交流摘要在《三门峡日报》整版刊发。对2014年度中心组学习情况进行通报。开展2015年度全市述学和意识形态工作责任制考核工作。三是创新载体平台，推动理论宣传普及。制定全市党的十八届五中全会精神集中宣讲工作方案，组织开展“百姓宣讲直通车”进基层宣讲巡演和大学生宣讲团“信仰、信心、信任”巡讲活动，全市共开展集中宣讲500余场、巡演活动620余场次，受众达70余万人次，超额完成省委宣传部要求覆盖本地城市社区和乡镇行政村30%以上的目标任务。市委宣传部被评为2015年度河南省“百姓宣讲直通车”进基层巡演活动先进单位。四是以人才队伍建设为支撑，增强理论研究创新能力。组建首届“三门峡市社科专家人才库”和“三门峡市宣讲名家人才库”，在全市范围内初审选出19名“三门峡市首届社科专家”、10名“宣讲名家”和3名“优秀宣讲人才”，并出台管理、培训、使用和奖励办法。五是夯实发展基础，基层党校建设再上新台阶。以创建省级、市级基层党校为抓手，不断推进全市基层党校的规范化建设。全市共有31所基层党校分别被评为省级先进基层党校和市级先进党校。全市基层党校达到1481所，其中省级先进146所、市级先进86所。

【新闻外宣工作】 2015年，三门峡市新闻外宣工作一是重大发展战略和重大主题宣传效果不断提升。市委宣传部紧紧围绕党的十八届五中全会精神宣传、“三严三实”专题教育、“聚焦第一要务”、“加强作风建设，推动转型发展”、“打造‘休闲文化城市’”、“我为三门峡发展作贡献”、市委六届九次全会精神贯彻、电子商务发展、“洁城行动”等市委、市政府重大工作部署，集中组织开展20余次重大宣传战役。市属各媒体也及时跟进，在重要版面、黄金时段开设“践行‘三严三实’开展‘三查三保’”“深入学习贯彻十八届五中全会精神”等专栏。通过高规格、大规模、高效率的宣传，切实把全市党员干部的思想和行动统一到市委新要求上来，把心思和精力凝聚到干事创业上来，唱响“主动作为、敢于创新、善抓落实”主旋律，营造“我为三门峡发展作贡献”的浓厚社会氛围。二是做大新闻头题战略，扩大三门峡的美誉度和影响力。紧盯新闻头题战略，进一步密切与中央、省级以上主要新闻单位的联系，确保中央、省级媒体对三门峡市的正面宣传长流水、不断线、关键时刻有亮点。共在《人民日报》、新华社、《光明日报》、《经济日报》、中央人民广播电台、中央电视台以及《河南日报》、河南人民广播电台、河南电视台等中央及省主流媒体发稿4000余篇，刊播头版头题（头条）、专版、专题120余个。其中，《三门峡：白天鹅是我们的骄傲》《三门峡：奋力打造“一带一路”名副其实的节点城市》《适应新常态 推动三门峡旅游业快速发展》等重头新闻稿件，在《人民日报》《经济日报》和中央电视台《新闻联播》《朝闻天下》等主流媒体上刊登、刊播，有效提升了三门峡的美誉度和吸引力。在做好新闻外宣的同时，不断创新方式方法，积极开展对外宣传活动，新闻发布会、外宣新媒体平台、对外宣传片、外宣图书出版物等外宣项目取得重大进展。在2015年度河南外宣"六个一"工程项目评比中,三门峡市制作的对外宣传片《黄河三门峡　美丽天鹅城》被评为"优秀对外宣传片",市外宣办荣获"优秀组织工作奖"。三是做好节会新闻宣传。在第二十一届中国(三门峡)国际黄河文化旅游节期间,市外宣办共组织《人民日报》、人民网、新华社、新华网、《光明日报》、光明网、《经济日报》、四川在线、齐鲁网、每日甘肃网等70余家媒体参与采访,刊登相关旅游节报道1600余篇(条)、图片5000余幅。

【互联网管理工作】 2015年,市委宣传部一是做好正面宣传。建立人民网、新浪网、腾讯网等官方微博,大量推出三门峡市重点稿件,赢得大量粉丝,扩大了正面宣传范围。加强与上级网络媒体和郑州、洛阳、周口等省内兄弟地市以及晋陕豫黄河金三角运城、临汾、渭南网络媒体的联系沟通,借助其资源和影响力推送三门峡市好的新闻稿件。三门峡广播电视台利用手机,发起全国百家电视台"三门峡天鹅湖"直播活动,吸引120万观众在线观看。《黄河金三角时报》发起成立晋陕豫黄河金三角新媒体微信联盟,粉丝达100万。三门峡日报社微信公众号多次进入河南省纸媒公号排行榜前十。二是组建强大网军。组建网评员队伍,培养自己的网上"意见领袖",建立"网上统一战线",与三门峡市本地内论坛、贴吧的管理员或吧主、网络大V建立良好关系,教育感动转化一批灰色地带人物。三是提升网络专题宣传活动水平。策划黄河旅游节、"黄河三门峡·美丽天鹅城"、"天鹅宝宝满月"等专题网络宣传活动。积极参与国家、省组织开展的网络主题宣传活动,"我为劳动者点赞"网络宣传活动得到省互联网信息办公室的通报表扬,市网管办推荐的"中国好同桌"李鸿坤获河南省2014年度十大网络人物殊荣,推选的歌曲类网络作品《美丽三门峡》、新闻类网络作品《全城献血　爱播峪函》分别被评为河南省首届网络作品"七个一工程"优秀作品,市网管办同时荣获"组织工作奖"。四是做好全市网站、微信公众号数据库建设工作。对全市属地内网站信息和微信公众号信息、微博大V进行摸排统计,初步建立三门峡市互联网信息服务网站数据库和从业人员信息库,其中登记全市官方网站300余个、商业网站469个、官方微信公众号254个、商业微信公众号716个,内容包含网站及微信号名称、主办单位、负责人、手机、地址等详细信息,有力促进了治理体系建设,为充分落实主体责任、联动宣传、"网上统一战线"等工作打下坚实基础。五是加强网上舆情管控。创新舆情管控和引导办法,除了下发舆情预警函外,重大舆情由市委书记、宣传部长直接督办。每次发现重大舆情,由市委书记直接通知市委宣传部部长,市委宣传部部长直接通知涉事县(市、区)或单位"一把手",处理结果由涉事县(市、区)、有关单位"一把手"直接向市委书记汇报。全年共发现各类重大舆情76个、易造成重大负面影响的重大舆情13个,都快速化解,有效控制了不良舆情在网上的发酵蔓延。

【文明河南建设工作】 2015年,三门峡市文明河南建设工作一是宣传普及不断深化。市属主流媒体开辟专题专栏,做到全栏目、全天候、全媒体传播,利用新闻媒体、城市广场、户外屏幕、主题公园等载体发布"图说我们的价值观""讲文明树新风""做文明人、办文明事"公益广告,以"我推荐、我评议"身边好人、道德模范"巡讲巡演"等为载体抓手,深入开展社会主义核心价值观和道德建设宣传教育活动,营造浓厚氛围,增加认知认同。全年共举办道德讲堂2556期,开展道德模范故事汇基层巡演1360场次,受众达80余万人次。在全省精神文明建设工作表彰暨文明河南建设推进大会上,三门峡市社会主义核心价值观建设工作受到省委点名表扬,"道德模范基层巡讲、巡演"工作受到省委表彰并进行经验交流。二是"六文明"主题系列活动丰富多彩。紧紧抓住培育和践行社会主义核心价值观这条主线,围绕推进文明河南建设,弘扬三门峡精神,组织开展以文明服务、文明执法、文明经营、文明交通、文明旅游、文明餐桌为主要内容的"文明河南·暖暖新年"系列活动。灵宝市委宣传部、渑池县委宣传部获"文明河南·暖暖新年"全省组织工作奖,省电视台对三门峡市文明旅游活动开展情况进行专题拍摄采访报道。三是建立惩恶扬善制度,弘扬社会正能量。建立"善行义举榜",推动形成"人人做好人、好人做好事、好事就上榜、好人有好报"的良好氛围。面向社会集中公布一批诚信"红黑榜"名单,把坚持诚实经营、守法经营的91家企业(单位)列入守信"红榜",把不诚信、存在违法违规行为的49家企业和56名个人列入失信"黑榜"。市委宣传部获2015年全省"我为正能量代言"活动组织工作奖。四是志愿服务工作扎实开展。按照"六有一落实"(有统一标识、有办公场所、有志愿者队伍、有管理制度、有工作台账、有服务项目,落实志愿服务活动)的要求,在全市建立48个"文明使者"志愿服务站。其中,"爱心之家""扶人协会"成为全市民间志愿服务活动的两大品牌,三门峡被誉为"一座摔倒有人扶的暖市"。"爱心之家"志愿者协会被评为"河南省优秀志愿服务组织","爱心之家"志愿者协会孙梅丽被评选为第五届河南省道德模范,湖滨区涧河街道办事处涧南社区被评为"优秀志愿服务社区",市工商行政管理局湖滨分局职工吴颖被评为"河南省优秀志愿者"。五是未成年人思想道德建设成效显著。争取省彩票公益金支持少年宫项目学校4所、中央彩票公益金支持少年宫项目学校6所,总数达到51所。在全省乡村少年宫优秀案例评选中,灵宝市焦村一中的爱乐合唱团、渑池县天池镇笃忠中心小学的"小小发明家"活动作为典型案例分别被评为三等奖、优秀奖。六是精神文明创建实现新突破。全市拥有全国文明村镇7个,省级文明村镇5个,市级文明村镇94个;全国文明单位6个,省级文明单位171个,市级文明单位279个。

【文化改革发展工作】 2015年,全市文化体制改革有序推进。市委宣传部出台《三门峡市深化文化体制改革实施方案》,确定全市从2015年到2020年文化体制改革的总体要求和目标任务。召开全市深化文化体制改革工作动员会，制定《三门峡市深化文化体制改革第二批改革事项及责任分工》，明确2015年全市文化体制改革的26项任务，采取召开推进会、制定工作台账、加强督导检查等措施，推动改革工作的顺利进行。除上级要求调整完成时限的7项任务外，其余19项全部按时完成。同时，加强对各县(市、区)深化文化体制改革工作的督导，审核并批复各地的改革方案，指导其建立和健全组织领导机构。基层公共文化设施不断完善。三门峡市基层文化服务设施的创建数量和质量大幅提高，位居全省前列。陕州区、灵宝市、渑池县、义马市被文化部授予“全国文化先进县(市)区”称号，湖滨区被授予“省级文化先进区”称号，为三门峡市申报国家级文化示范区奠定坚实基础。文化产业发展取得新成效。市委宣传部调整充实《三门峡市文化产业招商项目库》，组织文化企业参加第十一届中国(深圳)文博会、第二届中原(鹤壁)文博会，实现销售收入270万元，签约两个项目，金额1.6亿元。加大支持文化产业发展的力度，首次设立规模为300万元的三门峡市文化产业发展扶持资金，对5家发展潜力大、市场前景好的文化企业进行扶持；争取省文化产业扶持资金320万元，扶持4家文化企业；引导国有及社会资本新注册成立三门峡日报新媒体发展有限公司等3家新兴文化企业，扩建灵宝市罗门婚纱摄影有限责任公司等5家文化企业，增添了文化产业发展的后劲。群众文化活动接地气、有特色。市委宣传部以“深入生活、扎根人民”主题实践为载体，开展一系列丰富多彩的群众性文艺活动。组织开展第二十一届中国(三门峡)国际黄河文化旅游节系列主题文化活动，争取中国文联、省文联和中国文艺志愿者协会的支持，在三门峡市设立文艺支教点，开展“种文化、结对子”活动，并在三门峡市举办“拥抱母亲河·唱响中国梦”——中国文联文艺志愿服务团走进三门峡慰问演出活动，中央电视台、《河南日报》、河南电视台、人民网、中国文艺网等20多家主流媒体和网站纷纷予以报道。精心组织“印象·天鹅城”消夏音乐季广场群众文化活动，每周演出3场，吸引观众近30万人次，成为三门峡市高端、高雅、亲民、惠民、乐民的群众文化活动品牌。推进“中原文化大舞台”惠民演出活动，组织演出精品剧目28场、放映公益电影300场，使三门峡市的文化场所用了起来、文艺工作者动了起来、老百姓乐了起来、核心价值观活了起来。灵宝市委宣传部、市文博城“春之韵”舞蹈队荣获2015年度“文明河南·欢乐中原”群众文化活动先进单位，微戏剧《曹端还乡》和舞蹈《美丽的三门峡》《虢风古韵》被评为2015年度“文明河南·欢乐中原”群众文化活动优秀节目。三门峡市的做法受到省委宣传部表扬和关注，在《河南宣传工作》刊发两个专稿，并向中宣部进行推荐。文艺创作精品多、数量大。鼓励文艺工作者深入基层、深入群众、深入生活、扎根人民，创作出一批弘扬社会主义核心价值观、彰显正能量的优秀文艺作品。电视剧《三道塬》、传统戏曲《棠棣拐》、豫剧《女人是座山》、器乐类《管弦乐——三门峡》4部作品，作为“中原人文精神系列工程——文艺精品工程”重点项目向省委宣传部申报。在11月召开的全省繁荣发展社会主义文艺推进会上，三门峡市作典型发言。 (王笑雨)

统战工作

【概况】 2015年，三门峡市统一战线紧扣统战大事要事，深入贯彻中央和省委、市委关于统战工作的决策部署，主动服务市委、市政府工作大局，巩固发展新形势下最广泛的爱国统一战线，为全市经济社会转型发展作出了重要贡献。

贯彻中央、省委精神，推动统战大政方针落实。组织召开市委统战工作会议，制定印发《中共三门峡市委关于加强新形势下统一战线工作的实施意见》，为做好新形势下全市统战工作明确目标、提供遵循，为全市各级党委开展统战工作提供政治保障、组织保障和制度保障。举办“同心·三门峡”全国楹联大奖赛，组织召开市委常委(扩大)会议集中学习《中国共产党统一战线工作条例(试行)》精神，在中央统战部干部培训中心苏州分部举办2015年三门峡市党外干部培训班，多层次、多形式、多领域学习贯彻中央和省委、市委统战工作会议精神。

坚定不移推进改革，完善协商民主制度建设。市委统战部承担推进完善协商民主制度改革专项小组任务，突出“三制定、三推进”：研究制定并出台各民主党派市委直接向中共三门峡市委提出意见建议制度、民主党派工商联无党派人士意见建议落实反馈制度，积极推动制定三门峡市加强社会主义协商民主建设的实施意见；推进政协“双月协商”，围绕全市“十三五”重大项目库建设、三门峡职教园区建设、全市电子商务发展等进行专题协商；推进政府部门同民主党派工商联对口联系，深入贯彻落实《三门峡市人民政府关于落实政府部门同民主党派工商联对口联系制度的意见》；推进基层协商民主，在坚持原有制度基础上，协调市民政局探索形成村民议事会指导意见。

参政议政聚智建言，服务党委、政府决策优化。围绕“平台参政”。在全国和省、市“两会”期间，共提出提案、议案205件，其中集体提案28件。提交全国政协提案1件，省政协提案3件，省工商联2件。争取上级支持，通过九三学社中央呈报的《〈晋陕豫黄河金三角区域合作规划〉落实中存在的问题及建议》，得到国务院总理李克强批示。通过党外人士座谈会、协商会等，围绕市“十三五”规划、“54321”转型发展战略等踊跃建言，多项建议得到市委、市政府主要领导批示。邀请党外人士参加常委扩大会、四大班子联席会，各民主党派主委、工商联负责人、无党派人士直接参政议政。围绕“调研资政”。锁定市委、市政府重大战略部署，就招商引资和服务业发展进行调研，形成《关于我市招商引资和服务业发展的调研与思考》，并转化为工作部署。牵头组织黄金珠宝产业考察研究，服务黄金珠宝产业“十三五”发展规划，推动与中国黄金集团的战略合作。组织开展物流业调研，为全市服务业发展把脉问诊、出谋献策。开展“稳增长、保态势、抓落实”专题调研，专注项目建设和企业发展。

发挥统战独特优势，助推经济社会发展。突出抓好“四个平台”建设，扎实推进"双招双引"工作。其一,商会建设平台。把2015年定为"商会建设年",专门召开商会建设经验交流会暨工作推进会,推进乡(镇、街道)、行业、产业集聚区、异地商会等基层商会建设,努力把各类商会建成"企业团结协作、共赢发展的桥梁,政府联系企业、沟通服务的桥梁,地方开放联络、招商引资的桥梁"。其二,根亲文化平台。深入挖掘三门峡郭姓、上官姓、杨姓、卢姓、焦姓等根亲文化资源,打造统战根亲文化品牌。策划举办首届全国郭氏青少年夏令营;受邀参加在福建石狮举办的世界郭氏宗亲2015年恳亲暨文化交流活动,推出融合诸多"三门峡"元素、宣传虢国文化与郭姓渊源的原创歌曲《全郭一家亲》,引起海内外郭氏宗亲的热烈反响。其三,侨台海外联谊平台。依托海外联谊会、台办、侨联等,精心组织跨区域交流合作和引商引智活动,相继举办纪念抗战胜利70周年海峡两岸书画展、老子诞辰纪念、巴西河南同乡会参访、台中市"河南同乡会"参访、海峡两岸教师交流、三门峡首届台湾美食文化节等系列活动,组织开展赴台交流,推动台湾交流团组、侨商赴三门峡考察观光、洽谈交流、投资兴业。其四,融资服务平台。大力推动创新创业,市委统战部、市工商联、市建行牵头推动,在县(市、区)推进"助保贷"业务;联合省工商联小微企业服务中心、三门峡邮政储蓄银行推出"助业贷"业务。组织专题会议安排部署,发动企业积极参与,摸底排查梯次推进,明确专人辅导督导,推动非公有制企业在新三板挂牌上市。全年全市利用"四个平台"开展多次招商引资活动,实现项目投资50余亿元。建立市领导与非公有制经济人士茶叙制度,党委和统战部门与非公有制经济人士经常性联系机制,促进非公有制经济健康发展和非公有制经济人士健康成长。召开全市第三届"优秀建设者"表彰大会,以市委、市政府名义表彰"优秀建设者"10名,同时举办全市民营企业文化建设成果汇演,授牌命名"企业文化建设示范单位"12家。

促进民族团结宗教和睦,努力维护社会稳定。一方面,抓民族团结进步促稳定。召开市委民族工作会议暨市政府第三次民族团结进步表彰大会,研究部署新形势下全市民族工作,表彰20个"三门峡市民族团结进步模范集体"和58名"三门峡市民族团结进步模范个人"。制播《三门峡市民族团结进步事业发展纪实》专题电视宣传片,在全市范围广泛宣传民族团结进步模范事迹。开展清真食品市场大检查,确保清真食品市场健康有序。全市未发生一起影响大局和社会稳定的民族事件。另一方面,抓宗教规范管理促稳定。开展宗教活动场所安全大检查、大排查,确保宗教活动场所安全。积极转化天主教地下势力,筹备成立天主教两会,加强天主教管理工作。依法批准开放义马伽蓝寺、陕县天主教会等合法宗教活动场所,依法打击非法宗教活动场所和宗教渗透活动,宗教领域持续保持和谐稳定。

挖掘利用统战资源,广泛服务人民群众。采取"基地+项目"的形式开展社会化服务活动,扶贫济困。在湖滨区高庙乡建立全市统一战线同心实践基地,推进三门峡"同心·砥柱"社区建设。创新民主党派社会服务制度化工作机制,建立同心实践基地健康顾问制度,为基地9个行政村配置健康顾问。鼓励各民主党派、工商联、无党派人士在实践基地开展医疗服务、科技培训、爱心助学等社会服务活动,帮助协调争取污水处理、乡村道路建设、农村卫生室建设等各类扶持资金,服务基地经济社会发展。民盟三门峡市委筹措资金50万元,援建渑池县民盟烛光学校一所。努力争取港澳台侨海外社会公益慈善项目,市侨联争取澳大利亚华侨慈善家魏基成"天籁列车"助听器慈善捐赠项目,为6县(市、区)听障人士捐赠198台助听器、5台教学机;三门峡市海外联谊会争取新西兰籍名誉会长张亚循捐资60万元援建卢氏县东明小学;市台办争取台企捐助卢氏县50名贫困中小学生。

【全市统战工作会议召开】 2015年4月3日,全市统战工作会议召开,传达学习省、市相关会议精神,总结工作,表彰先进,部署任务,进一步开创全市统战工作新局面。市委常委、统战部部长张建峰出席会议并讲话。张建峰指出,2015年要以抓好"四件大事"为主线,学好政策、用好政策,认真组织贯彻落实。一要明确工作抓手,持续做亮"同心·三门峡"品牌,着力提升议政建言水平、服务重大经贸活动、建设同心实践基地、办好"同心·三门峡"全国楹联大奖赛。二要健全完善机制,扎实推进多党合作事业健康发展,健全社会主义协商民主机制,支持民主党派加强自身建设,做好无党派人士和党外知识分子工作。三要促进"两个健康",抓好经济领域统战工作,推动理想信念教育活动常态化,推动解决非公有制企业发展困难问题,推动县级工商联和基层商会建设。四要维护和谐稳定,着力提升民族宗教服务管理水平,着重破解宗教领域重点难点问题。五要整合资源优势,切实推动港澳侨台海外统战工作活跃开展。六要贯彻"三严三实",加强统一战线队伍建设。

【巴西河南同乡会参访团到三门峡市参观访问】 2015年4月22日至23日,巴西河南同乡会参访团一行8人到三门峡市参观访问,三门峡市委常委、统战部部长张建峰陪同。4月22日下午,参访团一行首先到三门峡天鹅湖国家城市湿地公园,游览周公岛和召公岛,听取周召分陕等历史文化知识的讲解。随后,他们参观考察河南骏通车辆有限公司,观看企业产品宣传展板、企业宣传片,参观专用车生产线,了解生产工艺、产品用途、技术含量和市场前景。在河南垄润农业科技股份有限公司,他们参观香菇生产线,听取负责人对食用菌前景的讲解,实地察看筛洗、除杂等车间。在参观考察三门峡中金黄金产业园时,他们对企业环保设施、生产工艺等进行了解。在三门峡国际文博城,他们察看展馆功能布局,听取工作人员关于建筑规模、设计寓意、使用情况等介绍,观看宣传片《三门峡欢迎您》。4月23日,参访团赴灵宝函谷关参观,了解千古雄关的深厚文化,并参观考察金源矿业有限责任公司。

【纪念抗战胜利70周年第十一届海峡两岸书画名家作品展在三门峡市举办】 2015年6月18日,纪念抗战胜利70周年第十一届海峡两岸书画名家作品展在市商务中心区天鹅国际广场举办。文化部老干部局原局长任敬恩、中国艺术书画家协会主席史家治、海峡两岸书画名家作品展组委会秘书长冯灵安、台湾新世纪文化艺术协会理事长邱敏华和市领导张建峰、肖群兰、王振清、孙继伟出席活动。此次展览活动由海峡两岸书画名家作品展组委会、中国艺术家杂志社、中国书画家杂志社、三门峡市台办等单位和团体共同举办。展览汇集海峡两岸百余名书画名家的精品，以书画展示、现场作画等多种形式，全面展示两岸书画名家的风采和中华民族传统文化的魅力，动员和鼓励广大人民群众传承和弘扬传统文化，促进海峡两岸文化交流，凝聚海峡两岸力量。

【"全郭一家亲" 全国郭氏青少年夏令营活动在三门峡市开营】 2015年8月8日，由来自全国十个省市的50余名郭氏青少年组成的"全郭一家亲"夏令营在黄河公园举行开营仪式。市委常委、统战部部长张建峰出席开营仪式并为夏令营授营旗。三门峡市是古虢国所在地，中华姓氏文化长河中的郭姓便起源于此，是中华郭姓的族根之地。为了让全国郭氏子孙更好地了解中华姓氏文化的内涵和精髓，了解自己姓氏的起源，"全郭一家亲"全国郭氏青少年夏令营活动组织了来自全国各地的郭氏青少年参加夏令营，游览古虢国历史遗迹，了解、继承先辈们的优秀品质，开阔视野，激发他们的爱国热情。活动期间，营员们参观了黄河公园、虢国博物馆、国际文博城、灵宝函谷关、陕县地坑院、古虢国遗址公园等地。夏令营还以小队为单位，组织了一系列丰富多彩的集体活动。

【举办2015年秋季全市党外干部培训班】 2015年10月15日至20日，三门峡市在中央统战部干部培训中心苏州分部举办2015年秋季党外干部培训班。市委常委、统战部部长张建峰出席培训班结业典礼并讲话。全市40名副县级及部分正科级党外干部参加培训。培训班主要围绕中央统战工作会议和《中国共产党统一战线工作条例(试行)》精神解读多党合作和政治协商制度、统一战线中的民族宗教问题、党外代表人士能力建设问题、经济新常态下的经济发展战略问题等，由中央社会主义学院、苏州大学专家教授进行集中授课，并在常熟市新农村建设典范将巷村、苏州博物馆和苏州工业园区进行现场教学。

【市委统战工作会议召开】 2015年12月8日，市委统战工作会议召开。市委副书记、代市长安伟主持会议。市领导郭绍伟、郭秀荣、赵予辉、赵中生、张建峰、吕挺琳、孟斌、高战荣、裴富平等出席会议。安伟强调，要传达学习好会议精神，把思想和行动统一到中央、省委和市委的部署上来。紧密结合上级要求和工作实际，结合"三严三实"专题教育和"我为三门峡发展作贡献"主题实践，激发工作新动力，形成工作新合力。要加强督促检查，落实好任务要求，确保工作取得实效。市委常委、统战部部长张建峰在会上作了关于《中共三门峡市委关于加强新形势下统一战线工作的实施意见》的起草说明。各县(市、区)党委，三门峡经济开发区、三门峡产业集聚区工委分管负责人；市委各部委、市直机关各单位、各人民团体、省驻三门峡单位主要负责人；市管企业、大中专院校党委主要负责人参加会议。 (高军政)

政策研究工作

【概况】 2015年12月，三门峡市机构编制委员会印发《关于市委全面深化改革领导小组办公室机构设置的通知》，市委改革办设综合科、信息科、协调督查科。其中，综合科与市委政研室综合科合署办公，信息科在市委政研室《三门峡工作》编辑部挂牌子。增加行政编制3名。设主任1名(由市委秘书长兼任)、副主任1名(由市委政研室主任兼任)、专职副主任1名，增加科级领导职数1正1副。

【参谋辅政工作】 2015年，市委政研室紧紧围绕省、市工作重点，积极谋划，超前工作，确保为领导当好参谋、搞好服务。加强政策研究。坚持围绕全市改革发展稳定大局和经济社会发展中的重大问题开展工作。对全国两会的主要精神、《2015年国务院政府工作报告》的热点内容、中央一号文件、十八届五中全会精神等进行专期解读，组织各县(市、区)、市直单位负责人撰写学习贯彻十八届五中全会精神署名文章，分别刊发在《领导参阅》上，为全市各级领导干部学习中央方针政策提供借鉴。服务中心工作。紧紧围绕中央和省委确定的大政方针，着眼于三门峡市确定的发展战略和发展目标等重大问题，特别是对黄河金三角区域合作、丝绸之路经济带、政治经济新常态、全面深化改革、全面推进依法治国等重大战略问题进行专题研究。按照市委、市政府的统一部署，将"稳增长、保态势、抓落实"专题调研活动中3个调研组的调研报告在《领导参阅》上全文刊发，凝聚全市上下加快推动经济社会发展的共识。坚持以文辅政。围绕《河南省参与建设丝绸之路经济带和21世纪海上丝绸之路实施方案》，组织撰写《三门峡市积极参与"一带一路"建设的思考》，刊发在《领导参阅》上，为领导决策提供服务。撰写上报《中共三门峡市委关于〈中共河南省委关于贯彻党的十八届四中全会精神全面推进依法治省的实施意见〉征求意见的报告》。撰写的署名文章《把握法治建设新常态 开创依法治市新局面》分别在省委政研室《调查研究》2015年第2期、《河南日报》3月24日4版和《三门峡日报》3月25日1版刊发。丰富载体，当好助手。坚持办好市委机关刊物《三门峡工作》和室刊《领导参阅》，让市委、市政府领导和有关部门及时了解市情动态与调研成果。先后印发《领导参阅》24期，对各单位贯彻市委工作部署的做法、经验以及全市的优秀调研报告进行刊发交流，为领导和有关部门提供决策参考。共编印《三门峡工作》6期，刊登文章100余篇，50余万字。

【调研工作】 2015年，市委政研室坚持围绕全市改革发展稳定大局和党委、政府中心工作抓调研，着重研究经济和社会发展中的重大问题，突出宏观性、战略性、综合性、政策性和预见性。抓好课题研究。年初研究下发全市45个重点调研课题，充分发挥牵头抓总的职能作用，搞好课题协作和工作协调，对每个课题都明确责任单位和具体责任人，对课题目标、方法步骤、完成时间等提出明确要求，并到基层调研指导，为重点调研课题的开展奠定坚实基础。全市45个重点调研课题基本完成，正在整理汇编。开展专题调研。重点围绕全市经济社会发展全局的重大战略问题，精心开展调查研究，撰写《三门峡市农村居民养老问题调查》《关于文明三门峡建设的调查研究》《三门峡经济发展调查》等调研报告和《贯彻落实战略纲要　打造更出彩的三门峡》等署名文章。4月，配合省委政研室搞好融入丝绸之路经济带建设调研，深入市各县(市、区)实地察看，并召开座谈会，对“沿着一带一路走出去，面向一带一路请进来”起到促进作用。11月，组织人员深入各县(市、区)就基层群众信教情况等问题开展专题调研，为进一步做好新形势下的群众工作、促进社会和谐稳定提供决策参考。注重成果转化。为进一步调动全市上下开展调查研究工作的积极性，对渑池县委政研室等24个先进单位、张建国等40位先进个人和《解决“四风”问题的路径探析》等47篇调研报告予以表彰。对年度全市优秀调研课题成果进行汇编，对组织撰写的理论文章、调研报告和署名文章进行汇编，分别送有关领导和部门参考。全市有8人被评为河南省调查研究工作先进个人。

【推进改革】　2015年，市委政研室认真学习研究中央、省委关于全面深化改革工作的有关精神和各项部署，不断强化改革意识，加快推进工作开展。一是筹备召开会议。2月15日、6月2日，分别筹备召开市委全面深化改革领导小组第三次和第四次会议，贯彻落实中央和省委全面深化改革的决策部署，研究谋划三门峡市全面深化改革工作。6月5日，市委常委、秘书长、市委改革办主任高战荣主持召开市委改革办第二次会议，听取各专项小组和各县(市、区)工作汇报，安排迎接省委全面深化改革督察工作。10月16日，市委全面深化改革领导小组第五次会议审议通过《重点改革事项审议规程》《重点改革事项分类审议清单》《重点改革事项督查办法》等改革文件和方案。二是健全机构制度。印发《市委全面深化改革领导小组专项小组及专题小组设置方案》，将市委全面深化改革领导小组下设的原4个工作小组调整为9个专项小组，下设44个专题小组，分别明确工作职责、组成人员和牵头单位。研究制定市委全面深化改革领导小组工作规则、专项小组工作规则和领导小组办公室工作细则，以三改发〔2015〕2号文件印发。健全市委全面深化改革领导小组学习调研、会议、公文办理、请示报告、工作联动、督促检查等各项工作制度，以三改发〔2015〕4号文件印发。9个专项小组健全了机构、明确牵头单位和人员，积极开展本领域内的改革工作。三是明确改革任务。根据中央全面深化改革领导小组工作要点和省委全面深化改革领导小组工作重点，研究制定市委全面深化改革领导小组重点任务，以三改发〔2015〕3号文件印发，确保重点领域和关键环节改革向纵深推进。全力做好6月和12月的省委全面深化改革督察工作，受到省委督察组的充分肯定和一致好评。根据《市委全面深化改革领导小组近期工作重点》，进一步完善《三门峡市全面深化改革台账》，每月印发一期《市委全面深化改革领导小组近期工作重点进展情况通报》，督促工作推进。针对省委全面深化改革督查反馈意见，制定《落实省委改革督察反馈意见整改问题台账》，明确目标任务和时间节点，做到对账盘点，定期通报，狠抓落实。四是外出学习考察。9月1日至8日，市委改革办组织人员先后赴陕西省渭南市，河南省新乡市、南阳市、平顶山市和许昌市学习考察。主要通过座谈、查阅资料等方式，详细了解五市改革办人员机构、工作进展等情况，为推动三门峡市全面深化改革工作提供重要依据和参考。五是加强改革宣传。办好《改革专报》《改革动态》《改革简报》三种改革信息。上报的《三门峡市稳步有序推进司法体制改革》《三门峡市全面推行“村务公开明白纸”制度》等改革信息在省委改革办《改革动态》上刊发。制定《关于开展全面深化改革工作专题宣传的方案》，在《三门峡日报》一版、三门峡广播电视台重点时段开设“全面深化改革进行时”专栏，集中宣传改革举措和改革亮点。省委《改革简报》第75期《督办督察看落实》栏目，以《三门峡市以改革促进区域合作创新发展》为题，专期刊发三门峡市的经验做法。共编发《改革简报》18期、《改革动态》10期。（焦晓君）

党史地方史志工作

【概况】　2015年，三门峡市党史方志部门围绕中心，服务大局，牢牢把握“存史、资政、育人”主题，突出编研工作重点，创新编研成果运用，各项工作进入全省第一梯队。中共三门峡市委党史地方史志办公室（以下简称市委党史方志办）机关成功复创省级文明单位，获全市“十佳书香机关”称号。12月，三门峡市地方史志办公室被人力资源和社会保障部、中国地方志指导小组命名为“全国地方志系统先进集体”，在人民大会堂接受颁奖和表彰。

深化研究，夯实基础，党史工作成果丰硕。坚持“一突出、两跟进”(突出中国特色社会主义时间段历史研究，不断跟进党中央的步伐，不断跟进历史前进的脚步)，加强开创和发展中国特色社会主义时间段历史研究，深化社会主义革命和建设时期党史研究，着眼党委、政府工作大局，扎实开展党史专题编研，推出一批有分量的研究成果。党史专题研究取得重要突破。市委党史方志办按照省委党史研究室统一部署，完成《河南改革开放实录》《河南二十世纪六十年代国民经济调整》《河南“三线建设”专题资料》涉及三门峡党史专题8篇，其中3篇入选省委党史研究室编辑出版的《河南改革开放实录》(第一辑)，《三门峡市推进新型城镇化建设的实践》入选中央党史研究室编辑出版的《改革开放实录》(第一卷)。充分挖掘历史资料，深入研究周恩来长期关怀支持三门峡经济社会发展史实，组织撰写专题研究文章

《周恩来对黄河三门峡水利枢纽工程建设的历史贡献》。党史基本著作编写稳步实施。启动《中共三门峡历史》(第三卷)编撰准备工作,拟出篇目大纲初稿。加强对各县(市、区)党史二卷编写工作的督查指导,灵宝市党史二卷出版,卢氏县、渑池县和陕州区党史二卷完成初稿,湖滨区、义马市筹备编写党史正本的调研和准备工作。党史大事月记年编等资料征集工作扎实开展。按照中央和省委党史研究室关于《图说长征·红二十五军卷》编辑出版工作的部署,成立课题组,组织市、县骨干力量,对红二十五军长征途经卢氏县、灵宝市两地的相关史实进行调访、梳理,编写大事记,拍摄图片500余幅,征集文字史料2万余字,完成编排整理上报任务。完成2014年度三门峡市党史大事年编81条2万余字,编写2015年度党史大事记400余条7万余字,被《河南党史》采用52条。收集整理三门峡市改革开放新时期党史专题资料80余万字,并及时编目成册归档。《中共卢氏县历史大事记(1921—2013)》由中共党史出版社出版。

突出重点,强化督导,地方志工作成效显著。认真贯彻落实《全国地方志事业发展规划纲要(2015—2020年)》,坚持以修志编鉴为主业,以志鉴开发利用和信息化建设为支撑,努力编纂勘存勘鉴、资政辅治的史志成果。乡镇志编纂工作走在全省前列。市委党史方志办做好乡镇志编纂指导工作,扎实实施《三门峡市乡镇志编纂指导意见》。建立乡镇志督查通报机制,制定《乡镇志编纂规范细则》,适时召开乡镇志编纂工作推进会,成立乡镇志评审委员会并召开专题评审会议,对《西张村镇志》《西李村乡志》进行集中会诊把脉,为推动全市乡镇志编纂工作提供可操作性指导。全市76个乡镇(街道办事处)全部启动乡镇志编纂工作,其中试点乡镇(街道)25个。7月16日,全省乡镇志编纂工作现场会在三门峡召开,重点推介三门峡市乡镇志编修的工作经验和做法。年鉴、月报编纂质量持续提升。《三门峡年鉴(2015)》出版发行。各县(市、区)年鉴编纂实现全覆盖。《三门峡大事月报》全年收录大事要事1354条44.7万字,配发照片87幅。部门志、行业志编写态势良好。市、县地方志部门严格履行依法治志职责,切实加强对部门志、专业志编纂工作的指导,指导《三门峡市人大志》《三门峡市人口与计划生育志》《三门峡市国土资源志》《黄河三门峡水利枢纽志》《陕县军事志》《灵宝黄金志》等编纂工作。

创新理念,拓展渠道,党史地情宣传教育工作亮点纷呈。纪念抗战胜利70周年系列活动丰富多彩,市委党史方志办以"铭记历史,缅怀先烈,珍爱和平,开创未来"为主题,先后策划举办多项纪念活动。为省政协等部门编纂的《中原抗战实录》征集、报送回忆录7篇4万余字。灵宝市、渑池县配合省委党史研究室,完成《豫西抗日烽火》电视专题片拍摄工作。陕州区编辑出版抗战题材图书《崤山烽火》。卢氏县举办纪念抗战胜利历史图片展,拍摄《石大山战役》《洛师在卢氏抗战记忆》电视专题片。渑池县参与"刘少奇与抗日战争"渑池站巡展活动。党史地情宣传教育阵地建设全面加强。市党史方志馆获工程设计质量"中州杯"大奖,被省委党史研究室命名为"河南省中共党史教育基地"。《三门峡史志》全年出版4期,持续实施头题战略,增设特色栏目,成为党史地情宣传教育的主阵地。市委党史方志办在全市首批命名8个中共党史教育基地,在全市初步构建起多层次的党史地情宣传教育基地。市委党史方志办指导陕州(三门峡)烈士陵园完成布展工作。"三库一网"信息化建设彰显魅力。视频大事月报数字库收集入库各类视频资料800余部(条),总容量约1800GB。市党史方志文献数字库收藏书籍2700余种8.5万余册。三门峡地情数据库录入各类党史地情书籍6800余万字。崤函网全面改版、扩容、升级,编史修志、资政服务特色功效凸显。开通"史志崤函"官方微信、微博新媒体,传播史志文化,推动读史用志工作。

(韩　霞　王惠娟)

【市委党史方志办荣获"全国地方志系统先进集体"称号】 2015年12月29日,全国地方志系统先进模范座谈会在北京人民大会堂召开。中共中央政治局常委、国务院总理李克强作出重要批示。中共中央政治局委员、国务院副总理刘延东代表党中央、国务院接见与会代表并发表重要讲话。三门峡市委党史方志办主任杨献珺同志作为河南省唯一的全国地方志系统先进集体代表赴京参加会议,领取荣誉证书和奖牌,并受到刘延东的亲切接见。"全国地方志系统先进集体"是由国家人社部组织,经全国地方志系统先进集体和先进工作者评选委员会评选,并报国家表彰奖励办公室批准、五年一次的评奖活动。三门峡市委党史方志办是这次表彰中河南省唯一的获奖单位。近年来,市委党史方志办秉承"直笔著信史,彰善引风气"的职业精神,围绕中心、服务大局,在地方志编纂、信息化建设、读志用志等方面取得显著成绩。在全省率先完成市县两级二轮志书编纂出版任务,乡镇志编纂工作位居全省前列,指导全市编辑出版部门志、专业志150余部;市县两级年鉴、月报编纂实现全覆盖,《三门峡年鉴》连获全国城市年鉴编校质量大奖,在全省率先建立视频大事月报数字库;三门峡地情网站——崤函网高起点改版升级,与县(市)、区互联互通,年点击率突破80万人次;建成全省面积最大、设施最新、功能最全的一流党史方志馆,编纂地情书籍累计120余部。2010年度至2012年度连获"全省修志工作先进单位"称号,成功创建省级文明单位,被市政府记集体二等功并通令嘉奖。2013年度获"全省用志工作先进单位"称号。2014年度获"全省地方志工作综合先进单位"称号,位居全省第一名。2015年度获"全国地方志系统先进集体""全省地方史志工作综合先进单位""全市十佳书香机关"称号,再次通过省级文明单位验收。市委、市政府主要领导先后3次到市委党史方志办调研,6次对党史方志工作作出批示,并为5部党史地情书籍作序。

(王惠娟)

【评选命名全市首批中共党史教育基地】 2015年4月,市委党史方志办在革命遗址普查工作的基础上,开展全市首批中共党史教育基地评选工作。经评审,命名八路军渑池兵站、渑池烈士陵园、陕县烈士陵园、周总理视察纪念馆、黄河三门峡展览馆、中国水电十一局办公楼暨局史展览馆、灵宝烈士陵园、卢氏红二十五军长征纪念馆等8家单位为全市首批中共党史教育基地,并举行授牌仪式。为加强教育基地管理工作,提升基地管理水平,6月,制定印发《三门峡市中共党史教育基地管理试行办法》。

【开展纪念抗战胜利70周年系列活动】 2015年7月至9月,在纪念中国人民抗日战争暨世界反法西斯战争胜利70周年之际,市委党史方志办以“铭记历史,缅怀先烈,珍爱和平,开创未来”为主题,先后策划举办多项纪念活动。一是在《三门峡日报》推出“崤函抗战”专栏,刊发专题文章9篇,9月3日抗战胜利纪念日当天,在《三门峡日报》以三个整版篇幅,推出“伟大的胜利”特刊,专栏、特刊以图文并茂的形式,系统展现抗日战争时期三门峡地区发生的重大事件、重要史实和重要人物等,彰显三门峡人民在中国共产党领导下反抗侵略的英雄业绩。二是为《大河报》“致敬抗战英雄”专栏相关文章提供资料,联系见证人,考证史实。三是审定《三门峡日报·西部晨风》“倾听老兵故事,追忆峥嵘岁月”专栏相关文章20余篇,把好史实关。四是接受三门峡广播电视台新闻综合、公共频道的采访,播出“崤函抗战记忆”节目3期。五是在《三门峡史志》、崤函网开设《纪念抗战胜利70周年》专栏,刊发纪念文章10余篇。六是组织撰写《中共三门峡党组织在抗战中的作用及历史贡献》等3篇论文,入选河南省党史界纪念抗战胜利70周年学术年会。

【市党史方志馆被命名为“河南省中共党史教育基地”】 2015年8月,市党史方志馆被河南省委党史研究室命名为“河南省第三批中共党史教育基地”,是全省首家获此命名的党史方志馆。市党史方志馆是市委、市政府决策建设的特色文化工程,2013年2月18日开工建设,同年11月9日建成,正式对公众开放。该馆是集三门峡党史地情基本陈列、宣传教育、信息咨询、研究交流等功能于一体的综合性展馆,其中“中流砥柱——中共三门峡历史基本陈列”主题展区充分利用文字、图片、视频、雕塑、场景再现等纪实手法,并融入现代多媒体科技手段,全景式展示1919年五四运动以来中国共产党领导三门峡人民开展革命、建设和改革开放的光辉历程。开馆后,已接待中外嘉宾和社会各界参观者530余批次13万人次,在开展党史学习教育、弘扬党的光荣传统和优良作风、开展爱国主义教育等方面发挥了积极作用。

【指导陕州烈士陵园纪念馆布展工作】 2015年8月,根据市委、市政府重新整修陕州烈士陵园的要求,市委党史方志办策划、指导和审定纪念馆布展工作,经数易其稿,完成布展文案1.5万字,提供历史照片70余幅。纪念馆布展共分为“献身革命 前仆后继”“抗日救国 血沃中华”“浴血奋战 夺取解放”“保家卫国 建设家园”“忠诚使命 奋勇担当”五个部分,通过丰富生动的历史图片,展现三门峡人民在中国共产党领导下进行革命、建设、改革的历史和各个历史时期三门峡烈士的英雄事迹。12月底,陕州烈士陵园纪念馆布展工作全面完成,正式向公众开放。 (韩 霞)

【乡镇志编纂工作走在全省前列】 2015年,市委党史方志办采取措施,稳步推进乡镇志编纂工作,确保乡镇志编纂质量。建立乡镇志编纂工作督查机制,各县(市、区)每季度填报一次《乡镇志编纂工作进展情况表》和《乡镇志评审稿、送审稿登记表》,市委党史方志办根据编纂进展情况及时到试点乡镇现场督导,半年通报一次乡镇志编纂进度情况。在督导调研中,采取听汇报、看资料、现场座谈等方式,面对面解答疑难问题,手把手提升编纂技能水平,及时解决技术难题;主动与县(市、区)主管领导沟通协调,帮助出主意、想办法解决乡镇志编纂中遇到的困难。建立乡镇志评审委员会,由市、县两级地方志编纂专业人员组成,设总审员、评审员。要求每部乡镇志书评审稿形成后,评审人员严格按照《地方志书质量规定》要求,总审员负责观点、体例评审,评审员分别承担其中一部分,逐字审读,从章节目设置、内容记述、行文规范等方面进行评审。各乡镇按照评审意见修改后,经县(市、区)地方志部门初审,报市地方志办公室终审验收后方可出版,以杜绝不合格的志书出版。制定规范细则,从志书的篇目制定、各种体裁运用、数字和计量单位使用以及行文等方面提出要求,并列举实例,将理论与实例相结合,使编纂者一目了然,便于实战操作,有效减少常见错误的出现。全年召开2次乡镇志编纂工作推进会,推动编纂工作开展。各县(市、区)根据辖区乡镇志编纂进展情况,采取多种措施,加强对编纂人员的培训、指导。至年底,全市有13个乡镇完成初稿,9个乡镇正在编纂初稿,24个乡镇正在收集资料。乡镇志编纂工作走在全省前列,受到省地方史志办公室领导的肯定。

【河南省乡镇志编纂工作(三门峡)现场会召开】 2015年7月16日,河南省乡镇志编纂工作(三门峡)现场会召开,总结推广三门峡市编纂乡镇志的做法,探讨交流各地经验,评议陕县《西张村镇志》,以会代训,培训业务骨干。省地方史志办公室主任管仁富出席会议并作题为《坚守规范,注重创新,稳步推进乡镇志编纂工作》讲话,市委常委、秘书长高战荣出席会议并致辞。会议由省地方史志办公室副主任王中华主持。来自省辖市、省直管县的地方史志办公室(局)主要负责人和业务骨干以及三门峡市的县(市、区)地方史志办公室主任、首批试点乡镇主笔人员共150余人参加。会上,三门峡市、安阳市、平顶山市和陕县、商水县、平桥区地方史志办公室,以及陕县西张村镇政府负责人作典型发言,省、市、县专家对陕县《西张村镇志》进行评稿,从凡例、篇目框架、体裁运用、内容记述、行文规范等方面提出许多宝贵的修改意见和建议。与会人员还到陕县西张村镇现场考察非物质文化遗产——地坑院营造技艺、地坑院民俗、捶草印花技艺和人马寨澄泥砚。

(王惠娟)

【《三门峡年鉴》(2013年卷)在第五届全国年鉴编纂出版质量评比中获多项荣誉】 3月,在中国出版协会主办、年鉴工作委员会承办的第五届全国年鉴编纂出版质量评比中,《三门峡年鉴》(2013 年卷)荣获综合二等奖、框架设计二等奖、条目编写二等奖、装帧设计一等奖。全国年鉴编纂出版质量评比是年鉴编纂出版质量五年一度的大检阅,也是全国年鉴界参与性最广、公信度最高、影响力最大的评奖活动。《三门峡年鉴》自 2001 年创刊以来,坚持走精品之路,严把质量关,在全国、全省城市年鉴评审中迭创佳绩,屡获大奖。

【《三门峡年鉴(2015)》出版发行】 2015 年 12 月,由市委、市政府主办,市委党史方志办编纂的《三门峡年鉴(2015)》出版发行。这是三门峡市连续出版的第 15 卷地方综合年鉴。《三门峡年鉴(2015)》共设 30 个类目、198 个分目,100 余万字,附照片 200 余幅。全书全面反映三门峡政治、经济、文化和社会发展各方面的基本情况,集中展示三门峡市建设成就与经验,集纪实性、实效性与指导性为一体,为各级政府、各类企事业单位及各个领域的信息化决策提供强有力的信息支持。全鉴门类齐全,资料系统,数据准确,行文简明,表格实行双色印刷,美观大方、内容生动,是社会各界了解三门峡、研究三门峡的亮丽窗口。

(张怡杰)

【《三门峡大事月报》编辑出版 12 期】 2015 年,《三门峡大事月报》编辑部累计收集资料 200 余万字,编辑出版《三门峡大事月报》12 期(总第 109-120 期)、44.7 万字,其中设置栏目 19 个,收录大事 1354 条,配发照片 87 幅;上报《河南大事月报》184 条大事、3.91 万字,被《河南大事月报》采用 16 条、2100 余字。完成崤函网"大事月报"栏目资料上传工作,上传三门峡市大事记 106 条、25.24 万字,配发照片 28 张。三门峡大事月报视频数字库收集视频资料 90 个,总时长 210 分钟,总容量 6.5G。

(闫江艳)

【崤函网升级改版】 2015 年,市委党史方志办投入 30 余万元,购置独立服务器和配套防火墙,对崤函网进行全面改版、扩容、升级。改版后的崤函网拥有 8500 余万字、1000 余幅图片、360 分钟视频的信息量,网站设计更趋合理,栏目内容丰富多彩,编史修志、资政服务特色功效凸显,点击率年均突破 80 万人次,拓展了对外宣传教育的新平台。

(赵玉丽)

档案工作

【概况】 2015 年,三门峡市档案部门着力加强档案"三个体系"建设、档案基础业务建设、档案信息化建设、档案干部队伍建设,突出重点,奋力拼搏,各项工作迈上新台阶。全年全市档案部门接收各类档案 65317 卷(件);接待利用者 7853 人次,提供档案资料 8000 余卷(册)。全市 10 个乡(镇、街道办事处)通过省级示范乡(镇、街道办事处)验收,14 个村(居委会)通过省级示范村(居委会)验收。全市 7 个国家综合档案馆编纂各种编研资料 20 余种。市档案局投资 10 万余元安装服务器 1 台、磁盘阵列一套、USB 电源一套、视频采集设备 1 套。全市档案部门完成数字化扫描 115.2 万页。规范化管理认证工作持续开展,全市共完成机关档案工作规范化管理认证 23 个。举办纪念抗日战争胜利 70 周年史料展,接待 3000 余人次参观学习。全市档案部门共组织档案工作监督检查 7 次,对 1000 余个单位的档案工作进行监督检查。6 个县(市、区)档案馆档案安全风险评估工作通过验收。

【市委办、市政府办出台《关于加强和改进新形势下档案工作的实施意见》】 2015 年,为认真贯彻落实中央办公厅、国务院办公厅《〈关于加强和改进新形势下档案工作的意见〉的通知》和省委办公厅、省政府办公厅《关于加强和改进新形势下档案工作的实施意见》精神,中共三门峡市委办公室、市政府办公室出台《关于加强和改进新形势下档案工作的实施意见》。意见充分结合三门峡市档案工作实际,从二十个方面对全市档案工作提出新要求。意见的出台,为做好新时期新形势下档案工作指明了方向、营造了良好的环境,为三门峡市档案工作再上新台阶提供了强大推动力。

【举办三门峡市纪念抗日战争胜利 70 周年档案史料展】 2015 年 8 月 20 日,三门峡市纪念抗日战争胜利 70 周年档案史料展在市档案局展厅开展。市委常委、宣传部部长吕挺琳,市人大常委会副主任张朝红,市政协副主席卢群召,市政府党组成员水选民观看展览。此次展览由市委、市政府主办,市委宣传部、市教育局、市档案局承办,展出内容分为五章,共展出板面 71 块。第一章"救亡图存",展现了中原儿女掀起抗日民族救亡运动;第二章"犯豫暴行",展出了日本侵犯豫东、豫南、豫北、豫西等地的损失统计,记录了日军对中原大地犯下的累累罪行;第三章"同仇敌忾",展现了中国共产党建立民族统一战线,领导八路军、新四军和广大敌后军民团结一致,顽强拼搏;第四章"抗战胜利",展现了中国人民经过八年艰苦卓绝的斗争,赢得了抗日战争的伟大胜利;第五章"抗战英烈",展现了杨靖宇、吉鸿昌、彭雪枫、宋学义等抗日英烈的英雄事迹。此次展出共接待市直各单位、各团体干部职工、中小学生和社会各界人士 3000 余人次。

【档案资源建设】 2015 年,全市各级档案馆新接收各类档案 65317 卷(件),其中文书档案 21847 卷(件)、民生档案 22937 卷(件)、破产企业档案 9161 卷(件)、重大活动档案 1500 卷(件)、专业档案 9872 卷(件)。全市档案馆馆藏总量达到 593690 卷(件),比 2014 年底的 528373 卷(件)增长 12%,馆藏专业档案种类达到 30 余种。

【农业、农村档案工作】 2015 年,市档案局一是做好农村土地承包经营权确权登记颁证工作的监督和指导,抽调 1 名业务骨干到农村土地承包经营权登记颁证工作领导小组办公室帮助工作,参加省、市农村土地承包经营权确权登记颁证推进工作会议和省档案局组织的培训班,并对三门峡市试点的张茅乡土地确权工作的文件材料收集整理工作进行指导。二是开展社会主义新农村建设档案工作示范县创建活动,推广新农村建设档案工作好的做法和经验。对照《社会主义新农村建设档案工作示范县评定标准》,市档案局对陕县、灵宝市创建河南省社会主义新农村档案工作示范县工作进行监督指导，其中陕县档案局具备省档案局正式验收条件。三是加强对各县(市、区)创建省级示范乡、村的监督指导工作。全年全市共创建示范乡10个、示范村14个。

【机关、企事业单位档案工作】 2015年，全市档案部门认真贯彻落实国家档案局8、9、10号令，做好机关、企事业单位档案规范化管理认证工作，完成23个单位档案规范化管理认证，其中省特级2个、省一级4个、省二级15个、省三级2个。

【档案法制宣传工作】 2015年，全市各级档案部门利用“6·9”国际档案日开展档案法律法规宣传活动。宣传活动以“档案与你相伴”为主题，以农村土地承包经营权确权登记颁证工作为主要内容，共制作宣传板面100余块，悬挂横幅20条，发放《中国的世界记忆遗产》及其他各类宣传彩页1000余份，解答群众咨询问题1000余条。全市档案部门利用门户网站，及时宣传报道档案工作中的新气象、新经验、新成果，三门峡市档案信息网发稿量在全省档案网站排名中居于前列。

【档案安全风险评估工作】 2015年，全市档案部门建立健全档案安全管理各项制度，制定《突发事件应急预案》，邀请消防部门对局(馆)人员进行消防知识讲座和技能培训，配备必要的消防设施和监控设施。12月，市档案局分别组成两个考评小组，对各县(市、区)档案馆档案安全风险评估工作进行考评验收，6个各县(市、区)均通过验收。

(侯俊晓)

市直工委工作

【概况】 2015年，中共三门峡市委市直机关工作委员会(以下简称市直工委)以落实全面从严治党要求为主线，以“三严三实”专题教育为契机，以思想政治建设为根本，以党员教育管理为重点，以作风建设年活动为抓手，以服务改革发展为统领，全面推进新常态下机关党的建设，全市机关党建工作亮点突出、成效显著，走在全省前列。至年底，市直工委有下属党委72个(部门党委33个、机关党委24个、二级党委15个)、党总支64个(其中直属党总支27个)、党支部851个(其中直属支部21个)，党员总数17654名，其中在岗党员11868名、女性党员5712名、机关干部党员4453名。全年到期已换届的基层党组织51个，发展新党员206名，预备党员转正230名，培训入党积极分子214名。

服务全市大局有新作为。在全市机关广泛开展“一争二创三服务”“进千村帮万户”“在职党员进社区”和“我为三门峡发展作贡献”等主题实践活动，征集建言献策书，有效发挥“示范岗”“先锋岗”“志愿岗”作用。成功举办市直机关第五届职工运动会各项比赛和组织颁奖仪式暨全民健身展示活动，开展一系列文明服务活动、群众文化活动、大型群体活动和12大类志愿服务活动。春节和“七一”前后，集中慰问救助特困党员、困难党员、困难职工和困难群众。

思想教育工作有新突破。开办“三门峡学习讲坛”，举办专题讲座2期，搭建全市机关共建共享学习平台。开展系列学习宣传活动，举办党的十八届四中、五中全会精神报告会和学习交流会，开展“学习谷文昌精神，争做‘四有’干部”活动，举办“坚定理想信念、争做‘四有’党员”道德讲堂总堂和《纪念中国人民抗日战争胜利70周年图片展》。推进学习型党组织建设，集中培训入党积极分子、新党员、党务干部和群团干部，开展“全民阅读进机关”“书香机关”评选和“机关干部捐书”活动，举办“书香三门峡”机关干部书法作品展。

机关作风建设有新气象。开展作风建设年活动，纳入机关党建管理考评，组织廉政戏曲《全家福》巡演活动、参观红太阳博物馆、廉政教育馆和反邪教警示教育图片展，“五一”等节假日开展“四风”问题专项检查，严肃党的纪律和工作纪律。重视基层党组织建设，在市直机关开展集中换届和督查指导工作，严把换届选举审批关和任前谈话关，选优配齐、配强基层党务干部队伍。市直工委机关成功复创省级文明单位。

党建制度建设有新进展。推行机关党员目标积分管理制度，不断推动全市机关党员管理的规范化、制度化。落实机关党建工作集中调研制度，重点围绕机关党建创新、保持党员队伍纯洁性、机关文化建设、加强和改进作风建设等重点课题，集中开展专项调研督查活动，掌握情况、发现典型、督促工作。构建多方位信息服务管理体系，完善机关党建联络组会议制度，加强分类指导，持续推进市县联动。发挥机关党建网、微信平台、政务短信等作用，提升《三门峡机关党的工作》办刊水平，加强党建信息化建设。

落实治党责任有新成效。明确各级各单位责任，形成责任体系。召开庆“七一”表彰大会和“颂歌献给党”文艺演出、机关党建目标积分管理工作座谈推进会、县(市、区)机关党建工作座谈会，推动机关党建主体责任落实。开展机关“党建第一责任人”述党建活动，“七一”前夕和年底，组织市直各党委(党组)书记向党员大会进行述职，接受基层党组织和党员评议。加强机关党建目标积分管理考评，对市直单位和各县(市、区)全面推行党建目标积分管理，建立台账，定期公示，查漏补缺。

当年，市直工委共获得集体荣誉24项、个人荣誉8人21项，连续六年被省直工委授予“河南省先进市委市直工委”荣誉称号。全市一大批基层单位、基层党组织、优秀党员受到省委、市委表彰。机关党的工作先进经验多次在《中直党建》《紫光阁》杂志及有关网站、省直工委刊物及网站登载。9月，市直工委参加全国政务大厅“百优十佳”典型案例征集展示活动，荣获全国“百优”案例2个。10月，市直工委作为全省唯一的省辖市代表参加全国机关党建工作座谈交流会，并作为两个地市级单位之一进行大会发言。

【开展“我为三门峡发展作贡献”主题实践】 2015年9月，按照市委实施方案的总体要求和市委组织部的具体要求，市直工委对市直单位下发

《关于组织市直单位认真贯彻落实全市“加强作风建设 推动转型发展”会议精神的通知》，围绕“四问四做起”，贯穿“三严三实”专题教育和“三查三保”活动之中，督导市直单位结合党建实际，发挥职能作用，汇总梳理主题实践建言献策书共79个单位8个方面490余条意见建议，合力推进三门峡转型发展。

【开展市直机关作风建设年活动】 2015年年初，市直工委下发《市直机关开展作风建设年活动的意见》，坚决遏制“四风”反弹，坚决纠正有令不行、有禁不止行为。巡回播放警示电教片400余场次，举办廉政戏曲豫剧《全家福》巡演活动2场，组织观看《践行“三严三实”，力戒“十不十欠”》系列述评，组织参观廉政楹联教育馆、红太阳博物馆和反邪教警示教育图片展，“五一”前后对50多个单位进行“四风”问题专项检查，在机关党建网上设立投诉电话、邮箱和征求意见箱，开展“一学两抓三责”活动，促进“三查三保”活动、“三严三实”专题教育扎实开展。

【开展学习宣传系列活动】 2015年3月，市直工委联合市委宣传部等单位开展“全民阅读进机关”和“书香机关”评选活动，市直12家单位获“书香机关”称号。4月，开展“学习谷文昌精神，争做‘四有’干部”活动和“机关干部捐书”活动，近60家单位捐赠9000余册图书。8月至9月，市直工委与市委宣传部等单位联合举办《铭记历史· 警示未来——三门峡纪念中国人民抗日战争胜利70周年图片展》和“书香三门峡”机关干部书法作品展。11月17日，市直工委组织市直机关近千名党员干部参加党的十八届五中全会精神宣讲团三门峡报告会。

【开办“三门峡学习讲坛”】 2015年，市直工委采取联合办学的形式推进“学习讲坛”定期举行，有效提升党员干部的素质和能力。8月7日，举行“三门峡学习讲坛”首期讲座，由市医药总公司承办，邀请新西兰华人华侨协会主席、国内外健康教育知名专家傅明教授作《生命与健康》专题报告。11月30日，第二期“三门峡学习讲坛”开讲，由市国税局和市人防办承办，邀请中国社会科学院哲学所博士后刘绪义教授做《从曾国藩为人为官看“三严三实”》专题讲座，市直机关党员干部2000余人聆听讲座，反响良好。

【推行机关党建和党员目标积分管理】 2015年年初，市直工委在全市机关党的工作会议上，下发《机关党建目标积分管理考评办法》，为每个单位建立党建目标积分管理工作台账，季考、季评、季公示和年底现场考评相结合。3月，以市委办文件下发《关于在全市各级机关党组织中实行党员目标积分管理的意见》，对机关党员进行量化管理，创新开展机关党员目标积分管理工作。6月，召开党建联络组组长联席会议，要求同步推进农村、机关党员积分管理工作。11月，召开机关党建目标积分管理工作座谈会，交流经验做法，推进工作落实。

【开展“七一”表彰特色活动】 2015年6月30日，市直工委组织召开三门峡市直机关庆“七一”表彰大会和“颂歌献给党”文艺演出，对66个“五好”基层党组织、16名优秀机关党建第一责任人、56名优秀党务工作者、117名优秀共产党员进行表彰；选取4名优秀机关党建第一责任人代表进行大会发言，推进机关党的建设工作；举办市直机关“颂歌献给党”庆“七一”文艺演出，1000余名机关党员领导干部观看演出。

【开展慰问救助活动】 2015年2月，市直工委从党费和工会经费中拿出20余万元，集中走访慰问400名困难党员、52名困难职工和帮扶村的14名困难群众。6月，到帮扶村开展义诊和送温暖活动，组织市直单位开展“文明服务·情暖端午”主题活动，以《探索建立健全党内激励、关怀、帮扶机制的实践与思考》为题在全省机关党建课题调研座谈会上作典型发言，并在中直党建网全文刊发。“七一”前后，对市直单位慰问老党员和困难党员进行全面安排部署。全年使用党内关爱基金2.8万元，慰问救助10名特困党员。

【加强干部教育培训】 2015年，市直工委认真贯彻落实党员教育培训规划的要求，重视教育培训，创新培训方式，提升培训效果。4月至11月，与市总工会联合举办6期群团干部职工兴趣爱好培训班，市直50多个单位的600多名群团干部参加培训。5月12日至14日，举办市直机关第29期党的基本知识培训班，市直77个单位的214名入党积极分子和159名新党员参加培训。8月15日至21日，与市委组织部联合举办全市机关党务干部及群团干部培训班，市直60多个单位及6个县(市、区)的144人参加培训。

【开展调研督导活动】 2015年7月至8月，市直工委领导班子和部室负责人牵头组织6个党建调研组，对所属105个市直单位机关党建工作进行全面调研，了解掌握情况，推动工作落实。在中央国家机关工委《紫光阁》杂志社及网站组织举办的全国政务大厅“百优十佳”典型案例征集展示活动中，推荐上报的市公共资源交易中心、市地税局湖滨区局典型案例入选。9月20日，市直工委参加在国家行政学院召开的总结交流表彰大会并上台领奖。

【推动机关党的工作市、县联动】 2015年，市直工委强化对县(市、区)直工委工作的指导，与市直单位实行同安排、同部署、同考核，同表彰。3月开始，推行机关党员积分管理，卢氏县、三门峡经济开发区、渑池县、三门峡产业集聚区、湖滨区直工委对机关党员积分管理工作进行安排部署，有序推进。11月，召开全市县(市、区)直工委机关党建工作座谈会，回顾总结机关党建工作，座谈交流先进经验，提出指导意见建议，有效推动机关党的工作市、县联动。

【举办全民健身活动暨市直机关第五届职工运动会】 2015年4月至9月，市直工委组织举办全民健身活动暨市直机关第五届职工运动会,共设广播体操、集体舞、游泳、足球、篮球、自行车慢骑等 14 个项目 35 个小项比赛,市直 80 余家单位 5000 余人次参赛。10 月 21 日,举行市直机关第五届职工运动会颁奖仪式暨全民健身展示活动,丰富活跃职工文化体育生活,引领和推动全市群众性健身活动深入开展。

【开展群团活动和志愿服务活动】 2015 年,市直工委在黄河旅游节等大型节会和重要节日期间,组织开展 10 余项大型群团和志愿服务活动。先后联合举办庆"三八"系列活动、"全民健身 3510 大行动"、青年联谊会、"唱响崤函"文艺大赛等大型群体活动和"关爱白天鹅·环保在行动""文明服务·暖暖新年""文明河南·情暖端午""文明河南·浓情中秋"、文明交通等党员志愿服务活动,拓宽工作领域,扩大对外影响,社会反响良好。 (王 静)

农村工作

【概况】 2015 年,中共三门峡市委农村工作办公室(以下简称市委农办)充分发挥综合协调、调查研究、参谋助手、政策制定、督促检查作用,突出全市"三农"工作的宏观协调,注重"三农"工作的政策落实,着力农村环境整治美丽乡村建设,协调抓好农村体制机制改革,强化自身队伍建设,圆满完成市委、市政府安排部署的各项工作任务,为全市农业增效、农村增美、农民增收作出了积极贡献。全年全市第一产业增加值达到 118.5 亿元,同比增长 5%,增幅位居全省第一;全市农民人均可支配收入 11084.2 元,同比增长 9.7%。市委农办获省党委农办系统信息宣传工作量化考核第二名,获全市目标管理工作先进单位、党委系统督促检查工作先进单位等多项荣誉称号,成功创建省级文明单位。

【市委农村工作会议召开】 2015 年 2 月 4 日,市委农村工作会议召开,安排部署全市农业农村工作。《关于加大改革创新力度 加快转变发展方式 奋力推进农业现代化的实施意见》以市委三发〔2015〕1 号文件下发,明确全市"三农"工作发展方向和重点任务,并对市委 1 号文件所涉及的重点工作进行任务分解。制定下发三办文《关于明确三发〔2015〕1 号文件责任单位的通知》,明确责任单位,定期督促检查,编发督查通报,推动工作落实,促进了"三农"各项工作的顺利开展。

【美丽乡村建设】 2015 年,市委农办从全面整治农村环境入手,以美丽乡村示范村建设为抓手,大力改善农村人居环境。全市新启动 61 个美丽乡村示范村建设,美丽乡村示范村达到 138 个,全市有 999 个村完成"三无一规范"(村内及周边无垃圾堆放、无污水横流、无杂物挡道,日常生产生活物品堆放规范有序)环境整治,干线公路周边基本实现"一眼净"。4 月 30 日、8 月 18 日、9 月 21 日,先后 3 次召开全市改善农村人居环境建设美丽乡村工作会议,制定下发《2015 年全市改善农村人居环境建设美丽乡村的工作方案》《三门峡市美丽乡村示范带建设指导意见》和《三门峡市农村人居环境达标村标准和美丽乡村示范村标准》。两次组织市直 20 个相关部门召开美丽乡村建设项目资金整合会议,整合涉农项目资金 6.54 亿元、市县两级财政预算美丽乡村建设专项资金 1.5 亿元。9 月,成立全市改善农村人居环境建设美丽乡村工作推进办公室,集中开展农村环境整治暗访检查。在三门峡广播电视台和《三门峡日报》分别开设《美丽乡村崤函行》和《美丽乡村绽放崤函》专题栏目,播放美丽乡村示范村专题片 30 期,报刊宣传示范村典型 12 个。在 2015 年全省改善农村人居环境群众满意度综合调查中,三门峡市公众参与度名列全省第一。

【举办 6 次"三农"大讲堂讲座】 2015 年 3 月 14 日、4 月 11 日、5 月 23 日、7 月 18 日、10 月 13 日、12 月 2 日,三门峡市共组织举办 6 次"三农"大讲堂讲座,分别特邀农业部农村经济研究中心副主任陈良彪、国家发展和改革委员会农村经济司副司长方言、国家发展和改革委员会宏观经济研究院副院长马晓河、国务院发展研究中心农村经济研究部部长叶兴庆、农业部市场与经济信息司司长张合成、北京农学院都市农业研究所所长史亚军等全国"三农"问题研究专家为全市"三农"工作者解读政策,提升干部开展"三农"工作的能力水平。

【推进农村改革工作】 2015 年,市委农办根据市委改革办的统一安排,结合省委农办统一部署,在市农村改革专项小组内设置 4 项重点改革专题,将农村改革任务细化为 12 项改革事项,明确责任单位。全年组织召开全市农村改革相关专题会议 4 次,编发《深化农村改革专刊》工作动态 5 期,跟踪问效改革任务,宣传典型经验,推动各项改革任务扎实推进。

【引导支持农民专业合作社发展】 2015 年,市委农办按照"规范、壮大、提高"的发展思路,采取多种措施扶持合作社,推动农民专业合作社快速健康发展。继续完善农民专业合作社分类台账,对合作社注册资金、类型、入社户数等进行分类统计、调查分析。全年全市运行良好的农民专业合作社达到 1100 家,同比增加 250 家。

【召开老区建设座谈会】 2015 年 3 月 11 日,市委农办组织召开学习贯彻省市领导关于革命老区发展重要批示精神座谈会,制定下发《三门峡市革命老区发展财政装箱资金管理办法》。7 月 2 日,组织召开老区发展财政专项资金项目资金及项目申报工作会议,加快老区建设步伐。

【调研工作】 2015 年,市委农办紧盯全市"三农"工作热点难点问题,按照市委、市政府"稳增长、保态势、抓落实"的调研要求,围绕改善农村人居环境建设美丽乡村,在农村环境整治、美丽乡村建设、农民产业支撑、农村专业合作社发展等方面,与市人大、市政协、市委办、市纪委、市文明办、市老促会、市环保局、市财政局联合开展多次调研活动,撰写了一批有深度、有价值的调研报告,其中《加强机关作风建设的探索与思考》获河南省机关党的建

设研究优秀成果奖。（王聪敏）

2015 年，三门峡市机构编制委员会办公室（以下简称市编办）紧紧围绕全市工作大局，不断深化行政审批制度改革，加快构建政府权力清单，积极开展政府机构改革，稳步推进事业单位分类改革，进一步加强和完善机构编制管理，努力形成服务和保障三门峡市转型发展的体制机制优势。提升机构编制管理水平。严格控制机构编制总量。市编办研究制定《三门峡市控编减编工作方案》，加强管理监督、强化各级责任、加强部门协作、深化改革创新，确保各级编制2017 年底实现只减不增。开展控编减编专项督查工作，召开专项督查会议，成立工作领导小组，对全市的机构编制底数进行自查。建立机构编制动态管理机制，合理分配和及时调整各系统和系统内编制，在机构和编制限额内调剂解决。办理机构编制事项按章循规。当年成立的市委巡察办、5 个市委巡察组、市人大常委会法制工作委员会均报经省编办批复同意，所需编制均在总量限额内调剂解决。对4 个县（市）乡镇机关行政编制跨层级进行调剂，进一步充实县（市）产业集聚区管委会人员力量。按时向省编办上报人员录用、遴选入编计划，全年共招录入编公务员 131 名，其中市直机关 41 名；招录人民警察 32 名，其中市公安局 29 名；市直 5 家单位公开遴选公务员 29 名，4 家事业单位公开选调工作人员 7 名。专项统计按时完成。做好机构编制实名制数据库日常更新工作，及时对信息系统进行修改和完善，同步更新单机版和网络版实名制数据库。按照省委巡视组、省审计工作组要求，对全市领导职数及配备情况进行专项统计。与人力资源和社会保障、财政等部门实现数据信息交换与共享，配合财政部门做好工商、质量技术监督、食品药品监督管理等下划部门的预算编制。加强中文域名注册管理和电子政务建设。按照中央、省编办统一要求，完成全市党政机关和事业单位网站开办审核、资格复核和标识管理工作。督促指导各县（市、区）做好中文域名续费工作，实现全市中文域名全覆盖。开展机构编制监督检查。市编办联合市纪委、市审计局等开展事业单位法定代表人离任经济责任审计，对全市大中专院校、公立医院、公安三大系统机构设置情况、编制和实有人员情况、领导职数配备情况及编外用人情况开展全面检查。举办第三期机构编制法规政策培训班，对全市 140 余名学员进行专题培训。提高事业单位登记管理水平。采取网上审查与实地抽查相结合的方式，对全市 368 家事业单位年度报告进行审查和公示。深化开展事业单位法人治理结构试点工作，新增 7 家市直试点单位。开展事业单位法人实地核查，重点核查新设立事业单位法人相关信息和设立登记信息。扩大事业单位法人“三公开”（年度检验结果公开、年度检验报告内容公开、重要事项信息公开）范围，公开范围和内容进一步扩大。

2015 年，三门峡市持续深化行政审批制度改革。全面启动新一轮清理规范行政审批事项工作，共取消、调整、下放和合并减少行政审批项目 26 项，承接省政府下放管理层级的行政审批项目 2 项，按照有关法律、法规规定调整列入 17 项行政审批项目，由非行政许可转入行政许可 2 项，取消、调整和下放非行政许可审批事项 29 项，取消、调整和下放部门具有审批性质的管理事项 169 项，切实做好国务院和省政府取消、下放、调整行政审批项目的衔接落实工作。清理规范后，市政府行政审批事项精减为 138 项，全部为行政许可，全市不再保留“非行政许可审批”和“具有审批性质的管理事项”类别，市级保留的行政许可事项再次压减审批时限 813 个工作日，实现行政审批再优化、再提速。扎实推进权责清单建设。按照“职权法定、简政放权、便民高效、权责一致”的原则，全面建立“政府权力清单”“政府内部管理事项清单”“行政公共服务事项清单”三张清单，共登记政府权力事项 2862 项、政府内部管理事项 54 项、公共行政服务事项 58 项，每项事项都对应建立责任事项清单和运行流程图。通过审核清理，54 家政府工作部门及承担行政职能、为社会提供行政服务和公共服务的事（企）业单位共计减少行政职权事项 581 项，最终保留行政职权 2862 项，其中行政许可 138 项、行政处罚 2163 项、行政强制 112 项、行政征收 44 项、行政给付 17 项、行政检查 75 项、行政确认 61 项、其他职权 252 项。组织召开推进政府权力清单制度新闻发布会，研究出台《政府权力清单信息公开办法》，印发《关于规范市政府权力清单信息公开格式的通知》，搭建政府权力清单信息查询平台。市政府、市编办、市法制办和市行政服务中心网站及市政府各部门网站在醒目位置统一设置“权力清单专栏”，实现信息内容、格式、时限公开“三统一”，进一步扩大政府权责清单制度的社会影响力。统筹推进政府机构改革。经报省委、省政府研究同意，按照市委、市政府《政府职能转变和机构改革实施意见》精神，市政府保留工作部门 23 个，新组建卫生和计划生育委员会、农业畜牧局等政府工作部门 4 个，调整政府工作机构 5 个。改革后，行政编制总量按规定不减不增，实现了中央、省关于行政机构限额和行政编制总额“两个不突破”的目标要求。市编办按照“权责一致”的原则，突出部门职责的调整、整合和理顺，通过合理调整界定部门职责，完成金融办、工业和信息化委员会、发展和改革委员会、安全生产监督管理局、司法局、国土资源局等部门职责的调整和整合，共明确 48 项部门加强的职责，使政府部门履行职责的重点更加清晰明确，政府责任进一步强化。

2015 年，三门峡市稳步推进重点领域体制改革。完善食品药品监管体制，全面完成乡镇食品药品监督管理所和食品安全委员会组建工作，全市按乡镇（街道）或区域设置食品药品监督管理所 44 个，机构规格均为副科级，共调剂使用事业编制 242 名，建立“横到边，纵到底”的食品药品监管网络。加快产业集聚区行政管理体制改革，印发《中共三门峡市委办公室三门峡市人民政府办公室关于加快全市产业集聚区与乡镇行政区域管理套合工作的通知》,强力推进区镇套合。稳步推进经济发达镇体制改革试点工作，出台《关于开展省级经济发达镇行政管理体制改革试点工作方案》，统筹推进下放管理权限等项配套改革。扎实推进纪检监察体制改革,成立市委巡察工作领导小组办公室和5个巡察工作组，核定机构规格和人员编制,及时调整市纪委、监察局内设机构设置，将纪检监察室的数量增加到8个。完成不动产统一登记体制改革,将市住房和城乡建设、农业、林业部门承担的不动产登记职责统一整合由市国土资源局成立内设机构不动产登记局承担,撤销市住房和城乡建设局下属的产权产籍监理处,成立市不动产登记中心负责不动产具体登记事务,指导各县(市、区)对应整合机构及职责。

【事业单位改革】 2015年,三门峡市加快推进事业单位改革。全面完成事业单位分类批复工作，将全市各事业单位划分为公益一类、公益二类和生产经营类；稳妥推进从事生产经营活动的事业单位改革工作，严格按照科学分类标准，完成生产经营类事业单位的批复工作；完成全市交通执法体制改革，将分散在交通系统各部门的行政处罚、行政强制、监督检查、货运源头治超等职能予以整合，组建市交通运输局执法处（挂市交通运输局执法支队牌子),合理分配市直和县(市)执法机构编制，全面完成改革涉及的编制核定、经费保障、人员选聘、干部选任等各项工作任务，理顺交通执法管理体制，保障了全市交通运输行政执法工作的正常开展；稳步推进重点行业管理体制改革，推进中小学教师编制管理制度改革，配合做好林权改革工作,扎实推进医疗卫生体制改革,确保编制合理分配到位。 (周子明)

老干部工作

【概况】 至2015年底,三门峡市共有离退休干部22575人。其中,离休干部604人,退休干部21971人。离休干部平均年龄85.6岁,按所在单位性质分,行政机关214人，事业227人，企业163人;按参加革命的时期分,抗战时期37人,解放战争时期567人;按享受待遇分,地级9人,县级248人,科级及以下347人。退休干部中正地级6人,副地级25人,副县级以上(含享受副县级待遇)1049人。

【离退休干部思想政治建设】 2015年,中共三门峡市委老干部局(以下简称市委老干部局）组织老干部深入学习中央、省、市重要文件、讲话精神,重点学习市委“加强作风建设、推动转型发展”“我为三门峡发展作贡献” 主题实践等重大决策部署，引导老干部在思想上行动上与市委保持高度一致。坚持用“五好”(班子好、党员队伍好、活动开展好、制度建设好、作用发挥好)标准抓好离退休干部党支部建设,离退休干部党支部工作做到组织覆盖、班子健全、制度完善、活动经常。认真处理老干部来电来信来访，做到及时解答、妥善解决,疏通情绪、化解矛盾。全年共接待老干部来电来信来访200余次。

【老干部待遇落实】 2015年，市委老干部局认真落实离退休干部阅读文件、听报告、参加重要会议和重大活动、参加老干部座谈会、参加通报会及重大节日走访慰问老干部等制度,全面落实好离退休干部的政治待遇。抓好两费保障 “三个机制”(离休费保障机制、医药费保障机制和财政支持机制)的落实,确保离休干部离休费按时足额发放、医药费按规定实报实销。按照文件要求，及时提高离休干部的护理费标准，督促企业和事业单位发放离休干部病故一次性抚恤金，提高抗战时期参加革命工作的部分离休干部的医疗待遇。纪念中国人民抗日战争暨世界反法西斯战争胜利70周年之际,全市共为37名抗战时期及以前参加革命工作的离休干部发放一次性慰问金，慰问金发放标准为每人5000元,发放金额共计18.5万元。离休干部杨坤英、赵忠提高为享受副省(部)级单项医疗待遇。

【老干部服务管理】 2015年，市委老干部局协调开辟医疗绿色通道，实行市直离休干部住院记账，帮助解决好离休干部医疗、护理等方面的实际困难,该项工作走在全省前列。邀请专家为老干部开展医疗保健讲座。组织老干部开展健康体检、书画摄影、游览观赏等活动，不断丰富老干部的精神文化生活。

【老干部作用发挥】 2015年，市委老干部局以“我为三门峡发展作贡献”主题实践为契机,在老干部中开展“为三门峡发展增添正能量”活动,组织老干部自觉自愿、量力而行,围绕全市发展积极建言献策、凝心聚力，增添正能量，形成推动三门峡发展的强大合力和浓厚氛围。先后组织市老干部咨询团紧紧围绕全市发展大局，开展学习研讨、座谈讨论、参观考察10余次,提出合理化建议30余条。10月19日至27日,按照市委安排,市委老干部局组织市老干部咨询团到各县(市、区)、三门峡经济开发区、三门峡产业集聚区的部分企业、农村、学校参观考察,共考察27个单位和重点项目,并形成考察报告上报市委。全市各级关心下一代工作委员会组织健全,活动经常,充分发挥“五老”优势,全年共举办党史教育、法制教育等各类报告200余场次,为青少年健康成长创造良好环境。依托老干部大学、老干部活动中心,搭建老干部志愿服务活动平台，组织老干部开展文艺演出、书画摄影、体育比赛等活动，丰富老干部的精神文化生活。黄河旅游节期间,组织举办豫晋陕三省四市老年书画作品展，共展出作品280余幅。 (寇晓辉)

保密工作

【概况】 2015年，三门峡市国家保密局(以下简称市保密局)紧紧围绕省、市“十二五”时期保密事业发展规划和“六五”保密法制宣传教育规划,广泛开展保密宣传教育、培训,认真开展保密工作大检查,规范保密管理,强力推进保密技术防护专用系统配备，圆满完成各项工作任务。开展涉密网络保密检查,对党务内网、检察院系统等在用涉密网络进行摸底排查。做好2014年度保密数据统计工作，对全市相关单位有关保密工作的数据进行收集整理和统一录入、备案。抓好国有企业保密管理专项检查。开展落实“十二五”规划和“六五普法”验收检查工作。省保密委员会“十二五”规划和“六五普法”检查验收工作组在三门峡市检查验收期间，对三门峡市“十二五”规划和“六五普法”工作给予充分肯定。

【保密宣传教育培训】 2015年，市保密局牢牢抓住党校主题班这块阵地，提高党员干部特别是领导干部的保密意识。在春、秋季领导干部主题班上开设保密教育课，局领导做专题辅导，并播放警示教育片。各县(市、区)也在党校主题班讲授保密课。继续抓好保密委员会主任讲专题保密党课活动落实，形成长效机制。各县(市、区)和部分市直重点单位积极开展保密委员会主任讲党课活动。先后在渑池县、陕县、灵宝市党校科级干部主题班、市委办、政府办、市委组织部等单位集中传达学习《河南保密要情》，进行保密警示教育培训。同时，市国家保密局组织力量制作培训课件，从保密工作面临的形势、日常泄密隐患及防护和领导干部的保密责任三方面讲授保密教育课。全年共播放警示教育片13次，讲授保密教育课13次，受教育人数近800人。创新保密宣传教育形式。制作保密宣传彩页千余份，发放到市直重点单位和县(市、区)。通过手机短信平台发送保密宣传短信，提高各级领导干部和涉密人员的保密意识。做好保密工作调研、学刊用刊和《三门峡保密工作》编印等工作。5月上旬、10月下旬，分别到各县(市、区)保密部门进行保密工作调研。全市征订《保密工作》杂志664份。向《河南保密工作》报送工作信息18篇，被采用10篇。编发《三门峡保密工作》四期。

【保密服务保障工作】 2015年，市保密局一是做好各类国家考试的保密服务工作。在全国医师资格实践技能考试、全国司法考试和全国高中招考试等各类考试期间，对涉考涉密人员进行保密培训，对试卷保密室进行检查验收并发放“试卷保密室许可证”，对存放试卷的保密室每半天巡查一次。全年共服务各类考试30余次。二是做好重大活动期间的保密服务保障工作。在举办二十一届中国(三门峡)国际黄河旅游节暨投资贸易洽谈会时，市国家保密局提前下发文件，要求各相关单位、各部门在筹备第二十一届中国(三门峡)国际黄河旅游节暨投资贸易洽谈会期间，对广大干部群众进行保密教育，组织相关人员学习有关保密法律法规知识，对相关工作提出保密要求，并派专人提供保密服务。三是做好“两会”期间和市领导办公环境的服务工作。“两会”期间，市保密局派专人对选票的印刷、保存、发放、回收等环节进行保密跟踪监督。同时，市保密局安排技术人员，对市委、市政府主要领导办公环境进行技术检查和服务，确保了市委、市政府主要领导办公环境的保密安全。 (卫安均)

党校工作

【概况】 2015年，中共三门峡市委党校、三门峡行政学院、三门峡社会主义学院(以下简称市委党校)坚持以中国特色社会主义理论体系为指导，认真学习、宣传、贯彻党的十八届三中、四中、五中全会和习近平总书记系列重要讲话精神，全面贯彻落实《党校工作条例》以及全国、全省党校工作会议精神，以干部培训为中心，以教学科研为抓手，圆满完成了市委、市政府交付的各项目标任务，为三门峡市培养高素质干部人才队伍作出了积极贡献。

【教学工作】 2015年，市委党校严格按照全市干部教育培训计划要求，坚持“党校姓党”“三从严”“质量第一”的办学方针，超额完成干部教育培训任务，全年共举办12个班次，培训学员986人次。重视宣讲工作，全年组织教师社科下基层、进机关企事业单位，宣讲党的十八届四中、五中全会精神和省市有关会议精神，共计50余场。充分发挥党校的主阵地主渠道作用。举办2015年春秋两季领导干部研修班，共6个班，培训干部分别为春季147人、秋季141人，共计288人。认真履行行政学院的公务员培训职责。举办三门峡市2014年新录用公务员初任培训班，培训学员80人；举办2015年三门峡市乡镇公务员及省选调生培训班，培训学员71人。切实利用现有的教学教师资源，培训其他各类班次4期。举办三门峡市新任农村党支部书记培训班2期，培训学员308人；举办规划城管局党风廉政建设和行政执法培训班，培训学员188人；举办人防办执法培训班，培训学员51人。

【科研工作】 2015年，市委党校坚持以教学带科研，以科研促教学，推进教学、科研一体化。注重科研的咨政作用，通过讨论和论证，立足市情，设立17个党校系统重点调研课题，充分调动教师下基层调研的积极性，深入农村和生产一线，全部完成原定调研课题。全年公开发表学术论文32篇，在《三门峡工作》上发表文章5篇。组织申报2015年度河南省社科联课题3项，立项3项。结项2014年度省社科联课题6项，其中3项获一等奖、1项获二等奖。主持并完成2015年度全市重点调研课题4项。结项2014年度全市重点调研课题4项，其中2项获一等奖、2项获二等奖。市委党校获得三门峡市“政研工作先进单位”称号，1人被评为河南省“政研工作先进个人”。编辑出版4期《三门峡学刊》。

【举办三门峡市2015年春季、秋季领导干部研修班】 2015年3月25日至6月4日，市委党校举办三门峡市春季领导干部研修班。此次春季班同时开设县处级领导干部能力提升研修班、公共管理与服务研修班、城乡统筹发展研修班三个班，共147人。培训内容为学习习近平总书记系列重要讲话和党的十八大及十八届三中、四中全会精神，省委九届七次全会和市委六届六次全会精神，群众观点教育、理想信念与社会主义核心价值观等公共研修课。9月16日至11月27日，市委党校举办三门峡市秋季领导干部研修班。该期研修班分为县处级领导干部能力提升研修班、公共管理与服务研修班、城乡统筹发展研修班，学习时间为两个半月，培训内容为党的十八大和十八届三中、四中全会精神，市委六届八次全会精神，“三严三实”专题教育、理想信念与社会主义核心价值观等公共研修课。141 名学员均取得结业证书，其中 32 名优秀学员受到表彰。

2015 年 6 月 21 日上午，市委党校新校区奠基仪式在市职教园区内(冯佐村)举行。市委党校常务副校长、党委书记许胜高，市中心医院院长赵光煊，三门峡产业集聚区管委会副主任崔文泽等出席奠基仪式。参加奠基仪式的还有市委党校领导班子成员及全体教职工、新校区建设项目部全体成员、施工企业代表，设计、监理人员，村组干部及部分群众共 200 余人。市委党校新校区总建筑面积 41147.03 平方米，主要包括科研信息楼、教学楼、学术报告厅、文体活动中心，学员宿舍楼、学员餐厅。总体设计分区合理，功能齐全，特色鲜明，环境优美，体现教学、科研、生活有机结合的理念。新校区建成后，将更好地改善办学条件，进一步促进党校的办学规模和教学质量的协调、快速发展。 (蒋　倩)

2015 年，三门峡市各级党组织认真落实管党治党的政治责任，深入推进党风廉政建设和反腐败斗争；各级纪检监察机关聚焦中心任务，深化体制机制改革，强化监督执纪问责，推动党风廉政建设和反腐败斗争取得新进展新成效，不敢腐的震慑作用充分发挥，不能腐、不想腐的效应初步显现，反腐败斗争的压倒性态势正在形成，得到广大干部群众的支持肯定。市纪委被省委组织部、省委宣传部、省人力资源和社会保障厅、省公务员局评为“河南省人民满意公务员示范单位”。

2015 年，三门峡市贯彻省委“主体责任落实年”要求，在全市开展“一学两抓三责”(学党规党纪，抓“两个责任”落实、抓“四风”问题整顿，定责、问责、考责)活动，通过定责明责、述责督责、约谈访谈、问责追责，推进“两个责任”(党风廉政建设党委主体责任和纪委监督责任)落实。定责明责。建立“两个责任”签字背书和双报告制度，逐级逐人逐岗制定责任清单，层层签订目标责任书。创新实行各级纪委既与同级党委又与上级纪委签订落实监督责任目标书制度。述责督责。组织县(市、区)和部分市直单位“一把手”分别向市纪委六届五次全会和市纪委全委会述责述廉，接受质询评议；把落实主体责任作为市委巡察和督导检查的重要内容，加强监督，促进整改。约谈访谈。两次召开座谈会，开列负面清单，提出整改要求，集体约谈县(市、区)和市直单位党委、纪委“一把手”。24 名党委、纪委主要负责人做客市纪委网站、微博就落实“两个责任”进行在线访谈，公开责任承诺，接受社会监督。问责追责。全年全市共有 59 名党政领导干部因履行“两个责任”不力被问责，其中乡科级 45 人，点名道姓通报 7 人。

2015 年，三门峡市坚决防止“四风”反弹。紧盯重要时间节点，开通纠“四风”随手拍举报平台，运用明察暗访、交叉互查等手段，成立 96 个检查组，组织 9 次全市性集中专项检查，不断加大监督检查、督查督办、问责曝光力度。全市共查处违反中央八项规定精神和“四风”问题 118 起，处理 141 人(县处级 9 人)，其中党纪政纪处分 81 人(县处级 3 人)，下发通报 12 期，点名道姓通报 89 人，持续释放正风肃纪的强烈信号。深入开展懒政怠政为官不为专项整治。广泛征求意见，修订出台《三门峡市懒政怠政为官不为行为问责暂行办法》，从小处着手，从具体事抓起，切实把作风建设落实、落细、落小，使作风建设真正严起来、实起来。全市共查处懒政怠政为官不为问题 515 起，处理 558 人，其中党纪政纪处分 82 人，通报 26 期 374 人。突出查处群众身边的不正之风和腐败问题。紧紧围绕“基层侵害群众利益问题有人管、有人制止、有人纠正、有人追究”目标，探索形成以“三监管”为核心的“两责任三监管三查处”监督检查工作体系，着力解决基层吃拿卡要、与民争利等侵害群众利益的突出问题。全市共摸排问题线索 544 个，查办案件 508 起，处理 419 人，其中党纪政纪处分 262 人。

2015 年，全市纪检监察机关共接受信访举报 1763 件次，处置问题线索 815 件，立案 621 件，结案 602 件，党纪政纪处分 592 人(县处级 33 人、乡科级 123 人)，移送司法机关 26 人。市纪委直接立案 53 件，同比上升 32.5%，其中县处级 41 人，同比上升 10.8%，严肃查办了梁智斌、马书军、任仲振、付晓亚等一批严重违纪违法案件。全市检察机关共立案侦查贪污贿赂、渎职侵权案件 78 件。全市法院系统审结一审贪污贿赂、渎职侵权案件 51 件。强化组织协调。发挥市委反腐败协调小组职能作用，健全完善纪检监察与审判、检察、公安等机关查办案件归口联系、协作配合、跟踪督办等工作机制。成立追逃追赃工作机构，联合公检法等部门，将三门峡市外逃的 2 名职务犯罪人员缉拿归案，受到省委反腐败协调小组追逃追赃办公室通报表彰。转变审查方式。探索实践“四种形态”，在抓高压惩腐的同时，把纪律挺在前面，抓早抓小。市纪委制定对领导干部进行谈话和函询的实施细则，扩大谈话、函询、诫勉范围，让有问题反映的党员干部讲清问题、认识错误、及时改正，对反映失实的予以澄清了结，共谈话函询 341 人(县处级 105 人)。对违反纪律的给予党纪轻处分 391 人，党纪重处分 126 人。发挥治本功能。坚持“一案双书”，市纪委共作出说理性处分决定书、纪律检查建议书 37 份，全部公开送达宣布。在卢氏县和全市医疗卫生系统召开警示教育大会，以案明纪，寓教于惩。剖析领导干部违纪违法典型案例并印发全市，拍摄制作警示教育片《歧路安在》，编写警示教育读本《身边人的警示》，作为“三严三实”专题教育和“一学两抓三责”活动必学内容。

2015年，三门峡市扎紧制度笼子。通过召开推进会督促、专项督导检查等形式，积极推进“4+4+2”党建制度体系（在乡村基层，建立健全民主科学决策、矛盾调解化解、便民服务和党风政风监督检查4项基础制度；在县级以上机关，建立健全民主集中制、严肃党内政治生活、干部选拔任用和反腐倡廉4项基础制度；在各级党组织和国家机关，建立健全权力规范运行和监督检查问责2项机制），建设中市纪委承担的4项任务和党风廉政建设制度改革专项小组承担的8项任务。通过两轮内设机构调整，将纪检监察室由3个增加至8个，执纪监督人员力量占机关人员编制总数的69%。用好巡察利剑。在市委的领导下，建立市县党委巡察制度，成立巡察机构，精心组织开展巡察。6月16日，市机构编制委员会印发《关于设立三门峡市委巡察机构的通知》，市委巡察机构正式成立。7月7日，市委召开巡察工作动员会，部署开展第一轮巡察工作，对市教育局、市文化广电新闻出版局和市水利局开展常规巡察。9月22日，市委召开第二轮巡察动员会，启动对三门峡产业集聚区、市农业局、市工业和信息化局等3个单位为期30个工作日的常规巡察。12月1日，市委第三轮巡察工作动员会召开，启动对卢氏县开展专项巡察，对市环保局、市国土资源局、市交通运输局开展常规巡查。6个县（市、区）共巡察23个单位，发现纪律、作风、腐败和用人方面的问题721个。市本级完成三轮对10个单位的巡察，前两轮共发现“四个着力”方面问题163个；对发现的问题进行综合分析，向市委常委会提交专题报告2份；依据移交线索，立案审查16人（县处级10人），党纪政纪处分8人，谈话函询5人，移送司法机关1人，巡察监督威力初步显现。加强派驻监督。建立派驻机构工作台账制度，对监督检查、执纪审查、追究问责等工作开展情况每两个月汇总通报一次，督促聚焦监督执纪问责主业。依托8个纪检监察室成立8个纪律审查协作区，有效整合资源，增强监督执纪问责合力。

2015年，三门峡市强化纪律教育。深入开展党规党纪学习教育活动，突出“一把手”带头、全员参加两个关键，严格闭卷考试、通报成绩两个环节，组织31063名党员干部参加知识测试，开展党规党纪知识电视竞赛和学习《中国共产党廉洁自律准则》《中国共产党纪律处分条例》以案说纪网上知识抢答，形成以上率下深学严考党规党纪的氛围，实现纪律教育的常态化、制度化。凝聚宣传合力。把党风廉政建设宣传融入党委宣传工作大格局，坚持传统媒体和新媒体同向发力，全年在省级以上媒体发稿400余篇，廉政彩信覆盖全市副科级以上领导干部，网站、微博、彩信三大平台作用充分发挥，省纪委领导多次到三门峡市调研考察并给予肯定。三门峡市党风廉政建设和反腐败工作信息被中央纪委、省纪委网站采用率均居全省第一位。“清风三门峡”微博被评为全省纪检监察系统“优秀政务微博”。弘扬廉政文化。持续推进廉政教育基地组团发展，依托三门峡监狱，高起点、高标准建设党员干部警示教育基地，形成以甘棠苑、函谷关修德养廉馆、刘少奇旧居“一苑一馆一居”为基础，廉政诗词楹联文化基地和廉政剪纸艺术基地为拓展，警示教育基地为重点的“3+2+1”廉政教育基地新格局。深入发掘三门峡市历史文化资源中的廉政元素，拍摄制作5期凸显地域特色的《廉政文化访谈》，增强宣传教育的文化感染力。

2015年2月3日，中国共产党三门峡市第六届纪律检查委员会第五次全体会议在三门峡国际文博城大剧院召开。全会分两个阶段进行，上午，市委书记出席会议并讲话，市委常委、市纪委书记吴云主持会议，并代表市纪委常委会作工作报告，总结2014年党风廉政建设和反腐败工作，安排部署2015年工作。下午，6个县（市、区）委书记向大会述责述廉。市纪委委员对各县（市、区）委书记述责述廉情况进行测评。市委常委、市纪委书记吴云作全会总结讲话，对贯彻落实会议精神提出要求。

2015年3月31日，省委常委、省纪委书记尹晋华调研市纪委、监察局网站和“清风三门峡”政务微博建设运行情况，强调要积极融入文化元素，做出特色，突出节目个性，做好舆情管控，不断提升影响力。

2015年10月12日，省委第十巡视组巡视灵宝市、陕县、湖滨区、渑池县、义马市等五个县（市、区）工作动员会召开。省委第十巡视组组长、正厅级巡视专员李阳就开展巡视工作提出要求。市委主要领导就配合做好此次巡视工作动员部署。12月17日，省委第十巡视组召开专项巡视三门峡市辖湖滨区、陕县、灵宝市、渑池县、义马市情况反馈会。省委第十巡视组组长李阳代表巡视组向三门峡市委反馈巡视情况，副组长卢志军就做好巡视反馈整改工作提出要求。市委主要领导作表态发言，市委副书记、代市长安伟主持会议。省委第十巡视组全体成员出席会议。

2015年1月14日，豫西南洛阳、南阳、三门峡、邓州四市纪检监察机关精品案件评审观摩会在三门峡市召开。省纪委副书记齐新安，省纪委常委魏治功，洛阳市委常委、市纪委书记王建民，南阳市委常委、市纪委书记王智慧，三门峡市委常委、市纪委书记吴云，邓州市委常委、市纪委书记张强华及南阳医专、三门峡职业技术学院有关领导出席观摩会，四市办案骨干100余人参加观摩会。三门峡市纪委2起案件被评为精品案件。

（王晓晖）

民主党派和工商联

中国民主同盟三门峡市委员会

【概况】 2015年，中国民主同盟三门峡市委员会(以下简称“民盟三门峡市委”)认真履行政治协商、民主监督、参政议政职能，充分发挥协调关系、汇聚力量、建言献策、服务大局的重要作用，加强制度化建设，完善工作机制，不断提高民盟工作的科学化水平。至年底，民盟三门峡市委下设1个总支、10个支部、3个小组，组建教育、科技、经济、文化艺术、社会法制5个委员会，共有盟员221人，其中省政协常委1人，省政协委员1人；市政协副主席1人，市人大常委1人，市人大代表2人，市政协常委4人，市政协委员16人。

【民盟三门峡市委参政议政】 2015年，民盟三门峡市委深入开展调研，积极建言献策，获民盟河南省委参政议政先进集体、组织建设先进集体、思想宣传先进集体、社会服务先进集体和2015年度全省盟务工作先进集体、“烛光行动”先进市委会称号。民盟三门峡市教育支部、医疗支部获得全省“活力支部”称号。《强力推进伏牛山整体旅游规划建设——是河南精准扶贫战略选择》《关于城镇化进程中传统古村落保护问题的建议》《我省湿地建设与保护》等被省政协采纳列为月协商主题，并得到省政府、省政协领导的肯定。民盟三门峡市委参与课题组并提出两项主要建议:《关于国家发行环保彩票的建议》在《国是内参》和中央党校内部刊物发表，《人民日报》转发时评价建议“恰逢其时”；调研报告《我省铝工业如何重组解困》得到省长谢伏瞻的重视认可。在市人大、政协“两会”上，民盟市委及盟内人大代表、政协委员共提交政协集体提案8件。民盟市委集体提案《关于规范我市公共厕所建设管理的建议》《关于加强食品药品安全监管的建议》被评为优秀提案，《关于推进我市城乡一体化绿地系统建设的调研报告》被评为优秀调研报告，《关于加强学校周边交通安全管理的建议》被评为优秀社情民意。民盟市委先后中标承担民盟省委重点调研课题，调研报告《加强政策引导，促进家庭农场发展》被省民盟领导提交全国人大十二届二次会议代表建议；《大力推动企业主导型农民专业合作社发展》《当前金融贷款不容忽视的问题与建议》课题报告被民盟中央采用，同时作为省政协全会书面发言；《我省城镇基本医疗保险存在问题及建议》《巩固提升河南的枢纽地位，打造交通物流优势》《关于我省城乡低保工作的调查建议》被省民盟提交作为河南省政协全会书面发言，其中《巩固提升河南的枢纽地位，打造交通物流优势》获得省政协优秀提案表彰；《加强我省农民专业合作社作用的建议》被民盟省委社情民意信息采用上报省政协和民盟中央；《刍议我国现代职业教育核心价值取向体系的重构》入选民盟中央第二届教育论坛。

【开展“同心”实践社会服务活动】 2015年，民盟三门峡市委向民盟省委争取到援建民盟烛光小学项目，为民盟藕池烛光小学争取到40万元援建资金，教学楼竣工入住，后续10万元多媒体教学器材正在采购。民盟市委还组织安排烛光学校校长参加全省民盟烛光行动培训交流，为该校向省体育局争取全套体育器材。9月29日，民盟三门峡市委“同心”实践基地健康顾问启动仪式在湖滨区高庙乡举行。三门峡市武强颈腰腰腿痛专科医院院长、盟员李武强和市中心医院肾内科副主任医师、盟员陈金红分别负责大安村和侯村3000余人的健康咨询、求医问药，服务期为2年，两位专家每月1次到包扶村开展义诊咨询活动，并联系安排门诊住院治疗。 (贠益峰)

中国民主建国会三门峡市委员会

【概况】 2015年，中国民主建国会三门峡市委员会(以下简称“民建三门峡市委”)认真履行参政党职能，各项工作取得新成效，为促进全市经济健康发展、保持社会和谐稳定作出积极贡献。荣获民建全省市级组织目标量化考核一等奖，省、市政协提案优秀奖。至年底，民建三门峡市委共有89名会员，均为大专以上文化，其中中高级职称64人，占72%。会员中:地厅级领导干部1人，处级领导干部6人，科级干部26人；全国人大代表1人，省政协委员1人，市政协常委3人，市政协委员10人，市人大常委1人，县(区)政协委员8人；各类特约人员16人。80%以上为经济界会员。

【民建三门峡市委参政议政】 2015年，民建三门峡市委紧紧围绕省、市经济社会发展大局，中共三门峡市委、市政府的中心工作和重大决策部署以及全市人民群众关注的热点、焦点、难点问题积极参政议政、建言献策，向全国人大会议、省市政协会议提交40件提案议案、6条社情民意、2篇调研报告。在省政协十一届三次会议上，民建三门峡市委主委张景林向大会提交9件提案，其中《政府应切实加强对民间融资的制度性监管》被人民网、新民网、东方网、贵阳网报道，《加强对洗涤行业监管》被《河南法制报》、搜狐网、大河网报道，《取消体育特长加分是“因噎废食”》被《河南商报》、网易新闻、光明网、腾讯网、中原网、河南电视台大象网、河南教育网、大河网报道，《建设文明河南须以小事做起》被凤凰网报道，《斩断开发商和物业公司利益链》被《大河报》报道。张景林还就推进产业转型升级和新型城镇化建设，分别接受《河南商报》、中国网、新华网、经济网、百姓生活网、大河网、人大经济论坛以及《河南商报》、大河网等新闻媒体驻河南“两会”记者专访。3月26

日，省政协十一届第十一次常委会议表彰十一届二次会议662件提案中评选出来的12件优秀个人提案，其中民建三门峡市委主委张景林提交的提案《当前交通拥堵问题亟待引起重视》被表彰为优秀提案。在3月召开的十二届全国人大三次会议上，民建三门峡市委委员、全国人大代表、三门峡职业技术学院副院长李勤就广大人民群众关心关注的提升教育质量、城市和农村小朋友互助、带薪休假、查处渎职犯罪、关注农村空巢老人、网购等积极发表意见建议，先后接受《检察日报》《郑州晚报》《东方今报》以及人民网、新浪网、共产党员网、正义网、未来网、凤凰网、网易新闻等众多新闻媒体的采访，树立了三门峡市以及民建三门峡市委的良好形象。在4月召开的市政协六届四次会议上，民建三门峡市委共提交5件集体提案、17件委员个人提案。民建三门峡市委提交的集体提案《当前交通拥堵问题亟待引起重视》以及卫超民、赵经纬、校志力联名提交的提案《关于在我市建设美丽乡村中推广太阳能路灯的建议》被市政协表彰为优秀提案。在受到表彰的14条社情民意信息中，卫超民、赵经纬、校志力、杨建斌、赵龙现联名提交的社情民意《关于尽快清除大中海两侧挤占城市道路的建议》被市政协表彰为优秀社情民意信息。在受到表彰的21篇调研报告中，朱振华提交的调研报告《北阳平遗址群保护和开发情况调研报告》被市政协表彰为优秀调研报告。民建三门峡市委提交的集体提案《切实加强对民间融资的制度性监管的建议》被市政协确定为2015年重点督办提案。

【开展调研视察活动】 2015年5月26日，市政协副主席、民建三门峡市委主委张景林带领市政协视察组，深入市区、湖滨区、陕县等地，视察养老服务业发展情况。视察组指出，各级各部门要配合协作，措施得力，适当引入社会力量，确保老人能够“老有所养、老有所医、老有所教、老有所学、老有所为、老有所乐”。6月2日，民建三门峡市委科技支部8名会员、其他支部2名会员赴灵宝市开展考察调研活动。调研组一行先后实地考察了灵宝市金源矿业有限责任公司、灵宝城区到朱阳镇省道改造项目、窄口水库以及朱阳镇鱼仙村美丽乡村建设情况，提出可行性意见建议。8月27日至28日，市政协副主席、民建三门峡市委主委、市体育局局长张景林带领部分民建界别市政协委员，深入灵宝市、湖滨区、三门峡产业集聚区、商务中心区等地，对三门峡市全面依法治市、推进经济社会健康发展情况进行专题调研。10月17日至18日，民建三门峡市委经济二支部组织会员赴山西运城市与永济支部开展交流联谊活动。两地支部会员就基层组织建设、如何支持民建会员发展等进行座谈。民建三门峡市委经济二支部会员实地考察了永济市民建会员创办的现代新型畜牧科技、新兴建筑装饰材料加工和塑料包装等企业，并初步达成合作意向。

【民建三门峡市委二届四次全会召开】 2015年4月26日，民建三门峡市委召开二届四次全会，总结2014年工作，安排2015年工作任务。民建三门峡市委主委张景林向全会作工作报告。市委常委、统战部部长张建峰在讲话中充分肯定民建三门峡市委2014年的各项工作，并就下一步工作提出具体要求：切实加强政治责任感；提高参政议政能力；围绕中心，服务大局；加强队伍建设。会议还对2014年优秀支部、优秀会员、参政议政先进工作者进行表彰。

【社会服务工作】 2015年2月14日，民建会员、河南智航律师事务所主任李建锋用微信发送信息，将为烧伤女孩市外国语小学六年级学生杨敬宜义卖玫瑰的消息发到朋友圈，收到来自全国各地用于购买玫瑰的善款3000多元。3月21日上午，民建三门峡市委经济二支部组织13名会员到陕州区张茅乡山口村开展义务植树活动。7月11日，民建三门峡市委经济二支部组织10余名支部会员赴陕县店子乡白石崖村，向村委会转赠1台由会员韩飞捐赠的价值2000多元的（打印、复印、扫描）一体机，改善村委会办公设施薄弱的问题。7月18日，正值三门峡穆斯林开斋节，民建会员企业——河南智航律师事务所与市清真管理委员会签订常年法律顾问协议，共建三门峡市穆斯林法律服务中心。民建会员、三门峡市十佳律师、河南智航律师事务所主任李建锋因法律知识丰富、业务能力过硬，被三门峡市清真管理委员会聘为常年法律顾问。7月23日，为提高三门峡市小微企业防范法律风险意识，帮助小微企业解决遇到的法律难题，三门峡小微企业商会特别邀请民建市委科技支部副主委、河南宇萃律师事务所三门峡分所主任赵双良律师作题为“学法守法用法　防范法律风险”的主题讲座。7月至8月，民建会员、河南天保律师事务所副主任李柯仪以普法讲座的形式，深入市实验小学、三门峡经济开发区崤山路第二小学及灵宝城区、大王镇、阳平镇等地开展少儿、留守儿童暑期安全讲座。11月14日，民建三门峡市委组织会内的医学专家赴健康顾问联系村——湖滨区高庙乡穴子仓村开展“送医送药下乡”活动。共发放价值2000余元的药品、600余份医疗保健宣传资料，参与咨询、问诊、就医的村民300余人次。 （赵经纬）

中国农工民主党三门峡市委员会

【概况】 2015年，中国农工民主党三门峡市委员会（以下简称“农工党三门峡市委”）深入开展中国特色社会主义学习实践活动，不断加强自身建设，切实履行参政党职能，积极开展社会服务活动，较好完成了三届四次全会确定的重点任务，各项工作取得新进展。至年底，共有党员108人，领导班子由

7人组成，设7个支部、5个专门工作委员会。党员中有市人大常委会副主任1人，县级实职干部4人；省人大代表1人，市人大常委1人，市人大代表1人；省政协常委1人；市政协常委4人，委员12人；县(区)政协委员4人；各类特约人员15人。

2015年2月7日，农工党三门峡市委召开三届四次全体会议，市委常委、统战部部长张建峰出席会议并讲话。市人大常委会副主任、农工党三门峡市委主委肖群兰作工作报告。报告回顾总结农工党三门峡市委2014年的工作，并对2015年工作作总体部署。张建峰强调指出，一要深入学习中共十八大及十八届三中、四中全会和习近平总书记系列重要讲话精神，用先进的理论思想武装头脑、提高认识、指导实践、促进工作。二要持续推进学习实践活动深入开展，不断增强中国特色社会主义道路自信、理论自信、制度自信。三要充分发挥农工党人才荟萃优势，同心协力服务全市经济转型大发展，紧紧围绕“三大战略”定位、“四大一高”战略多搞实地调查，多做深入研究，多谋发展大计，多献务实之策，为各级党委政府科学决策建言献策；要发挥农工党界别特色和人才优势，更加关注民生，为困难群众和弱势群体办实事、办好事、解难事；要积极发挥民主党派协调关系、化解矛盾、理顺情绪的功能，为促进社会和谐减少阻力、增加合力、形成合力，最大限度地凝聚各方面力量为全面建成小康社会作出新贡献。

2015年，农工党三门峡市委开展坚持和发展中国特色社会主义学习实践活动。一是组织理论学习。深入学习邓小平理论、“三个代表”重要思想、科学发展观、习近平总书记系列重要讲话，中共十八大和十八届三中、四中、五中全会精神，以及统一战线、多党合作理论知识。二是深入实践学习。分别组织党员到周恩来纪念馆、渑池县刘少奇旧居参观学习，缅怀革命老前辈的光辉业绩，继承光荣传统，牢记历史使命。三是进行座谈交流。召开由农工党三门峡市委班子成员、市委委员、支部主任、副主任和人大代表、政协委员参加的座谈会，交流学习心得。组织专题报告会，邀请市委统战部领导给市农工党党员作新时期统一战线工作形势报告。召开老同志座谈会，请退休的老领导、老农工党党员一起座谈交流多党合作的经验和体会。四是丰富活动形式。选派优秀选手参加农工党省委举办的“中国梦·农工情”演讲比赛。制作宣传板面。组织党员观看《邓演达》《中国农工民主党与福建事变》等影视资料。按照农工党省委的统一要求和部署，组织坚持和发展中国特色社会主义知识竞赛笔试考试。

2015年，农工党三门峡市委开展多项活动，纪念中国农工民主党建党85周年。一是组织全市农工党员缴纳特殊党费，支持农工党一干会址维修和布展工作。二是参加全省“纪念河南省政协成立60周年理论研讨”征文活动。三是组织全体党员参加全省“学精神、学党章、学党史”知识竞赛答卷和现场竞赛活动，2人获得一等奖。四是组织部分党员到郑州观看农工党中央“学精神、学党章、学党史”知识竞赛决赛郑州赛区比赛。组织选手参加农工党省委举办的坚持和发展中国特色社会主义学习实践活动暨纪念农工党成立85周年散文诗朗诵比赛。五是召开纪念抗日战争胜利70周年座谈会，市委统战部负责人出席会议并讲话。

2015年，农工党三门峡市委在省、市、县(区)“两会”上提交集体及个人建议3件、提案45件，大会发言及交流材料2件。在市政协六届四次全会上，农工党三门峡市委提交的《关于进一步做好我市农民专业合作社的建议》《关于进一步做好城市精细化管理水平的建议》等4件提案作为市政协“三个一活动”(提交一件提案、反映一条社情民意信息、撰写一篇调研报告)的优秀成果受到大会表彰。

2015年，按照市委统战部工作要求，农工党三门峡市委认真开展同心实践基地建设。到湖滨区高庙乡开展农村医疗卫生健康状况、湖滨区农村计划生育家庭情况、农村劳动力转移情况等调研活动1场。到高庙乡开展送医送药活动2场，为群众义诊、健康体检700余人次，发放健康知识宣传单2500余份、健康知识手册500余本。向高庙乡选派2名专家担任健康顾问。

2015年，农工党三门峡市委立足“稳增长、保态势、促转型”，组织部分人大代表、政协委员围绕招商引资、“一带一路”、“绿色发展”、民生保障等课题开展专题调研，撰写调研报告，对如何发挥三门峡市优势，化解经济下行压力，稳增长、促发展提出科学合理的建议，并上报农工党省委调研材料4件，均被采纳。

2015年，农工党三门峡市委积极参加三门峡市重大节会现场服务工作。动员、组织农工党医疗卫生专家参加第二十一届三门峡国际黄河文化旅游节暨投资贸易洽谈会开幕式、全国山地自行车大赛、2015中国·三门峡横渡母亲河、2015“中流砥柱”中国(三门峡)黄河大合唱艺术节、全国“驴友”交流大会暨第四届万人帐篷节、全国驴友狂欢夜篝火晚会、黄河金三角罗曼彩虹跑等活动医疗救助服务。围绕主题开展社会服务活动。充分发挥“三下乡”、中国环境与健康宣传周、国际科学与和平周的载体作用，联合市人大、市政协深入渑池县张村镇杨家新村、湖滨区会兴街道槐树洼村等地开展社会服务活动3场次，出动宣传车6台次，举办健康知识讲座3场，免费发放各种药品价值1.8万余元，向群众发放《家庭医生》《农村健康与环境》《用药安全》等资料5000余份，提供免费法律咨询30余件，受益群众1600余人次。持续实施“百千万农村健康行动计划”。联合市中心医院、市中医院、黄河医院、市第三人民医院、陕县人民医院、市骨科医院、市人力资源和社会保障局等单位，对确立帮扶的6个乡镇卫生院46个村级卫生所的卫生技术人员进行技术培训，开展对口支援。深入基层对农村困难家庭进行健康教育、健康体检。对农村进城务工劳动力进行创业和就业技能培训。农工党三门峡市委各支部开展各具特色的社会服务活动50余场次，受益群众6000余人次，培训各类人员1600余人次，捐赠和发放科技、文化、卫生、食品安全等书籍、宣传材料6000余份。（陈天栋）

2015年，九三学社三门峡市委发展新社员3名。至年底，九三学社三门峡市委有社员107人，其中女社员41人，在职人员75人，高级职称58人，中级职称46人，博士、硕士10人，新阶层3人。社员中，省政协委员2名；市政协副主席1名，副秘书长1名，常委4名，委员15名；市人大常委1名；区人大代表1名；县级政协常委3名，政协委员1名。九三学社三门峡市委获“全国参政议政工作先进集体”“九三学社河南省委参政议政工作先进集体”称号。

2015年8月13日，河南省政协副主席、九三学社河南省委主委张亚忠，九三学社陕西省委副主委李佐成，九三学社河南省委副主委陈志民等率调研组到三门峡市，就“晋陕豫黄河金三角区域突破发展研究”课题进行专题调研。市政协主席郭秀荣，市委常委、统战部部长张建峰，市政协副主席、九三学社三门峡市委主委姚龙，市政府秘书长刘廷福等陪同调研和出席座谈会。8月24日，九三学社三门峡市主委姚龙、副主委李发军参加在九三学社河南省委机关会议室召开的晋陕豫黄河金三角区域合作情况汇报会，为持续推进晋陕豫黄河金三角区域建设建言献策。会议最后形成《〈晋陕豫黄河金三角区域合作规划〉落实中存在的问题及建议》，通过社中央“直通车”获得国务院总理李克强的再次批示。

2015年3月21日，九三学社三门峡市第四届委员会第四次全体（扩大）会议召开，总结2014年工作，对2015年工作进行部署。各支社领导和骨干社员参加会议。市委常委、统战部部长张建峰，市政协副主席、九三学社三门峡市委主委姚龙出席会议并讲话。

2015年7月12日，九三学社三门峡市委召开四届十次（扩大）会议，社市委委员及各支社主委参加会议。会议由市政协副主席、九三学社三门峡市委主委姚龙主持。会上，姚龙带领大家一起学习《中国共产党统一战线工作条例（试行）》，对社务工作的开展进行安排和部署。会议采用无记名投票和谈话推荐方式民主推荐九三学社三门峡市委主委人选。

2015年11月22日，九三学社三门峡市委四届十一次（扩大）会议召开。社市委主委姚龙出席会议并讲话。社市委委员及各支社负责人、骨干社员参加会议。社市委秘书长楼晓红传达九三学社中央在郑州市召开的社内监督工作会议精神。副主委李发军传达九三学社三门峡市委《关于在社内开展“学社章转作风做贡献”活动的通知》。通知要求：按照中共三门峡市委在全市开展“我为三门峡发展作贡献”主题实践的总体要求，深入学习习近平总书记系列重要讲话精神，把握形势，提升认识，切实把思想统一到全市“稳增长、保态势、抓落实”的工作大局上来，充分发挥参政党的职能作用，助推三门峡经济社会发展。

2015年三门峡市“两会”期间，九三学社三门峡市委15名市政协委员参加会议，共提交集体提案4件、个人提案33件，就事关三门峡发展、百姓生活的大事小情建言献策。在政协全体大会上，社员陈启超所作了题为《关于推进我市政府法律顾问工作的建议》的大会发言。会议期间，市政协对2014年度优秀提案进行表彰，九三学社三门峡市委一份集体提案、一份个人提案、一份社情民意被评为优秀。全年九三学社三门峡市委领导参加市政协双月协商6次。九三学社三门峡市委报送可用于全国政协会议及省政协会议的提案素材2件、社情民意14篇，其中反映的《〈晋陕豫黄河金三角区域合作规划〉落实中存在的问题及建议》被省政协采用并上报全国政协。

2015年2月5日，九三学社三门峡市委医疗支社副主委、市中心医院眼科主任王巧玲率领相关专家到市儿童福利院为孩子们免费体检。6月27日，九三学社社员、市三院骨二科主任郭志东带领医疗小组赴灵宝市豫灵镇东桥村开展义诊活动。7月20日，九三学社社员、市三院骨二科主任郭志东带领一支医疗小分队到卢氏县范里镇庙子村开展义诊服务、健康咨询志愿活动。9月29日，三门峡市统一战线同心实践基地健康顾问启动仪式举行，九三学社三门峡市委推选出两位医疗专家为健康顾问，社市委副主委李发军代表全市各民主党派在启动仪式上作表态发言。11月7日，在第二十七届“国际科学与和平周”到来之际，九三学社三门峡市委深入卢氏县文峪乡吴家沟村开展义诊活动。社市委副主委李发军、秘书长楼晓红和医疗卫生支社主委陈慧婷参加活动。11月下旬,九三学社社员、市中心医院心内科主任姬富才走进同心实践基地高庙乡王家岭村义诊。社员高九思作为农业专家,全年为湖滨区磁钟乡举办培训班11期,累计培训500人;为湖滨区高庙乡举办培训班11期,累计培训500人;为陕县菜园乡举办培训班2期,累计培训90人;为陕县张村镇举办培训班2期,累计培训90人;为陕县西李村乡举办培训班3期,累计培训140人;为灵宝市焦村镇举办培训班1期,培训90人。

(晁媛媛)

三门峡市工商业联合会(总商会)

【概况】 2015年,三门峡市工商业联合会(总商会)(以下简称"市工商联")牢牢把握"两个健康"(非公有制经济健康发展和非公有制经济人士健康成长)工作主题,广泛开展非公有制经济人士理想信念教育实践活动,通过多种服务方式助推民营企业转型升级,积极建言献策优化民营经济发展环境,着力加强基层组织建设,切实改进机关工作作风,各项工作取得新进展。市工商联连续第五年获全省工商联系统目标考核特等奖,蝉联"省级文明单位"称号。至年底,全市有县(市)区工商联组织6个;乡(镇、街道)商会76个;行业商会46个,比2014年增加10个;会员5737个,比2014年增加801个,其中企业会员3616个、个人会员1989个、团体会员132个。

【调研参政工作】 2015年,市工商联精心选择民营企业发展法治环境、物流行业发展等课题,上下联动,深入调研,并通过"集中调研直通车"、《民企社情》和《情况反映》等形式,向上级提交多篇高质量的调研报告和意见建议,连续第五年调研成果获奖数量全省第一。其中,《三门峡市民营企业发展法治环境情况调研报告》《三门峡市物流业发展情况的调研报告》和《关于进一步加强政党协商的建议》分别获得全省工商联系统调研成果一、二等奖和优秀提案奖;《关于优化金融生态环境、联手帮扶中小微企业发展的建议》被市政协列为2015年度重点提案,受到市委、市政府的高度重视。

【企业服务工作】 2015年,市工商联在融资服务方面,密切与建行、邮储银行、中原银行等金融机构和全国股转系统、上海股交中心的联系,研发并推广"助保贷""助业贷""中原三农贷"等金融新产品,先后成功指导10余家企业在新三板上市,帮助500余家企业融资20余亿元。市工商联"'五轮驱动'民营企业上市融资工作"的做法获评2015年度全省工商联系统十大亮点工作之一。在培训服务方面,与河南大学联合举办全市工商联系统素质与能力双提升培训班;围绕资本市场、企业规范管理和法治意识培育等课题举办3次专题报告会,培训民营企业家1000余人次。在宣传服务方面,举办全市第三届优秀建设者表彰大会暨民营企业文化建设成果汇演活动,在全省首家以市委、市政府名义表彰10位优秀建设者和12家民营企业文化建设示范单位;在《中华工商时报》《三门峡日报》等媒体上累计发表文章100余篇。

【招商引资工作】 2015年,市工商联举行全市重点项目推介暨第二届全国三门峡商会(上海)联谊交流会,重点推出涉及黄金及有色金属加工、装备制造等领域的重点招商项目192个,介绍有明确合作意向、具备良好合作基础的三门峡本地企业46家,激起广大身在外地的三门峡籍客商投资家乡、建设家乡、回报家乡的满腔热情;先后组织县级工商联、基层商会负责人和企业家赴辽宁、新疆、江苏等地学习考察,与8家工商联缔结为友好商会,并以此为载体,累计邀请国(境)外客商100余人次、省外客商100余人次到三门峡市洽谈,达成多个合作意向,特别是促成总投资20亿元的"一带一路"大宗商品物流基地、总投资6亿元的MO光源和总投资5亿元的御生堂医疗养老等一批优质项目签约,圆满完成市委、市政府交办的邀商招商任务。

【教育引导工作】 2015年,市工商联开展以"守法诚信"为重点的非公经济人士理想信念教育实践活动,通过深化与金融机构的合作、走出去联系交友、建立健全"洛三济焦"非公经济合作机制和市、县两级工商联联席会议制度,不断丰富教育实践活动形式和内容。通过召开座谈会、推进会、举办专题讲座等形式,组织学习贯彻习近平总书记系列重要讲话精神。先后募集善款100余万元,组织动员民营企业为全市部分"书香家庭"、"书香之星"、基层党员、社区居民赠阅400份《三门峡日报》,救助260余名2015年新考入大学的困难家庭学生,赴大连某军港慰问"三门峡舰"官兵。持续开展三门峡、无锡两市慈善文化交流活动,协调无锡市工商联和无锡市光彩事业促进会出资20万元捐助乡村中学和医务室,积极引导广大非公经济人士不断树信念、强信任、坚信心、讲信誉。

【组织建设工作】 2015年,市工商联印发"五好"县级工商联建设方案,通过召开联席会议、外出观摩、调研督导等形式,推动全市"五好"县级工商联建设工作取得重大进展。灵宝市、渑池县、陕县和湖滨区等4个县级工商联达到"五好"(领导班子好、会员发展好、商会建设好、作用发挥好、工作保障好)标准。以开展"商会建设年"活动为抓手,通过听取汇报、座谈交流、实地察看等形式,督导各县(市、区)切实重视乡镇(街道)商会建设,注重在各地支柱产业成立行业商会;组织各县(市、区)工商联负责人赴南阳、信阳等市考察学习基层商会建设经验,通过商会建设年系列活动，全面提升全市商会组织建设水平。市工商联指导新成立市小微企业商会、市小微企业发展商会等2个直属商会和5个商会筹备组；6个县级工商联新指导成立6个直属商会、10个商会筹备组，督促指导全市76个乡镇(街道)商会全部换届。

【三门峡市工商联(总商会)五届四次执委会召开】 2015年1月20日，市工商联（总商会）五届四次执委会召开，传达学习全国工商联十一届三次执委会、省工商联十一届四次执委会和市委六届七次全会暨经济工作会议精神，审议通过《关于深入学习贯彻党的十八届四中全会精神的决议》和《三门峡市民营企业文明守法经营倡议书》，表彰全市工商联系统2014年度目标考核先进单位和先进个人，通过有关人事任免事项，回顾总结2014年全市工商联工作，谋划部署2015年工作。市政协副主席、市工商联主席孙继伟作工作报告。会议指出，2015年，全市工商联要重点抓好五项工作，要以教育引导为出发点，在思想政治工作上实现新突破；要以调查研究为支撑点，在参政议政工作上实现新突破；要以会员服务为切入点，在助推发展工作上实现新突破；要以经济联络为着力点，在招商引资工作上实现新突破；要以夯实基础为保障点，在自身建设工作上实现新突破。

【举行三门峡市第三届优秀中国特色社会主义事业建设者表彰大会暨全市民营企业文化成果汇演】 2015年1月20日下午，三门峡市第三届优秀中国特色社会主义事业建设者表彰大会暨全市民营企业文化成果汇演在三门峡文博城会展中心举行。会议表彰10名优秀建设者和12家民营企业文化建设示范单位，省政协副主席、省工商联主席梁静，省工商联副主席赵纯武，省工商联秘书长孔火团，市领导王建勋、郭秀荣、张建峰、孙继伟等出席会议为获奖者颁奖，并和现场360余名观众一起从大屏幕上领略优秀建设者们的先进事迹，观看演出。整个文艺汇演以舞蹈、独唱、合唱、舞台音乐剧等多种艺术形式展示全市“民营企业文化建设年”的丰硕成果，也充分展示了全市民营企业重视企业文化、研究企业文化、发展企业文化的浓厚氛围。

【市工商联举办素质与能力双提升培训班】 2015年4月26日至30日，市工商联在河南大学工商管理学院举办素质与能力双提升培训班。市工商联班子成员和各县(市、区)工商联、市工商联直属商会负责人以及非公有制经济人士代表60余人参加培训。培训班围绕经济发展形势和非公经济发展中遇到的问题和困难，以及依法治国、一带一路等热议话题，科学设计培训计划、精心安排课程，并邀请香港城市大学营销系终身教授、长江学者周南，河南大学原副校长、博士生导师王发曾，河南大学工商管理学院院长、博士生导师王性玉，百家讲坛主讲、河南大学历史文化学院教授程遂营等国内外专家教授分别作市场营销、“互联网+”、电子商务、资本运作、依法治企、宋代开封等8场专题辅导；邀请好想你枣业股份有限公司副总经理石聚领作创业报告。

【南昌市工商联考察团到三门峡市考察】 2015年8月23日至24日，江西省南昌市政协副主席、市工商联主席陈斌带领江西众森实业集团、江西法诺雅实业发展有限公司等企业负责人到三门峡市考察，并召开座谈会，市政协副主席、市工商联主席孙继伟陪同考察。全市民营企业家15人参加座谈会。会上，陈斌介绍了南昌市市情、经济发展情况和非公经济发展情况以及工商联在促进非公经济发展方面采取的政策、措施等，双方企业家分别介绍各自企业的发展情况，并就发展中遇到的难题和困惑进行深入探讨与交流。在三门峡市期间，南昌市工商联考察团先后深入市商务中心区、灵宝市、湖滨区，重点就旅游、酒店、商贸、物流等方面的发展情况和投资前景进行考察。

【“洛三济焦”非公有制经济合作工作经验交流会在三门峡市召开】 为深入贯彻落实省委、省政府关于“洛三济焦”协同发展的指示精神，促进区域合作，交流工作经验，更好地践行“两个健康”工作主题，2015年11月17日至18日，“洛三济焦”非公有制经济合作工作经验交流会在三门峡市召开。省工商联副主席李振应邀出席会议并讲话。市委常委、统战部部长张建峰代表市委、市政府致辞。洛阳、三门峡、济源、焦作四市工商联主席、书记和有关部门负责人参加会议。会议审议通过《“洛三济焦”非公有制经济合作发展联盟章程(草案)》，并围绕工商联“十三五”规划的制定、新常态下工商联如何服务民营企业发展和对合作发展联盟运行机制的意见、建议进行深入研讨。李振高度肯定四市工商联创新工作思路、建立互动合作机制的做法，并对四市工商联联盟未来的建设和发展提出三点要求：加强学习交流，提升自身建设水平；搭建交流平台，推进会员企业合作；推动优势互补，促进非公经济发展。会后，与会人员还深入河南骏通车辆有限公司、三门峡中原金银制品有限公司和三门峡二仙坡绿色果业有限公司等企业实地考察。

（薛 丹）

·编 辑 卢亚杰·

2015年，三门峡市人大常委会紧紧围绕全市改革发展的大局，认真履行宪法和法律赋予的各项职责，较好地发挥了地方国家权力机关的作用，为全市经济发展、民生改善和社会稳定作出了积极贡献。

2015年，市人大常委会持续改进工作机制，以增强监督实效为重点，切实加大对“一府两院”依法行政和公正司法的监督力度，推进依法治市进程。积极争取立法权。六届人大五次会议上，选举产生三门峡市人民代表大会法制委员会、城乡建设管理与环境资源保护委员会、教育科学文化卫生委员会等三个专门委员会；经市委和编制部门批准，市人大常委会成立法制工作委员会；经过广泛征集和认真选拔，组建具有各方面专长的50人的法律顾问团队；督促市人民政府和相关部门建立健全立法机构、配齐配强立法工作人员，确定2016年的立法项目。通过省人大常委会的评估验收，省人大常委会第17次会议正式授予三门峡市地方立法权。努力推进法治建设。听取审议市政府关于依法治市情况的专项工作报告，要求市政府进一步提高认识，增强依法行政的责任感和使命感，运用法治理念、法治思维，统筹经济、政治、文化、社会和生态文明建设。加强执法检查与监督。对矿产资源法和河南省实施办法的贯彻实施情况进行执法检查。督促和支持各级政府依法打击违法行为，进一步抓好矿区环境的整治和土地复垦等工作，切实加强矿产资源保护及开发利用与管理，保证矿产资源科学利用、节约利用。市人大常委会还配合全国人大、省人大及其常委会的立法工作，对部分法律、法规草案进行论证修改，提出立法建议，圆满完成了省人大及其常委会委托的各项工作。

2015年，市人大常委会听取审议市政府关于2015上半年国民经济和社会发展计划执行情况、财政报告、审计工作报告，审查批准2014年市级财政决算。听取审议关于产业转型升级发展，招商引资，重点项目建设，科技成果研发、引进和转化，三门峡社会管理职业学院筹建情况，食品安全，安居工程，特种设备安全监管，民族工作的专项工作报告，提出审议意见，并要求限期办理。对食品安全工作开展专题询问。对三门峡市十大民生工程进行专题调研，集中开展“三门峡环保世纪行”宣传活动，督促有关方面进一步加大生态文明建设力度，保护森林资源，巩固“国家园林城市”“国家森林城市”的创建成果。

2015年，市人大常委会严格按照有关规定和法定程序，进一步规范备案审查工作。修订完善《关于规范性文件备案审查的实施意见》。对市政府及有关部门报送的16件规范性文件逐一进行备案审查，对发现的与法律法规不一致的问题，督促有关部门予以纠正，从源头上避免权力滥用和缺失，维护了法制的统一性和严肃性。

2015年，市人大常委会按照监督法的有关规定，审查和批准决算，作出《关于批准三门峡市2014年市本级财政决算的决议》。针对命名三门峡市鸟的问题，常委会听取审议市人民政府《关于确定三门峡市市鸟的议案》和情况说明，经过广泛听取社会意见和聘请专家充分论证，表决通过《关于命名三门峡市市鸟的决定(草案)》，命名白天鹅和红腹锦鸡为市鸟，为提升三门峡的美誉度增加了一张亮丽的名片。

2015年，市人大常委会严格执行《中华人民共和国地方各级人民代表大会和地方各级人民政府组织法》和《三门峡市人民代表大会常务委员会任免地方国家工作人员办法》，坚持党管干部和依法任免相统一的原则，任免地方国家机关工作人员26人次。通过法律知识测试、任前发言、颁发任命书等形式，增强被任命人员的责任感和使命感。根据国家和河南省有关规定，制定颁布《三门峡市国家工作人员宪法宣誓办法》，彰显宪法权威，增强国家工作人员忠于宪法、遵守宪法、维护宪法的责任感和使命感。

2015年，市人大常委会一是加强代表建议、批评和意见的办理工作。进一步完善工作机制，修订《关于办理市人大代表建议、批评和意见的办法》，采取一系列措施提高办理质量。召开专题交办会，对承办单位提出严格要求；加大常委会工作机构的督办力度；组织人大代表对办理情况进行专题视察；适时通报办理情况，提出督办意见。市六届人大五次会议期间代表们所提的171件建议、批评和意见，得到解决和基本解决的78件，占总数的45.6%；因客观原因正在解决或列入计划将要解决的81件，占47.4%；由于条件限制或其他原因需要以后解决的12件，占7%。就整体来讲，代表的意见和建议办理质量明显提高。有关部门与代表的见面率达到100%，绝大多数代表对办理结果表示满意和基本满意。二是充分发挥代表作用。深入开展"双联双争三个一"(常委会委员联系代表，代表联系选民；争创先进代表小组，争当优秀人大代表；代表小组和每位代表每年写一份履职报告、提一条以上合理化建议、为群众办一件以上实事)活动，切实增强人大代表的使命感和责任感，各级人大代表在全市经济发展、民生改善和社会稳定上都发挥了良好的模范带头作用和桥梁纽带作用。常委会采取一切可能的方法和措施，尽力保障人大代表的知情权和知政权。全年市人大代表列席常委会会议、参加执法检查、视察、调研活动180余人次，参与工作评议、民主测评、重大项目听证会110余人次，代表参与程度明显提高。三是加强代表培训工作。在对代表全面轮训的基础上，重点对代表小组组长进行培训。同时，向人大代表寄送公报、简报、刊物和其他学习资料3600余份。通过培训和指导，人大代表的责任心明显增强，履职能力明显提高。

2015年，市人大常委会共接待和处理群众来信来访821件次。按照"属地管理，分级负责"的原则，对群众的来信来访，及时转交有关部门认真办理，并跟踪督办，促进群众的合法诉求得到较好解决。

2015年，市人大常委会高度重视人大及其常委会和代表活动的宣传工作，在用好传统媒体搞好宣传的同时，通过新兴媒体进一步加强人大工作的宣传。经省市有关部门批准，常委会创办了《三门峡人大工作》专刊和人大网站，为宣传代表活动和三门峡市的人大工作发挥了重要作用。在全省人大系统评比"宣传人民代表大会制度好新闻"中，三门峡市获得特别奖1件、二等奖2件。

2015年4月15日至17日，三门峡市第六届人民代表大会第五次会议召开。市六届人大五次会议共有代表327名，出席大会的代表301名。会议听取和审议市政府工作报告；审查和批准三门峡市2014年国民经济和社会发展计划执行情况的报告及2015年国民经济和社会发展计划，审查并批准三门峡市2014年预算执行情况的报告与2015年市级预算；听取和审议市人大常委会、市中级人民法院、市人民检察院工作报告，并表决通过以上工作报告，作出相应的决议。大会根据《中华人民共和国全国人民代表大会和地方各级人民代表大会选举法》和此次大会选举办法的有关规定，补选张松林为市第六届人民代表大会常务委员会副主任，梁维为市中级人民法院院长。大会期间，市人大代表共提出建议171件。大会闭幕后，市人大常委会工作机构对建议进行分类登记，根据分工负责、归口办理的原则，经认真处理后以正式文件形式分别转交有关部门办理，及时召开代表建议交办会，所有办理结果直接答复代表，并报市人大常委会。

2015年，市六届人大常委会共举行10次会议。

1月22日在三门峡国际文博城会展中心举行。市人大常委会主任王建勋主持会议，副主任孙宗会、肖群兰、张朝红、李宝洲、吕均平、裴富平和秘书长杨治安及26名委员出席会议。会议学习了《中华人民共和国宪法》第二章；听取三门峡市第六届人民代表大会第五次会议筹备工作情况汇报，审议表决通过三门峡市第六届人民代表大会

2015年4月17日，三门峡市六届人大五次会议闭幕

第五次会议召开时间和建议议程的决定、三门峡市第六届人民代表大会第五次会议日程(草案),听取关于三门峡市第六届人民代表大会第五次会议有关名单(草案)的说明,审议表决通过三门峡市第六届人民代表大会第五次会议有关名单(草案),听取审议并表决通过三门峡市第六届人民代表大会第四次会议以来代表变动情况及补选代表的代表资格审查报告,审议通过三门峡市人大常委会工作报告稿,听取和审议通过市人民政府对市人大常委会关于代表建议、批评和意见办理情况报告及《关于打击经济犯罪活动的决议》执行情况报告的审议意见办理情况的报告,听取和审议市人民政府关于2014年市级财政预算调整方案的报告,审议表决通过关于批准2014年市级财政预算调整方案的决议,审议表决通过三门峡市人大常委会关于接受张志鹏辞去市六届人大常委会委员职务的决定,表决通过人事任免事项,商议通过市六届人大常委会第二十次会议建议议程。正市级领导崔保连、市中级人民法院院长李志增、市人民检察院检察长邱恺、市政府党组成员王峰,市政府秘书长刘廷福,市人民政府有关部门负责人,各县(市、区)人大常委会负责人,市人大常委会机关副县级以上干部及部分市人大代表列席会议。

市六届人大常委会第二十次会议　2月26日在三门峡国际文博城会展中心召开。市人大常委会主任王建勋主持会议,副主任孙宗会、肖群兰、张朝红、李宝洲、吕均平、裴富平和秘书长杨治安及21名委员出席会议。会议听取市人大常委会关于推迟召开三门峡市第六届人民代表大会第五次会议的说明,根据工作需要,决定三门峡市第六届人民代表大会第五次会议推迟举行;听取审议主任会议关于许可检察机关对市人大代表王峰依法采取强制措施的报告,决定许可检察机关对市人大代表王峰依法采取刑事拘留措施。

市六届人大常委会第二十一次会议　4月10日在三门峡国际文博城会展中心召开。市人大常委会主任王建勋主持会议,副主任孙宗会、肖群兰、张朝红、李宝洲、吕均平、裴富平和秘书长杨治安及24名委员出席会议。会议审议表决通过三门峡市第六届人民代表大会第五次会议召开时间和建议议程的决定;审议表决通过三门峡市第六届人民代表大会第五次会议日程(草案);听取和审议并表决通过三门峡市第六届人民代表大会第四次会议以来代表变动情况及补选代表的代表资格审查报告;听取关于三门峡市第六届人民代表大会第五次会议有关名单(草案)的说明,审议表决通过三门峡市第六届人民代表大会第五次会议有关名单(草案);听取和审议并表决通过三门峡市第六届人民代表大会第五次会议选举办法(草案);审议表决通过三门峡市人民代表大会常务委员会关于接受高战荣辞去三门峡市人民政府副市长职务的决定;审议表决通过三门峡市人民代表大会常务委员会关于接受李志增辞去三门峡市中级人民法院院长职务的决定;表决通过人事任免事项;审议表决通过三门峡市人民代表大会常务委员会关于决定三门峡市中级人民法院代理院长的决定;商议通过市六届人大常委会第二十二次会议建议议程。市委常委、常务副市长赵中生,市人民检察院检察长邱恺,市人大常委会机关副县级以上干部列席会议。

市六届人大常委会第二十二次会议　4月28日在三门峡国际文博城会展中心召开。市人大常委会主任王建勋主持会议,副主任孙宗会、肖群兰、张朝红、李宝洲、吕均平、裴富平和秘书长杨治安及21名委员出席会议。会议学习《中华人民共和国宪法》第三章第一、二节;听取审议并表决通过市人民政府关于三门峡社会管理职业学院筹建工作情况的专项工作报告;听取审议并表决通过市人民政府关于城乡低保工作情况的专项工作报告;听取审议并表决通过市人民政府关于特种设备安全监管工作情况的专项工作报告;听取审议并表决通过三门峡市第六届人民代表大会第五次会议以来关于补选代表的代表资格审查报告;审议表决通过市人民政府对市人大常委会关于《三门峡市城市总体规划(2013—2030)》编制情况的专项工作报告审议意见办理情况的报告;审议表决通过市人民政府对市人大常委会《关于进一步加强白天鹅及栖息地保护的决定》落实情况的专项工作报告审议意见办理情况的报告;审议表决通过市人民政府对市人大常委会关于畜牧业发展情况的专项工作报告审议意见办理情况的报告;审议表决通过市人民政府对市人大常委会关于非物质文化遗产保护工作情况的专项工作报告审议意见办理情况的报告;表决通过人事任免事项;商议通过市六届人大常委会第二十三次会议建议议程。市政府副市长李庆红,市中级人民法院院长梁维,市人民检察院检察长邱恺,市人民政府有关部门负责人,各县(市、区)人大常委会负责人,市人大常委会机关副县级以上干部及部分市人大代表列席会议。

市六届人大常委会第二十三次会议　6月30日在三门峡国际文博城会展中心召开。市人大常委会主任王建勋主持会议,副主任肖群兰、张朝红、李宝洲、吕均平、裴富平、张松林和秘书长杨治安及25名委员出席会议。会议学习《中华人民共和国宪法》第三章第三、四、五节,听取审议并表决通过市人民政府关于全市产业转型升级的专项工作报告,听取审议并表决通过市人民政府关于全市招商引资工作的专项工作报告,听取审议并表决通过市人民政府关于依法治市的专项工作报告,听取审议并表决通过矿产资源法和河南省实施矿产资源法办法贯彻实施情况执法检查报告,听取审议市人民政府《关于确定三门峡市市鸟的议案》和情况说明,听取审议并表决通过市人大常委会《关于命名三门峡市市鸟的决定(草案)》,听取审议并表决通过关于主任会议许可检察机关对市人大代表张谦、严三印依法采取强制措施的报告,表决通过人事任免事项,商议通过市人大常委会第24次会议建议议程。市政府副市长牛兰英，市中级人民法院院长梁维，市人民检察院检察长邱恺，市人民政府有关部门负责人，各县（市、区）人大常委会负责人，市人大常委会机关副县级以上干部及部分市人大代表列席会议。

市六届人大常委会第二十四次会议 8月26日在三门峡国际文博城会展中心召开。市人大常委会主任王建勋主持会议，副主任孙宗会、肖群兰、张朝红、吕均平、裴富平、张松林和秘书长杨治安及25名委员出席会议。会议学习了《中华人民共和国宪法》第三章六、七节和第四章，听取审议并表决通过市人民政府2015年上半年国民经济和社会发展计划执行情况的报告，听取审议并表决通过市人民政府关于2014年财政决算和2015年上半年财政预算执行情况的报告，听取审议并表决通过市人民政府关于2014年市本级预算执行和其他财政收支情况的审计报告及查处问题整改情况的报告，审议并表决通过市人大常委会关于批准2014年市本级财政决算的决议，审议并表决通过市人民政府对市人大常委会关于三门峡社会管理职业学院筹建工作的专项工作报告审议意见办理情况的报告（书面），审议并表决通过市人民政府对市人大常委会关于城乡低保工作情况的专项工作报告审议意见办理情况的报告（书面），表决通过人事任免事项，商议通过市六届人大常委会第二十五次会议建议议程。市委常委、常务副市长赵中生，市中级人民法院院长梁维，市人民检察院检察长邱恺，市人民政府有关部门负责人，各县（市、区）人大常委会负责人，市人大常委会机关副县级以上干部及部分市人大代表列席会议。

市六届人大常委会第二十五次会议 9月30日在三门峡国际文博城会展中心召开。市人大常委会主任王建勋主持会议，副主任孙宗会、肖群兰、张朝红、吕均平、裴富平、张松林和秘书长杨治安及18名委员出席会议。会议审议并表决通过三门峡市人民代表大会常务委员会关于接受杨树平辞去河南省第十二届人民代表大会代表职务的决议。市人大常委会机关副县级以上干部列席会议。

市六届人大常委会第二十六次会议 10月28日至29日在三门峡国际文博城会展中心召开。市人大常委会主任王建勋主持会议，副主任孙宗会、肖群兰、张朝红、吕均平、裴富平和秘书长杨治安及20名委员出席会议。会议学习了《中华人民共和国立法法》第一章、第二章第一节；听取审议并表决通过市人民政府关于食品安全工作情况的专项工作汇报，并开展专题询问；听取审议并表决通过市人民政府关于科技成果引进和转化的专项工作报告；听取审议并表决通过市人民政府关于森林资源保护工作情况的专项工作报告；听取审议并表决通过市人民政府对市人大常委会关于检查矿产资源法和河南省实施矿产资源法贯彻实施情况的审议意见办理情况的报告；听取审议市人民政府和市中级人民法院关于市六届人大五次会议代表建议、批评和意见办理情况的专项工作报告；审议并表决通过三门峡市人民代表大会常务委员会关于接受李宝洲辞去市六届人大常委会副主任职务的决定；对市人大常委会关于特种设备安全监管工作、产业转型升级工作、招商引资工作、依法治市工作等四个专项工作报告审议意见办理情况书面报告进行审议；表决通过人事任免事项，商议通过市六届人大常委会第27次会议建议议程。市委常委、常务副市长赵中生，市委常委、副市长杨骁，市人民检察院检察长邱恺，市人民政府有关部门负责人，各县（市、区）人大常委会负责人，市人大常委会机关副县级以上干部及部分市人大代表列席会议。

市六届人大常委会第二十七次会议 12月4日在三门峡国际文博城会展中心召开。市人大常委会主任王建勋主持会议，副主任孙宗会、肖群兰、张朝红、吕均平、裴富平、张松林和秘书长杨治安及24名委员出席会议。会议审议表决通过有关人事任免事项，审议表决通过三门峡市人大常委会关于接受赵海燕辞去三门峡市人民政府市长职务的决定，审议表决通过三门峡市人大常委会关于任命安伟为三门峡市人民政府副市长、代理市长的决定，审议表决通过三门峡市人大常委会关于接受付晓亚辞去河南省第十二届人大代表职务的决议，听取并审议表决通过三门峡市人大常委会关于确认主任会议许可公安机关对市人大代表范新安依法采取刑事强制措施的决定，商议通过市六届人大常委会第28次会议建议议程。市委常委、常务副市长赵中生，市中级人民法院院长梁维，市人民政府有关部门负责人，各县（市、区）人大常委会负责人，市人大常委会机关副县级以上干部及部分市人大代表列席会议。

市六届人大常委会第二十八次会议 12月29日在三门峡国际文博城会展中心召开。市人大常委会主任王建勋主持会议，副主任孙宗会、张朝红、吕均平、裴富平和秘书长杨治安及23名委员出席会议。会议学习了《中华人民共和国立法法》第二章第二节；听取审议并表决通过市人民政府关于保障性安居工程建设的专项工作报告；听取审议并表决通过市人民政府关于民族工作情况的专项工作报告；听取审议市人民政府关于加强白天鹅及栖息地保护情况的专项工作报告，并作出决议；听取审议并表决通过市人民政府关于市六届人大五次会议代表建议、批评和意见办理情况的审议意见办理情况的报告；审议表决通过三门峡市国家工作人员宪法宣誓办法（草案）；审议表决通过市人大常委会2016年工作要点；听取审议并表决通过市人民政府关于2015年市级财政预算调整方案的报告；表决通过人事任免事项；商议通过市六届人大常委会第29次会议建议议程。市委常委、副市长杨骁，副市长李庆红，市政府党组成员、公安局局长王峰，市中级人民法院院长梁维，市人民检察院副检察长司玉新，市人民政府有关部门负责人，各县(市、区)人大常委会负责人,市人大常委会机关副县级以上干部及部分市人大代表列席会议。

2015年4月22日至23日,省人大常委会副主任王保存带领省人大调研组到三门峡市调研"三山一滩"(大别山、伏牛山、太行深山和黄河滩区)扶贫开发等情况,省人大常委会副秘书长杨汝北,省人大农业与农村委员会主任委员赵鹏,省扶贫开发办主任张成智,市领导王建勋、李建顺、张朝红、牛兰英陪同调研。王保存一行首先到卢氏县汤河乡低里坪村,实地察看扶贫搬迁情况,向村民详细了解生产生活状况。随后到雏鹰农牧生态猪养殖项目官道口散养基地,得知该项目辐射带动了贫困山区农户1500余户,王保存称赞"公司+基地+农户"养殖模式值得推广,鼓励企业扩大养殖规模,通过连锁直销、超市专柜等方式,积极营销生态产品,把项目做得更好。在杜关镇,王保存一行实地察看该镇荆彰烟叶标准化育苗工厂,走访慰问草店村贫困户。在东明镇黑马渠村,王保存了解该村核桃种植和经营情况后说,企业要扩大规模,还要通过深加工提高产业效益,加快扶贫开发整村推进,带动更多农民致富。调研中,王保存对三门峡市扶贫开发取得的成效给予充分肯定,要求各地要根据"宜林则林、宜牧则牧、宜粮则粮"的原则,大力发展支柱产业,形成产业规模,创建知名品牌,千方百计增加农民收入,尽快让群众脱贫致富。各级政府要进一步加大财政扶贫资金投入和扶贫资源统筹聚合力度,大力推进"三山一滩"群众脱贫工程规划实施;完善精准扶贫政策措施,紧紧围绕搬迁聚居、改造提升、转移就业、产业发展、生态环境五个方面,扎实推进扶贫开发工作,实现"三山一滩"地区与全省同步建成小康社会。23日下午,王保存一行到市商务中心区,在明珠广场工地旁,王保存听取了商务中心区规划、建设等情况介绍,对三门峡市在全省率先高起点建设商务中心区给予充分肯定。王保存还实地调研了速达交通节能科技股份有限公司。

2015年4月29日至30日,省人大法制委员会副主任委员李新华带领调研组一行到三门峡市,就《河南省湿地保护条例(草案)》(以下简称《条例〈草案〉》)有关情况进行专题立法调研。省林业厅党组成员徐忠、市人大常委会副主任张朝红、副市长牛兰英陪同调研。调研组一行先后到王官湿地、黄河公园和天鹅湖国家城市湿地公园实地察看,并召开座谈会,听取三门峡市湿地保护工作情况汇报。市林业、法制办和水利等部门结合自身实际,对湿地划定、管理体制、法律责任及《条例(草案)》涉及的问题提出具体意见和建议。调研组对三门峡市湿地保护工作取得的成绩给予充分肯定。李新华在讲话中指出,湿地对于调节生态平衡、维护生态环境具有非常重要的作用。三门峡市对草案内容进行了充分研究,还提出许多很好的意见和建议,调研组将对这些建议进行梳理提炼,进一步完善《条例(草案)》。座谈会上,张朝红指出,三门峡市要以此次调研为契机,全面落实《条例(草案)》要求,继续扎实做好湿地保护工作,为建设"黄河三门峡·美丽天鹅城"作出新的更大的贡献。

2015年5月13日,全国人大常委会委员、农业与农村委员会主任委员陈建国率专题调研组到三门峡市,就建设现代农业和粮食安全问题进行专题调研。全国人大常委会委员、农业与农村委员会副主任委员王国生,全国人大农业与农村委员会委员郭俊波、曹维新,全国人大农委办公室副主任傅勇,全国人大农委调研室副主任汤国滨等一同调研。市领导王建勋、李建顺、高战荣、张朝红、牛兰英,市人大常委会秘书长杨治安,市政府秘书长刘廷福等分别陪同。陈建国一行首先到市特色农产品电子商务中心。该中心是河南省首家市级特色农产品电子商务中心,建有专门网站和商品体验店,开设特色淘宝网店,产品涵盖15大类30个知名品牌200多个品种。中心自2013年年底运营以来,已成功交易3200多单,销售金额420多万元。陈建国察看了灵宝大枣、卢氏木耳、核桃油、陕州糟蛋等特色产品,详细了解农产品销售及"三品一标"(无公害农产品、绿色食品、有机农产品和农产品地理标志)发展情况,对三门峡市依托特色农业优势、助推农产品电子商务发展的做法给予充分肯定。在市农业物联网总控中心,得知二仙坡果业基地通过物联网技术运用使优质果率提高25%、每个苹果售价超过10元时,陈建国不住点头称赞。陈建国还察看了农产品质量安全追溯平台和农产品二维码扫描。陈建国对三门峡市充分利用"3+1"国家政策叠加优势,大力发展特色现代农业,加快推进农业信息化建设,服务黄河金三角区域合作发展给予高度评价。

2015年7月13日至14日,省人大常委会副主任段喜中深入三门峡市,调研《中华人民共和国残疾人保障法》及《河南省实施〈中华人民共和国残疾人保障法〉办法》(简称"一法一办法")贯彻实施情况。省人大常委会内司工委副主任史银升、省残联副理事长黄建新陪同调研,市领导王建勋、赵中生、高战荣、张朝红,市人大常委会秘书长杨治安分别陪同调研。段喜中深入重点项目现场、康复医院和培训基地以及企业现场察看,并召开座谈会,指导三门峡市进一步贯彻实施"一法一办法"和经济社会发展工作。在三门峡产业集聚区,中国黄金中原冶炼厂搬迁及改造项目平稳试运行。该项目为全省重点建设项目,项目采用中国自主研发的具有国际先进水平的

“富氧底吹造锍捕金”技术。段喜中深入融炼、电解车间，在详细了解项目建设规模、生产现状后表示很振奋。他说，该项目占据中金公司半壁江山，要充分利用资源，发挥优势，投产达标后，必将成为三门峡经济社会发展的重要支撑，成为全省经济发展的又一增长点。在灵宝市精神康复医院，段喜中走进病房、活动室等，详细了解医院运行情况、存在的困难。他对该院在黄河金三角地区产生的影响表示赞赏，希望医院不断提高医疗服务水平，使更多患者恢复健康。在灵宝市残疾人职业培训基地，段喜中认真察看计算机班和手工艺班学员培训情况，与学员亲切交流。他指出，作为“国家级残疾人培训基地”，要不断提高办学质量，丰富培训内容，帮助更多残疾人掌握一技之长，让他们自食其力实现人生价值。灵宝荣昌金属制品制造有限公司是一家社会福利企业，曾获得河南省“助残先进单位”等称号，先后安置300余名残疾人就业。段喜中实地察看企业生产情况，了解残疾职工生活待遇等，希望企业抓住三门峡转型发展机遇，扩大生产规模，增加残疾人就业比例，把好事办好。座谈会上，段喜中听取了三门峡市贯彻落实“一法一办法”情况汇报，听取了相关部门负责人以及基层社区工作人员、市人大代表发言，并对三门峡市工作给予充分肯定。段喜中强调，在贯彻实施“一法一办法”过程中，三门峡高度重视，残疾人事业走在全省前列，希望下一步要认真总结好经验、好做法，在全省推广。各级人大要高度重视，切实把残疾人事业扛在肩上、抓在手上，认真履职，监督执法，推动“一法一办法”更好地贯彻实施。各级残联要扎实工作，摸清底数，准确掌握各类型残疾人情况，建立台账，搞好服务，使残疾人的生活得到保障，让他们感受到党和政府的关怀。各级各部门要进一步提高认识，对“一法一办法”实施过程中存在的问题认真对待，依法解决，切实维护好残疾人合法权益；要加大“一法一办法”的宣传，营造浓厚的社会氛围，让全社会都来关心、关注、关爱残疾人。市委常委、常务副市长赵中生作工作汇报。

【省人大农工委到三门峡市调研农业机械化建设工作】 2015年11月12日至13日，以省人大常委会农工委副主任邢利民为组长的调研组到三门峡市，调研农业机械化建设工作。市人大常委会副主任张朝红、副市长牛兰英陪同调研。调研组一行先后深入灵宝市农机安全监理站、昌盛食用菌农民合作社、北塬烟叶专业合作社，湖滨区俊鸣农业专业合作社、黄龙蔬菜合作社，陕县程宇牛场、二仙坡绿色果业有限公司等进行调研，详细了解三门峡市农业机械化发展情况和存在的主要问题。座谈会上，牛兰英汇报了三门峡市农业机械化建设工作。调研组表示，三门峡市农业机械化水平不断提高，定位准确，农业机械化建设工作收效明显。下一步要继续认真贯彻落实中央关于加快推进农业机械化的决策部署，进一步提高农业机械装备和作业水平，加强职能部门的管理和服务，加大资金投入力度，使农业机械化建设工作稳步提升，健康发展。

【部分驻新乡全国、省人大代表到三门峡市视察经济社会发展情况】 2015年11月17日至18日，新乡市人大常委会党组副书记、副主任焦锡武带队，部分驻新乡市全国、省人大代表到三门峡市集中视察经济社会发展情况。三门峡市委常委、副市长杨骁，市人大常委会副主任张朝红，市政府党组成员宋跃，市人大常委会秘书长杨治安等分别陪同。2015年，三门峡市妥善应对错综复杂的宏观经济形势和不断增大的经济下行压力，抢抓国家“一带一路”战略机遇，积极对接河南省“三大国家战略”规划，全力以赴稳增长、保态势、抓落实，持续推进产业结构调整，努力推动经济企稳回升，协调推进城乡建设和社会事业发展，全市经济社会保持了持续健康发展的良好势头。视察组先后到市商务中心区、中金集团黄金产业园、河南骏通车辆有限公司、张汴乡北营地坑院景区、天鹅湖国家城市湿地公园以及位于渑池县的河南康耀电子股份有限公司、仰韶文化博物馆等处，详细听取情况介绍，实地了解企业生产经营、城乡发展、生态环境保护等情况。视察组对三门峡市经济社会发展取得的成绩给予高度评价，并对三门峡市未来发展充满了期待。视察组表示，通过实地视察，看到了三门峡市各个方面发生的巨大变化，特别是在重点项目推进、城乡统筹发展、生态文明建设等方面取得的突出成绩。要把三门峡市的好思路、好做法反映上去、带回新乡，希望加强两地沟通，共抓发展机遇，促进共同发展。

（李彦城）

三门峡市人民政府

【概况】 2015年，三门峡市人民政府着力稳增长、保态势、抓落实，全市经济社会平稳健康发展。全市生产总值完成1261亿元，同比增长3.5%。一般公共预算收入93.9亿元，增长1.6%。规上工业增加值602亿元，增长1.8%。全社会固定资产投资1551亿元，增长15.9%。社会消费品零售总额397亿元，增长11.6%。进出口总值4.4亿美元，增长84.9%。城乡居民人均可支配收入分别达到2.38万元和1.1万元，实际增长5.4%和8.4%。

重大项目建设取得新突破。全市23个省重点项目完成投资201亿元，占年度目标的140.5%。245个市重点项目完成投资858亿元，占年度目标的142%，其中亿元以上工业转型升级项目54个，完成投资295亿元。中金黄金产业园一期、连（云港）霍（尔果斯）高速改扩建等48个项目建成，蒙华铁路（蒙西到华中煤运铁路）等200多个重大项目加快推进。积极争取国家专项建设基金，54个项目争取基金39亿元，位居全省第三位，可带动全社会固定资产投资711亿元。12个项目纳入国家、省PPP（公私合作模式）

示范项目。科学编制“十三五”规划，谋划重大项目1546个，总投资1.18万亿元。

产业转型升级取得新进展。工业经济转中趋稳，积极培育装备制造、新材料、新能源、生物医药等战略性新兴产业，河南能化汽车零部件产业园、乐氏同仁药业中药产业园等项目加快推进。新认定国家级高新技术企业7家、院士工作站等各类创新平台15家。三门峡产业集聚区创业服务中心被认定为国家级孵化器。高新技术产业完成增加值104亿元，占规模以上工业增加值的17.2%。特色农业加快发展，粮食总产7.2亿千克，占目标任务的143%。果品总产23亿千克，其中苹果18.6亿千克。收购烟叶57.5万担，规模和质量继续保持全省首位。食用菌突破1.76亿袋。省、市农业产业化集群达到39个，农业龙头企业206家，农民专业合作社1100家。“三品一标”(无公害农产品、绿色食品、有机农产品和农产品地理标志)农产品数量133个，“灵宝苹果”品牌价值171亿元，跻身全国初级农产品类地理标志产品十强。建成全省首家农产品质量安全追溯服务中心，三门峡市被确定为全国信息化基地建设整体推进市。现代服务业扩量提质，第三产业占地区生产总值的比重比2014年提高3.3个百分点。现代物流业加快发展，万石物流等项目进展顺利。义马市农商行正式挂牌，金融对经济增长的贡献率达6.8%。黄河公园等4家景区成功创建AAAA级景区。举办第二十一届中国（三门峡）国际黄河文化旅游节、白天鹅旅游季等大型活动，全年接待国内外游客2687万人次，增长13.2%；旅游总收入225.6亿元，增长11.3%。

城乡建设取得新提升。商务中心区完成投资75亿元，基础设施建设基本完成，2000户居民实现回迁，3所配套学校正在建设，50多个招商项目有序推进。虢国中路等4条新建、改建道路通车，新增供热面积30万平方米。上村一期等旧城区和城中村改造项目进展顺利。实施“魅力天鹅城·美丽三门峡”洁城行动，施行“以克论净·深度清洁”，城区路面达到“双十”(每平方米地面浮尘不超过10克，地面垃圾滞留时间不超过10分钟)标准。休闲文化城市建设扎实推进。义马市、渑池县基础设施对接加快，灵宝市被列入省级城镇化综合试点城市，卢氏县城跨洛河拓展，县(市)城区面貌持续改观。新增美丽乡村示范村61个，总数达138个。扎实推进农村环境综合整治，76%的行政村达到“三无一规范一眼净”(村内及周边无垃圾堆放、无污水横流、无杂物挡道，生产生活物品堆放规范，主次干道两侧环境干净)，走在全省前列。农村基础设施不断改善，大石涧水库项目设计通过国家评审，国家抗旱规划项目等一批重大水利工程全面实施。

发展活力取得新增强。各项改革深入推进，政府权力清单全面建立，减少行政审批事项26项。推行工商税务“三证合一”(营业执照、税务登记证和机构代码证书合一)登记制度，新增市场主体9868家，增长13.2%。交通运输行政执法体制改革全面完成，党政机关公车改革、机关事业单位养老保险制度改革和农村土地确权颁证扎实推进。开放合作不断扩大，争取省政府出台《河南省晋陕豫黄河金三角区域合作规划实施方案》。推行“三专一委托”(专业园区、专业队伍、专项政策和委托招商）招商工作法，签约招商项目176个，总投资730.7亿元，履约率85.8%，开工率67.6%，资金到位率31.3%。引进实施中电投等央企合作项目11个，完成投资145亿元。对外贸易完成出口1.75亿美元，增长47.3%。对外承包工程和劳务合作营业额增长59.1%。4家公司在“新三板”挂牌，8家公司在上海股权托管交易中心挂牌，27家公司进入省上市“后备队”。发展载体日趋完善，推进产业集聚区“三上一提高”(上规模、上水平、上层次，不断提高吸引力、竞争力、带动力)，三门峡产业集聚区在全省观摩中取得小组第一，渑池县产业集聚区进入全省“十快”。全市产业集聚区规模以上工业主营业务收入1877亿元，成为带动区域经济发展新的增长极。服务业“两区”建成区面积达到4.6平方千米，入驻企业941个，从业人员4.3万人。高阳山温泉国际度假区等11个项目建成投用，渑池县特色商业区被评为全省“十快”。电子商务蓬勃发展，阿里巴巴·三门峡产业带运营平稳，培育省、市电商示范企业27家。成立市特色农产品电子商务中心，农业电子商务千县万村计划和阿里巴巴“淘宝村”项目加快推进，卢氏县被确定为全国电子商务进农村综合示范县。全市电商交易额15亿元，网络零售额4亿元。

群众生活取得新改善。加大财政民生投入，积极实施省、市“十项重点民生工程”。努力扩大就业，扎实推进大众创业、万众创新，市创业孵化基地挂牌运营，完成全民技能振兴工程培训9.5万人次。持续实施“崤函创业扶持行动”，发放创业担保贷款6.1亿元，扶持创业7702人。城镇新增就业6.1万人，城镇登记失业率2.8%。加强社会保障，社会保险制度体系不断完善，城乡低保等覆盖面及标准位居全省前列。新开工保障性住房4624套，基本建成2425套。加大扶贫开发力度，3.7万农村贫困人口实现稳定脱贫，解决14.9万农村居民和在校师生饮水安全问题。积极发展社会事业，河南科技大学应用工程学院首批本科专业招生，学前教育行动计划二期等教育工程深入实施。县级公立医院改革扎实推进，市中心医院晋升“三级甲等医院”，单独二孩政策稳妥实施，免费孕前健康检查实现城乡全覆盖，人口自然增长率4.25‰。文化体制改革扎实推进，义马市获“全国文化先进县”称号，函谷关文化产业园入选省级文化产业示范园区，“政府采购百场戏”“舞台艺术送农民”扎实开展。群众健身活动蓬勃开展。新行政服务中心投入使用。加强精神文明建设，社会主义核心价值观和道德建设宣传教育工作在全省受到表彰，“文明河南·暖暖新年”系列活动成效显著，志愿服务形成“爱心之家”“扶人协会”两大品牌，新增全国文明村镇

2家,涌现出一批省级精神文明先进个人。加强生态文明建设,大力实施“蓝天碧水”工程,完成省政府下达的污染治理目标任务，万元地区生产总值能耗、万元工业增加值能耗分别下降0.7%和2.1%。大力发展清洁能源,风电装机规模34万千瓦,占全省一半以上。加强林业生态建设,新造林2.82万公顷,森林抚育和改造2.3万公顷。创新社会治理,预防和化解社会矛盾,全面排查处置非法集资风险，信访形势总体稳定。深入开展“三查三保”(查履职尽责、执法监督情况,着力消除安全隐患,确保人民群众生命财产安全;查改革和发展措施落实情况，着力消除经济运行风险,确保经济稳定增长;查保障民生、服务群众和社会稳定情况,着力化解各类社会矛盾，确保大局和谐稳定)活动,安全生产和食品安全形势平稳,社会大局和谐稳定。国防动员和双拥共建深入开展，军政军民团结更加巩固。统计、审计、外侨、民族、宗教、对台、史志、人防、防震减灾、无线电、黄河河务、妇女儿童、残疾人、老龄、慈善等工作取得新成绩。

【召开10次市政府常务会议】 2015年，市政府共召开10次常务会议,共有36个议题。主要研究的事项有:听取三门峡市区土地基准地价更新调整的汇报,学习《国务院关于加强地方政府性债务管理的意见》精神,研究2015年省、市重点项目,讨论市政府工作报告(讨论稿)、三门峡市2014年国民经济和社会发展计划执行情况与2015年计划(草案)的报告,听取市政府聘请法律顾问有关情况、《三门峡市人民政府加快推进大众创业、万众创新工作的实施意见》有关情况、《三门峡市机关事业单位“吃空饷”问题治理工作实施方案(征求意见稿)》有关情况的汇报,传达学习全国“两会”精神,听取全市经济运行情况的汇报,研究市委、市政府关于进一步加强安全生产工作的意见,讨论关于三门峡市2014年财政预算执行情况和2015年财政预算(草案)的报告,学习《不动产登记暂行条例》(书面)，听取第二十一届中国(三门峡)国际黄河文化旅游节暨投资贸易洽谈会筹备情况、三门峡市城市总体规划情况、三门峡市非机动车综合管理情况的汇报,审议《关于集中开展安全隐患大排查大整治专项行动实施方案》，听取2015年十项民生工程征集意见(草稿)、三门峡市外国语小学教学楼拆除重建和筹备开办龙湖小学有关情况的汇报，听取市商务中心区社会管理、行政执法和融资等问题的汇报,审议《三门峡市市区养犬管理办法(试行)》《三门峡市鼓励大学生应征入伍暂行办法》,听取省环保厅约谈三门峡市情况及天鹅湖湿地公园、陕州公园、黄河公园规划提升建设和青龙涧河景观带改造提升的汇报，审议《关于促进房地产市场平稳健康发展的意见》，研究分析前三季度经济形势，安排部署第四季度经济工作,传达国务院关于平顶山鲁山县“5·25”特别重大火灾事故的处理情况,审议《三门峡市市区停车场管理办法》《三门峡市人民政府关于深化户籍制度改革的实施意见》，听取中国黄金集团中原矿业有限公司“3·21”高坠事故调查处理意见的汇报，研究陕县“撤县设区”具体实施意见,听取大石涧水库项目筹建及王官引黄提水工程管理移交问题情况、三门峡市公务用车制度改革工作情况三门峡市“十三五”规划编制情况的汇报。

【举办第二十一届中国(三门峡)国际黄河旅游节暨投资贸易洽谈会】 2015年5月18日至25日，第二十一届中国(三门峡)国际黄河文化旅游节暨投资贸易洽谈会在三门峡市举行。该届节会坚持“创新开放、隆重节俭、规模适度、平安高效”的原则,抢抓“一带一路”国家战略机遇，突出区域合作、对外开放、招商引资和文化旅游产业发展,组织举办了2015中国(三门峡)黄河旅游国际论坛、2015中国·三门峡横渡母亲河、万人帐篷节、罗曼彩虹跑、“中流砥柱”第二届中国(三门峡)黄河大合唱艺术节、全国双胞胎漂流大赛、千人穿越函谷关、全国山地自行车邀请赛、沿黄九省(区)综合鉴宝活动、黄河丹峡仰韶彩陶文化艺术节、户外休闲产业博览会暨沿黄九省(区)自驾车旅游产品展、黄河三门峡·美丽天鹅城系列书画摄影展等活动。该届旅游节精心筛选了一批科技含量高、市场前景好、产业关联度大的优质项目,现场推介企业46个,发布重点合作项目105个，集中签约投资3000万元以上的项目73个，投资总额280.99亿元,范围涵盖农副产品加工、装备制造、文化旅游、商贸服务、能源化工、基础设施、有色金属、金融等方面。其中,第一产业项目12个,投资总额20.88亿元;第二产业项目30个,投资总额116.55亿元;第三产业项目31个,投资总额143.56亿元。

【省委副书记、省长谢伏瞻到三门峡市调研经济社会发展】 2015年3月31日，全省重点项目暨产业集聚区建设观摩点评活动正式启动。省委副书记、省长谢伏瞻率第二观摩组，到三门峡市观摩重点项目建设、商务中心区建设。谢伏瞻对三门峡市商务中心区建设的集约节约理念和创新机制体制的好经验给予肯定，并鼓励三门峡市进一步坚定信心,加快建设步伐,早日建成城市新中心。

【副省长王艳玲到三门峡市检查指导防汛工作】 2015年6月26日，副省长王艳玲深入湖滨区、陕县检查指导防汛工作。王艳玲强调,防汛工作关乎民生,不能掉以轻心,要对重点河道重点部位的水情严密监视，抓好防汛队伍建设,切实做好隐患排查,确保万无一失,确保群众安全度汛。要做到高度重视,进一步牢固树立防大汛思想,严阵以待做好防汛各项准备工作。要进一步细化明确各级各部门的防汛责任,夯实防汛基层基础。要抓好落实,进一步加强防汛检查、物资储备、队伍建设、汛期值班、汛情监测、通信保障等工作,确保万无一失。

【副省长王铁到三门峡市调研扶贫开发、农业电子商务等工作】 2015年12月8日至9日，副省长王铁深入卢氏县、陕县调研扶贫开发、农业电子商务等工作。在卢氏县瓦窑沟乡庙上村，王铁指出，各级各部门要把扶贫开发作为一项重大政治任务摆上突出位置，认真研究、科学谋划，摸清底数、理清思路，落实"五个一批"(扶持生产发展一批、移民搬迁安置一批、教育培训就业一批、医疗救助一批、低保政策兜底一批)扶贫攻坚行动，实现"六个精准"(扶贫对象精准、项目安排精准、资金使用精准、措施到户精准、驻村帮扶精准、脱贫成效精准)目标，做到"四个切实"(切实落实领导责任，确保扶贫规划落到实处；切实做到精准扶贫，确保扶贫工作事半功倍；切实强化社会合力，确保扶贫工作整体推进；切实加强基层组织建设，确保扶贫工作稳步发展)。省、市、县及有关行业部门要协调配合，因地制宜找准扶贫开发路子，提升扶贫开发成效，让山区群众共同脱贫奔小康。要带着感情深入最偏远最贫困的地方，切实帮助群众解决就医、就学等实际困难。在察看调研陕县金秋果业有限公司、拙雅生态农业有限公司后，王铁指出，农业电子商务对加快经济转型，助推"三农"发展，增加农民收入，扩大当地农产品影响力都非常有意义，要进一步总结提升，强化工作举措，向更高水平发展。

【市长调研】 2015年12月7日，代市长安伟深入义马市调研经济社会发展。

12月8日，代市长安伟深入卢氏县、陕县调研扶贫开发、农业电子商务工作。

12月13日，代市长安伟深入三门峡产业集聚区、湖滨区调研大气污染防治工作。

12月16日，代市长安伟深入渑池县调研经济社会发展。

12月30日至31日，代市长安伟参加全市重点项目招商引资暨产业集聚区、商务中心区和特色商业区建设观摩。

【市长外出考察】 2015年1月9日至11日，副市长高战荣赴杭州与锦江集团洽谈项目。

4月21日，市委常委、常务副市长赵中生赴郑州参加第九届中国(河南)投资贸易洽谈会。

6月27日至28日，副市长李庆红赴上海参加三门峡市重点项目推介暨第二届全国三门峡商会(上海)联谊交流会。

7月25日，副市长李琳赴大连慰问"三门峡舰"官兵。

7月27日，副市长牛兰英赴郑州市雏鹰农牧集团协调天顺畜牧公司有关事宜。

8月18日至23日，市委常委、副市长杨骁赴宁夏、内蒙古考察城市建设管理工作。

8月27日，副市长李庆红赴山东招远参加2015国际黄金产业论坛并考察招远黄金珠宝产业发展情况。

9月1日至2日，副市长牛兰英赴广东省深圳市拜访腾讯公司总部。

9月13日至15日，副市长牛兰英赴江苏省宿迁市考察"一村一品一店"工作。

9月28日至29日，市委常委、常务副市长赵中生，副市长李庆红赴陕西省渭南市参加第三届黄河金三角投资合作交流大会。

11月18日，市委常委、常务副市长赵中生赴郑州参加中国首届互联网金融中原大会。　　(孙世伟)

三门峡市行政服务中心

【概况】 2015年，三门峡市行政服务中心坚持以"服务经济发展、服务人民群众"为工作重点，以"便民、高效、公开、规范"为服务宗旨，不断提高工作效能，持续提升服务质量，有力地推动了行政审批服务工作顺利开展。各窗口共办理行政审批、服务、收费事项14.2万余件，按期办结率达100%，群众满意率达99.9%。4月，市行政服务中心被省委组织部、省委宣传部、省人力资源和社会保障厅、省公务员局联合表彰为"河南省人民满意公务员示范单位"。市人力资源和社会保障局窗口被表彰为"河南省人民满意公务员示范岗"。市国土资源局窗口被省国土资源厅授予"十佳优质服务窗口"称号。市行政服务中心组织有关窗口积极服务投资项目建设，共办理投资项目联合审批事项275件。协调市人力资源和社会保障局、市住房和城乡建设局、市卫生局、市教育局等有关部门窗口，组织开展各种考试报名、资格证发放等集中办件工作，全年共办理7万余件。其中，市人力资源和社会保障局窗口先后开展公务员招录、监理工程师、建造师、"三支一扶"(支农、支教、支医和扶贫)学生考试报名、科级以下工作人员年度考核备案、重症慢性病鉴定以及各种职称证书发放等工作，共办理6.2万余件；市卫生局窗口先后开展初、中级卫生专业技术资格、执业医师资格考试报名和麻醉印鉴卡换发工作，共审查通过4975人，换发麻醉印鉴卡120家；市教育局窗口为全市中小学教师和社会人员555人办理了普通话水平测试报名手续；市财政局窗口颁发会计专业从业资格证451人，接受中级会计专业技术资格考试现场报名320人。开展上门服务、预约服务等新型服务，变"坐等式"服务为主动服务。市行政服务中心先后组织市住房和城乡建设局、市公安局、市工商局、市国税局、市地税局、市国土资源局等窗口工作人员，上门提供规划许可证、土地使用证、施工许可证、营业执照、税务登记证、组织机构代码证、房产证等证照的受理及相关咨询服务11次，为63家企业(商户)和135名群众提供了高效便捷的行政服务。

【新行政服务大厅建设】 2015年，根据市政府第30次常务会议关于"加强行政服务中心建设"的有关决定，市行政服务中心配合市直机关事务管理局全面开展新行政服务大厅建设工作。

11月30日,市行政服务中心正式迁入新行政服务大厅办公。新行政服务大厅位于崤山东路与宋会路交叉口银山大厦2层至8层,建筑面积约5800平方米,设置服务窗口72个,已进驻市政府27个部门,可办理行政审批服务事项273个。

【推动"三证合一""一照一码"改革顺利开展】 2015年,为贯彻落实国务院、省、市政府商事制度改革精神,进一步简政放权,推动大众创业,万众创新,市行政服务中心协调工商局、国税局、地税局、质监局等部门窗口,扎实做好"三证合一""一照一码"改革工作。7月13日,市政府召开全市商事制度改革工作会议,副市长李琳及市行政服务中心、工商、国税、地税、质监等部门领导为8户企业颁发首批"三证合一"营业执照。9月28日上午,市政府党组成员、市城乡一体化示范区党工委书记宋跃在市行政服务中心为三门峡苏宁云商销售有限公司颁发全市首张"一照一码"营业执照。(李 华)

人力资源和社会保障

【概况】 2015年,三门峡市人力资源和社会保障系统把保障和改善民生放在优先位置,重点实施两项工程、推进两项改革、构建两个体系、强化两个建设,各项工作任务取得明显成效。2月28日,市人力资源和社会保障局被中央文明委授予"第四届全国文明单位"称号。

【就业创业】 2015年,三门峡市实施就业服务计划,核实发放职业技能培训补贴、公益性岗位补贴等各项就业补贴资金12118.1万元。实施高校毕业生"就业促进计划"和"创业引领计划",不断完善高校毕业生就业创业政策和服务体系,实施"三支一扶"(支农、支教、支医和扶贫)、"特岗计划"等基层就业项目,全年累计为高校毕业生提供就业岗位1.2万个,为398人发放就业见习补贴227万元,为1056名自主创业高校毕业生发放创业贷款9323万元。强化特殊群体就业服务,全市认定"零就业"家庭165户,帮助"零就业"家庭实现就业192人,"零就业"家庭动态为零。鼓励大学生服务国防和军队建设,在大学生征兵方面实现新突破。加大创业担保贷款力度,全年发放创业担保贷款6.11亿元,完成省定目标任务3.9亿元的156.68%,完成市定目标任务5亿元的122.21%,扶持7702人实现创业,带动就业21563人。加强创业培训,紧贴市场需求,新增计算机操作及淘宝开店、中式烹调等市场需求大的专业;征集优化创业项目513个,其中互联网+、新兴科技型项目占60%以上。帮助企业降低运行成本,稳定就业岗位,支付稳岗补贴2288.15万元,涉及企业93家,稳定岗位21821个。降低多项社会保险费率,失业保险总费率由2%下调到1.5%,工伤保险平均费率由1%降低到0.75%,生育保险费率由1%降低到0.5%。全年全市城镇新增就业60964人,完成省定目标任务3.58万人的170.3%、市定目标任务4万人的152.4%;失业人员再就业23715人,完成省定目标任务1.8万人的131.75%、市定目标任务2万人的118.6%。其中,就业困难人员再就业10650人,完成省定目标任务4200人的253.6%、市定目标任务6000人的177.5%。城镇登记失业率2.84%,有效控制在4.5%的目标以内,继续保持在较低水平。

【社会保障】 2015年,三门峡市着力完善社会保险制度体系,稳步推进机关事业单位养老保险制度改革。全面实施城乡居民大病保险制度,开展基本医疗保险支付制度改革,城镇职工省内异地就医及时结算工作启动实施。实现职业人群工伤保险全覆盖,711家51867名机关公务员和参公管理事业单位纳入工伤保险统筹。完善保生活、防失业、促就业的失业保险制度。强化参保扩面,重点促进农民工、被征地农民和灵活就业人员参保扩面工作。加强社会保险费征缴稽核工作,确保社会保险费应收尽收。提高养老保险和失业保险待遇,企业退休人员养老金月人均增加202.72元,调整后月人均养老金达到1821.94元,增幅达12.52%;城乡居民基本养老保险基础养老金由每人每月最低60元提高至每人每月80元,最高达到每人每月118元。失业保险金月人均增加160元,每月提高到1280元。社会保障卡发放进一步加快,全年全市累计采集社会保障卡数据137万份,发放134万张社会保障卡,完成省定目标任务133万张的100.75%。加强社会保险基金运行监督,开展社会保险基金管理使用情况专项检查,健全基金监督网络,全年共发现2355人重复领取养老保险待遇,并依规进行查处,追回养老保险金314.3万元。全年全市各项社会保险参保总人数达253.23万人次,其中城镇职工养老保险参保人数31.98万人,城乡居民养老保险参保人数101.66万人;城镇基本医疗保险参保人数59.84万人,失业保险参保人数23.07万人,工伤保险参保人数21.56万人,生育保险参保人数15.12万人。各项社会保险费总收入达30.1亿元。全市支付各项社会保险待遇32.27亿元。

【全民技能振兴工程】 2015年,市人力资源和社会保障局打造全民技能振兴工程升级版,充分发挥牵头作用,继续坚持六路并进,完善政府主导、人社牵头、部门配合、上下联动工作机制。深入推进校企合作,持续开展技工院校服务产业集聚区"百校千企"合作活动,4所技工院校与市内外60余家企业建立长期稳定的合作关系。突出高端引领,加强项目带动。三门峡职业技术学院高技能人才培养示范基地等5个项目建成并投入使用,市高级技工学校和灵宝市高级技工学校2个高技能人才培养示范基地完成投资2050万元,占项目建设任务的65%。全年全市开展各类职业技能培训95304人次,完成省定目标任务88180人的108%,其中全市人力资源和社会保障部门完成培训79422人次,完成省定目标任务76400人的104%。完成再就业技能培训17438人，创业培训7689人,农村劳动力技能培训22044人。

【人才队伍建设】 2015年，三门峡市继续实施“崤函人才计划”,建立晋陕豫黄河金三角区域三省四市人才服务合作机制，全年引进各类人才1962名。加大引智工作力度,引进国外技术管理人才项目7项，引进外国专家20人，引进国外智力示范基地和示范单位各1家,推荐入选省政府“高层次人才国际人才培养计划”1项，争取各类专项资金37万元。做好人才管理服务工作。组织全市1.05万名专业技术人员参加继续教育培训。做好国务院、省政府特殊津贴人员选拔管理工作,1人获得国务院特殊津贴,2人获得省政府特殊津贴，选拔三门峡市专业技术关键人才43人。加强公务员管理工作,落实公务员日常登记管理工作。完成2014年71名公务员考察公示和录用,2015年河南省考试录用公务员计划申报、报名、资格审查、笔试、面试工作。完成市食品药品监督管理局（含局食品药品稽查支队)、市交通运输局16名公务员公开遴选。完成77名政法体改生录用手续办理工作和年度考试录用32名特殊职位公安机关人民警察计划申报工作。加强公务员培训工作,公务员网络培训学校三门峡分院实现全市行政机关全覆盖，参训率位列全省第3位。强化事业单位管理服务,深入贯彻《事业单位人事管理条例》,创新事业单位人事管理机制，事业单位岗位管理、公开招聘、全员聘用等工作进一步规范，全市事业单位公开招聘606人。做好“三支一扶”就业安置和管理服务工作,健全完善招募机制,为全市招募11名“三支一扶”大学生。做好军转干部安置工作，全年共接收军转干部16人,其中计划安置12人,自主择业4人,安置率达100%。

【和谐劳动关系】 2015年，三门峡市推进企业工资集体协商和三方协商制度,形成企业职工工资正常增长机制,并逐步到位。市人力资源和社会保障局对全市100多个工种的薪酬情况进行调查，发布全市100个工种的劳动力市场工资指导价位，为企业和求职者提供工资待遇的参考依据。提高全市最低工资标准,自7月1日起,卢氏县月最低工资标准提升至1450元,小时最低工资标准提升至13.5元；其余地区月最低工资标准提升至1600元,小时最低工资标准提升至15元。月最低工资标准包含职工个人缴纳的各项社会保险费和住房公积金。加大劳动保障监察执法力度,狠抓劳动保障“两网化”管理,开展农民工工资支付专项行动，全市检查各类用人单位3026家,为包括农民工在内的3335名劳动者追讨工资1617.4万元，督促企业为2833名职工补缴社会保险费364.91万元。坚持调解仲裁并重,6个县(市、区)全部建成仲裁院,建成标准化、规范化仲裁庭10个,76个乡镇(街道)全部建立劳动人事争议调解中心,100人以上的企事业单位建立调解中心174个，仲裁院及基层调解组织建设位居全省前列。全市共受理劳动人事争议案件1181起,其中调解542起,调解率达62%，劳动人事争议仲裁案件结案率达到94%，为劳动者挽回社会保险、劳动报酬等经济损失2560万元。做好信访稳定工作，全市人力资源社会保障系统共接访507批690人次，办理信访事项复查复核案件22件。全面推进劳动合同制度落实。全市签订劳动合同人数达23万余人,企业劳动合同签订率达99%以上。

【提高城镇居民基本医疗保险补助标准】 2015年1月1日起,三门峡市城镇居民基本医疗财政补助标准由每人每年320元提高到380元，人均上调60元。施行城镇居民大病保险,最高支付限额为30万元。一个自然年度内,参保居民住院累计发生的合规自付医疗费用超出1.8万元以上的,享受城镇居民大病保险二次报销,报销比例为：1.8万元至5万元（含5万元）支付50%,5万元至10万元(含10万元)支付60%,10万元以上部分支付70%。

【扩大城镇居民医疗保险参保范围】 2015年1月1日起，三门峡市医疗保险进一步扩大参保范围，不属于城镇职工基本医疗保险制度覆盖范围的大中小学阶段的学生、少年儿童和其他非从业城镇居民都可参加城镇居民医疗保险。

【提高城镇居民基本医疗保险最高支付限额和报销比例】 2015年1月1日起，三门峡市城镇居民基本医疗保险最高支付限额由原7万元提高到8万元。报销比例由原一级医疗机构85%、二级医疗机构70%、三级医疗机构60%提高到乡级乡镇卫生院85%、县级二级80%、市级二级75%、市级三级医院65%、省级二级或以下医院75%、省级三级医院65%。

【调整城镇居民门诊重症慢性病医疗保险待遇标准】 2015年1月1日起，三门峡市将慢性肝炎和肝硬化纳入城镇居民基本医疗保险门诊重症慢性病病种范围；门诊重症慢性病不再设起付线，统筹基金报销比例由原70%调整为65%。

【调整计划内分娩婴儿参保及医保待遇】 2015年1月1日起,三门峡市当年出生未参保的计划内分娩婴儿,其父或母参加当地城镇居民基本医疗保险的，可凭婴儿父或母身份证明以及婴儿出生医学证明或户口证明，以参保父或母身份享受当年城镇居民基本医疗保险待遇，与参保父或母执行一个年度内的待遇标准，且父或母只可选择一方,不能交叉选择;其父母均未参加当地城镇居民基本医疗保险的,自出生之日起3个月内办理参保并足额缴费的，自参保缴费之日起享受当年城镇居民医疗保险待遇。参保缴费之日正在住院治疗的，当次住院医疗费用自入院之日起开始计算，超过3个月办理的，按照其他城镇居民参保缴费的规定执行。

【机关及参照公务员管理的事业单位工作人员纳入工伤保险制度实施范围】 2015年1月1日起,三门峡区域内的机关公务员和参照公务员管理的事业单位工作人员全部纳入工伤保险制度实施范围。至此,全市工伤保险实现职业人群全覆盖。机关及参照单位应以本单位所有工作人员工资总额为基数的0.5%缴纳工伤保险费,个人不缴费。未参保缴费的,其工作人员发生工伤的,由所在单位按有关规定支付相关待遇费用。具体标准按照国务院《工伤保险条例》《河南省工伤保险条例》及配套政策的标准执行。

【下调失业保险费费率】 2015年3月1日起,三门峡市失业保险费率统一暂由3%调整为2%,即用人单位按照本单位工资总额的1.5%、职工个人按照本人工资的0.5%缴纳失业保险费,用人单位和职工个人缴纳费率比原来分别下降0.5个百分点。

【开展清理整顿人力资源市场秩序专项行动】 2015年4月1日起,市人力资源和社会保障局在全市范围内开展为期20天的清理整顿人力资源市场秩序专项行动。专项行动期间,共检查225户用人单位、14家人力资源服务机构,对13起违反人力资源服务相关规定的行政违法案件进行责令改正,取缔未经许可擅自从事职业中介活动的商户9户。

【首次提高城乡居民养老保险基础养老金标准】 2015年4月30日,三门峡市首次提高全市城乡居民基础养老金标准后补发工作结束,补助资金从2014年7月1日补起。湖滨区由62元人/月提高到100元人/月;义马市60周岁至79周岁由80元人/月提高到98元人/月,80周岁至99周岁由90元人/月提高到108元人/月,100周岁以上由100元人/月提高到118元人/月;渑池县由65元人/月提高到83元人/月;灵宝市、陕县、三门峡经济开发区、三门峡产业集聚区由62元人/月高到80元人/月;卢氏县由60元人/月均提高到80元人/月。其中,中央补助由原55元提高到70元,省财政增补1.8元,市财政增补1.2元。

【举办三门峡市2015年大型综合人才招聘洽谈会】 2015年5月30日,市委人才办、市人力资源和社会保障局、三门峡职业技术学院联合举办三门峡市2015年大型综合人才招聘洽谈会。此次招聘会同时发布三门峡、运城、洛阳、郑州等周边地市用人单位的招聘信息,招聘单位涉及房地产、教育、餐饮、制造、农产品加工、生物科技等50多个行业,涵盖新能源、机械、化工、营销、冶金、教育、财会等100余个专业。共有208家用人单位携1.15万个就业岗位参会,求职人数达8700余人,现场初步达成就业意向3800余人。

【调整失业保险缴费基数】 2015年7月1日起,根据《三门峡市失业保险办法》规定,申报工资额低于月社会平均工资60%的参保人员,失业保险缴费基数由2146元调整为2218元。2014年度全市城镇非私营单位在岗职工年平均工资为44364元,月平均工资为3697元。

【出台鼓励大学生应征入伍新政策】 2015年7月31日,市人力资源和社会保障局出台多项优惠政策和激励措施鼓励大学生应征入伍。一是全市从2015年起,每年将从全供事业单位中拿出年度减员数(不含教师)的二分之一,用于招聘取得本科以上毕业证书的退役大学生士兵,节余用编计划结转下年使用。其中,具有硕士学位以上的研究生(其本科学历为二本院校以上)、“985”和“211”一本院校毕业的退役士兵,可通过考核的形式,聘用到全供事业单位;二本院校以上毕业的退役士兵,可通过面试、考核的形式,聘用到全供事业单位;三本院校毕业的退役大学生士兵,可通过考试的形式聘用到全供事业单位。参加市直事业单位招聘的,笔试成绩加5分;参加县(市、区)和乡镇事业单位招聘的,笔试成绩加10分。退役大学生士兵通过公开招聘进入事业单位的,在岗位无空缺的情况下,可以特设岗位聘用。二是鼓励机关事业单位符合条件的高校毕业生应征入伍,入伍期间保留编制和人事关系,退役后返回原单位,在职位(岗位)有空缺的情况下,优先提拔使用。三是自主就业的退役大学生士兵在退出现役1年内,可享受一次免费职业教育和技能培训。教育培训期间所需的学杂费、住宿费和职业技能鉴定费由政府全额承担,生活补助费按在校时间依据城镇最低生活保障标准给予补助。四是退役大学生士兵的服役年限,视同其各项社会保险缴费年限,在其退役后和实际缴费年限合并计算。对于退役大学生士兵的人事代理费,全额免除。五是大学生士兵在服役期间,其直系亲属从事个体经营的,优先纳入创业担保贷款扶持范围,享受最高额度10万元的创业担保贷款。

【降低工伤、生育保险缴费费率】 2015年10月1日起,三门峡市降低工伤保险和生育保险费率。工伤保险行业基准费率由3档扩大到8档,费率降低幅度约为33%。生育保险用人单位缴费费率从1%降低至0.5%,财政全额供给单位缴费费率从0.5%降低至0.25%,总体费率降低幅度为50%。

【参保职工省内异地转诊就医医疗费用实现即时结算】 2015年10月1日起,三门峡市实施市参保职工省内异地转诊就医医疗费用即时结算。凡参加三门峡市城镇职工基本医疗保险人员经定点医疗机构转往省内异地就医定点医疗机构住院的,均可办理省内异地转诊就医医疗费用即时结算。

【举办三门峡市2015年冬季综合人才招聘会】 2015年11月21日,市人力资源和社会保障局举办三门峡市2015年冬季综合人才招聘会,共有包括省内外知名企业110余家参加招聘会,提供就业岗位2400余个。在提供的就业岗位中,要求有专科学历的700余个,中专学历的1600余个,占到所需人才的九成以上。吸引包括大中专毕业生及各类技能人才近8500人入场应聘,共有2600余人达成就业意向。

【成立三门峡市众创空间暨创业孵化基地】 2015年12月7日,三门峡市众创空间暨创业孵化基地在三门峡职业技术学院正式启动运行。该基地占地面积1.3万平方米,建成创业服务、创客、电子商务创业孵化、电子商务创业支持、电子商务创业培训、电子商务企业运营和电子商务仓储中心等7个中心,预计实现创业1000人以上,带动就业3000人以上。 (席 荣)

信访工作

【概况】 2015年,三门峡市各级各部门认真贯彻落实中央、省委关于信访工作的决策部署,以深入推进信访工作制度改革为主线,以打造“阳光信访、为民信访、法治信访、责任信访”为目标,着力抓好网上信访信息系统建设应用、依法逐级走访、初信初访案件办理、信访事项满意度评价、督查督办、领导干部接访包案化解等重点工作,信访渠道进一步畅通,信访秩序更加规范,源头预防切实加强,有效地把矛盾和问题化解在基层和萌芽状态,全市信访形势持续平稳,重要节会敏感期稳定得到确保。全年京、省、市三级共交办信访案件788起,到期应结644起,按期办结644起,按期办结率100%。按期办结国家、省联席办集中交办的2批12起信访积案,息诉率100%。全年共排查重大矛盾纠纷1373起,化解1227起,化解率89.4%。

【畅通信访渠道】 2015年,三门峡市着力打造“阳光信访”,畅通信访渠道。大力推进阳光信访信息系统建设,加大资金投入和人员培训力度,实现硬件全配齐、联通全覆盖、操作全员会、信访全登录、信访事项网上流转全规范、满意度评价全达标“六个全”。认真组织开展领导干部接访和职能部门联合接访。市县两级党政领导共接访928次1542起9862人,其中现场解决735起,交办807起,办结625起。健全完善职能部门联合接访机制,规范工作流程,提升整体效能,努力实现“一站式接待、一条龙办理、一揽子解决”。抓好综合信访平台建设,按照新标准,加大投入,完善硬件设施,完成视频接访系统建设,实现视频接访系统市、县、乡三级联网,完善电话接访、微信信访等诉求渠道,努力构建“访、信、网、电、视频”一体化综合平台,为群众反映诉求提供最大程度便利。

【规范信访秩序】 2015年,三门峡市着力打造“法治信访”,切实规范信访秩序。深入推进依法逐级走访工作,做到有宣传依法逐级走访、违法上访行为处罚、网上信访优势的“三块板面”,实现接访来访登记录入率、书面告知率、初访诉求单使用率“三个100%”,跟进做好法律、救济、调解“三项服务”。规范信访工作行为,落实信访基础业务规范化建设要求,抓好“受理、办理、答复、送达、信息录入、督查督办”6个环节。实行网上定期巡查制度,对赴京到省越级上访每天进行巡查,对办理不同意信访案件的办理情况每周进行巡查,落实责任,因案施策,实现信访人停访息诉。强化依法处置,对恶意缠访闹访、非正常上访人员,对非法牟利、聚众滋事等违法信访行为,坚决依法处理。严格落实访诉分离,认真落实中办、国办《关于依法处理涉法涉诉信访问题的意见》要求,坚持法定程序优先,对已经或者依法应当诉讼解决的投诉请求,严格甄别把关,耐心教育引导信访人依法向司法机关提出。

【加强责任落实追究】 2015年,三门峡市着力打造“责任信访”,加强责任落实追究。建立信访台账,对发生的越级上访及案件办理情况,定期向有关地方和单位主要领导通报,向市委、市政府领导报告。对重大赴京到省到市上访,当天通报、报告,传递工作压力。坚持一月一汇总、一月一研判,准确掌握各地各部门信访情况,及时采取针对性措施,抓好对重点地区和单位的监管,推进工作落实。强化督查督办,先后四次组成专项督查组,对阳光信访系统建设、依法逐级走访和初信初访办理等三项重点工作进行督查。实行科室、局分管领导、市分管领导三级督办制度,确保重点问题、重点领域、重点地区问题得到解决。强化责任追究,认真落实信访工作责任查究制,对各级各部门信访工作过程中不作为、乱作为的行为责任人严格进行失责追究。 (李 鑫)

民族宗教工作

【概况】 2015年,三门峡市民族宗教工作部门紧紧围绕工作大局,牢牢把握“两个共同”(各民族共同团结奋斗、共同繁荣发展)的民族工作主题和党的宗教工作方针,坚持依法管理民族宗教事务,突出抓好民族团结和民族经济发展,全面落实党的民族宗教政策,持续维护全市民族团结、宗教和谐、社会稳定的良好局面,为全市经济社会发展作出了积极贡献。市民族宗教局获“全国民族团结进步模范集体”称号,成功创建省级文明单位。湖滨区民族宗教局获“河南省第六次民族团结进步模范集体”称号。市委、市政府对市民族宗教局进行通报表彰。

开展民族团结进步宣传教育和创建活动,营造民族团结的浓厚氛围。开展第十九个“民族团结进步宣传月”活动。以市政府第三次民族团结进步表彰为载体,广泛深入地开展民族团结进步先进县、乡、村、清真寺四争创活动,进一步打牢民族团结进步事业基层组织基础。卢氏县为官道口镇的官道口社区争取新型农村社区建设资金280万元,力争创建民族团结进步示范社区。义马市基督教堂创建“巡回讲道四统一”(统一安排讲道时间、讲道地点、讲道内容和讲道人员)制度。市民族宗教局、市作协联合编纂《三门峡民族宗教——三十年发展纪实》大型图书。

主动适应民族宗教工作新常态，依法治理民族宗教事务。深入开展民族宗教法制宣传。贯彻落实省、市“六五”普法规划，组织全系统干部深入学习宪法和民族宗教政策法规，不断提高依法行政能力和水平。依法推进宗教活动场所规范化管理。抓好宗教教职人员认定备案、宗教活动场所财务监管，实现工作常态化。为全市提供500份宗教活动场所登记证，全市80%以上的宗教活动场所开设有单位银行结算账户和办理组织机构代码证。高度重视宗教活动场所平安建设，防止出现安全事故。实现全市宗教基础数据和宗教活动场所信息动态化管理，为科学决策提供有效依据。规范民族宗教依法行政。梳理编制民族宗教权利清单，细化、优化审批流程。开展以“教风”为主题的和谐寺观教堂创建工作。卢氏县在全县清真寺中开展“和谐进步奖”评选活动，根据得分情况评出奖罚等次，发放奖金1.2万元。依法处理涉及民族宗教因素的矛盾纠纷。启动民族宗教联络员网络和联席会议制度常态化运行机制，定期排查涉及民族宗教矛盾纠纷，深入分析研判民族宗教维稳形势，将不稳定因素消除于萌芽状态。坚决抵御宗教渗透，依法处理非法宗教活动。

服务少数民族群众，务实推进少数民族经济发展。落实扶持政策。市民族宗教局争取省少数民族发展资金94万元，集中改善民族聚居村基础设施建设。协调水利、交通部门，采取项目倾斜、对口支援等措施，扶持寺河乡磨湾民族村修建村组饮水工程和3千米村主干道硬化工程，帮助解决村组农户饮水难和出行难问题。卢氏县官道口村获批河道治理、环境整治资金100万元。协调落实小额贷款200余万元，8个少数民族聚居村形成以烟叶生产、畜牧养殖和农产品加工为主的产业增收渠道。拓宽民族企业发展平台。2月、5月，市民族宗教局分别组织河南三味奇食品有限责任公司、三门峡泰禾农业开发有限公司参加2015年郑州精品年货博览会及中国(青海)国际清真食品用品展览会暨“一带一路”绿色食品用品展览会，企业与国内外客商达成意向协议34笔，价值1.81亿元。打造新常态城市民族之家。以城市少数民族居住集中、流动少数民族居多的湖滨区为试点，整合统战、民族、民政、司法、文化等多方力量，采取争取专项资金、对口支援等措施改善湖滨区清真寺面貌，建立“五中心一基地”(少数民族文化活动中心、穆斯林急难救助中心、穆斯林养老服务和日间照料中心、民族纠纷调解中心、少数民族法律援助中心和清真食品监督员培训基地)。帮助10余名异地户口少数民族流动人员解决子女入学问题。为民族用品定点生产企业加快发展添动力。10月，市民族宗教局首次举办“民贸民品政策信息宣传发布会”，为符合条件的企业入选“十三五”规划奠定良好基础。在市人大常委会第26次专题咨询会上，市民族宗教局局长薛建峡就如何加强清真食品工作进行现场解答。

创新管理民族宗教事务，依法维护民族宗教界合法权益。提升清真食品监管方式。全市没有发生一起因清真食品问题引发的影响社会稳定的案(事)件。加强民族成分管理工作。市民族宗教局民族科共受理民族成分变更申请20例，为符合变更条件的16人依法变更民族成分变更手续。满足信教群众合理需求。市民族宗教局依法登记开放义马伽蓝寺为佛教活动场所，陕县天主教会为天主教活动场所，陕县店子龙藏妙音寺、陕县雷湾仁义寺为民间信仰活动场所。陕县净乐宫按上级拨付资金用途修缮道观，原店教会争取资金5万元，空相寺投资3000余万元进行大型扩建。加强宗教爱国团体建设。市民族宗教局指导天主教界、伊斯兰教界筹备成立全市性宗教团体组织，并选送10余名宗教团体班子成员参加省级以上的培训班，提高爱国团体组织人员的综合素质。卢氏县完成基督教团体换届工作。陕县争取县财政8万元，解决各宗教团体和宗教上层人士的生活补贴问题。

开展“三查三保”活动，解决民族宗教领域重点难点问题。一是围绕宗教工作重点、难点问题，深入基层开展调研。市民族宗教局联合市委统战部，开展关于宗教工作面临的形势、对党的宗教工作方针政策贯彻落实情况的意见看法、推进宗教工作法治化等8个方面的问题的综合调研。二是开展佛道教问题专项治理。对排查的大型露天宗教造像问题，会同相关部门评估协商，结合实际进行整改。三是规范伊斯兰教服务管理。落实国家八部委精神，与市委统战部、市教育局、市公安局、市交通运输局、市卫生局、市人口和计划生育委员会、市体育局联合转发省《关于规范公共场所设置伊斯兰教礼拜室的意见》的通知，安排部署学校、医院、车站、商场、宾馆、体育馆等公共场所设置伊斯兰教礼拜室及其他宗教活动排查治理工作。做好组织朝觐工作，按时完成2名朝觐人员各项审查、网上报名和朝觐服务工作。四是深入开展宗教领域“查尽责、除隐患、保安全”专项活动。先后关停4个存在较大安全隐患的宗教活动场所，依法取缔自称受安徽颍上真理教会管理的基督教私设聚会点，依法制止10多起在公共场所开展宗教活动的非法行为，妥善解决湖滨区高庙教会非法违规扩建问题。

加强正面引导，充分发挥宗教界和信教群众的积极作用。加强与民族宗教界人士联系。元旦、春节、“两会”等重要日子，市民族宗教局都走访慰问民族宗教界代表人士，送去慰问金等。搭建载体开展宗教界培育践行社会主义核心价值观教育，宣传宗教界践行社会主义核心价值观的积极作为。调动宗教界发挥正能量。

【开展第十九个“民族团结进步宣传月”活动】 2015年5月，市民族宗教局联合市委统战部，在全市开展以“共同团结进步、共同繁荣发展”为主题的第十九个“民族团结进步宣传月”活动，共培训各级党政领导干部、民族宗教干部220人次，办专栏35期，印制宣传册2000册。卢氏县在有少数民族聚居村的乡镇主干道及少数民族聚居村、清真寺醒目位置悬挂宣传标语，设立咨询台；在县电视台滚动播放民族团结进步口号4条，播放时长1个月。

【市委民族工作会议暨市政府第三次民族团结进步表彰大会召开】 2015年7月9日，市委民族工作会议暨市政府第三次民族团结进步表彰大会在三门峡国际文博城召开，市四大班子主要领导出席大会。会议表彰了在推动三门峡民族团结进步事业中作出重要贡献的20个模范集体和58个模范个人，总结五年来全市民族团结进步事业取得的成绩，部署新形势下民族工作。

【编纂《三门峡民族宗教——三十年发展纪实》大型图书】 2015年，为及时总结和回顾区划调整三十年来三门峡市民族宗教工作方面的宝贵经验和突出成就，进一步推动民族宗教工作深入开展，市民族宗教局联合市作协联合编纂《三门峡民族宗教——三十年发展纪实》大型图书。翻阅1986年以来档案资料1200余册，走访特色少数民族聚集村5个、少数民族企业8家、少数民族学校4所、民族宗教界知名人士156人、重点活动场所27个，收集整理文字、图片、人物专访、统计数据等各类资料530余份，拍摄图片资料1200余张。至年底，《三门峡民族宗教——三十年发展纪实》目录初步定稿。

【开展宗教界培育践行社会主义核心价值观教育】 2015年，市民族宗教局开展宗教界培育践行社会主义核心价值观教育。以“三八”妇女节为载体，组织全市宗教系统女干部、五大宗教女代表人士近百人，召开全市宗教系统培育和践行社会主义核心价值观研讨会。以开展“教风”为主题的和谐寺观教堂创建活动为载体，鼓励宗教界挖掘本宗教教义教规与社会主义价值观相通相融部分，发挥宗教活动场所的群体整合、道德教化、文化传承等积极功能。以宗教活动为载体，大力宣传宗教界践行社会主义核心价值观的积极作为。陕县空相寺在春季庙会上开展文明进香、生态庙会活动。渑池云门寺在寺内提出“学佛先学做好人、信教不忘报国恩”的寺风口号，坚持弘扬佛法、正信正行，推行“不设功德箱、不外出化缘、不搞封建迷信”等“三不”寺规，成立全省第一家不设功德箱的寺院。卢氏县伊斯兰教协会在北关清真下寺举办首次卧尔兹演讲大赛，参赛阿訇共8人，到场群众300多人，现场评出一、二、三等奖4名，为宗教人士搭建了一个展示自我、互相学习的平台。

【开展“宗教慈善周活动”】 2015年，全市宗教界开展扶贫、济困、助残、助学、修路等公益慈善活动，受益人数2635人，捐款捐物价值160余万元。其中，陕县宗教界筹集扶贫助困现金4.1万元，陕县佛教协会免费为宫前乡宫前村捐赠制香设备及原料价值7万元；湖滨区宗教界捐款5万元；渑池县委统战部、县民族宗教局筹资2万元，为渑池县洪阳镇和段村乡两所养老院的71名老人购买羽绒服和棉鞋。

（康　彦）

外事侨务友城港澳工作

【概况】 2015年，三门峡市人民政府外事侨务办公室充分发挥外事、侨务、友城、港澳“四位一体”的职能优势，紧紧围绕国家总体外交方针和市委、市政府整体工作部署，解放思想、开拓创新，不断努力、扎实工作，立足本职、发挥作用，为全市经济社会发展作出了应有的贡献。

积极融入“一带一路”战略，利用友好城市平台，推进教育、经贸合作。一是根据中韩战略合作伙伴关系的良性发展和新常态下的外交思路，主动与韩国东豆川市联系，邀请东豆川市市长吴世昌率团访问三门峡市，与市主要领导会谈，双方共同签署《中华人民共和国三门峡市与大韩民国东豆川市关于进一步深化友好城市合作协议书》，进一步拓宽两市文化、教育、旅游、经贸领域的交流与合作，完善青少年友好交流、公务员交换研修机制，使双方在已有的友好交流合作基础上建立更加紧密的合作关系。二是与匈牙利、德国、罗马尼亚、波兰等国的4个城市达成2016年参加三门峡市第二十二届中国（三门峡）国际黄河文化旅游节暨特博会的共识和开展学校师生互访交流计划。三是进一步扩大同韩国其他城市的友好交流。在加强同友好城市东豆川市交流合作的同时，积极与釜山市、安东市沟通联络。4月，安排、接待安东市友好访问团到三门峡市访问，开展高层会见，谋求在教育、旅游、会展等方面的合作，进一步洽谈双方在文化旅游、节会合作等方面的事宜，促成安东市有关团体与三门峡职业技术学院和市一高签署合作协议，为双方深度合作奠定坚实基础。三是围绕融入“一带一路”战略，初步与俄罗斯乌兰乌德市、罗马尼亚波尔拉德市达成建立友好城市关系的意向，提升三门峡的国际影响力。

助力对外文化交流，搭建对外开放桥梁。9月，韩国东亚学塾财团理事长方正恒率领文化教育交流团到访三门峡，实地考察三门峡市行政机关运行机制和经济社会发展情况，体验以道家文化为主要内容的中国传统文化，双方探讨教育、卫生、商贸等领域的合作机会，进一步深化与双方的合作关系。10月，韩国东豆川市青少年协会名誉会长宋兴锡、会长李源燮率领青少年友好访问团一行，到三门峡市进行青少年友好交流，开展友好学校回访活动。通过参观虢国博物馆、“一对一”家庭寄宿、体验中国饮食文化、参加联谊会等交流活动，亲身感受两国的不同文化和生活方式，深入了解三门峡的传统文化和风土人情，加深两市青少年之间文化交流和教育合作。

借助外事侨务港澳平台，大力招商引资引智。服务市委、市政府主要领导赴京参加中法合作项目集中签约，并做好内外衔接，保证签约顺利进行。先后邀请香港知名人士考察团等7个经贸合作考察团到三门峡市开展经贸考察和务实交流合作，涉及经贸、文化、旅游、教育、能源、矿业、高新产业、现代服务、时尚设计等领域。7月，三门峡市组团参加第十五届华侨华人创业发展洽谈会，与海外知名企业和人士对接洽谈，助推三门峡市企业“走出去”。

规范涉外管理，做好因公出国(境)管理审批工作。市外侨办邀请省政府外侨办宣讲组于6月12日举办三门峡市海外领事保护专题宣讲会。会同市纪检委、市委组织部、市国家安全局等部门进一步强化因公出国管理，做好出国计划申报、出访活动安排、行前教育、团组出访报告上报、出访成果督促检查等工作，对申报因公出国(境)材料实行三重把关制度。全年全市因公临时出国(境)自组团共成行8批30人次，参加双跨团组4批4人次，审查审核随省级团组出访20批23人次。

服务归侨侨眷，用好海外华侨社团捐赠资金。8月，在湖滨广场开展为期5天的2015年河南省“侨爱工程—送温暖医疗队”义诊暨侨法宣传活动，为广大归侨侨眷和群众开展免费医疗义诊、健康咨询、送医送药、免费体检、法律咨询等活动。通过完善长期联系机制、严格管理使用善款等办法，与香港福慧慈善基金会、加拿大河南同乡会、新西兰河南商会等慈善机构和华人华侨团体开展接受友好往来、建立长期引资助教合作关系。（何宇鹏）

市直机关事务管理

【概况】 2015年，三门峡市市直机关事务管理局按照“一推（重点项目建设）两抓（公务用车制度改革和市直办公用房管理服务）三提升（会展经济、群众文化活动、公共机构节能）”的总体布局，自我加压，主动作为，开创机关事务工作新局面。

会展经济提速快步发展。全年举办和引进各类展会23场，同比增长35%，其中“国字号”展会、区域性展会数量增长15%，进场参观采购群众累计超过80万人次，现场交易额突破7亿元，带动三门峡市及周边地区食宿、旅游、交通等三产服务业实现收入56亿元。市直机关事务管理局联合市住房和城乡建设局策划的中国首届黄河金三角区域绿色节能建筑建材博览会，共吸引客商350家，展出建材商品9大类1000余个品种，合同贸易金额1.2亿元。全年文博城会展中心场馆使用率达25%，高于全国同类城市5个百分点。对外发布展会信息336条，媒体刊发稿件68篇，网络转载8000余篇，为各类展会争取补助资金33.7万元、奖励资金28万元。

群众文化活动如火如荼。创新“中原大舞台，印象天鹅城”消夏音乐季内涵，聘请著名导演编排《禹开三门》《仰韶之光》《虢风古韵》等6个大型舞蹈，共演出30场，观众人数突破40万人次。交响乐团、民族乐团成功演出10余场次。合唱团在沿黄九省合唱比赛中获得金奖。“春之韵”舞蹈团在舞动中原全民广场舞大赛中获得一等奖，在中国(三门峡)老年旅游文化周暨全国老年大学文艺汇演中获得金奖，11月赴京参与录制央视3套《舞蹈世界》。引进市戏迷协会和市书画院，组织义务演出20余场次，举办大型书画摄影展18场次。依托场馆优势，与市体育局、市足协等单位联合主办第四届“文博城杯”消夏足球联赛、第二届“文博城”杯篮球联赛等体育赛事208场次。利用健身超市，组织承办寿险公司趣味运动会、2015建行春季趣味运动会等比赛20余场。组织《吉他情圣班尼斯及舞蹈团》《古道传奇》《大闹天宫》《逗逗迪迪之天鹅传奇》《皮皮鲁送你100条命》《天鹅湖》和“中原大舞台”戏曲展演等68场次，观众人数累计达5万余人。

重点项目稳健推进。市传媒大厦完成主体施工，玻璃幕墙施工完成80%。复兴社区建设8栋楼封顶，地下车库建设完成90%，完成配套复兴幼儿园立项、可研手续审批、用地规划公示等工作，并组建公司销售团队，通过微信公众平台等对外销售。银山大厦改造全面完成，市信访局、市行政审批服务中心、市安全生产监督管理局、市畜牧局相继入驻办公。成立科技中心场馆建设项目部，科技中心场馆建设顺利推进。

公务用车制度改革扎实推进。12月19日，全市召开公务用车制度改革动员会。至12月底，收缴市直单位一般公务用车461辆、执法执勤车247辆，按要求完成公车收缴任务。在公车改革过渡期间，为确保公务活动出行，集中部分保留车辆，建立公务用车服务平台，保障市直单位公务出行畅通。办公用房服务管理能力增强。建立和完善办公用房管理档案，将每个单位的人员编制、办公用房面积、图纸等登记造册。对市直机关集中腾退的办公用房进行统筹调配，先后为市纪委各纪检组、市政法委、市文明办等15家单位调剂办公用房共14226.34平方米，其中调剂安排8家在外租赁办公用房单位，为市财政每年节约资金224万余元。收回6家单位对外出租的办公用房，足额收回房屋租金197万元。公共机构节能成绩显著。创新宣传举措，把节能宣传和展会结合起来，举办首届中国·晋陕豫黄河金三角区域绿色建筑建材博览会，签订“晋陕豫公共机构节能合作倡议书”。创建“节约型公共机构示范单位”，全市有2家单位通过国家验收，4家单位通过省初审验收。加快“三新”(新产品、新技术、新能源)技术、产品的推广应用，全市共投入12亿元进行风力发电、光发伏电、风光互补路灯、太阳能路灯改造等。投入资金300万元建成市本级和5个县(市、区)的能耗监测平台。2015年与2010年相比，全市单位建筑面积能耗下降55%，人均能耗下降38.8%，人均用水下降23.5%，超额完成“十二五”公共机构综合能耗下降16%的目标。

服务保障能力全面提升。对直管公房中年久失修、濒临倒塌的危房实行维修改造加固，对无法入住的房产进行拆除，全年共维修公房面积

3233.57平方米。市委、市人大、市政府、市政协及二号院绿化保洁和银山大厦物业管理服务满意率达98%。全面提升餐饮服务质量，市直机关食堂、文博城职工食堂、市委二号院食堂全年共为市直机关58个单位2760名干部职工提供就餐服务，同时还保证黄河旅游节参展商和进馆观众及大型会议的就餐服务，全年就餐人数达12万余人次，受到机关干部和客商一致好评。（卫彦康）

中国人民政治协商会议三门峡市委员会

【概况】 2015年，中国人民政治协商会议三门峡市委员会设正县级办事机构一个：市政协办公室。设专门委员会7个：提案委员会、经济科技委员会、文教体卫委员会、港澳台侨民族宗教委员会、学习文史资料委员会、社会和法制委员会、人口资源环境委员会。设机关党委。政协办公室下设5个职能科室：秘书科、宣传信息科、行政科、老干部科、委员联络科。市政协机关7个专门委员会和机关党委下设办公室，机关党委办公室挂人事科牌子，均为正科级单位。隶属事业单位2个：政协三门峡市委员会调查研究室，政协三门峡市委员会机关车队，规格均相当于正科级。中国人民政治协商会议三门峡市委员会全年共召开1次全体会议、9次主席会议、9次常委会议。组织委员视察调研13次，召开双月协商座谈会3次，形成视察、调研、协商报告12份，提出建议50条。市委、市政府领导先后12次作出重要批示，要求有关部门研究和采纳市政协提出的建议。市政协六届四次会议以来，共征集各类提案305件，经提案审查委员会审查立案301件，提案办复率达到100%，满意率达到99%。走访慰问卢氏县文峪乡吴家沟村，送去慰问金8400元、慰问品价值约1万余元。联系资金140余万元，为吴家沟村修建护路坝、人行便桥，拓宽村中道路。协调有关部门为村里接通网线近1千米，开通电子商务网站。邀请林果专家为村民讲授果树修剪及管理，争取到卢氏县国家级标准园示范建设项目合作社。开展送医送药活动，诊疗病人300余人次，发放药品价值3000余元、保健宣传资料200余份。组织机关人员捐款近3000元，帮助困难群众过冬。指导党员积分管理工作，组织吴家沟部分党员到杜关镇草店子村学习农村党员积分管理先进经验。组织志愿者到精神文明帮扶村槐树洼村开展清洁家园、慰问困难党员等活动。为纪念中国人民抗日战争暨世界反法西斯战争胜利七十周年，专辑出版第25辑《三门峡文史资料》。为服务政协委员学习，编发《学习参考资料》4期。继续深入开展“三个一”(提交一件提案、反映一条社情民意信息、撰写一篇调研报告)活动，政协网站运行状态良好。按照全市统一部署，在市政协委员中深入开展“我为三门峡发展作贡献”主题实践，举办“我为三门峡发展作贡献”主题实践委员培训班，组织委员围绕全市经济转型发展积极建言献策，共收到129名委员提交的意见建议175条。坚持有序开展精神文明创建活动，市政协机关顺利通过省级文明单位验收。加强与省政协和其他地市的联系，积极参与省政协召开的秘书长座谈会、主席联席会和理论研讨会等，提交经验交流材料3份。认真配合省政协关于黄河湿地保护与管理工作、晋陕豫黄河金三角区域突破发展研究、《河南省人口与计划生育条例》贯彻落实情况等专题调研。除参加省内外各种会议、考察活动外，全年还接待来自各地政协的考察团15批119人次。加强对县(市、区)政协的指导。市政协常委会等重要会议和重大活动，都邀请县(市、区)政协主席列席，传达上级精神，相互交流工作；重要视察、调研、考察活动坚持与县(市、区)政协联合开展；与有关县级政协联合，征集、编写三门峡文史资料等。

【市政协六届四次会议】 2015年4月14日至16日，政协三门峡市六届四次会议召开。市政协主席郭秀荣向大会作工作报告，副主席高从民作提案工作情况报告。会议期间，与会委员听取并审议政协三门峡市第六届委员会常务委员会工作报告和六届三次会议以来提案工作情况的报告；列席三门峡市第六届人民代表大会第五次会议，听取并讨论政府工作报告及计划、财政、法院、检察院工作报告。

【市政协常委会议】 2015年，市政协共召开9次常委会议。市政协第六届委员会常务委员会第十九次会议于1月22日召开，协商委员调整事宜；协商讨论《政府工作报告》(讨论稿)；通报2014年“三个一”活动开展情况、委员履职情况、六届三次全会以来常委会议出席情况，协商关于表彰2014年度政协委员“三个一”活动中优秀提案、社情民意信息和调研报告的决定(草案)；协商研究市政协六届四次会议有关事项；协商讨论市政协六届委员会常务委员会工作报告(讨论稿)和市政协六届委员会常务委员会关于六届三次会议以来提案工作情况的报告(讨论稿)。市政协第六届委员会常务委员会第二十次会议于4月9日召开，协商增补委员事宜，协商通过市政协六届四次会议选举办法(草案)，协商通过市政协六届四次会议总监票人、监票人名单(草案)。市政协第六届委员会常务委员会第二十一次会议于4月14日召开，听取各委员组组长汇报各组酝酿增补政协三门峡市六届委员会副主席、常委候选人名单(草案)，大会选举办法(草案)，总监票人、监票人名单(草案)情况；审议增补政协三门峡市六届委员会副主席、常委候选人名单(草案)，大会选举办法(草案)，总监票人、监票人名单(草案)；原则通过大会选举办法(草案)，总监票人、监票人名单(草案)，并提交市政协六届四次会议第二次大会审议；增补政协三门峡市六届委员会副主席、常委候选人，提交市政协六届四次会议第二次大会选举。市政协第六届委员会常务委员会第二十二次会议于4月16日召开，听取各委员组组长汇报各组讨论市政府工作报告，计划、财政报告以及法、检两院工作报告情况；听取各委员组组长汇报各组酝酿政协三门峡市第六届委员会第四次会议政治决议(草案)和提案审查情况的报告(草案)情况；审议政协三门峡市第六届委员会第四次会议政治决议和提案审查情况的报告(草案)。市政协第六届委员会常务委员会第二十三次会议于6月4日召开，协商通过有关人事问题；市政协经济科技委员会作《关于我市“装备制造产业集群”发展情况的调研报告》；听取市政府关于市“装备制造产业集群”发展情况的通报，听取市工业和信息化局关于市中小微企业融资情况的通报，并就市“装备制造产业集群”发展和中小微企业融资问题展开座谈讨论。市政协第六届委员会常务委员会第二十四次会议于8月5日召开，听取市政协人口资源环境委员会关于全市美丽乡村建设情况调研报告、市委农办关于全市美丽乡村建设情况的通报、市人力资源和社会保障局关于全市上半年社会保障工作情况的通报，与会人员围绕美丽乡村建设和社会保障工作建言献策。市政协第六届委员会常务委员会第二十五次会议于9月16日召开，听取市政协文教体卫委员会关于全市城区义务教育均衡发展情况调研报告，听取市政府关于城区义务教育和城市管理工作情况的通报，与会人员围绕城区义务教育和城市管理工作建言献策。市政协第六届委员会常务委员会第二十六次会议于11月20日召开，印发《关于全市各级政协组织和政协委员认真学习贯彻党的十八届五中全会精神的通知》；听取市政府关于重点提案办理情况的通报；与会人员进行座谈讨论，并对重点提案办理情况进行民主评议。市政协第六届委员会常务委员会第二十七次会议于12月29日召开，听取市政府2015年十项重点民生工程落实情况的通报，听取市政协各委办2015年工作汇报；与会人员进行座谈讨论，就相关问题提出意见和建议，并协商讨论《市政协2016年工作要点》。

【调研全市“装备制造业产业集群”发展情况】 2015年3月18日至19日，市政协组织部分常委、委员，在副主席高从民、孙继伟带领下，调研全市“装备制造产业集群”发展情况。调研组一行先后到河南南车重型装备有限公司、河南省豫西轴承股份有限公司、东方电气河南电站辅机制造有限公司、河南骏通车辆有限公司、三门峡中原量仪股份有限公司进行调研。随后，调研组就全市“装备制造业产业集群”发展情况召开座谈会，建议壮大骨干、发展配套、实施整合，全面推进技术创新体系建设，抢抓机遇、营造环境、吸引人才。

【调研全市城区义务教育均衡发展情况】 2015年5月14日至15日，市政协副主席姚龙、李俊江带领市政协调研组，深入湖滨区、陕县、三门峡经济开发区等地，调研全市城区义务教育均衡发展情况。调研组一行先后到陕州小学、陕县一中、市六小、市一小、崤函小学、阳光中学、育才小学、向阳小学、龙湖小学进行实地走访并听取汇报。座谈会上，调研组建议，要结合实际尽快编制义务教育发展专项规划，保证学校合理布局，为均衡发展奠定基础；要推进学校标准化建设，加强督导管理，保证各类教学器材及美术、音乐等功能室真正发挥作用；要统筹城乡义务教育协调发展，使校际间差异系数保持在合理区间，实现城乡教育发展基本均衡。

【视察全市养老服务业发展情况】 2015年5月26日，市政协副主席张景林、李俊江带领政协视察组，先后到市老年护理院、市老年服务中心、湖滨区车站街道养老康复中心、湖滨区祥和老年公寓和陕县福寿老年公寓、大营镇城村老年幸福院、原店镇郭家村农村幸福院等地，通过实地走访、听取工作汇报等形式，详细了解老人们的生活条件、娱乐设施配套建设情况，并亲切看望老人们。座谈会上，视察组指出，要加强消防安全，吸取平顶山鲁山县养老院失火的教训，进一步重视老龄化社会体系建设，加大引导和扶持力度，不断推进医养融合发展；要着力培育社区养老服务体系，改善基层老人精神文化生活，积极研究农村养老模式等问题。各级各部门要配合协作，措施得力，适当引入社会力量，确保老人能够“老有所养、老有所医、老有所教、老有所学、老有所为、老有所乐”。

【视察全市“大旅游”建设情况】 2015年6月10日至12日，市政协副主席马仰峡、张礼堂带领市政协视察组先后实地察看黄河丹峡游客服务中心、韶山峡景区、高阳山温泉度假区、陕州地坑院、燕子山景区、豫西大峡谷、红石谷·樱桃沟景区、三门峡游客综合服务中心、三门峡南站等地。座谈会上，视察组建议，要高起点、高标准规划，加大对旅游企业的支持和扶持，加快旅游特色产品开发和旅游信息化建设，大力推进旅游项目建设，提升旅游服务质量，持续发展主城区旅游，开拓旅游客源市场，深化旅游区域合作，优化产品体系。同时，要进一步加快旅游公共服务体系建设，加大旅游品牌建设，充分发挥旅游龙头带动作用，努力推动“大旅游”各项工作再上新台阶。

【调研全市美丽乡村建设情况】 2015年6月25日至26日，市政协副主席马仰峡带领调研组先后到渑池县英豪镇水源村、洪阳镇柳庄村，义马市东区办事处河口村，陕县张汴乡北营村、西张村镇人马寨村，湖滨区会兴街道东坡村，灵宝市函谷关镇店头村、大王镇后地村等地进行调研。座谈会上，调研组建议，要结合实际，规划优先，因地制宜，以美丽乡村建设为统领，统筹推进农村各项工作;要尊重群众意愿,调动群众积极性,从管理上下工夫,发挥群众主体作用,提升农民生活质量,形成全民参与氛围;要抓好村两委班子建设,以支柱产业作支撑,发挥能人带动作用,以开放、先进的理念,建设美丽乡村;要强化内生动力,构建长效机制,在试点基础上,适度扩大建设面,保证持续平衡发展。

【视察全市全民健身工作开展情况】2015年7月21日至22日,市政协副主席姚龙、李俊江率视察组先后到陕县体育中心、大营镇吕崖村、原店镇西区,灵宝市焦村镇杨家村和金水湖公园、川口乡横渠村、尹庄镇浊峪村和振宇食品公司,湖滨区迎宾花园、交口乡北梁村和杨家沟村等地,通过实地走访、听取工作汇报等形式,深入调研全市体育设施建设情况。在听取汇报后,视察组建议各级各单位要继续高度重视全民健身工作,进一步完善管理组织机构,不断提升全民健身服务水平,加强体育设施基础建设,努力开展一些有本地特色的群众体育活动,积极营造全民健身的良好氛围。

【视察依法治市工作情况】2015年8月27日至28日,市政协副主席张景林、李俊江带领部分市政协委员先后到灵宝市检察院预防职务犯罪警示教育基地、三门峡产业集聚区司法分局等实地察看依法治市工作开展情况,在中金集团中原冶炼厂生产车间、大唐发电有限责任公司项目和商务中心区建设工地现场察看企业生产经营、项目建设和城市建设情况,详细了解企业周边法治环境以及建设、生产、经营中的困难和问题。建议进一步加强组织领导,进一步推进依法行政,进一步提升司法公信力,进一步培育法治文化建设,进一步加强法治队伍建设。

【视察市政协六届四次会议提案办理情况】2015年10月15日,市政协副主席高从民带领政协视察组先后到虢国公园与崤山路交叉口、湖滨广场南停车场、市中心医院前门、虢国路、商务中心区、市农业,分别对市区车辆乱停乱放、交通拥堵、占道经营、养犬管理、城市道路建设、商务中心区配套设施建设情况以及市特色农业发展情况等进行实地察看。座谈会上,高从民指出,各承办单位应高度重视提案意见,积极细化实施方案和目标任务,明确责任分工、工作进度,切实把市政协六届四次会议提案落到实处。下一步,要持续把工作抓紧、抓实、抓好,各承办单位要协调配合,通力合作,加大工作力度,进一步做好城市管理建设工作,使提案成果尽快惠及民生。与会委员要充分发挥政协参政议政的作用,多提贴近民生、反映民意的高质量提案。

【视察黄河湿地白天鹅保护情况】2015年11月26日,市政协副主席马仰峡带领视察组先后到陕县桥头湿地站、灵宝大王镇北村白天鹅重点保护区、天鹅湖湿地公园、湖滨区王官、黄河公园等地,仔细询问白天鹅保护情况,并提出针对性建议。座谈会上,视察组对三门峡市黄河湿地白天鹅保护情况给予肯定,希望下一步落实管护责任,做好捕食救护,重点打击违法行为,进一步完善保护设施,解除白天鹅生存栖息的后顾之忧,确保白天鹅安全越冬。同时,着力提升保护水平,对白天鹅进行深入细致、科学合理的研究,扎实做好黄河湿地白天鹅保护工作。

【调研新能源产业发展情况】2015年12月1日,市政协副主席高从民、孙继伟率调研组先后到陕县大唐风力发电公司的40兆瓦元宝山风电场、地热能源项目等地,现场察看各项目的运行情况,认真听取工作情况介绍,深入了解新能源产业的发展情况。座谈会上,调研组充分肯定新能源产业的发展,并指出下一步工作要科学规划,优化能源结构,建立清洁、安全、高效、可持续的能源资源体系。要大力开发风电,推进太阳能多元化利用,建设好配套设施,促进产业发展。

【专题协商座谈“十三五”重大项目库建设】2015年5月12日,市政协组织召开关于全市“十三五”重大项目库建设的专题协商座谈会。委员们提出意见和建议,项目规划方面,要积极融入国家“一带一路”发展战略,加强项目考察论证。项目布局方面,建议增加社会事业、生态文明建设、新兴高科技产业等相关项目;加强续建项目和新建项目的产业对接,拓展产业链条,真正形成和发挥产业集聚效应;在商贸、物流、电子商务等基础设施建设上,实现资源合理配置,避免各自为战、重复建设。项目实施方面,应按照全市经济发展、群众需求,合理规划项目建设时间,有序推进;充分发挥项目库作用,避免规划与建设脱节,出现“两层皮”现象;明确项目实施主体责任,确保项目建设按期完工。

【专题协商座谈职教园区建设】2015年5月29日,市政协召开关于职教园区建设专题协商座谈会。参加协商座谈会的有部分市政协委员、专家学者,市直有关部门负责人共50余人。建议成立办事机构,明确专人负责,强力推进园区建设;加强顶层设计,研究发展规律,适时提供决策依据;搞好规划对接,力推产校结合,培植厚重生存土壤;加强统筹协调,落实责任主体,有序推进基础建设;创新投资机制,拓展融资渠道,提升园区建设速度;坚持市场导向,科学设置专业,提升园区发展后劲;倒排时间工期,做好充分准备,保证做到首战必胜。

【专题协商座谈电子商务发展】2015年7月22日,市政协双月协商座谈会召开,广泛听取意见和建议,为全市电子商务发展、产业转型升级和大商贸战略实施献计献策。市委常委、统战部部长张建峰,副市长李琳,市政协副主席高从民、孙继伟出席座谈会。委员们和企业代表提出建议:提升电商意识，理顺发展思路，加速园区建设，强化品牌效应，延伸电商链条，完善配套支撑。

【省政协副主席、省工商联主席梁静出席三门峡市第三届“优秀建设者”表彰大会暨全市民营企业文化建设成果汇演】 2015年1月20日下午，三门峡市第三届“优秀建设者”表彰大会暨全市民营企业文化建设成果汇演在三门峡国际文博城会展中心举行。省政协副主席、省工商联主席梁静，省工商联副主席赵纯武，省工商联秘书长孔火团，市人大常委会主任王建勋，市政协主席郭秀荣，市委常委、统战部部长张建峰，市政协副主席、市工商联主席孙继伟等为获奖者颁奖并观看演出。

【省政协副主席、省工商联主席梁静出席黄河金三角医疗养老示范区等3个项目集中签约启动仪式】 2015年10月26日，黄河金三角医疗养老示范区等3个项目集中签约启动仪式在陕县举行。省政协副主席、省工商联主席梁静察看了项目有关情况。省工商联秘书长、党组成员孔火团，市委常委、统战部部长张建峰，市委常委、秘书长高战荣，市人大常委会副主任裴富平，副市长李庆红，市政协副主席、市工商联主席孙继伟等参加签约活动。

【省政协副主席靳克文深入三门峡市调研黄河湿地保护与管理工作】 2015年7月15日至16日，省政协副主席靳克文深入三门峡市调研黄河湿地保护与管理工作。省政协常委、省政协提案委员会主任王伟平，省政协常委、三门峡市政协副主席马仰峡，省政协委员、省政协提案委员会副主任张明新，省林业厅副厅长张继敬，省黄河河务局副局长程存虎等调研组成员参加调研。市领导郭秀荣、牛兰英、高从民、李俊江、张礼堂分别陪同调研。

【省政协副主席、九三学社河南省委主委张亚忠到三门峡市调研“晋陕豫黄河金三角区域突破发展研究”课题】 2015年8月13日，省政协副主席、九三学社河南省委主委张亚忠，九三学社陕西省委副主委李佐成，九三学社河南省委副主委陈志民等率调研组到三门峡市，就“晋陕豫黄河金三角区域突破发展研究”课题进行专题调研。市政协主席郭秀荣，市委常委、统战部部长张建峰，市政协副主席、九三学社三门峡市委主委姚龙等陪同调研和出席座谈会。

【省政协副主席高体健、钱国玉调研三门峡市《河南省人口与计划生育条例》贯彻落实情况】 2015年9月11日至12日，省政协副主席高体健、钱国玉带领省政协调研组一行深入三门峡市，就《河南省人口与计划生育条例》贯彻落实情况进行专题调研。市领导郭绍伟、郭秀荣、王振清、马仰峡分别陪同调研或参加相关活动。 （赵小静）

·编辑 卢亚杰·

2015年4月16日，三门峡市政协六届四次会议在国际文博城三门峡大剧院闭幕

三门峡市总工会

【概况】 2015年，三门峡市总工会积极履行工会各项社会职能，切实维护职工群众的合法权益，较好地发挥了工会组织在保持经济平稳较快增长中的重要作用。至年底,全市有基层工会10679个,会员524051人。

加强和改进职工思想引领工作。开展“中国梦·劳动美”“文明河南职工先行”主题教育活动,开展职工职业道德建设评选表彰工作，大力培育和践行社会主义核心价值观。组织了全市劳动模范先进人物事迹报告团，深入县(市、区)和基层企业报告18场,并成功承办了河南省劳模事迹报告团三门峡报告会,6000余名职工现场聆听了劳动模范先进人物的事迹报告。积极推进“劳模宣传一条街”建设,大力弘扬劳模精神和工人阶级伟大品格。

职工劳动竞赛活动。持续在100个基础设施建设和经济转型重点项目中开展劳动竞赛,在60家重点企业开展节能减排竞赛活动，促进生产经营良性健康发展。组队参加了在山西省临汾市举办的晋陕豫黄河金三角地区第二届职工技能大赛，三门峡市选手在3个工种竞赛中获得了1个第一名、1个第二名的好成绩。在全市25个行业、85个项目(工种)中开展了职工技能竞赛活动。在排污治理重点企业开展了“双比双降”节能减排竞赛,为建设资源节约型、环境友好型社会作贡献。

促进就业和帮扶工作。2015年元旦、春节期间送温暖活动发放款物501.4万元,走访企业946家,慰问困难家庭7189户。筹集发放大病救助资金23万元,救助大病困难职工70人。全年举办技能培训班56期,培训下岗失业人员、农民工和在岗职工8572人。举办大型再就业洽谈会2场,为下岗失业人员提供免费职业介绍8300余人次，提供政策宣传6457人次,实现再就业3700余人。“金秋助学”活动发放助学资金420.3万元,资助困难职工、困难农民工子女2020人。“夏送清凉”活动为建筑工地、生产车间、环卫一线职工等送去30余万元的防暑降温用品。

全力推进“一网一卡”职工服务平台建设。以河南职工网和工会会员卡“一网一卡” 职工服务平台为载体,打造“互联网+工会工作”模式,努力为广大职工提供多元化、普惠制、便捷化服务。录入工会会员信息12.2万余条,发放工会会员卡4.28万张，累计向河南职工网·三门峡频道上传活动、政策引导、技能培训、就业服务等各类信息8668篇,点击量17.5万次,新增签约优惠商户251家。

大力发展和谐劳动关系。全面落实职代会、厂务公开制度,完善和规范区域、行业、企事业单位民主管理制度,保障职工民主管理权利。全市企事业单位实行厂务公开民主管理、建立职代会的达到9786家,覆盖职工40.3万人。做好工资集体协商工作,全市签订工资集体合同1521份，覆盖企业8930家。和谐劳动关系创建活动进一步巩固规范,全市90%以上的企业、工业园区(产业集聚区)和有条件的乡镇(街道)、社区普遍开展创建活动,创建活动达标率80%以上。

依法维护职工合法权益。继续推行《工会维权意见书》《工会维权建议书》制度和律师援助制度,成立了市总工会职工法律顾问团，实现分区域分行业联系服务企业和职工的网格化管理。畅通“12351”维权热线,全年接听来电334个,全部妥善处理,职工队伍整体稳定。

加强基层组织建设。按照要求,认真贯彻落实全总关于基层工会建设“落实年”的部署和进一步推进做好农民工入会和服务工作的要求，以扩大工会覆盖面、落实会员普惠制服务、加强工会干部队伍建设为重点，全面推进工会组织建设,新增会员19659人。依托“河南职工网”,着力构建技能培训、就业指导、维权救助、困难帮扶四位一体的农民工服务体系，深入开展“农民工入会集中行动”，发展农民工会员23831人。深化“工会组织亮牌子强服务、工会干部亮身份强作为”活动,活动覆盖率85%以上。广泛开展会员评家工作,会员参与率达87.6%。各级工会举办工会干部培训班32期,培训工会干部2900余人次,提高了工会干部的履职能力。

【市总工会召开四届十四次全委（扩大）会议】 2015年2月11日，市总工会召开四届十四次全委（扩大)会议,学习贯彻十八届四中、五中全会精神,中央书记处和省委领导关于工会工作的重要指示,回顾总结2014年工作情况，研究确定2015年目标任务。市总工会党组书记、常务副主席武跃峰作了题为《适应新常态回应新要求在推动三门峡经济社会平稳健康发展中充分发挥工人阶级主力军作用》的工作报告,市委副书记郭绍伟作了重要讲话。 （屈超峰）

共青团三门峡市委员会

【概况】 2015年，全市各级团组织持续围绕工作主线,适应社会新常态,坚持从严治团,以深化提高为目的,以探索创新求突破,以制度建设做保障,团结带领全市广大团员青年推进各项重点工作深入开展。至年底,全市共有青年439078人,其中团员110905人,团青比例25.26%；全市共有基层团组织2650个,其中基层团委421个、团支部1509个、团总支710个、基层团工委10个,专职团干部436人;全市少年儿童总数为197724人，其中少先队员172630人，占全市少年儿童的87.31%;全市共有少先队组织357个、各级各类辅导员8088人。2015年全市共表彰5个最美少先队集体、10个最美少先队辅导员、25个最美少年、20个青年文明号。

【团市委召开六届三次全委（扩大)会议】 2015年3月20日，共青团三门峡市六届三次全委(扩大)会议召开。会议学习贯彻团省委十三届十一次全会精神,回顾总结2014年全市共青团工作,研究部署了2015年全市共青团重点工作任务。市委副书记郭绍伟出席会议并讲话，团市委书记李瑞霞向大会作报告。

【举办“勤学习、铸信念、促成长”主题演讲比赛】 2015年4月22日，共青团三门峡市委在三门峡职业技术学院学术报告厅举办“勤学习、铸信念、促成长”主题演讲比赛。此次演讲比赛共18名选手参赛，仝智贝等6名选手分获一二三等奖。

【举办第二届单身青年联谊会】 2015年4月25日,团市委、市青联联合市总工会、市直工委举办第二届单身青年联谊会。400余名来自三门峡市各行各业的单身男女青年以及部分亲友参加。活动通过“三分钟交流”等互动游戏环节增进了男女青年的相互了解,当日共有4对男女青年牵手成功。

【河南省团组织学习习近平系列讲话精神演讲比赛在三门峡市举行】 2015年4月25日,全省团组织学习习近平总书记系列重要讲话精神演讲比赛省级决赛(市县赛区)在三门峡国际文博城多功能厅举行。此次活动以“勤学习、铸信仰、促成长”为主题,来自全省18个省辖市、10个省直管县的28名选手进入市县赛区决赛。由三门峡团市委推送的作品《让我的青春亮个相》、焦作团市委推送的作品《在实干中成就青春梦想》、济源团市委推送的作品《铸就蓝色魂,腾飞中国梦》获得省辖市一等奖。

【开展“我是共青团员”主题教育年活动】 2015年5月1日起,团市委在全市共青团系统开展“我是共青团员”主题教育年活动,活动以深化“团员意识教育”为主线,在全团深入开展“六个一”活动。即:学一次团章、上一次团课、举行一次“重温入团誓词”活动、开展一次团员形象讨论(谈心)、过一次团日活动、开展一次评选表彰。

【志愿服务活动】 2015年5月18日至25日,共青团三门峡市委积极服务第二十一届中国(三门峡)国际黄河文化旅游节暨投资贸易洽谈会。来自职业技术学院、市中专、市财校等单位的800名青年志愿者为第21届三门峡国际黄河文化旅游节与会嘉宾提供包括会务接待、入场引导、迎送联络、信息统计、会场翻译、物品发放等志愿服务。此次志愿服务活动“天鹅使者”青年志愿者累计出动2200余人次,累计服务时间超过7000小时,服务群众超过3万余人次。

【举办“红领巾相约中国梦”——三门峡寻找“最美少年”主题活动颁奖礼】 2015年6月26日,共青团三门峡市委在市实验小学举办“红领巾相约中国梦”——三门峡寻找“最美少年”主题活动颁奖礼。此次活动授予董博闻等25名同学三门峡市“最美少年”荣誉称号;张媛媛等10名老师三门峡市“最美少先队辅导员”荣誉称号;三门峡市实验小学少先大队等5家单位“最美少先队集体”荣誉称号。

【《青春崤函》全媒体平台正式签约成立】 2015年8月19日，共青团三门峡市委与河南青年报业文化传播有限公司三门峡分公司联合建立《青春崤函》全媒体平台,并达成战略协议,双方签订《青春崤函》全媒体战略合作协议书。 （李 龙）

三门峡市妇女联合会

【概况】 2015年，三门峡市妇联大力推进妇联组织和工作改革，着力推动妇女创业创新、妇女权益维护及家庭文明建设，有效发挥了妇女在推动三门峡市经济社会发展中的“半边天”作用，切实将保持和增强政治性、先进性、群众性要求落实到妇联各项工作中，团结带领全市广大妇女为三门峡市改革发展稳定作出了积极的贡献。至年底,全市有市级妇联组织1个、县

三门峡市第二届"最美家庭"表彰暨家庭故事分享会

级妇联组织8个、乡(镇、街道)妇联80个、村妇代会1343个、社区(居委会)妇代会130个,有县以上党政机关、事业单位妇委会345个。

开展"最美家庭"表彰暨家庭故事分享会、"最美家庭"事迹巡展、《家的故事》第二辑编发、"最美军嫂"和"最美军人家庭"评选。灵宝市妇联举办的30余场"孝老爱亲"故事会、渑池县的"最美家庭·孝老爱亲"道德讲堂,在群众中广受好评。妇女及家庭文化活动丰富多彩。围绕广大妇女求知求美求进的需求,市妇联先后举办豫晋陕黄河金三角"黄河泼墨·巾帼梦"妇女书画作品展、庆"三八"第九套广播体操展示比赛、女性读书分享、"我的育儿小故事"征文、"庆六一·智慧宝宝"评选等活动,使广大妇女在参与中陶冶了情操,提高了素质。

巾帼志愿服务活动品牌进一步树立。开展"邻里守望·姐妹相助"巾帼主题志愿服务活动,巾帼志愿者深入乡村、社区开展"送去一批图书、开展一次义诊、举办一场讲座、进行一次入户走访"的"四个一"志愿服务。成立巾帼维权志愿团,"爱心之家"触角延伸各县,家庭教育志愿团、心理咨询志愿团持续服务基层,各级妇联开展志愿服务活动142场,受益群众5万余名。

引领广大妇女在"互联网+"中创新发展。出台《三门峡市妇联关于开展"巾帼创业创新引领行动"的意见》,组织各级妇联发动城乡妇女顺应"互联网+"新趋势,积极投身大众创业、万众创新热潮。组织女企业家、女干部代表到浙江义乌参加中国妇女手工制品博览会。开展妇女电商创业摸底调查、入门培训、典型培育等工作,营造了妇女创业创新浓厚氛围。

加大对妇女创业就业的支持引导。市、县妇联先后组织百余名手工编织爱好者赴陕西渭南、山西永济实地考察妇女手工编织企业,帮助三门峡市妇女手工产业创业者开阔眼界思路。加大对妇女创业就业资金扶持力度,全年全市发放妇女小额贴息贷款2.6亿元,扶持3700余名妇女在加工业、服务业及种植、养殖等领域创业发展,带动3万余名城乡妇女就业。组织"春风送岗位"女工招聘会7场,帮助1600余名妇女走上就业岗位。联合市人社局、教育局在12所大中专院校举办创业典型暨优秀高技能人才事迹巡回报告会,激发了广大妇女创业热情。全市各级妇联举办家政服务、电商创业等培训班260期,有效提升了妇女的创业就业能力。

深化"双学双比""巾帼建功"活动。在灵宝召开"双学双比""巾帼建功"工作现场会,命名17个市级"巾帼现代农业科技示范基地"。联合卫生局、教育局在三门峡中心医院、三门峡中专等开展女职工职业竞赛、技能比武,培育树立了一批服务百姓、岗位建功的妇女典型。全年市、县两级命名表彰"巾帼文明岗"80个、"巾帼建功"标兵160名。

加大妇女儿童发展规划实施力度。对5年来市、县政府"两规划"实施情况进行全面自查并根据省督导组检查反馈情况,及时制定整改方案,分解目标责任,完善工作措施,推进规划扎实实施。深入推进家庭教育工作,举办名师讲堂、"家教进基层"公益宣讲等活动,扩大了科学家教知识覆盖面。市、县妇联共举办各类讲座36期,受益家长1.3万余人。联合市教育局等7部门开展三门峡市"十二五"家庭教育工作规划终期评估工作,为制定新规划奠定坚实基础。加强妇女儿童活动阵地建设，推进三门峡市妇女儿童活动中心建设，儿童安全自护馆、少儿绘本馆和心理健康养护中心等场馆规划设计工作已完成。

大力推进妇女参政议政。联合市委组织部出台《关于在2015年全市城市社区"两委"换届中做好妇女参选工作的通知》，明确妇女参选政策，加强宣传培训，引导妇女积极参与基层民主管理。换届后，全市女性进社区居委会达326人，占社区居委会成员总数的57.5%，女性进社区"两委"384人，71名优秀女性担任社区居委会主任或支部书记。

开展"法治三门峡·巾帼在行动"活动。联合市委政法委举办庆"三八"最美女法官、女检察官、女警官、女律师评选活动，表彰政法系统最美女性81名，贤内助67名。抓住三八节、"12·4"宪法日等节日，通过广场咨询、举办婚姻家庭法律知识讲座等，向群众宣传男女平等基本国策、农村妇女土地确权、妇女维权等政策法规，发放宣传资料3万余份。

推进社会化维权工作。联合市司法局出台《三门峡市婚姻家庭纠纷人民调解工作机制的实施意见》，成立市婚姻家庭调委会，加大婚姻家庭纠纷调解力度。发挥"姐姐解困团"作用，各级团员进村入户，为广大妇女群众开展心理疏导、纠纷调处等服务1200余次。完善"和睦家庭"创建实施办法，评选表彰"和睦家庭"100户，维权暨和睦家庭创建先进集体及个人50个。做好信访工作，市、县妇联接待妇女来信来访190余件，结案率99%。

关爱帮扶弱势群体。实施"中国妇女法律援助"项目，办理妇女儿童案件10件，为特困妇女挽回经济损失30余万元。争取全国妇联贫困母亲"两癌"救助专项基金11万元，为11名贫困患癌妇女补贴了治疗费用。发动61个爱心单位及个人结对资助118名贫困儿童。联合"爱心之家"志愿者协会开展义卖活动5次，为患重急症妇女儿童募集资金26.38万元。关爱农村"三留守"人员。建立关爱机制，推动成立市关爱农村"三留守"联席会议及关爱留守儿童、留守妇女、留守老人工作协调小组，及时召开联席会议、推进会，协调各职能部门及社会爱心力量结对帮扶、走访慰问"三留守"人员。加强对留守及贫困儿童的救助帮扶，为留守儿童发放"爱心6+1"温暖包706个，组织45名贫困留守儿童到市区爱心家庭体验生活，为250名贫困留守流动儿童提供了免费体育运动培训课程。各级妇联组织深入开展"下基层，访妇情，办实事"活动，为妇女儿童办实事、好事300余件。

召开三门峡市妇女第六次代表大会，选举产生了新一届执委、常委及班子成员，确立了新时期三门峡市妇女工作的发展思路和目标。在全省率先落实兼职副主席配备工作，出台《三门峡市关于妇联组织配备兼职妇女工作者的实施意见》，已配备市、县妇联兼职副主席12人，乡级兼职妇女工作者146人，村（社区）兼职妇女工作者3129人，其他领域兼职妇女工作者1080人。

开展革命传统教育，联合市委组织部在信阳大别山干部学院举办培训班，对100余名女干部进行党史及理想信念教育。在全市妇联系统开展"我是妇联干部·我为三门峡发展增光添彩"征文活动，有效激发了各级妇联干部立足本职岗位服务三门峡市改革发展大局的内在动力。举办基层妇联干部培训班，提升了基层做好新形势下妇女工作的能力。全年各级妇联举办理想信念教育培训活动40余次，受教育妇女1万余人。创新妇联工作方法。改版完善三门峡妇联网站、微博，开通"三门峡市妇联"微信公众号及手机版微网，为妇女儿童提供了快捷便利的服务。开展妇女工作问卷调查，为开展更接地气、广受欢迎的妇女工作提供了科学依据。 （段　晶）

三门峡市文学艺术界联合会

【概况】 2015年，三门峡市文联团结带领全市广大文艺工作者发挥文艺工作的自身特点和势，举办一系列有主题、有规模、有影响的文艺创作、文艺交流、文艺惠民展、演、赛活动，大型品牌文艺活动影响广泛，挖掘和培育文学新人成绩突出，为持续推进三门峡市经济发展战略营造了良好的社会文化环境。

文艺采风活动不断深入。市县两级文联及所属协会在2014年组建的文艺采风团基础上，不断将采风活动拓展到基层农村、经济一线阵地，先后6次组织文艺骨干，成立6个艺术小分队，深入陕县张湾乡大坪村、指望村，观音堂镇，渑池县坡头村、义马千秋镇、常村镇等基层村镇，开展文艺采风创作实践活动8次，创作、发表文艺作品300余篇，征集白天鹅摄影作品320余幅。文艺采风活动促进了三门峡市文艺事业的繁荣和发展，也带动了各县市区文艺社团和各文艺家协会围绕中心开展各类主题文艺活动，活动开展较好的是作协组织作家首次在"世界环境日"期间零距离感受体验环保工作，并以世界环境保护为体裁创作文学作品100余篇。摄协、美协、音协、舞协、剧协、诗词楹联等协会分别组织或邀请相关专家学者举办"教你一招"专业知识培训讲座，培训摄影、美术、音乐、舞蹈、戏剧、诗词楹联爱好者600余人。影视协会组织创作拍摄的影视专题片《天鹅和6只小天鹅》播出后，引起很好的宣传效果，三门峡形象宣传片《黄河三门峡　美丽天鹅城》获河南省优秀外宣作品奖。其他协会和各县(市、区)文联也积极通过不同形式，组织举办各类文艺采风创作实践活动30余场次、教招培训活动10场次、志愿服务活动40余场次，举办展、演、赛活动10余场次。

开展深入生活、扎根人民""送文艺、送欢乐、送温暖"主题实践活动。配合市委宣传部在渑池县召开"深入生活、扎根人民"主题实践活动启动大会，部署全市文艺界"深入生活　扎根人民"主题实践活动，传达《关于在全市文艺界广泛开展"深入生活　扎根人民"主题实践活动的实施方案》，发布"深入生活、扎根人民"《倡议书》，号召全市广大文艺界积极行动起来，深入到生活底层、扎根到人民当中去，去体验生活、去服务人民群众，在体验服务中吸取营养。5月23日是中国文联设立的首个全国性文艺志愿者服务日，三门峡文艺界始终坚持以习近平文艺座谈会重要讲话精神为指导，以文艺界广泛开展“深入生活、扎根人民”主题实践活动为载体，将节庆文化与日常群众文化相结合，既立足当前，又着眼长远，结合文艺志愿者服务日，围绕三门峡市发展目标，积极为黄河旅游节出谋划策，通过争取中国文联、省委宣传部和中国文艺志愿者协会、省文联的支持，配合市委宣传部成功组织了由中国文联、中国文艺志愿者协会主办、省委宣传部、省文联承办的“深入生活、扎根人民”文艺志愿服务系列活动，“沿黄九省区文艺志愿者座谈会”、中国文联文艺志愿者深入卢氏、灵宝、陕县、湖滨区等地开展文艺采风、文艺支教、文艺志愿服务、文艺慰问演出等各类文艺服务活动20余场次，特别是“拥抱母亲河·唱响中国梦”——中国文联文艺志愿服务团走进三门峡慰问演出活动影响广泛，三门峡市和文联的知名度大大提高。

举办品牌文艺活动档次高、品牌效应逐步展显。组织有实力的协会积极筹备谋划，并成功举办了影响广泛的活动有“文明河南建设”第三届书法、美术作品大奖赛、“乙未(2015)年文明三门峡春联大奖赛”、“同心三门峡”全国性楹联大奖赛、“把楹联写在党旗上、诗词飞扬党旗飘”创作诗词楹联评选活动，以黄河为主题举办了“黄河三门峡　美丽天鹅城”书画作品展，首次在北京成功举办《黄河三门峡·美丽天鹅城》摄影名家作品展。承办中国媒体界摄影名家走进天鹅之城。活动邀请到了中国摄影家协会副主席邓维，世界华人摄影家联盟特别代表朱建辉，中国改革报副社长王汉民和来自新华社、《人民日报》《光明日报》《中国改革报》等新闻媒体的50多名摄影名家参加活动。

广场节庆惠民文艺活动丰富多彩。在春节、元宵节、三八妇女节、黄河旅游节、六一儿童节、七一建党节、十一国庆节期间，组织开展了义写春联送温暖、“美丽湖滨　东城擂鼓”欢度双节乐鼓民俗展演、欢庆“三八节”文艺演出、六一节儿童书法绘画大赛、“庆七一”文艺演出、八一拥军送文艺进军营、十一迎国庆“书香三门峡”机关干部书法展等主题鲜明的文艺活动。在黄河旅游节期间举办了大型文艺演出、文艺支教、文艺服务活动。先后举办3场次中原大舞台、印象天鹅城消夏文艺晚会，1场大型音乐季活动。特别是在庆祝抗战胜利70周年期间，按照市委宣传部的安排，在纪念抗战胜利70周年期间，广泛开展诗词楹联征集纪念抗战题材作品、邀请书法家将入选的诗词楹联作品用书法艺术形式表出来。

艺术交流工作不断拓展。成功组织举办三省四市书画作品交流展，2015年书画名家邀请展，邀请中国楹联学会吟诵艺术团一行9人到三门峡参观交流，市摄影家协会4月12日与广西柳州市摄影家协会正式签约，结为友好摄影家协会，这是三门峡市首个艺术家协会与异地协会结为友好协会。组织文艺骨干参与运城日报社主办的“黄河万里行”采风活动成果展和一系列笔会活动。3次组织三门峡市专业人才配合洛阳河流文化采风团一行20余人深入三门峡市黄河段、涧河段、洛河段开展河流文化考察、研究、撰写考察文章、编写文献书籍等工作。邀请沿黄九省区文艺志愿者和中国文联领导到三门峡市指导工作，开展文艺志愿服务、支教、辅导、授牌、采风等活动，通过文艺交流活动吸引众多的主流媒体和网站宣传报道三门峡，为展示三门峡形象，提升三门峡知名度发挥了积极作用。

【《黄河三门峡·美丽天鹅城》摄影名家作品展在京开幕】 2015年2月8日，由三门峡市摄影家协会承办的《黄河三门峡·美丽天鹅城》摄影名家作品展在北京“龙影廊”开幕。此次摄影展是围绕“黄河三门峡·美丽天鹅城”主题，以白天鹅的各种姿态为媒介，以描绘三门峡人与白天鹅诗意相处为主线，把一个多姿多彩、开放进取、生态宜居、充满活力的三门峡用镜头艺术展现出来的。《人民摄影报》总编辑李涛介绍了赴三门峡采风创作拍摄白天鹅的情况，百余名摄影名家先后两次走进天鹅之城三门峡采风，拍摄了数万张白天鹅照片，此次选出100幅精心装裱后赴京展出。

【4位作家作品入编《中国儿歌大系》丛书】 2015年2月，一部拥有十三卷本、浩大精美、分量厚重的《中国儿歌大系》丛书由辽宁少年儿童出版社出版发行。三门峡市4位作家：许浪的《粗心的小画家》《夏天在哪里》等30首；刘育贤的《造小船》《过山车》等30首；王水宽的《过年好》等5首；杨建民的《坐高铁》等4首作品入选。《中国儿歌大系》按中国行政大区的地域位置而分卷，有东北卷一、卷二；华北卷一、卷二；华东卷一、卷二、卷三；中南卷一、卷二；西南卷一、卷二；西北卷和台港澳卷，共十三卷。入选优秀儿歌作品4000余首。三门峡市著名诗人刘育贤系副主编之一，并为《中南卷一、卷二》主编。

【大道同源——灵宝鹿邑书画联展】 2015年5月20日，“大道同源——灵宝鹿邑书画联展”在灵宝市函谷关历史文化旅游区开幕，展出两地作品180余幅，其中灵宝书画家们围绕“大道同源”主题，精心创作书画力作90幅。参展作品主题鲜明、风格多样、技法娴熟，每一幅作品都倾注了书画家们对弘扬老子文化，传承道德文明，书写美好明天的憧憬与期盼，集中展现了灵宝、鹿邑厚重的文化底蕴，展示了两地人民昂扬向上、崇尚文明的精神风貌。

【“中流砥柱”首届中国(三门峡)黄河大合唱艺术节开幕】 2015年5月21日晚，参与主办的“中流砥柱”首届中国(三门峡)黄河大合唱艺术节在三门峡国际文博城大剧院开幕，从而拉开了第20届中国(三门峡)国际黄河文化旅游节暨投洽会的序幕。本届艺术节共有来自北京和沿黄九省(区)以及三门峡本土23支代表队1000余名合唱队员参赛，分A、B两组进行合唱比赛，合唱艺术节的成功举办丰富了旅游节的活动内容，宣传提升了三门峡的形象。

【举办美丽天鹅城“消夏音乐季”】 为进一步提升群众文化活动的质量和水平，全面展现三门峡厚重的历史文化，三门峡市对水上舞台的声光设施进行了升级改造，并聘请国家级著名导演编排了《禹开三门》《仰韶之光》《虢风古韵》《丝路崤函》《老子著经》《天鹅之城》6个反映三门峡市历史人文、现代发展的大型舞蹈。该季消夏音乐季将与“中原大舞台”相结合，演出场次由往季的每周2场增加到3场，自6月11日到10月上旬，每周三、周五、周六晚8点在三门峡国际文博城文化公园演出，演出50余场次。该活动自2013年举办以来，共组织演出上百余场，2万多人次参演，吸引黄河金三角地区200多万人次观看，已发展成为活跃市民夏季文化休闲娱乐生活、打造城市品牌、提升百姓幸福指数的重要载体，成为黄河金三角地区规模最大、最具影响力的群众文化活动品牌，被命名为河南省公共文化服务体系建设示范项目。

【举办“唱响崤函”三门峡文艺大赛】 2015年9月15日，“美丽三门峡”系列群众文化活动之“唱响崤函”文艺大赛决赛在三门峡国际文博城大剧院举行。活动共分为独唱、相声小品、戏曲演唱、合唱等四个类别，选手们尽情放歌，分别演唱了《怀念战友》《我像雪花天上来》《中国大地上》《娘在那片云彩里》等脍炙人口的歌曲，选手们以歌传情，歌声悠扬、情真意切，饱含着浓浓的家国情，用优美歌声唱出了对“中国梦”的美好憧憬，美妙的歌声感染着在场的每一个人，让观众在婉转动听的歌声中享受了一场内容丰富的文化盛宴。

【举办纪念抗战胜利70周年吟诵会】 2015年8月31日下午，三门峡楹联学会举办纪念中国人民抗日战争暨反法西斯战争胜利70周年吟诵会，吟诵会共10个节目，分“家园沦陷”“中流砥柱”“走向胜利”三个篇章，通过独诵、对诵、群诵、合诵等多种表现形式，带领现场观众共同回忆那段难忘的历史。演员们精彩的吟诵，引起现场观众的强烈共鸣。

【举办迎国庆纪念抗战胜利70周年书法展】 2015年9月2日，三门峡文联主办的迎国庆纪念抗战胜利70周年书法展，在三门峡国际文博城科技馆展出。所展书法作品的内容全部由三门峡市楹联学会会员精心创作，共展出书法作品130余幅，作品行、草、隶、篆、楷书体风格各异，内容积极向上，充满了弘扬时代主旋律的正能量。

(焦新祥)

三门峡市社会科学界联合会

【概况】 2015年，三门峡市社科联团结带领广大社科工作者，凝心聚力，求实求效，“智囊团”“思想库”作用得到充分发挥，桥梁纽带作用进一步加强，各项工作取得新的成绩。

【开展2015年度省市社科联调研课题立项申报和2014年度调研课题结项评选】 2015年3月，社科联围绕和谐社会建设、经济发展、社会关注的民生热点等问题，通过征求有关领导和专家意见，结合省市各项事业发展实际，拟定147个年度调研课题题目，下发《关于申报2015年省市社科联调研课题的通知》，面向三门峡各界社会工作者征集立项，共有20项课题被确立为省级立项课题，50项课题被确立为市级立项课题。同时做好2014年度省市社科联调研课题的结项审验和评比工作，组织专家对市立项课题进行评选。2014年省立项课题结项19项，其中获一等奖5项，二等奖7项；市立项课题结项33项，其中特等奖6项，一等奖14项。

【开展社科知识大篷车进基层宣讲活动】 2015年6月，社科联启动社科知识大篷车进基层宣讲活动。从市委党校、市职业技术学院、市直有关单位抽调11位理论功底深厚、热心社科普及事业、讲课生动形象的社科专家、学者和教授组成宣讲团，到机关、企业、乡村、社区宣讲社会科学知识。宣讲团成员围绕党的方针政策、经济形势、国际国内形势、科学发展观、历史文化、理想信念、心理健康等社科基本知识，以及基层干部群众关心的热点难点问题，在讨论、调研的基础上精心备课，并针对不同对象、不同行业的需求，采取一讲一内容，一课一要求的形式，贴近实际、贴近群众、贴近生活，面对面地向群众宣传社科基本知识。全年到各县(市)区、市直单位、社区宣讲45场次。社科专家们结合实际，深入浅出的宣讲受到了基层的普遍欢迎。

【举办“中原大讲堂·三门峡讲堂”】 “中原大讲堂·三门峡讲堂”是市社科联面向公众开办的常年性社会科学公益讲座，其以加强文化建设、提高人文素质为宗旨，以普及社科知识、弘扬文化为目标，坚持“贴近实际、贴近生活、贴近群众”的原则，就公众关心的热点话题和社会科学的前沿问题进行讲解，以满足人民群众日益增长的精神文化需求。采取固定讲堂与流动讲堂相结合的方式，全年在固定讲堂—三门峡职业技术学院讲堂宣讲9场；为了方便不同层次群众的需求，开办了流动讲堂，深入基层，讲授保健、心理、时政等知识，受到了群众的广泛欢迎，全年流动讲堂到机关、学校、社区宣讲5场，对普及社科知识，推动三门峡市市民素质的提高起到了积极的作用。

【多位社科工作者作品荣获省级荣誉】 2015年，社科联积极推荐社科工作者的作品参加省社科普及优秀作品评选。通过下发文件，重点通知，单位筛选，市社科联把关，推荐著作10本，影像资料2篇，文章6篇参加河南省第八届优秀社科普及作品评选。唐喜政《“被城镇化”：理解我国农村城镇化逻辑的一个视角—以豫南Y镇为例》等

7本书籍、文章获省第八届社科普及作品评选特等奖和一、二等奖。另外，2014年省社会科学普及规划项目评选，三门峡市12项作品结项，3项作品荣获特等奖。三门峡市社科联获“河南省优秀社科普及作品评选组织先进单位”称号。

【开展党的十八届四中全会精神宣讲】2015年，为深入学习贯彻党的十八届四中全会精神，按照市委宣传部的工作部署，组建专家宣讲队伍，社科联副主席任宣讲队队长，带领宣讲团深入机关、企业、农村、社区、学校开展为期一个月的宣讲活动。宣讲内容主要围绕在新的历史起点上全面推进依法治国的重大意义，全面推进依法治国的指导思想、总目标和基本原则，全面推进依法治国的各项任务和重大举措，全面推进依法治国必须坚持走中国特色社会主义法治道路，以及党的领导是社会主义法治最根本的保证等方面展开。

【精心打造社科普及宣传平台】2015年，八路军渑池兵站纪念馆申请第二批全省社科知识普及基地授牌。市虢国博物馆作为省首批社科普及基地也结合自身工作实际，广泛开展群众喜闻乐见的科普宣传活动。为适应新形势，积极利用新媒体开展社科普及，开通“三门峡社科在线”新浪政务微博，发布社科联日常、社会科学知识共800余条，在召开的全省社科系统信息舆情工作会议上，三门峡市社科联荣获了“新媒体工作先进单位”的荣誉。

【开展社科智库建设工作】智库建设是培养社科人才，加强社科队伍建设的一项重要工作。2015年，市社科联联合市委宣传部理论课开展了“三门峡市首届社科专家”评选工作。经个人申报、组织推荐、资格审查、赛课展示、专家评选等环节，由市社科专家、宣讲名家评选工作领导小组研究，决定授予唐喜政等19人“三门峡市首届社科专家”称号，陈芳芳等10人“宣讲名家”称号。通过表彰在全市社会科学领域作出突出贡献的社会科学工作者，调动了广大社会科学工作者的积极性和创造性，培养和造就社会科学领域学术带头人，进一步促进全市社会科学事业的繁荣发展，全面推进三门峡建设。

三门峡市归国华侨联合会

【概况】至2015年底，三门峡市的侨务工作对象共1066户，7492人。其中海外华侨、华人4916人，分布在世界32个国家和地区。国内归侨侨眷2576人。春节前夕市侨联慰问组深入三门峡市辖区内所有归侨家庭和多户空巢老人和留守儿童家中走访慰问，发放慰问品折合金额数共计7360元。全年接待、协调、调节、处理归侨侨眷来信来访5（件）次，接待华侨华人24人(次)。市侨联自2014年开通微信公共服务平台后，主动发声、及时发声，弘扬主旋律。综合运用微信、公众服务号、QQ等新媒体平台进行网上引导和动员，以及宣传三门峡市侨联工作开展情况。积极主动和三门峡电视台、三门峡日报社、中国侨网以及根在中原网站等主流媒体网站保持密切合作关系，积极投稿，使其增大宣传和支持侨联工作的力度。全年，市侨联在三门峡日报社发稿5篇，其他各大主流媒体累计报道市侨联相关工作20余篇。经省侨联牵线，由澳大利亚华侨慈善家魏基成夫妇创立的慈善基金会“天籁列车”，7月5日至8日在三门峡市为0–20岁(包括特殊学校)听障人士开展慈善捐赠活动，为三门峡市198名听障人士捐赠198台助听器、5台教学机。捐助活动期间，每到一所特校，捐赠方魏基成夫妇的代表黄兆邦以及两位听力师对所有受捐助的孩子们进行助听器讲解、调试、佩戴工作。黄兆邦还亲自为聋生、家长以及聋班老师，做培训课程，内容是助听器的验配及各种功能使用方法，并指导学生们做好头部耳部脸部颈部背部的按摩和伸舌头训练动作。（李淇淇）

三门峡市科学技术协会

【概况】三门峡市科学技术协会（简称三门峡市科协），下辖6县(市、区）科协、10个大中型企事业科协及50余个市直学(协)会。2015年，全市科协组织坚持“抢抓机遇，突出特色，创新发展，务求实效”的工作思路，积极进取，主动作为，充分挖掘整合科技团体资源，积极推进创新创业服务，着力提高全民科学素质，竭诚服务广大科技工作者，致力推动三门峡市经济社会转型升级。2015年，全市科协系统共获得国家级先进集体荣誉6项，省级先进集体荣誉35项；获得国家级先进个人1人次，省级先进个人荣誉58人次。

【基层科普行动计划】2015年，市、县、乡科协组织把“基层科普行动计划”作为推动城乡科普工作的重要载体，制定目标，抓住重点，择优扶持，全程服务。全年确定了10个“农村科普示范基地”、10个“农村专业技术协会”、6个“科普示范社区”，作为基层科普行动计划典型示范带动单位。经过努力，活动取得显著成效，培育了一批在兴村富农、科普益民中辐射带动强、示范效应广、惠民效果实的农技协、基地、社区和科普带头人。卢氏县白芨种植协会、陕县神泉苑社区居委会等10个集体、4名个人分别获得国家、省级“基层科普行动计划”表彰资助，争取到项目资金141万元，为持续提升农村科普示范带动能力奠定了坚实的基础，有效地促进了农村发展，农业增效，农民增收。

【重点科普活动】2015年，市科协围绕“万众创新，拥抱智慧生活”专题，以科普宣传、高科技产品展示、科研基地开放、科普志愿者行动等为主要内容，并行推进，注重实效，创新开展“科技周”“科技下乡”“科普日”等大型科普宣传活动。“全国科普日”期间，全市科协系统组织开展科普活动50余项，灵宝市“千核万果”示范园观摩会、卢氏县“科普进学校”系列宣传行动等多项特色活动受到省科协表彰，各类技能培训、专家讲座、院士报告、科普大集、科普电视讲座、科教电影展映等活动精彩纷呈。“科技活动周”“科技下乡”等活动突出实用、实效，突出社会关切重点，围绕卫生保健、环境污染、食品安全等社会热点问题，及时向公众解疑释惑。推进社区科普常态化，组建科普志愿者队伍进入社区，开展科普宣传、讲座、展览等活动，组织编印《智慧生活读本》，免费发放到社区居民。与湖滨区科协联合，投资20余万元，在市区文博城广场、体育馆、涧河公园、老年活动中心及重点社区等12处建设科普宣传长廊，城区科普宣传阵地建设迈开了新的步伐。

【全民科学素质工作】 2015年，市科协认真履行市全民科学素质工作领导小组办公室职能，先后组织召开全民科学素质工作会和推进会，制定下达全民科学素质行动计划纲要工作要点及考核督导办法，安排部署年度具体工作。结合“十二五”末期三门峡市公民科学素质达标率达到4.1%的目标，全面推进区县全民科学素质工作。全市科学素质工作领导小组各成员单位围绕五大重点人群素质提升，组织开展科普讲座、技能培训、教育宣传等科普活动，“十二五”期间，三门峡市全民科学素质有了大幅提升，公民科学素质水平达到5.0%，通过了省政府的抽检验收。

【反邪教宣传教育工作】 2015年，市科协积极担当社会责任，用科学驱除邪教阴霾，在全市范围内开展“在反邪教工作中培育践行社会主义核心价值观”主题征文活动，共征集和发表反邪教论文46篇。在全市各县（市、区）中小学校开展“崇尚科学、反对邪教”主题教育班会，提高广大师生识别、防范、抵制邪教的能力，努力营造“校园拒绝邪教”的浓厚氛围。全市反邪教工作宣传活动更加丰富，成效更加显著，被评为河南省反邪教工作先进单位。

【科普信息化工作】 2015年，市科协充分借助现代新兴媒体传播及时、辐射面广的优势，不断拓展电视、网络、手机等现代传媒的科技传播渠道。全市科协系统共创办《科技天地》《农科天地》等科技电视栏目4家，开设《金色田园》《科技110》等广播电台节目3个，开通科普微信、微博、QQ平台5个，通过借助和融入现代传播平台，努力提升科普信息化水平。市科协《科技天地》栏目以“传播信息、推广技术、普及知识、倡导科学”为中心，加大制作力度，提高播出频次，全年编导、制作与公众日常生活密切相关的各类科普节目52期，播出288次，《生活科学常识》《科学新进展》《智能医疗机器人》等系列节目，知识性、科学性、趣味性强，倍受城乡居民的喜爱和欢迎。

【科普公共服务能力建设】 2015年，市科协推动社会科普资源向社会公众开放，提升科普资源共建共享能力。对气象局、天鹅湖国家城市湿地公园等8个省级科普教育基地进行规划指导、考核评估，积极争取创建国家级教育示范基地。结合食品安全、青少年科技教育、全民素质教育工作实际，创建食品安全教育基地4个、青少年科技教育基地2个、青少年科技教育示范学校7所。壮大农村科普示范体系，巩固发展农村科技服务组织，全市共发展农村专业技术协会591个、农村科普示范基地178个、科普示范社区17个，城乡科普示范教育体系更加完善，开放度愈来愈高，有效地满足了全市公众提高科学素质的需求。积极争取中国科协“流动科技馆”深入我市渑池、灵宝、陕县、卢氏等县市，开展巡展活动，组织展览体验，观众达12万人次，展品所到之处，产生了良好的轰动、凝聚效应。

【青少年科技教育活动】 2015年，市科协在全市中小学校组织开展青少年科技创新大赛、科技夏令营、“小发明、小制作”等全市性青少年科技教育实践活动，产生优秀科技作品上千件，在全省第29届青少年科技创新大赛中获一等奖31项，充分展示了三门峡市青少年在体验和探究身边科学的实践活动中所取得的新成就，极大地调动了全市青少年爱科学、学科学、用科学的热情。

【学术交流与合作】 2015年，市科协邀请北京农学院都市农业研究所所长史亚军教授、中国科普作家协会常务理事焦国力等专家到三门峡市，开展科技讲座、科普报告。市属各学会以创新驱动、学科发展为中心，以服务万企转型升级为重点，组织数千名科技人员开展区域性和全市性学术交流、科技培训、人才交流等活动百余场次。学术交流的层次和水平不断提高，与经济、社会、科研的结合更为紧密，豫西地区微创外科手术演示会、“基层科普行”医学培训、白血病的实验室诊断及新进展学习班、心理学研讨会、创伤骨科学术交流会等学术活动，为解决行业和企业技术难题发挥了重要作用，走出了一条学术与技术相互结合、相互促进的道路。学术刊物逐步走向繁荣，《公关世界》《义煤科技》《三门峡建筑业》《工程造价信息》等学术期刊，办刊质量和水平不断提高，学术性、科学性、指导性显著增强，在业界得到广泛认可。

【学会能力提升】 2015年，市科协围绕推动学科发展，完善学会管理制度和标准，加强学会组织党建工作，不断巩固学会的组织基础。积极培育新兴学科，全年新成立市心理咨询师协会、预防医学会等三个一级学会和一个二级学会，指导三家学（协）会成功完成换届任务，学会组织建设得到进一步加强。大力实施学会能力提升工程，稳步有序推动学会承接政府转移职能，形成了以服务经济转型发展和科技工作者创新创业为核心的学会能力提升工作模式。全市有3家学会进入省学会能力提升计划。

【企业科技服务工作】 2015年，市科协注重发挥企业科协在自主创新中的重要作用，全面深化“三讲一比”活动，引导企业科协及企业工程技术人员投身企业技术创新、项目合作、科技攻关活动。明珠集团公司科协每年划拨专项科研经费 50 万元用于科技攻关工作，鼓励广大职工积极投身科技创新活动。华阳电力公司科协组织开展员工创新亮点活动，征集广大员工“好建议”“金点子”数百条，“浆液循环泵入口滤网改造”等数十条合理化建议得到了应用，产生了良好的经济效益。围绕服务科技兴企，市科协积极引导学术团体与企业携手合作，大力实施创新驱动助力工程，深入产业集聚区、湖滨工业园区等企业一线调研科技需求，引进国家级、省级、市级学会和科研院所与企业对接，联合实施科技协作、技术攻关，搭建协同创新平台，开展“厂会协作”活动。电力、焊接、黄金、造价、汽车工程等学会，均与企业建立长期协作关系，参与企业科技管理、技术攻关活动，解决了大量技术难题，取得较好的经济效益和社会效益。

（陈 莹）

三门峡市残疾人联合会

【概况】 2015 年，三门峡市残联以创造残疾人幸福生活为目标，不断提高残疾人保障和服务水平，稳步推进三门峡市残疾人事业向前发展，取得了可喜成绩。

【残疾人重点民生工程】 2015 年，残疾人就业培训工程和 0–6 岁贫困残疾儿童抢救性康复工程再次被列入了省重点民生工程，三门峡市继续坚持“政府主导、部门配合、社会参与”的方针，给予了扎实落实。全年共实名制培训残疾人 2652 名，实现就业创业 1666 名，全部超额完成了年度工作任务。分类实施了聋儿救助、智力儿童康复、脑瘫儿童康复训练、假肢矫形器安装救助及辅助器具适配等五类救助项目，救助贫困残疾儿童 236 名，完成率达 100%。

【全市残疾人基本服务状况和需求专项调查】 2015 年 1 月 1 日，三门峡市正式启动了全国残疾人基本服务状况和需求专项调查入户阶段工作，经过两个多月的不懈努力，共入户调查持证残疾人和 0–15 周岁未持证残疾儿童 37276 人，入户调查率 97.73%，数据录入错误率仅为 0.047633%，受到了省专项调查办的高度肯定。

【残疾人康复工作】 2015 年，市残联完成市级残疾人辅助器具服务中心规范化建设；建设起了 2 个示范性康复站；残疾人康复服务水平得到了提升。认真落实康复目标任务，完成康复协调员培训 70 名；低视力验配助视器 220 名，低视力家长培训 90 名，盲人定向行走训练 220 名，聋儿听力语言训练 55 名，成人听力康复 30 名，精神病防治 2900 名，肢残脑瘫康复训练 300 名，智残儿童训练 140 名；孤独症儿童训练 30 名等，全部超额完成了年度工作任务。同时，还按照“发现一例，免费实施一例”的工作标准，为 206 名肢体残疾人安装了假肢和矫形器，有效巩固了三门峡市假肢装配无障碍市成果。

【残疾人教育扶贫工作】 2015 年，市残联深入落实义务教育“两免一补”助学政策和助学项目，全市适龄残疾儿童入学率达 90%以上；为 23 名大、中、专残疾学生提供了资助；为 614 名残疾人开展了以农村实用技术为主的培训；新创建省、市、县三级扶贫基地 16 家，共为残疾人提供就业岗位 65 个，辐射带动周边 200 余户残疾人家庭实现了增产增收；实施“阳光家园”托养项目，按照机构托养每人每年 1500 元、居家托养每人每年 600 元的标准进行补贴，将 450 名重度残疾人纳入了托养范围；扶持全市 31 家盲人保健按摩机构开展了规范化建设，为推进盲人朋友就业和提升三门峡市盲人按摩从业水平打下了基础。

【残疾人基层组织建设】 2015 年，全市乡、村两级残疾人专职委员选聘实现了全面覆盖并落实了工作待遇，对 328 名残疾人专职委员进行了网上远程培训，增强了工作能力；全年共核发“残疾人证”5804 本，全市持证残疾人达 43293 人，残疾人持证率进一步提高。

【残疾人文化体育工作】 2015 年，市残联建立残疾人自强健身示范点 4 个；发展特奥运动员、融合伙伴 800 名；在 9 月中旬第九届全国残疾人运动会暨第六届特殊奥林匹克运动会上，三门峡市 3 名运动员荣获 4 项荣誉，其中庞宝龙摘得男子铅球 F42 级冠军；在卡塔尔世界残疾人田径锦标赛上，庞宝龙再次取得了男子 F42 级铅球第五名的佳绩，为三门峡市争得了荣誉。

【残疾人社会保障工作】 2015 年，市残联认真落实重度残疾人保障政策，将符合城乡低保条件的贫困残疾人全部纳入了低保范围，为重度残疾人兜住了生活底线。残疾人“一法一办法”中残疾人凭残疾人证乘车及参观景区等刚性条款得到了充分落实；按照无障碍建设标准，对义马市和渑池县 120 户贫困残疾人家庭的厨房、院落和卫生间进行了无障碍改造；为 1147 名残疾人机动轮椅车主发放燃油补贴款 25.84 万元等，贫困残疾人得到了有效救助；开通了“12385”残疾人服务热线，为三门峡市广大残疾人的咨询、服务提供新的途径。

【扶残助残活动】 2015 年，市残联组织实施了轮椅助行工程、国际残疾人日捐赠等多个扶残助残活动，免费发放轮椅 2102 辆，远程教育学习卡 80 张，捐赠棉衣、棉被 400 套，辅助器具 3860 件；协助海外慈善团体在三门峡市开展魏基成“天籁列车”助听器捐赠活动，为聋哑儿童捐赠助听器 198 台。成立扶残助残志愿者服务队伍，社会爱心人士踊跃加入，经常性地开展关爱残疾人志愿服务活动，形成了良好的扶残助残社会风尚。 （习冬冬）

·编辑 张怡杰·

人民武装

三门峡军分区

【概况】 2015年，三门峡军区坚持强军目标统领，坚持整风整改基调，坚持依法从严治军，紧紧围绕整顿、备战、改革、规划的总体思路，突出铸魂固本，聚焦备战打赢，持续问题整改，狠抓工作落实，部队和民兵预备役各项建设不断取得新的进步，呈现出稳步发展、整体提高的良好局面。

思想政治建设　坚持把贯彻落实古田全军政工会精神和习主席系列重要讲话精神作为首要政治任务贯穿全年，持续深化课题式、问题式牵引学习路子，继续采取统一计划、统一组织、统一辅导授课和“双带联学”等方法，狠抓党委中心组带机关理论学习，“践行强军目标，做新一代革命军人”主题教育和贯彻落实古田全军政工会精神学习教育成效明显；扎实开展“新一代革命军人样子”大讨论、大谈心、“大党日”活动，“四有”要求深入人心；持续组织拥护支持改革专题教育，高度关注意识形态领域斗争，形势政策教育和经常性思想工作及时有效，隐蔽战线斗争工作扎实深入，确保了部队高度稳定和纯洁统一。国防教育、双拥共建、法律服务取得新成绩。

军事斗争准备　对照总部、原济南军区大规模作战能力和“十二五”规划执行情况检验评估标准，认真抓战备方案、物资器材、指挥设施、训练演练等各项准备，高标准通过省军区检验评估和检查验收。按照省军区“新乡会议”明确的标准，对应急指挥、作战值班、“三室两库”、目标监控等战备基础设施进行了补充完善，调整军事设施保护组织机构，健全工作机制、规范各类标识，更新全市综合兵要数据。完成密码电报远程递送系统建设，参加省军区机动指控系统技术骨干业务集训和快速机动、快速联通和多手段保障科目演练，指挥信息系统建设进一步加强。持续开展“大考核、大比武、大排名”活动，组织现役干部落实手榴弹实投、警卫人员集训、夜战训练，民兵预备役成建制拉动，军事训练实战化水平不断提高。积极研究探索征兵改革，协调市委市政府研究出台大学生入伍激励措施，在全国全军产生广泛影响。持续保持廉洁征兵高压态势，征兵任务圆满完成。

党委班子和干部队伍建设　扎实开展“三严三实”专题教育整顿，持续深入整顿思想、整顿用人、整顿组织、整顿纪律，用制度建班子、靠集体领导强班子、落实组织生活管班子等“四种能力”进一步提高。对照习主席在全军政治工作会议上指出的10个方面问题，围绕“8个专项清理整治”，在深刻汲取鲁先诚和济源市人武部案件沉痛教训的基础上，党委常委按照分工、采取蹲点式帮抓的办法和抓全年、抓全面的思路要求，集中抓、逐个帮，对存在的问题“零容忍”，部队风气进一步纯正。持续开展大党课活动，采取分部门按系统的办法抓好各项整改落实，严格落实干部教育管理规定和组织生活制度，政治生态建设取得了新成效。深入开展反腐倡廉学习教育，全面彻底肃清郭伯雄徐才厚案件影响，持续加强重点领域监督监察，党风廉政建设进一步推进。扎实做好干部选拔、调配工作，加大教育管理力度，积极参加上级组织的各类培训，抓好在职训练，坚持以会代训，干部队伍素质能力得到提高。计划生育、转业干部安置等工作继续保持良好势头。

部队安全管理　认真学习原济南军区依法治军从严治军集训精神，扎实开展“学法规、用法规、守法规”和创建“法治军营”活动，有力推动了军委《关于新形势下深入推进依法治军从严治军的决定》的贯彻落实。广泛开展“严纪律、正秩序、树形象”教育整顿，全面加强民兵武器装备仓库规范化建设，“四个秩序”进一步规范。深入开展以信息安全保密、车辆事故预防、枪弹危险爆炸物品管理、演训活动安全、武器装备仓库和机关公勤人员管理为重点的“五项整治”活动，通过定期检查、临时抽查、专项督查等形式，逐个单位过、逐个部位看、逐个人员查，及时发现突出问题，及时进行通报讲评，及时督促抓好整改，军分区连续十余年没有发生事故和案件。

基层规范建设　坚持常委包干帮抓制度，围绕人武部建设标准要求，突出“党委班子两个能力”和“主官三种能力”两个重点以及现役干部、专武干部、职工和应急分队等“四支队伍”建设，常委按照分工对人武部进行了整顿式帮抓，通过周交班、月办公以及季度讲评等方式、结合参加民主生活会、检查重点工作和大项活动落实等时机，深入一线跟踪督导，针对问题集中帮抓，人武部规范化建设质量进一步提升；坚持把帮抓落实到经常性工作开展上、落实到重点任务完成上，下大力抓了条令条例、文件规定和省军区四类《规范》的贯彻落实，按照新修订的《军队基层建设纲要》和《关于进一步加强专职人民武装干部队伍建设的意见》要求，狠抓了基层武装部建设、民兵骨干队伍建设以及职工队伍教育、培训和管理工作，基层全面建设水平整体提升。

后勤保障　突出抓后勤战备方案计划的修订完善，补充各类物资器材，强化野外条件下后勤保障训练，后勤战备工作有效落实。全面深入做好全军财务大清查，坚持从严抓好问题整改，对2014年经费决算、2015年预算安排进行集中审计，持续推进资金集中支付、服务项目采购、卫勤保障模式和空余房地产租赁改革，严格整顿后勤供应管理秩序，狠抓武器装备管理制度落实，坚持强化武器弹药管理检查抽查，管理服务水平进一步提高。积极推进民兵综合训练基地建设，加大协调力度，筹建工作进展顺利，后勤综合保障效能进步明显。

双拥共建　以争创全国双拥模范城“五连冠”为契机，协调市委市政府和地方相关职能部门进一步完善军民融合发展联席会议机制，扎实推进思想政治建设、科技资源优势、应急应战保障、人才培养体系、基础设施建设、和谐三门峡建设6个领域融合，全方位多领域融合发展格局基本形成。深入开展“四帮一建”爱民工程，合理确定科技扶贫、保护生态、助学兴教、抢险救灾、维护稳定等7项重点工作，成建制组织民兵开展植树造林、兴修水利活动，持续捐款资助卢氏县60名贫困学生，协调100余万元用于扶贫村建设，走访慰问军烈属和困难群众80余户，征召农村贫困家庭子女入伍100余名，协调审结涉军案件4起，化解涉军群体性矛盾纠纷6起，以实际行动践行了为民服务的宗旨，双拥共建活动深入推进。（李卫国）

【召开军分区党委第四届第十次全体(扩大)会议】2015年1月23日，三门峡军分区党委召开四届十次全体(扩大)会议。肖群章代表军分区党委向大会做了《聚焦强军目标，狠抓整风整改，推动部队和民兵预备役建设深入发展》的工作报告，报告回顾总结了2014年以来军分区工作基本情况，研究部署了2015年主要任务。叶勇司令员发表了《认清形势任务，增强使命意识，强力推进部队和民兵预备役建设创新发展》的工作讲话。（范雨志）

【开展“学习践行强军目标，做新一代革命军人”主题教育活动】2015年6月17日至25日，三门峡军分区集中6天时间，采取学习理论、授课辅导、座谈讨论、辨析交流相结合的办法，按照有调查研究、计划方案、动员部署、授课辅导、学习讨论、点名补课、心得交流、笔记展评、理论考试、总结讲评的“十有”标准要求，围绕学习贯彻习主席关于培养有灵魂、有本事、有血性、有品德的新一代革命军人的重要指示，重点抓好四个专题学习教育，突出抓好“新一代革命军人样子”大讨论活动。通过这次教育，使广大官兵进一步增强化了战斗队意识、强化了职责使命，激发了精神动力。（姜　开）

【协调召开市委常委议军会议】2015年7月29日，三门峡军分区协调召开市委常委议军会议。市委常委、市政府有关领导、军分区党委常委、部分驻军团级单位主官共40多人参加会议。会议传达学习了习近平总书记关于国防和军队建设一系列重大战略思想、重大理论观点、重大决策部署，分析了国防和军队建设形势，听取了市委常委、军分区政委孟斌和驻军有关单位提请会议研究的具体问题的汇报，对征兵工作、随军家属安置、预备役高炮五团训练基地、二炮通信团营区土地置换与建设、武警支队和消防支队提出的反恐装备、应急保障车辆和消防车辆购置等5个问题进行了研究，提出了解决方案，明确了标准要求。（范雨志）

武警三门峡支队

【概况】2015年，武警三门峡支队党委团结带领全体官兵，按照总部总队党委工作部署，积极主动作为，深入改进作风，着力提升标准，狠抓工作落实，部队建设呈现稳步发展、全面提升的良好态势。

铸魂工程扎实有效。突出抓好习主席“四个全面”战略和全军政治工作会议精神学习贯彻，积极参加总队团以上干部理论学习、纲要培训及战训法集训等活动，政委理论研讨发言得到与会领导和学员好评。认真贯彻总队大抓理论学习指示要求，坚持书记亲抓、领导带头、学用结合，官兵理论武装得到加强。研究制定《经常性基础性政治工作落实指导手册》，细化提质增效措施，党委常委带头授课，多次邀请地方专家现场辅导，分层次举办基层干部授课比赛，教育质量明显提升，主题教育被总队通报表扬，经验做法被总队信息网转发。义马市中队指导员陈家云被总队评为优秀“四会”政治教员。“三严三实”教育活动成效明显，党委带头纠治“四风”，大力开展批评、自我批评。聚焦整风整顿，干部大检查工作认真细致，推进有力，受到总队的通报表扬。跟进抓好落榜考生、重点关注人员的思想排查，确保官兵思想稳定。支队“新时期带兵方法大家谈”活动情况报告得到总队首长肯定，被总队政治部转发推广。圆满完成总队第二季度党委中心组到渑池参观见学保障任务，受到总队党委首长和机关的一致好评。

中心任务完成圆满。认真贯彻“湖

北会议”精神，扎实开展勤务检查鉴定活动，持续抓好常态化执勤隐患治理，整改治理10余处执勤隐患；协调推进卢氏中队监门哨建设，促成义马市看守所在押犯分流，清零长期在总队挂号的执勤隐患，实现看守目标监门哨全部出勤。制作《军事训练“八落实”标准学习手册》，狠抓首长机关训练，严密组织“卫士—15”演习，以“任务牵引抓训练、提高能力保中心”为原则，着力抓好执勤训练，指导基层扎实开展专勤专训，督促各中队每周五上午利用1小时进行典型案例分析研训，分4批在教导队进行勤训轮换，精心组织各类临时勤务，先后出动900余人次，圆满完成进京要道设卡、三门峡元宵节社火、“两会”、国际黄河旅游节安保和常态化武装巡逻勤务，部队遂行任务能力有明显提升。参加总队狙击骨干比武、总队组织勤训轮换教练员备课考核、总队船艇集训、总队特勤排分班轮训比武分别取得单位第四名和第五名；张跃、许蕾、白凯元、林云甫4人分别取得个人综合成绩第一名、第二名和第三名的好成绩。圆满完成全省看守所安全工作会议试点（三门峡市中队）和以训强勤课目演示（陕县中队）任务。

基层基础进一步夯实。大抓新《纲要》学习贯彻，扎实抓好学习成果转化，部队上下学、研、用《纲要》氛围浓厚。下大力抓干部素质能力。以应知应会学习为抓手，坚持周提问、月考核、人人过关等形式，持续掀起学习应知应会的热潮；扎实开展《纲要》培训、“重学习、尽职责、讲道德、守法纪”教育等活动，规范边走边汇报程序，提高了基层干部能力素质。下大力抓考帮建质量。牢固树立“大抓基层、大打基础”的正确导向，按照“全面建设、全面过硬”的标准，指导基层学习贯彻三级党委扩大会议精神，帮助理清工作思路，制定完善《支队2015年度党委机关股(室)包队责任表》，采取普遍蹲与重点蹲相结合的办法，重点对连续5年以上未创先进的二中队、勤务中队进行帮建，提高自建能力，促进基层建设全面平衡发展。下大力抓正规化秩序。修订《机关正规化管理实施细则》，统一正规化物品，坚持周检查、月讲评，极大提升机关正规化建设层次，依托三门峡市中队和渑池中队召开军事工作观摩会，对各类登记统计、内务设置和官兵日常礼节、各类时机报告词等进行规范统一，有效提升部队正规化建设水平。扎实开展安全教育，先后邀请三门峡市交警支队、省消防协会专家等为官兵讲授安全常识，强化了官兵安全防范意识；扎实开展密切内部关系专项整治和安全大检查活动，坚持问题导向，及时消除各类隐患；严密组织“学法规、用法规、守法规”活动，组织《武警部队八个方面安全基本工作规范》网上辅导和函授作业，进一步强化各级法规意识。

后勤保障水平不断加强。制定《后勤处机关工作规范》《后勤指导规范汇编》等小册子、购置业务性工具书40余册，提高后勤机关业务工作、指导基层规范化、储备了后勤人才队伍。坚持开展司务长集体办公、伙食指导周、车场日、医疗巡诊、“司务长20道菜”、炊事员“周学一菜”等活动，大幅提升后勤保障质量。紧盯基层账目登记、伙食水平、车辆与军械安全、营房维修、卫生防病等重点内容。始终抓住岗位平台锻炼后勤官兵，加大对卫生员、军械员等的培养，每周将后勤岗位训练作为必修科目，不断利用“学法规、用法规”教育、后勤工作现场会等时机，督导官兵知道标准、树立标准、落实标准，为后勤建设打基础、攒家底。支队就地医疗经验在总队卫生工作会议上典型发言。

组织核心作用发挥明显。深化巩固教育实践活动成果，扎实开展“三严三实”“四整三查”和“七项整治”活动，班子成员围绕“4个说清楚”和5个方面问题，认真对照检查，深刻开展批评与自我批评，详细制订针对性改进措施，以实际行动引领风气建设健康纯正。落实领导干部双重组织生活制度，规范划分机关党小组，加大党团活动检查督导，严肃党内政治生活。工程建设、物资采购及涉及官兵利益等敏感问题，坚持集体研究，落实“四公开”，未发生任何违纪违规现象。年初以来，支队推荐1名营职干部参加中级培训，调配使用干部20名，新发展党员40名，选派技术学兵20名，选取战士参加预提士官集训26名，选取士官76名。 （周　杰）

【召开支队党委扩大会议】 2015年2月3日，支队召开党委扩大会议。会议认真传达学习总部、总队党委扩大会议精神，党委书记陈黎平代表党委常委会向全会作题为《聚焦强军目标，全面提升标准，在抓经常打基础中推进支队建设持续发展》工作报告，报告全面总结分析2014年度支队建设形势，肯定取得成绩，剖析存在差距和不足，明确新年度工作总体要求和主要任务。党委副书记代练兵围绕“大力提升经常性基础性工作质量，推进支队全面建设上层次上台阶”为主题进行讲话，纪委书记张良作纪委工作报告，司、政、后三个部门对口部署军事、政治、后勤工作。与基层各单位签订《安全稳定工作责任书》《人口与计划生育工作责任书》，并表彰一批先进单位和个人。 （李　猛　唐晓宇）

【开展“新时期带兵方法大家谈”座谈调研】 2015年2月25日至3月10日，支队认真分析新兵思想心理形势，结合新兵“第二适应期”新情况新问题，由政委陈黎平、政治处主任李俊杰带队组成两个工作组，围绕“研究新兵特点、交流带兵经验”这一课题，深入八个基层单位，共召开8场集思广益座谈大交流，117名骨干思想交锋大讨论，带动支队全体干部骨干研究士兵特点、提升带兵水平。通过座谈调研，一幕幕新时期新视野新观念思想大变革遍地开花，支队上下掀起扩宽新视野、改变新思路“带兵方法大讨论”活动，推进新兵“第二适应期”工作进一步向深里抓、向实里抓，为全面掌握新时期官兵思想动态奠定了扎实基础，同时“新时期带兵方法大家谈”经验被总队转发学习。 （李海涛　王晓丽）

【组织武装巡逻勤务情况处置培训】 2015年3月20日下午，根据支队机关干部担负武装巡逻勤务指挥员应对各种突发情况处置能力和指挥技能弱的实际，组织全体机关干部进行情况处置培训。培训主要对执勤官兵遭遇持械袭击、群众遭爆炸物袭击、暴恐分子持刀袭击群众三种突发情况处置进行演示，并就巡逻官兵担负主要任务、常用执勤动作、常见情况处置方法等内容进行讲解和规范。通过培训，进一步增强机关干部实战化技术和理念，大力提升支队武装巡逻勤务情况处置能力和反恐水平，为确保任务圆满完成奠定坚实基础。（段国辉　焦佳宾）

【巡逻组成功抓获一名持刀伤人嫌疑人】 2015年8月18日上午11时50分，支队湖滨广场联勤巡逻组成功抓获一名持刀伤人嫌疑人，当场缴获作案刀具一把。18日上午11时39分，当联勤巡逻组巡逻至黄河路与经一路交叉口时，突接三门峡市110指挥中心指令，要求联勤巡逻组迅速赶至黄河路与宋会路交叉口东100米处处置一起持刀伤人事件，巡逻组迅速赶赴事发现场。到达现场后，联勤巡逻组一方面组织人员封控现场、配合急救人员对伤者实施救治，另一方面派出侦查组搜集凶手逃跑方向及相貌特征等情报。参战官兵针对持刀歹徒在受到惊扰后有可能劫持人质导致事件处置难度增大的实际，指挥员结合凶手藏匿地（棋牌室）特点，采取声东击西的战法，即以查赌名义进入，隐蔽接近目标，而后以迅雷不及掩耳之势对其实施抓捕，一举达成抓捕目的。

（王　松）

【开展“十个一”活动】 2015年9月5日，在实行征兵工作重大改革工作开局之年，支队积极响应，主动作为，扎实开展“十个一”活动。即：录一份老兵纪念光盘；搞好一次传帮带活动；搞一次告别仪式教育；收集好一次感言寄语；组织一次爱心捐助活动；召开一次老兵欢送会；购买一份纪念品；邮寄一次个人物品；给老兵家长打一个电话。围绕“学老兵、赞老兵、送老兵”主题每个中队举办了1块黑板报，利用板报、橱窗、警营广播、网站专栏等有效载体，大力宣传老兵中的好人好事和先进典型，引导和激励广大老战士站好最后一班岗。同时指定老兵先进典型现身说法、介绍经验，大力宣传老兵对部队建设所做贡献，宣扬老兵服从大局，正确对待走留先进事迹。“十个一”活动对促进官兵思想稳定和激发退伍老兵爱岗敬业工作热情起到积极作用，为实现部队内部安全稳定和打赢“第三场维稳战役”奠定坚实基础。

（周　杰）

武警消防支队

【概况】 2015年，三门峡武警消防支队以扎实开展“基层基础推进年”活动为抓手，团结带领全市官兵加压奋进，持续拼搏，部队战斗力实现新提升，社会消防工作实现新发展，基层基础建设实现新突破，消防工作和部队建设取得了新成效。全市连续10年未发生较大以上火灾事故，部队安全无事故。支队被省委、省政府评为“省级文明单位”，义马人民路中队中队长常猛作为公安现役部队唯一代表，被评为第三届河南公安“十大忠诚卫士”，并被全省公安机关进行广泛学习和宣传。

消防安全责任制得到进一步落实。大力推行“党政同抓、一岗双责”，提请市政府部署开展消防安全基层基础推进年活动，逐级签订责任书1500余份，实行半年督导、年度考核、严格奖惩，并于10月底对涉及车辆器材装备、乡镇专职队建设、市政消火栓建设、重大火灾隐患整改及队站建设情况进行了专项督办、跟踪督查，全力推动问责机制落实到位。集中约谈全市244个单位负责人，通过签订承诺书、座谈分析省内外重大火灾事故教训等措施，推动单位主体责任有效落实。

社会火灾防控水平进一步提升。先后开展“平安系列”、夏季消防检查、“奋战一百天、全力保平安”行动、抗战胜利70周年、电动自行车火灾防范治理、冬春火灾防控、上合会议安保等消防安全专项整治行动，通过部门联动查、“大兵团”作战等方式，集中消除了一大批火灾隐患和违法行为。集中开展23次大规模夜间清查整治，组织1137家重点单位全面开展自查自纠，共检查各类场所3.4万余家，督促整改火灾隐患4.1万余处，整改政府挂牌督办重大火灾隐患单位10家，责令三停单位164家，临时查封306处，行政拘留84人，有效净化了社会消防安全环境。

执法服务效能进一步提升。部署开展全市消防执法突出问题“三查三清”集中整治活动，对全市6个行政审批窗口进行了一次集中整顿。先后3次开展消防执法记录仪使用培训，全面实施执法记录，规范消防执法行为。部署开展服务型行政执法建设工作，在窗口实行便民利民服务措施，深入推进窗口标准化建设，提升服务水平。全面推行“一窗式受理”“一站式服务”、执法建议等制度，对大型重点项目建设和重大隐患单位，实施“消防直通车”制度，赢得了各级领导和群众的高度赞誉。

部队攻坚实战能力进一步提升。全面加强支队级全勤指挥部建设，制定支队等级力量调派方案，吸收各行业74名专家组成各级灭火救援专家组。贯彻实战化训练理念，深入开展“六熟悉”训练，重点加强对辖区重点单位、人员密集场所、石油化工等易燃易爆单位、劳动密集型企业及“五类场所”的熟悉演练。全年共开展支队级拉动演练22次，大队级熟悉908次、演练647次，修订预案481家。先后参与了政府组织多部门联合演习6次，切实提升了应急联动协同作战能力。全年全市共接警出动2482起，出动车辆5104车次，出动官兵26561人次，抢救和疏散被困人员1797人，抢救财产6456万元。

公众消防安全意识进一步提升。深化消防宣传活动，先后开展了“中小学生安全教育日”“防灾减灾日”“‘119’消防宣传月进社区”等10余次集中宣传活动。组建13支消防宣传小分队，聘任119名社区宣传大使，组织开展各类宣传410余场次，督促各地建成大型消防宣传橱窗118个，发放资料5万余份。分期分批对全市1.5万余名“一长三员”进行轮训。开展火灾隐患曝光活动，协调各级主流媒体开辟消防专栏9个，利用微博、微信等“微媒体”，每天发布共享消防资讯和消防安全提醒等。联合移动、联通、电信等通信运营商发送消防安全提示短信36万条，取得明显效果。

【召开消防支队党委一届三次全体(扩大)会议】 2015年4月24日上午,三门峡消防支队组织召开党委一届三次全体(扩大)会议,总结回顾2014年工作,对2015年度先进单位和个人进行了表彰,对2015年的任务进行了部署。各大队递交了2015年工作目标责任书,支队党委书记、政治委员仰文祥代表支队党委作了题为《克难攻坚,砥砺进取,全力推动我市消防工作和部队建设上台阶》的工作报告。

【开展“防灾减灾日”消防宣传活动】 2015年5月12日是全国第七个“防灾减灾日”,主题是“科学减灾,依法应对”。上午,全市9支消防宣传小分队,围绕第21届国际黄河旅游节前消防宣传活动,组织开展“微信扫码送礼”“旅游节消防志愿者招募”“崤函红门行”“消防实践体验”等系列消防宣传活动,进一步增强群众的防灾减灾意识,提高防灾减灾能力,为即将到来的国际黄河旅游节营造良好的消防宣传氛围。

【举行大型人员密集场所无预案实战拉动演练】 2015年7月3日下午,三门峡支队在商务中心区义乌商贸城举行了一场大型人员密集场所无预案实战拉动演练,调集开发区特勤中队、湖滨区黄河路中队13辆消防车、65名官兵及义乌商贸城千余家商户同参与了此次演练。支队长江俊伟、副支队长马雷、工程师朱明荣、副参谋长叶建等领导对演练整个过程进行了现场指导。

【举办业务比武竞赛活动】 2015年7月10日,消防支队组织进行上半年比武竞赛活动,来自全市消防部队8个代表队80名官兵展开激烈角逐。比武竞赛项目共分为3000米长跑、单杠卷身上、绳索攀爬、垂直更换水带操、双人六米拉梯操、救援三脚架操、单人洗消帐篷操以及灭火救援业务管理系统应用等8个项目。比赛过程中,全体参赛官兵严守纪律、服从裁判、听从指挥,充分发扬“不畏苦累冲极限,不甘落后争第一”的顽强拼搏精神,赛出了自己的水平和风格。

【集中约谈消防安全责任人】 2015年8月10日,三门峡市各个县(市、区)政府统一行动,由各县(市、区)政府主管消防安全领导牵头,集中约谈消防工作开展不力的62个县(市、区)政府和行业主管部门负责人,以及重大火灾隐患久拖不改的32家社会单位责任人。约谈旨在进一步推动消防安全责任制的落实,加快火灾隐患整改进度,坚决防范各类火灾事故的发生。

(郭　英)

人民防空

【概况】 2015年,三门峡市人防工作以年度责任目标为依据,不断提高思想认识,强化工作职责,改进工作作风,完善规章制度,增进服务水平,确保了年度人防各项目标任务顺利完成。

【组织指挥体系建设】 2015年,三门峡市人防办健全人民防空指挥部体制,落实指挥部成员实名制和协调监督机制,组织指挥部成员进行了点验。对全市二、三类重要目标进行全面评估和建档、建制,形成科学合理的评估报告。专业队伍组训落到实处。整组7类人防专业队,组织人防专业队骨干进行训练。按照训练计划,每月组织一次外出拉练,每周五定时组织进行全省联调,每天做好电台通播工作。人防信息化体系建设快速发展。人防基本指挥所信息系统运行良好。完成人防骨干网建设和人防应急指挥中心改造。加强各种通信设备管理维护。定期对设备进行检修,确保设备始终处于良好状态。完成“9·18”警报统一鸣放工作,安装和更换了2台电声警报器,增加市区警报密度,实现市区警报音响信号无缝隙覆盖,各县(市、区)也在同步进行。

【人防宣传教育】 2015年,三门峡市人防办阵地宣传成效明显。充分利用各种舆论工具和宣传渠道,采取多种方式,开展宣传教育活动,进一步巩固人防宣传教育示范建设成果。宣传教育形式多样。“5·12”防灾减灾日在湖滨广场和人防示范社区组织开展了宣传活动,内容全面、效果明显。组织开展一次群众性防空防灾技能展演活动。媒体网络宣传不断加强。充分利用各种媒体渠道,积极宣传人防,展示人防。9月,开展人防电影科教片放影月活动。对人防网站硬件及软件进行了升级和改版,进一步增强了网络宣传和服务能力,提升了人防良好的对外形象。

【人防工程建设】 2015年,三门峡市人均人防工程建筑面积已达到国家规定人防人均建筑面积目标。人防设计、审图、监理、防护(化)生产安装均执行国家、省有关规定要求,新建工程均按设计要求安装到位。严格人防工程管理制度,确保人防工程质量效益。形成了人防工程建设审批前后置把关长效机制,确保人防工程建设程序、设计标准、工程质量、档案管理符合要求,落实人防工程为群众避暑纳凉,加强人防工程防汛、防火等工作。

【人防行政执法】 2015年,三门峡市人防办聘请了常年法律顾问,提供法律咨询,解决具体事务。行政执法工作严格规范,各项执法监督制度健全,执法监督分工明确,责任具体,制度落实,工作到位。积极做好人防法制宣传工作,坚持人防法律法规学习,提高机关人员法律素质。制定了人防法律法规及宣传教育计划,组织全市人防行政执法人员培训班。9月,开展联合执法和执法检查月活动。 (田金管)

·编辑　张怡杰·

政法委

【概况】 2015年，全市政法工作以维护社会大局和谐稳定、保障人民安居乐业、促进社会公平正义为主要任务，以平安三门峡建设、法治三门峡建设和政法队伍建设为主要抓手，不断创新工作机制，着力推动工作开展，取得了新的成效。三门峡市荣获全省平安建设先进省辖市、信访稳定工作先进省辖市，公众安全感、政法机关执法满意度指数位居全省前列。

维护社会稳定　始终把维护社会大局政治安全稳定放在首要位置，着力抓好打击防范和社会矛盾排查化解工作。扎实开展反暴恐工作，建立健全协查联控机制，在全省率先建成连霍高速豫陕界治安检查站，全省环豫公路公安检查站建设现场会在三门峡市召开。认真落实社会稳定风险评估制度，做到重要决策、重大项目应评尽评。全年评估涉及群众切身利益的重大决策事项86起。坚持市、县每月、乡镇(街道)每半月一次的矛盾纠纷排查调处工作制度，及时分析研判可能引发重大治安问题和群体性事件的隐患苗头，化解大量不稳定因素。深入开展“三查三保”活动，全市共排查各类不稳定问题、隐患850个，化解442个，确定整改时限的366个，制定中远期整改目标的42个。对全国“两会”、十八届五中全会、抗战胜利70周年纪念活动等时期的信访稳定工作及早部署，抓好落实。开展对赴京非访、到省集体访问题的集中整治，深入推进依法逐级走访，着力打造“阳光信访”，有效规范了信访秩序。中央、省、市三级交办信访案件按期办结率99.8%。

服务经济社会发展　全市政法系统紧紧围绕全市中心工作，充分履行职能作用，努力为三门峡的经济社会发展创造良好的社会环境和法治环境。全年共破经济犯罪案件104起，抓获违法犯罪人员356名，审结各类民商事案件15148件，审结借款合同、损害赔偿等传统民事案件9895件；审结买卖合同、重大工程建设、房地产开发等商事案件1418件。组织全市政法系统开展服务承诺活动，召开新闻发布会，公布承诺事项，接受群众和社会各界监督。组织法律工作者为企业提供法律意见和分析论证，参与全市重点工程项目招、投标，为项目顺利开工提供了强有力的法律保障。深入贯彻落实《法治三门峡建设纲要(2014—2020年)》，圆满完成市法学会第二届理事会换届工作，全市6个县(市、区)全部成立了法学会。联合市委宣传部、河南法制报等单位开展“法治文化周”系列大型宣传活动，共组织开展著名诗人“走崤函看平安”、公务员宪法宣誓、“法治三门峡行”大型采访、法治三门峡征文大赛、崤函法治论坛等11项活动，全方位集中式开展政法宣传，取得良好社会效果。

平安建设　坚持打击常态化、防范社会化，把平安建设作为一项民生工程持续推进，取得了明显成效。深化严打整治斗争，全市共破获各类刑事案件4355起，抓获各类犯罪嫌疑人3868人，刑拘犯罪嫌疑人2684人。把群众关注的“两抢一盗”等多发性侵财犯罪作为打击重点，在全省打击“两抢一盗”收官战中，三门峡市破案数排名全省第一。组织开展“禁毒会战”、吸毒人员“大收戒”等专项行动，持续开展社会治安突出问题排查整治，共挂牌整治治安突出问题19个。集中开展危爆物品和寄递物流清理整顿专项行动，预防了个人极端暴力犯罪案件的发生。持续推进“天网”工程建设，建成地市级视频监控中心1个，县(市)级视频监控中心5个，乡镇级视频监控中心65个，在省界、市界和县界建设治安智能卡口135个，覆盖市、县、乡、村的视频监控网络进一步完善。在市区11处人员密集场所建成制高点监控系统，形成“高低搭配，远近结合”的城市监控体系新格局。加快基层矛盾纠纷预防化解体系规范化建设，在县乡村和有关单位分别成立了由主要领导挂帅的矛盾纠纷调处化解中心（工作室），建立专业性、行业性调解组织101个。建立完善矛盾纠纷“动态排查、分级调处、归口办理、协调督办、依法终结”等5项工作制度。坚持落实“社会稳定风险评估、矛盾纠纷调处化解例会、重大矛盾纠纷会审、信访代理、挂牌接访和接访公示、信访案件听证评议、流动调解、跨村连片调解、群众工作日、化解社会矛盾专项资金”等10项矛盾纠纷预防化解制度，预防化解了大量矛盾纠纷。持续加强社会面巡逻管控，加强街面巡逻的密度和频度，组织政法各部门开展“警灯闪烁”、夜间巡逻，最大限度地预防和减少违法犯罪的发生。以豫陕界智能化公安检查站建设为龙头，联动境内310国道、209国道以及连霍高速、三淅高速、洛卢高速和三灵快速通道智能交通管理系统，形成了对过往车辆、人员信息的比对核查以及突发事件的全域封控。

司法体制改革 全市政法系统严格按照中央、省委有关司法体制改革的安排部署，着力把各项改革举措落到实处，促进社会公平正义。推进实施法院立案登记制，完善人民陪审员、人民监督员制度。三门峡市中级人民法院制定出台《关于全面实行立案登记制的暂行规定》等文件，变立案审查制为立案登记制，对依法应该受理的案件，做到有案必立、有诉必理，保障当事人诉权。规范细化查封、扣押、冻结、处理涉案财物的司法程序。制定了《三门峡市人民检察院涉案财物管理办法》和《三门峡市人民检察院涉案财物全程监控实施办法》，进一步规范细化了查封、扣押、冻结、处理涉案财物的司法程序，不断提升涉案财物规范化管理水平。建立领导干部干预司法活动记录、通报和责任追究制度，进一步强化了内部监督制约，有效防止和减少人为因素对执法办案活动的干扰，避免出现人情案、关系案、金钱案。健全职务犯罪举报线索监管机制，完善行政机关和相关部门协查职务犯罪工作机制。制定《三门峡市人民检察院交办线索督察督办管理办法》《三门峡市人民检察院交办信访案件管理细则》。对交办案件、交办线索的办理程序、督查督办、办理结果审查、责任追究均作了详细规定，提高了交办案件、交办线索的办理质量和工作效率。与有关部门和单位建立了信息查询共享机制，促进信息查询工作高效、安全、保密开展，有利于充分发挥各自优势，形成惩治职务犯罪和加强犯罪预防工作合力。

社会治理创新 建立矛盾纠纷排查信息系统。以灵宝市为试点，委托中科院软件研究所、公安部一所研发了“矛盾纠纷排查信息系统”。借助“互联网+”“微媒体”和中原云，实现大数据深度研判。广大群众通过手机或网络，可直接反映利益诉求、社情民意、治安问题等等，随时查询办理情况，有效预防化解各类矛盾，减少了民转刑案件的发生。在市、县两级公安机关组建以指挥中心、情报中心、网络侦控、刑事技术、行动技术等为一体的合成作战指挥中心，实现了“情指联动”、精准打击的合成作战效果。以湖滨区为试点，在每个社区(行政村)成立一个以个人名义命名的“个人品牌”调解室，发挥“区域名人”人熟、地熟、业务熟、情况熟的优势化解矛盾纠纷，确保调解时情理与法理兼顾，提升人民调解成功率。建立“六位一体”道路交通事故处理服务中心。灵宝市整合联动社会力量，投资300余万元建成基于“互联网+”的信息化平台，成立了集司法、公安、法院、保险、物价、救助“六位一体”的道路交通事故处理服务中心，实现了交通事故处理零激化、零投诉、零上访、零违纪、零积案。

政法队伍建设 全市政法系统围绕“三严三实”主题教育暨“我为三门峡发展作贡献”主题实践活动，按照“四问四做起”要求，组织开展了一系统学习研讨活动，进一步坚定了广大干警的理想信念，夯实了高举旗帜、听党指挥、忠诚使命的思想基础，激发了干事创业的积极性。按照贴近实战和“缺什么、补什么”的原则，分层次、分类别、大规模地开展岗位练兵和业务竞赛活动，以练促学、以赛促学，提高政法干警业务办案、信息化运用和群众工作能力。举办“政法大讲堂”，与西北、西南政法大学开展全市法治干部培训班，实现了与政法高校优质资源的共享。举办全市政法宣传干部培训班，各级政法部门分管宣传工作领导、业务部门负责人，县(市、区)委政法委有关领导共70余人参加培训。在全市政法系统开展“法治三门峡·巾帼在行动”最美女法官、女检察官、女警官、女律师、贤内助评选表彰活动，展现全市政法系统优秀妇女代表时代风采。涌现出为保卫群众生命财产安全，不怕流血牺牲的“6·12”豫灵派出所英雄群体和第三届河南公安“十大忠诚卫士”获得者常猛等一大批先进典型。积极稳妥推进政法综治网站、微博、微信公众号建设，充分利用各类媒体开展立体化宣传，形成功能互补、覆盖广泛、便捷高效的政法宣传体系。全市政法系统在市级以上各类新闻媒体刊播宣传稿件47104篇次，其中，中央级媒体2823篇次，省级8355篇次。全市政法机关认真贯彻落实全面从严治党要求和党风廉政建设工作部署，以“一学两抓三责”活动为载体，突出抓好“两个责任”落实，形成反腐倡廉建设工作合力；以学习《准则》《条例》为重点，开展党规党纪专题学习教育，开展“四风问题、为官不为、懒官懒政”专项整治，着力查找和整改群众反映强烈的执法司法突出问题，转变工作作风；严肃查处政法干警违法违纪案件，坚持“零容忍、无禁区、全覆盖”，坚决惩治司法腐败，守住纪律和法律底线。（尤 洋）

社会治安综合治理

【概况】 2015年，全市社会治安综合治理部门认真贯彻落实省、市关于深化平安河南建设的决策部署，瞄准争创全国综治优秀市“四连冠”、打造平安建设示范区奋斗目标，重点抓好社会治安打防管控、矛盾纠纷排查化解、“天网”工程建设、基层平安创建活动、群防群治队伍建设等工作，着力提升平安建设水平，维护了全市社会大局持续稳定。在全省公众安全感测评中，三门峡市位居第3位。被省综治委铁路护路联防工作领导小组评为“2015年度全省铁路护路联防工作先进单位”。

平安三门峡建设活动 组织召开全市社会治安群防群治和“一村一警”工作会、全市行业平安创建活动推进会、全市精神卫生工作联席会等会议，有效指导了平安建设工作的开展。在检查考核基础上,建议市委、市政府对2014年度全市平安建设先进单位和先进个人进行了表彰奖励,进一步调动了各级各部门的积极性和主动性。强化督导检查,对全市综治和平安建设工作进行了6次督导检查,对工作扎实、成效显著的单位通报表扬、鼓励先进,对工作落后的单位通报批评、督促整改,有效推动了各项工作措施落实。

社会治安防控体系建设　以“规范联网、提升应用”为目标,持续推进视频监控“天网”工程建设。共建成地市级视频监控中心1个,县(市)级视频监控中心5个,乡镇级视频监控中心65个,已完成市县和部分乡镇视频平台联网,在省界、市界和县界建设治安智能卡口135个,在市区11处人员密集场所建成制高点监控系统,覆盖市、县、乡、村的视频监控网络进一步完善。加快“三高一快”(连霍高速、三淅高速、洛卢高速和三灵快速通道)视频监控项目建设,建成管理中心1个,测速点位21个,视频监控点42个,建成部分已经投入使用。加强视频监控运行维护队伍建设,举办全市“天网”工程建设专业技术培训班,视频监控运维机制初步完善。组织政法各部门开展“警灯闪烁”、夜间巡逻,加强城区街面巡逻的密度和频度,强化城中村、城乡接合部等案件高发区域的巡逻防范;大力推广渑池县西庵头村义务治安巡逻经验,积极开展社会治安群防群治,最大限度地预防和减少了违法犯罪的发生。强力推进保安防范力量社会化建设,举办以保安防范力量为主的金融押运反抢劫演练,全市3000多名保安员共为450余家单位和3900余家商户提供安保和联网报警服务,并将防范区域向周边延伸,成为社会治安防范的一支重要力量。

严厉惩治违法犯罪活动　组织协调政法机关深入开展打击整治违法犯罪活动。全市现行命案发21起,破19起,破案率90.48%;共破获各类刑事案件4355起,抓获犯罪嫌疑人3868人,刑拘2844人,逮捕1729人,移送起诉2999人;共破获“两抢一盗”案件2592起,打掉“两抢一盗”团伙129个,破获系列案件69串,在全省打击“两抢一盗”收官战中,全市破案数上升率全省第一。组织开展“禁毒会战”、吸毒人员“大收戒”等一系列专项行动,共破获涉毒刑事案件133起,抓获毒品犯罪嫌疑人167人,缴获各类毒品6291.16克,成功打掉两个涉及豫、粤、川三省的特大贩毒团伙;在省厅开展的吸毒人员大收戒专项行动中,三门峡市始终动态保持全省领先位次。持续开展社会治安突出问题排查整治,共挂牌整治治安突出问题19个。

矛盾纠纷排查化解　出台《关于完善基层矛盾纠纷预防化解机制的指导意见》和《加快基层矛盾纠纷预防化解体系规范化建设工作方案》等文件,在县乡村和有关单位分别成立了由主要领导挂帅,各有关单位或部门负责同志为成员的矛盾纠纷调处化解中心(工作室),在全市形成了横向到边、纵向到底的矛盾纠纷调处化解组织网络,各县(市)区、乡镇(街道)矛盾纠纷调处化解中心和95%以上的村(社区)矛盾纠纷调处化解室完成了建设任务;共建立专业性、行业性调解组织101个。以灵宝市为试点,委托中科院软件研究所、公安部一所研发了“矛盾纠纷排查信息系统”。借助“互联网+”、“微媒体”和“中原云”,实现大数据深度研判。广大群众通过手机或网络,可直接反映利益诉求、社情民意、治安问题等等,随时查询办理情况,有效预防化解各类矛盾,减少了民转刑案件的发生。完善落实“社会稳定风险评估、矛盾纠纷调处化解例会、重大矛盾纠纷会审、信访代理、挂牌接访和接访公示、信访案件听证评议、流动调解、跨村连片调解、群众工作日、化解社会矛盾专项资金”等10项矛盾纠纷预防化解制度,预防排查化解了大量矛盾纠纷。

综治和平安建设责任制　三门峡市委、市政府与各县(市、区)签订了《综治和平安建设目标责任书》。市综治委对包括县(市、区)党政主要领导、分管领导和市综治委委员在内的160余名干部建立了综治工作实绩档案,进一步强化党政主要领导“第一责任”、分管领导“直接责任”、其他领导“一岗双责”。严格落实“两个书面”征求意见制度,组织部门提拔任用干部、人社部门评先授奖均事先书面征求了综治部门的意见。严格责任追究,对发生问题的9个单位进行了责任追究,其中重点管理1个,通报批评8个,进一步增强了各级各部门抓好平安建设工作的责任感。

综治和平安建设宣传调研　全市共举办集中宣传活动36场次,展出宣传板面3200余块,发放宣传资料120余万份,设立咨询台260余个,接受群众咨询30余万人次;新建大型固定宣传标牌576个,播放宣传节目166期次。全市建成平安建设主题公园2个,平安校园宣传示范点8个。在电视、报纸、电台等媒体开设了平安建设宣传专栏,在人员密集场所开展平安建设宣传“六进”活动,有效提升了宣传效果,广大群众对平安建设的知晓率和参与率明显提高。先后开展了综治和平安建设宣传、基层综治组织机构建设、基层矛盾纠纷调处化解机制建设、社会治安防控体系信息化建设等调研活动,为领导科学决策提供了重要依据,推动了全市综治及平安建设工作的深入开展。

基层平安创建活动　不断深化平安村(社区)、平安单位、平安乡镇(街道)创建活动,加强基层平安创建命名管理,全市90%以上乡镇(街道)和85%以上的村(社区)、单位达到创建目标。深入推进行业平安创建活动,10月10日,市委常委、政法委书记易树学深入市中心医院、第二实验幼儿园和机动车交易市场,调研行业平安创建活动情况,对深入推进行业平安创建活动提出明确要求。继续推进“三无小区”专项治理工作,积极探索多元化资金筹集渠道,力争做到全覆盖、无盲区,新排查治理“三无小区”60余个,为广大居民创造了更加安全稳定的居住环境。

铁路护路联防　以全力保障铁路运输平安畅通为目标,以排查整治危及行车安全的隐患为重点,创新涉铁矛盾纠纷排查化解机制,加强铁路沿线治安管控,强化爱路护路宣传教育,深化平安铁路创建活动,夯实护路联防基层基础,有效维护了铁路沿线治安秩序持续稳定,确保了陇海铁路和郑西高铁在我市辖区的安全畅通。筹资6万元，为陕州区张湾乡桥头村十三组修建了一条长438米高铁泄洪排水渠，彻底解决了困扰群众多年的高铁泄洪排水问题，及时消除了安全隐患，得到了村民的拍手称赞。

【召开全市政法工作推进会】 2015年7月30日，全市政法工作推进会在灵宝市召开，贯彻落实省委政法委、综治委工作会议精神以及全省平安建设工作表彰暨基层平安创建经验交流会精神，回顾总结上半年全市政法工作开展情况，分析当前形势，学习交流经验，进一步推进政法工作再上新台阶。

【召开全市行业平安创建活动推进会】 2015年10月10日，组织召开全市行业平安创建活动推进会，深入贯彻落实省综治委、省平安建设工作领导小组全体会议精神，分析形势，查找问题，制定对策，进一步推进全市行业平安创建活动深入开展。市教育局、市工商局、市交通运输局、市妇联等11个行业平安创建牵头单位的分管领导和相关科室负责人参加了会议。

【召开全市社会治安群防群治暨“一村一警”工作会议】 2015年11月3日，组织召开社会治安群防群治暨“一村一警”工作会议，认真贯彻落实省委常委、政法委书记刘满仓来三门峡市调研时的指示精神和全国、全省平安建设有关会议精神，分析形势，推广交流渑池县西庵头村义务治安巡逻等群防群治工作经验，对全市社会治安群防群治、“一村一警”等工作进行安排部署。各县(市、区)委政法委书记、综治办主任、公安局长，市综治委各成员单位负责同志共120余人参加了会议。

（刘 青）

法治政府建设

【概况】 2015年，三门峡市政府法制办紧紧围绕市委、市政府工作目标，坚持“围绕中心、立足法制、服务大局”，把握新形势，适应新常态，创新思路，积极作为，完善举措，规范行政执法行为，扎实推进服务型行政执法建设，落实行政执法责任制，加大制度建设工作力度，充分发挥政府法制工作参谋助手顾问作用，为全面实施“54321”转型发展战略提供坚强的法制保障。在省政府依法行政责任目标考核中，三门峡市连续六年被评为优秀。

【规范性文件审查】 2015年，全市政府法制机构审查政府及部门涉法文件172件；审查政府及部门涉法合同164件，其中市政府法制办共审查市政府签订或授权部门签订的重大合同或框架协议41件，提出修改建议160条；市县两级政府法制机构审查的51件行政规范性文件，全部按规定向上级政府、本级人大常委会报备，备案率、及时率、规范率均为100%。加大对报备规范性文件的审查力度，对严重损害公民、法人和其他组织利益的规范性文件，坚决予以纠正。加强备案统计分析，全面了解和掌握全市规范性文件管理和备案工作情况，发现问题及时解决。全年全市政府法制机构备案审查规范性文件108件，审查率100%。举办全市行政规范性文件管理和备案工作培训班。全年共审查、办理《河南省政府规章设定罚款限额规定》等法规、规章征求意见稿9件，提出修改建议70余条，均按规定程序上报。

【服务型行政执法建设】 2015年，三门峡市坚持管理与服务并重、处置与疏导结合，积极实践执法、管理、服务一体化的新型执法模式，继续推进行政执法从刚性化向刚柔并济转变，从管理型向服务型转变，从突击型向长效化转变，全市推进服务型行政执法工作取得新突破。抓整体推进，开展服务型行政执法工作“整体推进年”活动。制定工作方案，采取以点带面、条块结合的方式，引导和推动服务型行政执法水平整体提升。抓重点突破，全面推行行政指导。全市各级行政执法部门将行政指导纳入行政管理和行政执法全过程，采取提醒、提示、示范、辅导、规劝、约谈、建议、回访等非强制性、灵活多样的方式，引导行政相对人主动配合、自觉遵法守法，努力实现法律效果和社会效果的统一。9月，市法制办组织编写服务型行政执法参考书《行政指导优秀案例汇编》。改进执法方式，持续深化行政调解。各级行政执法部门认真落实《三门峡市人民政府关于加强行政调解工作的意见》和《三门峡市行政调解工作程序(试行)》，在公安、医疗、劳动争议、房屋征收补偿等与群众利益密切相关领域健全建立行政调解工作机制。强化服务理念，提升城市管理行政执法水平。城市管理行政执法部门组织开展“城管论坛”“城管执法案卷大家评”和“星级执法队伍创建”等活动，进一步规范城管执法行为，提升城管执法水平。注重示范引导，实现整体提升。市工商、食品药品监督管理、地税、城管等6个部门结合自己的执法特点，细化方案，创新方式方法，提升服务标准，从制度建设、队伍建设、管理服务等方面开展服务型行政执法建设示范点活动，取得一定成绩。9月底，市法制办组织市直行政执法单位观摩市工商局、市烟草局、市地税局服务型行政执法开展情况，助推全市服务型行政执法建设水平的提升。市地税局、市工商局、市烟草局、义马市国税局被省全面推进依法行政工作领导小组确定为全省第一批服务型行政执法示范点单位。

【强化执法监督】 2015年，市法制办全面落实行政执法责任制。印发《三门峡市人民政府关于全面落实行政执法责任制的意见》，认真梳理全市43个行政执法部门的执法依据、执法权限及其执法程序，执法部门的法定职权分解落实到具体的执法机构和执法岗位，明晰执法责任内容，向社会公布全市43个行政执法主体的执法依据，接受社会监督。强化行政执法检查和行政执法案卷评查。采取定期与抽查相结合的方式，在安全监管、食品药品监管、环境保护等领域开展专项行政执法检查，检查结果全市通报，限期整改，并对有关单位和个人进行执法责任追究。组织行政执法案卷集中评查，对发现的执法主体错误、事实认定不清、证据不确凿、程序违法、行政处罚裁量权适用不当等问题，按规定反馈给相关执法机构，各单位非常重视，认真整改、追责，存在问题严重的，约谈领导和责任人。全年共评查各级行政执法机关行政许可、行政处罚、行政确认等执法案卷125卷。加强重大行政处罚决定备案审查。各级行政执法部门认真落实重大行政处罚决定备案制度，依法报备重大行政处罚决定，各级政府法制机构从执法主体资格、法律依据、事实和证据、执法程序等方面严格审查，坚决纠正不合法不合理的处罚决定。认真办理行政执法投诉事项。建立健全举报投诉、受理、立案、调查、转办等执法案件监督机制，通过网站、新闻媒体向社会公开举报投诉电话，多渠道受理人民群众的投诉和建议，依法处理群众反映的问题。全年共接待群众来电、来访50余人次，受理举报投诉案件9起，均妥善处理。在全省政府法制工作会议上，三门峡市行政执法监督工作的做法《完善监督制度　构建监督体系　强化行政执法监督》进行交流学习。

【做好全市"两证"换发工作】　2015年是全省五年一次行政执法证和行政执法监督证换发之年，三门峡市各级各部门严密组织，认真制定方案，分级审核，对申办"两证"的行政执法机构和执法人员逐一摸底梳理，扎实做好信息采集和考试录入工作，对全市各级各部门法制机构骨干人员培训，熟练掌握办证软件技术，运用信息手段强化对行政执法人员的资格管理。组织编写培训教材，采取集中综合法律知识培训与分散专业法律培训的方式，分期分批对执法人员进行换证培训，全市共培训考试行政执法人员8265名，发放行政执法证6911个、行政执法监督证334个。

【提高行政复议效能】　2015年，全市共办理行政复议案件230件，其中市政府办理91件，各县(市、区)政府办理45件，市级政府部门办理90件。做好行政应诉工作。认真落实新修改的《中华人民共和国行政诉讼法》，积极应诉，依法提出答辩意见，提交作出具体行政行为的证据、依据和其他有关材料，积极参加庭审，配合法庭调查；支持人民法院依法独立行使审判权，尊重人民法院对行政机关的审判监督。在全省率先修改完善《行政机关负责人出庭应诉工作规定》，提高行政机关负责人依法履职的意识，规范行政诉讼出庭应诉行为。全年全市各级行政机关参加行政诉讼案件审理194件，涉及土地征收、信息公开、行政赔偿等类型，行政机关负责人出庭应诉共54件。

【全面推进依法行政】　2015年，三门峡市全面推进依法行政，加快建设法治政府。科学谋划，加强依法行政工作部署。召开全市政府法制工作会议，从9大方面30个子项对全年法制工作作了安排部署。强化目标考核，提升依法行政水平。修改完善《三门峡市依法行政考核方案》，从履行政府职能情况、重大决策情况、推进服务型行政执法情况等10个方面全面考察各县(市、区)、各部门推进依法行政、建设法治政府工作情况，考核结果纳入市政府责任目标体系，确保各项工作落到实处。抓好宣传培训。坚持"领导抓、抓领导"，坚持常务会议学法制度，市县政府及各行政执法机关做到学习计划、内容、时间、人员、效果"五落实"。围绕服务型行政执法，结合"两证"换发工作，通过各种形式广泛开展领导干部和行政执法人员培训，切实增强领导干部和行政执法人员运用法治思维和法治方式深化改革、推动发展、化解矛盾、维护稳定的能力。省政府法制办副主任王海云作了《感知依法治国脉搏，做好依法行政工作》专题讲座，进一步提升行政执法人员依法行政、执法为民的宗旨意识。推行政府法律顾问制度，召开政府法律顾问座谈会，讨论研究《三门峡市人民政府关于建立政府法律顾问制度的通知》《三门峡市政府法律顾问工作规则》，湖滨区、灵宝市及市国土资源局等单位聘请法律顾问，充分发挥政府法律顾问在重大行政决策、推进依法行政中的积极作用。

【政府法制宣传】　2015年，市法制办持续做好政府法制信息和依法行政宣传工作。年初制定政府法制信息宣传任务，季度通报任务完成情况，年底进行总结，不断完善信息考评机制。组织编印《三门峡市建设法治政府工作指导手册》，收录省、市近年来关于依法行政方面的最新文件及相关规定。制作《三门峡全面推进依法行政　建设法治政府》专题宣传片，集中展示三门峡市在法治政府建设过程中取得的成绩，较好地宣传三门峡市推进依法行政工作的典型做法。全年全市各级各单位上报依法行政信息757篇，被国务院法制网采用5篇、省政府网站采用24篇、省政府法制网采用570篇、《河南法制报》报道12篇、河南法制网采用15篇。

【"仲裁调解进行业"工作】　2015年，三门峡仲裁委员会严格仲裁工作程序，加强对办案流程的规范和仲裁程序的监督，创新实行仲裁员宣誓制度，严格加强仲裁员办案质量和效率的跟踪管理，完善仲裁制度，提高仲裁公信力。加强宣传和推广仲裁，在《三门峡日报》和《黄河金三角时报》开设专栏，通过内部刊物《三门峡仲裁》和联办刊物《仲裁信息》，以及微信公众平台推送等方式，宣传和推行仲裁法律制度。加强仲裁员廉政教育，通过举办讲座、培训班等形式，切实提高仲裁员整体素质和业务能力。三门峡仲裁委全年共受理各类民商事案件328起，标的4.4亿元，案件和解调解率、自动履行率、快速结案率均在80%以上。

（宋　文）

公　安

【概况】　2015年，三门峡市公安局紧盯"争创全国综治优秀市四连冠，打造平安建设示范区"任务，围绕"政治稳定、治安稳定、队伍稳定，党委政府放心、人民群众满意"的总体目标，确定了以维稳超前化、打击常态化、防范社会化、执法规范化、基础信息化、警务实战化、管理精细化、服务便民化、廉政双责化、队伍正规化等"十项建设"为统领的总体思路，主动担当、拼搏进取，圆满完成了各项重大安全保卫任务，确保了全市社会大局的持续平稳，公安工作和队伍建设实现了新的发展。

维护社会稳定工作　针对严峻复杂的反恐维稳形势，进一步强化反恐防暴工作，全力维护政治安全稳定。坚决守好"河南西大门"。立足"河南西大门"实际，强化硬件支撑，在全省11个出疆进京通道中率先建成了唯一一个标准化、信息化、规范化检查站——连霍高速豫陕界治安检查站。全年累计启动二级以上查控勤务模式185天，检查车辆5.7万余台次，涉疆车辆1230台，检查人员97850人，行李物品79052件，其中维吾尔族人员291人，无牌、假牌车辆346辆，抓获在逃人员18人，收缴管制刀具、弓弩483把，查获疑似文物12件，筑牢了河南省西进东出的安全屏障。11月11日，全省环豫公路公安检查站建设现场会在三门峡召开，三门峡市局在会上作典型发言。11月28日，国务委员、公安部部长郭声琨签发命令，对三门峡市公安局连霍高速豫陕界公安检查处被公安部荣记集体三等功。扎实开展反暴恐工作。斥资170余万元购置反恐防暴处突装甲车一台，为特警配备价值28万元高精度狙击枪一支，有效提升三门峡市防恐防暴的震慑力和打击能力。联手新疆公安机关建设协查联控机制，对流入三门峡市的432名新疆籍人员进行深度核查，分析研判信息240条，对2名传播暴恐音视频人员进行处理；加强对暴恐分子重点落脚点的摸排管控力度，有效防止了涉疆人员在渑池维吾尔族村、陕县二手车市场搭窝建点、坐大成势。7月9日，三门峡市跨省追击，在陕西省渭南抓获省厅通报的"伊吉拉特"暴恐分子1名。强化专案侦控工作。侦破"法轮功"等邪教案件23起，查获各类邪教分子129人，收缴各类邪教宣传品1083本(份)。挖出省公安厅督办案件"6·11""父神"专案3名外地邪教组织骨干；省公安厅督办案件"10·15"专案侦查中，成功在南阳宛城区摧毁一个利用手机拨号软件大肆进行"法轮功"邪教宣传的大型窝点，缴获手机9部，成为河南省破获的唯一一起"法轮功"组织利用手机拨打反宣电话案件；省公安厅督办案件"707"打击"法轮功"诬告滥诉破案专项行动战果突出，抓获12名成员，刑拘3人，训诫9人，得到省厅、市委的充分肯定。加强情报信息预警。坚持"情报先行、下先手棋、打主动仗"，深入开展群体性事件苗头摸排和矛盾纠纷排查化解工作，共上报不稳定因素514条，预警劝阻赴省进京集访滋事21批次230余人次，妥善处置非法集资、涉军、出租车、银堤漫步等一批规模以上群体性事件，有效将矛盾化解在萌芽，消灭在基层，有效维护了大局的平稳。建立完善信访工作长效机制。坚持一手抓信访突出问题、一手抓源头预防"两手抓"，推出信访案件档案管理制、例会说明制、公示通报制、有责信访案件责任追究制，全市公安机关受理有效信访案件同比减少60.46%，信访人次数下降了59.25%，新发涉警源头性信访事项同比下降了71.87%。圆满完成重大活动安保和重要警卫任务。上合政府首脑会议、十八届五中全会、抗战胜利70周年、全国、全省"两会"期间，全市开展日调度、日研判机制，对排查出的179名利益群体重点人、161名重点信访人落实"四定一包"实时稳控措施，对340人次重点人员下达行动性指令，实现三门峡市赴京非访"零登记"、涉警信访事项"零赴省""零进京""零非访"；圆满完成各级警卫任务82次，其中一级任务3次，重要任务29次，一般或临时性任务50次，实现了"大事不出，小事也不出"的工作目标。

打击刑事犯罪工作　全市公安机关坚持"打击常态化"，始终保持严打高压态势，实现了打击整体效能的大幅提升。加大大要案侦破力度。年初成功破获"2015·1·15"灵宝市特大持枪抢劫金店杀人案，在全国创造出快速侦破同类案件的典范，公安部、省公安厅发电祝贺，市委、市政府联合召开大会进行表彰。全市现行命案发21起，破19起，破案率90.48%，破命案积案2起。打黑除恶方面，共判决涉恶九类罪名涉案人员306人。全年共破获各类刑事案件4355起，抓获各类犯罪嫌疑人3931人，刑拘2844人，取保候审1087人，逮捕1524人，移送起诉2999人，公诉2806人，抓获网上逃犯353名，其中命案逃犯2名；省公安厅挂牌

2015年2月4日，三门峡市侦破"2015·1·15"特大持枪抢劫杀人案记功表彰大会在三门峡国际文博城召开

督办案件和重点关注案件破案率100%。重拳打击多发性侵财犯罪。始终把群众关注的“两抢一盗”等多发性侵财犯罪作为打击重点,共破获“两抢一盗”案件2728起,抓获“两抢一盗”犯罪嫌疑人1343人,刑拘1126人,逮捕280人,公诉1007人;打掉“两抢一盗”团伙129个,破获系列案件71串。自10月1日启动的全省打击“两抢一盗”收官战中,三门峡市打击“两抢一盗”收官战破案数排名全省第一,总成绩动态保持全省前列。市区刑事警情环比下降20.08%,取得了明显的社会效果。三门峡打击“两抢一盗”犯罪的成绩引起省厅关注,省公安厅刑侦总队派员到三门峡考察总结先进经验。严厉打击经济犯罪。全年全市共立经济犯罪案件238起,破案155起,抓获违法犯罪人员451名,挽回经济损失价值2.8亿元(包含追缴的固定资产估值),同比分别上升41.6%,1.3%,81.8%和7.7%。积极开展非法集资风险排查、涉案资产追缴、移交、处置等各项工作,共立非法集资案件41起,破案30起,涉案金额11.3亿元,涉及集资群众10252人,抓获犯罪嫌疑人267名,挽回经济损失价值2.4亿元(包含追缴的固定资产估值),已起诉17案65人。打击毒品犯罪方面。组织开展“禁毒会战”、吸毒人员“大收戒”等一系列专项行动,共破获涉毒刑事案件133起,抓获毒品犯罪嫌疑人168人,缴获各类毒品6291.16克;查获吸毒人员1497人,其中强戒1034人,新发现855人,成功打掉3个涉及豫、粤、川三省的特大贩毒团伙。在全省吸毒人员“大收戒”收官战专项行动讲评会上,三门峡市局代表先进单位作典型发言。

治安防范管理工作　推进“防范社会化”,全方位构筑“警防、民防、技防”体系,形成“空中有监控、地面有巡逻、路上有卡点、社区有联防、单位有内防”的立体式治安防控格局。全力构建大巡防格局。“显性用警”提升效能,构建以110指挥中心为中枢,以特警、派出所专(兼)职巡逻力量为骨干,以保安、巡防队员、治安积极分子为辅助的警民联动、专群结合、动静结合、点线面策应、整体联动的全时空巡逻防控网络,常态化推进特警武警联合武装巡逻,围绕“点、线、面”开展全天候“屯警街面,动中备勤”,及时调整巡逻重点、科学调配警力,做到警力跟着警情走,增加“时空同步”机率,近距离打击防范违法犯罪,实现“控发案、降警情”的目标。全面完善社会治安防控体系建设。大力推进“天网”工程,建成市、县、乡三级视频监控中心87个,视频前端8569个,联网2265路,“三无”小区覆盖率到达了90%以上。扎实推进专兼职保安、基层矛盾化解、重点人员、重点单位管控、危爆物品清理整治等“防范社会化”项目深入开展。做实“一村一警”工作。“一村一警”警务工作“常态化”推进,组织开展“一村一警”系列爱民主题活动,推出“一村一警”“派单制”模式,实践中推出了峭山分局“连心桥”、渑池县局“加减乘除”、灵宝故县“公寓式管理”等一批社区警务先进工作法,涌现出了张毛军、蔡新玲、慕守文、孙娟、齐娟等一批“省字号”先进个人。全市共下派包村包格民警1125人,配备辅警217人,组织社会防范力量345支2130人,入户走访群众11.9万人次,收集各类社情民意信息7500余条,调处各类矛盾纠纷4500余起,帮扶困难家庭178户946人,为人民群众办实事2000余件。

公安行政管理工作　围绕社会管理科学化水平的持续提升,不断探索创新,着力推动行政管理由“管理型”向“服务型”转型。完善和提升全市公路防控体系建设,部署建设应用移动警务执法系统,投入2300余万元建成投用“三高一快”智能交通管理系统,有效破解了高速道路交通安全管理难题,达到了“压事故、保畅通”的目标,全市交通安全形势保持平稳,没有发生一次死亡3人以上特大道路交通事故和严重交通拥堵,交通事故死亡人数、直接经济损失同比下降9.1%、72.1%。扎实推进“三查三保”活动。紧紧围绕群众反映强烈的治安突出问题,结合安全生产形势,以出租房屋、流动人口管理和危爆物品严管严控为重点,开辟了消防安全、涉危涉爆、交通事故、监所安全、内部安全五个排查整治战场,深入开展安全隐患大排查大整治,建立健全长效工作机制和联动工作机制,全力做好治安、交通和消防安全管理,最大限度地减少各类安全隐患,杜绝各类安全事故。危爆物品实现“零流失、零被盗,零打响、零炸响”,重大火灾和亡人火灾事故“零发生”。加强城市市区秩序管理。规范施划交通标线,增设隔离护栏,规范市区停车管理,颁布实施《市区停车场管理办法》,公共停车场管理工作有序开展,“洁城行动”“清障行动”成效明显,市区养犬管理工作良好开局,城市管理水平不断提升。落实“服务便民化”举措。制定出台市公安局便民利民服务12项承诺,便民利民沟通渠道进一步拓宽。扎实推进以“网上公安局”为主体的“互联网+”便民服务平台,注册人数21289人,办件总数9865件,涵盖户政、消防、交警、出入境等6大业务警种的220项具体办理事项实现了网上预约、网上办理、网上查询。树立“向宣传要警力、要平安、要民意”理念,与移动、联通、电信携手,向全市220余万手机用户发布防诈骗、防盗防抢等知识,实现全市手机用户全覆盖。在微信、微博公众平台开设“微警讯”“微协查”“微提示”“微预警”四大模块,开启公安“微时代”,公安“正能量”不断弘扬。

公安改革　紧紧围绕提高社会治理效能和服务群众水平,深入推进警务机制改革,建立完善信访维稳机制。坚持一手抓信访突出问题、一手抓源头预防“两手抓”,推出信访案件档案管理制、例会说明制、公示通报制、有责信访案件责任追究制,全市公安机关受理有效信访案件同比减少60.46%,信访人次数下降了59.25%,新发涉警源头性信访事项同比下降了71.87%。同时,坚持法治思维、法治方式治理市委、政府门前聚集信访活动,创出“小股清离、即来即清”“打击处理极少数、教育影响大多数”处置方式,依法打击挑头缠访、闹访违法嫌疑人46人,依法训诫112人,市委、政府门前信访数量、人数出现近年来首次“双下降”的良好态势。扎实推进情报信息合成作战。市公安局情报信息合成作战中心建成启用,渑池、峭山、陕县、灵宝等单位在情报信息合成作战大队建设工作进行了有益探索,情报导侦、精确打击能力明显增强，服务执法办案和服务群众的能力持续提升，有效提高了大数据时代的警务效能。有效加强基础信息建设。市局信息中心、图像管理中心技术系统优化升级，数据资源整合稳步推进。陆续接入交警、治安、网监、指挥中心等公安内部单位的卡口、交管、旅馆业、网吧、GPS 等 30 余类内部数据；完成了全市汽车站乘客信息、高铁站进站乘客信息、散装汽油销售、典当、机动车修理、物流等实时动态资源接入资源库，全市整合各类静态内外部社会信息资源库近 5 亿条。基层研发的"一键搜"智能检索、社区警务信息智能采集仪、散装汽油购销实名登记等信息系统填补了省市空白。情报信息合成作战模式全面加强，公安机关核心战斗力不断提升。强力推进执法规范化建设。全市公安机关执法规范化建设硬件支撑平台不断优化，执法办案环境不断改善，执法办案水平持续提升。渑池县局合成作战中心、快速理赔中心、办证中心、办案中心在创新机制、信息化深度应用方面积累成功经验，建成集监督管理服务于一体的综合型执法办案平台，实现了各类案件办理"零差错"和执法安全事故"零发生"。全省公安机关执法办案中心建设座谈会在渑池县局召开。全年，有 90 余批次的兄弟省市公安机关人员到三门峡市考察交流，北京市公安局 4 次派员到三门峡市学习考察渑池办案中心模式。看守所精细化管理创出典范。三门峡市看守所在实践中形成了独具特色的"一严格二规范三固定四清洁五条线六抓手"管理模式，确保了 3000 多名在押人员安全健康，精细化管理工作经验做法被省公安厅转发推广，先后被评为全国看守所"五化建设"示范单位、全国深挖犯罪先进集体、全国信息技术应用先进单位、全省"三共"活动先进单位等荣誉，被省公安厅破格提前一年晋级国家二级所。

公安队伍建设　以塑造忠诚警魂、激发队伍活力、提升队伍实战化建设为目标，大力推进队伍正规化建设，不断激发和弘扬队伍正能量。突出源头预防，完善惩防体系。以加强纪律作风建设为主线，深化教育预防，强化监督问责，严格纪律审查，有力推进全市公安党风廉政建设和反腐败斗争向纵深发展。对全年测评出的 108 名重点人员予以预防管理，保持预防管理对象违法违纪问题"零发生"，有效防止苗头性问题升级转化。坚持查办案件无禁区、全覆盖、零容忍，全市公安纪检监察部门受理举报投诉数、立案数、给予党政纪处分数、组织处理人数，同比下降 43.3%、16.7%、23.3%、35.7%。全市公安机关没有发生执法安全问题，没有发生民警重大违法违纪问题。在 8 月 19 日召开的全省公安机关纪委书记座谈会上，三门峡局作先进典型发言。持续推进"违法违纪问题预防管理办法"，努力打造一支信念坚定、执法为民、敢于担当、清正廉洁的过硬公安队伍，为推动公安事业发展进步、履行好党和人民赋予的神圣使命提供坚实的保障。持续深入开展"三严三实""我为三门峡发展做贡献""秉公执法人民公安为人民""为何从警、如何做警、为谁用警，永做党的忠诚卫士、百姓的贴心人"等主题教育活动，抓好各级领导干部和广大民警的思想教育、作风建设和能力提升，出台了"十查""十戒"等一系列队伍正规化建设举措，对加强队伍建设进行了有益的探索，通过抓教育、树典型、强管理、促规范，加强政治建警、素质强警、真情待警，认真做好从优待警、从严治警、素质强警各项工作，不断提高基层民警应对和处置突发事件能力和水平。努力打造一支信念坚定、执法为民、敢于担当、清正廉洁的过硬公安队伍，为推动公安事业发展进步、履行好党和人民赋予的神圣使命提供坚实的保障。强化实战培训，提升民警的综合素质和技战水平。在开展好"轮值轮训、战训合一"的基础上，深入开展"实战化训练推动年"活动，坚持分警种科学施训，针对各警种工作需要，开展了不同警种、不同岗位的培训班，提高培训的针对性和时效性。与铁道警察学院签约"实践教学基地"，警察铁道学院选派两批次教师到市公安局开展为期半年的业务实践，发挥学院教师在各领域丰富的理论知识优势，为民警进行授课，加强了校局合作交流。成功举行全市反恐第一梯队应急拉动暨实战演练，联手铁路、金融部门组织开展 20 多场次不同层次的反恐处突演练，圆满完成了包括抗战胜利 70 周年安保、第 21 届国际黄河文化旅游节在内的 130 场次的各类活动、会议、警卫安保任务，实战水平得到检验和提升。发挥先进典型的引领效应，激发队伍活力。通过先进事迹报告会、表彰大会等多种方式，紧跟中心工作，及时表彰奖励，启动战时思想政治工作，对表现突出的集体和个人及时进行通报表扬，并将其作为考察干部、培养干部的练兵场，极大地调动全市各级公安机关和广大民警。全年共有 4 个集体荣立三等功并受嘉奖，172 名民警分别荣立个人一、二、三等功并受嘉奖，17 名同志分别荣获河南省"十大忠诚卫士"、省"三八红旗手"、省"优秀五四忠诚卫士"以及市五一劳动奖章等荣誉称号，31 名女民警分别荣获"最美女警官"和"优秀女警官"称号，5 个民警家庭荣获"最美家庭"称号。通过选树典型、表彰典型、关爱典型，充分发挥先进典型的示范引领作用，不断教育、感染、鼓舞广大民警，形成了创先争优、比学赶超的良好氛围。三门峡市群众安全感、满意度继续保持全省前列，其中，群众安全感测评指数为 92.66%，排名全省第 3 位；公安绩效考评等多项指标动态保持全省前列。（王政凤）

检　察

【概况】 2015 年，三门峡市检察机关紧紧围绕改革发展稳定大局，不断强化法律监督、强化自身监督、强化队伍建设，为维护社会大局稳定、促进社会公平正义、保障人民安居乐业作出积极贡献。

全力服务经济发展。组织开展查办房地产税费征管领域贪污贿赂犯罪专项活动，共立案侦查 33 件 38 人，协助追缴税款 1200 余万元，进一步净化税收征管秩序，促进行业健康发展。组织开展服务产业集聚区建设专项活动，依法批准逮捕和提起公诉 149 名侵犯企业财产、破坏生产经营的犯罪嫌疑人，进一步优化企业周边环境；深入到产业集聚区的18个行政村，为“两委”换届后新当选的180余名村党支部、村委会、监委会成员举办预防职务犯罪法制讲座，进一步增强新任村干部的法治意识、规矩意识和廉洁意识；深入到产业集聚区所属企业，举办法制宣传22场次，引导企业依法经营、合法运行；加强与产业集聚区管委会的沟通联系，选派13名检察官担任联络员，保持24小时热线畅通，确保企业诉求随时得以表达、随时得到回应。渑池县检察院加强税收领域法律监督，协助相关部门追缴矿产资源税款4.62亿元，为当地经济发展作出了积极贡献。

充分保障民生民利。组织开展查办医药购销领域商业贿赂犯罪专项活动，共立案侦查14件14人，持续规范医药市场交易秩序，促进解决群众“看病难”“看病贵”的问题。出台服务全市生态文明建设和食品药品安全的工作意见，深化破坏环境资源和危害食品药品安全犯罪专项立案监督活动，监督行政执法机关移送此类犯罪10件12人，呵护青山碧水蓝天和群众舌尖上的安全。出台进一步加强涉农检察工作的意见，联合市纪委开展惩治和预防惠农扶贫领域违纪违法专项活动，立案侦查涉农贪贿案件12件19人，推动全市农村改革、法治建设和社会治理健康有序开展。

积极开展法制宣传。组织开展法制宣传教育“进农村、进企业、进校园、进社区、进机关”的“五进”活动。坚持示范带动与普遍开展相结合、传统方式与时尚元素相结合、以案说法与文艺节目相结合，做到形式灵活能吸引人，语言朴实能听得懂，内容对路能用得上，先后开展法制宣传教育260余场次，10万多名工人农民、老师学生、公职人员和社区群众受到教育，新华网、人民网、新浪、搜狐、河南法制报等近百家新闻媒体相继报道，在社会上产生良好反响。

充分发挥审查逮捕、审查起诉职能，着力维护社会和谐稳定。紧紧围绕人民群众平安需求，充分发挥审查逮捕、审查起诉职能，严厉打击各类刑事犯罪，共批准逮捕1571人，提起公诉2890人。成功办理了社会关注的连霍高速公路义昌大桥爆炸垮塌案，2名主犯分别一审被判处死缓和无期徒刑。依法严厉打击非法集资等涉众型经济犯罪，共批准逮捕138人，提起公诉262人，有效规范金融管理秩序，加大对老百姓“钱袋子”安全的司法保护力度。准确把握逮捕起诉适用条件，全面适用宽严相济刑事司法政策，健全完善认罪认罚从宽处理机制，共对374人不予批捕，对65人不予起诉，最大限度地减少社会对抗。注重针对未成年人身心特点创新工作机制，积极做好涉罪未成年人的教育、感化、挽救工作，灵宝市检察院被团省委等15部门联合命名为“河南省青少年维权岗”，义马市检察院被省检察院命名为“河南省未成年人刑事检察工作机制创新示范点”。

积极查办和预防职务犯罪，着力营造政治上的绿水青山。准确把握中央对当前反腐形势的判断，坚持“老虎”“苍蝇”一起打、惩治预防一起抓，不断促进干部清正、政治清明。共立案侦查贪污贿赂犯罪76件91人，其中大案68件；立案侦查渎职侵权犯罪9件15人，其中重特大案件6件12人。查办的比较有影响的案件有：国家电网公司华中分部原副主任魏庆海、商丘市人大常委会原副主任刘慧生等2名厅级干部贿赂犯罪案件，以及市卫生局原局长梁智斌、市中心医院原副院长杨清波、内黄监狱原监狱长曹世新、伊川县原副县长焦万敏、洛阳市卫生局原副局长陈珍等9名县处级干部贿赂犯罪案件。办理的宜阳县原副县长赵松伟受贿案被评为“全省检察机关反贪侦查十大精品案件”。与纪委、公安等部门加强协作，进一步加大追逃工作力度，2015年又抓获7名在逃职务犯罪嫌疑人，经过连续两年的艰苦努力，全市在逃的12名职务犯罪嫌疑人悉数归案，提前完成“天网”行动追逃任务，受到省追逃办通报表扬。认真做好职务犯罪预防工作，深入环保、住建、审计、财政等行业部门，开展环境影响评价、征地拆迁补偿资金发放、棚户区改造项目执行等预防调查22项，帮助相关行业、部门完善制度机制，强化廉政风险防控；大力推进预防“阵地”建设，市检察院建设的三门峡市预防职务犯罪警示教育基地即将投入使用，标志着三门峡市预防职务犯罪工作在专业化、社会化轨道上又迈出新的一步。

切实强化对诉讼活动的法律监督，着力促进社会公平正义。坚持敢于监督、善于监督、依法监督、规范监督，下大力解决诉讼活动中存在的突出问题，让人民群众在每一起案件中都能感受到公平正义。加强对侦查活动中应当立案而不立案、不应当立案而立案、应当提请审查逮捕而未提请、应当移送审查起诉而未移送等情形的监督，依法监督公安机关立案42件47人，监督撤案16件，追加逮捕63人，追加起诉54人；陕县检察院追加逮捕的陈某等2人非法制造、买卖、储存爆炸物案，2名漏犯分别被法院判处有期徒刑12年和11年，被评为“全省侦查监督十大精品案件”。认真纠正刑事审判活动中量刑畸轻畸重、严重违反审判程序等情形，依法提出刑事抗诉9件。继续整治有权人、有钱人被判刑后减刑快、假释和暂予监外执行比例高、实际服刑期限短等问题，组织开展减刑、假释、暂予监外执行专项检察回头看活动，监督收监执行5人，切实维护刑罚执行的严肃性、公正性。着力强化对民事裁判、调解和审判、执行程序的监督，积极探索行政执法监督，依法提出或提请民事抗诉37件，提出再审检察建议10件，督促行政执法机关履行职责67件，进一步优化多元监督格局，促进依法行政。

注重强化组织推动。根据最高人民检察院和省检察院的统一部署，市检察院高度重视规范司法行为专项整治工作，专门成立领导小组，制定工作方案，两次召开专题会议部署推进，建立领导班子成员及业务部门负责人分包联系和督导基层院制度，先后4次派出督导组分赴基层院检查落实情况。举办学习贯彻十八届四中全会精神专题培训班，引导干警深刻认识在全面推进依法治国战略布局下规范司法行为的重要性；开展适用修改后刑诉法、民诉法、行政诉讼法专题调研，增强干警对法律政策的理解把握和实际运用能力，形成的27项成果在第六届三省四市法学论坛上获奖，3项课题被省检察院确定为年度重点课题；举行以规范司法行为为主要内容的全员综合素能年度考试，并作为选拔干部的笔试成绩，有效激发了干警学习法律规范、转变司法理念的积极性和主动性，为确保专项整治工作取得实效奠定了坚实基础。

注重深挖突出问题。采取“过筛子”“拉单子”“开方子”的方式，全面梳理2010年以来全市检察机关办理的所有案件。区分职务犯罪侦查、刑事案件检察、诉讼活动监督等三项类别，选取1222起具有代表性的案件，488起涉及查封、扣押、冻结财物的案件，1664起在统一业务应用系统内上线运行的案件，连续开展3轮案件评查。坚持以见人见事见案件为标准，从事实认定到证据采信、从适用强制措施到听取律师意见、从涉案财物管理到维护当事人合法权益、从上线运行到案件公开、从严守办案纪律到改进司法作风，全方位查找存在问题，逐案形成评查报告，逐案研究改进措施，逐案反馈给承办单位和承办人，逐案紧盯整改落实情况。同时，引入社会评价机制做到开门纳谏，先后向公安、法院、司法行政、律师协会发出征求意见函200多份；邀请人大代表、政协委员、人民监督员、特约检察员、廉政监督员以及政法部门和律师代表召开征求意见座谈会，组织干警对收集到的30多个方面的意见建议逐一研究，举一反三，确保不存死角、不留隐患。

注重完善长效机制。严格规范查办和预防职务犯罪工作，出台指定居所监视居住适用准则，解决以往适用频率过高、范围过广、条件过宽等问题；建立侦查装备和信息资源共享机制，促进侦查方式由人力密集型向信息密集型转变；建立重点领域、行业预防职务犯罪协作机制，着力形成社会化预防格局。紧紧抓住审查逮捕、审查起诉等重点环节，与公安机关建立联席会议制度、重大疑难复杂案件会商制度、案件质量通报制度，及时会同公安机关研究解决司法办案中遇到的各类问题，共同提升司法规范化水平。着眼增强法律监督质效，出台规范捕后变更强制措施工作规定，防止和纠正变更随意性，维护强制措施严肃性；认真落实与法院会签的民事执行工作监督配合意见，有效拓展民事诉讼监督领域；健全完善社区矫正工作检察监督机制，督促有关部门加大对社区矫正对象的监管力度；全面实行办理案件社会稳定风险评估办法和追责机制，从源头上增强干警严格依法办案的责任感。

从严从实抓好专题教育。在深刻领会习近平总书记关于“三严三实”重要论述的基础上，两级院检察长带头为干警讲“三严三实”专题党课。组织副县级以上干部，紧扣“四问四做起”和“我为三门峡发展作贡献”主题实践，分阶段开展严以修身、严以律己、严以用权三个专题研讨。采取自己找、群众提、上级点、互相帮、集体议等方式，深入查摆领导班子和领导干部“不严不实”的突出问题，并召开党组专题民主生活会，严肃开展批评与自我批评，确保教育实践触及灵魂、收到实效。

从严从实提升职业素养。围绕解决好理想信念、群众观点、思想方法等问题，大力加强意识形态建设，引导干警坚定“三个自信”、增强政治定力。开展经常性的道德讲堂活动，涵养精神家园，陶冶道德情操，5名干警荣获三门峡市道德模范、三门峡好人、文明市民等称号。开展素能型教育培训，累计培训200多人次，不断提升司法能力。开展“检察之星”选树活动，全市有27名检察干警讲检察故事、展文明形象，激发干警比工作、比奉献、争一流的工作热情，营造主动作为、敢于创新、善抓落实的浓厚氛围。

从严从实强化作风纪律。认真学习《中国共产党廉洁自律准则》和《中国共产党纪律处分条例》，树牢纪律观念和规矩意识。建立党风廉政建设联席会议制度，形成层层落实“两个责任”的压力传导格局。成立巡察工作领导小组，设立巡察专员，坚持有案必查、有责必究，切实打好正风肃纪的“主动仗”“持久战”。加强对涉案财物管理、公用经费支出、警务车辆使用和会风会纪、值班情况的经常性检务督察，切实把纪律挺在前面。制定社会行为、执法办案、内部管理三项制度规范，进一步明确对外交往准则、规范执法办案行为、提升检察管理水平。实行负面情形责任倒查机制，凡出现实名举报干警违反政治纪律和党风廉政建设有关规定、干预过问司法办案等10种负面情形的，及时启动调查程序，提出处理意见，防止出现“灯下黑”的问题。

从严从实打牢基层基础。落实班子成员分包联系基层检察院制度，确保领导重心向基层倾斜；引导机关各部门做好对口指导工作，勤帮基层解难题、多给基层添活力；坚持警力下沉，帮助基层院公开招录15名公务员，占全市招录总数的83%。着眼适应修改后刑诉法对刑事执行检察工作的新定位，将市县两级检察院的监所检察处(科)，全部更名为刑事执行检察局(科)；7个驻所(狱)检察室全部达到国家二级以上规范化检察室水平，其中市院、灵宝、义马3个派驻检察室被命名为“国家一级规范化检察室”。

坚持党的领导和接受人大监督。坚决贯彻市委部署，严格执行人大决议，认真办理人大交办的案事件，积极配合人大常委会组织的专题调研和执法检查。坚持重要工作和事项向市委、市人大常委会请示报告制度，专题向市人大常委会报告刑罚执行监督工作情况，并抓好相关审议事项的贯彻落实。做好与代表委员的经常性联络工作，及时更新代表委员短信平台、检察门户网站专栏，适时邀请代表委员视察指导工作，并根据代表委员提出的意见建议，研究制定改进措施，不断提升检察工作水平。

优化内部监督格局。统筹案件管理、控申检察、纪检监察在内部监督上的职能作用，构建“三位一体”的内部监督新格局。通过健全案件管理机制，强化过程控制、实时监管和事后评价，实现对办案活动事前、事中、事后监督无缝衔接；通过加大对不服检察机关处理决定申诉案件办理力度，加强对刑事申诉、国家赔偿案件的分析，充分发挥控申检察对执法办案的反向审视作用，促进提高执法水平；通过落实重要法律文书同步向纪检监察部门备案制度、纪检监察部门同步监督查办职务犯罪大要案制度、内部人员办案说情报告制度，做到司法办案延伸到哪里，纪检监察就跟进到哪里，杜绝出现人情案、关系案、金钱案。

深化检务公开成效。积极拓宽公开渠道,编发《检察工作动态》和《三门峡检察》,每月寄送上级机关、市县两级党委政府以及人大代表、政协委员和人民监督员、特约检察员、廉政监督员;落实人民监督员制度,邀请人民监督员对执法办案活动进行监督;与《黄河时报》合办《走进检察》专栏,搞好每年一度的检察开放日活动,让社会各界走近检察机关、了解检察工作、支持检察工作。强力推进新媒体建设,开通官方微博、微信、手机客户端,安排专门力量做好日常维护,订阅数、点击量和影响力多次位居全省政法系统前列;充分运用案件信息公开系统,及时向社会公开重要案件信息和相关法律文书,提供案件程序性信息查询服务,切实以公开促公正、赢公信。

【举办“送法进校园”活动】 2015年5月28日,三门峡市检察院在灵宝市二中举行“送法进校园”活动启动仪式。活动现场,组织法制宣讲,为1000余名同学送上内容丰富的法制课程,引导和教育学生崇尚法治,增强抵御不法侵害的能力。

【举行“送法进企业”活动】 2015年6月16日,三门峡市检察机关在三门峡产业集聚区举行“送法进企业”活动启动仪式。启动仪式通过文艺演出、领导致辞、检察官宣讲、参观廉政公益海报和职务犯罪典型案例展等环节进一步提高了企业员工的法律意识。

【举行“送法进机关”活动】 2015年6月17日,三门峡市检察机关在三门峡市供电公司二楼多功能厅举行“送法进机关”活动启动仪式。启动仪式通过领导致辞、检察官宣讲、播放微电影等环节,引导广大党政机关工作人员特别是各级领导干部进一步增强法治观念,强化法治思维,争做尊法、学法、守法、用法的模范。

【举行“送法进社区”活动】 2015年6月18日,三门峡市检察机关在义马千秋矿广场举行“送法进社区”活动启动仪式。启动仪式通过公开庭审、接受法律咨询等形式,使社区群众受到了一次深刻的法制教育。活动当天,共接受群众法律咨询120余人次,向群众发放宣传册、检务公开宣传单等资料共800余册,受到了现场群众一致好评。

【“正义三门峡”移动新闻客户端上线运行】 2015年7月21日,三门峡市检察院“正义三门峡”移动新闻客户端正式上线运行,包括“检察新闻”“图说检察”“廉政建设”“案件聚焦”“预防天地”等5个检察板块,可以方便群众全方位、多角度了解三门峡市检察院队伍、业务、服务等各方面的信息,进一步深化检务公开。 (顾春晖)

法 院

【概况】 2015年,全市法院始终坚持“为大局服务、为人民司法”的工作主题,以“争创全省优秀法院、争创国家级文明单位”为载体,坚持“质效并重”的工作思路,狠抓审判执行第一要务,全力服务经济社会发展,各项工作取得新的进展。全市法院共受理各类案件33833件,同比上升35%;审执结31681件,同比上升41.40%;法定审限内结案率100%,收结案数均创历史新高。其中,市中级人民法院受理各类案件4127件,同比上升8.45%;审执结3929件,同比上升11.49%。全市两级法院整体结案率93.65%,全省排名第一。

刑事审判 2015年,全市法院共审结各类刑事案件2297件,判处2922人。始终保持对严重刑事犯罪的高压态势,审结故意杀人、故意伤害、绑架、非法制造爆炸物等恶性犯罪案件207件,判处266人,其中,义昌大桥爆炸坍塌案,张根林等七名被告人依法受到惩处;审结抢劫、抢夺、盗窃等多发性侵财犯罪案件499件,判处797人,其中,灵宝郭坤持枪抢劫金店案,以抢劫罪依法判处被告人郭坤死刑,剥夺政治权利终身;坚定不移惩治腐败犯罪,对三门峡市森林公安局原局长刘忠杰、伊川县原副县长焦万敏、洛阳市卫生局原副局长陈珍、义煤集团华兴公司原总经理邓永明等58名腐败犯罪分子依法严惩;坚决维护市场经济秩序,对高宏等121名非法吸收公众存款犯罪分子予以惩处;依法严守刑事证据规则,严格减刑、假释裁判标准,审结减刑、假释案件656件,从严控制职务犯罪、黑社会性质组织犯罪、金融犯罪等三类案件罪犯的减刑、假释。减刑、假释案件公开开庭率100%,人民陪审员参审率100%,得到最高人民法院的肯定;坚决贯彻全国人大常委会决定,依法审结特赦案件48件48人,彰显社会主义政治文明、法治文明。

民商事审判 2015年,全市法院受理民商事案件20530件,审结18822件,同比分别上升37.84%和37.64%,标的额84.69亿元。积极服务经济结构转型升级,依法妥善审结建设工程、房地产开发、土地承包租赁等各类纠纷案件393件;依法维护金融秩序,保障投资者合法权益,审结股权、证券、保险、票据等领域的金融纠纷案件299件;坚持制裁非法集资、高利贷与保护合法债权并重,依法引导民间融资活动健康发展,审结民间借贷案件6581件;依法平等保护劳动者权利和企业用工权利,审结劳动争议案件968件;注重保护妇女、儿童、老年人、残疾人合法权益,审结婚姻家庭、人身损害、医疗纠纷等涉民生案件5588件;强化涉军审判工作,维护国防利益和军人军属合法权益,审结涉军案件16件。践行和谐司法理念,加大调解力度,民商事一审案件调解撤诉率44.11%,同比提高1.94个百分点,成功调解购丰房地产有限责任公司借款合同纠纷案、福峡建筑工程有限公司与义马气化厂、中化二建集团建筑工程合同纠纷等一批重大案件,达到了“案结、事了、人和”的良好社会效果。

行政审判 2015年,全市法院受理行政案件802件,同比上升236.97%;审结750件,同比上升226.55%。其中,判决维持行政行为、确认行政行为合法150件;判决撤销行政行为或要求行政机关履行法定职责

194件；经协调行政争议得到化解，原告撤诉139件；裁定驳回起诉、移送异地管辖等267件。既保障了行政相对人的合法权益，又维护了行政机关依法行政的良好形象。积极推进行政首长出庭应诉制度。湖滨区区长率先出庭应诉，展示了人民政府法治、开放的新形象。全市法院行政首长出庭应诉案件257件，出庭应诉率36.98%，让行政相对人感受到了法律面前人人平等，促进矛盾有效化解；深入推进行政案件异地管辖。全市法院共审结异地一审行政案件267件，服判息诉率比原来提高15%。行政案件异地管辖制度使群众更加自觉通过行政诉讼方式理性解决行政纠纷；注重与行政机关良性互动。通过公开发布行政审判白皮书，向相关行政机关提出司法建议，开展行政复议应诉工作培训，提供法律咨询服务，邀请行政机关工作人员观摩庭审，不断提升行政审判能力和行政执法水平。

执行工作　全年共执行各类案件8572件，同比上升67.36%，实际执结标的额13.06亿元。严厉打击拒不履行法院生效判决、裁定罪，将135案137名拒不履行法院生效判决、裁定的犯罪嫌疑人移送立案侦查，依法追究刑事责任；全面建成执行指挥中心，提升执行工作效能。利用执行网络查控平台查询案件8512件，查询案件总标的28.8亿元，冻结金额8530.7万元；依托淘宝网推行网络司法拍卖，网拍成交额7845万元，为当事人节省拍卖佣金392万余元。渑池县农商行股权拍卖以561万元的价格成交，开创三门峡市网络司法拍卖股权的先例；探索执行工作新机制，依托电视栏目、城市公共电子广告牌、微信公众平台、法院官方网站设立《曝光台》，公布失信被执行人(俗称“老赖”)“大头贴”，实行执行悬赏制度，形成对失信人广泛的舆论压力，最大限度压缩失信被执行人生存空间，近20%的失信被执行人迫于压力自动履行义务，收到了良好的法律效果和社会效果。

立案工作　立案登记制自2015年5月1日实施以来，全市法院坚持敞开大门，有案必立，登记立案18894件，同比增长35.86%，当场立案率98.5%，畅通了群众诉求渠道，使社会上的一些无序诉求变为有序的依法诉讼，将社会矛盾的化解引入法治轨道。面对案件数量激增，矛盾点更加纷纭复杂的新形势，全市法院积极应对，勇于担当，创新机制，善抓落实，高标准建成一站式、综合性、开放型诉讼服务中心；完善诉调对接机制，加强繁简分流，依法适用简易程序、小额诉讼程序、刑事案件速裁程序，减轻群众诉累，提高审判效率，为群众提供便捷、高效的诉讼服务。

司法救助　认真贯彻教育、感化、挽救方针，对未成年人犯罪案件采用圆桌审判，要求监护人参与庭审，严格落实犯罪记录封存制度。依法对29名犯罪情节较轻的未成年人适用缓刑或免于刑事处罚；开展保护农村“三留守”人员合法权益专项活动，成立9个儿童妇女维权专门合议庭，审结涉及“三留守”人员案件205件，结案率100%；开展第七次“拖欠农民工工资案件集中办理”活动，切实维护农民工合法权益，全年为2103名农民工讨回劳动报酬8816.69万元；加强司法救助工作，为504件经济确有困难的当事人减免缓诉讼费396.4万元，对123名遭受犯罪侵害、民事侵权或符合救助条件的当事人司法救助99万余元。

司法公开　以公开促公正，以公正促公信，以透明促廉洁，不断推进审判流程公开、裁判文书公开、执行信息公开三大平台建设。全市法院裁判文书上网22091份，庭审视频直播797件；对“灵宝郭坤持枪抢劫金店案”“义昌大桥爆炸坍塌案”等5起典型案件全程微博直播；召开新闻发布会24次，通报专项审判工作情况、重大案件审理情况，积极回应公众关切；开展巡回审判，到案发地开庭250余次，方便群众诉讼，扩大法制宣传效果；依托三门峡法院网、微信平台、微信群、官方微博等网络自媒体，以及纸质媒体和平面媒体，全面公开展示法院工作；邀请人大代表、政协委员、新闻媒体、律师代表观摩庭审、见证执行、座谈评议，将法院的审判执行工作全方位、多角度的置于全社会的监督之下，提升人民法院司法公信力。

【创新审判工作机制】　2015年，三门峡市法院实行新型合议庭运行机制，下放裁判文书签发权，让主审法官、合议庭真正成为审判权主体，使他们在法定职责和权限范围内切实对办案质量负起责任。全市法院共成立新型合议庭76个，让审理者裁判，由裁判者负责，切实增强法官使命感、责任感。建立案件审理联席会议制度，充分发挥具有丰富审判经验和专业知识的法官专长，对疑难复杂案件进行研判；合理定位审判委员会职能，强化审判委员会总结审判经验、讨论决定审判工作重大事项的宏观指导职能。

【完善审判管理】　2015年，三门峡市法院加强审判流程管理，对案件审前、审中、审后的全程监督，确保案件质效并重。严格案件审理期限，全市法院法定审限内结案率100%；注重庭前准备，发挥庭审功能，提升合议质量，优化文书制作，加强案件评查，同时，判前释法、判后答疑，确保案件质量，努力实现案件的法律效果和社会效果统一。2015年市中级人民法院上诉案件改判发还率0.45%，跻身全省法院审判绩效优秀行列。

【院长办案制】　2015年，三门峡市法院法院院长办理重大、疑难、复杂、新类型案件1204件，院长带头办大案、审难案，实现了由行政化管理向符合审判规律的专业化管理转变，由办公桌走向审判台，由审批案件向审判案件转变，有助于及时发现并解决案件存在的问题，解决审判中存在的难题，推动审判质效和管理水平的提升，有助于发挥院长的引领、示范、指导作用，有效促进法官职业化进程。

【创新涉诉信访案件办理机制】　2015年，三门峡市法院疏导结合，标本兼治，坚持从法治层面解决涉诉信访问题，把“四不”作为指导全市法院涉诉信访案件办理工作的一项重要原则。全面清理涉诉信访历史积案不欠账；

引导群众依法合理反映诉求，坚持法律政策底线不突破;对恶意缠诉闹访，以极端方式扰乱社会秩序，影响社会稳定的行为依法打击不手软；对法院判决裁定有错误或瑕疵的案件承办法官责任追究不放过。全年共接待来访群众1043人次,受理申请再审和申诉材料262件；办结申诉复查案件114件,依法进入再审21件;赴京到省访案件下降48.8%。（王建锋）

司法行政

【概况】2015年，全市各级司法行政机关充分发挥职能作用，以干事创业的热情和砥砺奋进的精神大胆创新、主动作为,重点工作实现新突破,整体工作开创新局面，为全市经济持续快速发展和社会和谐稳定作出应有的贡献,受到市委、市政府和省司法厅的充分肯定和高度评价。

积极服务党委政府中心工作,体现新作为。始终把服务党委政府中心工作作为司法行政工作的重中之重,充分发挥律师、公证及人民调解专业优势,围绕平安建设、信访维稳、征地拆迁、重大案事件化解以及重大项目建设等，广泛深入地开展专项法律服务和矛盾纠纷排查化解活动。律师队伍在城中村改造、重大项目合同的签订、非法集资案件的处理等方面提供专业细致的法律意见；公证机关在黄河公园改造、“相约三门峡·舞动天鹅城”创世界纪录大型主题旅游活动等重大项目、重大活动中提供优质高效的公证服务；基层司法行政干警和各级人民调解员在基层一线化解了大量的矛盾纠纷，均有效避免和减少了法律风险、法律纠纷,及时消除了大量信访隐患，为全市经济社会健康发展和社会大局平安稳定作出了积极贡献,受到党委政府的肯定和表扬。2015年,全市律师共为政府、企业提供法律意见和分析论证653件(次),参与信访接待297件，担任常年法律顾问680家，担任各级人大代表、政协委员13名。全市共办理涉及项目建设公证776件。各级调解组织化解民间纠纷转化为刑事案件13件涉及人员30人,化解群体性上访31件涉及人员911人。

全力推进法治宣传和法治建设，取得新发展。积极做好“六五”普法检查验收工作,多次召开会议进行安排部署,提升打造陕县、卢氏法治公园,德馨苑小区，灵宝大湖村等一批法治宣传新亮点，顺利通过省检查组检查验收并受到充分肯定。市人大、市政协对三门峡市依法治市和“六五”普法工作进行了专项视察,给予高度评价,依法治市专项工作报告在市六届人大常委会第23次会议上获得全票通过。大力开展宪法宣传教育,在“12·4”国家宪法日暨全国法制宣传日，市司法局联合河南法制报社组织开展了公务员宪法集体宣誓、法治书画作品展等形式多样、内容丰富的“法治文化周”系列宣传活动,极大地提高了宪法宣传的影响力。持续关注民生热点和社会关切，继续编印《司法与民生》,并针对非法集资和环境保护等热点问题，组织开展专项法治宣传教育活动，提升全民尊法学法守法用法意识,有力地维护和保障群众合法权益。大力推进新媒体普法，开通了市县两级普法手机报、普法微博和普法微信公众号等新媒体普法平台，有效增强了法治宣传效果,取得了显著成绩。2015年,共发表新闻宣传稿件337篇,发表微博1300余篇、微博粉丝3500多人,发布微信信息52期,普法手机报21期,受到了社会各界的高度评价。市司法局始终全力推进法治三门峡建设,突出抓好法治宣传。

认真服务保障和改善民生，推出新举措。继续加大法律服务便民惠民力度,律师、公证、司法鉴定等法律服务机构坚持对未成年人、老年人、残疾人、危重病人、经济困难群众等特殊服务对象采取减免费用、上门服务、开辟绿色通道等优惠便利措施，真正施惠于民。2015年,全市律师共办理各类案件5288件,其中为未成年人、残疾人代理案件996件,减免代理费用37万余元;公证机构共办理各类公证10949件,其中为老年人、残疾人、危重病人提供预约上门公证996件；司法鉴定机构共办理司法鉴定案件1446件,其中涉及残疾人、农民工、下岗职工的司法鉴定案件72件，减免鉴定费13810元。大力加强法律援助工作,持续完善法律援助服务网络，在原有法律援助工作站点基础上，又在开发区分局和产业集聚区分局建立法律援助工作站。持续做好农民工、未成年人、军人军属等重点人群的法律援助工作,着力解决农民工工资拖欠、工伤赔偿,劳动保护,未成年人、妇女、军人军属权益保护等问题，全市全年办理农民工法律援助案件570件，为老年人办理法律援助案件277件，为未成年人提供法律援助320件。持续优化法律援助舆情分析，加强“三室一点”和“12348”专线值班值守,在接待群众来访来电、办理法律援助事项中收集社情民意。全年共接待咨询17034人次,报送法律援助舆情分析报告12期,切实发挥了参谋助手作用和预警功能。法律援助经费保障有力，首次开展了法律援助经费专项检查，有效确保专项经费的规范使用。在市委、市政府支持下，市级法律援助经费人均比全国标准高4倍,比全省标准高2倍。

人民调解预防化解矛盾纠纷,取得新成就。不断完善人民调解组织建设,大力加强行业性、专业性人民调解工作,重点推进在医疗卫生、道路交通、劳动争议、物业管理、环境保护等矛盾较为集中的行业和领域建立人民调解组织。全市共建立人民调解委员会1517个,人民调解员7307人。健全完善“三调联动”机制,进一步发挥人民调解预防化解矛盾纠纷作用,做好“双节”“三夏”“两会”等重点时期的矛盾纠纷排查工作，及时就地把矛盾纠纷化解在基层、消除在萌芽状态,做到了“小事不出组，大事不出村”。在全省“最美人民调解员”评选活动中,三门峡市1人荣获全省“最美人民调解员”称号,5人荣获全省“优秀人民调解员”称号;在全省人民调解工作表彰会上,三门峡市8个集体、12个个人受到省综治委和省司法厅联合表彰，三门峡市制作拍摄的人民调解工作专题片被会议选用,经验在全省推广。2015年,全市各级调解组织共调解各类矛盾纠纷 10012 件，调解成功 9949 件，成功率 99.37%，其中疑难复杂案件 634 件，切实发挥了预防和化解矛盾纠纷“第一道防线”的作用。

着力做好特殊人群服务管理工作，打开新局面。司法行政戒毒工作取得突破性进展，市司法局强制隔离戒毒所在硬件落后、资金滞后、经验不足的情况下，积极转变工作理念，按照市委、市政府的要求，配合做好全省“大收戒”专项行动，改造场所设施，深挖收治潜力，在全省率先收治强制隔离戒毒人员，全年共收容强戒人员 279 人，为全市“两抢一盗”案件下降，社会治安好转作出了突出贡献，受到市委市政府和省司法厅的高度赞扬和肯定。社区矫正工作取得重大进展，市县两级均成立了社区矫正管理科（股），进一步规范和加强了社区矫正组织、队伍和制度建设。完成首次实施的特赦工作任务，对 41 名在矫人员实施特赦。全市累计接收社区服刑人员 4106 名，累计解除矫正 2708 名，现在册人数 1398 名，无脱管失控问题发生，有效地保障了社会和谐稳定。安置帮教工作再上新台阶，湖滨区陈宋坡村的果蔬种植基地面积由 300 亩扩大至 500 亩，新增钢构大棚 30 栋；在高庙乡位家沟村新建了农家古柏养生基地，进一步扩大了安置容量。为支持基地发展，市司法局积极协调相关部门，为果蔬种植基地和农家古柏养生基地分别争取到农业产业结构调整资金 100 万元和 350 万元。2015 年，共安置刑满释放人员 57 人、社区矫正人员 27 人，“三无”人员 5 人，收效良好。

夯实基层基础建设，发展有保障。持续加强司法所建设，强力推进规范化司法所建设，认真组织开展“司法所正规化建设年”活动，并开拓创新、抢抓时机，在交口乡争取 6 亩土地建设高标准司法所和社区矫正及安置帮教中心。精品化司法所建设取得阶段性进展，规范化司法所建设卓有成效，全市 14 个基层司法所被评为“省级优秀司法所”，司法所规范化比例达到 50%，湖滨区、陕州区规范化司法所比例达到 90%。

加强队伍建设和党风廉政建设，形成新气象。坚持抓思想政治建设，认真组织学习党的理论知识，举办法治大讲堂、干部大讲堂，有效提升广大干警的政治觉悟。坚持抓作风建设，大力开展“三严三实”专题教育、“我为三门峡发展做贡献”主题实践和精神文明创建等活动，围绕“三严三实”和“四问四做起”，深入开展专题学习研讨，认真查摆问题，扎实进行整改，切实转变工作作风，司法行政干警业务能力和综合素质显著提升。坚持抓党风廉政建设，严格落实“两个责任”和领导干部“一岗双责”，注重廉洁自律教育，大力开展政风警风行风评议和“一学两抓三责”等专题活动，编印涵盖党规党纪、公务员管理相关法律法规和规章制度的廉政手册《规矩》，举办《中国共产党廉洁自律准则》和《中国共产党纪律处分条例》专题辅导报告会，一把手讲廉政党课，纪委书记做专题辅导，在全系统营造了守规矩、重纪律的良好氛围。

【开展送法下乡活动】 2015 年 3 月 27 日，三门峡市司法局组织律师、公证、法律援助工作人员和法制宣传志愿者等，深入渑池县张村镇张村村开展“三门峡市‘科技、文化、卫生’三下乡”法制宣传活动。主要通过解答法律咨询、提供法律服务、散发宣传材料、展牌宣传、悬挂布标、讲解事故案例等形式，宣传与村民群众生产生活密切相关的法律，向群众免费发放《农村党员干部法律知识问答》《农民工进城务工法律知识问答》《法律进乡村手册》等法律书籍共 2000 余册，发放法律援助便民卡 500 多张，解答法律咨询 50 多人次，有效提升了村民的法治意识。

【开展法律援助进军营活动】 2015 年 6 月 18 日，三门峡市法律援助中心到 80805 部队，组织了一场法律知识讲座，向官兵讲解《婚姻法》方面的法律规定，并就如何依法维护军队、军人、军属合法权益等法律知识进行了现场解答，使官兵们对法律知识有了进一步的了解，提高了法律素质和维权意识，受到部队官兵的热烈欢迎。

【开展送法进社区活动】 2015 年 8 月 12 日，三门峡市司法局和三门峡市扶贫办在铂景湾小区门口联合开展法律服务进社区志愿服务活动，按照社区居民的法律需求和关心的热点问题，开展法治宣传教育，帮助大家解决日常工作、生活中遇到的法律方面的问题和困难，通过送法引导人民群众自觉守法、遇事找法、依法办事，使广大居民群众能强化守法用法意识，依法合理地表达诉求，使自己既免于侵害，又远离犯罪。

【开展“12·4”国家宪法日暨全国法制宣传日宣传活动】 2015 年 12 月 4 日，三门峡市司法局联合市人大、市委宣传部、市委政法委、河南法制报社等单位，组织开展“12·4”国家宪法日暨全国法制宣传日系列宣传活动。联合公安局、检察院、法院、教育局、环保局等十多家依法治市成员单位在文博城广场开展了以“弘扬宪法精神，推动创新、协调、绿色、开放、共享发展”为主题的大型法治宣传活动。联合河南法制报社、市教育局同时启动法治宣传展板进学校进社区系列活动。组织人员积极参加公务员宪法宣誓、法治文化墙签名、法治书画摄影展等活动。在全市上下掀起了学法、尊法、用法的热潮，为法治三门峡建设营造了良好的法治环境。 （茹志琼）

·编辑 张怡杰·

农业

综 述

【概况】 2015年，三门峡市持续坚持“调结构、抓重点、转方式、增收入”和“调中求进、抓中求实、转中求好、增中求快”的农业工作思路，突出重点，狠抓落实，农业农村工作保持了持续较快发展的良好势头，为促进农民增收、农业增效和农村增美做出了积极贡献。全市第一产业增加值达到118.5亿元，比2014年增长5%，增幅居全省第一，高于全国1.1个百分点；农民人均可支配收入11084.2元，比2014年增长9.7%，高于全省平均值0.8个百分点。全年粮食总产7.16亿千克，占目标任务的143.1%，比2014年增加1.19亿千克，增长23.4%。粮食单产、总产均创历史新高。其中：夏粮面积7.98万公顷，平均单产4634千克，总产3.7亿千克；秋粮面积8.94万公顷，平均单产3870千克，总产3.46亿千克。

农村改革顺利推进。全市有68个乡镇、1349个行政村开展确权工作，确认家庭承包地块143.99万块、面积15.98万公顷；土地流转面积新增0.34万公顷，累计达到4.47万公顷。

特色产业稳步发展。全市果品总产22.83亿千克，居全省第一位，比2014年增长6.3%；出口鲜水果1.23亿千克、12450.4万美元，比2014年分别增长162.6%和179.23%。蔬菜播种面积3.2万公顷，产量11.57亿千克，总产值17亿元。食用菌栽培总规模1.6亿袋，鲜品总产量2.4亿千克，总产值23亿元；出口639.58万千克，创汇1.07亿美元，分别比2014年增长246.28%和224.24%。水产品总产量2046.1万千克，占年度目标任务的102.2%。肉类、蛋类、奶类产量分别为10820万千克、5670万千克、4850万千克，分别占年度目标任务的101.1%、109%、110.2%。特色农业产值占农业总产值的比重达到85%以上。

农业新型经营主体不断壮大。按照家庭经营、集体经营、合作经营、企业经营等基本模式，积极培育发展新型农业生产经营组织。新发展市级以上农业产业集群6家、市级重点龙头企业21家、家庭农场90家。至年底，全市共有产业化集群39个，市级以上重点龙头企业129家，家庭农场310家，都市生态农业、现代农业示范园区122家。

农产品质量认证取得新突破。新认证“三品一标”农产品16个，其中无公害农产品14个，绿色食品2个。至年底，全市共有77个无公害种植业和渔业基地，无公害农产品102个、绿色食品5个、地理标志农产品5个。

信息化建设取得新进展。陕县、义马市、湖滨区、开发区、产业集聚区所有行政村实现信息进村入户全覆盖；完成农业投入品二维码追踪系统的设计开发；新建物联网应用点2个，物联网应用点达到11个；涉农网店总数达到2067家，农产品交易额达到8.3亿元。

农村沼气建设取得新成绩。新建大中型沼气工程1座、小型和联户沼气工程10座、乡村沼气服务网点24处，农村户用沼气新增1087户，分别占目标任务的100%、100%、100%、108.7%。至年底，全市累计有大中型沼气工程25座、小型和联户沼气工程49座、农村户用沼气11.3万户。

【秸秆禁烧工作】 2015年，三门峡市分别在5月29日、9月16日和9月22日组织召开夏季、秋季秸秆禁烧和综合利用电视电话会议，并制定了《三门峡市2015年秋季秸秆禁烧与综合利用实施方案》，成立秸秆禁烧督导组，在“三夏”“三秋”和重污染天气应急预警期间不间断下乡督导检查。根据环境卫星秸秆禁烧监测结果显示，全市有1处着火点，经现场核查为灵宝市故县镇故县村面积约0.27公顷的麦茬着火。当年，全市小麦收获面积7.98万公顷，产生秸秆约36540万千克，秋季作物播种面积8.94公顷，产生秸秆约60880万千克，秸秆综合利用率88%，小麦秸秆还田比例29.44%，秋季作物秸秆还田比例14.99%，秸秆肥料化、饲料化、基料化、原料化“四化”利用率44%。

【种子管理工作】 2015年，三门峡市完成2014-2015全国农技推广中心、河南省种子管理站、西北农林科技大学、中国科学院和洛阳农林科学院5家13组试验，共136个小麦品种234个小区的播种、管理、收获工作、室内考种及总结工作；完成2015-2016全国农技推广中心、河南省种子管理站、西北农林科技大学、洛阳农林科学院4家小麦品种试验(涉及13组171个品种253个小区)的播种、冬管任务。引进新品种周麦22、26，百农207、217，洛麦26，洛旱7、洛旱10共7个品种。开展种子市场检查4次，共出动人员591余人次，宣传车130辆次，悬挂条幅62条，印发宣传材料2.6万余份，受教群众达12万人次。检查种子经营门店226余家，检查品种378个次，封存样品56个，查处假劣种子案件3起，其他违法案件4起，涉案金额3.59万元，没收种子及违法所得4万余元。抽样检测种子经营单位50余家，其中抽检玉米品种57个，被农业部作为重点检测品种7个；抽检小麦种子样品53个，其他作物样品10个。做室内种子质量单项检测330个，玉米田间小区种植鉴定20个。

【植物保护工作】 2015年，三门峡市开展农作物病虫害系统调查201次、大田普查59次，发布病虫情报100期。通过病虫害数字化监测预警系统向省植保站汇报病虫信息268次，合格率在95%以上，完成率100%。全市农作物病虫害发生面积83.45万公顷次，其中小麦28.16万公顷次、果树30.49万公顷次、蝗虫发生2.09万公顷次、玉米16.67万公顷次、大豆2.03万公顷次、花生0.62万公顷次、蔬菜3.39万公顷次；农作物病虫害防治面积109.12万公顷次，其中小麦37.87万公顷次、果树41.88万公顷次、蝗虫防治1.73万公顷次、玉米20.06万公顷次、大豆2.2万公顷次、花生0.75万公顷次、蔬菜4.63万公顷次；绿色防控示范面积达到200公顷，比2014年增长9.89%；绿色防控推广面积0.33万公顷，比2014年增长2.08%。

【土壤肥料管理工作】 2015年，三门峡市推广配方施肥技术18.73万公顷，施配方肥10.87万公顷；举办各种类型的培训班92期，培训人次19408人次；化验土壤样品1550个，分析化验13225项次；完成新型肥料试验示范14个；完成国家级墒情与旱情监测报告20期。

【招商引资工作】 2015年，三门峡市农业部门积极开展招商引资活动。组织20家龙头企业参加“侨资企业西部行”三门峡合作项目交流会，会上介绍全市特色农业资源优势、龙头企业、产业集群发展情况，达成招商引资项目意向3个，资金5亿元；在驻马店召开的第十八届中国农产品加工业投资贸易洽谈会上，灵宝鼎源物流有限公司与河南省进口物资公共保税中心有限公司成功签约灵宝市农产品综合物流园区项目，签约金额12.5亿元。

【土地确权颁证工作】 2015年，三门峡市农业局印发《确权工作手册》2万册，在《三门峡日报》刊登新闻报道6期、整版专刊4期，在三门峡电视台录播确权工作政策访谈和专题报道、新闻报道7期；举办培训班3期，培训县乡确权骨干245人次，带动各县(市、区)开展多种形式的培训，全市共培训乡、村、组业务骨干22100人次。三门峡市共69个乡镇、1364个行政村，需确权的耕地面积（全国第二次土地调查面积)17.76万公顷，涉及42万农户。至年底，有68个乡镇、1349个行政村开展确权工作，进行权属调查、审核公示、完善合同、建数据库等项工作。通过矛盾排查，共处理土地承包经营纠纷340起，其中339起得到化解；清理承保档案27.91万卷，调查承包户38.28万户，指界测绘家庭承包地块143.99万块、面积15.98万公顷，确认家庭承包地块143.99万块、面积15.98万公顷，完善合同37.87万户，确权登记面积和户数分别占耕地面积和农户数的90%和91.14%，达到省确权办对确权整体推进市的目标要求。

【举行水生生物资源增殖放流活动】 2015年5月3日，三门峡市在天鹅湖畔、黄河公园芦荡烟雨湖边和黄河岸边、陕县山口水库等地举行水生生物增殖放流活动。放流的鱼苗主要有黄河鲤鱼、草鱼、鲢鱼、鳙鱼等品种，共计15万尾。与往年相比，此次放流地点改变单一一个放流点为多个放流点，扩大放流的范围和影响力；加大黄河鲤鱼、鲢鱼、鳙鱼的投放量，放流品种结构更趋合理；放流的鱼苗均通过公开招标，从省级水产良种繁育基地购置的优质水产良种，质量更高。

【灵宝川塬古枣林入选第三批中国重要农业文化遗产】 2015年10月10日，农业部公布第三批中国重要农业文化遗产名单(农加发〔2015〕7号)，灵宝川塬古枣林入选。此次全国共有23个传统农业系统被评为第三批中国重要农业文化遗产，灵宝川塬古枣林是河南省唯一成功入选的重要农业文化遗产。灵宝川塬古枣林由明清古枣林和古枣树群落组成，枣树品种为著名的“灵宝大枣”。据初步统计，灵宝市共有100年以上古枣树36.9万株，其中明清古枣树34.7万株。大王镇是灵宝大枣的原产地和主产区，全镇共种植大枣1333.33公顷，其中明清古枣林266.67公顷。遗产地中心区后地村拥有500年以上的古枣树59619株，拥有300至499年间的古枣树3445株，拥有100至299年间的古枣树2343株。这些古枣树枝叶繁茂，果实累累，不仅有较高的观赏价值和旅游利用价值，更具极大的生态价值。

（周应平　王欧阳）

畜牧养殖业

【概况】 2015年，三门峡市畜牧兽医部门突出项目建设推动畜牧产业转型发展，认真落实各项畜牧业发展政策，多措并举确保不发生区域性重大动物疫情和重大畜产品质量安全事故。积极解决畜牧企业生产经营难题，主动与金融部门对接，为企业协调解决贷款2000多万元；积极宣传引导企业上市融资，2家饲料加工企业在新三板挂牌融资；帮助天谷农场与三隆乳品企业、花花牛乳业有效对接，化解生鲜乳销售难问题。全市肉类、蛋类、奶类产量分别为10820万千克、5670万千克、4850万千克，分别占年度目标任务的101.1%、109%、110.2%，增幅分别位居全省第五、第三、第二位。

【畜牧项目建设】 2015年，三门峡市洽谈、建设、实施的畜牧业招商引资项目4个，计划总投资约16.2亿元，累计完成投资2.2亿元。其中：山东六和集团18000万千克饲料加工项目计划投资1.2亿元，完成投资7000万元；安佑生物科技集团有限公司3万头猪场项目计划总投资2亿元，完成投资5000多万元；三门峡天盛公司20万头生猪养殖项目计划总投资3亿元，完成投资1亿元。此外，5个市级重点项目，义马大程山农林公司年出栏1万头商品猪项目、田原牧业养猪场项目、天谷农场万头奶牛养殖项目、100万头雏鹰黑猪养殖产业化项目、瑞亚奶牛养殖项目累计完成投资19.8亿元。

【生态畜牧业】 2015年，三门峡雏鹰黑猪发展态势良好，采取生态放养和农户加盟等模式，建成散养养殖单元860个，加盟入住农户300多个，存栏生猪12万头，出栏生猪达9万头。三门峡雏鹰农牧有限公司荣获“福利养殖金猪奖”(三星)荣誉，三门峡雏鹰农牧有限公司陕县分公司第一养殖基地荣获2015“中国美丽猪场”称号。卢氏鸡发展取得新突破。依托地方品种优势和优良自然资源，采取公司带农户的方式，积极推动卢氏鸡生态养殖。博康卢氏鸡发展有限公司存栏种鸡2万套，年孵化能力达100万只。卢氏菜源公司承租荒山荒坡2666.67公顷，带动100余农户发展生态养殖，卢氏鸡饲养量达300万只，年产鸡蛋900万千克。积极开展生态畜牧业示范场创建活动。按照标准要求，重点对5家规模场进行扩建改造，有2家申请国家级示范场验收，3家正在组织实施。

【重大动物疫病防控】 2015年，三门峡市圆满完成春秋两季集中免疫活动，应免畜禽免疫密度均达到100%，免疫抗体合格率均在80%以上，免疫密度均达到国家要求，顺利通过省畜牧局组织的考核验收。全年全市未发生区域性重大动物疫情。病死畜禽无害化处理机制建设稳步推进。8月14日，三门峡市人民政府办公室印发《关于建立病死畜禽无害化处理机制的意见》，明确建立病死畜禽无害化处理机制的总体思路、工作目标、主要任务和保障措施。经认真评估筛选，确定渑池县为试点，建设病死畜禽无害化处理场，年底，设备安装调试完毕进入生产阶段，日处理能力4000千克左右。全市共申报病死生猪4.6万余头，全部进行无害化处理。育肥猪保险工作发展迅速。全市落实配套资金148万元，完成育肥猪投保32万余头，超额完成全年计划任务；理赔病死猪近3.8万头，理赔金额达489万元。

【畜产品质量安全监管】 2015年，三门峡市突出问题导向，把握关键环节和重点区域，全面深化专项整治活动。累计出动执法人员7773余人次，检查各类场所5021余家次，查处问题55起，办理案件12起。重点企业巡查得到加强。成立巡查小组，每季度对63个重点企业至少开展1次巡查，有效预防行业性和系统性风险发生。风险挂账销账机制不断健全。在日常监管中实行风险挂账销账机制，在风险隐患排查月活动中不断强化，做到问题底数清楚、结果处理到位。全市未发生重大畜产品质量安全事故。

【动物卫生监督和畜牧兽医综合执法】 2015年，三门峡市不断加强动物卫生监督。全市共检疫生猪84.4万头、牛羊7114头、禽49.3万羽，检疫动物产品970.4万千克，检出病害畜禽0.1万头(只)、病害肉品3400千克，申报检疫率和无害化处理率均达100%。抽检“瘦肉精”尿样9820份，全部为阴性。持续强化畜牧兽医综合执法。以行政指导为重点全面推进服务型行政执法，通过明察暗访、专项督查等方式严厉打击违法违规行为，做到柔性管理和强制执法有机结合。全年对各类涉牧企业进行行政指导160余次；开展假兽药查处等专项活动10多期，查处案件49起，立案、结案49起，涉案金额9.2万余元，罚款2.6万余元。

【畜禽屠宰监管】 2015年，三门峡市畜禽屠宰行业监管体制改革，监管职责由商务部门调整到畜牧部门。10月底，市、县两级全部完成畜禽屠宰行业监管职责调整和正式移交，实现畜禽屠宰行业监管工作的平稳过渡。深入开展生猪屠宰质量安全专项整治活动。派出3个督查组对6个县(市、区)进行督导检查，发现问题现场通报、立行立改。同时对生猪定点屠宰企业进行风险等级测算，督促其落实主体责任。

【开展县级兽医实验室检测能力比对试验活动】 2015年6月8日至10日，三门峡市开展县级兽医实验室检测能力比对试验活动，卢氏县、灵宝市、陕州区、渑池县、义马市动物疫病预防控制机构兽医实验室参加活动，并按要求领取比对盲样和检测试剂。此次活动，比对项目设置有H5(Re-7)亚型禽流感抗体检测(HA和HI试验)和猪口蹄疫O型抗体检测(固相阻断ELISA试验)2项。为确保此次比对试验活动顺利开展，市动物疫病预防与控制中心制定活动方案，下达比对测试任务，统一制作盲样，统一提供试剂，统一操作方法，共准备猪血清盲样60份，鸡血清盲样60份，保证每个县(市、区)的禽流感HA-HI试验和猪O型口蹄疫试验样品编号及结果均不一致。根据检测结果评判标准，对5个实验室领取的100份盲样检测结果进行科学评判，将比对试验结果在全市进行通报。

【举办重大动物疫病防控技术培训班】 2015年9月22至24日，三门峡市举办重大动物疫病防控技术培训班。各县(市、区)畜牧(农牧、农林)局主管副局长、防检科(股)、医政药政(科)股和动物疫病预防控制中心全体人员，开发区、产业集聚区事业局农办(农业科)负责人，部分乡站站长等相关人员参加培训。本次培训班邀请省有关专家,通过面授、研讨交流等方式,对兽药监管工作、主要动物疫病流行新特征及综合防控、动物疫病监测及流调工作、三门峡市动物疫病防控工作存在问题及对策等方面进行培训。

【服务型畜牧兽医综合行政执法建设】 2015年,市畜牧局从落实服务型行政执法建设年度方案、建立督导体系、完善行政指导工作规范等方面着手,推进全市畜牧系统依法行政,加强服务型畜牧兽医综合行政执法建设。加强对执法人员培训。9月10日,举办涉牧法律培训班,对全局19名申办执法证人员进行培训,着重培训食品安全法以及具体执法操作实务等;9月17日至18日组织执法人员参加市法制办举办的公共法培训。开展行政约谈。针对湖滨康裕养殖公司在省畜牧局抽检中,鸡蛋多次出现兽药残留超标甚至含有违禁物质现象,9月11日,对该企业进行约谈,要求企业严格按规定使用兽药,切实提高产品质量,发挥龙头企业示范作用。开展畜产品质量安全风险隐患排查月活动。6月15日至7月15日集中在全市开展畜产品质量安全风险隐患排查月活动。其中到灵宝、渑池等地,随机选择9家养殖场、屠宰企业及兽药经营门店,查看企业档案记录、药房、饲料仓库及无害化处理设施及监管部门的隐患排查痕迹。对发现的养殖档案记录不完整、消毒设施不齐全等问题及时指出,对苗头性的一般问题作出行政指导意见书,对问题较大的,依法进行查处。

【三门峡雏鹰农牧有限公司陕县分公司第一养殖基地荣获2015"中国美丽猪场"称号】 2015年9月19日,由农民日报社与中国畜牧兽医学会联合主办的2015寻找中国美丽猪场公益活动颁奖典礼在福建省厦门国际会展中心举办。三门峡雏鹰农牧有限公司陕县分公司第一养殖基地获得"中国美丽猪场"称号,在50家"中国美丽猪场"中名列第二位,该基地同时获得"中国美丽猪场模式创新奖"。此外,三门峡雏鹰农牧有限公司梁忠涛获得"2015寻找中国美丽猪场公益活动魅力人物"称号。

【三门峡雏鹰农牧有限公司再次荣获"福利养殖金猪奖"】 2015年11月18日,世界农场动物福利协会在总部英国伦敦向14家中国养猪企业颁发"福利养殖金猪奖",三门峡雏鹰农牧有限公司榜上有名,成为河南省唯一一家获此殊荣的企业。"福利养殖金猪奖"由中国农业国际合作促进会动物福利国际合作委员会与世界农场动物福利协会于2014年首创。2014年9月,三门峡雏鹰农牧有限公司荣获世界农场动物福利协会颁发的"福利养殖金猪奖"(两星),本次获奖顺利晋级"三星"。

【2家饲料加工企业在新三板挂牌】 2015年6月24日、7月24日,三门峡弘奥生物科技股份公司、三门峡德安饲料股份有限公司分别在全国中小企业股份转让系统(新三板)挂牌上市,股票简称分别为:弘奥生物、德安股份,股票代码分别为:831746、832632。三门峡弘奥生物科技有限公司成立于2007年,前身是成立于1975年的三门峡市酶制剂厂,2014年改制为三门峡弘奥生物科技股份有限公司,注册资本3000万元。公司主要产品包括酶制剂和絮凝剂两大类。酶制剂主要应用于生物饲料和生物饲料添加剂。三门峡德安饲料股份有限公司前身为灵宝市德安饲料加工有限责任公司,成立于2006年,2014年变更为三门峡德安饲料股份有限公司,注册资本2000万元。公司以废弃苹果渣为单一原料加工生产畜禽饲料,年产饲料1000余万千克,并加工奶牛颗粒饲料200余万千克。 (王欧阳)

果品业

【概况】 2015年,三门峡市在果园管理上,以"管成精品果、向每个果子要效益,管成精品树、向每棵果树要效益,管成精品园、向每片果园要效益,做强果品业,向整个果业要效益"的"三管一做"为重要抓手,着力抓好技术培训,共举办各类培训班80余期,培训果农2万多人次;在项目实施上,承担的《现代果业示范园区建设》和《苹果矮化密植栽培技术引进与示范》等项目进展顺利;在果情调度上,持续做好苹果销售进度周报、农业部苹果价格信息采集及发布等项工作,在"优质果品网""黄河农网"等媒体发布信息800余条;在果品销售上,充分发挥农业电子商务、苹果专业合作社、农村经纪人、苹果年会、农交会等平台和渠道的作用,有效解决苹果销售难题。10月至11月,分别参加了在山东省烟台市举办的第十六届国际果蔬食品博览会,在福建省福州市举办的第十三届中国国际农产品交易会名优果品展暨第九届全国名优果品交易会和在上海市举办的第七届亚洲果蔬产业博览会,进一步提升三门峡果品的知名度和影响力。

当年,全市新栽植果树0.78万公顷,其中苹果0.42万公顷、小杂水果0.36万公顷;完成苹果树形改造1.11万公顷、果园生(覆)草0.4万公顷,实施果园配方施肥0.77万公顷,更新改造老果园0.67万公顷;实施苹果果实套袋79.93亿只,其中套纸袋32.52亿只;果品总产量达到22.83亿千克,其中苹果18.75亿千克,比2014年分别增长5.5%和6.8%;果品总产值达到69.85亿元,比2014年增长9.7%。至年底,全市销售苹果16.4亿千克,占当年总产量的87.5%。 (杨新社)

【开展果树冬管工作】 2015年入冬后,三门峡市采取多种措施,开展果树冬管工作。积极宣传发动。通过媒体、手机短信、印发技术资料等多种方式,宣传果树冬季管理的必要性,提高果农的冬管积极性,促进果树冬管工作及时开展。强化技术培训。采取"请进来、走出去"的办法,邀请知名果树专家讲述果树冬季管理的技术要点、注意事项。灵宝市园艺局组织150余人果农到洛川、万荣等地,考察、学习苹果密闭果园改造的经验、技术;从洛川请来果树专家,培训、组建10人果树冬管专业队,统一标准,建立示范园,示范带动寺河乡等地密闭老果园改造。陕州区园艺技术人员对苹果矮密园整形修剪、老果园改造、葡萄修剪等技术进行专门指导。卢氏县重点抓好苹果、大樱桃等果树整形修剪、清园、病虫防治等冬季管理工作。全市培训果农1.2万余人(次),发放宣传资料6000余份。加强督促指导。市、县业务部门及时督促、现场指导,要求果农做好冬剪、清园、涂白等管理,为果树健壮生长、果品质量提高打下坚实基础。

(周应平、焦良奎)

【果树发展呈现三大亮点】 2015年,三门峡市农业部门及早明确目标任务,采取多种扶持措施,全力开展技术服务,强化工作督促指导,圆满完成栽植任务。全市新栽植果树0.78万公顷,其中苹果0.42万公顷、小杂水果0.36万公顷。果树发展呈现三大亮点:一是集中连片多。新栽果树3.33公顷以上的基地达78个,其中苹果49个、桃12个、葡萄8个、梨4个、樱桃4个、杏1个。二是引进新品种多。市、县共引进特色水果新品种50个,其中桃15个、葡萄10个、梨3个、石榴3个、其他19个。三是建园标准高。部分新栽植果园设立了水泥支柱,安装了滴灌设施。灵宝市高山果业公司以每株35元的价格购进M9–T337自根砧高档矮化苹果苗木,每公顷植2370株,共栽植10余公顷,并配套设立水泥杆、拉上铁丝和节水灌溉设施等。

【苹果套袋再创历史新高】 2015年,三门峡市各级园艺部门通过各种会议、下乡包村、媒体等形式,广泛宣传果实套袋特别是套纸袋的作用,提高广大果农套用纸袋的认识和积极性,扩大套纸袋的比例。全市共举办果实套袋培训班190余场(次),印发技术资料2万余份,培训果农1.6万余人(次),促进了苹果套袋工作的开展,为生产精品果、效益提升奠定了坚实的基础。截至7月10日,全市共完成苹果果实套袋79.93亿只,其中套纸袋32.52亿只,分别比2014年增长2.2%和12.2%,再创历史新高。

【2015中国苹果年会暨三门峡陕县苹果产销对接会举行】 2015年9月17日,由中国果品流通协会、三门峡市人民政府主办,陕县人民政府、三门峡二仙坡绿色果业有限公司协办的2015中国苹果年会暨三门峡陕县苹果产销对接会,在位于陕县的国家级苹果龙头生产基地二仙坡绿色果业有限公司举行。中国果品流通协会会长赵显人,常务副会长鲁芳校;河南省政府副秘书长胡向阳,省供销社监事会主任刘延生;三门峡市领导出席开幕式。晋陕豫黄河金三角三省四市相关部门负责人,及河南省市、县有关部门领导,全国各地的果品生产主管单位、科研院所、果品经销企业、专业合作社、电商等300余家单位,新华社、中央电视台、人民网、凤凰网、《河南日报》、河南人民广播电台、《大河报》等数十家新闻媒体记者参加开幕式。中央统战部办公厅原主任张志功,及中国绿色食品协会、河南省现代农业研究会、沃尔玛、丹尼斯等行业协会和大型超市等分别向大会发来贺电、贺信。开幕式结束后,出席活动的领导和嘉宾一同到二仙坡国家苹果产业体系三门峡培训中心广场参观三门峡特色果品展览,实地考察国家脱毒果树组培基地、二仙坡果品育苗基地及生产基地。本次果品展参展单位30余家,展品包括各类有机、绿色、无公害名优精品苹果、葡萄、石榴、黄梨、鲜枣、猕猴桃等六大类。在随后举行的陕县苹果产销对接会上,来自全国十多个省份的300多名客商进行深入洽谈对接。当天下午,在苹果产销形势分析暨签约仪式上,山东栖霞德丰食品有限公司、陕西华圣企业(集团)股份有限公司、深圳百果园实业发展有限公司等企业与三门峡当地的苹果专业合作社和龙头企业,现场签订苹果购销合同2050万千克。

【"灵宝苹果"品牌价值升至48.32亿元】 2015年2月26日,浙江大学中国农村发展研究院中国农业品牌研究中心发布2014年中国农产品区域公用品牌价值评估结果。"灵宝苹果"品牌价值达到48.32亿元(排名总榜单第十三位),较2013年增长2.1亿元,连续6年稳居全国县级苹果品牌价值第一位。

【"灵宝苹果"荣登中国果品区域公用品牌50强榜单】 2015年6月23日,首届中国果业品牌大会在西安召开。大会发布"中国果品区域公用品牌50强"名单,"灵宝苹果"荣登榜单,灵宝市荣获"中国果品区域公用品牌建设杰出贡献奖","灵宝苹果"被确定为大会指定苹果品牌;寺河山苹果荣获"中国十大苹果"和"中国果业百强品牌"。

【苹果出口超1亿千克】 2015年,三门峡市通过果品推介会和便利的通关条件,吸引了越来越多的外地客商前来洽谈出口业务。灵宝市、陕县、湖滨区等建成果品出口示范区,出口果品集散地初具规模。全年出口苹果1.03亿千克,约占全国的1/10,比2014年增长139.53%;货值7.91亿元。主要出口加拿大、智利、美国等30多个国家和地区。

(杨新社)

蔬菜生产

【概况】 2015年,三门峡市蔬菜产业按照"做大规模、做优结构、做好品质、做活市场、做高效益、快速增收"的总体思路,以提高设施蔬菜综合生产能力为目标,因地制宜,合理布局,加快发展以日光温室为重点,大中小拱棚相结合的设施蔬菜基地建设,大力发展高品质、高附加值和反季节蔬菜,不断拓展设施农业功能,提高经济效益。全市新建设施温棚1000个,其中高标准日光温室100个;蔬菜播种面积3.2万公顷,产量11.57亿千克,总产值17亿元。

【大力发展设施蔬菜产业】 2015年,三门峡市以发展设施蔬菜产业为目标,广泛引进农业生产经营实体。其中湖滨区新引进天赐农业、古柏康养、鑫地花木、绿之源家庭农场、绿惠合作社、长印合作社等生产经营实体，新建日光温室8公顷，钢构塑料大棚11.13公顷，用于发展反季节蔬菜生产、配送及休闲采摘旅游等项目。

【蔬菜新品种引进】 2015年，三门峡市蔬菜引进新品种共30多个。主要有从河南农科院园艺研究所引进的系列辣椒杂交新品种；渑池县柳庄高新农业示范园区从洛阳李楼乡引进优质西红柿、黄瓜、芹菜种苗；渑池县长青果蔬专业合作社从河南农科院蔬菜研究所引进的麦茬早熟791罐萝卜、秦白二号大白菜；番茄品种奇达列、保罗塔，辣椒新品种大胜果等新品种。

（邱小岩）

种植业

【概况】 2015年，三门峡市强化技术服务，着力抓好粮食生产。市农业局多次召开农业生产工作会议，印发春季小麦管理技术意见，秋季农作物管理技术意见；通过报纸、电视、《黄河农网》、手机短信等传媒手段发布技术意见、农情信息、惠农政策等200余期。开展"科技人员包村活动"，组织全市375名农业技术干部深入62个乡(镇)的1364个行政村，深入田间地头，查苗情、查墒情、查病虫害，手把手、面对面地开展技术培训、技术指导，共印发技术明白纸10万余份。推广优良品种、配方施肥、良种良法、病虫害防治技术，优良品种推广率达98%以上，种子包衣和药剂拌种达60%以上，配方施肥达18.74万公顷，小麦病虫害防治37.87万公顷次，玉米病虫害防治20.06万公顷次。全年粮食作物收获面积16.92万公顷，单产4230千克/公顷，总产量7.16亿千克，单产、总产量均创历史新高，其中夏粮收获面积7.98万公顷，总产量3.7亿千克；秋粮收获面积8.94万公顷，总产量3.46亿千克。油料作物收获面积15173公顷，总产量3613.8万千克。棉花收获面积1465公顷，总产量110.6万千克。油料收获面积15.17千公顷，总产量3613.8万千克。

【高产创建示范项目】 2015年，三门峡市共承担国家26个万亩高产创建示范方，其中小麦8个，玉米9个，大豆、马铃薯、花生各2个，油菜、谷子、棉花各1个。经实地测量高产创建示范方平均产量，其中小麦9420千克/公顷，马铃薯39087千克/公顷，玉米10871千克/公顷，大豆3261千克/公顷，谷子4854千克/公顷，花生4766千克/公顷，棉花1717千克/公顷，油菜4032千克/公顷，完成目标任务。

【中药材生产】 2015年，三门峡市按照"建基地、强龙头、创品牌"的要求，积极发展苦参、丹参、茯苓、天麻、生地等优势品种基地，探索林药、菌药、菜药间作等种植模式，壮大中药材龙头企业，打造"金地杜仲"等优势品牌。在卢氏县的双龙湾、范里、文峪，陕县的张村、店子，灵宝市的寺河、朱阳等乡(镇)，建立2万公顷野生连翘扶育保护基地，采取封山禁牧、清除杂草、补稀间密、修剪整形等措施，恢复和增强连翘的生产能力；扩大丹参、黄芩、柴胡、板蓝根等人工种植面积，在渑池县天池乡建立133公顷丹参、白术等生产基地，在卢氏县文峪、双槐树、双龙湾建立400公顷连翘基地，在灵宝市西闫乡建立67公顷生地基地；在卢氏县横涧乡雷家村、文峪乡南石桥村和渑池县坡头乡观吊村、韶峰村，开展药材技术培训，发放《连翘技术手册》1000多本，明白纸1万份。全市药材种植面积2万公顷，总产量5460万千克。

（史丽兰）

食用菌生产

【概况】 2015年，三门峡市食用菌产业继续按照"扶龙头、带基地、抓创汇、促发展"的工作思路，以农民增收、产业增效为目标，以规模化生产基地建设为重点，不断提高食用菌产业化水平，食用菌栽培规模稳步增长，经济效益显著提高。全市食用菌栽培总规模1.6亿袋，鲜品总产量2.4亿千克，总产值23亿元。食用菌出口639.58万千克，创汇1.07亿美元。全市10万袋以上的生产基地89个，50万袋以上的生产基地42个，100万袋以上的生产基地9个。食用菌产业已经成为全市特色农业的重要增长点之一，是促进农民增收的有效途径。

【卢氏县引进羊肚菌种植试验成功】 2015年，为加快农业产业结构调整步伐，确保天然林全面禁伐后群众收入不减，进一步丰富食用菌种植新品种，加快食用菌新品种和新技术的应用与推广，卢氏县引进羊肚菌种植项目，首批试验种植的0.87公顷羊肚菌取得成功。

【《夏香菇林下生产技术规程》在全省发布实施】 2015年3月1日，由三门峡市起草制定的《夏香菇林下生产技术规程》由河南省质量技术监督局正式发布实施，标准号为DB41/T994-2014。该规程从栽培季节、菌种使用、菇棚建造、生产管理、采收保鲜等方面进行规范，技术先进，可操作性强，将有效指导全省夏香菇标准化生产栽培。

【全国食用菌标准园建设规范与栽培技术培训班在三门峡市举办】 2015年6月25日至26日，由全国农业技术推广服务中心主办、市农业局承办的全国食用菌标准园建设规范与栽培技术培训班在三门峡市举办。来自全国23个省（市、区）的农业技术推广站(处、办、中心)负责人、有关专家和三门峡市部分食用菌生产企业、基地负责人100余人参加培训。参训学员先后参观了灵宝市焦村镇鑫联菌业有限责任公司、灵宝市昌盛农业专业合作社前店村香菇生产基地，对三门峡市设施夏香菇生产给予高度评价和充分肯定。随后，全国食用菌体系首席专家张金霞、黑龙江省科学院张介驰研究员、河南省驻马店农科院魏银初研究员，分别为学员讲授《食用菌农业设施生产的技术升级要点》《黑木耳栽培关键技术》和《香菇生产技术》,有关省市作典型发言。

(王　静)

水产渔业

【概况】 2015年，三门峡市各级渔业管理部门按照水产资源“点、线、片、链”有机结合的发展要求,以发展特色渔业为重点，以建设现代水产业集群为抓手,以强化科技创新为动力,优化水产业布局，加强水产品质量安全监管,增加全市水产品产量,确保产地水产品质量安全,确保渔业生产安全,确保渔业资源和生态环境安全，全市水产业的科技水平和水产品的质量安全水平得到显著提高。全年水产品总产量完成2046.1万千克,比2014年增加13.1千克,水产养殖面积达到3411公顷,渔业总产值达到19961万元。

水产养殖规模化程度不断提升。积极吸引各种资本投资水产养殖业。全市新建成三门峡天佑水产养殖公司(主养泥鳅、斑点叉尾鮰鱼、草鱼等),灵宝军琪渔业养殖有限公司（养殖乌鳢),三门峡市为民实业有限责任公司惠民分公司(养殖泥鳅)规模水产养殖企业3家，新建标准化养殖池塘144个、90公顷。

水产养殖标准化程度不断提高。通过基层水产推广体系建设项目、水产标准化建设项目等项目的实施,加强水产养殖基础设施建设和养殖条件的改善。全年新修建鱼塘道路1500米，改造鱼塘进排水管道3个场7000米,购买自动投饵机20台,增氧机20台,2个场建成水质在线监测系统。

养殖品种多元化。引进斑点叉尾鮰鱼苗90万尾、泥鳅1800万尾、龙虾80万尾、鳜鱼30万尾等特色品种,特色养殖成为新的增长点。

【河南省渔业互保工作会议暨业务培训班在三门峡市举行】 2015年4月21日、22日,河南省渔业互保工作会议暨业务培训班在三门峡市举行。各省辖市水产科长、渔政站长、各代办处、渔业重点县、市的负责人和互保工作专干等100余人参加培训。会议总结表彰2014年度全省渔业互保工作先进单位和先进个人，安排部署2015年度的渔业互保工作。培训班邀请全国渔业互保协会的专家，分别就办事机构财务管理规定、新互保条款解读及内陆地区新业务政策、理赔业务政策及操作规程、团体意外伤害理赔操作及业务系统理赔等方面作专题培训。

【河南省水产标准化健康养殖技术培训班在三门峡市举办】 2015年4月22日至24日，河南省水产标准化健康养殖技术培训班在三门峡市举行。省辖市水产科长、渔政站长、水产技术推广站长,省直管县(市)水产股长、水产技术推广站长,以及省级水产良种场场长、质量员等共计100余人参加培训。来自省农业厅、河南师范大学、省水产科学研究院的专家应邀授课。培训的内容主要有:水产养殖新品种与新技术、水产养殖标准及标准化健康养殖技术、无公害渔业产品认证现场检查与材料申报、2014年渔业生产形势及渔情分析。

【50吨级渔政执法船项目开工建设】 2015年7月16日,三门峡市第二艘渔政执法船——50吨级渔政执法船开工建设，是三门峡市黄河段建造的最大一艘渔政执法船。项目于2012年底获农业部批准，由三门峡市农牧局渔政处实施，黑龙江省佳木斯市东方船务有限公司承建。该船总长31.1米,水线间长28.5米,总宽6.04米,型宽6米,型深1.95米,设计吃水量1.2米、排水量50240千克、航速22千米每小时、续航力120小时,主机220.5千瓦发电机一台，辅机40千瓦发电机一台,船员10人，载客46人；总投资160万元,其中中央投资108万元、地方投资52万元。渔政船建成后将极大地提高三门峡市渔业执法装备水平，为保护黄河三门峡段特别是黄河中游国家级水生种质资源保护区的渔业资源,渔业安全生产事故应急处置等执法、救助行动提供重要保障。

【全省渔业互保工作座谈会在三门峡市召开】 2015年11月12日至14日，全省渔业互保工作座谈会在三门峡市召开。中国渔业互保协会河南省办事处及部分重点市、县互保代办处的机构负责人和业务骨干共42人参加座谈，特邀国元农业保险股份有限公司河南分公司的负责人出席。座谈会上,各代办处负责人对渔业互保工作开展情况进行交流,探讨在理赔操作中出现的问题及解决办法,并针对油料补贴减少后渔民会员的意见及保险费用征收呈下降趋势等情况进行讨论。郑州市就如何推动水产养殖险工作进行介绍。国元保险公司负责人介绍了公司在河南省开展农业保险现状和推动水产养殖险的情况,并对开展水产养殖险业务的有关问题进行解答。

【灵宝军琪渔业养殖有限公司荣获农业部水产健康养殖示范场称号】 2015年12月22日，农业部办公厅公布第十批农业部水产健康养殖示范场名单，灵宝军琪渔业养殖有限公司荣获此项称号。至此,三门峡市共有农业部水产健康养殖示范场15家。灵宝市军琪渔业养殖有限公司位于灵宝市西阎乡梨湾村河滩，成立于2014年9月，注册资本2000万元，养殖乌鳢面积33.33公顷,养殖池塘66个,孵化池20个,可孵化乌鳢苗种100万尾,满足本地及周边地区对乌鳢苗种的需求,辐射带动周边5户发展水产养殖。

(赵宪钧)

农业产业化

【概况】 2015年，三门峡市产业化办公室以培育农业产业化集群为载体，以发展壮大龙头企业为重点，以特色示范园区为抓手,通过区域化布局、规模化种养、标准化生产、品牌化经营、企业化管理,加快特色产业发展。继续采取“优化发展环境、提高服务水平、夯实发展基础、壮大龙头规模、加快集群培育、提升竞争能力、搭建电商平台”等措施,有效地增强龙头企业市场竞争力,提高农民进入市场的组织化程度,实现农业增效、农民增收和农产品市场竞争力增强,全面提升农业产业化经营水平。积极举办新型经营主体负责人培训班,强化理论学习,提升经营水平;组织各类经营主体参加全国农交会、农洽会、特博会等活动,加强宣传推介,提高市场竞争力;搭建银企对接、农超对接等平台,引导经营主体壮大规模,促进健康发展。全年新发展市级产业化集群6家、市级重点农业龙头企业21家、家庭农场90家。

【家庭农场】 2015年,三门峡市按照"三八六有"("三八"是指家庭成员80%以上在农场常年工作,家庭收入80%以上来自于农场,家庭年收入达到8万元以上;"六有"是指有经营场地、有规定规模、有合格产品、有管理记录、有财务账册、有工商注册)的要求,严格程序,严格标准,推动家庭农场健康发展。全年新发展家庭农场90家,占目标任务的112.5%。至年底,全市家庭农场总数达到310家,比2014年增长40.9%。

【农业龙头企业】 2015年,三门峡市按照市委、市政府对市级重点农业龙头企业实行动态管理的要求,在全市开展市级重点农业龙头企业竞赛活动。按照龙头企业规模、市场竞争能力、辐射带动农民增收能力情况,采取听取汇报、实地察看、综合评定的办法,评选市级重点农业龙头企业,全年发展市级重点农业龙头企业21家。至年底,全市规模以上农业龙头企业发展到206家,市级以上重点农业龙头企业达到129家,其中国家级2家、省级26家、市级101家。

【产业化集群培育】 2015年,三门峡市按照"规模化、专业化、市场化、资本化"和"集中、集聚、集约、集群"发展的要求,加快推进农业产业化集群培育工程。以典型带动,促进产业化集群发展;以政策扶持,拉动产业化集群发展;以项目带动,推动产业化集群发展。全年新发展市级产业化集群6家。至年底,全市共培育发展产业化集群39个,其中市级产业化集群发展到33个,省级产业化集群6个;集群内协作企业182个,协作合作社226个,配套监测机构67个,配套批发市场5个;吸纳农民就业人数312672人,带动农户36.8万户,占全市农户总数的80%。

【三门峡市金融服务"三农"发展放贷签约会议召开】 2015年7月3日,三门峡市召开金融服务"三农"发展放贷签约会议,解决龙头企业普遍存在融资难问题。市领导李建顺、张朝红、牛兰英、马仰峡出席会议。会上,市农业局与邮政储蓄银行三门峡分行、农行三门峡分行、中原银行三门峡分行分别签订合作协议;工行三门峡分行、农行三门峡分行、邮政储蓄银行三门峡分行、中原银行三门峡分行、卢氏农商行,向三门峡二仙坡绿色果业有限公司、三门峡四季丰果蔬有限公司等20家农业龙头企业发放贷款1.28亿元。

【龙头企业电子商务快速发展】 2015年是三门峡市农业电子商务的发展之年,按照"一村培育一品,一品叫响一店,一店带富一片"的农业电子商务发展总体目标,明确了农业经营主体在农村电子商发展中的主体地位。通过抓宣传,营造发展氛围;抓培训,提供人才支撑;抓引导,搭建发展平台;抓主体,培育电商主力;抓投入,整合部门资金;抓督导,确保任务落实等措施,大力开展农业电子商务。全市129家市级以上重点龙头企业中,已建成网店117个,龙头企业电商覆盖率达到90%以上。 (高明峡)

农业科技推广

【概况】 三门峡市农科院以服务"三农"为核心,以发展现代特色农业为重点,以项目建设为抓手,不断加快科技创新步伐,加大试验研究、示范推广、科技协作交流工作力度,为三门峡市农业增效、农民增收、农村增美提供有力的科技支撑。全年承担并实施国家及省、市级科研项目6项,其中国家级2项、省级2项、市级2项;争取到账项目资金130万元;申报专利2项;获得科技成果3项;在省级以上学术刊物上发表论文10篇;编写培训教材4部60余万字;培训基层技术员和农民5000余人次,发放技术资料7万份,其中围绕果树发展编发的《现代果业科技》报纸发行6万份。

市农业技术推广站大力推广先进实用技术,引进农作物新品种。引进种植秦薯8号、商薯19、豫谷18、晋谷40等耐旱作物新品种8个,推广小麦前氮后移技术3.47万公顷、玉米种肥异位同播2.53万公顷、中药材育苗移栽及丹参规范化栽培0.8万公顷次,示范谷子机械化精量覆膜播种20公顷。

(武少杰 闫 红 史丽兰)

【新品种选育】 2015年,市农科院通过野生平菇训化选育出豫三03、05等5个平菇新品种,进一步试验研究;与河南农业大学合作研究7年,选育出74个优良品系,当年收获21个优良新品系,其中小麦新品系豫农803,优质、抗病、高产,已参加河南省小麦新品种区域试验。

【示范基地建设】 2015年,市农科院加强技术服务示范基地建设。开展苹果示范基地建设。在灵宝市、陕县2个示范县(市),对苹果老果园开展郁闭果园群体结构优化与改造技术试验示范工作,建立示范园8处,面积14.67公顷,各试验园光照条件平均提升23%,优质果率平均提升15%,产值提升15%,全年推广应用总面积达到33.33公顷;开展老龄低效苹果园更新技术试验示范,建立示范园6处,面积20余公顷,并通过技术培训在示范县(市)推广应用533.33公顷;在灵宝市、陕县等苹果主产乡镇指导建立矮砧集约栽培示范园6处,其中规模化果园4处,面积达133.33公顷。开展食用菌示范基地建设。选派专业技术人员驻扎灵宝后地村垄润有限公司香菇生产基地,全程指导服务,全年共生产夏香菇和春栽香菇菌袋30万袋;帮助灵宝西闫乡水泉头村规划指导建立一个50万袋夏香菇生产基地。开展蔬菜示范基地建设。在陕县丁官营村推广早春白菜金春2号10.8公顷、早春豆角6.57公顷,项目覆盖农户119户、人口672人。白菜比实施前增收1.5万千克/公顷,增幅达33.3%,新增产值29.16万元;豆角比实施前增收11250千克/公顷,增幅达27.3%,新增产值22.5万元。

【技术培训】 2015年,三门峡市农科院采取多种形式,对农民进行技术培训。邀请体系岗位专家、新西兰皇家果树所研究人员、美国卡莱罗纳洲立大学教授等科技人员,以现场技术指导、集中培训、现场会等形式,开展各类技术服务、指导和培训80余场次,累计培训5000余人次。7月至9月,在国家苹果产业技术体系三门峡培训中心举办第三届现代果业科技培训班,共举办16期,培训2500余人次。与三门峡市绿色农业协会合作,全年发行《现代果业科技》培训报纸12期,每期免费发行0.5万份,累计发放6万份。在西张村丁官营村进行白菜、豆角等蔬菜栽培技术培训8期,累计培训群众1500余人次,进行田间现场技术指导25次,解决技术难题12项,印发技术资料5000份,扶持科技示范重点户20户。到灵宝、陕县、卢氏等地实地指导春栽香菇生产情况,对菌袋制作时出现的问题进行分析和解答,对出菇阶段特别需要注意到的注水、光照、温度等关键点进行讲解。

【交流合作】 2015年,新西兰、美国等5个批次11名国外专家到三门峡市农科院进行生产考察和技术交流活动,并达成苹果新品种三门峡区域试验工作协议。利用外国专家局国际合作项目,邀请美国北卡莱罗纳州大学植保专家詹姆斯到三门峡开展技术交流与培训工作。西北农林科技大学、河北农大、河北农科院、河南省农科院、海升公司等300余名省内外科技人员,分40余批次到三门峡市参观交流。麦收前,国家区试主持单位、河南省种子管理站、河南农大、洛阳农科院、鹤壁农科院等专家到三门峡市农科院考察小麦区试工作,对试验的布局及管理给予高度评价。开展小秦岭自然保护区食用菌野生资源考察活动,收获不同食用菌菌株20多份,拍摄野生菌株照片近百幅,初步摸清了秋季小秦岭自然保护区内野生食用菌资源的种类与生长情况。10月9日至11日,河南省食用菌产业技术体系野生资源考察与技术交流会在三门峡市召开。

(武少杰　闫　红)

【河南省三门峡市小麦苗情远程监控站建成】 2015年,三门峡市农业技术推广站承担河南省小麦苗情远程监控与诊断管理技术项目。7月10日,设备仪器在渑池县陈村乡万寿村安装调试成功,标志着河南省三门峡市小麦苗情远程监控站建成。该监控站为实时监控苗情,制定针对性的应变管理措施,指导群众科学管理,实现小麦苗情监测现代化、信息化起到了示范引路作用。

【"野生连翘叶茶开发加工与研究"项目获三门峡市人民政府科技进步三等奖】 2015年8月,"野生连翘叶茶开发加工与研究"项目被三门峡市人民政府评为2015年科技进步三等奖。该项目系渑池县韶山茶叶专业合作社利用野生连翘资源,借鉴乌龙茶、绿茶制作工艺研发出连翘乌龙茶、绿茶新产品。新产品口感好、色泽鲜、味道香,具有清心明目、生津止渴、排毒养颜等功效。

(史丽兰)

【国家《苹果综合试验站建设》项目】 2015年,市农科院承担实施的国家《苹果综合试验站建设》项目主要开展四项试验研究:一是开展苹果无病毒自根砧苗木和营养钵大苗简易繁育试验,在灵宝、陕县指导建立组培苗木繁育基地3处、自根砧苗木繁育基地3处、营养钵苗木繁育基地1处。二是对18个苹果新品种进行砧穗组合试验与评价工作,提出豫西区域苹果矮砧集约栽培技术砧穗组合方案。三是开展苹果新品种(系)区域比较试验,完成19个新品种(系)的区域试验与评价工作,筛选出6个新品种(系),并新引进5个新西兰品种进行定植。四是对三门峡区域苹果树腐烂病、轮纹病、霉心病、苹果绵蚜等主要病虫害防控技术进行优化,开展轮纹病、叶螨新型药剂防控试验及调查工作,并制定豫西区域苹果套袋与不套袋病虫害综合控制技术方案2套。

(武少杰　闫　红)

农业信息化

【概况】 2015年,三门峡市狠抓农业电子商务发展和信息进村入户,促进农业电子商务、农业物联网、农产品追溯、农业投入品追踪等各项信息技术的广泛应用。全年共培训农业信息员5300人次;建成灵宝园艺场千亩矮化苹果现代科技示范园、灵宝市高山天然果品有限责任公司2个物联网应用点,物联网应用点达到11个;陕县、义市马、湖滨区、开发区、产业集聚区所有行政村实现信息进村入户全覆盖;完成农业投入品二维码追踪系统的设计开发;启动14个行政村的腾讯"为村"行动计划。举办信息网络安全知识培训,提高农业信息网络安全管理水平。成功创建2013年至2014年全国青年文明号。12月9日,三门峡市农业局被农业部认定为全国农业农村信息化综合示范基地。

【信息进村入户工作】 2015年,三门峡市以全国信息进村入户工作试点县陕县为重点,以村级信息服务建设为着力点,以"六有四化两捆绑"("六有":有场所、有人员、有设备、有宽带、有网页、有持续运营能力;"四化":人员科技化、环境优美化、设备标准化、服务优质化;"两捆绑":信息进村入户与生产、生活、生态、生财相捆绑,与增产、增效、增收、增美相捆绑)为标准推进信息进村入户工作。对建成的信息站细化后期管理运营、考核办法,规范信息服务站管理,做到建成一个,运行一个;开展信息员岗前培训工作,全年完成培训500人次;建成信息进村入户益农社(陕县)运营中心;与北京农信通公司对接,加快信息服务站建设进度,先后在义马市、湖滨区、开发区和产业集聚区全面铺开信息进村入户工作。至年底，陕县、义马市、湖滨区、开发区、产业集聚区所有行政村实现信息进村入户全覆盖。

【农业投入品安全监管系统】 2015年，三门峡市结合已有的农产品质量安全追溯监管系统，拓展提升系统功能，完成农业投入品二维码追踪系统的设计开发，并在全市推广应用，是全国第二个应用该系统的地区。对执法人员、农资经销企业等百余人进行系统应用培训，建立应用示范点2个。系统实现“一监督两维权三服务”的目的，为农资监管部门执法、农业投入品营销企业运行、农民权益保障提供服务，并辅助构建农产品安全体系，形成“经营用POS机、执法用手机、决策用微机”的信息化监管体系。

【农业电子商务】 2015年，三门峡市农业电子商务工作领导小组，多次召开会议安排部署工作，组织县(市、区)相关人员12批次350余人外出学习考察，确定“一村培育一品，一品叫响一店，一店致富一片”的农业电子商务发展思路。实地调研全市农业电子商务发展情况，提要求、促发展。充分利用广播电视、报纸等媒体，采用悬挂横幅、刷写标语、印发传单等形式，广泛宣传发展农业电子商务的优势及相关政策、知识，在全市农村形成了解、关心、支持、参与农业电子商务的浓厚氛围。组织新型经营主体负责人、农村青年和村级电子商务操作人员，开展电子商务平台使用、农产品网上经营策略技巧、农业物联网应用、农产品质量安全追溯等业务知识培训，共培训36期4700人次。引进电商平台，组织与腾讯、阿里巴巴、京东等各类电商平台对接，对农产品进行线上包装、宣传、推介等，协助和帮带新型农业经营主体和电子商务企业(店)开展业务。与腾讯开启“互联网+农业”合作，将三门峡农业作为腾讯合作示范标杆，把农产品电商打造成全国标杆，建成农产品全国溯源示范基地，并筛选10个行政村，启动腾讯“为村行动计划”。以市场为导向，培育农业电子商务主体，初步形成以新型农业经营者为主体，以村级信息站、农村有志青年等为补充的农业电子商务市场主力军。探索电商销售新模式，初步形成“个人+网店”“企业+网店”“实体店+网店”“品牌+网店”等运行模式。市直17个单位组成18个督导组，分别深入到卢氏县、灵宝市、陕县、渑池县，市委督查室和农业局有关部门组成联合督导组，深入到湖滨区、义马市、开发区、产业聚集区，对美丽乡村、省级贫困村和有关村组、市级以上龙头企业、示范合作社、家庭农场的农业电子商务暨信息进村入户工作进行全面检查和督导，共梳理问题150条，提出建议147条。截至2015年年底，全市涉农网店总数达到2067家，农产品交易额达到8.3亿元。

【全市农业电子商务暨信息进村入户现场会在陕县召开】 2015年12月4日，全市农业电子商务暨信息进村入户现场会在陕县召开，总结交流经验，加快推进有关工作。与会人员先后到三门峡拙雅生态农业有限公司、益农社(陕县)运营中心、张湾乡新桥村信息服务站和大坪村信息服务站、天瑞科技有限公司、金秋果业有限公司，现场观摩电商网络销售、物流发送、村级信息服务、便民育民服务等情况。陕县、灵宝市、卢氏县、湖滨区和三门峡拙雅生态农业有限公司、河南振宇食品有限公司、卢氏县香盛轩核桃专业合作社分别在会上作典型发言，介绍各自的经验和做法。

【三门峡市农业局被认定为全国农业农村信息化示范基地】 2015年12月9日，农业部公布2015年度全国农业农村信息化示范基地名单，三门峡市农业局榜上有名，也是全省唯一单位。至此，全省共有3家。三门峡市把农业信息化建设作为农业部门转变职能、促进农民增收，推动新农村建设的重大举措，探索创新的综合电视、电话、电脑三种信息载体的“三电合一”农业信息服务模式，在全国推广应用。同时，大力推广应用物联网、质量追溯、农业地理信息等技术，进一步提高全市农业信息化发展水平，促进现代农业的发展。其中，三门峡市农业局下属的农业信息中心，设有12316“三农”热线电话服务中心、农业科技电视节目制作中心、黄河金三角苹果电子交易中心、协会服务大厅等工作部门，为三门峡市农业农村经济发展提供了有力支撑。 (冯 莉)

农业标准化

【概况】 2015年，三门峡市坚持严格执法监管和推进标准化生产两手抓，全面提升农业标准化水平。在重大节日、重要时间节点，加强对农产品的抽检频次和力度，全年共检测农产品样品5119个。组织“三品一标”(无公害农产品、绿色食品、有机农产品和地理标志农产品)农产品生产基地签订质量承诺书，保证按标准进行农业生产活动。加强农产品质量安全风险检测、评估和监督抽查，全年共例行抽检样品6485个。根据《河南省农业厅关于做好国家农产品质量安全县创建活动的通知》精神，指导灵宝市创建省级农产品质量安全县(市)。组织人员到农产品生产基地开展农产品质量安全现场检查，排查各种农产品质量安全隐患，推进标准化生产。全年新认证“三品一标”农产品16个，占目标任务10个的130%，其中无公害农产品14个，绿色食品2个。对产地、产品证书即将到期的企业进行复查换证，共递交复查换证材料26套，涉及31个产品；对3家绿色食品获证企业进行年检审核。至年底，全市共制订、修订果、牧、菜、菌等57个品种108个无公害生产地方标准和技术规程；有77个无公害种植业和渔业基地，102个无公害农产品，面积3.1万公顷；有5个绿色食品，面积0.09万公顷；有5个地理标志农产品，面积5.17万公顷；农产品合格率达到99.6%。

【“三品一标”认证】 2015年，三门峡市农检中心采取下基层联系群众、拜访农户、帮助群众解决生产中实际问题、实地检查等措施，提高企业认证积极性，同时严把认证质量关，做到符合一个,上报一个,通过一个。全年共有陕县龙凤坡果蔬农民专业合作社(苹果)、三门峡天池山食用菌有限公司(香菇)等7个基地的14个产品通过无公害农产品认证,渑池县陈村乡陈村村李姮家庭农场(葡萄)、河南王都生态农业开发有限公司(核桃)的2个产品通过绿色食品认证,超额完成市政府下达的认证10个"三品一标"任务;到期未续展无公害农产品13个。至年底,全市共有102个无公害农产品,5个绿色食品,5个地理标志农产品。

【缺陷农产品召回试点】 2015年,三门峡市确定在三门峡宏翔果蔬种植有限公司和灵宝市永辉果业有限责任公司两家企业,开展缺陷农产品召回试点。组织人员到企业指导标准化生产,指导企业建立生产基地生产记录、产品检测检验、包装标识、索证索票和质量追溯等制度,探索建立缺陷农产品召回制度;对基地生产的葡萄和苹果产品进行质量安全抽检2次,没有发现农药残留和重金属超标。

【开展农资打假专项治理行动】 2015年,三门峡市农业局制定下发《2015年农资打假专项治理行动实施方案》《放心农资下乡进村宣传周活动方案》和《关于开展农资打假专项治理秋季行动的通知》,安排部署农资打假专项治理行动。在春、秋两季,组织相关人员深入县(市、区)开展督导检查。据统计,春、秋两季专项治理活动,全市共出动农业行政执法人员2234人次,检查经营企业1283家次,印发宣传资料8.65万份,共查获过期农资、假劣农资10638千克。 (张冠霞)

农业机械化

【概况】 2015年,三门峡市农机部门坚持"发展特色农机,服务特色农业,助推农民增收"的发展思路,以调整优化农机发展结构、增加农民收入为己任,实现全市农机化事业的持续、快速、健康发展。

农机总动力和主要农业机械平稳增长。农业机械总值16.09亿元,农机总动力177.3万千瓦,比2014年增加0.8万千瓦。农用拖拉机保有量达到48989台,比2014年增加62台。其中:大中型拖拉机3665台,比2014年增加103台,增长2.8%;配套农机具7.3万台(套),比2014年增加0.07万台(套);收获机械2033台,比2014年增加110台,增长5.7%。收获机械中玉米收获机械416台,增加40台,增长10.6%。

主要农田机械作业水平稳中有升。全年完成机耕面积11.3万公顷,比2014年增加0.25万公顷,增长2.2%;完成机收面积9.5万公顷,比2014年增加0.1万公顷,增长1.1%。农作物机械化综合作业水平达到55%,比2014年增加0.9个百分点;特色农机化水平达到45%,比2014年增加0.3个百分点。

【农机购置补贴项目覆盖全市】 2015年,三门峡市农机部门共争取财政购机补贴资金3007万元,其中湖滨区450万元、灵宝市700万元、渑池县780万元、陕县690万元、义马市37万元、卢氏县350万元,购置农机具12849台(套),其中耕整地机械8113台,种植施肥机械181台,田间管理机械10台,收获机械296台,拖拉机1713台,畜牧水产机械673台,排灌机械690台(套),其他机械1173台,受益农户9750户。在项目实施中,农机部门严格按照公开、公正、公平、农民受益的原则,实行阳光操作,严把补贴关,确保了政策的严肃性、工作的规范性和程序的统一性。 (卫李浩)

【农机化技术应用】 2015年,三门峡市制定《进一步加强农机化技术推广和特色农机应用示范点建设的实施意见》,为促进农机化技术示范点健康发展,提升农机规模化作业服务水平,提高农业综合生产能力提供了政策支持。全面推广应用深耕深松、化肥深施、节水灌溉、精量播种、机械化收获、秸秆综合利用等农机化技术,农业机械化生产得到普遍应用。全年机械化深耕3.73万公顷,秸秆还田3.47万公顷,玉米机械化收获2.67万公顷。按照"发展特色农机,服务特色农业"的工作思路,围绕果、牧、烟、菜、药、菌特色农业,巩固建设农机化应用示范点,从农机购置补贴资金中给予倾斜,调动农民的购机积极性,发展壮大特色农机。

【农机科技培训】 2015年,三门峡市采取理论授课、田间讲解、参观考察、事迹交流、实验实习等方式对拖拉机、联合收割机的维护保养知识,常见机械故障的检测维修,植保机械的操作常识及病虫害防治,农机手的安全生产意识等方面进行培训。全市共举办农机化技术培训班92期,培训管理人员293人、技术人员1635人和作业服务人员8356人;乡村农机人员中,培训农机合作社理事长及骨干133人次、农机大户122人次、农机操作员7769人次,其中新购机农民2186人次;农机实用技术人员培训,保护性耕作技术培训3662人,玉米机械化收获技术培训4635人。 (高增焜)

【农机安全监督管理】 2015年,三门峡市注册登记拖拉机953台、联合收割机112台,新增驾驶人员490人;年度检验拖拉机7598台、联合收割机507台。在"平安农机"示范县(市)、示范乡(镇)、示范农机合作社创建活动中,灵宝市被评为全国"平安农机"示范县(市),陕县的秦守民被评为全国农机安全监理岗位标兵;灵宝市焦村镇、川口乡被命名为全省"平安农机"示范乡(镇),灵宝正大农机专业合作社、灵宝市长兴农机专业合作社被命名为全省"平安农机"示范合作社。至年底,全市有全国"平安农机"示范县(市)3个,全省"平安农机"示范县(市)1个、示范乡(镇)33个、示范合作社17个。 (陈官锁)

扶贫开发

【概况】 2015年,三门峡市创新工作

理念,突出地方特色,扶贫开发工作整体进展迅速、成效显著。全市争取中央、省级资金4.12亿元,比2014年增长224%;实施整村推进40个贫困村,投入1.4亿元,实施项目111个;投资1.6亿元,建设安置区25个,搬迁贫困群众1094户、4584人;投入培训资金958.8万元,培训10043人;贫困地区特色产业投入达5亿元,直接吸纳贫困户劳动力就业1200人,辐射带动贫困人口6000户、2.4万人;171个贫困村完成电商门店建设,产品开始网上销售。至2015年底,全市贫困地区农民收入达到6100元,比2014年增长16%,高于全市平均增速3个百分点;解决3.7万农村贫困人口脱贫问题,贫困发生率比2014年下降1.5%。

【争取扶贫项目资金】 2015年,三门峡市超前谋划,前瞻运作,主动作为,力争上级加大对三门峡市扶贫开发的倾斜力度。超前做好项目储备。精准把握上级资金支持贫困地区的领域和范围,着重把符合产业政策、带动能力强、扶贫效益显著的大型项目作为储备重点,建立包括8类288个项目的全市扶贫开发项目库,夯实项目资金争取基础工作。前瞻开展项目运作。紧盯政策措施出台、项目资金确定等关键时点,及时到省扶贫办、省财政厅、省发改委进行跟踪对接,做到第一时间汇报情况、第一时间申报项目,提高项目资金争取的精准性和"命中率"。协同推进项目申报。组织专人负责,按照申报要求,逐一落实申报要件;指导申报单位科学编制申报材料,逐项充实完善,不断提升项目材料编制水平。全市共申报各类扶贫项目158个,争取中央、省级资金4.12亿元,其中财政扶贫资金1.75亿元,政策性贷款2.37亿元,资金总规模比2014年增加2.85亿元,增长224%。

【整村推进扶贫】 2015年,三门峡市坚持把整村推进扶贫规划与新一轮乡村规划相衔接,把基础设施建设、信贷支持、科技开发、搬迁扶贫、就业培训等措施进行集合投入,努力激活、提升贫困村自我发展能力。全市共实施整村推进40个贫困村,投入1.4亿元,其中财政扶贫资金2863万元,实施项目111个,分别为:乡村道路项目41个,产业基础设施15个,安全饮水项目15个,垃圾污水处理项目5个,卫生设施项目10个,文化设施项目5个,村庄绿化项目6个,农田水利项目5个,其他项目9个。同时,坚持把整村推进与全市美丽乡村建设结合,重点打造卢氏县瓦窑沟乡高河村、狮子坪乡毛河村,陕县店子乡陈家原村,灵宝市焦村镇姚家城村,渑池县仁村乡红花窝村,湖滨区会兴镇东坡村等6个村成为贫困地区美丽乡村。

【搬迁扶贫】 2015年,三门峡市坚持把搬迁扶贫与美丽乡村建设、乡村旅游区建设、小城镇建设等相结合,科学规划,差别扶持,配套投入,扎实推进搬迁扶贫项目建设。全市共投资1.6亿元,其中财政资金2787万元,社会、行业投入1230万元,群众自筹1.2亿元,共架设电路31.1千米,安装变压器5台,整修道路23.2千米,铺设管道31.9千米,平整土地22.9万平方米,修建护坡3372米,绿化1.11公顷,建设住房2571间、28.2万平方米,建设安置区25个,搬迁贫困群众1094户、4584人。同时,做到增收项目与安置点农户住房、基础设施项目同步规划、同步建设,投入1000万元,对搬迁群众开展特色农业、非农岗位就业技术培训3500人次,开发增收项目30个,进一步夯实搬迁群众脱贫致富的基础。

【扶贫培训】 2015年,三门峡市紧紧瞄准贫困村脱贫主体,以提升能力为出发点和落脚点,开展扶贫培训工作。全市共投入培训资金958.8万元,培训10043人。全年瞄准贫困家庭新生劳动力,开展职业学历教育培训160名,阻断贫困代际传递;瞄准贫困户转移就业劳动力,开展转岗就业技能培训1800人,增加贫困户工资性收入;瞄准从事特色产业劳动力,开展农村实用技术培训7583人,提高生产技术水平;瞄准贫困村脱贫致富组织者和带头人,开展贫困村支部书记和派驻第一书记培训320人,创业致富带头人培训200人,增强带领群众脱贫致富能力。

【产业扶贫】 2015年,三门峡市坚持把到户增收、科技扶贫、小额信贷、产业化贷款贴息等产业项目进行集中布局、集群构建,做大做强特色产业,不断拉升特色产业对农民增收的"贡献指数"。全市围绕贫困地区果、牧、药、菌等特色产业,投入到户增收扶贫资金1438万元,扶持3723户贫困户发展中药材、核桃、猕猴桃、葡萄、大棚蔬菜等产业项目45个;投入科技扶贫资金584万,扶持19个村开发新品种苗木、新品种核桃、新品种油菜、中药材等科技项目18个;投入扶贫产业化贷款资金320万元,撬动银行贷款3亿元,扶持河南田原畜牧业有限公司、三门峡天顺畜牧养殖有限公司、三门峡二仙坡绿色果业有限公司等龙头企业项目13个;投入小额信贷贴息资金115万元,拉动银行贷款3000万元,扶持贫困户、农民专业合作社等发展产业项目36个。据统计,在财政扶贫资金的引导下,全年贫困地区特色产业投入达到5亿元,直接吸纳贫困户劳动力就业1200人,辐射带动贫困人口6000户、2.4万人,特色产业占贫困户总收入的比重较2014年拉升8个百分点。

【社会扶贫】 2015年,三门峡市按照精准扶贫的工作要求,把工作目标瞄准建档立卡贫困户,进一步加大资金投入、智力支持、技术服务以及信息与政策指导,不断提高社会扶贫实效。扎实推进定点帮扶贫困村工作。市直单位共派驻扶贫队员468人,直接投入帮扶资金1090万元,其中现金870万元、物资折款220万元,引进项目105个,引进资金4660万元,培训贫困户劳动力2630人次,帮助劳务输出3120人次。市直单位帮扶村项目投资规模比2014年增长15%,农民人均纯收入比2014年增长18%,贫困发生率比2014年下降12%。积极抓好企业扶贫工作。市扶贫办组织豫西大峡谷旅游开发有限公司等17个企业,向贫困地区捐款67.5万元,帮助6个贫困村改善基础设施，扶助50名贫困家庭学生；与三门峡联通公司、三门峡邮政储蓄银行分别签署《电商扶贫战略合作协议》《扶贫贴息小额担保贷款战略合作协议》，协作推进电商扶贫、金融扶贫工作。大力营造社会扶贫浓厚氛围。“扶贫日”期间，组织举办大型扶贫开发图片展，在《三门峡日报》开设扶贫宣传专版，在电视台滚动播出宣传标语130余条，悬挂横幅近400条，发放政策明白纸万余张，编发微信、短信、微博100多条，进一步营造全社会“关注扶贫、支持扶贫“的浓厚氛围。

【电商扶贫工程】 2015年，三门峡市以推进扶贫开发与“互联网+”深度融合为主线，以解决特色产品销售“最后一公里”为抓手，大力推动贫困地区开展电商扶贫工作。搞好“顶层设计”。研究制定《全市贫困村电子商务扶贫工程方案》和《贫困村电子商务培训方案》，筹备召开全市贫困村发展农村电子商务工作动员会，对发展贫困村电子商务工作进行全局性设计、部署和发动，在全市迅速掀起以“三个一”(培训一批电子商务从业人员，配置一套电子商务基础设备，建设1个以上电子商务门店）为主要目标的贫困村电子商务建设高潮。搞好人员培训。依托11个“雨露计划”培训基地，按照每村培训4至6人的标准，对全市贫困村脱贫致富带头人、“两后生”(初、高中毕业生未能继续升学的贫困家庭中的富余劳动力)、大学生“村官”开展电子商务知识培训。全市共投资60万元，完成4批16个班共1070名电商从业人员的培训。强化工作督导。协同市委组织部，按照《全市贫困村电子商务扶贫工程建设督导方案》，组织5个督导组，分片对贫困村进行逐村督导，并对工作推进不力、进度迟缓的单位负责人，进行通报批评和约谈。同时，建立进度周报制，及时掌握电商扶贫工程建设任务完成情况，提高督导工作的时效性和针对性。至年底，全市255个贫困村中，171个贫困村完成电商门店建设，产品开始网上销售，84个贫困村正在建设之中。各贫困村电商门店销售的主要产品，是各村有代表性的苹果、香菇、大枣、花生、小米、核桃、花椒等特色农产品，以期形成“一村一品”的农村发展新格局，带动村民脱贫致富。

【编制全市“十三五”扶贫规划】 2015年，三门峡市围绕到2020年解决全市现行标准下贫困人口的脱贫问题，全面实现小康的总体目标，编制完成“十三五”扶贫规划，为下一步工作明确任务、理清思路。在编制“十三五”扶贫规划中，把全市一批事关贫困地区转型发展、事关贫困群众整体脱贫的大型产业开发项目、基础设施建设项目、生态环境保护项目，与全省乃至全国“十三五”总体规划和专项规划进行衔接和对焦，力争列入国家、河南省的大盘子里，真正把新阶段扶贫开发战略部署具体化为实实在在的项目。“十三五”时期，全市预计实施整村推进、扶贫搬迁、雨露计划、产业扶贫等扶贫项目680个（卢氏县240个，陕县160个，灵宝市120个，渑池县100个，湖滨区60个)，完成总投资62亿元(卢氏县22亿元，陕县15亿元，灵宝市11亿元，渑池县9亿元，湖滨区5亿元)，其中财政扶贫资金12亿元，行业扶贫资金20亿元，社会帮扶及群众自筹资金30亿元。

【举办贫困村党支部书记培训班】 2015年6月24日至26日，中共三门峡市委、市政府举办全市贫困村党支部书记培训班。全市151个市直定点扶贫单位主管领导参加培训班开班仪式，255个省级贫困村、47个市级贫困村党支部书记和派驻贫困村的18名第一书记共320人参加培训。培训班采取专题讲座、现场观摩和座谈会形式进行，邀请省、市有关领导分别就《新阶段扶贫开发形势及政策措施》《涉农政策、资金及项目》《新形势下农村及农业问题》《农村党风廉政建设》《贫困村文明建设》等专题对党支部书记进行培训。参训党支部书记观摩了天盛牧业、胜源农场、二仙坡绿色果业有限公司的产业化带动扶贫，高庙乡位家沟村乡村旅游扶贫，会兴街道东坡村精准帮扶与产业扶贫，张汴乡曲村就地提升改造，菜园乡整乡搬迁和特色产业发展。6月26日，全市贫困村党支部书记培训班座谈会召开，市领导及市有关部门负责人出席座谈会。湖滨区、卢氏县双龙湾镇、渑池县洪阳镇柳庄村、陕县张汴乡曲村等县(区)、乡(镇)、村负责人先后发言，从不同层面和角度畅谈扶贫工作感受，介绍带领群众脱贫致富的措施和打算，并对扶贫工作提出意见建议。

【举办全国“扶贫日”宣传活动】 2015年10月17日是第二个全国“扶贫日”，三门峡市在市委、市政府办公大楼门前举办宣传展览活动，引导社会各界关注贫困问题，发动各方力量投身社会扶贫，营造全社会参与扶贫工作的良好氛围。展览共设54块展板，从扶贫成效、雨露计划、爱心企业、培训基地等方面全面介绍三门峡市扶贫开发工作进展情况。全市有集中连片特困地区扶贫开发工作重点县1个(卢氏县)、省“三山一滩”扶贫开发工作重点县两个(卢氏县、陕县)。2014年，三门峡市按照国务院实施精准扶贫要求，对全市贫困村、贫困户进行精准识别，共识别确定贫困村255个，贫困人口19.78万人，通过实施各种扶贫措施，当年实现3.07万贫困人口稳定脱贫。2015年，全市仍有贫困人口16.71万人。

【全市贫困村发展农村电子商务工作动员会召开】 2015年10月30日，全市贫困村发展农村电子商务工作动员会召开。市长级干部李建顺出席会议并讲话，市政府副市长牛兰英主持会议。会议宣读了《全市贫困村电子商务扶贫工程方案》(以下简称《方案》)。《方案》明确了贫困村电子商务扶贫工作的指导思想、目标任务、工作原则和保障措施等，旨在扎实推进贫困村电子商务扶贫工作。《方案》指出，到2015年底，对全市255个贫困村实现电子商务全覆盖，每个村实现“三个一”目标，即培训一批电子商务从业人员，每个村培训4至6人，全市培训总人数不低于1000人；配置一套电子商务基础设备，每个村配置电子商务专用房

(室)1间、电脑1台、电视1台、办公桌椅1套;建设1个以上电子商务门店。

【举为全市贫困村电子商务培训班】 2015年11月7日,全市贫困村电子商务培训班在三门峡职业技术学院开班,来自渑池县的70名贫困村学员参加首批培训。三门峡职业技术学院承担渑池县34个贫困村140名农村电子商务致富带头人的培训任务。此次培训班为期6天,主要学习电商基础、计算机入门、上网知识、网上银行、支付宝、智能手机、淘宝、微店、网上店铺开办与管理及网店装修等知识,并到电商运营中心等地进行现场学习。根据三门峡市贫困村电子商务技能培训方案,12月15日前,三门峡市投入60万元培训资金,对255个贫困村进行电商培训全覆盖,培训电商实用技术人才1000余名。 (王 通)

林业和园林工作

【概况】 2015年,三门峡市以林业项目资金争取为抓手,以美丽乡村建设和休闲文化城市打造为载体,围绕"一个中心"(生态文明建设),深化"三个转变"(由绿化向绿化美化转变,由注重荒山造林向荒山造林与绿色围城并重转变,由生态林向生态经济林转变),不断提高绿化质量和生态品位,全面完成了各项目标任务。全市完成人工新造林2.82万公顷、特色经济林1.11万公顷、森林抚育和改造工程2.3万公顷、林业育苗0.15万公顷、义务植树947万株,实现林业总产值123.07亿元,新建林业合作社52个,建成市级精品工程示范点6个、示范路段6处,建设省级科技示范园1个,市级科技示范园10个。筹措资金160万元,支持美丽乡村16个。占用征用林地审核率、林木凭证采伐率、办证合格率达到90%以上,森林病虫害成灾率、森林火灾受害率分别低于3.5‰、1‰。未发生重大毁林、乱占林地和破坏野生动植物资源案件。2015年2月,荣获2014年度全省林业目标考核第一名。市森林公安局被国家林业局授予"保护森林和野生动植物资源先进集体"称号。

【林业生态建设】 2015年,三门峡市坚持增绿与增收并重、造林与造景并举、绿化与美化并行,全面提升林业生态建设质量,突出抓好退耕还林、天然林保护、森林抚育改造、黄土高原综合治理等国家、省级林业重点工程,重点实施了连(云港)霍(尔果斯)高速(豫陕交界处灵宝段)、三(门峡)淅(川)高速、郑(州)卢(氏)高速(卢氏段)、山口水库河道沿线生态廊道绿化、林业科技示范园等市级精品示范工程,完成人工新造林2.82万公顷,占任务的105.4%;完成森林抚育和改造2.3万公顷,占任务的104.1%;完成特色经济林1.11万公顷,占任务的111.2%;完成义务植树947万株,占任务的135%;完成市级造林精品示范点6处、精品示范段6处,建成县级义务植树基地6个、领导绿化点18个,省级林业科技示范园1个,市级林业科技示范园10个,造林绿化标准、质量、档次明显提升,顺利通过了国家林业局、省林业厅检查验收。义马市荣获"全国绿化模范县""全省林业推进生态文明建设示范县"称号,三门峡职业技术学院、灵宝市豫灵镇荣获"全国绿化模范单位"称号。

【林业资金】 2015年,三门峡市坚持"实施一批、申报一批、储备一批"原则,紧紧围绕省林业厅《支持〈豫晋陕黄河金三角区域合作规划〉三门峡林业项目意见》,不断加强与省林业厅的沟通衔接,积极争取国家、省级政策支持,先后申报林业建设项目43个,落实到位资金3.2亿元。坚持"以奖代补、上下联动、分级负责",紧紧围绕生态廊道打造、森林资源保护、特色经济林发展、美丽乡村建设,不断加大林业生态建设资金投入力度,全年市、县、乡三级财政共投入林业生态建设资金5000余万元。坚持"政府引导、项目带动、重点扶持",充分发挥林业项目资金杠杆作用,积极鼓励、重点扶持大户造林,实现吸引林业社会资金5亿多元。加大招商引资力度,积极参加各类林业招商引资活动,完成招商引资项目7个、签约金额5.93亿元。

【园林基础设施】 2015年,三门峡市坚持高起点规划、高标准建设、高水平实施,不断完善城市园林设施,力求在设计上求创新、在质量上求特色、在品位上求提升。启动天鹅湖湿地公园、陕州公园、黄河公园整体规划提升项目暨青龙涧河景观带改造提升项目规划设计,为三门峡打造休闲文化城市奠定了基础。完成黄河公园景观提升、步道建设、防护设施、东西停车场扩建、西大门管理房建设等5大提升工程,铺装广场8600平方米、步道1万余平方米,栽植各类植物1.7万余株,成功创建国家AAAA级旅游景区,使黄河公园的知名度、美誉度、认知度得到提升,真正成为三门峡形象展示的新名片。完成天鹅湖湿地公园湖堤路改造提升工程、周公岛召公岛草坪更新工程、景区设施维护刷新工程,加强牡丹园管理和白天鹅保护工作,使天鹅湖湿地公园成为黄河金三角最佳牡丹观赏地和黄河流域一流的大天鹅栖息地。天鹅湖湿地公园荣获"国家生态旅游示范区""河南省科普教育基地"称号。

【园林精细管理】 2015年,三门峡市坚持以人为本强管理、精修细剪提档次,全面实施园林精细化管理,加大黄土裸露治理力度,完成陕州公园、虢国公园大草坪改造和滨水游园二期、太阳路草花种植、人民公园水生植物园建设以及六峰路、崤山路、大岭路等城市道路绿化提升任务,补植补栽绿篱、模纹、地被植物3.8万余平方米、乔木1700余棵、花灌木5.2万余棵。扎实推进"城市管理年活动"和"洁城行动",更新各类灯箱、广告、宣传牌260余块,维修刷新园区公厕、座椅、垃圾箱680余个,摆放草花10万余盆,修剪草坪100万余平方米、模纹6.9万余平方米、绿篱1万余米、苗木浇水5000余车(次)、施肥10万余千克,并及时做好浇水、除草、施肥、修剪、病虫害防治、涂白等日常管理,确保园区植物健康生长、设施完好美观。扎实做好天鹅湖湿地公园和青龙涧河水域管理工作,先后调水补水400万余立方米,清理垃圾、水草1500余立方米,使水域质量得到明显改善。积极探索社会化绿化养护管理途径,采取试点管理的方法,严格养护管理标准,加强黄河公园、湿地公园、涧河公园绿化企业养护管理。依法办理临时占用城市园林绿地、园林树木砍伐、移植审批件32件,建设项目附属绿化工程设计方案审查3件,竣工验收4件。

【园林绿化】 2015年,三门峡市坚持因地制宜抓特色,继续巩固"虢国公园看樱花、涧河公园观月季、湿地公园赏牡丹、黄河公园品梅花"格局,不断彰显城市园林绿化特色。在黄河公园利用大株杏树嫁接梅花500株,在虢国公园新栽樱花100余株,在湿地公园新发展油料牡丹5万余株,在涧河公园、崤山路、大岭路等处新栽月季203个品种15.3万余株,使"市花"月季色彩更加丰富、品种更加多样。坚持"丰富色彩、增加品种、提升品质",持续开展园林苗木科研、组培实验,不断加大园林花卉、苗木、地被植物新品种引进力度,着力打造色彩丰富、层次分明、自然和谐的绿化亮点,先后引进郁金香、薰衣草、二月兰、重阳木、紫三叶等园林花卉、苗木、地被植物新品种32个。在黄河公园、陕州公园、湿地公园栽植薰衣草、鼠尾草、柳叶马鞭草12万余株、郁金香10万余株,在黄河公园栽植葵花66.67公顷,有效提升了园林绿化的品位和档次。

【森林资源管护】 2015年,三门峡市坚持"预防为主、全面保护、生态优先、打管并重"的原则,确保森林资源保护规范化、制度化、常态化。为切实保护森林资源,6月23日,三门峡市人民政府办公室印发《关于进一步加强林业有害生物防治工作的意见》,明确全市林业有害生物防治工作总体要求、工作任务、保障措施。建立市、县、乡、村四级森林防火组织,开展森林防火技能培训演练,举行森林防火宣传月活动。全年共悬挂张贴森林防火宣传条幅、标语、布告15.7万余幅(张),制作刷新森林防火宣传牌1.1万余块,发放各种森林防火宣传资料15万余份,实现森林防火"零火情"目标,创近10年来森林防火最佳成绩;成功控制白天鹅禽流感疫情,研究编制《三门峡市白天鹅及栖息地保护五年规划》,湿地生态环境逐步改善,创造了野生白天鹅黄河流域自然繁殖的奇迹;完成市殡仪馆、陕县大石涧水库等重点民生项目林地审批手续,报批审批征占用林地25起174.69公顷,办理林木采伐许可1202份48766立方米,征占用林地审核率、林木凭证采伐率、办证合格率均达90%以上;完成市、县国有林场改革前的调研准备工作,划定国家储备林1.13万公顷;坚持警务合作、警种协作、警民联动,开展"春季行动"、雷霆行动等系列专项行动,实施办案场所规范化改造和信息采集设备提升工程,依法办理涉林案件252起,建设大型宣传牌11个,有效维护了森林资源安全;完成全国第三次林业有害生物普查工作,组织开展林业苗木检疫200余万株、有害生物防治0.47万余公顷,林业有害生物成灾率为1.46‰、无公害防治率达90.72%。

【林业产业】 2015年,三门峡市坚持产业集群显魅力、示范带动注活力、区域联合增动力,全面落实市政府《关于加快核桃等特色经济林产业发展的意见》,积极培育特色经济林、林下经济、林产加工、苗木花卉、森林旅游等林业产业化集群,突出抓好以核桃、大枣、花椒等干果为主的经济林基地建设,新发展特色经济林1.11万公顷,占任务的111.2%;完成林业总产值123.07亿元,占任务的104%;实现林下经济45.9亿元,占任务的102.6%。全面落实"集体林权流转合同备案登记制度",积极推动所有权、承包权、经营权"三权并行分置",继续加强林地承包经营纠纷调解仲裁工作,鼓励引导农民自愿参加多形式的林业合作社、家庭林场和林业合作联合社,新建林业专业合作社52个,占任务的260%。坚持培训引导、科技指导、服务督导,充分发挥林业技术推广站职能,积极开展核桃、大枣、皂角、花椒等林业技术培训和林业科技推广,先后举办林业科技下乡活动45次,培训林农15055人次,发放技术资料4000余份,为林农致富提供了科技支撑。《大樱桃良种快繁及高效栽培技术研究与应用》荣获2013—2014年度中国林业产业创新奖(苗木类),《河南野生花卉资源普查价值评估与园林应用》荣获河南省科技进步三等奖。全市完成公益林投保23.33万公顷,报险索赔案件19起,理赔到位16件,赔付资金30万元。

【全市林业和园林"十三五"规划编制完成】 2015年,三门峡市本着"生态优先、产业富民、红线保护、深化改革、科技创新"五大原则,完成林业和园林"十三五"规划编制工作。规划确定"两区一带"总体发展布局,编制了8大类47项重点项目,预算总投资101.12亿元,拟争取国家、省级投资13.53亿元,拟地方配套资金24.58亿元,拟吸引社会投资63.01亿元。其中分别列入国家、省"十三五"林业发展规划8项、30项。规划确定:至2020年,全市新造林7.74万公顷,完成森林抚育和改造10.57万公顷,森林面积达到52.78万公顷,森林覆盖率达到53.5%,森林蓄积量达到2216万立方米以上,林产业年总产值达到153亿元以上;建设8个销售收入达到5亿元以上的林业产业化集群、3个省级以上生态文明教育基地,新建2个国家级森林公园。

【中华秋沙鸭在三门峡市境内落户过冬】 2014年冬季至2015年初春,在三门峡市境内发现中国特一级保护鸟类动物——中华秋沙鸭,且数量达到15只以上。中华秋沙鸭(学名:Mergus squamatus)为鸭科秋沙鸭属的鸟类,俗名鳞胁秋沙鸭,是中国的特有物种。中华秋沙鸭以往在国内广有越冬记录,但分布点零散,且多为小群或零星个体,罕有在同一地见到10只以上的个体记录。

【三门峡市首次大规模对越冬白天鹅进行环志】 2015年2月12日、2月14日,中国林科院鸟类环志中心、河南省小秦岭保护区鸟类环志站、三门峡天鹅湖国家城市湿地公园联合环志51只在三门峡越冬的白天鹅，其中有46只白天鹅装上了卫星定位跟踪器。这是三门峡市首次大规模对越冬白天鹅进行环志。三门峡天鹅湖国家城市湿地公园在2014年春天第一次对在三门峡越冬的15只白天鹅进行环志尝试，其中有7只在2014年冬天飞回三门峡。

【全国森防宣传工作研讨会在三门峡市召开】 2015年5月15日，全国森林病虫害防治（简称森防）宣传工作研讨会在三门峡市召开，交流森防宣传工作典型经验，研讨林业有害生物防治宣传工作的新举措，部署“人文古树保健行动”任务。国家林业局森防总站党委书记李青松，中国绿色时报社社长柳维河，河南省林业厅副巡视员师永全，副市长牛兰英等出席会议。河南、山东、安徽、福建、四川五省代表分别作典型发言。

【三门峡市《大樱桃良种快繁及高效栽培技术研究与应用项目》荣获中国林业产业创新奖】 2015年5月15日，中国林业产业联合会发布2013—2014年度中国林业产业创新奖（苗木类）获奖名单（中产联〔2015〕26号文件），三门峡市林业工作总站申报的《大樱桃良种快繁及高效栽培技术研究与应用项目》荣获中国林业产业创新奖（苗木类）。中国林业产业创新奖每两年评审一次。市林业工作总站研究的大樱桃良种快繁技术在国内首创芽生芽组培技术，用吉塞拉5号砧木培养出芽率100%，生根率98%，高效栽培技术首创改良螺旋状树形及培育方法，2009年获三门峡市科技进步二等奖，培育完成河南省林木良种“红樱”“红锦”“红宝”等樱桃良种3个，取得良好的社会效益和经济效益。

【飞播造林】 2015年6月13日至19日，卢氏机场用蓝翔航空公司运五“B-8179”飞机实施飞播造林。此次飞播，卢氏机场承担洛阳市栾川县、宜阳县和三门峡市卢氏县、灵宝市飞播造林0.33万公顷任务，共飞行40架次35小时（含调机时间4小时30分），播种20291.72千克，树种为黄连木、臭椿等。卢氏县、灵宝市飞播造林面积0.2万公顷，飞行时间18架次14小时42分，播种12185.24千克，其中黄连木8123.49千克、臭椿4061.75千克。为完成此次飞播作业，省、市、县及二炮部队等单位组成飞播作业指挥部，统筹安排协调作业期间的各项工作。技术人员按照技术要求，严把筛种、拌种、装种程序质量关；各飞播区安排专人接种，及时反馈飞播作业情况，确保飞播造林任务顺利完成。

【白天鹅、红腹锦鸡被命名为三门峡市“市鸟”】 2015年6月24日，三门峡市邀请全市热爱鸟类的各界专家、学者和相关部门代表，组成候选“市鸟”推荐委员会，由教授级高工彭兴龙担任主任评委，初步推荐提出“市鸟”候选品种3种，分别是白天鹅、红腹锦鸡和寿带鸟。当天，三门峡市人民政府在《三门峡日报》、大河网刊发《关于开展三门峡市“市鸟”评选活动的通告》，决定6月25日至6月28日在全市范围内开展“市鸟”评选活动，并在大河网、“三门峡微事”微信平台等设置投票窗口，同时开通投票电话，广泛征求广大市民和社会各界的意见和建议。据统计，此次共收到各种选票27199票，其中白天鹅25744票、红腹锦鸡13867票、寿带鸟1455票，分别占总票数的94.65%、50.99%和5.35%。6月30日，三门峡市第六届人民代表大会常务委员会第23次会议听取和审议三门峡市人民政府《关于确定三门峡市市鸟的议案》及情况说明，决定命名白天鹅（学名大天鹅）、红腹锦鸡为三门峡市市鸟。

【野生大天鹅首次在三门峡成功自然繁殖】 2015年6月25日，三门峡天鹅湖国家湿地公园一对“留守”白天鹅成功繁殖孵化的6只天鹅宝宝“满月”，创造了野生大天鹅首次在黄河流域成功自然繁殖出后代的奇迹。野外大天鹅自然繁育区域，在中国原仅限于新疆、内蒙古的北部以及东北地区北部，野外滞留白天鹅在越冬地三门峡成功繁殖，在国内尚属首次发现，也为研究恒温动物的适应性课题提供了范例。三门峡市是“中国大天鹅之乡”。2015年5月，一对经过救治后“留守”三门峡的白天鹅成功自然繁殖孵化出6只天鹅宝宝。6月26日，三门峡市举行大天鹅保护研讨会，多位知名专家学者聚集三门峡，研讨奇迹发生三门峡的成因，总结大天鹅保护经验，就相关工作提出意见建议。国家林业局湿地恢复领域首席专家、首都师范大学教授洪剑明，北京林业大学自然保护区学院副院长徐基良，郑州师范学院生命科学学院李长看，河南大学生命科学学院动物学博士赵海鹏，市领导等出席研讨会。《人民日报》、新华社、《经济日报》、中央电视台、人民网、新华网、腾讯大豫网、《河南日报》、河南电视台、《大河报》等近20家媒体记者参加报道。

【开展杨树食叶害虫飞机防治工作】 2015年7月5日至9日，市林业和园林局调集直升机对义马市、渑池县、湖滨区、陕县、灵宝市境内连霍高速公路两侧及黄河滩杨树片林开展飞机防治，全市共飞行19架次，防治作业面积0.15万公顷。

【全省森林防火工作会议在灵宝市召开】 2015年7月29日，全省森林防火工作会议在灵宝市召开。会议贯彻落实省委、省政府和国家林业局关于森林防火工作的新要求、新指示，总结2014年冬至2015年春全省森林防火工作，交流经验，查找问题，部署下一步工作。河南省林业厅党组成员、护林防火指挥部专职副指挥长徐忠出席会议。

【国家林业局到三门峡市调研林权纠纷调处工作】 2015年7月30日，国家林业局农村林业改革发展司调研员邢红和北京林业大学教授吴成亮一行4人，到三门峡市调研林权纠纷调处工作。调研组一行先后到渑池县坡头乡韩家坑村、不召寨村，通过与村组干部和林农走访、座谈的方式，详细了解林权争议调处工作在县、乡、村三个层次的具体开展情况，研究解决存在的困难和问题。

【全省林地承包经营纠纷调处培训班在渑池县举办】 2015年9月1日至2日,全省林地承包经营纠纷调处培训班在渑池县举办。各省辖市负责集体林地承包经营纠纷调处工作的科室负责人,省直管县(市)林业局主管局长,成立林地承包仲裁委员会或林地承包仲裁办公室的县级林业局主管局长、仲裁办主任及2名仲裁员，集体林地面积6.67万公顷以上的县级林业局主管局长共130余人参加了培训。此次培训，主要讲授了农村土地承包经营纠纷调处与仲裁、农村土地承包经营权纠纷与问题解决办法、林地承包经营纠纷调处案例。学员们实地参观渑池县林地承包仲裁“一庭三室”(仲裁庭,会议调解室、案件受理室、档案会商室)、坡头乡矛盾纠纷调处化解中心及不召寨花椒产业发展基地。

【2014年度黄土高原综合治理林业示范建设项目通过国家林业局验收】 2015年9月15日至16日，国家林业局三北防护林建设局检查组一行3人,在省林业厅相关领导的陪同下,对三门峡市2014年度黄土高原综合治理林业示范建设项目实施情况进行检查,并顺利通过验收。检查组先后深入渑池县、陕县的实施区域进行实地检查,对苗木质量、栽植质量、成活率、典型示范，以及机械围栏封育措施等情况进行了综合评定。

【国家林业局专家组对三淅高速穿越河南黄河湿地国家级自然保护区行政许可实地考察】 2015年10月15日至16日,国家林业局组织中科院植物所郭柯研究员、中国林科院苏化龙研究员、河南省农业大学赵勇教授、动物学专家马万里等专家，在国家林业局保护司闫颜调研员和河南省林业厅保护处赵新振的带领下，实地考察河南黄河湿地国家级自然保护区三门峡至淅川高速公路豫晋省界至灵宝段工程项目,并对保护区自然资源、自然生态系统和主要保护对象影响进行评价。

【首次举办“观叶识树”技能竞赛】 2015年10月23日，三门峡市林业园林系统首次举办“观叶识树”技能竞赛,共12支队伍参加比赛。此次活动让大家通过“观叶”了解识记各种树木的名称和习性，从而在园林系统形成勤于学习、钻研业务的工作氛围,激发广大林业园林干部职工“我为三门峡发展作贡献”的热情和干劲,助力休闲文化城市建设。

【开展“2015雷霆行动”】 2015年11月14日至15日，三门峡市森林公安开展“2015雷霆行动”,集中打击破坏森林资源违法犯罪行为。本次集中行动重点排查野生动物活动密集场所及周边宾馆、饭店、农家乐、渔家乐等场所及物流公司等可能涉及野生动物运输、集散的运输、流通单位和场所,打击非法猎捕、杀害候鸟的犯罪行为,餐饮等场所非法收购、利用野生动物及其制品等违法犯罪行为和利用物流、客货运等渠道非法运输野生动物及其制品的犯罪行为。

【中央电视台、《人民日报》等中央媒体报道白天鹅飞抵三门峡越冬盛况】 2015年11月20日,中央电视台综合频道和新闻频道并机直播的《朝闻天下》节目以“关注大天鹅迁徙——最大数量大天鹅飞抵河南黄河湿地”为题,分“国内一半以上的大天鹅聚集三门峡”“天鹅之死震撼众人,市民自发保护”“美丽的候鸟——大天鹅”3个章节,对2015年越冬迁徙大天鹅飞抵三门峡栖息越冬的盛况,以及大天鹅为何大量聚集三门峡、三门峡白天鹅栖息地的保护、市民自发保护白天鹅取得的显著成效等进行深度报道。11月21日,中央电视台《新闻联播》节目也对此进行报道,并指出三门峡市已是全国越冬白天鹅最大的栖息地。11月23日,《人民日报》刊发《三门峡:“白天鹅是我们的骄傲”》的配图文章,报道白天鹅爱上三门峡的原因,以及三门峡市在白天鹅保护方面采取的行之有效的措施,描绘了一幅白天鹅与三门峡人和谐相处的美好画卷。

【举办第二届“保护白天鹅宣传日”活动】 2015年11月22日,是三门峡市第二届“保护白天鹅宣传日”,三门峡市举办以“白天鹅·湿地·黄河”为主题的“保护白天鹅宣传日”活动,宣传河南省湿地保护条例和关爱白天鹅的重要意义，提高公众保护白天鹅及其栖息地的自觉性和积极性。活动现场共展出80余幅白天鹅、红腹锦鸡等珍稀野生鸟类摄影作品,设置60余块宣传板面,举行爱鸟寄语签名活动,接受市民咨询300余次。 (王玲玲)

水　利

【概况】 2015年，三门峡市争取中央和省水利建设资金7.9亿元,新增有效灌溉面积2387公顷；解决饮水安全14.89万人;治理水土流失面积96.6平方千米；新增坡改梯面积2080公顷；完成小水电年发电量10850万千瓦时；完成市重点水利项目大石涧水库工程前期工作，争取到国家第三批专项建设基金7000万元,并作为全省唯一上报项目于12月18日顺利通过国家烟草局评审，确定19223万元的烟草行业援建资金；水利在建项目建设管理、重点领域改革、防汛抗旱、“十三五”规划编制、党的建设等工作走在全省、全市前列。

【饮水安全】 2014年9月，三门峡市启动2015年农村饮水安全工程前期工作,10月10日经过公开招标，选定3个项目县(市、区)2015年农村饮水安全工程实施方案编制单位。2014年12月7日,三门峡市发改委、水利局组织专家对3县(市、区)编制的2015年农村饮水安全实施方案进行审查。经修改后,2015年1月16日，三门峡市发改委分别批复3个项目县(市、区)2015年农村饮水安全工程实施方案。3月初,3个项目县(市、区)先后发布2015年农村饮水安全工程招标公告,共划分34个施工标段、10个管材设备标段、3个工程监理标。3月底到4月中旬,3个项目县(市、区)相继完成招投标工作。4月底,各项目县(市、区)按照时间节点要求开始工程建设。截至10月底,全市第一批农村饮水安全工程建设任务全部完成,总投资5824万元,其中中央预算内投资3869万元,省财政专项资金1063万元,市级财政投资380万元,群众自筹512万元,涉及3个县(市、区),41个乡(镇、办),150个行政村,2个农场,3个林场,78所学校,分别解决农村居民、师生饮水安全问题102301人、23630人。新建农村饮水安全工程203处,其中联村工程1处、单村工程156处、管网延伸工程46处,实现入户通水目标。第二批6个区域性水质检测中心建设工作年底全部完成。组织4县(市)8名水质检测技术人员,到市疾病控制中心采用以岗代训形式,开展为期2个月的业务培训。

【农田水利基本建设】 2015年,三门峡市完成农田水利工程总投资3182.57万元,其中中央投资1700万元、省投资1344万元、市投资56万元、县自筹82.57万元。全市农田水利设施维修养护补助资金300万元,分配义马市10万元、渑池县50万元、湖滨区30万元、陕县80万元、灵宝市90万元、卢氏县40万元。陕县农田水利设施产权制度改革和创新运行管护机制试点项目投资431.57万元,其中中央投资400万元、县自筹31.57万元;陕县农业综合开发涧里中型灌区节水配套改造项目投资1451万元,其中中央投资1000万元、省投资344万元、市投资56万元、县自筹51万元,新增灌溉面积1000公顷,改善灌溉面积1400公顷。卢氏县范里镇大原核桃基地节水灌溉及农村饮水工程项目投资1000万元,发展核桃树穴灌433公顷、幼树微灌67公顷,同时补充解决1100人农村居民饮用水问题。

【防汛工作】 2015年,三门峡市认真落实防汛责任,逐级签订目标责任书,明确重点防汛工程责任人,多次组织开展防汛隐患大排查,对乡镇及重点防汛工程、防汛部位,以及辖区内流域面积50平方公里以上河流,所有水库、尾矿库和淤地坝,地质灾害危险区,重点山洪灾害威胁区进行拉网大检查,排除安全隐患53项。编印三门峡市防汛应急预案。组织湖滨区、渑池县、义马市开展山洪灾害调查工作,调查3个县(市、区)所有沿河村落,确定受山洪灾害威胁自然村145个;在每个县(市、区)选取3条小流域进行典型历史洪水调查,估算洪水重现期,提高洪水预报能力。完成渑池县柳庄河山洪沟治理项目,总投资1090万元。组织县乡两级开展防汛演练45场,涉及山洪灾害防御和水库、河道抢险等内容,参加演练群众6000余人。扎实推进小型水利工程管理体制改革,先后5次召开小型水利工程管理体制改革推进会,并组织水管体制改革主管领导赴南阳市、平顶山市学习小型水利工程改革先进经验。对各县(市、区)及乡镇视频会议系统50多名管理人员进行山洪灾害防御知识培训,对各县(市、区)有关领导、大中型和重点小型水库负责人及主要技术人员60余人进行水库观测和减灾知识培训。

【抗旱工作】 2015年,三门峡市在建抗旱引调提水项目6个,批复投资4233万元,其中灵宝市苏村抗旱应急引水工程1933万元、苏村乡周家原社区引水工程项目467万元,陕县张汴乡库库连通工程项目499万元、张茅乡提水工程项目422万元,渑池仰韶镇水库引水抗旱应急配套项目458万元、英豪镇抗旱应急配套项目454万元。截至年底,项目全部完工,部分已验收。项目解决12万人饮水,保障灌溉面积1267公顷。当年新下达11个抗旱引调提水项目。9月29日下达投资计划4511万元(其中中央和省级补助金额3797万元),分别是渑池县仁村乡抗旱应急引水工程398万元、张村镇抗旱应急提水工程263万元、天池镇抗旱应急提水工程285万元、英豪镇抗旱应急引水工程250万元,陕县菜园乡过村引水工程492万元、西张村镇抗旱应急引水工程479万元、菜园乡桥洼抗旱应急提水工程472万元、大营镇抗旱应急提水工程525万元,灵宝市寺河乡抗旱应急提水工程605万元、故县镇抗旱应急引水工程420万元、焦村镇抗旱应急提水工程322万元。项目于11月开工,截至年底进度过半。

【水土保持】 2015年,三门峡市在建水土保持工程6项。项目于2014年9月24日下达投资计划2466万元。其中:中央预算内投资1608万元,占全省的13%;市级投资259万元;县级投资599万元。项目于2015年建成投用,新增坡改梯面积443公顷,新增水土保持综合治理面积16.54平方千米,淤地坝的保土功能、防洪安全、蓄水能力进一步增强,经济效益、社会效益和生态效益显著。坡耕地水土流失综合治理试点工程渑池县坡改梯项目2014年10月30日下达投资计划1667万元,其中中央投资1000万元、地方配套667万元。该项目2014年11月开工,2015年3月完工,完成投资1200万元,县级配套资金467万元未到位。项目建成后新增坡改梯443公顷。丹江口库区及上游水土保持重点防治工程卢氏县淇河项目区2014年10月30日下达投资计划511万元,其中中央资金408万元到位,市、县配套资金103万元未到位。工程于2015年2月全面开工,5月底完工,完成投资439万元。项目建成后新增水土保持综合治理面积16.54平方千米。陕县窑头淤地坝、清泉沟淤地坝小流域综合治理工程,灵宝市玉女湖淤地坝、贝子原东沟淤地坝除险加固项目于2014年10月30日下达投资计划288万元,其中中央预算内投资200万元,市、县投资88万元。工程于2015年4月开工,5月底完工,完成投资288万元。2015年下达水土保持工程投资4500万元。其中:中央预算内投资2934万元,占全省的10%;市级投资522万元;县级投资1044万元。涉及3个项目,分别是渑池县坡改梯项目、卢氏县淇河项目区、卢氏老灌河下游朱阳关项目区。项目于2015年10月开工,计划2016年3月底完工。加大对生产建设单位的专项检查,推动水土保持"三同时"制度全面落实。全年检查生产建设单位211个,填报生产建设项目水土保持方案落实情况监督检查表176张,发出监督函40份,下发整改通知27份,督促编报水保方案通知20份,完成补编方案7个,人为水土流失得到有效遏制。

【水政水资源管理】 2015年,三门峡市水利局继续深入贯彻最严格水资源管理制度,落实水资源管理“三条红线”(水资源开发利用控制红线、用水效率控制红线、水功能区限制纳污红线),顺利通过省政府考核组对三门峡市2014年度最严格水资源管理落实情况的考核,考核等级为良好。2月5日至6日,考核组完成对各县(市、区)人民政府2014年度最严格水资源管理制度落实情况的考核工作,对考核发现的问题下发整改通知,市政府办公室通报考核结果;积极筹备市政府对各县(市、区)政府的2015年度“十二五”期末考核工作。完成《三门峡市取水总量控制指标方案报告》《三门峡市重要河流水功能区纳污能力核定和分阶段限排总量控制方案》《三门峡市水资源保护规划》等综合规划和专业规划。启动三门峡市水资源调查工作,完成水资源远程控制系统建设等基础性工作。完成河南省水资源监测三门峡分中心数据交换平台建设和第一批80套用户终端设备的安装工作,全市36个国控和省控取水户,均实现远程在线监测,设备运行良好;第二批11个国控、省控重点取水户终端设备正在安装调试。认真贯彻取水许可制度,做好取水许可审批。全年市本级共受理审批取水申请12件,其中农业灌溉取水申请3件,标志着农业灌溉取水许可工作的启动,有力地推动全市最严格水资源管理工作的“取水总量”红线的规范管控。不断加强水政执法体系建设,3月底完成乡水利站、水利工程管理单位的水政监察队伍的组建任务,建立市、县、乡三级综合执法体系。全市成立水政监察支队1个,大队10个,中队73个,共311人。在全省开展的水政监察队伍全面建设互检互评活动中,三门峡市水利局被评为小组第一、全省第四。组织好第二十二届“世界水日”、第二十七届“中国水周”水法规宣传活动,集中开展了以报纸、广播、宣传版面、咨询台、宣传单为媒介的形式多样的水法规宣传活动,收到良好的社会效果,“用水先审批”逐步成为社会各界的自觉行为。

【病险水库除险加固】 2015年,三门峡市在建的小(2)型病险水库除险加固项目共计8座,总投资1661万元,其中省级投资830万元、市级投资417万元、县级投资414万元。截至年底,完成投资1084万元,投资完成率65%。其中:2014年下达投资计划的灵宝市十亩坪等5座水库,总投资833万元,除大挂水库尚余尾工外,其余4座工程建设任务基本完成;2015年下达投资计划的陕县韩沟等3座水库,11月13日开标,工程已开工,并按要求制定节点目标,预计2016年3月底前完成工程建设任务。

【中小河流治理】 2015年,三门峡市在建中小河流治理项目4条,分别是灵宝市宏农涧河牛庄村段、灵宝市好阳河治理、卢氏县洛河支流沙洛河横涧段、卢氏县老灌河温口段,批复总投资8195万元,下达投资计划7047万元,其中中央投资4585万元、省级投资1309万元、地方配套1153万元。截至年底,除灵宝市宏农涧河牛庄村段因河势变化,施工方案变更正在紧张施工外,其余3个项目工程建设全部完成,正在进行竣工财务决算和资料整理。

【出台加快“五小水利”工程建设实施意见】 2015年1月12日,三门峡市人民政府印发《关于加快“五小水利”工程建设的实施意见》(以下简称《实施意见》),明确“五小水利”(小水窖、小水池、小泵站、小塘坝、小水渠)工程建设遵循政府引导、群众为主,突出重点、分步推进,县级统筹、乡村实施,民办公助、以奖代补,以及谁建设、谁所有、谁管理、谁受益的原则。确定“五小水利”工程建设要突出建设主体,坚持规划引领,创新投融资机制,明确奖补重点,提出通过连续3年至5年时间,建成200项至300项“五小水利”工程,发展灌溉面积5万亩至10万亩。《实施意见》要求每年择优选定群众意愿强、建设积极性高、工程规模大、效益好的“五小水利”工程30项至50项,以“以奖代补”的形式,按照一定的比例给予资金补助,以撬动社会资本投资水利,进一步深化水利投融资体制改革,充分调动社会资本投资水利建设的积极性,加快解决山丘区特色农业发展用水问题。

【省水利厅出台支持三门峡市加快水利改革发展的意见】 2015年1月30日,省水利厅印发《关于支持三门峡市加快水利改革发展的意见》(以下简称《意见》)。《意见》在水资源配置、水资源保护、河道治理、农田灌溉、山洪灾害防治等5个方面实现内容拓展、项目增加、任务量化、计划提前,并专门就深化水利改革提出意见,全力支持三门峡市“五小水利”工程建设,探索以奖代补、先建后补政策,激发社会资本投资水利热潮。《意见》明确指出,按照国务院《关于晋陕豫黄河金三角区域合作规划的批复》(国函〔2014〕40号),在专项规划编制、政策实施、项目安排、体制机制创新等方面对三门峡市进行积极指导和大力支持,并采取措施,加强《意见》与全省水利发展规划及专项规划的衔接,跟踪分析意见的实施,督促重点项目和政策的落实。

【全省水政监察人员执法业务培训班在三门峡市举办】 2015年3月31日至4月2日,全省水政监察人员执法业务培训班在三门峡市举办。省水利厅副厅长王继元参加开班仪式并讲话。省辖市主管局长、支队长等执法人员,三门峡市各县(市、区)水利局局长等参加培训。此次培训特邀河南省委党校、省法制办、洛阳市水利局、安阳市水利局的教授、副局长等,从做人、做事、做官,职务犯罪防范问题研究,全面推进依法治国的伟大部署,怎样做好水事疑难案件执法工作,行政执法过程中应把握的原则和注重的主要环节,如何开展水利综合执法等方面作详细的分析和探讨,为今后水政监察工作再上新台阶打下了坚实的基础。

【水利部党组成员、总规划师周学文到三门峡市调研农村饮水安全工作】 2015年4月28日，水利部党组成员、总规划师周学文带领调研组到三门峡市，调研农村饮水安全工作。省水利厅厅长李柳身、副厅长武建新，三门峡市领导陪同调研。调研组一行先后察看渑池县刘郭村农村饮水安全工程、黄花村水源井施工现场，详细了解农村饮水安全工程建设和运行管理情况，深入农户听取群众对解决农村饮水安全问题的意见，召开座谈会全面掌握农村饮水安全工作责任制落实、规划实施和建设进度等方面情况。周学文对三门峡市农村饮水安全工作给予充分肯定，并就做好下步工作提出要求。

【开展防汛大检查】 2015年5月5日至7日，三门峡市防汛抗旱指挥部派出4个检查组，对6个县(市、区)开展汛前大检查。检查中，各组听取了自查工作情况汇报，掌握各县(市、区)自查中发现的重点防汛隐患，并对隐患逐一进行检查。同时，督促各县(市、区)落实有关防汛方案、防汛预案，足额储备防汛物资，组建防汛抢险队伍。检查组共察看26座水库、10座淤地坝、22条河道、12个山洪灾害预警点、10处涉河景区，全面掌握汛前的准备工作和防汛隐患。通过检查，工作组对各类工程隐患和存在的问题现场提出处理意见，对河道内的树木和其他阻水障碍要求限期予以清除，对正在进行的水库除险加固、河道防洪工程等，督促建设单位强化度汛方案，确保汛期安全。8日上午，市水利局召开防汛检查汇报会，听取了各检查组情况汇报，对下一步防汛工作作出安排部署。

【召开2015年农村饮水安全工程“互评互学”现场会】 2015年5月7日至8日，全市农村饮水安全工程“互评互学”现场会召开。市水利局主管局长、农水科长、质监站站长，以及卢氏、灵宝、渑池3个县(市)主管局长、农水科(股)长、质监站有关人员参加了会议。会议组织观摩了渑池县姜王庄、灵宝市故县镇桃村、卢氏县杜关镇康家湾村等11处农村饮水安全工程，学习交流工程建设过程中的典型经验做法，对存在的问题拿出整改意见，进一步落实做好农村饮水安全工程的具体措施，加快工程进度。现场观摩结束后召开了专题会议，卢氏、灵宝、渑池3个县(市)谈了“互评互学”的经验和不足。

【2015年第二期全国乡镇水利站（所）长示范培训班在三门峡市举办】 2015年7月15日至21日，由水利部人事司主办，水利部人才资源开发中心承办，水利部三门峡温泉疗养院协办的2015年第二期全国乡镇水利站(所)长示范培训班在水利部三门峡疗养院举行。水利部人才资源开发中心主任陈楚出席并讲话。三门峡市副市长牛兰英出席并致辞。来自全国27个省、自治区、直辖市和新疆建设兵团，以及黄河水利委员会等100多个基层单位的学员参加培训，来自华北水利水电大学、黄河水利委员会和河南省水利厅的专家授课。培训期间，学员实地考察了三门峡市社会资本投资办水利情况，参观陕县二仙坡水土保持科技示范园和黄河枢纽工程三门峡大坝等。

【市水利局、市公安局联合召开开展保护水资源专项执法行动部署会】 2015年9月25日，市水利局与市公安局联合召开开展保护水资源专项执法行动部署会，传达省水利、公安联合开展保护水资源专项执法行动会议精神，安排部署全市专项执法行动，全面启动联合开展保护水资源专项执法工作。各县(市、区)公安局主管局长、大队长，水利局主管局长、大队长，市区5个公安分局主管局长、大队长共35人参加了会议。会上，市公安局刘金庄支队长宣读《三门峡市水利局、公安局联合开展保护水资源专项执法行动实施方案》。水利局耿珍支队长介绍水利与公安联动执法典型案例。义马市、灵宝市公安局主管局长、水利局主管局长分别介绍经验并做典型发言。各县(市、区)水利局主管局长汇报了工作措施。通过这次联合执法工作部署会，研究和探讨了水利与公安联合执法的新路子，进行了工作部署安排，有利于推进联合开展保护水资源专项执法行动。

【灵宝市白虎潭水库主体工程竣工】 2015年9月28日，历经6年多建设的灵宝市白虎潭水库主体工程顺利竣工，10月中旬转入尾工施工和封堵蓄水阶段，年底配套饮水工程全面完成。这标志着灵宝城区自1959年搬迁以来生活用水单纯依靠地下水的状况将一去不复返。白虎潭水库位于灵宝市苏村乡翻里村，2009年开工建设，大坝工程总投资1.97亿元，设计库容999万立方米。

【山口河治理工程竣工验收】 2015年11月13日，河南省水利厅主持三门峡市陕县山口河杠庙段和湖滨区山口河卢家店段治理工程竣工验收。陕县山口河杠庙段完成工程投资2844万元，湖滨区山口河卢家店段完成工程投资2793万元。该工程主要任务和作用是保障沿河两岸人民生命财产安全和公共设施安全，为沿线村民提供灌溉用水。

【山口水库复建工程竣工验收】 2015年12月30日，三门峡市水利局主持山口水库复建工程竣工验收。工程完成投资6462.06万元。该水库位于陕县张茅乡境内，青龙涧河支流山口河上，坝址距三门峡市区约20千米，是一座以农业灌溉为主，兼顾供水、防洪、生态旅游等综合利用的小(1)型水库，主要效益可为下游440公顷农田和沿线农村4200口人的饮水以及三门峡市区生态用水提供水源。

(王 莹)

黄河河务

【概况】 2015年，三门峡市河务系统

干部职工团结协作,尽职尽责,认真开展“三严三实”专题教育活动,紧紧围绕局工作思路和目标任务,狠抓规划实施、“十三五”规划编制,工程管理、黄河防汛、精神文明、廉政建设等各项工作有序开展,圆满完成了市委、市政府交办的任务。全年共争取资金 9607.62 万元,创历年新高;累计完成维修养护投资 597 万元,对 24 处 49.69 千米工程 770 道坝段进行维修养护,增强工程的抗洪防洪能力。王官工程被黄河水利委员会评为 2015 年度示范工程。市黄河河务局成功创建省级文明单位,为开展业务工作奠定了基础。

【工程管理】 2015 年初,三门峡市黄河河务局及时召开全市工程管理工作会议,传达黄河水利委员会工程建设与管理会议精神,安排部署工程管理与维修养护工作。组织灵宝市、陕县、湖滨区河务局开展工程根石探测,加强对工程的观测、巡查与维护,保障工程安全。全年探测鸡子岭、盘西、杨家湾、东古驿、北村、七里、后川、小安、会兴 9 处工程 114 道坝 363 个断面,与坡度 1:1 相比,缺石量 936 立方米;与坡度 1:1.3 相比,缺石量 6321 立方米;与坡度 1:1.5 相比,缺石量 19677 立方米。对 24 处已建工程 770 道坝段进行养护,完成投资 452 万元,保持了工程的完整,增强了工程的防洪抗洪能力。按照黄河河道整治工程管理标准,对灵宝市东古驿上段 150 米工程、陕县七里 175 米工程、湖滨区后川 210 米工程进行专项维修,完成投资 145 万元。

【工程建设】 2015 年,国家下达三门峡市工程建设项目资金 7499 万元,加上 2014 年因受蓄水影响未完成的七里、后川、小安工程,三门峡市工程建设任务重,时间紧。市、县河务部门克服困难,严格程序管理,加强质量管理,注重施工安全,按照预定的时间节点和目标,保证工程的顺利实施。截至 2015 年年底,七里、后川、小安工程顺利完成,稠桑工程完成 33 个坝垛的水中进占任务,累计完成投资 2700 万元、土方 26 万立方米、石方 22 万立方米。

【防汛工作】 2015 年,三门峡市、县两级黄河河务部门充分利用广播、电视、报纸等宣传媒介,大力宣传《中华人民共和国防洪法》《河南省黄河河道管理办法》等法规,增强干部群众的法制观念和水患意识。召开全市防汛会议,传达黄河防汛抗旱总指挥部会议精神,安排部署黄河防汛各项工作。调整充实黄河防汛办公室成员,与沿黄县(市、区)政府及经济开发区、产业集聚区签订防汛责任书,强化各级防汛责任制的落实。从 3 月开始,组织专业技术人员,采取徒步拉网的方法,对辖区河道防洪工程进行汛前安全普查。针对发现的问题,及时采取措施,消除隐患,并加强巡视观测,确保工程安全运行。6 月,重点检查库区险工险段、塌岸塌滩、防汛物资设备,以及库区 335 米高程以下人员撤离的各项准备,制定《三门峡市黄河防洪预案》,储备防汛石料 6.86 万立方米、铅丝 9.15 万千克、编织袋 3.6 万条、发电机组 36 台。6 月 26 日,副省长王艳玲到三门峡市检查指导黄河防汛工作,在察看湖滨区会兴黄河防洪工程后,对黄河防汛工作给予充分肯定。6 月 30 日开展黄河防汛抢险演习,检验防汛队伍的抢险作业技能,展示防汛抢险全过程,达到锻炼队伍、动员力量、协调配合、团结抗洪的目的。7 月 6 日,三门峡市政府召开专题会议,对黄河调水调沙工作进行部署。河务部门、公安部门、沿黄乡(镇)政府在黄河岸边重要路口设安全警示标牌、拉警戒线,安排巡查人员,对围观群众进行宣传教育,对下水捞鱼行为进行劝阻。各级河务部门加强防汛值班,强化黄河工程的巡查力度,密切关注水情,随时掌握工情。7 月 8 日至 9 日,市黄河河务局班子成员按照分工深入沿黄县(市、区),到工程一线,对黄河防汛工作进行督查、指导。当年,黄河水利委员会安排河南三门峡库区会兴、后川、杨家湾三处应急度汛工程项目建设。三门峡市河务局领导多次召开专题会议,研究解决工程建设问题。施工单位克服困难,抢时间、赶进度。监理单位认真履行监理职责,严把工程质量关。截至 12 月 31 日,会兴、后川、杨家湾三处应急度汛项目全部完成,并且通过初步验收。

【水政工作】 2015 年,三门峡市黄河河务局认真做好水政工作,推进水政管理体制、机制关系理顺工作,做好责任清单编制工作,协调处理黄河大桥以西的河道垃圾清理问题,维护了库区良好的水事秩序。黄河水利委员水政局、河南省黄河河务局及河南省法制办多次召开协调会,专题研究三门峡市黄河河务局水政执法工作。市黄河河务局就水政执法主体资格问题和市法制办衔接沟通,将相关材料整理上报。6 月,市黄河河务局会同河南黄河河务局、豫西黄河河务局、渑池黄河河务局对鲁豫白浪浮桥防汛应急预案进行审查,明确存在的问题。鲁豫浮桥服务有限公司根据要求及时进行了整改。协调处理黄河大桥西侧出现的大片建筑垃圾,并建立集中整治向黄河河道倾倒建筑垃圾违法行为长效机制。三门峡市人民政府下发《三门峡市人民政府关于严禁向黄河河道倾倒建筑垃圾的通知》(三政〔2015〕58 号),明确各有关部门、县级政府(包括产业集聚区和经济开发区)的责任。同时制定《三门峡市黄河河道巡查报告制度》《2016 年黄河河道巡查、检查督导计划》,明确河道巡查的次数、时间、范围、巡查内容以及处理水事违法事件的方法,为进一步加大打击黄河河道内的水事违法行为,确保黄河防洪安全、水资源安全和生态安全提供了有力保障。

【潼三段“十三五”规划编制】 2015 年,三门峡市黄河河务局高度重视潼关至三门峡段“十三五”规划(以下简称为潼三段“十三五”规划)编制工作,积极配合规划设计单位到所辖库区沿黄各工程点进行查勘,选点布设工程;

贯彻落实中共三门峡市委、市政府对潼三段“十三五”规划编制工作的具体要求，抽调精兵强将，确定阶段目标，落实各项责任，全力以赴推进规划编制工作；主动和黄河水利委员会、水利部衔接沟通，把握国家黄河治理的宏观政策、投资政策，了解上级对黄河治理的投资方向、项目布局，结合三门峡市工程建设实际确定工程项目，为全市黄河治理提供后续项目支撑。截至年底，潼三段“十三五”规划的修编工作基本完成。项目估算投资2.2亿元，安排修建鸡子岭、盘西、杨家湾河道整治工程3处，长度1913米；修建东古驿、冯佐、官庄、会兴、小安等防冲防浪工程12处，长度18996米。

【王官工程被确认为管理示范工程】 黄河三门峡库区王官工程始建于1986年，距三门峡大坝约10千米，总长度2100米，为浆砌石挡土墙护岸工程，底高程320米左右，顶高程328米，坝顶宽4米至6米。共完成土方32.79万立方米，石方1.99万立方米，投资208.83万元。为了全面落实黄河水利工程管理规划，充分发挥示范工程典型带动作用，2015年，三门峡市黄河河务局把湖滨区王官工程作为亮点，以三门峡黄河公园为依托，加大建设力度，完成坝面硬化、坝坡整修、标志牌建设、备防石整理、美化绿化等项工作，使“亮点工程”与黄河公园融为一体，成为展示黄河工程管理形象的窗口。10月，经黄河水利委员会专家组验收，该工程被确认为2015年度黄河水利委员会工程管理示范工程。

（李春雷　岳　格）

三门峡库区水文水资源

【概况】 三门峡库区水文水资源局（以下简称“三门峡水文局”），是隶属于黄河水利委员会水文局的正处级事业单位。局机关设办公室、技术科、计划财务科、人事劳动科、监察审计科、水政科、党委办公室、工会，局直属单位有设施设备管护中心、研究室、机关服务中心、水质监测中心、水情中心、会计核算中心、泥沙分析室，下辖三门峡库区水文水资源勘测局、西峰水文水资源勘测局、天水水文水资源勘测局、三门峡库区测绘大队、三门峡江海工程技术开发有限公司。3个水文水资源勘测局下辖水文站24个、水位站13个、雨量站258个、蒸发量站7个，分布于陕西、山西、甘肃、河南、宁夏5省（区）52个县（市）境内。三门峡水文局控制流域面积68.84万平方千米，占全流域的92%，控制了黄河上游来水的89%和来沙的98%。（杨世理）

【黄河三门峡测区雨水沙概况】 2015年汛期（6~9月），三门峡测区平均降雨量233.2毫米，比多年均值337.4毫米偏少30.9%。渭河上游、泾河流域和三门峡库区等3个区域汛期平均降雨量分别为211.5毫米、233.1毫米和255毫米，距平分别为-37.7%、-31.1%和-23.7%。

从时空分布看，6~9月，渭河上游、泾河流域降雨均比多年均值偏少，特别是主汛期7月、8月偏少更多，泾河测区7月降雨仅28.1毫米，比多年均值偏少72.5%；三门峡库区除6月降雨比多年均值偏多48.4%外，其余月降雨量均比多年均值偏少。

三门峡水文局测区属枯水少沙年份。黄河干流龙门站年径流量155.5亿立方米，比多年均值260.6亿立方米偏少40.3%，潼关站年径流量197.2亿立方米，比多年均值340.1亿立方米偏少42.0%；渭河华县站年径流量43.62亿立方米，比多年均值68.34亿立方米偏少36.2%。当年无编号洪水发生。黄河干流龙门站最大洪峰流量2000立方米/秒（8月3日）；汾河河津站最大流量54.7立方米/秒（9月14日）；渭河咸阳站、华县站年最大流量分别为485立方米/秒（7月1日）、630立方米/秒（7月2日）；三门峡水库入库（潼关站）最大流量为1960立方米/秒（8月4日），入库最大单沙92千克/立方米（8月15日），出库（三门峡站）最大流量5340立方米/秒（7月8日），出库最大单沙436千克/立方米（8月4日）。

泾河上游在7月、8月发生了几次中小洪水，测区最大流量仅为690立方米/秒（洪德站，8月11日）。泾河杨家坪站和马连河雨落坪站汛期最大流量分别为147立方米/秒（8月12日）、610立方米/秒（8月12日）。

渭河上游洪水稀少，天水、甘谷、社棠等站均未发生洪水，其余3站均为中小洪水过程。北道站6月1日洪水洪峰流量270立方米/秒，是渭河上游测区最大流量；渭河中下游无大洪水发生，受6月下旬两次中到大雨影响，7月1日、2日咸阳站和华县站分别出现明显洪水过程，洪峰流量分别为485立方米/秒、630立方米/秒。

汾河持续枯水，汛期无较大洪水发生，最大流量54.7立方米/秒。

（杨世理　韦晓静）

【凌汛测报】 2014~2015年度凌汛前，三门峡水文局下发《关于做好2014~2015年度凌汛期测报工作的通知》，对凌汛期测报工作进行部署。全局按照凌汛期测报要求认真做好物质、技术、安全等工作，加强凌汛期值班，开展安全检查，并根据冬季气候特点采取各项防凌、防冻措施。认真执行冰情测验规范，克服困难，严细测报。凌汛期，三门峡水文局测区各站累计测流562次，水情报汛1733份，各水文站冰情与往年相比较轻。三门峡库区水文水资源勘测局测区黄河干流龙门站、潼关站仅出现岸冰、流冰花、流冰等冰情现象，无封冻及其他特殊凌情发生；三门峡、河津、咸阳、华县等4站无冰情。西峰水文水资源勘测局测区除马连河干支流测站（雨落坪、洪德、贾桥、悦乐、板桥）出现封冻外，其余测站也发生不同程度的冰情，主要有岸冰、流冰花、流冰等；泾河主要把口站杨家坪站发生岸冰、流冰花，马连河主要把口站雨落坪站发生封冻。天水水文水资源勘测局测区各站均无冰情。

（杨世理）

【汛前准备】 2015年，三门峡水文局从思想、组织、技术、物资、安全生产等方面做好防汛准备。做好思想准备。3月13日，三门峡水文局召开水文工作会议，传达上级工作会议精神，对汛前准备工作进行安排部署。三门峡水文局与所属各勘测局、测绘大队，各勘测局与下属水文站签订目标任务书，做到目标明确，责任落实。各站对历史洪水测报经验认真总结，形成文字记录；积极开展职业道德教育和水文优良传统教育，共开展各类教育学习57次。做好组织准备。成立局防汛领导小组，明确局领导防汛责任分工和洪水期岗位分工，组建由30名成员组成的防汛预备队；明确局领导汛期带班制度，规定防汛预备队岗位职责。各水文站根据人员变动调整岗位分工，明确组织领导；修订完善各项规章制度、管理办法、应急预案等20余项。做好技术准备。编制完成测洪及报汛方案24站，修订洪水预报站的预报方案，制定印发《2015年水情报汛任务书》，审查各报汛水文站高水报汛曲线和大断面图，对各类设施设备、通讯线路进行全面彻底的检查维修和保养，补充完善防汛抗旱水情专用数据库。联测黄淤63至黄淤60断面桩点12个，对三门峡库区桩点资料进行整理，制作《三门峡水库淤积测验断面考证表》《三门峡库区新设桩点点之记》；开展业务学习68次、业务竞赛14次，进行各类测洪演习59次；校测水准点134个，引测三(四)等水准距离42.2千米，测量大断面23.9千米，校测水尺492支；配备微波测流仪、ADCP等新型测验仪器的测站组织学习，进行仪器使用调试；自主开发的水位数据处理系统、水流沙月报编制程序、流量输沙率测算系统等软件在测区普及应用。做好物资准备。下达防汛经费96万余元，购置发电机20台、操舟机24台、操舟机配件300余种，水准仪30架、经纬仪30架、音响器40只、流速仪170架、秒表70块、采样器80架、量杯180个、水准尺20对、对讲机40部、钢丝绳6.65千克、铅丝1000千克、水尺板9000米、水尺桩140根、电缆线1000米、比重瓶300余只、救生衣100件、水温表110支、浮标3483个，燃油6332千克等。做好安全生产。建立完善安全管理组织，明确专、兼职安全员，所有职工均签订安全生产承诺书；严格执行黄河水文一次性危险作业(活动)安全审核制度，缆道上油等高空危险作业均编制安全作业(活动)计划和事故应急预案，落实各项安全防范措施；重要设施设备均制定有安全生产操作规程，缆道、吊箱、船舶等测报设施运行正常，保养良好；灭火器、消防沙、太平斧、救生衣、救生圈等安全防护器材配备齐全；严格按照黄河水文ABC三级安全检查制度要求，每月开展相应级别的检查工作，安全检查等记录填报规范，对排查出的各项安全隐患及时进行整改处理，暂未能够整改的，均制定临时性的安全防范措施；汛前准备及各级自查期间，各测站共送检灭火器212具，更新26具，更新及新增安全警示标牌43块、警示标语30处，更新各类安全操作规程164块，排查整改一般安全隐患13处。

（杨世理 代 琪）

【水文测报】 2015年，三门峡水文局共测流1691次，施测输沙率84次，测取单沙5041次。实测最大流量5300立方米/秒，实测最大单沙1040千克/立方米；拍发水情电报16646(含水位站)；平均实测流量控制幅度为97.9%。三门峡库区水文水资源勘测局测区共测流791次，施测输沙率56次，测取单沙1377次；拍发水雨情电报8688份(含水位站)；平均洪峰流量控制幅度为96.5%。西峰水文水资源勘测局测区由于发生洪水少，个别校测站输沙率未完成任务书规定测次，实际测流473次，施测输沙率19次，测取单沙2166次；拍发雨水情电报4607份；平均实测流量控制幅度在97.0%以上。天水水文水资源勘测局测区测流415次，施测输沙率7次，测取单沙1237次；拍发雨水情电报3351份；平均实测流量控制幅度为97.9%。

（杨世理 韦晓静）

【桃汛测验及利用桃汛降低潼关高程试验原型观测】 2015年，桃汛测验及利用桃汛降低潼关高程试验原型观测任务由三门峡库区水文水资源勘测局承担，3月24日正式开始，3月30日结束，历时7天。本次桃汛洪水过程历时5天，为近10年历时最短的一年。潼关站洪水水量4.185×10^8立方米，比近10年平均水量少8.715×10^8立方米，少67.6%；输沙量102×10^7千克，比近10年平均沙量少816×10^7千克，少88.9%；最大洪峰流量1700立方米/秒(3月26日)，比近10年平均洪峰流量小610立方米/秒；大于1000立方米/秒流量持续时间为39小时，比近10年平均持续时间少135小时。潼关高程由试验前的327.78米上升到桃汛后的327.89米，上升0.11米。桃汛洪水入库过程中，三门峡水库水位控制在316米~318米之间运用，三门峡站出库最大流量为1140立方米/秒(3月29日17时30分)，根据输沙量平衡法计算潼—三段淤积泥沙102×10^7千克。三门峡出库水量为3.449×10^8立方米，潼关减去库调后水量为3.675×10^8立方米，出库水量少0.226×10^8立方米(占进库水量的6.1%)，进出库水量基本平衡。试验期间，潼关站3日最大水量3.116×10^8立方米（3月26日~28日），占试验期间总水量的74.4%；3日最大输沙量85.3×10^7千克（3月26日~28日），占试验期间输沙量的83.9%。潼关站流量1000立方米/秒以上持续时间39小时，该时段水量1.978×10^8立方米，占试验期间总水量的47.3%；输沙量57.8×10^7千克，占试验期间输沙量的56.8%，平均含沙量2.92千克/立方米。 （杨世理 王 如）

【测报质量】 2015年，三门峡水文局各站测次布置合理，单次质量符合规定要求，水、流、沙过程控制完整。全年测流1691次，流量单次质量合格率平均为98.5%，实测流量控制幅度平均为

97.9%；施测输沙率 84 次，测取单沙 5041 次，单沙单次质量合格率平均为 99.9%；拍发水雨情电报 16646 份，其中差错报 3 份，迟报 16 份。三门峡库区水文水资源勘测局测区各站水、流、沙过程控制有所好转，流量平均单次质量合格率为 97.7%，单沙平均单次质量合格率为 98.5%，洪峰流量平均控制幅度为 96.5%；拍发水雨情电报 8688 份(含水位站)，其中差错报 3 份，差错率 0.03%，迟报 7 份，时效性为 99.9%。西峰水文水资源勘测局测区各站水、流、沙过程控制较好，流量平均单次质量合格率为 100%，单沙平均单次质量合格率为 99.8%，平均实测流量控制幅度在 97.0%以上；拍发雨水情电报 4607 份，无差错报，迟报 7 份，时效性为 99.8%。天水水文水资源勘测局测区各站水、流、沙过程控制完整，流量单次质量合格率和单沙单次质量合格率均为 100%，平均实测流量控制幅度为 97.9%；拍发雨水情电报 3351 份，无差错报，迟报 2 份，时效性为 99.9%。

【黄河三门峡库区水环境监测】 2015 年，三门峡水文局完成 11 个水功能区断面、7 个省界断面、7 个入黄排污口、2 个悬移质断面、1 个调查监测断面、4 个水量调度监测断面、2 个重要水功能区断面、62 口井地下水、突发水污染事件和委托性监测等任务。全年共监测 45 个项目，监测样品 1000 余组，提供监测数据 1 万余组。11 个水功能区断面分别为龙门、潼关、三门峡公路桥、三门峡坝下、西师、华县、张留庄、吊桥、坡头、双桥和西王村断面，7 个省界断面分别为潼关、西师、张留庄、吊桥、双桥、坡头、西王村断面，7 个入黄排污口分别为韩城城市生活污水口、中铝山西分公司、风陵渡排污沟、大唐韩城第二发电有限公司、陕西龙门钢铁集团有限公司、三门峡城市生活污水口、平陆生活污水口，2 个悬移质断面分别为潼关、三门峡坝下断面，1 个调查监测断面为三门峡公路桥有毒有机物调查监测断面，4 个水量调度监测断面分别为三门峡、潼关、汾河西师、渭河吊桥断面，2 个重要水功能区断面为黄河流域(片)重要水功能区渭河宝鸡过渡区蔡家坡断面和窟野河神木饮用、农业用水区断面，62 口井分布在陕西、山西省。11 个水功能区断面每月监测 1 次，全年监测 12 次，主要水质监测项目 37 个，分别为：流量、水温、悬浮物、pH、电导率、溶解氧、高锰酸盐指数、化学需氧量、五日生化需氧量、氨氮、总磷、总氮、氟化物、砷、汞、氰化物、铜、铅、锌、镉、六价铬、挥发酚、石油类、粪大肠菌群、硝酸盐氮、氯化物、硫酸盐、铁、锰、钙、镁、钾、钠、碳酸盐、重碳酸盐、总硬度和矿化度。入黄排污口全年监测 4 次，分别为 1、3、7、11 月。监测 8 个因子，分别为：流量、水温、pH、化学需氧量、铅、氨氮、挥发酚、总磷。调查监测项目 8 个，分别为水源地有毒有机物苯、甲苯、乙苯、二甲苯(对二甲苯、间二甲苯、邻二甲苯)、异丙苯的监测和除西王村外的 10 个功能区断面硫化物、硒和阴离子表面活性剂的监测，全年监测 3 次。依据 GB3838-2002《地表水环境质量标准》对 2015 年水质监测成果进行分析评价。水量调度监测断面监测因子有氨氮、化学需氧量等 21 项，监测结果按规定时间每月 5 日、15 日、25 日上午 10 点前及时上报。重要水功能区断面全年监测 2 次，监测 3 个项目(化学需氧量、高锰酸盐指数和氨氮)的现场空白、现场平行、质控盲样，其中盲样考核 6 项次全部合格。完成 62 口井地下水 20 项必测项目水质监测任务，测定结果均在允差范围内，确保了监测数据准确可靠。完成 11 个月的委托性监测任务，及时出具检测报告，共邮寄、送达水质检测报告 64 份。处置库区突发水污染事件 3 起，上报监测数据 57 组。分别为 1 月 7 日，三门峡华阳电厂发生突发水污染事件，采集样品 5 个，监测项目 4 项，上报数据 20 组；1 月 25 日~26 日，甘肃省静宁县水源地发生突发水污染事件，采集样品 5 个，监测项目 6 项，上报数据 30 组；6 月 4 日，山西平陆县虞东电厂发生突发水污染事件，采集样品 1 个，监测项目 7 项，上报数据 7 组。 (杨世理)

【三门峡水库淤积测验】 2015 年，三门峡水库淤积测验所观测河段为黄河干流三门峡大坝至禹门口(黄淤 1~黄淤 68 断面)，全长 247.6 千米，共布设淤积测验断面 61 条。三门峡库区淤积断面统测 2 次，汛前测验时间为 4 月 10 日至 5 月 6 日，汛后测验时间为 10 月 12 日至 11 月 1 日，共施测淤积断面 122 断面次、取河床质 257 个，累计施测断面 258.6 千米。依据《水库水文泥沙观测规范》《水库河道淤积测验质量评定标准》等进行质量评定，2 次测验优级断面 122 个，无良级断面和差级断面，综合评定均为优级。在汛前测量的同时开展河势查勘、河道巡查及库区影响行洪构筑物调查测量。

(杨世理 刘 琦)

【完成资料整编汇编工作】 2015 年 2 月上旬，三门峡水文局完成水文资料在站(室)整编，3 月中旬完成成果集中审查。4 月 7 日，复审及验收工作开始，4 月 30 日结束，共审查水位站资料 10 站年，水文站资料 24 站年，降水量资料 258 站年，蒸发量资料 7 站年，泥沙颗粒级配分析资料 16 站年。在审查中，对辖区地区水沙量上、下游平衡进行对照分析；对降水量、逐日水面蒸发量的合理性进行对照检查。针对各站当年的洪水情况，根据规范要求，对龙门、华县、泾川、雨落坪、北道等 5 站，从考证、定线、流量推算等所有整编项目的方法、步骤进行全面审查；对逐日水面蒸发量成果表与原始资料进行计算校对；对逐日降水量表与人工观测记录和自记雨量记录资料进行全面校对，对 20 厘米固态雨量计的仪器故障部分进行重点审查，各时段最大降水量表抽取 50%进行人工挑选校对；对泥沙颗粒级配资料和原始记录进行校对；其余成果按规范及补充规定等有关技术规定要求进行表面系统检查，改正电算成果中不符合规范要求的规格、表式、统计方法、附注等问题。

2 月底，三门峡库区淤积资料完成

在队整编和审查。3月17日,三门峡库区淤积资料复审工作开始,3月27日结束。期间全面审查122个淤积断面次的原始资料和颗粒级配分析资料。审查过程中,对断面的原始资料进行详细检查和校对,对全部计算成果的数据进行检查和校对,结合断面套绘图和河势图进行综合合理性检查,按规范要求对各种成果表的表式、规格进行对照检查。审查出的问题由测绘大队进行统一改算,技术科进行校核、审查、验收。

8月10日,由黄河水利委员会水文局主办,三门峡水文局承办的黄河流域水库水文泥沙观测资料复审工作开始,9月10日结束。黄河水利委员会河南局、陕西省三门峡库区管理局、水文局测验处及三门峡水文局等单位对三门峡库区和小浪底库区的水流沙10站年、水位26站年、淤积资料618断面次及小浪底库区水沙因子和异重流监测资料进行交互审查,对原始资料与成果资料进行详细对照检查,按照《水库水文泥沙观测资料整编及刊印技术规程》对各单位成果资料表式进行统一修正。审查出的问题,由各参审单位进行统一改算,三门峡水文局技术科进行收集、整理。

三门峡水文局的各项资料经过复审、验收、审查、汇编,未发现系统性和特征值错误,复审和验收的水文资料和淤积资料均达到规范及黄河水利委员会水文局《黄河流域及全国内陆河湖水文年鉴资料成果汇编验收质量评定标准》所规定的质量标准,通过榆次、郑州、陕西省及三门峡汇编区的验收、汇编和黄河水利委员会水文局和水利部组织的审查验收。

三门峡水文局承担黄河流域水文年鉴第4卷第7册和三门峡库区专册资料的汇编工作。汇编工作开展前,及时与陕西、甘肃、宁夏和陕西省三门峡库区管理局等参编单位联系沟通,对所参编资料提前进行整理、标准数据加工等工作。三门峡水文局编制相应的数据转换程序,于8月下旬完成第4卷第7册的汇编工作,按时参加榆次、郑州、陕西省等三个汇编区的资料审查、汇编工作。汇编成果通过黄河水利委员会水文局和水利部组织的审查验收。三门峡水文局主持汇编的第4卷第7册水文年鉴以及参编的第4卷第4册、5册、8册水文年鉴均以零差错通过验收,受到黄河水利委员会水文局的通报表扬。　(杨世理)

【科研和“三新”应用】 2015年,三门峡水文局承担黄河水利委员会水文局科技计划项目4项,分别是《黄河全沙测验采样设备研究》《泾河上游水文要素单值化方法研究》《咸阳站洪水(水位、流量)过程预报方案》《潼关至三门峡大坝河段淤积测验断面优化研究》。其中《黄河全沙测验采样设备研究》《泾河上游水文要素单值化方法研究》《咸阳站洪水(水位、流量)过程预报方案》通过黄河水利委员会水文局验收。开展技术创新项目7项,其中《黄河龙门水文站吊箱安全限位及可视监控系统研制》《三门峡水库潼关以下淤积断面主河槽间距分析研究》《河津水文站浮标系数比测分析》完成并通过验收,《水文测验吊箱ADCP三体船可升降悬吊架研制》等3个项目按计划进行中,《回声测深仪多沙河流测深比测分析》在继续收集比测资料。《船舶定位测量系统的研制及应用》《黄河龙门水文站吊箱安全限位及可视监控系统研制》《YMCP-1型非接触式微波测流仪在龙门站的应用研究》等7项科技成果获黄河水利委员会“三新”(新技术、新方法、新材料)及其推广应用成果认定。《泾河上游水文要素单值化方法研究技术报告》《咸阳站洪水(水位、流量)过程预报方案研制》《流速仪法流量输沙率测算系统在三门峡测区的应用》《PVC四面体折叠荧光夜明浮标在西峰、天水测区的推广应用》获黄河水利委员会水文局科技进步二等奖,《晋蒙黄河大桥防洪评价报告》获黄河水利委员会水文局科技进步三等奖。《渭河华县站平滩流量分析和计算软件》《三门峡库区勘测局水文站高水报汛方案研究》被黄河水利委员会水文局定为科技创新成果推广项目。《河津水文站浮标系数比测分析》《黄河龙门水文站吊箱安全限位及可视监控系统研制》《西峰测区红河等4站测验方式优化分析报告》获黄河水利委员会水文局技术革新“浪花奖”二等奖;《2000年以来渭河下游冲淤变化分析》《反光膜材料在水文断面标志中的应用》《新型ICS-1100离子色谱仪在黄河三门峡段水质监测中的应用研究》获黄河水利委员会水文局技术革新“浪花奖”三等奖。《泾河上游水文要素单值化方法研究技术报告》《三门峡水文局西峰测区4站测验方式优化分析报告》《黄河龙门水文站吊箱安全限位及可视监控系统研制》《流速仪法流量输沙率测算系统在三门峡测区的推广应用》获三门峡水文局科技成果奖二等奖;《PVC四面体折叠荧光夜明浮标在西峰、天水测区的推广应用》《河津水文站浮标系数比测分析》《彬县X310彬龙路芦村河桥改建工程对芦村河水文站水文监测影响评价报告》获三门峡水文局科技成果奖三等奖。科技创新项目立项6项,推广应用项目立项3项。

(杨世理　刘　琦)

·编辑　王惠娟·

工业和信息化

【概况】 2015年，三门峡市全部工业增加值690.9亿元，同比增长2%，占地区生产总值比重54.8%。其中，规模以上工业完成增加值602亿元，同比增长1.8%，规模以上工业增加值占全部工业增加值的87.1%。至2015年底，全市有规模以上工业企业640家，实现主营业务收入3483.2亿元，同比增长0.4%；实现利润总额213.4亿元，税金总额57.4亿元。在全市36个工业行业大类中，19个行业增长。其中有色金属矿采选业完成工业增加值241.71亿元，比上年增长6.6%，拉动三门峡市工业生产增长2.5个百分点；有色金属冶炼和压延加工业完成工业增加值54.39亿元，增长17.1%，拉动三门峡市工业生产增长1.3个百分点。产品产量统计116种产品中，65种产品产量比上年增长，占比56.03%。其中黄金207.47吨，增长44.9%；氧化铝600.8万吨，增长2.2%；精甲醇56.2万吨，增长10.9%；改装汽车3.86万辆，增长11.4%。

2015年，全市基础设施建设迅速发展，全市FTTH覆盖家庭达55.9万户，固定宽带家庭普及率达到46%，移动基站8359个（其中3G/LTE基站6350个），移动电话用户201万人（其中3G/LTE移动电话用户117.1万人），城市家庭20Mbps及以上宽带接入能力达414%，农村家庭4Mbps及以上宽带接入能力达90%，4Mbps及以上宽带用户渗透率达100%，8Mbps及以上宽带用户渗透率达83%。市委部门、市直机关中共有56家开展了网络信息安全自查，信息系统173个，面向社会公众提供服务的信息系统49个，其中有定级的信息系统91个（1级有4个，2级有70个、3级有17个），服务器共271台，其中国产服务器81台；交换设备1003台，其中国产设备961台；存储设备96台，其中国内品牌台数78台，数据库35个，其中国产17个；终端计算机7528台，其中国产终端6041台，终端计算机有53%左右安装国产公文处理软件，78%左右安装国产杀毒软件，接受信息安全教育培训共1224人次。

2015年，全市国土、住建、环保、教育、卫生、旅游、社保、环保、工业等领域信息化发展迅速，电子政务方面建成覆盖市、县、乡三级的电子政务网络平台优化政府网站，积极推行政府信息公开，已经建有业务系统并与省对口部门相连的单位33家，与市县对口部门相连的单位21家；民生、教育方面先后建成了新型农村合作医疗管理系统、市区城市报警与监控系统等工作业务系统；全市大部分医疗单位拥有院务管理系统、医保管理系统、财务管理系统、人事管理系统、疾控中心系统、传染病网络急报系统等20多个系统；建成社会保障应用平台，完成发放社会保障卡70万张；全市的社会统筹、医疗保险、住房公积金、养老保险都已建成信息管理系统和全市范围的网络链接；全市农业大力推广物联网技术，提供通畅的信息传输网络、直观的农情数据计算机实时监测预警、探索自动化控制技术，发展现代装备农业、智能农业、精准农业，促进全市农村经济社会发展。 （王万宝）

黄　金

【概况】 2015年三门峡市黄金冶炼金和矿产金产量48.56吨，其中矿产金27.2吨，冶炼金21.36吨。连续32年位居全国第二大产金市，全年完成增加值207.43亿元，占全市规模以上工业增加值的34.45%。三门峡市是全国第二大黄金生产基地，小秦岭矿区面积约560平方公里，黄金资源比较丰富，主要集中在小秦岭金矿田，预测总储量1000吨以上。全市主要的黄金企业有12家，隶属三个管理层面，即中央直属、市属、县(市)属矿山。由中国黄金集团总公司管理企业有秦岭黄金矿业有限责任公司、文峪金矿、灵宝双鑫矿业有限责任公司、三门峡市金渠股份有限公司金渠金矿,河南中原黄金冶炼厂有限责任公司;市属黄金企业有三门峡市河西林场老鸦岔金矿;由灵宝市管理的企业有灵宝黄金股份有限公司、灵宝市金源矿业有限责任公司、灵宝黄金投资有限责任公司三个黄金企业集团。以上企业均分布在灵宝市境内。由陕县管理的矿山企业有三门峡崤山黄金矿业有限公司、申家窑金矿。由卢氏县管理的矿山企业有卢氏县双河金矿有限公司。三门峡市黄金产业已形成了“黄金开采—冶炼—精深加工”的黄金生产及加工产业链,中原黄金冶炼厂整体搬迁升级改造项目已完成,可年产冶炼金60吨、精炼金150吨、银190吨、铜20万吨,年产值可突破200亿元。灵宝、陕州区、卢氏县均为产金县(市、区)。三门峡黄金工业已经成为全市的五大支柱产业之一。 (王万宝)

煤 炭

【概况】2015年,三门峡市行政区域内有煤炭生产企业4家,生产矿井29处(包括义煤阳光煤业新建项目),核定(包括设计)生产能力为1678万吨/年。其中省骨干企业2家,矿井27处(包括义煤阳光煤业新建项目、兼并的15处小煤矿),核定(设计)能力1597万吨/年;地方小主体(单独组织生产矿井)2家,矿井2处,核定(设计)生产能力81万吨/年。2015年,区内各类煤矿共生产原煤991.6万吨,其中省骨干煤矿生产原煤973.8万吨,地方小主体煤矿生产原煤17.80万吨。生产矿井保持国家煤矿安全质量标准化二级标准。 (王万宝)

铝 业

【概况】2015年,三门峡市铝工业实现工业增加值56.23亿元,同比增长9.13%,占全市规模以上工业总量9.34%。现有规模以上铝工业企业30家,全年铝矾土产量2040万吨,氧化铝产量600.8万吨,电解铝21.78万吨,铝材17.1万吨。三门峡市铝土矿主要分布在陇海铁路沿线的渑池县和陕州区一带,有矿产地38处,具有分布相对集中、埋藏浅、品位高、适于开采等特点,是河南省及全国重要的铝土矿石供应基地之一。累计查明资源储量3.5亿吨,保有资源储量2.96亿吨,居全省第三,优质矿占65%以上;远景储量10亿吨。全市有30家铝土矿采矿企业,其中陕州区17家,渑池10家,湖滨区3家。主要为开曼(三门峡)铝业有限公司、东方希望(三门峡)铝业有限公司、中铝、义翔铝业四大氧化铝企业控股企业。设计生产能力588万吨/年,矿区面积94平方公里。30个采矿企业占有探明储量1.3亿吨、保有储量1.02亿吨。恒康铝业在国内第一家使用国际先进的400KA大型预焙槽技术,吨铝综合交流能耗降至13600千瓦时以下。全市电解铝全部采用190KA以上大型预焙槽技术。开曼(三门峡)铝业有限公司、东方希望(三门峡)铝业有限公司均采用国际上成熟的选矿——拜耳法生产技术;开曼(三门峡)铝业有限公司与中科院过程所联合研发的亚熔盐法氧化铝清洁生产技术取得重大突破,年产3万吨中试生产线已建成试生产。

【铝业产能及主要铝企业产值】三门峡市主要铝工业产品产能为氧化铝,产能510万吨,其中开曼210万吨、东方希望250万吨、义翔50万吨,占全国的12%;电解铝产能41万吨,其中陕州区恒康铝业24万吨;铝合金轿车轮毂产能300万只,铝加工材产能20万吨。电解铝产业配套原料,碳素产能16.5万吨,氟化铝产能9万吨。2015年开曼(三门峡)铝业公司全年生产氧化铝201.9万吨,实现主营业务收入40.5亿元,实现利润4.47亿元,税金4.5亿元;东方希望(三门峡)铝业有限公司全年生产氧化铝448.5万吨,实现主营业务收入48.2亿元,实现利润8.9亿元,税金8.4亿元。 (王万宝)

电力工业

【概况】2015年底,三门峡地区已运行变电站100座(其中220千伏变电站9座、110千伏变电站37座、35千伏变电站 54座),主变175台,总容量560万千伏安;35千伏及以上输电线路252条,总长度2765.288千米,最高供电负荷158.22万千瓦。全市发电装机总容量355.125万千瓦,年发电量115.92亿千瓦时。其中火电厂12座,装机总容量270.1万千瓦,年发电量94.34亿千瓦时;水电厂65座(其中小水电64座),装机总容量45.51万千瓦,年发电量17.45亿千瓦时;风电厂3座,装机总容量37.125万千瓦,年发电量6.37亿千瓦时,光伏发电厂3家,装机2.39万千瓦时,年发电量0.15亿千瓦时。2015年销售电量92.21亿千瓦时,完成年计划的100.78%;综合线损率5.59%,比年计划低0.03个百分点;国网三门峡供电公司至2015年12月31日24时,实现连续安全生产6410天,保持长周期安全稳定局面。

【安全生产】2015年,三门峡市电力部门认真贯彻新《中华人民共和国安全生产法》,明确安全管理提升67项任务,通过《安全奖惩实施细则》,强化现场安全管理,加强领导干部到岗到位执行力度,认真组织开展安全大检查、缺陷隐患专项整治和“查尽责、除隐患、保安全”活动,共监督现场180个,现场督查1344人次,消除各类缺陷1624项,35千伏及以上线路未发生外力破坏导致的跳闸事件。开展城市电网安全性评价和标准化达标评级工作，达标评级达到二级资质标准，城市电网安全性评价初评得分率87%。科学组织实施技改大修计划，加强设备运行管理和状态评价，全年共完成停电检修计划506项，技改大修项目完成率、设备完好率均达100%。健全应急联动机制，加强高危及重要客户安全管理，认真落实迎峰度夏和保电度冬方案，圆满完成重要节日保电任务。

【电网建设】2015年，三门峡市电力部门顺利完成“十二五”电网建设计划，认真编制上报三门峡“十三五”电网发展规划并通过河南省电力公司评审。全年共完成电网投资4.9807亿元，110千伏马庄变等4项工程建成投产，220千伏大安头变等8项工程开工建设，新增变电容量80.27万千伏安、输电线路538.71千米。同时加大配网建设投资力度，全年完成投资2.749亿元，是历年配网投资之最，户均配变容量达到2.0千伏安。积极加强项目储备和前期工作，完成3个项目核准、3个项目可研审查，储备35千伏及以下配网项目6个批次、资金规模6.3亿元。全力做好特高压±800千伏灵川至绍兴线属地协调工作，境内工程在全省首家完工，国网三门峡供电公司荣获国网公司“灵川至绍兴高压直流输电工程先进单位”。推广“标准工艺”应用，加强质量通病防治，开展安全质量巡查点评，110千伏交口变工程、220千伏上渠元宝山风电场线路工程获评“国家电网公司优质工程”，110千伏马庄变、红旗变工程分获河南省电力公司上、下半年“安全质量管理流动红旗”，110千伏马庄变工程获评全省首批“质量示范工程”。

【优质服务】2015年，三门峡市电力部门在新常态下密切跟踪地方经济转型发展和产业结构调整动向，及时掌握重点客户产能计划和用电需求，加强重点项目跟进服务。优化营销服务流程，实施业扩报装提质提速行动，新增客户7416户，增加容量36.95万千伏安。实现电能替代2.5亿千瓦时，完成年计划的122.34%。加强智能电表安装和电能信息采集系统建设，安装智能电表2.73万只。进一步规范供电服务行为，不断提升服务能力，探索实施配电专业与计量专业7×24小时联合值班抢修机制，深入推进标准化快速抢修，配网抢修时间同比缩短62.73%。加大预购电推广力度，完成2.12万户预购电推广工作。落实营销业务要求，深入开展“优质服务百日提升”活动，加大明察暗访力度，共检查供电所74次，下发督办单33件，督办问题61项，95598服务水平明显改善。

【农电整体工作】2015年，三门峡市电力部门明晰农电管理工作界面和职责清单，深化市县公司一体化管理，提升专业化垂直管理效果，促进了市县管理的全面对接。开展县电力公司经营诊断分析，加强亏损企业治理，成本费用收入比、万元资产运维费均优于网省公司进度指标。全面完成供电服务公司组建和灵宝、陕州两家县供电公司“子改分”试点，积极推进了农电改革发展步伐。建立工作督导机制和双月报制度，积极开展对卢氏县供电公司定点帮扶和供电所结对帮扶工作，共梳理解决卢氏县供电公司薄弱问题21项、供电所薄弱问题34项，有效提升了农电管理水平。加强农网建设和农电安全管理，全面完成2015年农网和县域配网工程，2015年新增农网工程完成投资计划的51%，解决21995户“低电压”问题，县公司安全记录均保持5900天以上，有力服务了县域经济发展。（刘一虹）

建材工业

【概况】2015年，全市建材行业水泥生产企业6家，设计生产能力650万吨；新型墙材企业30余家，以粉煤灰为蒸压系列、煤矸石为烧结系列的产业化新型墙体材体系，产品覆盖砖、板、块3大类17个品种，年生产能力90亿块/标砖左右；刚玉企业30余家，窑炉60余台，年总产能达120万吨，约占全国年总产能的20%左右，占河南省产能的35%。全市直接和间接从事刚玉行业人员约2万多人。耐火纤维及制品企业28家，拥有耐火纤维生产线17条，多晶纤维生产线12条，异型制品生产线40台套。耐火纤维及制品生产能力超过3万吨，成套窑炉设计、加工能力180台套，是中国第二大主产区。全市已形成以干法水泥、墙体材料、刚玉、耐火纤维等为主导产品的建材工业体系。2015年，全市建材企业通过采用先进生产工艺改造传统工艺，大力推广应用节能、节水、环境保护和资源综合利用技术。全年完成增加值78.26亿元，占全市规模以上工业的13%。主要产品产量：水泥570.1万吨，商品混凝土378.9万立方米，同比增长6.4%；耐火材料制品162.1万吨，同比增长11.6%；石膏板405万平方米，同比增长14.6%。（王万宝）

食品工业

【概况】2015年，全市规模以上食品企业47家，累计完成工业增加值26.01亿元，同比下降1.74%。食品工业涵盖饮料制造业、食品制造业、农副产品加工业、烟草制造业四大类。主要产品产量为：白酒3815千升，同比增长23.9%，糕点10844吨，同比增长4.4%，乳制品52210吨，同比增长11.4%，软饮料31.7万吨，同比下降16.8%。其中农副食品加工业实现工业增加值6.32亿元，食品制造业实现工业增加值9.56亿元，同比增长12.95%；酒、饮料制造业实现工业增加值9.69亿元，至2015年年底，全市共20家食品企业在淘宝网、阿里巴巴、赶集网、中国食品网、慧聪网、易菇网、酒仙网、糖酒招商网、中原蛋糕网等9家网站开展网络销售,销售商品种类达500余种,网上销售势头良好。全市食品工业利用互联网平台开展网络销售活动取得初步成效。（王万宝）

医药制造业

【概况】 2015年,三门峡市医药工业实现工业增加值8.75亿元,全市共有医药工业5家,其中市区1家(三门峡赛诺维制药有限公司);灵宝市1家(豫西药业有限责任公司);卢氏县1家(三门峡莘原制药有限公司);渑池县1家(河南广宇博科生物制药有限公司);义马市1家(河南兴邦制药有限公司)。各企业均已通过国家GMP认证。2004年均完成企业改革工作,现全部为股份制企业或合资企业。具有年产片剂120亿片、胶囊剂10亿粒、注射剂2亿支、中药产品8000吨的生产能力。可生产片剂、胶囊剂、丸剂、冲剂、颗粒剂等14个剂型,获得批准文号的产品280多个,先后开发了消栓胶囊、连蒲双清胶囊、葛根芩连颗粒、术愈平、太子金、盐酸西替利嗪胶囊等一批80余个新产品,拥有健胃消食片、冬凌草片、益多酯片等一批国家保护品种。（王万宝）

纺织服装业

【概况】 2015年,全市纺织服装企业4家,分别是:河南诚意纺织有限公司、三门峡万诚纺织有限公司、河南九华纺织有限公司、河南民生制衣有限公司。2015年全市纺织服装企业实现工业增加值2.57亿元,同比增长12.95%,生产棉纱20533吨。生产棉纱主要销往江苏、浙江、广州等地区,因棉纱质量好,深受业界好评。全行业总资产4.92亿元。（王万宝）

·编辑 张怡杰·

河南中原黄金冶炼厂有限责任公司车间

综　述

【概况】 2015年，三门峡市住房和城乡建设局（以下简称市住房城乡建设局）按照建设区域中心城市的要求，以加快项目建设和保障民生促进发展为着力点，积极推进商务中心区和老城区基础设施建设，加强行业管理，各项工作稳步推进。全年，市商务中心区实施8个工程项目，老城区实施7个工程项目。市商务中心区建设了九龙山路、南环西路、青龙路、望湖路、召公东路、苍龙东路等6条城市道路，修通跨越连霍高速公路的6个商务通道，开工建设苍龙涧河东岸绿化工程。老城区建成建设西路、魏野路、康园路，升级改造完成虢国中路，完成公园路防汛抢险和后川污水管道改造2个工程，新建经二路、河堤南路、春秋路3条道路路灯，更换崤山东路、上阳南路2条道路路灯。新增20.1千米输气中压管道，新增供热面积30万平方米，城市公用事业服务保障能力进一步增强。至年底，市区共有供水管网207千米，日供水能力12500万千克，实际日供水5000万千克，年供水总量182.3亿千克，水质综合合格率、供水普及率均达到100%；排水主管线203.5千米，其中污水管道120.9千米，基本实现雨污分流；供气管道573.23千米，天然气用户5.3万户、汽车加气站2座，年供气能力3.5亿立方米，实际销售天然气约0.55亿立方米，天然气普及率达85%以上；供热管网133.3千米、换热站114座，集中供热面积达615万平方米（包括陕县城区80万平方米），集中供热普及率达50%。市区共建成道路74条(其中主干道15条、次干道35条、支道24条)(不包括商务中心区)，桥涵11座，道路总长174千米，道路总面积404万平方米，人均面积13平方米；道路照明灯29479盏，路灯供电线路长184千米(含快速通道25千米路灯)。三门峡市中心城区建成面积为35平方千米，全市城镇化率51.61%。

【市商务中心区建设】 2015年，市商务中心区建设继续推进。整体发展规划调整完成，核心区面积由2.3平方千米调整为3.98平方千米。基础设施进一步完善，建设九龙山路、南环西路、青龙路、望湖路、召公东路、苍龙东路等6条城市道路，修通跨越连霍高速公路的6个商务通道，苍龙涧河东岸绿化等基础设施项目进展顺利，16条城市道路前期工作扎实推进。项目建设持续推进，50多个项目建设进展顺利，累计完成投资62亿元；招商工作取得新进展，签约项目8个，签约金额29.11亿元，其中新签约项目5个，与北大培文教育集团签订合作意向书，与黄河医院拟定初始协议，电子产业园项目稳步推进。回迁安置有序推进，集中建设3个大型安置社区，其中滨河新城已全部竣工，正在进行交房前的准备工作；龙湖新城和龙湖家园正在建设；韩庄等4个村移交工作基本结束。城市管理市场化、规范化顺利推进，环卫、绿化养护、亮化管理采用市场化方式，与专业公司或部门签订委托管理协议，区域市容面貌、环境卫生整体良好，工地扬尘得到有效控制，城市管理取得明显效果。资金争取成果显著，全年共争取国家资金2.2亿元，保证了建设发展。

【农村危房改造】 2015年，三门峡市实施农村危房改造8850户，其中灵宝市3000户、陕县1900户、渑池县1100户、卢氏县2000户、湖滨区650户、义马市200户。中央及省级下拨资金7501.25万元。至年底，农户电子档案录入率100%，危房改造竣工率100%。

【4个村落入选河南省第三批传统村落名录】 2015年9月9日，省住房和城乡建设厅、省文化厅、省文物局、省财政厅、省国土资源厅、省农业厅、省旅游局联合公布河南省第三批传统村落名录，灵宝市焦村镇东村、豫灵镇底董村，渑池县张村镇苏秦村，陕县西张村镇丁管营村榜上有名。至此，三门峡市共有33个村落入选河南省传统村落

名录。 (杨俊峰)

城乡规划

【概况】 三门峡市城乡规划局是2015年9月三门峡市机构改革中新组建的政府工作部门,承担全市城乡规划管理职责。至2015年年底,全局共有在职正式干部职工127人,退休6人。局机关编制23人,内设6个科室,下属单位5个:三门峡市城乡规划监察支队、三门峡市城乡规划中心、三门峡市规划勘测设计院、三门峡市测绘大队和三门峡市建设工程施工图审查事务所。

2015年,三门峡市城乡规划局以城乡规划为引领,加快推进新型城镇化进程,实现城乡统筹发展、和谐发展。全年依法受理、办结建设项目规划审批162件。出具用地条件32件,其中市直21件、用地面积749487.21平方米,商务中心区11件、用地面积363250.41平方米;审批建设项目选址意见书33件、用地面积共114.14万平方米,其中市直29件、1042023.03平方米,商务区4件、99384.27平方米;办理建设用地规划许可证35件,许可用地面积共226.88万平方米,其中市直23件、1897985.42平方米,商务区12件、370795.22平方米;办理建设工程规划许可证29件,许可建筑面积248.79万平方米,其中市直11件、285860.82平方米,商务区18件、220.2万平方米;核发规划验线合格证4件,验线面积26.65万平方米;建设工程规划竣工核实5件,核实建筑面积为17.78万平方米;其他24件。完成联审联批任务45项135件。

【规划编制】 2015年,三门峡市先后完成湖滨城区重点片区A-06、B-02地块,湖滨东区银昌路以南F-1、C-1、C-2、C-3、C-4地块,湖滨区交口乡F片区F-2地块和126号地块控制性详细规划调整方案,以及上村片区SC-01-01地块控制性详细规划编制工作,满足了近期建设用地需要。完成蒙华铁路、310国道和209国道改造升级、大石涧水库、池芦水库、张家坡水库、大唐风电、中电投风电、灵宝大王镇-陕县观音堂输气管道、陕北—湖北±800千伏特高压直流输电工程、新疆煤制气外输管道工程等重大项目的选址论证,有力推进省、市重点项目的建设工作,确保重点项目顺利开工和投产。《三门峡市污水处理厂工程项目选址论证报告》获得2015年河南省优秀工程勘察设计行业奖"城乡规划设计"三等奖。

【基础设施专项规划】 2013年11月,三门峡市委托中国城市规划设计研究院启动中心城市综合交通体系和道路专项规划的编制工作,按照工作计划,先后组织完成了居民出行调查、中心城区交通调查。2015年7月10日、10月10日,三门峡市先后两次召开城市综合交通体系规划和道路专项规划成果汇报会,听取中国城市规划设计研究院专家汇报专项规划最新修编成果,与会领导和市直相关部门、有关县(市、区)负责人对规划方案进行评议,提出修改意见和建议。12月29日,城市综合交通体系规划和道路专项规划成果通过省住房和城乡建设厅组织的专家评审。2015年5月,经市人民政府批准,启动城市给水、排水、污水、消防、公交、燃气、供热、绿地、照明、环卫、地下管网综合专项规划共11项专项规划编制工作。8月5日,为加强对城市基础设施专项规划编制和地下管网普查工作的组织领导,市政府成立三门峡市城市基础设施专项规划编制和地下管网普查工作领导小组。8月7日,三门峡市召开城市基础设施专项规划和地下管网普查工作动员会,部署城市基础设施专项规划编制和地下管网普查工作的主要内容和时间安排,动员各级、各有关部门迅速行动起来,加快推进城市基础设施专项规划编制和开展地下管网普查工作。12月30日,11项专项规划成果通过省住房和城乡建设厅组织的专家评审。《卢氏县城区燃气工程专项规划(2012-2020)》获得2015年河南省优秀工程勘察设计行业奖"城乡规划设计"二等奖。

【乡村规划】 2015年,三门峡市先后完成陕县观音堂镇总体规划修编,渑池县县域新农村建设规划的编制,第二批国家级传统村落灵宝市朱阳镇朱阳村、卢氏县朱阳关镇杜店村、渑池县段村乡赵坡头村和第三批国家级传统村落陕县西张村镇丁管营村、张汴乡刘寺村保护发展规划的编制,以及灵宝市、陕县等县(市)28个美丽乡村建设规划的编制。其中《三门峡市渑池县英豪镇水源村美丽乡村建设规划》获得"2015年河南省村镇规划评优二等奖"。

【规划监管】 2015年9月,市城乡规划局成立后,对全市违法建设进行摸底排查,把查处和控制违法建设作为工作的重中之重。对重点区域、重点部位严重存在安全隐患的违法建设进行严厉打击,其中对占压(圈压)天然气管道存在安全隐患的24处违法建设、河堤北路占压河道、陕州风景区刘老根庄园违法建设案,组织强制拆除,拆除面积15000余平方米。至年底共立案37起,处罚18起,有效遏制违法建设蔓延势头。同时,根据《河南省提升县级城市管理水平三年行动计划》的精神,结合三门峡市实际,制定全市整治违法建设三年工作计划。该计划按照"控增量、减存量、建机制、保长效"的总体目标,利用三年时间,在全市深入开展对违法建设的集中整治行动,进一步提升防控违法建设手段,健全完善整治工作长效机制,使违法建设行为得到全面遏制,至2019年6月底前,增量基本控制,存量基本整治,形成长效机制,城乡建设全部纳入法制化轨道,做到依法建设。

【《三门峡市城市总体规划(2013-2030)》】 2011年6月,三门峡市委托中国城市规划设计研究院开展城市总体规划修编前的城市空间发展战略研究,10月底委托中国城市规划设计研究院启动《三门峡市城市总体规划(2013-2030)》(简称《总体规划》)修编工作。2013年3月,完成《总体规划》修编前的城市空间发展战略研究,7月编制完成《总体规划》实施评估报告,并通过省住房和城乡建设厅组织的专家论证。2013 年 8 月编制完成《总体规划》纲要成果，并通过省住房和城乡建设厅组织的专家论证。2014 年 9 月 26 日，《总体规划》成果通过省住房和城乡建设厅组织的专家评审。10 月 28 日，《总体规划》经三门峡市六届人大常委会第十七次会议审议通过，并通过网络、报纸等多种方式对总体规划内容进行公示，充分征求广大市民群众的意见、建议。随后，在对公示意见进行收集整理后，对《总体规划》内容进行修改完善。2015 年 12 月 22 日，《总体规划》上报省人民政府等待批准。

【地下管线普查】 2015 年 7 月，通过公开招标，三门峡市确定由西安煤航信息产业有限公司负责地下管网普查工作。此次普查范围包括湖滨城区、陕县城区、经济技术开发区、商务中心区、产业集聚区、城乡一体化示范区及城市发展备用地，普查面积约 110 平方千米，道路长度约 230 千米，覆盖城市全部建成区；普查管线种类包括长途光缆传输、电力、给水、排水、管沟、燃气、热力、通信，以及不明管线。普查工作历时 4 个多月，共普查管线长度 2358 千米。（李　飞）

城市管理

【概况】 2014 年 12 月 18 日，《中共三门峡市委、三门峡市人民政府关于三门峡市人民政府职能转变和机构改革的实施意见》（三发〔2014〕19 号）文件将市规划和城市管理综合执法局分设为市城乡规划局、市城市管理综合执法局，均为市政府工作部门，不再保留市规划和城市管理综合执法局。2015 年 9 月 8 日，按照《三门峡市人民政府办公室关于印发三门峡市城市管理综合执法局主要职责内设机构和人员编制规定的通知》，三门峡市城市管理综合执法局主要承担城市市容市貌、环境卫生、户外广告设置等方面的行政管理职能，集中行使市容环境卫生、城市绿化、市政公用和城市道路、环境保护、工商行政、公安交通、文化(新闻出版)等行业有关城市管理方面的行政处罚权，核定机关行政编制 18 名，内设 6 个科室，直属单位有 4 个城管综合执法支队（暂时保留原有的 5 个城管综合执法支队）和机动大队（园林执法）、犬只收容管理大队、广告管理大队，二级机构有市环境卫生管理处。截至年底，该局有城管执法队员 175 名、环卫正式工 175 名、环卫临时工 623 名。负责清扫保洁道路 56 条，清扫面积 229 万平方米。

2015 年，三门峡市城管执法局按照“站位全局、精心谋划、突出重点、着力提升”的工作思路，以“市容市貌、环境卫生”为重点，强力开展“三治三促”专项治理行动，实行“以克论净、深度清洁”环卫作业模式，不断提升城市管理行政执法水平，城市环境面貌不断得到优化，城市管理工作取得明显成效，为三门峡市经济转型发展做出了积极贡献。

【道路机械化洗扫作业实现“从无到有”】 2015 年，三门峡市财政累计投入 1400 余万，购置 5 台大型道路洗扫车、6 台中小型洗扫车、1 台高压冲洗车、1 台多功能抑尘车、8 台吸尘车、48 辆小型电动保洁车和 7 辆垃圾收集车等环卫车辆，实现环卫机械化洗扫车辆从无到有，机械化清扫由少到多的历史性突破。截至年底，主次干道机械化清扫率从 2014 年的 13%提升到 95%。

【在全省率先推行“以克论净、深度清洁”环卫工作模式】 2015 年，三门峡市城市管理综合执法局学习借鉴宁夏中卫市环卫管理先进经验，在全省率先推行“以克论净、深度清洁”环卫工作模式，清扫保洁目标施行“双 10”标准，即每平方米地面浮尘不超过 10 克，地面垃圾（包括纸屑、烟头、果皮、果核、塑料袋、其他杂物等）滞留时间不超过 10 分钟。对市区建成区 56 条道路共 229 万平方米保洁面积按人流量、车流量划分为 6 个管理网格 83 个保洁区域，实行机扫人保，网格管理。对适合机械清扫作业的机动车道、非机动车道每日机械清扫作业不少于 2 次，每日上下午洒水压尘 2 次，夜间冲洗路面 1 次；不适合机械清扫作业的非机动车道、人行道每日早、中、晚清扫 3 次；果皮箱每日定人定时按标准按流程清掏 3 次。每个环卫所设立一个检测组，每天对所辖保洁责任区域的尘土、垃圾和污迹进行检测。市环卫处成立两个考核组，对各区域检测员进行考核，每天对检测员报来的上一天的检测结果进行全部复检。检查结果与保洁员工资挂钩。每处一次不合格扣减 2 分，每分对应人民币 5 元，每

2015 年 10 月 10 日，市环卫处考核组在考核道路“以克论净、深度清洁”情况

月累计扣分超过10次、扣罚人民币超过100元的环卫工人当月解除劳动合同。检查结果同时与监测员、考核员绩效挂钩。10月8日,三门峡市委副书记郭绍伟率相关人员对市区道路抽查。抽查结果表明,市区主次干道实现清扫保洁“双10”标准。12月25日,市城市管理综合执法局召开冲刺“双5”目标深化“洁城行动”动员大会,对下一阶段环卫“以克论净”工作和市容市貌综合整治工作进行动员部署。会议决定,从2016年1月1日起,三门峡市继续深化“洁城行动”,强力实施“双5”标准,即市区道路每平方米浮尘不超过5克,垃圾落地滞留时间不超过5分钟,努力打造良好城市环境。

【建立完善城市管理体制】 2015年,三门峡市积极推动“市、区、街道”三级管理机制,在市区推行“门前三包”责任制和路长单位责任制,组织开展志愿者清洁活动、洁城亮城活动、背街小巷治理、“小手拉大手”、文明礼仪宣教等一系列活动。市、区两级城管、环卫部门对主次干道、广场、集贸市场、住宅小区、居民庭院、单位内部、城郊接合部等区域,开展了形式多样的卫生大扫除,全面清理卫生死角,清除乱贴乱画,清理可视范围内的垃圾杂草。全年累计清理卫生死角500余处,清运垃圾、淤泥、杂物73万余千克、建筑垃圾24万余千克,清除杂草2万余平方米,使背街小巷环境卫生质量同步提升。

【环卫基础设施建设】 2015年,三门峡市城市管理综合执法局在市区新安装1500个道路果皮箱、新购30个垃圾中转箱投入使用,分别在黄河路湖滨游园、崤山路联通广场、崤山路与魏野路交叉口新建3座公厕,提升改造11座垃圾中转站。岗上垃圾处理场在库容严重饱和的情况下,克服重重困难,积极采取措施,做好垃圾处理工作,全年共收运处理生活垃圾8000万余千克、渗滤液130万余千克,市区生活垃圾无害化处理率达95%。投资7600余万元新建陈宋坡生活垃圾无害化处理场,已完成项目选址意见书、环境影响评估报告、土地预审评估报告审批。

【户外广告管理工作】 2015年,三门峡市城管执法局牵头制定《关于市区户外广告统一管理、依法有偿使用的实施意见》,明确各相关部门管理职责,对市区户外广告实行统一规划、科学设置、集中备案、统筹收费管理。对市区崤山路西段人行过街天桥和公交车辆公共设施附属户外广告资源使用权进行有偿拍卖,通过合理开发利用城市公共空间资源,使户外广告由“视觉污染”变为“城市风景”。

【开展专项整治】 2015年,三门峡市城市管理综合执法局组织执法人员开展校园周边环境集中整治。执法人员采取错时上岗,在上下学高峰期间,对校园周边占道经营、店外经营、流动摊贩予以禁止。同时,执法人员还经常到学校征求意见,沟通情况,宣传城市管理相关知识,使学校门口和周边环境得到有效改善。开展占道经营专项整治活动。对湖滨步行街内的占道经营、店外经营进行集中清理整治;与市公安局建立占道经营管理联席会议制度,组织开展联合执法,对占用人行道或盲道、影响通行的23处邮政报刊亭、37处虢康早餐亭、41处早餐摊点等进行集中整治,取得明显效果。组织开展餐饮夜市露天烧烤专项整治。7月后,市城市管理综合执法局先后取缔上阳路与和平路口、黄河路与茅津路口等违规餐饮夜市摊点40余家,拆除违规棚亭30余处,督促烧烤摊点加装油烟净化设施或更换无烟烧烤炉70余户,市区90%以上的烧烤夜市摊点完成油烟净化设施的改造,无烟烧烤推广进展顺利,有力助推了“蓝天工程”的顺利实施。

【开展“清癣行动”】 2015年,三门峡市城管执法局以“治乱”为重点,开展“清癣行动”,促进城市空间环境的美化。探索利用市场机制清理乱贴乱画,由企业负责对5条道路的乱贴乱画进行清理,在主次干道设置137处综合广告信息张贴栏,引导市民群众免费张贴各类信息。同时,组织执法人员对道路两侧公交站台、路灯杆、垃圾箱等乱贴乱画多发点,加强日常巡查清理,做到及时发现,及时清理。

【启动犬只收容管理工作】 2015年7月30日,三门峡市政府第41次常务会议审议通过《三门峡市市区养犬管理办法(试行)》(以下简称《办法》)。《办法》共六章35条,对市区养犬管理的总原则、各部门职责、养犬行为规范、犬只经营管理、法律责任等进行规定,并于11月1日起实施。8月17日,为加强对市区养犬管理工作的组织领导,三门峡市人民政府成立市区养犬管理工作领导小组。9月1日,三门峡市召开养犬管理工作动员会,对规范城市养犬管理工作进行部署。10月,市城管执法局组建犬只收容管理大队,制定《犬只收容认领、领养和处理实施细则(讨论稿)》,选定湖滨区会兴街道办事处王官村一处约3000平方米的场院,作为犬只收容管理场所。犬只收容管理大队印发关于规范城区养犬管理工作的通告、养犬温馨提示、养犬须知,出动宣传车,宣传文明养犬;积极受理、查处有关养犬影响城市环境卫生等问题的投诉和举报,截至年底,共对50余起犬只违章行为按照寄养、驱离等方式进行妥善处理。

【开展“黄河三门峡、美丽天鹅城”洁城行动】 2015年8月26日,三门峡市召开市容环境卫生集中整治暨市区雨污分流源头治理工作动员大会,部署市容环境卫生集中整治暨市区雨污分流源头治理工作。会议传达了《“魅力天鹅城、美丽三门峡”洁城行动工作方案》和《市区雨污分流源头治理实施方案》,决定从8月26日起,在市区组织开展“黄河三门峡、美丽天鹅城”洁城行动,掀起以“治脏”为重点的城市环境大整治热潮。此次洁城行动整治范围为湖滨区、经济技术开发区、商务中心区、陕县城区,整治内容为市容市貌、环境卫生、园林绿化、停车秩序、市政设施。会后,市规划和城市管理综合执法局制定详细的实施方案,组织执法和环卫人员,在所属辖区内广泛宣传发动,出动5台宣传车,印制两万份宣传画张贴在沿街商店显著位置，营造浓厚的舆论氛围。扎实开展市容整治工作。全面整治重点路段、重点区域的占道经营、店外经营、流动摊点。开展早夜市治理，建立早市、夜市经营管理台账，严格监控出市、闭市时间，规范早夜市经营秩序；经营商户在规定区域内规范经营，配备垃圾容器，及时清扫地面，经营区域内铺设防油地板，达到摊收地面净标准。为保证“阅兵”期间空气质量达标，重点对夜市烧烤摊点进行监控，确保该时段禁止烧烤摊点营业。加大机械化清扫力度，提升城区环境卫生清洁度，改善空气质量。加强督促检查，采取日常督查和重点抽查相结合的办法，及时解决存在的热点和难点问题；严格考核，落实奖惩。至年底，城区环境面貌得到有效改善。

【开展“清障行动”】 2015年10月10日，三门峡市召开市区“清障行动”动员大会。市委副书记郭绍伟，市委常委、市政府副市长杨骁，市委常委、宣传部部长吕挺琳，市政协副主席李俊江，市政府党组成员宋跃出席会议。会议宣读《三门峡市区“清障行动”实施方案》。此次“清障行动”的重点是：清除擅自设置的坡道、车位锁、隔离桩等各类障碍物；治理店外加工、店外堆物；清理占道经营、流动摊点，市场冒溢摊点；拆除各类违规占道广告；规范早餐摊点、早市摊点、洗车场（点）经营秩序；迁移、拆除各类占道商亭。“清障行动”历时一个月，累计清理各类道路障碍物500余处，清除人行道牙坡道1000余处，清理占道堆物、占道加工、占道修理300余处，为市民出行和群众生活提供一个良好的道路秩序。

（杨玉莉）

市政建设

【概况】 2015年，市住房城乡建设局重点推进商务中心区城市基础设施建设，在老城区着重加快道路改造提升和雨污水管网建设。商务中心区开工建设九龙山路、南环西路、青龙路、望湖路、召公东路、苍龙东路等6条城市道路，修通跨越连霍高速公路的6个商务通道，开工建设苍龙涧河东岸绿化工程。老城区建成建设西路、魏野路、康园路，升级改造完成虢国中路，完成公园路防汛抢险和后川污水管道改造2个工程，顺利推进背街小巷道路改造工程。至年底，市区共建成道路74条（其中主干道15条、次干道35条、支道24条）、桥涵11座，道路总长174千米，道路总面积404万平方米，人均面积13平方米。

【三门峡市首座人行过街天桥建成通行】 2015年1月7日，位于市区崤山路三门峡市外国语小学门口东侧的三门峡市首座人行过街天桥建成。1月15日，该天桥通过参建五方（建设、设计、勘察、监理、施工单位）和市建设工程质量监督站的联合验收，正式对外开放通行。该天桥由市财政投资约200万元建设，2014年11月14日开工，历时55天建成。天桥地点北起市外国语小学门口东侧，横跨崤山路，南至康乐小区北大门西侧，主桥呈“一”字形，桥面宽3.5米，人行步梯宽4米，桥下净高5米。该天桥的投入使用，有效缓解了该路段的交通压力，为市外小师生及附近居民的过街通行安全提供了保障。

【虢国中路道路升级改造工程竣工】 2015年5月26日，虢国中路道路升级改造工程开工，11月27日虢国中路道路通车，12月底改造工程全部竣工。工程西起大岭路，东至茅津南路，全长2400米，道路红线宽25米，车行道宽12米，两边人行道各6.5米，投资2800万元。改造内容为：地下雨水、污水及给水管道，电力及路灯，路面及人行道等。虢国路位于城市中心城区，人流量大、商户多。道路改造后，在各主要路口增设右转车道，中间增加停车港湾，方便车辆通行和停放；供电架空线路及通信架空线路全部入地下；道牙降低高度且有斜面，便于机动车停放；路灯照明由原来的钠灯改为节能型LED灯。

【建设西路新建工程竣工】 2015年3月6日，建设西路新建工程开工，12月31日竣工。工程东起大岭路，西至黄河路，长821米，红线宽25米，投资692万元。

【魏野路、康园路新建工程竣工】 2015年3月6日，魏野路、康园路新建工程开工，10月5日全部竣工。两条路平行，北起虢国路，南至五原路，长均为220米，红线宽均为20米，共投资364万元。

【市区背街小巷道路改造工程】 2015年10月，三门峡市对市区背街小巷进行实地摸排调查，确定市区共有背街小巷116条，其中需要硬化修缮的道路84条，均由湖滨区负责实施改造。这84个背街小巷道路改造工程分三期进行，主要包括道路清理和基础开挖、雨污分流治理、硬化、亮化、绿化、人行道路铺设等。其中，一期工程目标任务42个，开工率100%，至12月底前全部完工；二期、三期工程将尽快开工，计划于2016年底前全部完工。背街小巷道路改造后，市民出行和生活环境大为改善。

【开发区截污干管工程竣工】 2015年11月5日，开发区截污干管工程开工，12月31日竣工。工程起点向川路，经三门路、分陕路接入滨湖路污水管道，总长2480米，为Φ800钢筋砼管道，投资505万元。

【公园路防汛抢险工程竣工】 2015年11月5日，公园路防汛抢险工程开工，12月31日完工。工程起于陕州路与公园路交叉口，经过公园路及文化路，终至公园内排水管道内。由于此段管道早已超过设计年限，损毁严重，极易造成塌方。更换老管道，既解决公园路污水排放问题，又防止汛期发生险情。工程新建排水管道354米，为DN600II级钢筋混凝土管道,投资138万元。

(杨俊峰)

公用事业

【概况】 2015年，市住房城乡建设局加大公用事业投入，强化公用事业管理,促进服务和保障能力提升。全年市区供水182.5亿千克，比2014年增长2.3%；销售天然气5500万立方米,比2014年减少1146万立方米,天然气普及率达85%以上；供热面积达615万平方米(包括陕县城区80万平方米)，集中供热普及率达50%；有道路照明灯29479盏，路灯供电线路长184千米(含快速通道25千米路灯);排水设施问题及时发现率达100%,排水设施完好率达95%以上；道桥巡视率达100%,破道管理率达100%。

【城市供水】 2015年，三门峡市加强技改和设备维护,保证设施安全运行。先后完成三水厂三级站老化高压开关柜和2号水泵机组改造的整体改造，三水厂二级站3号水泵机组和变压器附属设备技术改造,一、二、三水厂管网压力单台终端设备直流供电改造；大修深井6眼；完成106项水质检测工作所需仪器设备的购置、安装和调试，以及对新增水质监测实验区域的内部改造装修工作。6月至9月,管网末梢水检测次数由每月2次增加到3次,以确保夏季水质安全,保障市区供水安全。完成北环路给水管道加压施工、虢国中路给水管道改造工程、三水厂二级站防护围栏工程、量仪厂家属区户表改造工程、天元铝业居民生活区供水改造工程、棉纺厂家属区给水工程,供水抢修84处。处理8起水质投诉事件,用户满意率达到100%。供水水质抽样检验率达100%,水质综合合格率达100%。至年底,三门峡市区共有供水管网207千米，日供水能力1.25亿千克， 实际日供水5000万千克,年供水182.5亿千克,比2014年增加4.1亿千克,增长2.3%。

【城市供气】 2015年，三门峡市新增天然气用户8125户。受市场经济环境影响,部分工商业用户为减少成本,改用其他能源代替天然气，或是减少天然气使用量。全年销售天然气5500万立方米，比2014年减少1146万立方米。完成禹王路加气站主体工程建设,年底具备试加气条件；大岭路加气站建设进场施工。完成召公路、九龙山路、甘山路、张湾社区中压输气管道铺设,累计长度20.1千米。至年底,三门峡市区共有供气管道573.23千米,天然气用户5.3万户，汽车加气站2座，天然气普及率达85%以上。

【城市供热】 2015年，三门峡市新建一级管网3000余米，新增宏江中央广场、建业壹号城邦、中原世纪苑北区、十一局仁和小区、陕县康泰小区等6座换热站,覆盖12个小区、约8000户居民,新增供暖面积30万平方米。热源电厂通过更新设备、内部挖潜等措施,新增供热能力200万平方米。对二十八亩地、石油公司等小区加装机组、板片等供热设备,改善了区域供暖效果。至年底，三门峡市区累计建成供热管网133.3千米、换热站114座,集中供热面积达615万平方米（包括陕县城区80万平方米),集中供热普及率达50%。

【城市亮化和照明】 2015年，三门峡市区新建经二路、河堤南路、春秋路3条道路路灯,更换崤山东路、上阳南路2条道路路灯,共170盏LED灯。将六峰北路、贺站路金属陶瓷路灯光源75套由400瓦改为150瓦,将金昌立交桥的700盏36瓦节能灯改为3瓦LED灯，对火车站36盏广场灯进行节能改造,以保证亮度,减少电费开支。在黄河路等3条道路安装20台远程自动监控器，对市区路灯启闭时间进行11次调整,实现亮灯时间的统一。8月2日,市区突发大风暴雨造成部分路灯设施损坏,及时组织人员抢修482基路灯。全年累计排查处理故障隐患369处,抢修电缆故障隐患154处,维修更换各种电器件9458件(盏),市区路灯设施完好率达98%以上。至年底,市区道路照明灯共29479盏,路灯供电线路长184千米(含快速通道25千米路灯)。

【城市排水】 2015年，三门峡市加强排水设施巡视工作,严防死守,确保排水设施问题及时发现率达100%,排水设施完好率95%以上。全年更换各种井盖圈695个，疏通管道12千米,清挖涧河排放口150余次，清挖雨水进水井4430个。做好市区雨污分流源头治理工作的技术服务,配合湖滨区、开发区、陕县和市直各单位完成雨污分流管道改造10.35万米,以规范市区排水秩序。做好新建污水泵站运行管理,污水泵站日输送污水6.5万立方米,全年提升输送污水2400万立方米,实现零事故。

【市政设施管理】 2015年，三门峡市加强市政设施日常巡查，道桥巡视率100%,破道管理率100%。先后对市区崤山路、上阳路、文明路、六峰路、经一路、大岭路、黄河路、建设路、和平路、五源路、茅津路、上阳路、上官路、甘棠路等人行道板进行维修维护，累计养护维修人行道6348平方米,更换人行道板1893平方米,铺补水泥路面2988平方米,维修道牙187米,更换道牙侧石67米。加强湖滨广场、火车站广场的日常管理，修剪绿化带及造型树600平方米,更换木地板760平方米、广场座椅45张，刷漆景观亭钢梁、钢柱及顶棚2700平方米，修补苗木13棵、广场面砖150块,新安装不锈钢栏杆150米,保证广场整洁卫生。对银山桥、九孔桥、上阳桥、六峰桥、崤山桥、黄河桥6座桥梁的安全性能进行监测，依据监测报告完成6座桥梁的维护加固方案。 (杨俊峰)

城镇化建设

【概况】 2015年，三门峡市进一步优

化城镇体系和形态布局，坚持"一基本两牵动三保障"，以人的城镇化为核心，抓好城镇产业载体建设，提升城镇就业水平，进一步扩大城市社会保障和公共服务覆盖面，有序推进农业转移人口市民化，加快城镇基础设施建设，建立健全城镇规划管理体制机制，深化重点领域和关键环节改革，加快形成有利于新型城镇化发展的制度环境。截至年底，全市城镇化率达到51.61%，比2014年增长1.25个百分点，居全省第六位。

【推进中心城区建设】 2015年，三门峡市老城区建设西路、魏野路、康园路建成通车，完成虢国中路改造工程、公园路防汛抢险工程，新增供热面积30万平方米，上村一期等旧城区和城中村改造项目进展顺利；陕州区积极将主城区控制性详细规划修编成果纳入三门峡市总体规划，完成甘棠公园水系二期工程绿化和土建，积极推进辛店南路、吕崖一路城市道路建设，启动地热供暖交换站4个，供暖面积达到21万平方米；商务中心区完成投资75亿元，城市道路等基础设施基本完成，龙湖小学等3所配套学校加快建设，50余个招商项目有序推进。

【推进农业转移人口市民化】 2015年，三门峡市坚持"一基本两牵动三保障"，有序推进农业转移人口市民化。坚持产业为基、就业为本。全市产业转型升级取得新进展，全年生产总值达到1261亿元。装备制造、新材料、新能源等战略性新兴产业加快推进，果品、食用菌等特色农业发展成效显著，建成39个省、市级农业产业化集群，206家农业龙头企业，1100多家农民专业合作社。现代服务业扩量提质，第三产业占地区生产总值的比重比2014年提高3.3个百分点。扎实推进大众创业，完成全民技能振兴工程培训9.5万人次；持续实施"崤函创业扶持行动"，发放创业担保贷款6.1亿元，扶持创业7702人次。强化住房牵动、教育牵动。全市开工建设保障性住房4624套，其中公租房1144套、棚户区改造3480套；基本建成2761套。坚持"以流入地政府为主，以全日制公办学校为主"的原则，切实做好进城务工人员随迁子女接受义务教育工作，先后下发《关于做好2015年义务教育招生工作的通知》和《关于印发〈2015年三门峡市区义务教育阶段学校招生工作方案〉的通知》，对进城务工人员随迁子女接受义务教育工作进行部署和安排，开辟"进城务工人员随迁子女报名绿色通道"，适龄进城务工人员子女入学率达到100%。做好进城农民的社会保障、农民权益保障、基本公共服务保障。社会保险体系不断完善，城乡低保等覆盖面及标准位居全省前列；积极推进农村土地、宅基地确权登记颁证工作，维护进城落户农民的土地承包权、宅基地使用权、集体收益分配权，探索将农民户口变动与"三权"脱钩；县级公立医院改革扎实推进，市中心医院晋升"三级甲等医院"，供水、供热、供暖等城市公用事业建设扎实推进。

【城乡一体化示范区建设】 2015年，三门峡市坚持把城乡一体化示范区作为加速实现工业化、信息化、城镇化和带动农业现代化、推动城乡发展一体化、实现绿色化的重要载体，努力建设科学发展、城乡一体的综合实验示范样板区。三门峡城乡一体化示范区位于市区西部，主要涉及陕县城区、大营镇和灵宝市大王镇、阳店镇，规划面积160平方千米。按照已编制的总体规划，示范区总体空间布局为"双轴双带、三廊、四片区"，即：沿三（门峡）灵（宝）快速通道城乡拓展轴，沿好阳河、新城大道拓展轴；沿黄河景观路生态休闲带、摩云路产业集聚带；南清河生态廊道、淄阳河生态廊道、阳店大型生态廊道；阳店生态片区、大王核心片区、新型产业片区、陕县综合片区。其中阳店生态片区重点发展都市农业，大王核心片区重点发展教育科技等高端产业，新型产业片区重点发展现代物流等新兴产业，陕县综合片区重点发展商贸旅游等产业，目标是建设"三区一中心"，即市域城乡一体化先行区、黄河金三角地区承接产业转移示范区、现代生态宜居区和豫晋陕接合部重要的交通枢纽及区域性物流中心。坚持基础设施先行，投资50多亿元用于道路、管网等基础设施和学校、医院、游园等配套设施建设，贯穿示范区东西的三灵快速通道建成通车，区内"四纵九横"主干道网络启动实施。规划建设三门峡职教园区，总投资10.8亿元，布局有三门峡社会管理职业学院、技工学校、财经学校、卫生学校等5所学校，总规模3.4万人；三门峡物流园，入驻大一物流、二仙坡冷链物流等重大物流项目，园区已初具规模。示范区内修建5.4千米的农业生态观光大道，流转土地666.67公顷，布局有玫瑰庄园、薰衣草基地等项目，打造集果品生产、观光采摘、休闲娱乐等为一体的都市农业。

【撤销陕县设立陕州区】 2015年2月16日，国务院发出《国务院关于同意河南省调整三门峡市部分行政区划的批复》（国函〔2015〕39号）：撤销陕县，设立三门峡市陕州区，以原陕县的行政区域为陕州区的行政区域，陕州区人民政府驻大营镇陕州大道18号。3月6日，《河南省人民政府关于调整三门峡市部分行政区划的通知》（豫政〔2015〕13号）指出：上述行政区划调整涉及的各类机构要按照"精简、统一、效能"的原则设置，严格按照国务院"约法三章"的要求，不新建政府性楼堂馆所，不增加财政供养人员，不增加"三公"（因公出国、境费，车辆购置及运行费，公务接待费）经费。要严格执行中央关于厉行节约的规定和国家土地管理法规政策，加大区域资源整合力度，优化总体布局，促进区域经济社会协调健康发展。陕县撤县设区后，三门峡市区面积由219平方千米增大到1840平方千米，将极大地拓展城市发展空间，促进资源优化配置和产业优化布局,增强城市综合承载能力,形成区域核心竞争力,有力推动三门峡市成为黄河金三角区域中心城市。

【灵宝市被列入河南省新型城镇化综合改革试点】 2015年9月11日,《河南省人民政府办公厅关于印发河南省新型城镇化综合试点工作实施方案的通知》(豫政办〔2015〕116号)将灵宝市列入河南省新型城镇化综合改革试点。方案要求,各试点要在2014年至2020年,积极探索推进建立农业转移人口市民化成本分担机制、建立多元化可持续的城镇化投融资机制、建立农村人口向城镇转移集中的促进机制、深化农村产权制度改革、综合推进体制机制改革创新等体制机制创新,着力完善"五规"(空间规划、经济社会发展规划、土地利用规划、基础设施建设规划和环境保护规划)合一规划体系,推进产城互动发展,加快农业转移人口市民化,提升城镇综合承载能力,分类推进新农村建设。

【七里堡村、苗元村被确定为河南省新农村规划建设引导点】 2015年11月6日,省发改委《关于印发全省第一批新农村规划建设引导点的通知》(豫发改城市〔2015〕1330号)将陕县张湾乡七里堡村和义马市常村镇苗元村确定为河南省第一批新农村规划建设引导点。通知提出,各新农村规划建设引导点要在优化村庄布局、促进人口适度集中、加快乡村经济发展、推进基础设施和公共服务设施均等化、改进村级组织管理等方面先行先试,为全省新农村建设探索路子、提供示范。

(李小刚)

建筑业

【概况】 2015年,市住房城乡建设局继续围绕规范市场,促进建筑行业发展,扎实开展挂靠借用资质投标、违规出借资质和建筑领域质量安全专项整治活动,加强市场监管执法。继续抓好清欠工作,严格落实防欠长效机制。由于建筑资质换证和新标准实施,新资质申报系统未开通,至年底,全市总承包、专业承包、建筑劳务分包等企业仍为278家,没有新增加企业。全年建筑业完成增加值67.36亿元,比2014年增长5.7%。

【建筑工程安全管理】 2015年,三门峡市坚持"安全第一、预防为主、综合治理"的方针和安全发展理念,强化建筑施工安全监管,加强重大危险源监控,全面推行建筑施工安全标准化,着力提高安全管理水平,全市建筑施工无生产安全事故发生。当年,市区在建建筑施工项目共82项,其中建筑工程69项、市政道路工程13项,正常施工的55项、停工27项。全年下发施工项目安全隐患整改通知单261份,停工通知书2份,企业安全隐患约谈2次。召开2次建筑施工安全标准化现场观摩会,通过典型引路,提升全市建筑安全文明施工,防控建筑扬尘。为吸取鲁山县"5·25"重大火灾事故教训,集中开展建筑施工安全暨彩钢板临时板房专项整治大检查活动,累计排查施工现场彩钢板房38057平方米,发现存在火灾隐患10268平方米,年底整改到位8525平方米,其中拆除临时板房面积为2280平方米,B1级芯材更换A级芯材面积为200平方米。制定建筑施工扬尘综合治理工作方案,扎实开展施工现场扬尘治理,遏制扬尘污染。通过治理,市区建筑工地封闭施工围挡率达到100%,施工工地裸露土方覆盖率达到75%,未能覆盖的区域基本做到定时洒水压尘。

【建筑工程质量管理】 2015年,三门峡市坚持"质量第一"原则,强化工程质量监管。全年辖区内新开工办理监督登记工程30项103个单位,建筑面积122.35万平方米;对虽不满足办理质监手续但具备基本监管要件的23项74个单位工程,建筑面积134.96万平方米提前介入监管;新开工受监工程质量监督覆盖率100%;监督竣工验收工程7项8个单位,建筑面积9.9万平方米,工程竣工验收质量合格率100%,受监工程质量处于受控状态,无等级以上工程质量事故发生。组织开展工程质量专项治理年活动,严厉打击建筑施工转包、违法分包行为。以地基基础、主体结构和影响使用安全及使用功能的关键部位为监督重点,实施以监督各责任主体质量行为为主导的监督管理模式,将日常监管和不良行为记录管理手段相结合,和工程质量大检查相结合。采取"差别化"管理模式,重点对管理水平低、质量问题多的单位和工程加强巡查次数与监管力度。将检查中发现的违反法律法规技术规范的工程建设责任主体记入不良信用行为记录,将工程巡查与行政处罚和不良信用行为公示制度有效结合起来,提高监督工作的效率。全年开展综合执法工程质量大检查和层级监督检查2次,累计下发整改通知书131份、不良行为记录告知书11份,及时消除质量隐患;对违背基本建设程序的责任单位提出行政处罚建议13项次。

【建筑工程招投标监管】 2015年,三门峡市积极推进制度创新,提高服务效能,强化招标投标监管。全年完成招投标项目监管55项,其中施工招标38项,中标金额7.06亿元,节约资金4631.36万元,节约资金率6.56%;勘察设计、监理等服务招标17项,中标金额1225.93万元。应招标工程公开招标率达到100%。注意事前监督、强化过程监督、加强标后评估,维护了招标投标的公开、公平、公正,降低了工程风险,促进了合同履行。直接发包工程13项,其中勘察设计监理6项、施工7项,合同金额5.68亿元。办理合同备案20份。重新梳理工程招投标办理流程,取消投标报名中提供无不良行为记录证明、无拖欠农民工工资、进省备案和进峡备案的条件，简化程序，方便企业投标。

【建设标准定额管理】 2015年，三门峡市加强工程建设标准的贯彻实施和监督检查，建立健全造价控制链条式管理机制。协调做好宽带中国光纤到户、高性能混凝土推广应用工作，把好建材产品企业标准关，全年发放标准备案证196个，审核换发备案证明155个，有效防范了假冒伪劣建材进入建设工地，从源头上消除工程质量安全隐患。发布工程建设标准23项。积极开展招标控制价备案、竣工结算备案工作，全年办理工程竣工价款结算备案11项、造价总计9.2亿元，办理清单招标控制价备案14项、造价总计14.3亿元，通过工程造价控制链条式管理有效预防工程款拖欠，维护工程建设各方的合法权益。

【装饰装修市场管理】 2015年，三门峡市监督检查装修装饰工程80余起，查处违法装修装饰工程并下达责令停止违法行为通知书89份，立案调查装修违法案件5起。开展全市装修市场专项治理，查处无资质经营装饰公司15家，行业未发生重大安全事故。至年底，全市有装饰装修企业34家。

【新型墙体材料】 2015年，三门峡市着重加强新型墙体材料宣传推广和质量监管。10月底，卢氏县城区禁黏，卢氏县官道口镇、灵宝市朱阳镇、陕县宫前乡、卢氏狮子坪乡4个“禁实”乡（镇）通过验收。为2014年通过“禁黏”“禁实”验收的城区、乡（镇）争取省级专项经费贴25万元。全市征收新型墙材专项基金1330.76万元，其中市区425元，全市返退新型墙材专项基金500万元。受房地产市场新型墙材需求影响，新型墙材企业由30家锐减到10家，其中省级确认的新型墙材企业8家，市级新型墙材确认企业2家。对9家新型墙材企业进行产品质量抽检，并将结果及时上网公布，责令产品质量抽查不合格的1家企业进行整改。对市区在建工地使用墙材产品质量进行抽检，发现2个在建工地使用同一家企业生产的蒸压加气混凝土砌块抽检结果不合格，对其及时下发责令整改通知书。市区在建工地新型墙材使用比例达到100%。 （杨俊峰）

房地产业

【概况】 2015年，受房地产新政影响，三门峡市房地产市场逐步企稳回升。8月17日，三门峡市人民政府办公室下发《关于促进房地产市场平稳健康发展的意见》（三政办〔2015〕52号文件），从积极引导商品房消费、支持房地产开发企业持续发展、优化房地产市场发展环境、强化部门协作和宣传引导四个方面提出具体的政策措施，促进全市房地产市场平稳健康发展。至年底，全市有房地产开发企业140家，其中二级企业10家、三级企业21家、四级企业29家、暂定资质80家。全年房地产完成投资106.72亿元，比2014年增长9%。房地产完成投资增速在全省排名第十一名。其中住宅投资53.04亿元，比2014年下降7.9%。商品房施工面积803.28万平方米，比2014年下降6%，其中住宅施工面积539.27万平方米，比2014年下降10.3%。商品房竣工面积104.79万平方米，比2014年增长26.3%，其中住宅竣工面积80.35万平方米，比2014年增长39.4%。1月12日，三门峡市迎宾花园保障性住房建设项目被住房和城乡建设部授予“2014年中国人居环境范例奖”。

【房地产市场销售】 2015年，三门峡市继续实行商品房阳光销售，全面推行商品房销售现场公示制度，要求开发企业做好商品房销售信息现场公示，自觉接受社会监督，提高商品房销售的社会透明度，保证购房人明明白白购房。3月开始，全市商品房销售面积月环比由负增长转为正增长，房地产销售逐步回暖。全市商品房销售面积158.52万平方米，比2014年增长12.5%；商品房销售额59.06亿元，比2014年增长16.3%。商品房销售均价3726元/平方米，比2014年增长3.4%，其中住宅价格3244元/平方米，比2014年降低0.3%。市区二手房累计成交面积15.16万平方米，比2014年增长18.72%，其中二手住宅成交面积15万平方米，比2014年增长20.29%；二手房成交套数1665套，比2014年增长12.73%，其中二手住宅1645套，比2014年增长13.45%；二手房成交金额40634.24万元，比2014年增长11.99%，其中二手住宅39695.26万元，比2014年增长14.86%；二手房成交均价2680.81元/平方米，比2014年降低5.67%，其中二手住宅2646.64元/平方米，比2014年降低4.49%。

【住宅小区物业管理】 2015年，三门峡市加强物业企业业务指导和人员培训，督促物业企业做好小区物业管理，为居民提供较好服务。借助物业企业综合管理平台，对三级以上资质的111家物业企业开展资质动态考核，注销6家企业资质。创建4个市级物业管理优秀住宅小区，2个省级物业管理优秀住宅小区。办理5个项目的前期物业管理招投标手续、11个新（在）建小区（项目）前期物业管理方案备案，完成4个住宅项目承接查验程序。至年底，全市共有物业管理企业139个，行业从业人员5962名，管理建筑面积1211万平方米；省级以上物业管理优秀住宅小区（大厦）22个，市级物业管理优秀住宅小区58个。

【物业维修资金管理】 2015年，三门峡市继续扩大物业维修资金归集面，加大维修资金归集力度，及时受理使用申请。全年新增商品房首期维修资金交存小区5个，新建维修资金交存户0.38万户，新增交存面积48.76万平方米，新增首期维修资金2425.56万元。至年底,市区商品房首期维修交存小区达 92 个,交存户 2.93 万户,面积 367.49 万平方米,累计归集维修资金 17200.61 万元。全年受理维修资金使用申请项目 57 个,核准 42 个,拨付资金 168.51 万元,受益业主 1706 户。

【保障性住房建设】 2015 年,三门峡市保障房建设重点转移到棚户区改造上,加大棚户区改造货币化安置力度,加快在建项目建设进度。全市新开工建设保障性住房 4624 套,其中公租房 1144 套,棚户区改造 3480 套(实物安置 2133 套、货币化安置 1347 套),市区在迎宾花园新建公共租赁住房 960 套。全年基本建成 6 个项目 2761 套,其中公共租赁住房 2 个项目 836 套,棚户区改造 4 个项目 1925 套。累计争取中央和省保障性安居工程专项资金 10590 万元,配套基础设施建设资金 12512 万元。

【保障房分配和管理】 三门峡市出台《三门峡市公共租赁住房与廉租住房并轨运行管理办法》,从 2015 年起,廉租住房与公共租赁住房统称为公共租赁住房,实现统一分配管理。2 月 9 日,三门峡市在三门峡国际文博城举行 2015 年保障性住房入住及分配活动,第一批配租公共租赁住房的家庭领到新房钥匙,第六批廉租住房及第二批公共租赁住房申报家庭公开配租迎宾花园小区 1020 套廉租住房和惠利花园小区 192 套公共租赁住房,市区 1212 户困难家庭现场抽号选房。3 月 2 日,全省保障性住房后期管理现场会在三门峡市召开,全省各地市及省直管县的住房保障主管部门 140 余人参加,与会人员到迎宾花园小区参观学习。6 月对已入住家庭和已分配还未入住的家庭开展年度复核工作,年度复核地点改在德馨苑和迎宾花园两个社区集中办理,并简便手续,方便群众。对审核中发现不再符合资格的家庭发出通知,取消住房保障资格,已入住的要求退出住房或转为公租房标准缴纳租金。12 月 18 日,三门峡市第七批廉租住房、第三批公共租赁住房抽号选房活动仪式在三门峡市国际文博城举行,共有 150 套廉租住房和 350 套公共租赁住房通过公开的方式配租到市区申请家庭。至年底,全市分配保障房 4047 套。

【住房公积金管理】 2015 年,三门峡市以抓归集、促使用为重点,深入扩面挖潜。发布实施提高公积金使用率的新政策:放宽贷款条件,提高首套房贷款额度,延长贷款年限,降低贷款首付比例,拓展异地贷款业务,进一步降低贷款中间费用,合理放宽购房提取的条件,全面开通冲还房贷业务。全年住房公积金归集量稳步增长、贷款业务规模不断扩大。全市归集住房公积金 9.43 亿元,比 2014 年增长 13.75%,累计 54.22 亿元,余额 30.08 亿元;缴存职工人数 15.71 万人,覆盖率 90.69%。全市办理住房公积金支取 41154 笔,金额 13.53 亿元,比 2014 年增长 402.97%,累计 24.14 亿元。全市发放住房公积金委托贷款 6.6 亿元,比 2014 年增长 78.38%,累计 20.91 亿元。做好 12329 短信平台建设,住房公积金手机 APP 软件已进入测试运行阶段。

【2015 年三门峡市春季精品楼盘展示交易会】 2015 年 5 月 29 日至 6 月 1 日,三门峡市举办春季精品楼盘展示交易会。交易会展区面积 8000 平方米,涵盖房地产、金融服务和建材等多个行业,为购房者提供看房、购房、住房贷款以及二手房交易等一系列服务。众多参展房地产企业在交易会上推出特价房源,满足消费者多层次需求。此次交易会现场成交商品房 123 套,成交金额 4967.33 万元,成交面积 13906 平方米;达成购房意向 632 套。 (杨俊峰)

环境保护

【概况】 2015 年,三门峡市环保工作紧紧围绕推进生态文明建设,以改善环境质量为目标,以深化污染治理为核心,以实施蓝天、碧水、乡村清洁三大工程为重点,以解决影响科学发展和群众健康突出环境问题为突破口,加强统筹协调,强化政策措施,严格监管执法,狠抓工作落实,在总量减排、污染防治、生态建设等方面取得了较好成绩,环境监管不断加强,环境质量持续改善。全市环境质量整体有所好转,城市环境空气优、良天数 197 天(目标 190 天),PM10 年均浓度 134 微克/立方米,PM2.5 年均浓度 75 微克/立方米。地表水水质达标率 85.1%,高于目标 5.1 个百分点;集中式饮用水源地取水水质达标率保持 100%。市环保局受到市委、市政府通令嘉奖。

【污染减排】 2015 年,三门峡市综合采取工程减排、结构减排、管理减排等措施,持续开展重点减排项目建设和运行管理年活动,坚持一手抓工程建设、一手抓设施运行管理,强力推进总量减排工作。全市完成 54 个减排项目,其中 2 个重点减排项目;重点监控企业自动监控数据传输有效率、自行监测结果公布率、监督性监测结果公布率分别为 98.55%、99.9%和 100%,达到国家、省总量减排监测体系要求;化学需氧量、氨氮、二氧化硫、氮氧化物 4 项主要污染物排放量分别为 2950 万千克、285.9 万千克、9210 万千克、7100 万千克,比 2014 年下降 2.03%、3.74%、2.74%和 14.59%,全面完成省下达三门峡市总量减排年度目标任务。通过减排腾出更多的环境容量,为全市重点项目建设提供了环境要素保障。

【蓝天工程】 2015 年,三门峡市人民政府办公室印发《三门峡市 2015 年度蓝天工程实施方案》,以改善环境空气质量为根本,加强统筹协调,强化政策措施,严格监管执法,层层落实目标责任,全市大气污染防治取得了明显进展。控污方面,完成 8 台燃煤机组脱硝治理、46 台 10 蒸吨/时以上工业锅炉废气治理、1家水泥生产线烟气脱硝治理。控煤方面,完成46台10蒸吨/时及以下燃煤锅炉拆除和清洁能源改造。控尘方面,对市区77个房屋建筑工地项目、15个市政道路施工扬尘采取防治措施,落实“六个百分百”(施工工地周边100%围挡、物料堆放100%覆盖、出入车辆100%冲洗、施工现场地面100%硬化、拆迁工地100%湿法作业、渣土车辆100%密闭运输)的要求;完成6590余台“未加盖篷布拉土、煤货车”的扬尘治理,全市机械化清扫率从2014年的13%提高到95%,市区内部分烧烤夜市摊点完成油烟净化设施的改造。控车方面,全市淘汰黄标车19786辆,占年度淘汰任务的141%。其中,淘汰非营运黄标车11628辆,淘汰营运黄标车8158辆。控油方面,完成2座储油库、255座加油站、106辆油罐车油气回收治理任务。加强夏秋秸秆禁烧和冬春大气污染防治百日攻坚,先后完成“9·3”大阅兵、上合组织政府首脑(总理)理事会第十四次会议等空气质量保障任务。

【碧水工程】 2015年,三门峡市加快推进城市河流清洁行动和涧河、宏农涧河等重点流域综合整治,完成碧水工程3个治理项目;开展涧河、宏农涧河流域水污染综合整治,主要河流水质有所改善,水环境质量持续好转;加强南水北调中线工程源头卢氏县境内水环境保护工作,确保了“一渠清水北送”。

【乡村清洁工程】 2015年,三门峡市建成3个农村环境连片整治项目,完成省级生态乡(镇)1个,省级生态村9个和市级生态村32个的创建任务,顺利完成年度环保责任目标任务。实施《重金属污染综合防治“十二五”规划2015年度实施方案》,完成12个重点规划项目建设。

【环境监管】 2015年,三门峡市认真落实新修订的《中华人民共和国环境保护法》和系列配套办法,深入开展环保大检查和“环保新法新规新标贯彻执行年”活动,严厉查处未批先建、违法排污、超标排污,以及监测监控数据造假等各类环境违法案件,有效遏制环境违法高发势头。全市立案查处环境行政处罚案件106起,立案数量比2014年增长14.5%;加大处罚力度,有效使用“按日计罚”“查封扣押”“行政拘留”等一系列新手段,共罚款770余万元。

【服务建设项目】 2015年,三门峡市坚持简政放权、放管结合,不断深化环评审批制度改革,进一步转变职能、提高效率,促进产业结构调整升级,优化经济社会发展,做到“六个一批”:对于污染轻微的83类项目实行“豁免一批”;对于44类环境影响评价登记表项目实行备案管理,审批时间由15个工作日缩短为2个工作日,做到“简化一批”;对于部分污染轻、风险小的市批建设项目的环保竣工验收委托县(市、区)环保部门进行验收,做到“委托一批”;对于部分污染较轻的建设项目取消试生产环节,其他项目由核查审批改为承诺备案,做到“优化一批”;对于部分污染轻、风险小的建设项目,委托下放审批权限,做到“下放一批”,共下放生态类12项,工业类76项,建设项目验收工业类116项;对于12个环境敏感、污染严重、风险较大的项目提出严格的环境管理要求,违规项目处罚不到位不予进入审批程序,做到“严格一批”,努力实现增产不增污或增产减污。全年全市环保部门共审批建设项目环境影响评价文件64个,完成建设项目环保竣工验收22个。河南省中原黄金冶炼厂整体搬迁升级改造项目、开曼(三门峡)铝业有限公司110万吨氧化铝扩建项目、灵宝市黄金产业上大压小技术升级项目等重大项目获得环评批复,重点项目环评审批率达到94.3%。

【国家考核组到三门峡市检查大气、水和重金属污染防治工作】 2015年3月25日至26日,由环保部华北督查中心巡视员王赣江带队,环保部、工业和信息化部、水利部、国土资源部、住房和城乡建设部等有关部门人员组成的国家考核组,到三门峡市考核大气、水和重金属污染防治工作。省环保厅副厅长马新春,市政府副市长李琳、市政府党组成员李庆红陪同考核。考核组重点检查了三门峡市商务中心区建筑工地扬尘治理工作,三门峡神火碳素有限责任公司、河南锦荣水泥有限公司、陕县产业集聚区观音堂化工园区、义马环保电力有限责任公司等企业和地区污染防治设施运行情况,现场考核了灵宝市新凌铅业有限公司和灵宝鑫华铅业有限公司的污染防治设施运行、危险废物转移、处置措施落实情况,查看了灵宝市大气重金属自动监测站以及三门峡市饮用水源地朱乙河水库环境自动监测站运行情况。3月27日,市政府召开环保专题督查会议,向各县(市、区)通报环保部华北督查中心在三门峡市查出的环境违法问题,安排部署下一步查处整改工作。市政府副市长李琳要求各县(市、区)政府要切实对辖区环境质量负责,严肃查处环境违法行为,严格追究责任,切实改善环境质量。

【出台环境保护监督管理责任暂行规定】 2015年5月8日,三门峡市人民政府办公室印发《三门峡市环境保护监督管理责任暂行规定》(以下简称《规定》)。该《规定》对县(市、区)人民政府,26个相关部门以及企事业单位在环境保护监督管理方面的职责作出明确划定,以改变环境保护监督管理体制不顺、职责不明的现状。《规定》明确环保部门对本行政区域环境保护工作实施统一监督管理,市政府有关部门按照各自职责对环境保护工作实施监督管理。市、县(市、区)人民政府、有关部门和企事业单位主要负责人对本行政区域、本部门或本单位职责范围内的环境保护工作负领导责任,分管领导负直接责任。各企事业单位是环境保护工作的责任主体，对其污染和破坏环境的行为负责。《规定》明确了对环境监管不力的责任追究，包括对辖区内“十五小”(年产5000吨以下造纸厂、年产折牛皮3万张以下的制革厂、500吨以下的染料厂、土法炼砷、土法炼汞、土法炼铅锌、土法炼油、土法选金、土法农药、土法漂染、土法电镀、土法生产石棉制品、土法生产放射性制品、土法炼焦、土法炼硫)等非法企业查处不力，对媒体曝光、群众投诉等环境敏感问题查处不力，被上级通报批评等情形，分别根据严重程度给予“红牌”“黄牌”警示；对总量减排项目未全部落实等3种情形实行“诫勉约谈”；对辖区内县级政府的环境质量明显恶化、未完成主要污染物总量减排年度目标任务等6种情形以及对行政主管部门未完成环境保护目标任务等4种情形实行“一票否决”；对政府或行政主管部门主要负责人及相关负责人的15种情形规定了不同程度的责任追究。《规定》还明确乡(镇)人民政府和街道办事处及重点企业实行“红黄牌”管理的具体规定。

【12369环保微信举报平台开通】 2015年6月5日，三门峡市“12369环保举报”(微信公众号)微信平台正式开通。这是除“12369”环保热线电话、环保信箱、网站等投诉途径外，市环保局为公众增加的又一条环境违法问题投诉渠道。公众可借助该微信平台，通过文字、图片定位等信息，举报身边的环境污染问题，并且举报人还可利用微信平台跟踪了解投诉处理过程。

【环保部核查三门峡市上半年污染减排工作】 2015年7月12日，环保部华北督查中心、省环保厅一行8人对三门峡市2015年上半年污染减排工作进行现场核查。市政府副市长李琳陪同检查。检查组对全市上半年总量减排政策措施制定落实情况、年度减排计划执行情况、2015年重点项目进展情况、“六厂（场）一车”(污水处理厂、造纸厂、畜禽养殖场、火电厂、钢铁厂、水泥厂和机动车)重点项目建设情况进行专项核查。在对相关资料进行检查后，检查组分别实地检查了义马环保电力有限公司、河南煤化义马气化厂、义马市第一污水处理厂等企业的污染防治设施建设及运行情况。

【开展环境污染防治百日行动】 2015年5月至8月，三门峡市开展环境污染防治百日行动。本次行动以重点领域大气污染防治、工业企业污染防治、点源面源污染防治、涉重金属企业污染防治、水污染防治、尾矿库环境安全、产业集聚区(工业园区)污染防治、饮用水源地和自然保护区污染防治等9个方面为重点，着力解决一批影响群众生产生活的突出环境问题，保障公众环境权益。

【副省长张维宁到三门峡市督导检查空气质量保障工作】 2015年12月13日，省政府副省长张维宁率领省督导组一行，到三门峡市督导检查空气质量保障工作。省环保厅副厅长马新春，省督导组组长、省发改委副巡视员王彦章，市委副书记、代市长安伟，市政府副市长李琳，市城乡一体化示范区管委会主任刘会林，市政府秘书长刘廷福等陪同督导检查。张维宁一行先后到湖滨区万达广场项目工地、天昌国际烟草有限公司三门峡复烤厂、中石油三门峡油库、大唐三门峡发电有限公司、开曼铝业有限公司等地督导检查。

【16部门联动应对雾霾天气】 2015年12月20日，据三门峡市环保部门监测显示，雾霾袭来，并呈现持续加重的态势。12月22日上午10时，市环保局网站AQI(空气质量指数)实时报显示，三门峡市空气污染指数超过300，属严重污染。三门峡市气象台分别于12月21日和22日两度发布霾黄色预警信号提醒，全市大部分地区有能见度小于2000米的霾，注意防范。12月21日上午10时，三门峡市启动重污染天气Ⅲ级预警(黄色)，在持续执行二级减排措施的基础上，全面升级污染防控工作：宣传、发改、教育、工信、公安、监察、财政、规划城管、住建、交通、农业、卫生、应急、气象、环保、机关事务等16个重污染天气应急指挥部成员单位，按照职责分工，全面开展重污染天气应对工作。按照相关要求，及时向公众发布雾霾信息通告，提醒儿童、老年人等易感人群留在室内，进行必要的防护；采取中小学校停止户外教学、增设医疗门诊、不要驾驶机动车出行等建议性措施；针对大气污染源排放采取一系列强制性措施，施工工地停止施工、工业企业限产限排30%、污染防治设施运行执法检查力度加大等。同时，三门峡市成立4个督导组，对各单位应急减排措施进行全面督查；市环保局成立的16个督导检查组，对全市重污染天气应对工作进行全面督导。 (刘丹青)

·编辑 王惠娟·

综　述

【概况】 2015年，三门峡市交通运输部门以加快建设综合交通、智慧交通、绿色交通、平安交通、法治交通、服务交通为主线，持续深化交通运输行业管理体制机制改革，为将三门峡建设成为丝绸之路经济带上的重要节点城市和黄河金三角区域性中心城市提供更加坚实的交通运输支撑保障。市交通运输局坚持把营造良好环境作为加快项目建设的重要举措，积极主动与项目沿线各级党委政府协调沟通，简化程序，提高效率，并通过召开推进会、现场办公、实地督导、进村入户等多种形式，及时协调解决连霍高速改扩建水毁、“三改”和三淅高速矿产压覆等一系列热点难点问题，确保了一批重点项目建设提前建成通车。

【交通基础设施建设】 2015年，全市交通重点项目建设完成投资40亿元，其中连霍高速改扩建和国道209卢氏县城至五里川段等6个项目提前两个月建成通车；三淅高速卢氏至西坪段于12月26日顺利开通；运宝高速河南段12月25日开工建设；渑垣高速11月30日开工奠基；黄河公铁两用桥公路桥部分南引桥及引线项目前期工作进展顺利；国道344、省道245等5个项目前期工作快速推进，国道310南移项目前期工作全面启动。农村公路以乡村畅通路和集中连片扶贫路为重点，扎实推进“三年行动计划”，完成年度目标任务。

【体制机制改革】 2015年，市、县两级交通运输执法改革圆满完成。市交通运输局对改革难度大、问题较多的县(市)，实行现场办公，因地制宜指导改革，做到改革发展稳定齐头并进，保质保量完成改革任务，受到省政府、省交通运输厅和市委、市政府的充分肯定，并获县级改革奖金1400万元。持续深化出租汽车行业改革，运力更新工作稳妥推进，市交投出租公司第一批130辆新车上线运营，社会反映良好。市公路局路桥集团取得公路工程总承包二级资质，昌通路桥公司累计在吉尔吉斯斯坦完成投资2.2亿元的工程建设任务。

【运输保障能力建设】 2015年，市交通运输局牢固树立“交通就是服务”的理念，强化运力保障，确保了春节、五一和十一等客流高峰时段未出现旅客滞留、无重大运输质量投诉。更新大型客车30台，调整市区公交线路3条，新增12台新能源公交车，市区主干道开辟公交专用道，开通手机公交实时查询系统及三门峡交通微信，极大地方便了群众出行。“12328”服务监督平台及时受理群众咨询、投诉、建议，办结率98%，群众满意率100%。

【安全监管】 2015年，市交通运输局扎实开展全行业安全生产集中排查、整治活动，注销不达标危运企业1家，消除安全事故隐患726处，安全隐患整改率达95%以上。市公路部门投资1500余万元在国省干线公路坡大弯急路段增设波形护栏、震动标线等设施，在危险路段安装区间测速装置，全市道路运输事故起数同比下降83%，水上交通及在建项目施工继续保持零事故。　（苏鹏飞）

公路交通

【概况】 2015年，三门峡市有公路里程10118千米，其中高速公路310千米、国省道1584千米、农村公路8224千米。全市大交通的主骨架是“三纵四横”。“三纵”：内蒙古西部至江西吉安三门峡段煤运铁路通道、三门峡至淅川高速公路、国道209线；“四横”：陇海铁路、郑西高铁、连霍高速、国道310线。全市共有客运企业11家，客车1280辆；货运企业490家，营运货车19234辆；危运企业14家，危运车辆284辆；专业运输企业46家。市区内共有公交线路17条，公交车辆262台，营运出租车600辆。

【大交通项目建设】 2015年，三门峡市高速公路项目方面共完成投资40亿元，其中连霍高速改扩建和国道209卢氏县城至五里川段等6个项目提前两个月建成通车，三淅高速卢氏至西坪段于12月26日顺利开通，运宝高速河南段12月25日开工建设，渑垣高速11月30日开工奠基，黄河公铁两用桥公路桥部分南引桥及引线项目前期工作进展顺利。

【干线公路及农村公路建设】 2015年，G209线卢氏至五里川段项目累计投资3023万元，全部完工；S331线三南界岭东至官坡段项目完成投资2.8亿元，提前投入使用；G209卢氏五里川至三南交界段项目完成投资2.4亿元，提前投入使用。农村公路方面，市交通运输局紧紧抓住实施农村公路"三年行动计划"的有利时机，强化措施，统筹安排，加快农村公路建设，完成县乡公路改建395.4千米、桥梁1002延米，共完成投资3.8亿元，占年计划的117%。（苏鹏飞）

高速公路

【概况】 2015年，河南高速公路发展有限责任公司三门峡分公司完成通行费直接收入18.57亿元。治理逃费车辆73辆，挽回通行费13.66万元；升档9109次，升档金额58.07万元；免改收455次，金额4.5万元；治理冲跳绕磅车辆1025辆，治理金额10.5万元。绿色通道累计免征17.53万辆，免征额1.09亿元；跨区机收累计免征8519辆，免征金额295万元；春节、清明、五一、十一小型客车累计免征48.5万辆，免征3071万元。

【路产管理】 2015年，河南高速公路发展有限责任公司三门峡分公司路政上路巡查里程67.5万千米，巡逻人次1.2万人次；处理交通事故387起，结案381起，事故方造成路损351.4万元，收回路损344.7万元，索赔率98.1%、结案率98.44%；另有涉路施工赔补偿1起，收取赔补偿0.8万元；标志标牌完好率100%；救援2609次；检测疑似超限超载车辆14辆，劝返超限车辆14辆；发放宣传资料2240份；圆满完成节假日、恶劣天气和施工等保通任务。

【养护管理】 2015年，河南高速公路发展有限责任公司三门峡分公司累计完成的主要工程量为：养护日常巡查8.06万千米，特殊巡查0.77万千米；修补坑槽3630平方米，更换钢护栏4.8万千克、防阻块1425个、护栏立柱1.6万千克、防眩板295块，抢修桥梁伸缩缝34米；清运垃圾1228立方米，绿化补栽1303棵，绿化浇水686千米，绿化修剪247千米，日常养护投入资金约707万元。

【运营维护】 2015年，河南高速公路发展有限责任公司三门峡分公司运营维护分中心一是快响应，确保辖区机电系统安全稳定。截至11月底，共出车770余次，维修人员外出维修790余人次，行车里程7.4万余千米，共处理申报故障1300起，处理故障隐患240余起，进行电缆、灯具抢修69次，完成顶棚灯、高杆灯、线路巡检48次，处理供配电故障44次，四大系统设备完好率达到95%以上，关键设备完好率达到99%。二是提速率，不断提升信息化管理水平。年内共发布路况信息3596次51.56万条、宣传信息98条，发现交通事故750余次，发现排除各类路面安全隐患963次、车辆违法停放381次，配合地方交警、公安部门调查各类案件86次。三是抓特色，发挥职能作用。加强辖段基层单位的用电检查，下发规范化科学化的设备、生活用电指南；对老旧设备进行维修拼装，节约维修经费；参与连霍高速公路改扩建机电设备改造，对设计和施工单位提出合理化建议，为后期设备管理保养科学化、规范化奠定基础；成立隧道监控室，隧道监控设备、人员配备到位，开展业务培训，打开工作局面。（姚宗华）

铁路运输

【概况】 2015年，三门峡火车站紧紧围绕"保安全、保稳定、保效益、促营销"的工作方针，提高科学化管理水平，狠抓现场作业控制和各项规章制度的落实，实现安全、生产、稳定协调发展。坚持"安全第一，预防为主"的指导方针，强化现场作业控制，全面推进车站安全风险管理，确保车站安全运输持续稳定，制定《三门峡车站安全风险控制措施》，成立由站长、书记担任组长，主管运转、客货副站长担任副组长，车站办公室、安全室、各班组班组长、安全员为组员的工作机构，各行其责、合理分工，严格落实各岗位作业流程、工作质量标准，明确各岗位安全风险点，细化安全控制措施，并在工作中予以督促落实；从组织健全、强化教育、确立风险点、综合管理控制；明确责任、追究考核、逐步探索，建立安全风险控制体系，对生产中出现的新问题及时采取有效措施予以安全控制，有力促进车站安全平稳。截至12月31日，车站实现安全生产10532天。全年旅客发送人完成131.89万人，装车31374车，货物发送吨完成193万吨，运输收入完成7亿元。

三门峡南站隶属于郑州铁路局洛阳车务段管理，有干部职工44名，设行车监控室、综控室、售票室、安检口、检票口、出站口、站台接车、实名验证8个生产岗位，实行两班半轮休制。1月10日调图后日常停车36趟，周末线加停10趟，高峰线加停5趟，一共停车51趟。日均发送旅客3000人左右，主要承担着三门峡市区及山西平陆地区客流的运输任务。三门峡南站把确保旅客生命财产安全放在首位，把"让人民群众满意"作为提高铁路服务质量的根本标准。大力宣传和牢固树立"以服务为宗旨、待旅客如亲人"的理念，突出"优化服务环境、提升作业标准、提高服务质量"三大内容，努力提升客运服务质量。至12月31日，三门峡南站完成发送人111.89万人，实现运输收入15981.66万元，实现安全生产2154天。全年共收到表扬信2封、锦旗5面，累计为旅客做好人好事近200件。（陈黎明　马慧娟）

·编辑　卢亚杰·

邮　政

【概况】　三门峡市邮政分公司辖灵宝、卢氏、陕县、市区、渑池和义马6个县(市、区)局,内设综合办公室、人事教育部、计划财务部、市场部、工会5个职能部室,下设金融业务局、代理保险业务局、函件局、集邮公司、发行局、报刊零售公司、分销物流局、电子商务局8个专业公司(局)。全市共有邮政局所84处、邮政储蓄网点40处。局所平均服务面积124.95平方公里，平均服务人口2.72万人。至2015年年底，合同用工A、B共666人，劳务用工411人;大专以上学历692人,其中本科227人,博士1人,硕士7人;初级职称50人,中级职称15人,高级职称2人。金融自动机具81台；信箱信筒166个;邮政车辆167部。邮路28条,总长1765千米。投递段道278条,总长9321千米；其中城市投递段道105条,总长1983千米;农村投递段道173条，总长7338千米。自有房屋面积9.94万平方米，固定资产原值2.14亿元。2015年，全市邮政企业实现收入20301万元,较上年增长9.02%,完成省分公司预算目标的101.34%;全市累计实现有效收入13441万元，有效收入同比增幅为20.16%，全员劳动生产率17.73万元。邮政服务质量社会评价综合满意度95分。共建设完成渑池、陕县仓储中心2处,陕县张村、灵宝函谷关征地2处,义马辅助生产楼1处,渑池空白乡镇补建1处，新装修改造网点渑池仰韶西路支局、灵宝故县支局2处，完成普服网点改造项目18个。共计投资1681万元。　（曾翔勇）

【举办《挥扇仕女图》特种邮票首发暨《建业·建筑》专题邮展活动】　2015年3月22日,由灵宝市邮政局主办,建业住宅集团(灵宝)置业有限公司和灵宝市集邮协会承办的《挥扇仕女图》特种邮票首发暨《建业.建筑》专题邮展开幕仪式举行。该枚邮票完美再现了原画作,13位妃嫔宫女或执扇慵坐,或解囊抽琴,或对镜理妆,或绣案做工,充分展示了唐代仕女风采。与邮票首发同时进行的还有建业森林半岛主题邮展活动,以建筑为主题,呈现了40框7部作品,用方寸图幅呈现了古今中外世界各地精美建筑,在三门峡市首次开创了企业定制型集邮展览的先河,现场吸引了近千名集邮爱好者前来欣赏。　（亢晓鹏）

【举办首届高端珍邮品鉴会】　2015年4月12日,“古亀芳菲至,仰韶邮花香”高端珍邮品鉴会在渑池局成功举办。此次活动特别邀请了国家级邮展评审员周峰、河南邮票邮品青年设计师张帆、三门峡集邮协会副会长宋旺林和灵宝集邮协会副会长孙迎亮现场为客户分享集藏文化。三门峡集邮协会副会长宋旺林和灵宝集邮协会副会长、知名集藏家孙迎亮联袂为本次活动准备了《邮品升值知多少》《生肖邮花五彩绽放》和《仰韶文化.瑞典邮花》等主题邮展,与本次品鉴会珠联璧合、相得益彰,更加提升了集藏文化的魅力,吸引了来宾们的关注。此次活动形式独特，是渑池县首届高端珍邮品鉴会。

（田丹丹　任　飞）

【举办《大美崤函·丝路印记》邮票发行仪式】　2015年5月19日，中国邮政集邮总公司特别发行了黄河旅游节主题邮票《大美崤函·丝路印记》,并于当天下午在三门峡市文博城砥柱厅举行了邮票发行仪式。《大美崤函·丝路印记》邮票以“丝绸之路”为主题,采用八枚主图拖四枚附图的小版张形式,主图为“一帆风顺”,寓意三门峡经济发展在国家一带一路战略的带动下扬帆起航。其中两张附图以宽荧幕画卷的方式将三门峡特有的函谷关道家文化、万里黄河第一坝三门峡大坝予以精彩展示，突出三门峡历史悠久的黄河文化；另两个附图配以三门峡国际文博城全景和天鹅展示翱翔的美丽姿态,展现三门峡快速发展的城市新貌。伴随邮票发行,河南邮政同步推出了2款同系列的文化藏品,分别是《大美崤函·丝路印记》风琴折和邮票珍藏册。2

款文化藏品结合近两年国家发行的纪特邮票，将三门峡最具代表性的著名景点和城市特色以图文并茂的方式精彩演绎，用11个篇章酣畅淋漓的表现了“黄河三门峡，美丽天鹅城”的美景。邮票珍藏册中包含《二十四节气》大版、《西游记》《唐卡》等多套稀缺邮票资源，尽情表现了三门峡市作为旅游之城、富强之城、文明之城、宜居之城、生态之城的独特魅力，是一部囊括三门峡文化精髓的代表作品。　(费巧玲)

【开展2015集邮文化崤函行活动】2015年8月14日，集邮文化崤函行首站灵宝站巡展活动在灵宝市轩瑞水上乐园二楼会议厅举办。该活动由灵宝市委宣传部、三门峡市邮政分公司主办，灵宝市邮政局、灵宝市轩瑞水上乐园和灵宝市集邮协会承办，旨在纪念抗日战争暨反法西斯战争胜利70周年，用方寸邮票、国家名片展现中国梦，宣传廉政主题，大力发扬集邮文化。本次巡展包含抗战胜利纪念主题邮展、《包公》系列廉政主题邮品展、中国梦主题邮品展、文学名著类展品、传世名画类展品和邮票投资知识展板等内容，主要展出了《二战风云》《名家封片墨迹选》《和平天使》《抗日战争的中流砥柱》《伟大壮举光辉历程》和《天鹅盛会三门峡》等抗战或地方题材集邮作品，并推出中国梦、清风廉政、中国书画和文学类系列邮品，还为广大来宾特别展出了文革、编号、JT、生肖等珍贵邮品。特别是刚刚在省级集邮展览上斩获第一名好成绩的《二战风云》受到广大集邮爱好者的追捧，这部邮集以世界反法西斯战争为宏大背景，作者通过收集整理上百个国家抗战题材邮票，循序渐进的描述了法西斯联盟崛起、侵略，到反法西斯联盟国家人民反抗、胜利的主线。灵宝市集邮协会副会长孙迎亮编辑的《名家封片墨迹选》也在巡展中亮相，该部颇具特色的集邮作品因收录华国锋在内众多名人实寄信封而屡获殊荣，全国多地邮局频频伸出橄榄枝，邀请该部邮集参展。　(任　飞)

【举办《黄河》特种邮票暨《黄河第一坝》个性化邮票发行仪式】为进一步提升黄河三门峡的文化品位，通过邮票这一国家名片更好地宣传、推介三门峡，中国邮政特别发行了《黄河第一坝》个性化邮票和《黄河魂·崤函情》系列邮品，并于8月23日中国邮政发行《黄河》邮票的同时，在三门峡市文博城砥柱厅举行了盛大的邮票首发活动。为配合邮票发行活动，河南邮政还举办了“庆祝《黄河》特种邮票首发河南集邮8市联展三门峡站”邮票展览活动，黄河、抗战等题材的系列邮票、深受藏友喜爱的各轮生肖票、编号票、JT票和“文革票”等珍邮亮相峡市，给广大市民送来了一场内涵丰富的集藏文化盛宴。黄河系列邮品销售共拉动业务收入300余万元。　(费巧玲)

【举行抗战胜利70周年纪念邮票发行活动】2015年9月3日，市邮政分公司、市集邮协会和三门峡职业技术学院联合在学院学术报告厅内外举行了纪念抗日战争暨反法西斯战争胜利70周年邮票首发式活动，学院师生及集邮爱好者1000余人参加了活动。通过举行邮票发行和主题邮展活动，青年学生更多地了解了抗战时期日本法西斯残暴的侵略行径和中国人民浴血奋战的历史，感受到了革命英烈英勇顽强、不畏牺牲的伟大精神，从内心深处迸发出对老一辈革命家由衷的敬佩与感恩、对祖国富强和民族复兴的企盼与希望。本次活动对提升青年学生的爱国主义思想起到了积极的促进作用。　(费巧玲)

【市邮政分公司纪念抗战胜利70周年主题邮展进军营】2015年9月12日上午，为纪念抗战胜利70周年，庆祝建国66周年，三门峡市邮政分公司到驻豫灵某部队组织开展了纪念抗日战争胜利七十周年主题邮展活动，用邮票讲述中国抗战史。此次邮展共展出邮集20框，通过邮品展示并回顾了中国人民抗日战争的光辉历程，以及人民军队在党领导下建立的丰功伟绩和取得的伟大成就。在设立的邮票展上有“伟人”系列、“红色”系列、“生肖”系列和“名山秀水”系列邮票。参观邮展的官兵们近距离地亲近这些邮票，通过方寸世界感悟中国传统文化的魅力。“伟人”系列和“红色”系列中一枚枚方寸大小的邮票，为官兵们展开了一幅波澜壮阔的历史画卷，将红色的革命火种传播到每一位官兵的心中。市集邮协会会长宋旺林、市集邮分公司讲师任飞分别为广大官兵讲解了集邮知识、爱国主义系列邮票和个性化邮票，引导官兵了解集邮知识，重温红色经典，品读方寸文化。通过开展集邮文化进军营纪念邮展活动，为子弟兵们宣讲集邮知识，传播集邮文化，丰富基层子弟兵的精神文化生活，强化爱国主义教育，军民关系得到了进一步密切。　(费巧玲)

【优化邮运网络】2015年6月30日，三门峡邮政火车运邮停运，正式结束了持续运行57年的火车运邮历史，相关业务由汽车运输接替。为对现有邮路进行优化，一方面将三洪邮路返程时间提前，并通过连霍高速返回，与洛三邮路返程时间相衔接；另一方面积极与省公司网运处和中心局协调，对郑三邮路返程时间进行合理调整，做到了当日邮件当日发运，有效缩短了邮政小包传递时限，网运时效显著提升。　(费巧玲　王　华)

【中国邮政集团公司三门峡市分公司挂牌】2015年11月14日，按照省邮政分公司的统一部署，中国邮政集团公司三门峡市分公司及所辖各县(市、区)分公司均同步正式挂牌成立。

(周贯红)

无线电管理

【概况】2015年，河南省工业和信息化委员会三门峡无线电管理局(以下简称三门峡无管局)按照无线电管理工作“三管理、三服务、一重点”的总体要求，扎实开展工作，狠抓工作落实，不断提升无线电管理水平，为三门峡市经济社会又好又快发展做出了积极的贡献。

加强频率台站管理，促进无线电健康发展。对3400MHz–3600MHz、

14.25GHz-14.5GHz 频段、230MHz 数据传输、广播电视等频段进行监测比对，统计指配频率信息数据 101 条；对三大公司上报的 58 套微波台站(含已停用微波台站)，进行分类处理，录入 B 库微波台站 86 个；开展无线电台站审验收费工作，验证设台单位 57 家，审验执照 1110 个(不含三大公司在用基站)；制定《加强业余无线电台管理十六条规定》，对规范业余无线电台设置提出了明确要求；完成新建基站验收 101 个，检测基站 31 个，载频 90 个，出具检测报告 180 份，检测在用基站 20 个，载频 56 个，出具检测报告 112 份。使无线电管理工作平稳健康发展。

认真监测监听，做好无线电安全保障工作。全年实施监测 10284 小时。共处理无线电干扰电话投诉 15 起；积极配合教育、人力资源和社会保障等部门参与"硕士研究生入学考试""卫生专业技术资格考试""高招""中招""司法资格""公务员招录"等考试保障 11 起，出动监测人员 57 人次、监测车辆 12 辆次、监测设备 38 套次。发现并压制作弊信号 9 起，作弊工具 23 件，有效打击了利用无线电进行考试作弊的行为；在全国"两会""春运""国际黄河旅游节""上合组织郑州峰会"等重要时期和重大活动期间，加强对广播电视、航空、高铁、应急通信等重要无线电业务用频的保护性监测监听，保障了重要无线电业务的有序和安全。

加强依法行政，推进服务性执法建设。做好服务型行政执法宣传工作。利用门户网站、微信平台宣传三门峡无管局服务型执法活动开展情况；扎实开展服务型执法活动。及时印发了行政指导文书范本，建立了行政指导案件台账，开展了上门服务设台单位活动；推行行政执法权力清单制度。对行政执法权力清单进行了全面梳理，理清了执法项目、执法依据、执法权限和执法责任，进一步推进了依法行政权力公开；做好服务型执法观摩点建设工作。制定了工作计划，明确了重点工作任务，推进观摩点建设取得实效；举办了全市业余无线电培训班。对全市业余无线电爱好者进行了集体培训；承办了全省行政执法培训班。加强了服务型执法建设工作交流，展示了良好形象；持续深入开展打击"伪基站""黑广播""卫星信号干扰器"等非法设台专项活动，查处非法设置"伪基站"案件 1 起。查处非法设置"黑广播"案件 3 起，配合运城无线电管理部门查获在运城市设置的"黑广播"1 起，配合洛阳无线电管理局查获干扰航空频率黑广播 1 个。查获非法设置卫星信号干扰器案件 3 起，起到了有效的震慑作用。

开展无线电管理宣传活动，营造良好舆论氛围。开展了以"无线电：青少年与创新"为主题的"世界无线电日"宣传活动，以及"加强无线电管理，维护空中电波秩序"为主题的无线电管理宣传月系列活动。协调三大通信公司和各电视台站开展了系列宣传活动，增强了无线电管理工作影响力；加大向县(市)区宣传的力度，通过电子播放屏将无线电宣传扩大到部分条件许可的乡镇，增强了基层群众对无线电以及无线电管理工作的认识；开展无线电科普知识进校园活动，三门峡无管局在三门峡市第一小学开展了无线电科普知识宣传活动，受到了广大师生的欢迎；举行了广场无线电管理宣传活动，营造了强大的无线电宣传声势。

加强自身能力建设，提升服务大局能力。谋划并承办由豫晋陕三省和三门峡、运城、晋城、渭南四市无线电管理部门联合召开的豫晋陕黄河金三角经济协作区无线电管理工作会议。协调建立了豫晋陕黄河金三角经济协作区无线电管理工作联席会议机制。在加强区域无线电管理合作方面取得了一些新的突破；研究提出了"推进台站检测设备更新、加强无线电管控能力建设、推进无线电监测网格化、实现无线电大数据共享、加强无线电地理信息系统建设、推进台站属地化管理"等无线电管理课题，规划三门峡市无线电管理事业发展的大方向；率先在三门峡市开展了无线电监测联网工作，在省工信委的支持下，2016 年计划在三门峡市再建 3 座小型固定监测站，切实增强三门峡市无线电监测和管控能力；承办了全省无线电监测技术演练活动和参加了在运城市举办的山西省无线电监测技术演练活动。在全省无线电监测技术演练中活动优胜名次。无线电监测技术能力得到了增强。 (靳晓燕)

中国联合网络通信有限公司三门峡市分公司

【概况】 2015 年，中国联合网络通信有限公司三门峡市分公司(以下简称"三门峡联通")不断加大投资力度，加快信息化基础设施建设，狠抓基础管理，提高服务水平，公司整体实现平稳较快发展，被三门峡市委、市政府授予服务经济社会发展突出贡献奖。公司预算完成率及关键业绩指标全省排名前列。

公司上下聚焦 4G 和光纤宽带，突出差异化优势，紧盯农村、城市、集团三大市场，优化资源配置，严格激励考核，推动了重点业务快速发展。通过加大终端、应用和渠道拉动力度，推动 4G 规模发展和有效迁转，提升 4G 在移动宽带占比。抓住光改战略机遇，实施提速降费，降低资费水平，突出公司宽带优势，推进"智慧沃家"业务发展，加快推进 IPTV 应用，面向家庭客户推广"4G+光纤+应用"的综合解决方案，推动宽带规模发展。

加快推进 4G 网建设，全年建成 4G 基站 878 个，基本实现了对市县城区、校园、发达乡镇、4A 景区、高数据流量交通干线的连续覆盖。实施农村区域 3G 广覆盖目标，在卢氏、灵宝、陕县、渑池等山区建设 U900 基站 670 个，实现了对行政村和人口聚集自然村的全面覆盖，建成了三门峡联通多年梦寐以求的一张完整的承载语音和数据网络。落实"宽带中国"战略，积极推进光改进程，先后在全区退出传统程控交换设备 8 个，在全省率先建成首批全光网城市，市、县城区实现了全光纤覆盖。开展了载波聚合、VOLTE 等新技术应用，基于"沃 4G+"的网络升级有序展开。加强网络维护及优化，落实移网及宽带网络两项服务承诺，深化大服务体系建设,完善"一线授权"机制,提升用户投诉解决效率。网络公司KPI考核全省排名第1。

持续开展安全生产量化达标,推进检查制度在基层单元的落地,排查整治各类安全隐患,限期进行整改。加强安全教育培训,组织开展消防灭火和大楼逃生演练,提高员工安全意识,确保了公司安全生产形势的稳定。

【阿里巴巴(三门峡)产业带上线运营】 2015年 2月2日,三门峡市委、市政府召开全市电子商务暨阿里巴巴(三门峡)产业带工作推进会。由三门峡市政府主导与阿里巴巴公司、三门峡联通公司联合打造的阿里巴巴(三门峡)产业带正式上线运营。首批上线企业209家,涵盖农副产品、精工量仪、工业化工、机械制造、酒水饮料等5大行业。市直各单位负责人、各县(市、区)县长、企业家代表、媒体记者共200余人参加会议。

【建成全国第二个"全光网城市"】 2015年6月12日,三门峡联通最后一台程控交换机在崤山路22局机房下电退网,运行25年的程控电话交换系统退出历史舞台,三门峡联通完成本地全光网建设,标志着三门峡已建成全国第二个"全光网城市",全面迈入光网新时代。三门峡联通在全区内,全部完成网络光纤网改造,率先建成全光纤本地网,彻底打破了铜缆"最后一百米"带宽瓶颈,构建起"十兆起步、百兆到户、千兆到楼、T级出口"的端到端全新光网络能力,实现通信基础网络质的飞跃,大大提高了网络速度和质量,将为三门峡实施国家提出的"宽带战略"和"互联网+"行动计划奠定坚实基础。

【启动4G欢乐季】 2015年7月26日,三门峡联通开展以"让一亿人用上更好的4G"为主题的4G欢乐季启动仪式。"让一亿人用上更好的4G",是河南联通推出的一项惠民举措,旨在让全省人民真正"用得上4G、用得起4G、用更好的4G。"三门峡联通在全省率先建成"全光网城市",已具备为客户提供"千兆到楼、百兆到户"宽带接入能力。4G网络已覆盖全区95%的人口,覆盖了所有市县城区、乡镇、重要交通干线和行政村。公司推出的一系列惠民举措,将为广大客户提供无处不在的高速宽带体验。 (张新成)

中国移动通信集团河南有限公司三门峡分公司

【概况】 2015年,中国移动通信集团河南有限公司三门峡分公司(以下简称"三门峡移动公司")加强作风建设,将公司发展融入全市发展大局,聚焦重点,扎实开展各项工作,圆满完成了上级公司下达的各项工作目标和任务,完成了市委、市政府下达的缴税、固定资产投资、安全生产等目标任务,各项工作稳步推进,企业转型进一步深入,实现了可持续健康发展。

全年新建4G基站570个,4G基站累计达2000个,城区4G网络覆盖率提升至98.5%,行政村4G网络覆盖率提升至76%,有效助力了三门峡基础通信设施建设;全年净增4G客户32.2万户,4G客户累计达43万户,实现规模发展;全年主营业务收入增幅高于行业增幅1.26个百分点。同时,完成郑西高铁隧道内91个4G基站开通,全线212个2G直放站替换,实现了郑西高铁三门峡全段2/4G网络的连续覆盖,高铁综合覆盖率提升至93%,综合测评全线第1,提升了过境旅客的网络感知。

【落实"提速降费"政策】 2015年,三门峡移动公司全面落实国务院关于"提速降费"的工作部署,推出流量不清零政策,自10月1日起,为按流量计费的手机月套餐客户推出了套餐内剩余流量当月不清零服务,更好地满足了广大客户信息消费需求。并从11月1日起,第四次下调了国际漫游资费。同时,三门峡移动公司针对所有宽带存量客户开展了免费提速活动,将带宽为10M以下客户免费升级为10M,10M-20M带宽客户免费升级为20M带宽,并完善了宽带装机、维护考核办法,提升了客户服务水平,助力了"宽带中原"在三门峡的落地实施。

【创新线上服务方式】 2015年,三门峡移动公司紧跟互联网时代发展需求,积极推进营销服务转型。创新线上营销服务模式,整合网上营业厅、掌上营业厅、微信、外呼团队等线上渠道,为客户提供更加丰富、便捷的服务。特别是利用微信的即时沟通服务,实现线上与线下渠道的互动,为客户提供了业务预约、办理一站式服务。同时,基于"三门峡移动"微信公众号开通了"微"服务社区,同时开通7条微信服务热线,多渠道受理客户的咨询解释、投诉处理、建议及意见搜集,与客户互动更加近距离。

【4G网络直播黄河旅游节赛事】 2015年5月18日至5月23日,第21届中国三门峡国际黄河文化旅游节隆重举行。三门峡移动公司利用先进的4G网络即拍即传直播了开幕式及2015中国旅游日河南分会场活动、"中流砥柱"黄河大合唱艺术节活动及万人横渡母亲河活动,广大市民通过现场直播大屏及全区营业厅第一时间了解了赛事盛况,提升了赛事影响力。

【举办第三届企业文化节】 2015年5月27日,三门峡移动公司第三届企业文化节开幕。全年持续举办了文化、体育、教育三大类18项活动,将文化性、娱乐性、趣味性整合为一体,集中展现公司员工的风采风貌,为公司企业文化展示、凝练、提升提供了一个广阔的大舞台。并新成立了员工书画协会、乒乓球、篮球、羽毛球、摄影、户外等6个文体协会,开展日常活动,切实发挥了文体协会引领作用,带领全体员工身体素质和精神面貌的双提升。 (曹东静)

中国铁通集团有限公司三门峡分公司

【概况】 2015年,中国铁通集团有限

公司三门峡分公司在“一个中国移动”原则下,公司深化移动协同,逐步调整收入结构,全面推进业务转型政策,宽带业务所占收入比重逐步加大,形成创收增盈的亮点;推出了宽带续费“六步法”操作流程,创新客户服务工作理念,突出个性化服务,在为客户提供全面、细致、周到服务中,彰显铁通特色,赢得客户满意度的不断提升。客户装机回访满意度提高到96%以上;恶意报竣比0.57%以内。一日装机率99.21%;三日装机率提高到100%;外线平均施工时长缩短到3.5小时左右;故障处理及时率99.48%;故障处理时长1.92小时;故障处理满意度100%。驻地网装维各项指标排名均进入全省前列。（丁　涛）

中国电信集团公司河南省三门峡市电信分公司

【概况】 2015年中国电信集团公司河南省三门峡市电信分公司（以下简称“三门峡市电信分公司”)以国家“十三五”规划为指引,按照“四个全面”战略布局,践行“创新、协调、绿色、开放、共享”五大发展理念,以全面加强党的建设为统领,以改革创新为动力,聚焦经营重点,转变发展方式,增强关键能力,提升运营管理水平,为“十三五”发展奠定坚实基础。

经营管理。结合三门峡市电信分公司全业务经营后的工作实际,各部门职责分明、任务清晰、各司其职、各负其责、积极协助、密切配合,充分体现团队建设合作理念;制定下发《绩效考核管理办法》《车辆与驾驶员管理办法》、《安全生产责任条例》《工程物资管理办法》等各项管理办法及各种业务流程,进一步推进企业规范化运营,加强基础管理工作,规范各项管理流程有效控制成本,成立虚拟采购中心并下发《采购管理办法》;建立以“价值为导向的经营业绩考核体系,突出绩效目标量化管理理念,进一步完善绩效考核办法,提高员工工作积极性;全面推行绩效管理,加大绩效考核力度,强化工作目标和责任,逐步推进督察督办事项;强化预算管理及财务分析,提高财务管控水平,规范财务基础管理;认真贯彻“安全发展、预防为主”的指导方针,在保证公司各项工作高效有序进展的同时,开展安全生产自查、排查工作,杜绝各类安全生产事故的发生。

业务发展。坚持以市场为导向,以发展为目标,以效益为目的,紧紧围绕全年业务收入目标,打造利益共同体,推进划小承包,抓管理、抓经营、抓服务,做到市场与建设并重、挖潜与拓展并重,充分调动全体员工的主观能动性。公司整体业务收入从2010年7236万元跃至2015年1.31亿元,实现了企业的健康、可持续发展。

网络建设。紧紧围绕服务市场的思路,优化投资结构,加快对4G网络及转型业务的投资。夯实基础网络能力,强化网络发展创新,保持网络差异化竞争优势;深化精确管理,优化资源配置,推进集约运营,注重网络利用率和平台效率,提高网络发展质量与运营效益,推进价值强企,支撑公司有效益规模发展。强化网络与市场的衔接,提高投资效益,快速响应市场,优化网络结构,保障网络安全,打造精品移动网络,强化3G网络优势,加快4G网络建设和覆盖。固网建设方面,加快光纤网络建设,推出百兆“金牌光宽带”,提高宽带上网速率,努力打造“智慧城市”“数字城市”“无线城市”“光网城市”,为促进三门峡工业化和信息化的融合,提升经济发展的质量和效益,为资源型城市的转型提供了一个很好的网络信息平台。为应对三网融合打造精品网络,提高市场竞争能力,并制定了工程物资管理、固网施工单位管理、自购材等工程规范,完善各项施工流程。

网络维护。加快推进网络运维向网络运营转型,促进企业提质增效,加快推进从关注网络向关注客户感知的转变,全面贯彻“三个面向”(面向网络、面向产品、面向客户)的运维体系建设思路。树立“维护就是服务”的理念,继续以抓好基础管理为切入点,以建立全业务运营模式为方向,不断展开两网网络优化调整,提升网络安全支撑保障,强化网络资源管理,不断优化资源配置,加强维护队伍的建设与培养,抓好网络运维成本管理,落实节能减排的工作要求,进一步提高网络运行质量和设备维护水平,更好服务于前端市场。

客户服务。优化调整全年服务考核指标,强化考核导向作用,全面落实省公司“客户服务”指标;建立健全服务工作前后端协同、共享机制;提升投诉处理效率和一次性解决率;加大服务渠道宣传力度;有效管控10000号工单,最大程度上避免违规、超时等工单的出现;积极开展会员积分兑换活动及会员俱乐部工作;进一步树立“用户至上、用心服务”理念,积极推行“首问负责制”,完善各项服务质量考核指标;紧紧围绕渠道服务、装维服务、无线网络、增值业务和流量服务、政策管理等方面进一步深化服务攻坚活动,坚持“横向到边、纵向到底;聚焦问题、落实现任;三级穿透,奖惩并举”的原则,通过标本兼治的方法,使整体服务水平得到明显提升。强化全体人员业务技能培训和服务意识培训,提高前台人员的服务水平;认真执行服务规范、服务标准,对服务人员进行服务规范、业务能力、主动服务意识培训和企业文化等方面的培养;针对不同的客户群,分别制定相应的服务标准,实行差异化服务,突出服务重点。

（杨鹤颖　王象炜）

·编辑　张怡杰·

经济协作与开发

开放经济

【概况】 2015年,三门峡市委、市政府全面贯彻落实省委、省政府开放招商"一举应多变、一招求多效"的综合性战略举措,按照"开放提升、优化结构、转型发展"的要求,以开放招商为引领,以产业转型升级为主线,以传统产业高端化和新型产业规模化为重点,以引进行业龙头企业和重大战略合作项目为支撑,积极扩大开放领域,建设开放载体,完善开放机制,优化开放环境,不断提高主导产业的集聚度和开放型经济的竞争力,为全市经济社会发展作出了积极贡献。

利用外资　全年全市新批外商投资企业14家,合同利用外资2.97万美元,实际利用外资10.08亿美元,同比增长5.4%,完成目标任务10.05万美元的100.4%。

利用省外资金　全年全市新落地省外资金项目101个,合同省外资金完成638亿元,同比增长3.2%;实际到位省外资金327.3亿元,同比增长8.4%,占目标任务的100.4%。

对外贸易　全年全市备案企业增至710家,全市进出口总额4.38亿美元,同比增长84.9%,占目标任务的162.8%,增速居全省第一位。其中,进口额2.62亿美元,增长123%;出口额1.75亿美元,增长47.3%。

对外投资合作　全年全市外派劳务924人次,同比增长56.6%。全市对外承包工程和劳务合作合同金额3300万美元,同比增长59.1%。

【组团参加豫港经贸合作推介暨2015年豫港企业家春茗联谊会】 2015年3月23日,副市长高战荣带队一行7人赴香港参加2015年香港河南同乡新春春茗暨省九届投洽会推介邀商系列活动。分别参加第九届中国(河南)国际投资贸易洽谈会香港新闻发布会、香港媒体高层餐叙会、河南—香港知名商协会推进合作对话会,并拜访华南城、六福集团等企业,与香港大公报、香港文汇报等知名港媒餐叙交流。

【组团参加2015厦门国际投资贸易洽谈会】 2015年9月8日至11日,由市政府党组成员水选民带队,三门峡市组团参加2015厦门国际投资贸易洽谈会。此次洽谈会上,三门峡市共发布重点对外经济合作项目80个,在河南省重点招商项目推介暨合作项目签约仪式上三门峡市签约6个项目,总金额13.8亿元,分别涉及城市综合体、农产品加工、能源开发、装备制造等行业。代表团成员还参加了大会组织的"中国—巴林王国经贸与投资论坛""重点产业投资对接""2015两岸经贸合作与发展论坛"等多场专项活动。

【组团参加2015年珠三角地区驻地招商活动】 2015年9月9日至10日,由省政府主办、省商务厅承办的2015年珠三角地区驻地招商活动"河南省情说明会暨项目签约仪式"在广州市举行。市政府党组成员水选民出席仪式并鉴签项目。三门峡市签约项目3个,总金额13.3亿元;发放宣传资料200余份,投资指南160余本,投资项目册130本,并与到会客商进行项目对接。

【全市14家企业参加第八届中国(郑州)国际农产品贸易对接会】 2015年11月27日至29日,由中国小康建设研究会支持,世界批发市场联合会亚太地区工作组、全国城市农贸中心联合会、中国国际贸易促进委员会河南委员会、中国国际商会河南商会主办的第八届中国(郑州)国际农产品贸易对接会暨2015中国(郑州)国际绿色生态健康食品博览会"在郑州国际会展中心举行。三门峡市二仙坡苹果、寺河山苹果、宝励浩食品、卢氏汇康蜂产品、渑池县旭慧石榴专业合作社等14家企业参加展会,并对各自产品进行专场推介。展会期间,三门峡市参展企业共签订销售合同5个,金额60万元;达成采购意向25个,涉及金额500万元;现场交易额30余万元。

【中非合作考察团到三门峡市考察访问】 2015年12月17日至18日,由中非合作论坛中方特使、原中国驻赞比亚大使周欲晓率领的中非合作考察团一行4人到三门峡市考察。副市长李庆红及市外侨办、市教育局、市农业局、市商务局、三门峡职业技术学院、三门峡中专等相关单位负责人陪同考察了三门峡市职业教育和黄金产业、农业发展情况。并召开座谈会，商讨三门峡市与非洲在教育文化方面的合作交流，黄金、农业产业等领域的经济技术合作事宜。

【晋陕豫贸促机构促进黄河金三角区域合作机制成立大会暨第一次联席会议在三门峡市召开】 2015年12月18日，晋陕豫贸促机构促进黄河金三角区域合作机制成立大会暨第一次联席会议在三门峡市召开。此次会议是在国务院批复的《晋陕豫黄河金三角区域合作规划》政策基础上，由河南省贸促会发起，经三省贸促会充分协商后同意举办的。山西、陕西、河南三省，及运城、临汾、渭南、三门峡四市贸促会相关领导共同出席此次会议。市委副书记、代市长安伟会见了与会来宾。会议由河南省贸促会副会长梁杰一主持，三门峡市副市长李庆红出席会议并致辞，河南省贸促会会长谢增福作讲话，山西省、陕西省、河南省贸促会副会长分别发言。发言结束后，三省贸促会正式签订合作协议，共同启动晋陕豫三省四市贸促机构促进黄河金三角区域合作机制。（李晓培）

三门峡经济开发区

【概况】 至2015年底，三门峡经济开发区总控制面积10.9平方千米，已建成面积7.65平方千米，人口达5.3万人，其中常住人口4.2万人、流动人口1.1万人。当年，三门峡经济开发区紧紧围绕“稳增长、保态势、抓落实”的总体部署和要求，加快经济社会转型发展，立足实际，统筹谋划，科学研判，破解难题，积极应对发展形势的新特征、新变化、新态势，努力践行“三严三实”“三查三保”“一学两抓三责”“我为三门峡发展作贡献”等实践活动，积极做好政策、法律、技术、宣传、教育等方面的服务工作，树立了良好的为民务实清廉形象，广大干群强烈的发展意识、改革意识、开放意识、合作意识、服务意识明显增强，迎难而上、真抓实干、敢于担当、敢于负责精神彰显。经过坚持不懈的努力，高新技术产业持续发展，经济效益大幅度提升，经济总量逐步扩张，产业结构进一步优化，财政实力的增强为反哺农业、支持工业、扶持商业、改善基础设施创造了有利条件。2015年，三门峡经济开发区实现生产总值11.7亿元，同比增长10%。其中：第一产业增加值增长8%，第二产业增加值增长12%，第三产业增加值增长8.5%；完成规模以上工业增加值2.6亿元，同比增长6%；实际完成第三产业增加值7亿元，占生产总值比重达60%；新增第三产业法人单位23个，同比增长12%；新发展规模以上服务业1个；公共预算财政收入完成1.7亿元，同比增收106万元；完成固定资产投资22亿元，同比增长19%；建筑营业税同比增长19%；实际利用省外资金5.7亿元，同比增长15%；实际利用境外资金2100万美元，同比增长5%；实现社会消费品零售总额16.7亿元，同比增长12%。外贸出口总额完成123万美元，同比增长8%。纳入省、市重点建设项目6个，总投资81.38亿元，年计划投资22.97亿元，实际完成23亿元；招商引资签约项目7个，履约率100%，开工率71.4%，资金到位率11.6%。12月，三门峡经济开发区通过国家义务教育发展基本均衡县（区）评估认定。

【党风廉政建设工作】 2015年，三门峡经济开发区围绕提升各级领导班子和领导干部自觉适应作风建设和反腐倡廉建设新态势的责任意识和自律意识，强力推进党风廉政建设“两个责任”落实，认真贯彻落实中央八项规定精神，省委、省政府若干规定和市委、市政府实施意见，积极开展“三严三实”“三查三保”“一学两抓三责”“我为三门峡发展作贡献”等专项活动。抓学习，开展反腐倡廉教育。把对广大党员干部进行党性、党风、党纪教育作为第一道防线，制定教育计划，明确学习时间、学习内容、学习方法和组织形式，采取集中培训与自学相结合、正面教育与警示教育相结合的方式，不断结合新形势增添新内容，使党风廉政教育工作有步骤、有计划地进行。抓机制，加强部门和行业作风建设。把服务经济建设作为纪检监察工作的中心任务和根本目标，建立健全领导机制、责任机制、考评机制、协调机制和督查机制，强化反腐倡廉思想教育，筑牢拒腐防变思想道德防线。抓教育，加大“为官不为”“懒官懒政”整治力度。组织全体党员上党课、参加专题报告会，发挥警示教育中心的平台作用，精选12个典型案例编成戏曲、情景剧、相声、小品等，制作成教育警示片，配编相应廉政歌曲月月播放，把党风廉政教育浸透到文化娱乐活动之中，不断拓宽反腐倡廉教育的覆盖面，让廉洁理念深入机关、社区、家庭、学校、企业、农村，在机关党员干部和家属中深化“做廉政建设表率”“争当廉政贤内助”活动；在企业建立非公有制经济纪检组织，开展“规范企业管理，提升效率”活动；在学校开展“敬廉崇洁”规劝父母崇廉尚德启蒙教育活动；在街道社区聘请廉政文化监督员和信息员宣讲廉政知识；在农村推行《村组干部权力监督服务手册》，创新“四议两公开”制度，构筑党员思想防线，营造廉政文化氛围；积极探索运用村民自治办法，对信访案件涉及部门多、时间跨度长和难以认定的事项交由村民评议、代表认定，做到群众事情群众定，有效地破解农村纪检监察信访疑难案件难题；认真落实责任制，强化“一岗双责”，把“两个责任”作为一项特色工作来抓，明确责任下管一级，追究责任上连一级，在全区形成了党政齐抓共管、纪委组织协调、部门各负其责，一级抓一级、层层抓落实，自上而下形成了“层次清楚，责任明确，任务具体，齐抓共管”的责任体系。

【信访稳定工作】 2015年，三门峡经济开发区把抓信访、保稳定、促发展作为促进经济社会全面发展的主题，全面落实信访工作“一把手”责任制。党工委、管委会主要领导多次听取信访工作汇报,研究信访稳定工作;分管领导积极参与、协调、处理重大信访案件,真正将突出问题和群体性事件解决在基层,化解在萌芽状态。严格执行目标管理责任、“一票否决制”,区与局,局与村、社区、企业签订目标管理责任书,形成纵到底、横到边的大信访格局。坚持定期研究信访工作制度,每月召开一次信访工作例会,排查不安定因素,定期研究协调、处理信访问题,对重大问题和突发性事件果断采取措施积极解决。坚持领导接访日和干部下访制度,掌握一手资料,及时解决和处理各种矛盾纠纷。坚持党政领导阅批群众来信制度,做到事事有着落、案案有结果。坚持党政领导包案处理信访案件制度,严格按照“分级负责,归口管理”的原则分包到人。坚持“一岗双责”制度,在抓好分管业务工作的同时,对分管部门、分管系统的信访工作同样负有直接责任。全年未发生赴京到省集体上访、恶性上访事件,上级交办案件办结率达100%。

【社会治安综合治理工作】 2015年,三门峡经济开发区认真落实综治“四制”,积极开展矛盾纠纷预防化解工作,不断完善视频监控为主的治安防控体系,深入开展重点地区和突出问题排查整治工作,不断深化平安建设。基层中心建设规范,学校、家庭、社会三级教育网络完善,有效地预防和减少了青少年的违法犯罪,净化了教书育人的环境。强化对重点部位和重点人员的治安管理,主要交通干道和旅游景区配备有公安干警和社区治安巡逻队,内部单位有专业保安和内保人员,居民楼院有专人看护,农村有专业巡逻队,金融网点的技防设施齐备,整个辖区形成一个全方面、立体化,点、线、面联动的社会防控网络。三门峡机动车交易市场获2014年度省级“平安市场”称号。开展一系列专项严打活动,不仅有效地打击了犯罪分子的嚣张气焰,而且遏制和预防了犯罪案(事)件的发生,实现“平安开发区”的目标。开展综治和平安建设集中宣传活动,营造综治和平安建设宣传的浓厚氛围。3月27日,区综治办组织辖区机关、企业、学校等60余家单位,在黄河广场开展综治和平安建设集中宣传活动,印发宣传资料1万余份,悬挂宣传横幅100余条。

【食品安全工作】 2015年,三门峡经济开发区着力构建食品安全长效机制。从源头把控,严格食品安全准入制,依法依规做好行政许可和备案工作,分类施策,统筹推进。按照依法监管全覆盖、科学监管有痕迹的要求,进一步加强辖区内食品生产企业的日常检查、巡查和抽查,延伸监管触角,做到监督检查全覆盖。按照“疏堵结合、规范发展”的原则,将日常的食品安全监管工作与重点时段、重点场所的监管工作结合起来,扎实开展春季食品安全专项整治、春秋季学校食堂食品安全专项检查、不合格化妆品专项整治等一系列专项整治活动,严密排查各类安全隐患,规范食品药品生产经营秩序,保障人民群众的饮食用药安全。

【三门峡产业集聚区东区污水处理厂项目获批】 2015年4月中旬,三门峡经济技术产业集聚区东区污水处理厂项目获市发改委批复。该项目由三门峡市丰泽污水处理厂实施建设,总投资5761万元,建设地点位于三门峡经济技术产业集聚区(东区)兴业路与高新三路交叉口西北处,建设规模为日处理污水1000万千克,配套建设污水管网约14千米。该项目的实施,将进一步完善东区电动汽车产业园环保基础设施,提高该区城镇污水收集率。

【速达公司年产10万辆电动汽车项目环评报告获批】 2015年6月23日,省环保厅批复河南速达电动汽车科技有限公司年产10万辆电动汽车项目环境影响报告书。1月至6月,该项目完成投资6.2亿元,占年度计划投资目标的62%;三栋倒班宿舍、职工餐厅内外已经装修完工;发车中心办公楼正在装修、总装车间部分设备正在调试;新产品车间建成投入使用,具备年产1.5万辆整车生产能力。

【三门峡经济开发区与叠能暖通(上海)有限公司就清洁能源天然气供暖项目签订协议】 10月10日,三门峡经济开发区与叠能暖通(上海)有限公司就清洁能源天然气供暖项目签订协议。叠能减霾节能燃气供热系统是新一代节能、绿色、高效、清洁供热系统,代表先进的节能和清洁相结合的供热系统,采用风洞热仓的飓风式热辐射技术,热效高、零排放,具有国际领先技术。作为三门峡集中供暖的辅助部分,可缓解城市供暖紧张问题,解决三门峡市集中供暖严重不足和群众用暖的迫切要求问题。

【三门峡经济开发区被征地农民社会保障工作全面启动】 为落实好被征地农民社会保障工作,三门峡经济开发区出台《开发区被征地农民社会保障工作暂行办法》,自2015年10月1日起,将开发区行政区域内16周岁及以上被征地时享有农村土地承包权,征地后人均耕地0.02公顷及以下(以村民小组为单位)未享受城镇职工基本养老保险和机关事业单位基本养老保险待遇的被征地农民全部纳入失地养老保障范围。年满60周岁及以上被征地农民享受被征地农民养老保险待遇,原则上可按月领取不低于城镇居民最低生活保障标准的失地养老保险金。

【三门峡经济开发区聚焦党风、政风、行风展开首轮巡察】 2015年,为全面落实中央、省、市巡视工作方针,聚焦党风廉政建设和反腐败斗争,发现问题,形成震慑,推动党的先进性和纯洁性建设,三门峡经济开发区聚焦党风、政风、行风展开首轮巡察。首轮巡察工作自2015年10月21日起至12月31日结束,被巡察单位为三门峡经济开发区计生办、向阳街道办事处和社会事业局。 (祜 峰)

三门峡产业集聚区

【概况】 2015年，三门峡产业集聚区经济保持了健康发展的良好态势。全区主营业务收入完成530亿元，同比增长11.5%，位居全市产业集聚区第1位；全社会固定资产投资完成162亿元，增长25%，高出全市平均增速9.5个百分点；规模以上工业增加值完成3亿元，增长15%，高出全市平均增速13个百分点；公共财政预算收入完成2.53亿元，增长2.8%，高出全市平均增速1.2个百分点，增速、增幅均居全市第1位。三门峡产业集聚区在2015年全省产业集聚区观摩中获得小组第1名，在全市两次产业集聚区观摩中均获得全市第1名。

全力以赴保运行，稳增长。加快项目建设进度。中原黄金冶炼厂搬迁升级改造、中泰量仪等10个重点项目建成投产。强化企业服务。研究出台鼓励企业上市奖励办法，对成功挂牌上市的企业予以5万元至100万元的奖励，引导企业通过资本市场进行融资。研究出台企业还贷应急周转资金管理办法，设立500万元"过桥资金池"，通过洛阳银行高新区支行放大5倍，帮助多家企业解决还贷资金周转问题。成立小微企业助保金贷款管理委员会，财政出资1000万元风险补偿金作为铺底资金，通过建设银行陕县支行放大10倍，重点扶持信誉程度高、有发展潜力、但抵押不足的小微企业发展。同时，依托建投中心等投融资平台，开展委托贷款业务，累计为企业发放贷款4800余万元；组织政银企对接活动，帮助企业融资6000余万元。

积极主动抓机遇，增后劲。争取政策性项目资金成效显著。促使戴卡轮毂、同人铝业、五原棚户区改造等5个重点项目争取到国家专项建设基金13.6亿元，资金总量位居全市第1位，并可撬动银行贷款120亿元，带动全社会固定资产投资48亿元，实现税收约5亿元。同时，将国家专项建设基金作为项目资本金注入到项目中，同时配套相应贷款和其他融资，破解了同人铝业、戴卡轮毂、中原黄金冶炼厂升级二期等3个龙头项目建设资金瓶颈。招商引资工作亮点突出。全年签约项目13个，总投资110.06亿元，其中履约项目11个，开工项目9个。全年实际利用外资2.05亿美元，同比增长5%；引进省外资金33.78亿元，增长12%。促成省政府、市政府、河南能源集团与杭州锦江集团合作，共同建设铝工业产业链项目，共包括汽车轻量化、大宗商品物流产业园等9个子项目，总投资662.5亿元。项目前期工作进展顺利，大宗商品物流产业园项目线上交易中心获得省商务厅批复，全省仅此一例；线下大宗商品物流园区完成备案、环评、能评，自备铁路预可研初稿上报郑州铁路局，正在办理项目用地空间利用规划调整。

统筹城乡提品位，强引领。基础配套设施日趋完善。紫阳路全线贯通，园通路西段建成通车，摩云社区周边经七路、周公路、纬二路等道路工程加紧建设，道路通车里程达到85千米；采取"BOO"模式建成自来水厂一期(日供水3000万千克)工程，保障了中原黄金冶炼厂等重点企业的生产生活用水；新增污水管网1.9千米，累计铺设污水管网近35千米，实现建成区域污水管网全覆盖；垃圾中转站建成投用，绿化管护面积达到30.5万平方米，环卫保洁面积达到93万平方米，城市建管水平进一步提升。新型城镇化建设有序推进。通过市场化运作，建成摩云社区一期安置房340套4.6万平方米；五原棚户区改造工程获得5000万元国家专项建设基金支持；落实新型农村住宅社区建设扶持政策，发放社区基础设施和农户补贴300万元；高标准规划建设馨汇小学，教学楼和综合楼主体封顶，完成投资1500万元。自主创新能力持续提升。国家级高新区创建工作稳步推进，创业服务中心建成国家级科技企业孵化器；高新区发展规划、产业发展规划由中科院战略研究所编制完成；成功申报河南省智慧园区试点产业集聚区，获得省工业结构调整项目资金支持。全年新增高新技术企业3家，新增市级工程中心2家，新增授权专利55项；高技术产业增加值实现9.78亿元，增长12.4%。

千方百计惠"三农"，增福祉。强农惠农富农政策全面落实。累计发放各类惠农资金1116.9万元；完成农村土地经营承包权确权登记工作；科学编制现代都市农业发展规划，加快冯佐、官庄等高效农业示范园区发展，着力促进农业增效、农民增收，农民人均纯收入达到1.06万元，首次突破万元大关。在全市率先实现18个行政村、6家农业龙头企业、2个专业合作社农村电子商务服务网点全覆盖。民生保障水平持续提升。全年发放失地农民养老保障金、新农保资金1690余万元；投资1000万元，高标准建设社区卫生服务中心，主体工程完工。人居环境持续改善。安排专项经费100余万元，建成固定垃圾池89个，配备各类清运车辆47台，采取"以奖代补"的形式，大力开展农村环境综合整治行动，18个行政村基本达到"三无一规范一眼净"，尤其是209国道两侧的卫生得到较大改善。社会大局和谐稳定。集中开展安全隐患大排查大整治专项行动，安全生产和食品安全形势平稳；大力实施"蓝天碧水"工程，完成市政府下达的污染治理目标任务；开展县级领导干部大接访等活动，排查化解各类矛盾；加强社会治安综合治理，依法严厉打击扰乱经济发展环境等各类刑事犯罪活动，全年破获刑事治安案件390余起，刑拘76人，逮捕32人，起诉61人；查处行政案件100余起，行政拘留29人，行政罚款26人。

(周玉乐)

出入境检验检疫

【概况】 2015年，三门峡出入境检验检疫局共受理出入境检验检疫货物4670批，货值21.86亿元，同比分别增长120.7%、36.22%。其中，出境检验检疫货物4587批，货值19.4亿元，分别增长123.1%、30.67%；入境检验检疫货物83批，货值2.45亿元，分别增长38.33%、105.4%。强化协作，优化发展环境。三门峡出入境检验检疫局与三门峡海关签署《合作备忘录》，提高通关效率；与三门峡市质量技术监督局签署《合作备忘录》，共建大质量工作机制；深化晋陕豫黄河金三角区域三省四市检验检疫部门合作，与广西凭祥检验检疫局加强联合执法，与内蒙古二连浩特检验检疫局、满洲里检验检疫局加强业务衔接工作，为企业发展、产品出口营造良好的外部环境。主动跟进，服务重点项目。积极服务中原黄金冶炼厂进口铜精矿检验监管工作，开展上门“送服务”活动，优化检验流程，实施快检快放；与内蒙古二连浩特检验检疫局加强沟通协调，实现进口铜精矿检验监管业务有效衔接和顺利开展。全年共检验检疫进口铜精矿3270万千克，货值2.21亿元。深入调研，提交《我市农产品出口情况分析》《关于三门峡市融入“一带一路”战略的思考》《跨境电子商务方兴未艾 我市迎来发展机遇》《波兰苹果业对我市相关产业的发展启示》调研报告，获得市委、市政府高度评价。三门峡检验检疫局先后获全国质量监督检验检疫质量统计分析工作典型单位、河南省文明单位、河南省卫生先进单位、河南省人民满意公务员示范岗、河南检验检疫系统先进集体、三门峡市对外开放工作先进单位、三门峡市五一劳动奖状、三门峡市食品安全工作优秀单位等荣誉称号。

【农产品出口】 2015年，全市特色食品农产品保持迅猛发展势头，三门峡出入境检验检疫局共检验检疫出口食品农产品4505批，货值17.83亿元，同比分别增长131.26%、115.8%。其中，鲜水果出口7.91亿元，同比增长181.47%；食用菌出口6.76亿元，同比增长221.93%。创建1个国家级出口食品农产品质量安全示范区，使全市国家级出口食品农产品质量安全示范区总数达到5个，居河南省第一位，全国领先。在全国第二个出台《关于推进全市生态原产地产品保护工作的实施意见》，三门峡出入境检验检疫局与商务、环保、农业等部门沟通协作，形成生态原产地产品保护合力。“卢氏蜂蜜”“灵宝香菇”“灵宝大枣”通过国家质检总局生态原产地产品保护。“三门峡籍”产品获生态原产地保护数量达到6个，在全国处于领先地位。在全省第一个出台《三门峡市人民政府关于扩大农业对外开放促进食品农产品出口的实施意见》，将促进食品农产品出口工作提升到新高度。

【助力小微企业】 2015年，三门峡检验检疫局实施“边纳入、边规范”，吸引小微企业加入出口行列，对有出口意向和首次出口的小微企业实施“一对一”服务。先行先试，作为全省唯一试点市，开展出口食品生产企业卫生备案试点工作，指导完成10家食用菌生产企业的备案，平均为每家企业节约办证时间20余天，食用菌企业备案从5家增至15家。引导企业用好用足原产地优惠政策，共签发各类产地证581份，金额2.48亿元。

【三门峡国家果品与果蔬汁检测重点实验室建设】 2015年，三门峡国家果品与果蔬汁检测重点实验室建设安装新仪器设备10余台，完成病原微生物检测实验室(P2)升级改造，总试验场地1700平方米，仪器设备125台(套)，价值1618万余元。提升软实力，发表论文4篇，参与完成2部著作，申报2项检验检疫行业标准，申报专利1项，参加能力验证16次。开展委托检测业务，实验室通过CNAS(中国合格评定国家认可委员会)评审，认可参数达562个，检测范围涵括7大领域。三门峡市食品药品监督管理局，山西省芮城县、平陆县、万荣县食品药品监督管理局及食品生产企业、商户纷纷委托实验室检测，为黄河金三角区域食品安全及民生健康提供了坚实保障。

(李书坡)

三门峡海关

【概况】 2015年，三门峡市实现进出口总值27.2亿元，同比增长86.9%，增速居全省第一位。其中，进口值16.3亿元，增长1.3倍；出口值10.9亿元，增长48.8%，增速全省第一。进出口货运量2.55亿千克，增长1.6倍，其中进口货运量1.77亿千克，增长4.3倍；出口货运量7800万千克，增长17.3%。丝绸之路经济带海关区域通关一体化顺利推进。4月27日，三门峡海关辖区某企业采用丝绸之路经济带海关区域通关一体化狭义一体化模式申报出口“浓缩苹果汁”一批，得到放行。无纸化通关业务全面实现，通关率达到100%。关检合作“三个一”全面深化。6月15日，三门峡海关与三门峡检验检疫局共同举行《关于深化关检协作共同促进外贸稳定增长合作备忘录》签字仪式，在服务地方经济发展方面形成合力。推进口岸管理相关部门间的信息共享、监管互认、执法互助，不断提高大通关整体效能。推行行政审批“一个窗口”建设，进一步提高行政审批效率。三门峡海关在业务报关大厅设立实体性行政审批窗口，根据辖区业务重点，进一步优化窗口服务，严格落实“首问负责制”“岗位责任制”等窗口服务制度，简化业务办理流程，提高办事效率。12月，三门峡海关业务大厅被授予省级“青年文明号”称号。三门峡海关业务大厅被授予省级“青年文明号”称号。畅通倾诉渠道，扶持重点企业发展。10月16日，三门峡海关组织召开中原黄金冶炼厂业务专题研讨会，中原黄金冶炼厂国际贸易部一行人员参加会议。三门峡海关相关负责人针对企业提出的公式定价、报关流程、保函办理、黄金来料加工、减免税设备办理、申请高级认证企业以及申建公共型保税仓库等问题组织相关人员进行讨论并给予政策解答。 (宁宝宝)

·编辑 卢亚杰·

商 务

【概况】 2015年，全市商务系统克服重重困难，持续探索创新，于困境中求突破，在危机中谋发展，更加务实有效地推进招商引资、电子商务、会展经济，各项工作扎实开展，主要目标顺利完成，为全市经济社会持续健康发展做出了积极贡献。全市签约项目176个，总投资730.69亿元。湖滨区颐高电商产业园、陕州区航科总部经济综合体等项目顺利签约，中金产业园项目正式点火，万达广场项目推进迅速。全市进出口4.38亿美元，同比增长84.9%，占目标任务的162.8%，增速居全省第一位。其中，进口2.62亿美元，增长123%；出口1.75亿美元，增长47.3%。全年实际利用外资10.08亿美元，占目标任务的100.4%，同比增长5.4%。全年实际到位省外资金327.3亿元，占目标任务的100.4%，同比增长8.4%。实现社会消费品零售总额396.9亿元，同比增长11.6%。全市电商交易额超15亿元，网络零售额达4亿元以上，呈现高速增长态势。

招商引资　市一级成立招商引资和服务业发展领导小组，每月召开例会，研究部署工作。小组领导亲力亲为，持续外出开展工作，有效带动全市“大员招商”的开展。各级“大员”累计外出70余次，对接了一批重点项目。印发全市招商行动计划、出台《招商引资和项目建设考核办法》《鼓励地方经济发展意见》，16家市直部门制定行业招商工作方案。大力推行“三专一委托”工作机制，招商转型全面加快。全市谋划各类专业园区21个，组建专业招商队伍23支。各县(市、区)纷纷研究出台专业政策，积极寻找委托对象并签署合作协议。在北京开展承接产业转移专题招商，三门峡(昆山)招商办事处、市直珠三角招商小分队牵头作用更好发挥，全市累计组建招商小分队60余支。市县小分队，共提供招商线索300余条，直接引进或参与引进项目20余个，举办或参加各类经贸活动40余次，接待重点团组考察120余批。持续创新项目跟踪督查机制，完善招商工作台账，坚持定期实地督查与日常督查相结合，适时发布重点招商动态，每月通报工作情况，每季度开展实地督查。2015年签约项目已履约151个，履约率85.8%；开工119个，开工率67.6%，累计到位资金228.98亿元，资金到位率31.3%。德道电子当年签约、当年开工、当年建成；九健电子商务当年签约、当年运营，成为招商项目快速推进的典范。市县两级商务局发挥了“先锋队”和“排头兵”作用，市商务局直接引进项目3个，向市县两级介绍德诚黄金等重要线索27条，为中金集团与市政府签署黄金珠宝产业发展合作框架协议打下坚实基础。锦江集团铝精深加工产业链核心项目大宗商品交易中心成功获得省商务厅批复。

电子商务　市委、市政府成立市电子商务发展领导小组，出台《“互联网+电子商务”行动计划》，农业、住建、人社、宣传、邮政等行业主管部门发挥作用明显，各县(市、区)领导体系更加健全，市商务局增设电商办机构，电商发展合力全面形成。市政府与省新闻出版广电局、锐旗资本分别签署战略合作协议，投资10亿元的颐高电子商务产业园项目正式签约，市众创空间暨创业孵化基地挂牌运营。阿里巴巴产业带累计实现交易额1.3亿元。三门峡电子商务创业园入驻企业17家，累计实现交易额9200万元。卢氏县被确定为全国电子商务示范县，商务部扶持专项资金2000万元，为全市电子商务发展积累了经验。共培育省、市示范企业25家，卢氏江渠村成为全市电商示范村，省商务厅认定电商企业117家，市电商协会会员突破60家。卢氏县、灵宝市与阿里巴巴合作“农村淘宝”项目启动，分别建成县级运营中心1个，农村电商服务站70个、52个。市内各媒体均开设电商专栏，全年报道200余篇。组织全市电子商务培训，举办淘宝开店培训班，累计培训6000余人次。整合人社等6部门资源，研究制定全市“2016—2018”电商人才培训计划。分别制定颐高电商产业园、三门峡电商大厦配套扶持政策。组织开展电商企业专项银企对接洽谈活动，承办“互联网金融+现代服务业”论坛。在年度创业担保贷款中列2000万元额度扶持电商创业，有力促进了电商发展。

节会活动组织 第二十一届中国(三门峡)国际黄河文化旅游节暨投资贸易洽谈会。共邀请经贸客商1592人，发布经济合作项目105个，集中签约投资3000万元以上项目73个，投资总额280.99亿元。中国(三门峡)第四届国际户外休闲产业博览会。设置6类展区486个标准展位，接待入场洽谈采购观众5万人次，现场销售1800万元，签约订单51个，总金额7800万元，创历届最好成绩。2015中国(三门峡)万人帐篷节。与中国户外探险联盟深度合作，共吸引全国21个省市区8600名驴友参与，现场扎帐4000余顶，关注度、参与度均创历年之最。罗曼彩虹跑。广大市民与全国各地驴友共7000余人参加活动，3公里路程气氛热烈，为节会增添了色彩，成为一大亮点。同时，积极邀请国内知名企业、商协会到三门峡市召开会议，晋陕豫贸促机构合作机制第一次联席会议、中国黄金报“黄金会客室”等活动相继举行。

外贸工作 2015年，全市外贸工作呈现逆势增长，外贸规模不断壮大。本年度三门峡市备案企业增至710家，进出口总额超历史最高值69.7%，市商务局在全省商务工作会议上做了经验交流。打造食用菌出口基地。注重出口型企业培育，新增食用菌登记备案企业12家，占全市新增企业的18.5%。食用菌成为最大出口产品，累计出口7726万美元，同比增长700.6%。鼓励企业自营外贸。中原黄金冶炼厂成为外贸领军企业，进口铜精粉2.12亿美元，占全市进出口总额的48.4%。加大扶持力度。努力搭建银企合作平台，举办两期出口信用保险和融资贷款培训班，先后帮助灵宝黄金、中原黄金、志诚金铅争取境外融资指标或贷款6600万美元。指导企业争取外经贸发展专项资金，12家企业申报资金483万元。规范促进对外劳务发展。设立市对外劳务服务平台并通过省商务厅验收，结束对外劳务市场无序发展历史。持续开展对外劳务宣传培训，与国开行合作推出“丝路微贷”业务，引导和扶持农村富余劳动力、下岗再就业人员走出国门。全年外派劳务924人次，同比增长56.6%。引导重点企业参与国际竞争。争取促进外经贸发展专项资金330万元，扶持重点企业。组织参加厦洽会、东盟博览会等重点展会，寻求合作契机。昌通路桥承建的吉尔吉斯斯坦伊塞克环湖公路正式通车、总长35.2公里的南北第二公路第九标段建设稳步推进，并与柬埔寨公路部门达成初步合作意向。灵宝黄金伊斯坦贝尔德金矿增资扩股，中原黄金拟在香港设立贸易分公司。全市对外承包工程和劳务合作合同金额3300万美元，同比增长59.1%。

商贸市场 苏宁电器、国美电器、永乐电器等知名品牌相继落户，高阳山商务会议度假区室内部分正式营业，豫西香菇交易市场建成投用，红星美凯龙项目即将动工。家政服务网络平台建设项目上报待审；为放心早餐工程争取省级专项扶持资金40万元；为万村千乡示范企业金阳光商贸落实扶持资金573万元。积极推动特色餐饮一条街建设，南山大唐项目入驻企业5家，持续对接10家。出台《关于进一步规范和促进二手车市场健康发展的意见》，全年拆解黄标车719辆，完成在营加油站、油库油气改造245家。新成立典当企业1家，全市9家典当企业无非法集资行为，累计发放当金4.4亿元，经营状况平稳有序。晟鸿砼业通过全省农村发展散装水泥示范企业认定，散装水泥向农村市场拓展进程加快。推进市场监管标准化示范工程，渑池县、陕州区相继通过省商务厅验收。“12312”商务综合热线受理咨询服务966件、举报投诉17起，全部办结。全市商务稽查队伍共出动执法人员5700余人次，检查各类企业、商户2500余家。牵头做好打击侵权假冒工作，各级行政部门办理各类侵权假冒案件146件，捣毁制假售假窝点3个，公检法受理相关案件30件，审结25件，市场秩序得到有效优化。

【召开电子商务暨阿里巴巴三门峡产业带工作推进会】 2015年2月2日，全市电子商务暨阿里巴巴三门峡产业带工作推进会在文博城召开。各县(市、区)政府分管电子商务工作的副县(市、区)长和商务局局长，开发区、产业集聚区管委会、市直各单位相关负责人；阿里巴巴·三门峡产业带首批上线企业和拟上线企业负责人、运营人员等共500余人参加了会议。会上，副市长李琳对全市电子商务工作进行了总结并对2015年工作进行了部署，三门峡联通公司代表阿里巴巴三门峡产业带运营商，北京紫博蓝网络科技股份有限公司代表产业带网络广告合作商，灵宝市政府代表县(市、区)，中原量仪股份有限公司代表上线企业分别作了发言。

【组团参加第九届中国中部（湖北)投资贸易博览会】 第九届中博会以“开放合作、转型发展、振兴崛起”为主题，以承接产业转移和促进投资贸易为主线，以信息交流、展览展示、项目推介、合作洽谈、专题论坛为主要内容，通过经贸合作平台搭建，促进中部地区与国内外市场的全面对接，推进中部地区开放开发和开放型经济的全面发展。2015年5月18日，三门峡市30余人代表团及10名客商参加了此次博览会。在网上项目对接平台上，发布对接项目48个。大会现场签约经济合作项目合同总金额16.9亿元人民币，涵盖基础设施建设、先进装备制造、农副产品深加工、食品加工、先进材料等行业，收到良好的效果。

【卢氏县被列为全国电子商务进农村综合示范县】 2015年7月，经商务部、财政部同意，全省8个县(市)被列为2015年全国电子商务进农村综合示范县。经过积极争取，卢氏县成功进入示范县名单，2年内可获得国家专项扶持资金2000万元，用于发展农村电子商务。卢氏县获批全国示范县，是三门峡市电子商务工作的一项重大突破，在未来将有效促进当地农村经济发展、推进城镇化进程、提高农产品商品化率、方便农民生产生活。 (李晓培)

商 业

【概况】2015年，三门峡市商业总公司求真务实，奋发进取，努力推动商业企业平稳快速发展。至年底，市商业总公司所属商业企业28家，已改制企业17家（8家企业职工身份未置换），未改制11家，商业职工3539人，其中：离退休干部职工1552人，在岗职工623人，下岗职工1364人。系统下属党支部49个，共有党员767人。所属零售业企业商品销售额完成26175.3万元，增速10.74%。全年共缴纳“三金”1165.68万元，其中：养老金缴纳735.24万元，医疗金缴纳420.24万元，失业金缴纳10.2万元。

企业改制 2015年，市商业总公司结合企业改制中出现的新情况，组织企业积极应对，妥善处理，稳步推进企业改制进程。对所属11家国有企业进行了内部审计，及时出具了审计报告，并按企业改制程序，特聘专业会计师事务所对纺织品站进行改制前专项清产核资审计。

企业发展 2015年，市商业总公司强化督导服务力度，及时为企业生产经营、商户租赁、合同签订及涉法涉诉咨询服务等方面提供帮助，解决企业实际问题，各企业也积极开拓创新，挖潜增效，推动企业长足发展。其中：百联集团积极开展节假日营销宣传，全年推出“元旦实惠送，现金天天奖”“金羊纳福，惠动百联”等多起个性促销活动；利用微信公众宣传平台，制作各类宣传推广172期，上传图片3000多张，发展微信关注人群5000多人；通过融洽银企关系，协调置换贷款手续，节约资金67万元。黄河大厦通过与锦江之星协商，将原已租赁给锦江的地下停车场开发利用，由大厦投资改造成9间钢架结构仓库，收益双方分成，年增收3.4万元。东风百货大楼积极与市规划管理局沟通协商，把门前停车场改造成14间临时便民采购点，不仅解决了宋会路长期占道经营难题，也为企业增加收入10余万元；通过积极招商，出租部分店面，增加收入4万元。饮食服务公司所属黄河饭店改造后加盟洛阳汇帮餐饮有限公司，通过提升饭菜品质，不断推出新菜品，收入较之前增长10%左右；三门峡旅社投资32万元对20间客房进行改造，新建了桑拿蒸房；红旗旅社吸纳投资100余万元对主楼及客房进行改造，同时对主楼的外部形象重新规划设计，春节期间开始试营业；鑫基商厦地下室在停业数月的情况下重新定位招商，投资100多万元建成了主营休闲运动品牌的店铺，增收成效显著。百货站、西百货、湖纺商场等企业利用现有资产，加大仓库、门店租赁力度，不断挖掘潜力，提高资产的利用率，并切实提升管理服务水平，构建和谐客户关系，大幅增加收入。

系统稳定 2015年，市商业总公司坚持以人为本，积极实施“暖心”工程，努力从源头上夯实商业系统稳定基础，确保系统整体稳定。督促企业缴纳“三金”1165.68万元，并根据新的“三金”缴费政策，多次与人社部门沟通协商，协调制定出《延缓缴纳养老金方案》和《商业系统所属企业缴费计划》等适合企业自身情况的延期缴纳方案，为企业当年减免滞纳金近千万元。全年，争取困难职工救助金62.43万元；申请军转干部慰问金5.59万元；申请困难党员救济金2.8万元，有效减轻了职工负担，缓解了群众生活压力。所属百联集团、黄河大厦、东风百货大楼、百货站、轻纺公司等企业积极退还职工集资款、职工垫交“三金”等款项158.67万元，及时消除了潜在隐患；百联集团、黄河大厦、糖酒副食集团、东风百货大楼、百货站等企业积极筹资为职工（含退休）进行全面体检，其中糖酒副食集团还筹资1万元为全体职工缴纳大额医疗保险；黄河大厦为169名女工办理了特殊疾病保险；百联集团为165名女职工进行了“两癌”体检。加强春节、“两会”等重要节点的矛盾纠纷排查，认真做好来信来访处理工作。对每起来信来访案件，都热情接待、认真登记、专人负责、及时协调反馈，妥善化解矛盾纠纷。全年，商业系统整体稳定形势平稳良好。

消防安全生产 2015年，全市商业系统安全形势整体平稳，全年未发生消防、安全生产事故。年内，市商业总公司制定下发《2015年消防和安全生产工作实施意见》，与所属19家企业分别签订了《2015年消防和安全生产目标管理责任书》，将目标完成情况与年底考核挂钩，不断加强安全生产管理，严格落实企业主体责任。同时，以“明责、尽责、知厉害”为主题，与所属19家企业消防安全主体责任人进行面对面谈心，深入开展安全生产和消防对话谈心活动，使各企业明确职责，强化意识，树立安全理念。加强所属企业消防安全台账的管理工作，要求各企业认真填写消防安全巡查记录、消防设施设备月检、年检记录及消防隐患整改处理记录，做到具体、真实。针对企业设施设备年久失修、老化不全等情况，积极组织企业开展维修维护、升级改造。其中：百联集团历时3个月完成玻璃幕墙外墙加固工程，工程造价近70万元，并投资6万元更换了五楼、十二楼老旧锈化的霓虹灯，既节能降耗又消除了安全隐患；东风百货大楼在四楼、五楼宾馆等重点部位安装防火门，把用彩钢板做隔断的临时建筑全部更换为防火板，并新增和维修灭火器材30多个；食品公司投资近20万元，对企业配电系统进行增容升级，并投资10万元，更换制冷压力管道，改进制冷工艺，提高安全系数；湖纺商场投资1.3万元，对中央空调控制箱进行改造，更换60个灭火器，新增安全标示5个，不断强化安全硬件建设。根据全市安全大检查和“三查三保”活动安排，为切实消除安全隐患，市商业总公司召开专项行动动员会议，制定实施方案，成立3个督导检查组，积极开展隐患大排查大整治活动。活动期间，共进行全面安全隐患排查80余次，检查隐患23起，整改23起，有效消除安全隐患。针对冬季火灾突发、多发的实际情况，组织所属企业消防安全主管经理和责任人收看消防安全视频，包括预防火灾、火灾扑灭、火场应急逃生等安全知识，并对圣诞节、元旦节、春节等重要节点的消防安全工作进行早预防、早部署。

（王鹏松）

供 销

【概况】 2015年，全市供销社系统坚持服务“三农”的根本宗旨，按照“拓展业务，争取项目，盘活资产，树立形象”的总体思路，稳步推进综合改革，加快发展农村合作经济组织，努力营造和谐稳定环境，各项工作扎实推进，全系统综合实力、服务水平和发展活力明显增强。全市供销社系统市直零售业商品销售额完成26176万元，占目标23000万元的113.8%，同比增长25.9%；系统完成化肥供应236387吨，占目标220000吨的107.4%，同比增长2.6%；系统农副产品购进20996万元，占目标20000万元的104.9%，同比增长1%；系统建成规范化村极综合服务社21个，占目标20个的105%；系统农膜供应1165吨，占目标1100吨的105.9%，同比增长2.5%；系统农药供应1303吨，占目标1200吨的108.5%，同比增长3.6%。

综合改革 2015年4月，与省财经学校联合在郑州举办了综合改革培训班，市县两级供销社班子成员、社属单位及基层社负责人，共150多人分三期参加培训。调研摸底。4月和7月，机关工作人员分为四个调研组，班子成员分别带队到各县(市、区)社，基层社、专业合作社和村级综合服务社进行了两次调研座谈。总结全市供销社系统的工作亮点和创新举措，发现存在的问题，探求解决的方法，为推进综合改革掌握第一手资料。考察参观。7月，市供销社组织部分班子成员、机关科长和6个县市区供销社主任到新乡、濮阳、安阳和洛阳4市5县(市)学习考察。通过学习兄弟社的先进经验，为加快推进三门峡市供销社的改革发展步伐解放了思想，开阔了眼界，启发了思路。在学习培训、调研摸底和考察参观的基础上，经市供销社班子反复商讨，明确了下一步推进改革发展的重点目标任务，全市系统规范建设配送中心12个、农业龙头企业6个、农民专业合作社12个、村级综合服务社25个、基层社改造完成11个。同时各县市区供销社要结合各自实际，在土地托管、专业合作社联合社建设、农村电子商务、农业社会化服务等供销社改革创新等方面至少选择一个突破口，拓宽为农服务领域。卢氏县社积极开放办社，吸引外资强社增效。以股权转让的形式对河南省农业产业化龙头企业三门峡龙泉保健品食品有限公司进行控股，该公司研发的燕居核桃酒获国家专利、中国名优酒、河南省著名商标、河南省名牌产品等荣誉，此次合作弥补了卢氏县供销社领办龙头企业的空缺，提升了供销社的社会影响。渑池县供销社以天池供销社为依托，与河南天洋农业有限公司合作成立中药材种植专业合作社，已土地流转3000亩，计划种植红花1200亩、丹参700亩、黄芪800亩，带动当地农户160户。同时，天池供销社与河南天洋农业有限公司达成协议，该公司从药材种植、管理以及采收全过程由天池供销社负责，从而形成互惠互利的合作伙伴，为基层供销社改革发展进行了有益尝试。

基层供销社建设 分类实施基层社改造。注重因社制宜、分类指导。把全市62个基层供销社分为三类，采取不同的措施逐步实施改造：第一类实施资产开发，增强发展实力。对于资产完整，经营服务功能较全的基层社采取的这种方式予以改造。灵宝市朱阳供销社投资3500万元实施朱阳商贸城项目建设，占地20亩，总建筑面积25000平方米，社有资产实现翻番，增加到600余万元，呈现经营规模进一步扩大，服务领域进一步拓展，自身实力进一步增强的良好局面，在灵宝大王镇、朱阳镇都出现了供销一条街的可喜局面。第二类组建中心社，凝聚发展合力。对于资产较少，服务三农开展困难的基层供销社采取这种方式予以改造。陕县大营供销社位于全县经济政治中心，但资产人员少，服务面窄、功能不完善，毗邻的张湾供销社资产完整，但相应区域经济欠发达，陕县县供销社将2个基层社联合组建了大营中心社，实现统一管理，既做到了优势互补、完善提高，又提升了服务“三农”的能力水平。第三类弃旧图新，重建新型合作社。对于沦为“空壳”，各项功能基本丧失的基层供销社采取这种方式予以改造。陕县县供销社按照“以农民专业以合作社改造基层供销社”的思路，把张茅供销社领办的宏丰薯业专业合作社作为试点，推进基层供销社改革。该专业社投入资本300多万元，流转土地580多亩，生产基地达到1000多亩，带动农户500多户，产品已进行了商标注册，年加工销售农特产品50万公斤，年销售额500万元，实现利润10万元，盈余60%返还社员。规范提升农民专业合作社。在领办创办农民专业合作社过程中，注重因地制宜、突出特色、注重实效、规范提升，切实增强农合组织服务农业社会化的能力，取得显著成效。全市已累计发展专业合作社203个，其中：7个农民专业合作社入选全国总社农民专业合作社示范社名单；5个专业合作社被省供销社评为全省“五有”农民专业合作社示范社。注重发展农民专业合作社联合社。探索把相同产业的农民专业合作社组织起来成立联合社，联合起来应对市场，做大做强相关产业，发挥自身优势，全市系统已成立了5个农民专业合作社联合社。湖滨区供销社注册成立的“八方种植农民专业合作社联合社”，现已吸纳了6家种植农民专业合作社，联合社的成立有力地推动了农民与农民之间、合作社与合作社之间的联合与协作，并努力在教育培训、信息传递、行业规范、产品销售等，助农增收发挥重要作用。全力发展村级综合服务社(社区服务中心)。坚持以供销社为主导、社会力量共同参与的指导思想，按照运作市场化、服务综合化、管理规范化、运营网络化的要求，不断健全农村现代流通网络，完善农村社会化服务体系，更好地服务农民生产、生活。全市系统共发展1622个村级综合服务社(社区服务中心)，其中有8个村级社被评为全省农村综合服务社五星级社。灵宝市朱阳镇的新店村级综合服务社、尹庄镇的岳渡综合服务社不仅开展日常消费品、农资经营业务，还开展邮政服务，联通、移动业务，以及农村信用社存款取款金融类服务业务，代售代销特殊地区需要的柴油、炕烟煤等经营业务，为农村红白喜事免费送货上门，先赊后清，提供系列化全套消费品服务，真正发挥了农村综合性服务作用。

项目建设 做好项目建设现状调查摸底。组织人员对全市项目建设情况进行了逐县调查，全面掌握项目建设现状，确定6个重点培育项目，办理该批项目入库手续，并安排专人负责各重点项目建设，做好2016年度项目申报准备。做好年度项目实施准备。三门峡市黑猪养殖基地新建项目争取上级财政资金112万元，项目建设工作有序进行。灵宝市寺河苹果农业综合开发产销融合项目已通过省供销社和省财政厅审核，上报全国总社和财政部待批，申报资金700万元。协调办理2014年度项目建设调整事项。2014年度的陕县张茅红薯深加工项目、灵宝市灵仙食用菌项目在实施中原计划需要调整，经与各项目所在地农开、财政、供销社以及市农开办协商，并经省社、省财政厅批准办理了调整手续。

安全生产 2015年，市供销社健全安全管理长效机制，继续实行安全生产目标责任制，切实做到认识、制度、措施、监督、整改五到位，确保系统生产经营安全无事故。一是签订《安全责任书》，把安全工作作为社直各单位年度综合业绩考核的重要内容；二是狠抓安全管理制度落实，实行班子成员和科室分包企业责任制，确保系统不出现安全事故；三是在重点节假日认真开展安全大检查，防患于未然。组织专项检查和综合检查23次，下发整改通知书17份，发现隐患及时整改，该花的钱毫不吝啬，配全配齐了各种消防器材；四是做好防汛物资储备管理工作，确保拉得出，用得上；五是举行消防演练3次，进一步加深干部职工对消防安全工作的认识，掌握日常工作生活中常见可用的消防常识，提高对突发事故的自救应变能力和防灾抗灾能力。2015年，市供销社未发生各种责任事故，确保了人民生命和集体财产安全。（石安娜）

盐 业

【概况】 2015年，三门峡市盐业管理局以改革创新为动力，以强化管理为保障，确保行业健康有序发展。全年完成食盐购进9120吨，占年计划9000吨101%；完成食盐销售9196吨，占年计划9000吨102%；保证市场供应碘盐合格率达98%以上；自觉遵守盐业法规，管好辖区市场，案件结案率达100%；完成养老、失业、医疗金统筹额106.67万元；

【食盐网格化管理】 2015年，市盐业局在全面取消了食盐转代批环节后，按照"全覆盖、无缝隙"的网格化管理体系原则，深化分片包干责任制式的网格化管理，将全市划分为118个片区，实行区域销售包干责任制，实现分区经营，保证食盐的及时供应。各县局每月召开一次片区经理业务分析会，及时通报访销直配、网格化管理工作进展，了解最新工作资讯和工作动态，将典型事例和先进经验进行交流和座谈，适时调整具体做法，深化长效机制建设效果。

【食盐全程跟踪服务】 2015年，全市各个片区的销售经理建立销售网络终端客户档案，定期对片区内的销售数据进行分析，及时监控市场动态，最大限度缩小私盐和非食用盐进入市场的空隙，提高合格碘盐的市场占有率。各片区经理还在方式和态度上狠下功夫，对片区内的终端客户进行定期回访，了解需求，跟踪服务，从而保证了合格碘盐的正常销售。

【食盐销售管理】 2015年，由于经营体制发生变化，为保证食盐市场安全，杜绝私盐对人民群众利益的侵害，市盐业局将盐政稽查人员全部充实到各片区的销售队伍中，负责各片区内的市场稽查与管理，做到销售、稽查同步进行，寓管于销，发现案件及时处理。不但避免了访销与稽查脱节的情况，也净化了盐业市场，保障了食盐安全。

【卢氏盐业局查获盐业重大案件】 卢氏盐业局在2015年变坐商为行商，所有人员既是销售员也是稽查员，寓管于销，查获了两起重大盐业案件，净化了盐业市场。2015年1月销售人员在市场配送中发现程某某和邓某某有异常行为，经过周密部署后，在程某某家后院以及仓库中发现盐产品487袋24.35吨，在邓某某的仓库发现盐产品670袋33.5吨，现场进行碘盐试剂测试均为无碘盐。卢氏盐业局将57.85吨违法盐产品进行扣押封存，并将两起案件移交卢氏县公安局经侦大队处理。经卢氏县检察院提起公诉，卢氏县人民法院分别对程某某和邓某某判处拘役三个月和拘役四个月，盐产品予以没收，由卢氏县盐业局上缴国库，程某某和邓某某的非法所得予以追缴并上缴国库。（周 颖）

物 资

【概况】 2015年，三门峡市物资总公司以国有物资企业破产改制和组建"三门峡国际陆港物流中心"工作为重点，狠抓各项工作的具体落实，全面完成了市委、市政府目标任务。市直单位养老、医疗、失业保险统筹额完成303万元，占年度目标179.58万元的169%；公共机构节能比2010年下降16%；安全生产、消防工作全年无重特大事故发生。

继续将全面推进市直物资企业破产改制工作作为物资工作重点，围绕破产改制中心，在切实维护职工群众切身利益，落实和解决遗留问题上下功夫，积极兑现职工权益和安置职工，化解多年来历史积淀的各种矛盾和历史遗留问题，第一批破产改制企业实现了平稳过渡。第一批破产改制工作的4家企业共安置补偿职工523名，兑现各类职工权益2391余万元，节约改制资金670余万元；化解"三角债"1.3亿元，收回法院封存的门面房5套，挽回经济损失约900万元。市燃料公司人民煤场、东风煤场两宗土地地上建筑物已拆迁完毕，上缴收储中心土地35亩，除偿还财政预借资金以外,保守估计将有近2000万元的土地净收益。第一批4家企业破产改制工作基本终结,职工安置问题、“三金”问题、历史遗留问题、土地拆迁问题等方面得到彻底解决,没有留下任何新的后遗症。

在深化改革的同时,积极探索新的发展思路。物资总公司与河南物资集团多次对接,12月3日至5日,物资总公司一行共6人,到郑州对河南物资集团主办的郑州国际陆港开发建设有限公司及郑欧班列流程进行了为期3天的参观、考察、学习,就三门峡与河南物资集团合作建立三门峡国际陆港物流中心项目进行了洽谈,就合作事宜进行了专题研究并做了进一步沟通衔接,河南物资集团于12月13日拟出《河南物资集团与三门峡市政府战略合作项目.郑州国际陆港.三门峡国际物流商务中心合作意向方案》,该方案在2014年提出的合作意向基础上,进一步提出了“郑欧班列.三门峡集散中心、跨境电子商务(三门峡)展示中心、跨境电子商务产业园、豫西大数据服务中心”战略合作意向。该项目已上升为河南物资集团与三门峡市政府战略合作项目,在市委市政府的高度重视下,已与省物资集团达成合作意向书。

认真落实信访稳定工作责任制,建立机关干部联系企业和结对交友制度,与各公司签订《维护稳定工作承诺书》,努力将矛盾化解在基层。通过各种渠道,利用各种关系,采取多种方式与企业领导班子和不同类型的职工接触,调处各类矛盾纠纷,稳定职工队伍,避免了矛盾的升级。创新维稳方式,有针对性地对下岗失业职工、离退休职工、困难职工、军转干部、改制企业领导干部开展稳定工作,把改进工作方法与解决职工困难结合起来,多方筹集资金加大对困难职工的帮扶力度。全年帮扶慰问困难职工245人,发放各类帮扶款103400元,米面油76份。自筹资金为困难企业职工补缴“三金”212万元,用结余经费为太张村提供修桥款5万元,支持发展电子商务6000元。

(韩文鸽)

粮 食

【概况】 2015年,全市粮食部门认真贯彻落实国家粮食方针政策,积极推进粮食安全首长责任制,强基础、抓民生,扎实做好粮食购销、宏观调控、粮食监督检查、行业发展、信访稳定等工作,较好地完成了各项工作任务。粮食部门通过实施“粮安工程”和推进主食产业化,推进粮食保障体系建设,加大了对全社会粮食主食品、粮油深加工的支持。2015年,三门峡市粮食总产71.57万吨,比2014年增加11.86万吨,增长19.9%。其中,夏粮产量36.98万吨,增长33.5%;秋粮产量34.58万吨,增长8%。当年,国家继续实行小麦最低价收购政策,5个县(市、区)和市直3个库点均启动了小麦最低价收购。全年粮油购销价格虽有上涨但基本平稳,没有出现大起大落和断档脱销现象。全市粮食收购31万吨,其中地方国有粮食企业收购4.7万吨,托市粮收购8.1万吨,是2014年的6倍。社会企业收购粮食18.2万吨。全年销售粮食25万吨,确保了粮食供应和市场稳定。

【粮食收购】 2015年5月,国家出台《2015年小麦最低收购价执行预案》,河南省等6个小麦主产区的国标三等白小麦、红小麦和混合小麦的最低收购价格均为每市斤1.18元,适用时间为5月21日至9月30日。由于小麦市场价格低于托市收购价,2015年全市托市收购全面启动,5个县(市、区)和市直3个库点启动了小麦最低价收购。为切实搞好夏粮收购,粮食部门认真做好产前调查、人员培训、收购备仓和物资器材准备;积极组织粮源,在收购本地小麦的同时,加强区域合作,提前与周边毗邻客商建立购销协作关系;强化部门协作,成立了政策性粮食三方联合协调机构,确定收购库点,选派驻库监管员,收购资金全面保证,应供尽供。全市抓住丰收和粮质较好的机遇,仅夏粮就收购小麦17万吨,绝大部分为一、二级以上质量,创近年来历史新高,其中托市粮收购8.1万吨。秋粮收购开始后,各企业积极组织粮源和资金,结合市场行情开展玉米等秋粮收购。至年底,全市共收购粮食31万吨,其中地方国有粮食企业收购夏粮4.7万吨,秋粮0.1万吨,托市粮收购8.1万吨,社会企业收购粮食18.2万吨。

【粮食宏观调控】 为了确保粮食安全和供应,2015年,粮食部门加大了地方粮食储备管理和粮食保障体系建设。一是编制完成了“十三五”粮食流通安全保障体系建设规划。二是积极探索建立成品粮应急储备机制。分解落实省分新增地方粮食储备1950万公斤任务,完成了全市4191万公斤各级储备粮、30万公斤食用油轮换任务。三是大力推进“粮安工程”危仓老库维修改造。申请“粮安工程”危仓老库维修改造项目10个,争取到位省级扶持资金466万元,落实配套资金285万元,基本完成了6个“危仓老库”维修改造项目。四是积极推进“仓储智能化”建设,申报全市总投资982万元的“仓储智能化”建设项目8个,其中申请中央及省级财政补助621万元。五是扎实开展全社会粮食供需平衡调查和乡村居民户存粮专项调查工作,233户固定调查点和134家抽查户,定期完成数据测报。六是继续做好军供、救灾等政策性粮食供应。扎实开展“放心粮油进农村”等活动,全年销售粮食25万吨,促进了粮食市场的繁荣稳定。七是强化粮食统计工作。组织召开全市粮油流通统计制度改革工作会议,对全41家涉粮企业的40余名统计人员进行了粮食统计制度培训,逐步实现粮油统计由部门统计向全社会统计的转变。

【依法管粮】 2015年,粮食部门继续按照《粮食流通管理条例》推进依法管粮。一是完善依法行政和监督检查工作体系。重新修订《市级储备粮管理办法》,建立了权力目录和依法行政台账,换发20余人的执法证,组建了40人的执法队伍,更新了粮油经营者、库存检查人才和检查证件信息档案库,创建监督检查示范单位,积极推进粮食系统服务型执法，粮食部门依法行政和监督检查工作体系进一步完善。二是强化依法管粮舆论宣传。利用粮食统计、监督检查和业务培训等渠道，充分发挥《三门峡日报》等新闻媒体作用，组织了《粮食流通管理条例》颁布11周年纪念活动，在第35个“世界粮食日”和第25个“爱粮节粮宣传周”活动期间，联合农业、科技、共青团、妇联等部门和组织，深入全市各系统各行业和40多个乡村，宣讲国家粮食政策和爱粮节粮知识，扩大了依法管粮舆论宣传，收到了良好效果。三是圆满完成了粮食库存检查任务。对全市12家企业27个库点的库存粮食进行全面检查，准确掌握了粮食库存底数、质量和卫生状况，完善了监管制度。四是做好粮食收购资格审验。全市48家企业通过了年审，依法取消了34家的收购资格。五是开展了军粮供应专项检查、政策性粮食出库检查和夏粮、秋粮收购专项检查，确保了各项政策有效落实。六是做好粮食质量安全监测和品质测报等工作，全年采集样品142份，其中小麦106份，玉米36份。

【粮食行业发展】 2015年，粮食部门继续加强全市粮食产业发展调查和推进工作，积极主动为企业服务，继续推进主食产业化。累计为4家民营企业争取资金支持166.84万元。大岭国库被河南省粮食协会评为“2015年河南省粮油食品安全道德诚信模范企业”。同时，继续组织企业参加各种粮油展交会，加强招商引资，卢氏县粮食局引进福建富兴隆食品公司投入资金2000万元，建设土特产冷库加工项目，开展多种经营。积极推进主食产业化和粮油深加工项目建设，开展建设了灵宝市为民食品公司年产3000吨馒头、卢氏县民兴公司投资年产1600吨食品、义马市七若滋西点蛋糕、渑池县雪莲面业挂面4个项目，共计完成投资6400万元，促进了产业发展。

【安全储粮和安全生产】 2015年，粮食部门进一步落实储粮安全责任制，加强粮油质量监控，开展了粮油安全大普查、危险品安全专项整治等检查活动，保证了所有储粮的安全。全市“四无”粮油率达到98%，储备粮“一符三专四落实”达100%。开展防汛大检查，确保了安全度夏度汛。强化了安全生产责任制企业主体责任，扎实开展“安全生产月”活动、粮食行业隐患大排查大整治、安全生产“明责、尽责、知厉害”主题对话谈心以及“尽职责、除隐患、保安全”等活动，落实“食品安全宣传周”“安全生产月咨询日”活动方案，组织安全知识竞赛，开展技术演练，加强安全知识教育，确保了安全生产无事故。

【内部管理与职工稳定】 2015年，进一步规范了财务管理，加强了审计监督，强化了粮油仓库维修、主食产业化和粮油深加工、军供网点改造以及政策性补贴、银行划拨资金使用等涉企专项资金的监管。严格落实厉行勤俭节约、反对铺张浪费规定，完善内部控制体系，严格管理机关经费，压缩公务开支，全年局机关各项经费控制在幅度之内。针对粮食系统困难企业、困难职工多，不稳定因素多的实际，全年投入了大量人力财力，认真落实信访稳定责任制。开展矛盾排查，疏导化解，慰问安抚。积极协调解决开仓借粮市级65万公斤储备小麦补充等历史遗留问题，完成市直茅津路原饲料公司整体招商方案，积极筹措资金落实市直4个“三无企业”31名职工的医保金续缴问题，妥善处理市直3个企业历史遗留贷款问题；妥善处理各种新老信访，搞好思想疏导和稳控，化解矛盾，争取解困资金10多万元，救济慰问困难职工、困难党员292人次，向两个帮扶村捐送款物，累计救助困难群众70户200余人，确保了稳定发展。

（王　毅）

烟　草

【概况】 2015年，三门峡市烟草专卖局（公司）认真把握“更加注重聚焦目标、更加注重提质增效、更加注重激活动力、更加注重依法治烟、更加注重夯实基础、更加注重端正风气”的工作原则，制订了“六个着力”的关键举措，即着力叫响三门峡烟叶品牌，着力提升卷烟营销水平，着力推行专卖精准监管，着力加强行业“双基”建设，着力推进改革创新，着力提升经济效益。通过全市系统上下的不懈努力，较好地完成了年度各项工作任务，保持了持续健康发展的良好态势。全市收购烟叶57.5万担，烟农总收入6.99亿元，实现烟叶税1.54亿元。销售卷烟9.81万箱，卷烟零售客户满意度位居全省第二。实现销售收入35.5亿元；税利总额首次跨越10亿元大关，达到10.9亿元，同比增长20.1%。其中，实现税金5.5亿元，同比增长49.3%；上缴财政7.1亿元，同比增长41.2%。全年鉴定科技成果2项，获得省烟草公司科学技术进步奖三等奖1项，申请国家专利1项，获得国家授权实用新型专利4项，发表烟草学术论文9篇。

【烟叶品牌逐步叫响】 2015年，三门峡市烟草局（公司）围绕“市场取向，品牌导向”，坚持“稳控、提质、育牌、惠民”四篇文章一起做，扎实推进现代烟草农业建设，烟叶生产迈上了新台阶。烟叶生产投入补贴资金8600万元，烟叶生产灾害保险实现“全覆盖”。落实“五特”技术体系，解决关键技术问题，烟叶质量水平持续提升，烟叶标准化工作顺利通过国家烟草局年度综合考评。突出打造生态特色烟叶品牌，高标准规划建设7个示范区，卢氏杜荆“百里生态烟叶长廊”成为三门峡烟叶的新名片。建成7个国家级现代烟草农业基地单元，示范培育20~50亩职业烟农1821户，成立烟叶合作社11个，灵宝金塬、渑池果园烟叶合作社被认定为全国烟草行业示范社。烟田机耕、植保等机械化作业率近80%，全省全程机械化采收烘烤环节现场培训会在三门峡召开。坚持“质量加秩序，养成好习惯”，狠抓入户预检，推进专分散收，落实原收原调，搭建“互联网+收购”服务烟农新平台，烟叶收购等级合格率、工商交接等级合格率保持全省第一。三门峡烟叶市场需求趋旺，已进入中华、苏烟、黄山、利群、黄金叶等知名卷烟品牌主配方,生产规模、烟叶质量、工业需求位居全省前列,继续保持全省烟叶第一大市地位,为全市经济社会发展和烟农增收致富作出了积极贡献。

【烟叶生产基础设施不断完善】 2015年,三门峡市烟草局(公司)加强烟叶生产基础设施建设,投入资金6042万元,建设基础设施项目2183个。烟草行业援建水源工程。灵宝市白虎潭水库总投资16117.66万元,其中烟草行业援建资金14793.64万元,至年底,烟草行业援建资金到位7396.82万元。工程建成后,年可灌溉农田2.86万亩,为城乡居民供水820万立方米,生态基流180万立方米,并具有一定的防洪作用。陕县大石涧水库项目通过国家局评审,核定援建资金1.93亿元。烟叶生产基础设施项目共建设1658个项目,投资5276万元。其中烟水工程4处,投入300万元。烟田机耕路,22条,59.062千米,投资1374万元。新建烟叶育苗工场3处,投资688万元。新建密集式烤房340座,更换烤房设备和门窗546套,建烘烤工场附属设施5处,投入1840万元。烟草机械。共采购剪叶机、移栽机、覆膜机、拔烟杆机、中耕培土机等烟草农机721台,投入1074万元。

【市场精准监管水平稳步提升】 2015年,三门峡市烟草局(公司)积极探索创市场监管方式,着力构建精准监管体系,全面导入“系统节点”管理流程,大力实施细化市场类别、完善信息采集、强化市场管控、严格绩效考核等精准监管举措,不断加大市场管控力度,提升市场管控的精准性、科学性。精准市场类别,提升监管针对性。市场类别是精准监管的基础。从精准市场类别入手,细分商户类别、市场类别和职责类别,按照每个类别的不同特点、规律和监管重点,制定有效的管理方法和手段,提升市场监管针对性。精准信息采集,提升监管科学性。信息采集是精准监管的关键。通过建立信息员库、完善相关配套制度,实现信息资源共享,提升了市场监管的科学性。精准市场管控,提升监管有效性。市场管控是精准监管的核心。结合辖区工作实际,围绕“职责明确化、流程顺畅化、过程痕迹化、标准一致化、制度体系化、改进持续化”的工作目标,打造“信息分析、计划制定、执行监管、考核评价”的工作流程,推行精准市场管控“1335”工作法。精准绩效考核,提升监管积极性。绩效考核是精准监管的保障。通过实行严格的市场考核、层级考核,有效运行考核结果,激励和调动专卖人员的工作积极性。2015年,全市共查办各类涉烟案件310起,查获违法卷烟674.6万支,查获违法烟叶29.8吨,侦办涉烟超百万元网络案件9起,刑拘24人,逮捕12人,判刑8人。卢氏“1·02”烟叶案件已突破660万元,创历史新高。陕县“12·5”卷烟案件达300余万元。城区烟草局被确定为第一批“河南省服务型执法建设示范点”。

(李建平)

医药管理

【概况】 2015年,三门峡市医药总公司结合工作实际,坚持“抓好改制、确保稳定、服务发展”的工作思路,企业改制稳步推进,项责任目标较好落实。全市医药流通企业完成总销售8.53亿元,同比增长10%;对居民和社会集团零售额2.89亿元,同比增长10.1%,继续保持稳步发展。政府目标要求的直属企业职工的养老、失业、医疗保险金足额缴纳,机关水、电和日常办公开支等保持稳定的下降幅度,完成节能目标。硬件建设方面,在总公司大院新建人造假山、二楼平台铺设硅PU文体活动场所,购置成套健身器材改造文体活动中心。行业有新的发展,华为药品有限责任公司率先开展24小时电话“药快送”业务,一个电话送药到家,方便群众且提升了企业的知名度和服务水平。加强企业文化建设,成功举办第一届“华为杯.黄河湿地马拉松比赛”。

企业改制 在广泛听取职工意见的基础上,2015年4月22日,市直医药流通企业改制《职工安置方案》公示,总公司组织机关人员分4个工作组,采取一对一、面对面的方式,以书面形式征求涉及身份置换的276名职工对安置方案的确认意见和对改制工作的意见、建议,经认真细致的工作,最终职工对方案的签字确认同意率达96%。6月30日上午组织召开职工代表大会,专题审议《职工安置方案》,33名职工代表参加会议,31人参加投票,投票结果:30票同意,1票弃权,《职工安置方案》顺利通过审议,并确定改制基准日为会议通过的6月30日当天。随之集中对每个职工的身份置换补偿金、拖欠的社会保险、工资、集资等摸底和收集依据,同时由康华会计师事务所有限公司核算职工个人改制身份置换费用,同时向市政府报请召开市直医药流通企业改制工作领导小组会议审批实施方案。

稳定工作 2015年,三门峡市医药总公司继续坚持稳定工作不放松,充分发挥基层党组织和工会组织的作用,不断完善服务职工、化解矛盾的群防群治工作机制。利用重要节假日等时间节点,开展走访调查活动,了解把握职工思想动态,解决群众关心的热点、难点问题,年度慰问帮扶困难职工196人次。为保证改制过程中的稳定,充分听取和尊重职工意见。改进工作方式、消除不稳定因素。始终坚持依法依规、阳光透明,不回避矛盾,以法规政策为依据,认真细致做好解释。第三方介入,聘请会计师事务所、律师事务所全程参与,有效避免各种矛盾的产生。

服务企业 2015年,三门峡市医药总公司继续坚持强化主动服务、加强政策服务、做好后勤服务的“三服务”,经常性地开展不同形式的调研交流活动,了解企业的发展和需要解决的问题,采取措施为企业排忧解难办实事。

(侯金成)

石油经营

【概况】 2015年,中国石化销售有限公司河南三门峡石油分公司(以下简称中石化三门峡石油分公司)以转向新常态为引领，以市场和客户需求为中心，以价值管理为统领，以加强队伍建设为保障，以进攻的姿态全力打好六大攻坚战，各项工作稳步推进，各项指标完成率均居全省前列。系统企业实现税金 3345 万元，占市政府下达目标 1630 万元的 205%；成品油纯销量 37.72 万吨，占市政府下达目标 30 万吨的 126%；纯销售额 25.34 亿元，占市政府下达目标 22 亿元的 115%；实现利润 1822 万元，占市政府下达目标 1340 万元的 136%；市直单位养老、事业、医疗保险金统筹额 307.48 万元，占市政府下达目标 302.57 万元的 102%；全年实现安全生产无事故。

【加油站油气回收改造】 2015 年，三门峡石油分公司在施工进度和保供双重压力下，公司克服各种困难，兼顾安全和经营，倒排工期，严格施工质量，按照省、市人民政府和省分公司要求计划的 10 月 31 日时间节点，按时保质完成了加油站油气回收改造任务，为公司的长远发展和节能减排做出了努力，向省分公司和地方政府交上了满意的答卷。

【加油站网络发展】 2015 年，三门峡石油分公司为更好地服务三门峡地区经济发展，公司加快新建站运营和歇业未运营站启动，灵宝紫阳路、卢氏三淅高速服务区站及时开业，渑池路村站、英豪站和卢氏汤河站重新营业。经过多方协调和努力，促成河南石油分公司与三门峡市人民政府《战略投资发展合作协议》的成功签订。该协议的签订，为公司长远发展提供了强大的政策支撑。

【优化资源配置】 2015 年，三门峡石油分公司紧盯资源库存和市场销售两个基点，掌握市场需求动态，加强与省公司、炼厂、湖滨车站等单位的沟通协调，积极争取资源调运及到货时间的合理衔接，使资源保供和二次物流配送平稳有序。克服铁路机车运力及下半年油气回收改造导致保供艰难等困难，优化接卸流程，合理安排作业，提高资源到位率。坚持把保重点部门供应作为大事来抓，确保了消防、公交、政府等重点部门随到随加，保证重点单位、重点项目进度不受影响。

【三门峡石油分公司 QHSE 管理】 2015 年，三门峡石油分公司加大油品抽检频次，共抽检加油站、油库油品 1487 批次，全部检验合格。全年对加油(气)站、油库检查 562 座次，查出问题 1759 条，整改 1626 条，整改率 92.4%，对暂未整改的问题都采取了有效防范措施。开展"送培训，到基层"活动 4 期 29 讲，让更多的一线员工接受了安全技能培训。提高员工应急处置能力。修订完善应急预案，开展演练 3276 次，提高了员工应急处置能力。

【"三夏""三秋" 惠农帮扶】 2015 年，"三夏""三秋"期间，三门峡石油分公司积极服务三农，全力保证油品供应，推出多项惠民政策让利减负惠农，严格执行惠农价格，设立农机保供服务站，各县分公司团支部成立了青年突击小分队，送油到田间地头，无偿帮扶收麦，免费为农机手发放爱心大礼包，深受广大农民群众欢迎，也受到了三门峡市委、市政府有关领导的高度肯定和社会各界人士一致好评。

（侯文凯）

社会服务业

【概况】 社会服务业属于第三产业，具体可划分为两大类：一是为生产和生活服务的部门：交通运输、仓储和邮政业；信息传输、计算机服务和软件业；批发和零售业；住宿和餐饮业；金融业；房地产业；租赁和商务服务业；居民服务和其他服务业。二是为提高科学文化水平和居民素质服务的部门：教育；卫生、社会保障和社会福利业；文化、体育和娱乐业。其中，以下行业的发展情况具有显著代表性。

【批发和零售业】 批发零售业是社会化大生产过程中的重要环节，是决定经济运行速度、质量和效益的引导性力量，是市场化程度最高、竞争最为激烈的行业之一。2015 年，随着金三角建材物流港、义务商贸城等大型项目的运营进入正轨，为三门峡市批发零售也发展注入了强大动力。同时，三门峡市居民收入水平整体上处于较快上升阶段，居民消费无论是从总量上，还是从结构上都有相当大的发展空间，这为批发零售行业的发展提供了良好的环境。年内，全市批发零售业共有各类经营主体 55154 户，较上年同比增长 9.65%，其中，内资(非私营)企业 1182 户，私营企业 5854 户，注册资本总计 2310854.48 万元；个体工商户 48107 户，注册资本 332017.55 万元。

【居民服务业】 2015 年，随着经济的发展和人民生活水平的不断提高，三门峡市居民的服务性消费需求明显增加，居民服务业发展势头良好。至 2015 年 12 月 31 日，全市居民服务业共有各类经营主体 8157 户，年内新增 996 户，其中，内资(非私营)企业 91 户，私营企业 626 户，注册资本 161729.9 万元，个体工商户 7479 户，注册资本 47299.51 万元。

【住宿和餐饮业】 2015 年，三门峡市住宿和餐饮业依然保持较快的发展趋势，"特博会""黄河旅游节" 等大型节会的举办，为三门峡市住宿和餐饮业发展注入了新鲜活力。以个体工商户为带动，内资、私营在住宿和餐饮业均有增长。个体工商户 6219 户，注册资本 72261.04 万元；内资(非私营)企业 75 户，私营企业 352 户，注册资本 132387.46 万元。

【租赁和商业服务业】 2015 年，商务服务业已成为拉动经济发展的重要力量。加快发展商务服务业，积极开发新的服务渠道和服务产品，提高服务质量，降低服务成本，扩大服务消费规模，提高服务业的比重，可以有效减少经济增长对资源的消耗及对环境的负面影响，对于节约能源资源、提高资源利用效率具有重要意义。商贸服务业是第三产业的重要组成部分，正在成为促进国民经济和就业增长的新动力。全市商务服务业迅速发展,取得了长足的进步,呈现出规模发展快、盈利能力强等特点,形成了以企业管理服务、法律服务、咨询与调查、广告业、职业中介服务、市场管理、旅行社为主导,以其他商务服务为补充的商务服务业体系。商务服务业正成为三门峡市加快产业结构调整和经济增长的重要行业。其中个体工商户 497 户,注册资本 6311.22 万元;内资(非私营)企业 149 户,私营企业 1164 户,注册资本 787388.41 万元。 (李坤昂)

市场管理

【概况】 2015 年,三门峡市工商行政管理部门紧抓人民群众关注的热点和焦点,深入开展食品商品抽检,严厉查处假冒伪劣商品,集中排查非法集资,重拳打击非法传销,维护市场经济秩序的各项工作取得显著成效,执法力度不断加大,执法效能进一步提升,进一步强化市场管理,努力营造安全放心的消费环境和规范有序的市场环境。

【开展食品商品抽检】 2015 年,以元旦、春节、五一、十一、中秋、中博会暨黄河旅游节、中高考期间、特博会等为重点时节,以农村市场、城乡接合部、旅游景区、校园周边、食品交易市场等为重点区域,全市组织抽检儿童用品、建材、节能灯具、电线电缆、消防器材、电动自行车等商品共计 162 个批次。加大抽检数据的应用率,对于抽检不合格的商品,均按照《流通领域商品质量抽检办法》督促辖区工商部门依法处理。全年共立案查处 50 起,罚没款 25.59 万元。

【非法集资排查】 2015 年,工商部门牵头开展打击非法集资风险排查行动,联合公安、城管部门抽调 50 名执法人员成立 7 个集中行动组,组织发改委、工信局、住建局、国税局、地税局、人行、银监局、教育局、民政局、国土局、交通局、农业畜牧局、林业园林局、商务局等 17 个路长单位组建 17 支排查队伍,对市区七横八纵 15 条主干道及 52 条路段逐门逐户进行拉网式、地毯式排查。共出动执法人员 1060 人次,排查企业商户 4317 家,发放《非法集资风险告知书》4303 份,签订《远离非法集资活动承诺书》2700 份,张贴《防范打击非法集资活动通告》1425 份,发布手机警示短信 93 万条,排查上报涉嫌非法集资活动线索 8 条,拆除涉嫌非法集资广告招牌 6 个,有效降低了非法集资风险,维护了金融和社会稳定,受到市委领导的充分肯定和社会各界的一致好评。

【打击传销】 2015 年,工商部门组织大型专项执法行动 4 次,出动执法人员 300 余人,执法车辆 95 台,查处传销窝点 6 个,教育遣散传销人员 25 人,立案查处传销案件 3 起,罚没款 125 万元。有力地维护了辖区正常的市场经济秩序,保持了经济社会的平稳较快发展,取得了良好的社会效应。积极组织各乡街道、村组社区、学校开展"无传销社区""防止传销进校园""创建无传销市"活动,积极开展对外出传销人员的身份核查,并及时上报。层层签订《打击传销工作责任书》。在城中村、城乡接合部、商场、超市、学校张贴宣传画 2000 份、宣传通告、制作宣传版面 10 个、悬挂标语 10 副,在大街小巷、传销者聚集较多的地方喷涂打击处理传销的举报电话 20 个,印制《打击传销创建无传销社区(村)》宣传册 200 本,在重点区域发放宣传资料 1000 余份,悬挂宣传横幅 15 条,制作宣传版面、宣传栏 6 余个,搞宣传教育活动 8 余次,举行非法传销现场咨询活动 2 次,利用媒体大力宣传,广泛动员群众积极协助举报传销活动,防范传销,使打击非法传销街知巷闻,营造出打击非法传销的严打声势。在辖区城中村传销者聚集地营造了良好的舆论氛围和宣传效果,推动了打击非法传销宣传工作深入开展。

【开展综合治理】 2015 年,工商部门围绕市场秩序问题突出的商品、行业和领域,特别是政府关心,社会关注、民生关切的热点焦点,严厉打击限制竞争、商业贿赂等不正当竞争行为,共查处不正当竞争案件 57 件(其中:假冒他人注册商标 44 件,虚假宣传 4 件,限制竞争 2 件,不正当有奖销售 7 件),罚没款 42.72 万元,有效地规范了市场经营行为。严厉打击假冒驰名(著名)商标、仿冒知名商品特有名称、包装、装潢、仿冒知名企业名称等"傍名牌"违法行为,出动执法人员 300 人次,车辆 40 台次,查处假冒他人注册商标案件 44 件,罚没款 22.63 万元。积极与有关部门配合,印发了《2015 年扫黄打非专项行动实施方案》,与文化市场整治专项行动相结合,安排部署了 2 次对 10 余种政治性非法出版物的查处,组织开展对"法轮功"邪教宣传品以及走私宗教类出版物、盗版教材教辅读物、军服管理整治、以及非法销售卫星地面设施等的封堵查缴行动。在全市范围内组织开展文化市场集中整治专项行动,检查已登记网吧 245 家,查处取缔黑网吧 8 户,其中:查处取缔农村黑网吧 6 户,查处取缔学校周边黑网吧 2 户,检查学校周边经营商户 1225 户,重点检查了校园周边销售文化商品的商店、小食杂店、电子游艺室、音像制品店、文具店等,查处校园周边无照经营 3 户,规范亮照经营 20 个,指导办理营业执照 11 个。检查广告经营单位 13 家,监测音频视频广告 6785 条次,发现违法广告 17 条,下达停播通知书 4 份,交办案件 3 件,促进了三门峡市文化市场、出版物市场有序、健康、繁荣发展。

【净化广告市场环境】 2015 年,工商部门认真做好广告的日常监测,继续加大对报纸、广播电台、电视台媒体广告的监测检查力度,坚持定期和不定期的约谈制度,对发布虚假违法广告的媒体进行警示,不断提高媒体的自律意识。全年,市局监测广告 80924 条次,发现涉嫌违法广告 186 条次,限期整改涉嫌违法广告 98 条,下发停播整改通知书 13 份,调查处理药监部门转办和省局交办的广告违法案件6起。全市工商系统依法查处各类违法广告案件37起,罚款24.66万元,虚假违法广告整治工作取得了一定成效。在国家广告数据中心广告监管平台公布的媒体发布违法广告情况中,三门峡市广告刊播情况整体向好,媒体守法率持续保持全省前列,9月份实现了广告违法率为0。 (李坤昂)

2015年3月14日,三门峡市工商局开展"12315公众开放日"活动,设立真假商品展示台,提高市民对日常商品的识真辨假能力

个体私营经济

【概况】 2015年,三门峡市抢抓国家"一带一路"战略、河南省"三大国家战略规划"实施等机遇,积极适应经济新常态,切实把提高发展的质量和效益放在中心位置,把改革创新贯穿经济社会发展各个领域,全面落实企业工商登记"先照后证""三证合一、一照一码"等制度改革措施,加快限额以上商贸企业和个体工商户发展,经济发展环境不断优化,发展空间不断增大,进一步降低了创业成本,有效激发了社会创业热情,全市市场主体发展势头强劲。个体私营经济已成为三门峡市经济增长的主要拉动力量和重要组成部分。

【私营企业】 2015年,全市工商系统把深化改革作为转变职能的"先手棋",全面推进工商登记制度系列改革,在稳增长、调结构、促就业、惠民生工作中发挥了重要作用。7月10日,《工商总局关于支持晋陕豫黄河金三角区域合作发展的若干意见》正式出台,为三省工商部门服务区域经济发展提供了强力支持。9月28日顺利完成市场主体"三证合一、一照一码"登记制度改革。至12月底,全市共发放"一照一码"营业执照3900余张。先后三次清理前置审批226项,取消40项,改为后置审批147项,保留前置审批39项。落实注册资本认缴登记制,放宽住所条件改革,简化登记手续和登记文件,不断降低创业门槛,全市市场主体总量逆势增长13.24%,新登记市场主体同比增长10.81%,平均每天新登记46户;全市户籍人口中,平均每27个人就有1户在工商部门注册登记的市场主体,高出全省平均水平9个百分点。2015年,全市完成内资各类主体新登记16708户。其中企业2962户(除外资),注册资本1352078.29万元,私营企业2808户,注册资本1224181.29万元。新登记外资企业8户,注册资本279.08万元。至2015年12月31日,全市实有企业16414户,同比增长22.09%,其中内资企业16160户,注册资本9236925.29万元。内资企业中包含私营企业13194户,注册资本6021807.26万元;外资企业254户,注册资本99214.7万美元。

【农民专业合作社、个体工商户发展情况】 2015年,国家对"三农"问题高度重视,给予各种支持和优惠政策,惠农力度不断加大,提高了农民创业的积极性,至2015年12月31日,全市新登记农民专业合作社472户,同比增长26.5%;注册资本金新增89312.02万元,同比增长35.87%。全市2015年实有农民专业合作社户数2253户,注册资本金总计338329.14万元。至2015年12月31日,全市新登记个体工商户13274户,同比增长25.31%;注册资本金新增163324.75万元,同比增长13.77%。全市实有个体工商户65711户,注册资本金总计536500.51万元。总体来看,三门峡市2015年累计实有各类市场主体84378户,同2014年相比总量增长13.24%。其中个体私营经济资本(含私营企业和个体工商户)规模不断壮大。全市实有个体私营经济主体78905户,同比增长13.32%,占全市市场主体的93.5%,个私经济资本总额655.83亿元,占全市市场主体资本总额的64.23%,个私经济主体和资本规模不断壮大,私营企业和个体工商户已经成为拉动市场主体增长的主力。 (李坤昂)

·编辑 张怡杰·

综　述

【概况】 2015年，三门峡市旅游部门不断推进旅游产业转型升级，全市旅游经济保持了持续平稳的增长态势，为全市经济转型发展做出了积极的贡献。至年底，全市接待海内外游客2687万人次，旅游收入225.6亿元，较2014年同比分别增长13.2%和11.3%。黄河公园、灵宝燕子山、灵宝娘娘山、渑池仰韶博物馆4家景区成功创建国家AAAA级旅游景区，三门峡市AAAA级景区数量已达12家，位居全省第四名。至年底，全市共有旅游景区27家，其中AAAA级12家(虢国博物馆、豫西大峡谷、函谷关历史文化旅游区、天鹅湖国家城市湿地公园、黄河丹峡、汉山、甘山国家森林公园、双龙湾、黄河公园、灵宝燕子山、灵宝娘娘山、渑池仰韶文化博物馆)，AAA级1家(三门峡大坝景区)，AA级6家(黄帝铸鼎原、鼎湖湾、上阳苑、清风山、曲村地坑院休闲旅游度假区、八路军渑池兵站纪念馆)；旅游星级饭店25家，其中四星级4家(灵宝紫金宫国际大酒店、三门峡金泉大酒店、灵宝宝源大酒店、渑池聚龙中州酒店)，三星级15家，二星级6家；旅行社57家，其中出境社1家，国内社41家，分社15家；旅游直接从业人员近40000人，其中持证导游员541人，基本上形成了集吃、住、行、游、购、娱为一体的旅游服务体系。

【第二十一届中国(三门峡)国际黄河文化旅游节旅游活动】 2015年5月18日至25日，三门峡市举办了第二十一届中国(三门峡)国际黄河文化旅游节暨投资贸易洽谈会。节会期间，举办了中国旅游日河南分会场活动、2015黄河旅游国际论坛、中国旅游景区标准化建设高峰论坛暨第十届全国旅游景区创A培训班、黄河大合唱、横渡母亲河、万人帐篷节、全国山地自行车赛、双胞胎漂流大赛等7项主要活动和10项专题活动，受到中外来宾和社会各界的高度称赞。国家旅游局、亚太旅游协会、“一带一路”沿线和国际知名内河流域旅游机构代表、知名旅游专家和文化学者、沿黄九省(区)旅游局、国内外旅行商和经贸客商、媒体记者1700余人出席活动，参与群众超过10万人次；签约项目73个，投资总额281亿元；全市旅游景区累计接待中外嘉宾和国内外游客14万人次。在中央、省等主流新闻媒体刊登相关报道达1600余篇、图片5000余幅，百度搜索旅游节相关信息达8000余万条，新浪微博相关信息9.3万余条，腾讯微博7.7万余条，手机微信发布消息16万余条。旅游节真正成为提升三门峡城市形象，扩大三门峡对外影响，推动经济社会发展的大平台。

旅游资源开发

【概况】 2015年，三门峡市旅游工作立足资源优势、区位优势、生态优势，围绕大黄河旅游、主城区旅游、精品景区建设和旅游产品提档升级，扎实推进重点旅游项目建设，全年新增AAAA级旅游景区4家。至年底，全市共有A级景区19家，其中AAAA级12家，AAA级1家，AA级6家。科学整合旅游资源，为三门峡市旅游资源开发和景区建设注入了活力，使旅游基础设施更趋完善，旅游区(点)的品位得到进一步提升。

【旅游项目建设】 2015年，三门峡市实施了黄河公园、黄河丹峡、甘山国家森林公园、高阳山国际温泉度假区等旅游建设项目。全年全市重点旅游项目完成投资18.6亿元。三门峡游客服务中心完成投资2.85亿元，天鹅文化展示馆内部装修完毕，一期特色美食商业城项目封顶；陕县高阳山国际温泉度假区完成投资3.06亿元，温泉中心、室外温泉泡池建成并投入运营；黄河丹峡二期扩建工程完成投资2.2亿元，完成了神仙峡道路、韶山峡返程栈道及电力设施等改造提升。大项目带来了旅游设施的大变化，城市品位得到了提升，为三门峡旅游业发展奠定了坚实的基础。

【编制《三门峡市"十三五"旅游产业发展规划》】2015年，三门峡市委托西安建筑科技大学编制《三门峡市旅游业"十三五"发展规划》，经过多次的讨论、修改和完善，年底完稿。《规划》共9章2万多字，包含"十二五旅游发展回顾、十三五发展形势分析、十三五旅游业发展的指导思想和目标、总体发展布局、旅游产品开发、旅游市场开发、旅游产业体系建设、旅游目的地建设、保障措施"等内容，绘制三门峡市旅游发展宏伟蓝图。

【旅游专项资金】2015年，三门峡市旅游部门本着"突出重点、择优扶强、引导激励、带动投资"的原则，采取有力措施，积极争取旅游项目发展资金，取得显著成效。先后为黄河公园、豫西大峡谷、双龙湾镇东虎岭村、游客服务中心和旅游厕所新改建等七个项目争取到国家和省级旅游发展资金1610万元。外来资金强势注入，有力促进了全市基础服务设施的进一步完善和市场承载能力的进一步提升。

【乡村旅游】2015年，三门峡市强力推进乡村旅游发展。在国家旅游局公布的首批"千千万万"乡村旅游发展品牌中，卢氏县文峪乡庙沟村、陕州区张汴乡曲村入选中国乡村旅游示范村，湖滨区崖底街道胜源农场入选中国乡村旅游模范示范户，陕州区二仙坡休闲农庄等24家乡村旅游经营单位入选中国乡村旅游金牌农家乐，于凯等20人入选中国乡村旅游致富带头人。在河南省乡村旅游品牌创建中，三门峡市陕州区入选省级乡村旅游示范县，灵宝市寺河乡、焦村镇入选乡村旅游示范乡(镇)，陕州区张汴乡北营村、渑池县段村乡赵沟古村入选乡村旅游示范村，二仙坡休闲山庄、胜源家庭农场等4家入选乡村旅游示范休闲农庄。首次在全市组织开展乡村旅游质量等级评定工作，评出河南省二星级乡村旅游经营单位9家、三星级乡村旅游经营单位8家，有效带动了三门峡市乡村旅游规范提升、健康发展。

天鹅湖晚霞

【精准旅游扶贫】2015年，卢氏县文峪乡庙沟村、磨上村，双龙湾镇西虎岭村3个行政村列入第一批河南省乡村旅游扶贫重点村；卢氏县狮子坪乡毛河村、柳树湾村、双龙湾镇东虎岭村、官道口镇新坪村、横涧乡淤泥河村、汤河乡底里坪村等6个村列入第二批省乡村旅游扶贫重点村，为下一步争取更多的旅游扶持资金，推动乡村旅游发展，带动群众脱贫致富，打下了坚实的基础。

【旅游商品开发】2015年，三门峡市旅游部门组织企业参加2015中原旅游商品博览会暨"老家礼物"旅游商品大赛"和第七届中国国际旅游商品博览会。卢氏县旅游局选送的"山核桃转运珠"同时获得"老家礼物"旅游商品大赛银奖和精品展示大赛银奖，三门峡市旅游局荣获大赛组织奖。

旅游宣传促销

【概况】2015年，三门峡市旅游局围绕旅游目的地营销，开展了全方位、多元化、多层次的旅游宣传推介，先后组织了晋陕豫千车万人自驾车畅游三门峡、"2015三门峡(北京)旅游推介恳谈会"等旅游营销事件，有效激活了三门峡旅游市场。

【晋陕豫千车万人自驾车畅游三门峡】2015年5月16至18日，成功组织"千车万人畅游'黄河三门峡·美丽天鹅城'活动"，受到豫晋陕三省车友们的极大关注。活动现场，三门峡爱车汽车文化俱乐部与山西、陕西和河南的16家俱乐部签订友好俱乐部协议，共同商定合作计划，以车会友，共谋发展。活动的举行进一步强化三门峡市与豫晋陕黄河金三角地区的实质性合作，有效拉动高端自驾游市场。

【三门峡（北京）旅游推介恳谈会】2015年6月26日，2015三门峡（北京）旅游推介恳谈会在北京建国国际会议中心举行。北京东城区旅游委、北京江山多娇规划院、北京纵横策划集团的专家，国旅总社和中旅总社等36家组团大社，新华社、中国旅游报、人民网和光明网等32家主流媒体共80余人参加了活动。推介会上，三门峡市多家景区推出了针对北京市场的优惠政策和措施，吸引北京游客来峡观光旅游。活动期间，双方旅游企业代表亲密对接洽谈，在优惠政策、客源组织等诸多方面达成共识。

【"中华根 黄河魂"晋陕豫黄河金三角(西安)旅游推介会】2015年9月

12日,三门峡联合陕西省渭南市、山西省运城市和临汾市,在西安举办"华夏根·黄河魂"晋陕豫黄河金三角旅游推介会。推介会上,三省四市以"华夏根·黄河魂"为主题,通过播放旅游宣传片、现场解说等形式,对各市旅游文化资源进行了系统推介,推出了针对西安市场最新的旅游产品和优惠政策,吸引西安游客到黄河金三角观光旅游。来自陕西省直和西安市的近100家旅行社、户外和自驾车组织,以及《陕西日报》、陕西电视台等40余家新闻媒体参加推介会。

【接待"走进大西北"丝绸之路旅游专列】 2015年9月12日,"走进大西北"丝绸之路旅游专列700余名游客从福州、杭州等地抵达三门峡市,亲身体验"黄河三门峡　美丽天鹅城"的旅游盛宴。此趟专列开行时间共计15天,三门峡是游客游览的第一站。此次活动首次将三门峡市纳入到国家级专列黄金线路,极大地带动了远程旅游市场,对塑造三门峡旅游城市形象、奋力打造丝绸之路经济带重要节点城市起到了积极的推动作用。

【组织"相约三门峡　舞动天鹅城"创世界纪录大型主题旅游活动】 2015年9月19日,"相约三门峡　舞动天鹅城"创世界纪录大型主题旅游活动在三门峡天鹅湖国家城市湿地公园三河广场举行。活动现场,由1698名舞蹈艺术学校学生组成的人体天鹅造型,在规定时间内以音乐奏响同时起舞的形式成功创下"世界最大的人体天鹅造型"的世界纪录,世界纪录协会高级认证官现场为主办单位颁发世界纪录证书。活动吸引了来自北京、上海、山西、河北等地近6000名热爱公益事业、关心生态和谐的公益人士参与和观看。

【中国(三门峡)老年旅游文化周活动】 2015年10月26日至28日,2015中国(三门峡)老年旅游文化周活动在三门峡举行,来自全国24个省(市、区)60余支表演队1500多名老年文艺爱好者参加。活动以"欢聚天鹅城、华龄中国梦"为主题,以养老、休闲、度假为突破口。活动期间,还举行全国老年主题旅游研讨会、旅游采风等活动,进一步推动旅游与养老、休闲、文化的有机融合,拉动旅游消费。

【白天鹅旅游季活动】 2015年11月29日,三门峡白天鹅旅游季正式启动,来自豫晋陕三省的1600余名游客齐聚三门峡,共赴这场华丽的冬日之约。随着白天鹅数量的不断增多,三门峡已经成为全国最大最好的白天鹅栖息地和观赏地,吸引了大批外地摄影发烧友和游客到三门峡市旅游观光,"看黄河,观天鹅,泡温泉,甘山滑雪,品尝十碗席"已经成为全省甚至国内最为知名的冬季旅游黄金线路。

【联合推出"一证游"】 2015年,三门峡市联合山西省临汾市和运城市、陕西省渭南市面向晋陕豫黄河金三角三省四市推出旅游"一证游"优惠政策,自2015年9月1日起开始,四市居民1年内凭有效证件到54家景区游览,可享受首道门票4折至7折的优惠,深受广大群众好评。

旅游行业监督管理

【概况】 2015年,三门峡市旅游局围绕旅游服务升级,开展了形式多样的服务质量提升活动,豫西大峡谷成功荣膺第五届"市长质量奖"称号,紫金宫国际大酒店顺利通过全省标准化试点单位中期评估。加大旅游市场检查力度。全年开展执法检查47次,下发整改通知单52份,责令改正通知书26份。实现了旅游安全零事故。

【第十届全国旅游景区创A培训班】 2015年国际黄河文化旅游节期间,三门峡旅游局高标准举办了第十届全国旅游景区创A培训班,邀请魏小安、吴必虎等国内顶级旅游专家针对A景区创建及精品景区建设等内容对三门峡市旅游企业管理人员进行了集中培训,提高了三门峡市旅游从业人员的整体素质,增进了与国内知名景区的学习交流,达到了精通业务、熟知技能、提升服务水平、规范业务管理的目的。

【文明旅游电视大赛】 2015年8月18日,市旅游局、市文明办和三门峡广播电视台联合举办了全市"践行价值观　文明我先行"文明旅游电视大赛。大赛以"践行价值观　文明我先行"为主题,分预赛和决赛两部分,决赛环节分为必答、抢答等六个环节进行,共7支代表队21人参加。最终,陕州区代表队荣获大赛一等奖。本次活动充分展示了三门峡市旅游行业人才队伍建设成果,弘扬了文明旅游新风。

【建立三门峡市旅游诚信建设"红黑榜"】 2015年,三门峡市为营造诚实守信的旅游市场环境,旅游部门开展旅游诚信体系建设,建立三门峡市旅游诚信建设"红黑榜",对列入"红榜"的旅游企业在品牌建设、对外宣传、评优评先和资金扶持方面给予奖励,对列入诚信"黑名单"的企业要对企业负责人进行约谈,并作为检查或抽查的重点对象。虢国博物馆、黄河丹峡等5个旅游企业列入旅游诚信建设"红榜"。

主要景区介绍

【函谷关历史文化旅游区】 国家AAAA级景区,河南省重点文物保护单位。位于豫陕晋三省交界,河南省西大门灵宝市境内,距三门峡市区约75千米,距灵宝市区12千米。总面积16.9平方千米,是一处融道家文化和军事文化于一体的人文游览区。函谷关是中国历史上建置最早的雄关要塞之一,也是中国古代伟大的思想家、哲学家老子著述道家学派开山巨著《道德经》的灵谷圣地,以名人(老子)、名著(《道德经》)、名关(函谷关)声播海内外。中国道教协会前会长玉溪道人闵智亭为景区题写“道家之源”匾额。该景区分为函谷关和太初宫两大部分。函谷关建于春秋战国之际,“因在谷中,深险如函而得名。东自崤山,西至潼津,通名函谷,号称天险”(《辞海》)。春秋战国以来,历经七雄争霸,楚汉相争,黄巢、李自成农民起义,以及辛亥革命、抗日战争、解放战争,是兵家必争的战略要地。太初宫是春秋末期杰出的思想家、政治家、哲学家和文学家老子著述《道德经》的地方。《道德经》思想博大精深,蕴含丰富,涉及天、地、人各个方面,在政治、经济、军事、艺术、伦理、养生等领域都有独到的见解,是世界文化宝库中的瑰宝。自1992年以来,函谷关每年都要举行老子诞辰纪念活动,届时海内外旅游者前来朝圣。主要景点有关楼、函关古道、太初宫、大道院、道家养生园、藏经楼、瞻紫楼、鸡鸣台、碑林、蜡像馆、博物馆等20余处。2011年,函谷关实施扩建一、二期工程,建设基础设施工程和河道治理工程。主要项目包括老子圣像、南入口广场、游客中心、太极广场、养生园、迎宾广场、道德天书、博物馆、老子文化研究院及函谷山庄等工程。特别是28米高的老子圣像的揭幕面世,引起海内外关注。

【虢国博物馆】 国家AAAA级景区、全国重点文物保护单位,河南十佳人文景观。位于三门峡市区北部,距市中心1.5千米,是依托西周虢国墓地遗址建立的一座集文物陈列、遗址展示、园林景观为一体的遗址性专题博物馆。该馆始建于1984年,2001年4月21日正式对外开放。占地10万平方米,建筑面积6200平方米,展厅面积4000平方米。从1956年发现以来,探明各类遗址800余处,出土文物3万余件。尤其是20世纪90年代发掘的两座国君大墓,因出土文物数量多、价值高和墓主人级别高,连续两年被评为全国十大考古新发现。同时也入选“20世纪河南10项重大考古新发现”“中国20世纪100项考古大发现”,是全国迄今为止发现的唯一一处规模宏大、等级齐全、排列有序、保存完好的西周、春秋时期大型邦国公墓。它的重大发现,为研究虢国乃至西周的历史、政治、经济、文化、宗教制度及冶金、交通、纺织、古代战争等各个方面都提供了难得的实物资料,具有十分重要的历史价值。其基本陈列分为:《虢宝撷英——虢国墓地出土文物精华展》《梁姬风韵——虢国国君夫人墓出土文物展》《车辚马萧——虢国地下车马军阵遗址群展》《国君觅踪——虢季墓遗址群展》。主要特色是虢国车马坑、虢季大墓及墓地出土的精美文物,其中尤以青铜器、玉器和铁器最为著名。车马坑展厅由为虢季陪葬的一号车马坑、为虢季夫人梁姬陪葬的二号车马坑和为虢太子陪葬的三号车马坑3座车马坑组成,这3座车马坑紧密相连,由南向北按行军队列摆放,开创以军阵随葬的先河,比著名的秦兵马俑军阵早六七百年,形成全国最大的车马坑群,也是最大的地下车马军阵。虢季墓是虢国国君的墓葬,主要向观众展现国君大墓的规模和气势,揭示西周的丧葬和等级制度。在出土的众多国宝重器中有制作精美、惟妙惟肖的仿生玉器,仿成年男子面部器官的缀玉面罩,制作精美、挂于颈部、达于膝下的七璜、五璜组玉佩,被认为是春秋战国“瞑目”的组型;由铁、铜、玉3种材料精制而成的玉柄铜芯铁剑,把中国人工冶铁的历史向前提了近200年,被誉为“中华第一剑”。虢国博物馆建筑造型独特,国宝重器美轮美奂,地下军阵威武壮观。作为世界郭姓的衍源地,海外郭姓后裔也到此寻根祭祖。

【天鹅湖国家城市湿地公园】 国家AAAA级景区。位于三门峡市东西城区之间的生态区,东起209国道三门峡市涧河桥,西到陕州大道与沿黄观光路交叉处,南接陕州大道,北至黄河滩涂,管理面积810公顷(陆地面积410公顷,水面、滩涂400公顷)。该景区是在陕州故城遗址及对青龙、苍龙两条涧河的治理改造基础上逐步建设起来的。2007年被建设部批准命名为河南省三门峡市国家城市湿地公园,其核心景区包括双龙湖白天鹅观赏区、陕州故城和沿黄生态林带三部分。由于三门峡黄河库区生态环境的明显改善,每年迎来数以万计的白天鹅到此栖息越冬,洁白美丽的白天鹅、碧波荡漾的黄河水、深沉厚重的黄土高坡融为一体,形成了一幅人与自然和谐相处的美丽画卷。三门峡市也因此被誉为“天鹅之城”,2010年被中国野生动物保护协会授予“中国大天鹅之乡”的美誉,是全国唯一获此殊荣的城市。

【豫西大峡谷】 国家AAAA级风景区。位于三门峡市卢氏县官道口镇东南10千米处东汉村。东连洛宁、栾川,西与陕西省洛南、丹凤、商南三县接壤,南接西峡,北临灵宝,距陇海铁路、连霍高速公路40千米,距卢氏县城45千米,距三门峡市区100千米,209国道纵贯南北,是以瀑布群、潭池群为特色,集游览观光、休闲度假、登山健身等功能于一体的生态型自然风景区。2003年4月重点开发。豫西大峡谷风景区总面积10平方千米,呈东西走向,宽度30米至50米,深度50米至200米,整个景区汇山泉成跌宕起伏的瀑布群,以奇山秀水、飞瀑流泉、浅溪深潭、怪石幽谷而引人入胜。山村风情浓郁,民风淳朴。主要景观大淙潭瀑布,在峡谷中,由于山体出现断层而逐渐形成急坡地段,瀑布飞流直下,泻入深潭,一瀑一潭,潭瀑交错分布。峡谷内几处悬崖绝壁势如刀削,植被丰茂,峰峰相连,步移景换,河道蜿蜒曲折,形成“十步一瀑,五步一潭”的神奇景观。景区先后开发有滑草、滑索、攀岩、漂流等娱乐项目和民俗表演。主要有大淙潭瀑布、濯足池、白龙瀑、挡箭石、潭中井、三叠潭、饮马槽、双龙潭、情人池、水帘瀑、刘秀湖等30余个景点。

【黄河丹峡景区】 国家AAAA级景区。位于晋豫黄河大峡谷小浪底库区中段、渑池县坡头乡境内,距渑池县城40余千米。北临黄河水,南依黛眉山,形成“一河三峡”(黄河,丹峡、韶山峡、神仙峡)旅游格局。黄河,碧波荡漾、水平如镜,高峡平湖、千岛棋布,万羽竞翔、百舸争流,两岸群山连绵,风景旖旎,既有三峡之奇,又有漓江之秀,可静心垂钓,可泛舟冲浪,令人流连忘返。丹峡,丹霞地貌,海底裂变。谷内清凉幽邃,溪流潺潺,古树参天,怪石嶙峋,由黄河文化组成的八大飞瀑和由八仙传说形成的八大神潭,以及天然壁画、一线天、千层岩、天坑地缝等亘古奇观,既是风光游,又是科普游,令人百品不厌。韶山峡,丹霞奇观之绝笔。险峻陡峭的山崖,巍然而立;高悬的栈道,迷离的光晕,淙淙溪流在红褐色的谷底从容穿过,大自然的鬼斧神工神秘莫测!神仙峡,山清水秀、石峰林立、花草簇拥、禽鸟群现,石画长廊,佛教古寺,集古典雕塑与自然风景之大成。黄河丹峡汇集了黄河风情、历史文化、丹霞地貌、峡谷奇观,奇山、怪石、险谷、清溪、深潭、密林等多种奇特的自然景观,是黄河峡谷内一道亮丽的风景。

【汉山风景区】 国家级地质公园、森林公园,国家AAAA级景区。位于豫陕晋三省交界处的灵宝市故县镇境内,距连霍高速15千米,距310国道8千米,距西岳华山60千米,距灵宝市区50千米。属秦岭山系一脉,总面积20平方千米,老鸦岔主峰海拔2413.8米,是“中原第一峰”。景区以汉山为主体,地貌、山势雄奇峻秀,原始林海葱郁莽莽,生态环境完好,动植物资源丰富,被称为“生物资源的天然宝库”,约有144科780属2100种的植物生长在这片沃土,珍稀、濒危的植物秦岭冷杉、杜鹃、红豆杉(国家一级保护植物)、银杏(国家二级保护植物)大面积珍藏在此;27目73科240余种的脊椎动物资源(兽类52种、鸟类158种、爬行类24种、两栖类11种),生活栖息在汉山景区;珍贵动物有金钱豹、林麝(国家一级保护动物)、红腹锦鸡(国家二级保护动物)等。布袋沟、一线天、通天梯、五乳峰、吊夫崖和汉山石虎等景观,雄奇峻秀,夺人心魄;三皇洞、鸡笼庵、三官洞、玉皇阁,演绎见证汉山“七寺八庵九道观,四十里竹林不见天”的古今美誉。汉山道、儒、佛三教遗迹遍布,文化底蕴深厚,汉山的“王莽撵刘秀传说”被河南省政府首批公布为河南省非物质文化遗产。众多的历史遗存,使汉山景区成为豫西少有的融自然与山水、人文与历史为一体的森林旅游区。

【双龙湾景区】 国家AAAA级景区,位于卢氏县西北部磨沟口乡,距卢氏县城40千米,距209国道25千米,是一处以自然景观为主的山岳峡谷型自然风景区。洛河呈“S”形从景区穿过,构成阴阳八卦图,两岸岩石天成国画。景区内崖险陡峭,壑幽谷深,瀑布飞泻,碧波映天,群峰竞秀,古树繁多,各种野生动物随处可寻,原始生态植被茂盛,是大鲵保护区之一。春天桃花争艳,盛夏清爽宜人,金秋万山红遍,严冬银装素裹。与其连为一体的铜鼓山钟乳溶洞观赏面积1万余平方米,洞内分大佛殿、石林宫、藏秀阁、塔林、玉柱潭等6个区段,附近还有大小溶洞10余处,是北方地区最大的天然溶洞群。溶洞西400米响碛景区,奇石万千,高山之上的高家寨,明末李自成曾在此屯兵驻守,200余年前修建的寨门、寨墙、闯王庙尚存。景区集自然山水、历史人文景观为一体,是旅游观光、避暑度假、考察探险的理想胜地。

【甘山国家森林公园】 国家AAAA级景区,国家级森林公园,位于陕县境内,距三门峡市区28千米,是中国摄影家学会创作基地、三门峡市文明景区、三门峡市爱国主义教育基地。景区总面积43平方千米,最高峰甘露峰海拔1884.64米。有蝴蝶谷景区、红叶观赏区、水上游乐区、森林游憩区、甘山文化区等景点。景区文化底蕴丰厚,神话传说优美动人,动植物资源丰富,森林覆盖率在98%以上,植物种类达2100余种,动物种类110余种,其中国家级保护动物8种。甘山四季自然景色宜人,各具特色。春天百木吐绿,山花烂漫,青翠欲滴;夏天林海如涛,蜂飞蝶舞,溪水潺潺;秋天万紫千红,层林尽染,丹枫流霞;冬天雪压枝头,银装素裹,冰清玉洁。景区还建设有甘山滑雪场、拓展培训中心、生态文明教育基地,是集自然景观、休闲娱乐、时尚运动、避暑、度假、科普教育为一体的豫秦晋金三角地区大型的综合型生态旅游胜地。景区主要景观还有水上游乐、甘山钟楼、甘山瀑布、羊十八岭、召公雕像、天爷庙、千年槲树、杨树王、乾隆界碑、铁罗汉、祖师庙、天爷庙等。景区每年1月举办“甘山滑雪节”,10月举办“甘山红叶节”。景区内有红叶苑、镜湖别墅山庄两处,度假区宾馆、松林红房两处,可同时可接纳300余人培训、住宿就餐。

【三门峡大坝风景区】 国家AAA级景区,国家水利风景区,位于三门峡市东北部,距市区14千米,从市区乘旅游专线车可达。是一处依托万里黄河第一坝——三门峡大坝而建成的风景名胜和人造景观相结合的水库观光游憩人文景观。景区峡谷险峻、景色秀美,两侧的山体蜿蜒起伏。景区内的主要景观有黄河展览馆、大禹公园、中流砥柱、张公岛、梳妆台、水晶宫、炼丹炉、黄河古栈道等。三门峡大坝是新中国成立后在黄河上修建的第一座大型水利枢纽,是响应毛主席的“一定要把黄河的事情办好”的伟大号召而于1957年4月开工兴建,1960年10月主体工程完工。该坝控制流域面积68.84万平方千米,占全河流域面积的91.5%。主坝为混凝土重力坝,最大坝高106米,长713.2米,总装机容量41万千瓦,年平均发电量为11亿千瓦时。大坝建成后,在黄河防洪、防凌、灌溉、发电、供水和减少泥沙淤积等方面发挥了显著的作用和效益。三门峡大坝建成后,由于水位随季节不同发生的变化,库区内形成了大片的湿地。春秋两季库区水面碧波荡漾,尽现出一派江南水乡的温柔,大坝泄洪时期浊浪滔天、一泻千里,呈现出黄河奔腾咆哮、桀骜不驯的本色。每年的11月至次年的2月,由西伯利亚飞来大批的白天鹅在三门峡水库越冬，白天鹅嬉戏于蓝天碧水之间，给库区增添了一道亮丽的风景，三门峡市因此被誉为“天鹅之城”。

【娘娘山】 国家AAA级景区，省级地质公园，位于河南省灵宝市西南11千米处，距三门峡市区76千米。该景区属花岗岩地貌，完整保存着距今30亿年至25亿年折离断层构造的地质遗迹。同时，娘娘山小秦岭地质公园也是一座博大的矿石宝库，已探明的矿藏多达38种，是全国第二大黄金生产基地。该景区是典型的科迪勒拉型变质核杂岩分布区。核杂岩出露界限清晰，边缘拆离断层系构造带保存完整，尤以东部核杂岩转折端的有序变化和构造岩系列的连续展布较为特殊，是具有很高的科学与美学价值的珍贵地质遗迹资源。西半部是娘娘山燕山期（距今1.2亿年）花岗岩体分布区。花岗岩体原生节理发育，由于地壳隆升中的构造剥蚀作用，逐渐形成雄、险、奇、秀的峰丛地貌。奇峰异谷层峦叠嶂，雄壁伟崖鳞次栉比，岭若鲫背宽不盈尺，谷深千仞绝峭陡立，共同构成奇特的花岗岩构造剥蚀地貌。景区占地28平方千米，主峰海拔1563米，区内石景遍布，潺潺流水在山间回响。景区主要由瀑布峪（百尺瀑）景区、石瀑布景区、娘娘庙景区和黄天墓景区组成，对游客开放的主要是瀑布峪景区和石瀑布景区。

【鼎湖湾】 国家AA级旅游景区，国家黄河湿地自然保护区。位于河南省三门峡灵宝市西闫乡文东村北，连霍高速公路灵西出口西行2千米，310国道文东村站即达。距三门峡市区约70千米。是一处以水波芦苇荡为主的湿地型自然风景旅游区，有着黄河第一荡——“西部白洋淀”的称号。该景区面积约6.5平方千米，有观景亭、鼎湖滑道、荷花观赏池、游船码头、鼎湖渔村、钓鱼台、卧龙潭、四爷泉、黄河晚渡、半崖春燕等16处景点。景区拥有中国北方少有的万亩芦苇荡，湖中芦兰丛生，水道纵横，自然形成一座水中迷宫。这里地下泉水肥涌，水下鱼虾成群，野生禽类长年生存在草丛中。植被区系具有三方交汇、南北混杂的过渡特点。唐代诗人李白曾在此写下“鼎湖流水清且闲”的诗句。区内植物资源丰富，有维管束植物80科160余种及变种，盛产苹果、大枣、花生、棉花、阕莲等。野生动物有36科140余种，其中白天鹅、白冠鸡、黑鱼、大闸蟹、灰鹭等具有保护价值。

【黄帝铸鼎原】 国家AA级景区，全国重点文物保护单位。位于河南省灵宝市西25千米处阳平镇境内，是中华人文始祖轩辕黄帝奠定邦国、铸鼎铭功、驭龙升天的地方。景区内存唐贞元十七年（801）的“轩辕黄帝铸鼎原碑铭”一通，是全国发现的关于记载黄帝功绩最早的也是唯一记载黄帝采铜铸鼎历史的一通碑刻，是研究黄帝文化的稀世珍品。景区修复建设了始祖殿、献殿、阙楼、东西廊房、功德柱、神道等大型建筑，铸就天、地、人三尊巨型铜鼎，象征天神、地神和祖宗，保护加固了黄帝陵冢，总占地面积8万余平方米。在铸鼎原古文化遗址群中，北阳平遗址总面积190万平方米，文化层3米至5米，是全国发现的仰韶时期最大的古文化遗址，素有“十里长街”之称，为全国重点文物保护单位。其中，在西坡遗址发现的仰韶中晚期大型墓葬区、大宫殿基址和人工防护壕沟在国内外引起轰动。特别是在大型墓葬区出土的一大批完整的成套玉器、陶瓷、骨器、石器等文物，为研究人类社会阶级的产生、国家的出现、文明的起源提供了弥足珍贵的实物资料。

【清风山】 国家AA级景区，省级森林公园。位于义马市东区办事处东北部，距市区5千米，南临310国道，洛三高速公路从景区南端穿过。景区南端以千秋镇河口村部分为界，西以千秋镇梁沟村为临，东至景区二仙洼村，北抵石树沟至清风岭一线，总面积20平方千米。景区森林覆盖率95%，植物种类200余种，其中国家级保护植物和有特别观赏价值的植物近百种，国家级保护动物20余种。景区内有碧波荡漾的清风湖、曲径通幽的清风山、气势如虹的亚洲第一单孔桥、香火缭绕的清风寺、流水潺潺的燕沟河、秦王点将台、马刨泉、神蜡峰、座子沟、木兰寨等景点。此外景区的亮点是千亩樱桃沟，成熟的人樱桃色泽鲜艳、玲珑晶莹，果肉柔嫩多汁、甜酸可口，每年5月举办的清风山樱桃文化艺术活动吸引着数万名游客的到来。

【上阳苑】 国家AA级景区，位于市区上阳路南端，背倚南山（故又名南山公园），前临青龙涧河，坐落于310国道市区段陕州大道南侧，交通便利，距市中心仅1.5千米。总面积占地80余公顷。上阳苑景区因紧邻西周时期虢国都城上阳城遗址，故而得名为“上阳苑”，是三门峡市唯一一家省级楹联文化景区。景区已建成上阳南路、景区大门牌楼、登山步道、山顶休闲广场、一阁二亭、乐悠悠激情滑道、高尔夫练习场、仿唐一条街、商务会馆、南山文化艺术品市场、水上乐园、农家乐等景观建筑及基础设施，成为三门峡的一个标志性景观和广大市民休闲、娱乐、观景、健身的好去处。

【燕子山】 位于灵宝市东南20千米处，占地总面积4800公顷，其中林地面积4533公顷，森林覆盖率高达96%，是黄河沿岸中西部交汇处生态保护较为完好的森林公园之一。园内最低海拔800米，最高海拔1497米，年平均气温10.7℃，属北方暖温带大陆性季风气候区。公园距209国道15千米、310国道17千米，交通条件便利。公园内秀峰林立、沟壑纵横，登燕子山主峰观日出、看云海、俯瞰黄河九曲十八弯，领略大自然磅礴浩荡的气势。公园内水流湍急、净潭棋布，两条奔流不息的河流像玉带一样在红皮河景区和雷家沟景区串起大小十余处瀑布，并汇成两座水库，游人可在水库泛舟、垂钓、游玩、戏水。公园内林木茂盛、灌丛密布、古木参天、巨藤攀爬，有豫西地区面积最大的刺槐林，居河南省前列，属省内知名景观。每年四五月份，槐花从低海拔至高海拔依次开放，持续时间长达30余天，漫山遍野笼罩在白色的花海和清新的花香之中，令人神清气爽、心旷神怡。有孑遗植物水杉、银杏和粗榧、水曲柳、鹅掌楸等国家级保护植物。高大挺拔、直插云天的人工林和自然扭曲、相互缠绕的次生林形成了独特别致的森林景观，使人置身绿色的天然大氧吧中。公园内动物种类繁多，有国家级保护动物金钱豹、穿山甲、红腹锦鸡、麝、鹿等，漫步林中，常会和红腹锦鸡、鹿等美丽温顺的林中精灵不期而遇，享受人与自然和谐相处的美好境界。公园内有龙王庙、祖师庙、前后山神庙和西山神庙，祈风调雨顺、生活美好；传说有刘秀和夫人路过燕子山走马观花踩石上马时留下足印的上马石，虽经千年风雨，足迹仍依稀可见；有传说中肋生双翅、协助武王伐纣、屡立战功的雷震子出生习武之处——雷震洞，引人发思古之幽情。有抗战时期美国飞行员驾驶的国军飞机被日军击中后坠毁处——飞机岭，见证了日军侵华的滔天罪行。燕子山森林公园一年四季气候宜人，春来奇花异卉星罗棋布，可赏槐花；夏临鸟语潺流、清凉舒适，可避酷暑；秋到满目红叶、层林尽染，可观红叶；冬至雪压青松、树挂冰凌，可戏瑞雪，是人们观光旅游、休闲度假、远离都市喧嚣、回归大自然、开展森林游憩活动的好去处。

【黄河公园】 位于三门峡市区北部，濒临黄河，总面积745公顷，其中陆地面积245公顷、水域面积500公顷。整个公园沿黄河由东向西呈带状分布，东西长约5千米，蓄水期南北宽约1.5千米。是以保护沿黄生态、弘扬黄河文化、提升居住环境为目标，集旅游观光休闲、黄河文化展示、湿地生态保护为一体的城市生态公园。黄河公园是三门峡沿黄半岛景观带的主要景观节点，园区内台地层叠、沟壑散布、悬崖陡峭、洼地连绵，地形变化多，地势落差大。在台地、沟壑和黄河滩地，原生态植被种类丰富多样，植物季相鲜明。多样的地貌变化，形成了丰富多彩、特色各异的黄河沿岸自然景观。同时，这里还是近距离感受黄河的清浊变化的最佳观赏点，特色鲜明的地理地貌和清浊变化的黄河吸引了大量游客。

（王　丽）

·编辑　张怡杰·

燕子山景区

财政·税务

财 政

【概况】 2015年,三门峡市财政部门依法加强税收征管,狠抓增收节支,强化财政监督,围绕市委、市政府下达的工作目标,创造性地开展工作,为促进全市经济和社会事业发展做出积极贡献。

财政收入 2015年,全市财政总收入完成1292082万元,比上年增长2.1%。全市一般公共预算收入完成939398万元,增长1.6%。主要税种情况:国内增值税完成75727万元,为年预算的61.7%,下降2.4%。营业税完成165770万元,为年预算的108.9%,增长3.7%。企业所得税完成56644万元,为年预算的119%,增长20.3%。个人所得税完成14208万元,为年预算的84.6%,下降9.3%。城市维护建设税完成34056万元,为年预算的90.4%,增长8.9%。资源税完成52124万元,为年预算的77.1%,下降20.8%。分部门情况:国税部门完成143395万元,为年目标的95%,增长8.7%;地税部门完成482258万元,为年目标的91%,增长3.3%;财政及其他部门完成313745万元,为年目标的122.6%,下降3.6%。其中:市级国税部门完成41367万元,为年目标的98%,增长19.9%;地税部门完成38358万元,为年目标的86%,下降10.4%;财政及其他部门完成50287万元,为年目标的116.4%,增长10.8%。分级次情况:市级完成130012万元,为年预算的100%,增长6%。县(市、区)级完成809386万元,为年预算的100.3%,增长0.9%。

财政支出 2015年,全市一般公共预算支出完成1710047万元,为年预算的99.6%,增长3.2%。其中:市级完成362189万元,为年预算的99%,下降4.5%。县(市、区)级完成1347858万元,为年预算的99.8%,增长5.5%。

基金收支情况 2015年,全市地方基金收入完成151526万元,为年预算的109.3%,下降46.7%。基金支出完成222913万元,为年预算的99.3%,下降36.2%。

【重点项目和民生支出得到较好保障】 2015年,全市一般公共预算支出完成171亿元,比上年增长3.2%。为保障重点支出和民生支出需要,市财政部门在加强收入管理的基础上,立足三门峡市实际,认真研究财政政策,进一步加大向上争取项目和资金的力度,全年共争取转移支付等上级补助资金92亿元,进一步增强和壮大三门峡市的财政实力,缓解财政收支矛盾,促进经济和社会事业的健康协调发展。同时,本着统筹兼顾、突出重点的原则,积极调整和优化财政支出结构,一般性支出实行零增长,着力保障和改善民生,落实好各项强农惠农及对社会弱势群体的救助政策,集中财力支持解决好涉及广大人民群众利益的热点和难点问题。2015年,全市财政支出中涉及民生的支出达126.3亿元,占一般公共预算支出比重达73.8%。城乡基础设施建设、安居保障、城市畅通、商务中心区提升、饮水安全、教育扩容、卫生惠民、供暖改造、文化共享、幸福养老、就业促进等一批涉及群众切身利益的问题得到了较好解决。

【财政管理】 2015年年,市财政部门认真落实税制改革政策,将营改增范围扩大到建筑业、房地产业、金融业和生活服务业等领域。进一步完善部门预算和国库集中支付制度,深化预算绩效管理改革。以深化预算管理制度改革为主体,以优化预算执行流程和强化现代信息技术支撑为两翼,全面推进"阳光财政"建设。制定出台了财政专项资金管理办法、财政涉企资金管理办法、预算资金绩效管理、财政决算公开规程等制度,着力强化预算约束和财政监管,盘活存量资金、加强财政资金统筹使用,全市共清理盘活存量资金49.7亿元,统筹安排用于教育、社保等民生改善和公共服务、基础设施领域。大力推广政府和社会资本合作(PPP)模式,采取特许经营方式,吸引社会资本参与基础设施和公共服务设施建设。研究制定方案,进一步做好推进政府购买服务工作。加强和规范行政事业单位资产管理,深化完善财政“大监督”格局,积极配合省检查组和审计组对三门峡市开展的重点监督检查工作。加强财政投资评审,全市共完成评审项目776个，评审金额29.92亿元，审减3.35亿元，审减率11.2%。加强政府采购管理,全市完成采购项目1706个,采购规模达到21.2亿元,节约资金1.8亿元,资金节约率为8.5%。

【财政资金支付审核】 2015年年,市财政部门为确保财政资金支出安全有序,按照“服务优质、资金安全、支付合规”的要求,继续加大支付审核力度。一是加强支付中心人员学习培训。重点针对行政事业经济科目名称、内容、涵盖范围，以及新的行政事业会计制度和“三公经费”管理专项业务。二是落实岗位责任,继续严格支付审核。明确要求将容易混淆的科目严格区分、准确反映,如过路费、停车费等单独填列,否则不予报销。对发现的串会计科目报销现象发现一起纠正一起。对不合规付款申请在说明理由的情况下给以拒付，全年共填写拒付理由书55笔,金额达到93万元;进一步完善了稽核、纠错等工作流程,设置支付系统资金监控岗,实施动态监控,对50万元以上财政授权支付资金审核把关,全年监控预算资金77笔,金额5.72亿元。三是重点审核“三公经费”,做到公务接待、车辆维修等手续齐全、符合标准、核算正确、发票真实。四是严格执行公务卡制度,凡属于《公务卡强制结算目录》的项目,必须刷公务卡,否则在审核时一律退回。全年共办理预算资金集中支付业务51576笔，支付资金31.22亿元。

【城建重点项目监管】 2015年，市财政部门在城建重点项目监管方面主要做了以下工作:一是建立项目库。2015年共上报城建项目325个，项目总投资22.86亿元，主要包括城市规划、标准化建设、城市基础设施建设、环境保护、矿山环境及地灾搬迁、管理维护等六大类项目。为加强项目管理,根据省厅《财政专项资金项目管理系统》,将专项资金管理全过程纳入信息系统进行统一管理,建立各级项目库,实现联网查询、动态监督、绩效考核和科学分析。进一步完善项目筛选、评审、征信、绩效评价等制度,确保专项资金安全、有效使用;进一步清理、整合、归并专项资金,统筹推进专项资金管理改革;做好审计配合衔接工作，主动防范审计风险。按照《三门峡市市级财政专项资金管理办法》，推进专项资金整合，形成专项资金目录清单。明确申报程序、管理要求，夯实专项资金管理基础。对跨部门管理难以归并的专项资金,划分领域、统一办法、统一评审,建立统筹规范、分工明确的管理机制。二是做好城市基础设施项目管理工作。2015年,三门峡市持续加大城市道路、园林绿化等城市基础设施建设投资力度，其中市本级财政全年拨付城建项目资金22980.2万元，较2014年22154.8万元,增长9.37%。重点实施了虢国路升级改造工程、建设西路新建工程、魏野路新建工程、康园路新建工程、文体活动中心、文化广场项目、黄河公园项目、北环路新建工程、天鹅湖湿地公园湖堤路、夕照路景观提升改造项目、殡仪馆异地迁建项目等一批提升城市品位、方便群众的民生工程。三是扎实做好规划编制工作。2015年,三门峡市共开展了城市给水、排水、污水、消防、公交、燃气、供热、绿地、照明、环卫、地下管网普查及信息系统建设项目和高铁南站以南片区控制性详细规划编制等13项城市基础设施专项规划编制工作，此批专项规划的编制对三门峡市进一步完善城市基础功能,提高综合承载能力,推进城镇化健康发展，引导高铁南站以南区域城市建设有着积极的意义。

【“助保贷”机制缓解小微企业融资难】 2015年，为进一步缓解小微企业融资难问题,灵宝市、渑池县、义马市、湖滨区、产业集聚区分别成立了小微企业助保金贷款管理机构，并制定出台了相应管理办法，各级财政共注入资金6000万元，其中灵宝市1500万元、渑池县1000万元、义马市1000万元、湖滨区1000万元、产业集聚区1500万元。灵宝市于2014年6月成立了小微企业助保金贷款管理委员会，出台了灵宝市小微企业“助保贷”贷款业务管理办法,建立了小微企业“助保贷”贷款机制和“助保贷”政府风险补偿机制,由财政出资1000万元,作为“助保金”基金,与建设银行合作,按1:10的比例放大信贷资金,年底,已为30家企业发放贷款5960万元。渑池县财政出资1000万元和建行合作开展助保贷业务，合作银行按1:10放大到1亿元办理小微企业助保贷业务,通过“小微企业池”,对入池的小微企业放贷,额度在300万至1000万元，贷款企业以抵押物价值的40%与一次性缴纳实际获得贷款额的2%作为助保金。至年底,已发放贷款4690万元。湖滨区于8月份成立中小微企业风险担保基金委员会,制定了《中小企业信用风险担保基金使用管理办法》,与湖滨区农商行签订了《湖滨区中小企业信用风险担保基金协议》,区财政安排1000万元,由农商行放大到1亿元做为担保基金,企业单户总额不超过300万元,为区属中小企业及“三农”提供贷款担保。至年底,已发放贷款500万元。义马市于6月底成立了义马市小微企业助保贷管理委员会,出台了《义马市小微企业“助保贷”风险补偿资金管理暂行办法》《义马市小微企业助保金贷款管理办法》《义马市助保贷业务小微企业池管理办法》等系列文件,市财政筹措小微企业助保贷业务风险补偿金1000万元,至年底,已受理义马申豪建筑物业管理有限公司等9家企业申请助保贷业务。

【国有资产管理】 2015年，市财政部门进一步强化资产监督管理，建立健全各项资产管理制度，全力维护市本级行政事业单位和国有企业国有资产安全和完整,合理配置资产,提高国有资产的使用效益,确保国有资产保值、增值。主要工作:一是国有资产对外有偿使用管理。对市机关事务管理局、市住建局管理的国有公房、门面房经过评估,进场交易。组织了2次小型车牌照拍卖,收入349.5万元,按规定全部上缴国库,用于道路事故救助基金。对市停车场管理办公室管理的3个停车场,按规定程序出租经营权。所得收入128万元,全部缴入国库。对三门峡市区267辆公交车体附属户外广告和市崤山路人行天桥桥体户外广告泊位出租3年经营权。经市城管局、财政局共同与河南天鹅湖文化传播有限公司的3轮商议,最终以639.2万元转让给三门峡市国有独资的河南天鹅湖文化传播有限公司经营,收入上缴市财政统筹使用。门面房的管理也进一步加强,市委办、市政府办、市人大办、市政协办管理的门面房,已分别移交由市机关事务管理局统一管理。二是国有资产处置管理。2015年,共办理国有资产处置30宗,其中报废14宗。账面原值938万元,处置收入40余万元。所有变价收入均按规定实行"收支两条线"管理,缴入财政专户。主动参与污水处理厂资产处置,做好防止国资产流失的监督员。市纪委、市检察院、市公安局的涉案资产全部按国有资产管理办法规定处置。三是市属事业单位国有出资企业产权占有登记工作。市本级应登记207户,已登记177户,完成比例为85.51%;人员编制数32173人,年末财政供养人数31917人,资产总额申报数1473484.2万元,负债总额申报数149,443.68万元,国有资产总额申报数1324040.51万元,固定资产总额申报数16865658.45万元,土地、房屋及构筑物申报数12657614.74万元,已确权土地占用面积为5645476.74平方米,已确权房屋建筑面积申报数为2537704.64平方米,汽车共计1074辆,对外投资申报数为22334.54万元,出租出借申报数共计9616.56万元。

【会计信息质量检查取得实效】 2015年6月,三门峡市开展了以"遏制会计造假,规范会计行为,服务宏观管理,维护公众利益"为目标的会计信息质量检查工作。全市共组织参检人员34人,重点对广播影视、农业、粮食、节能环保行业以及学校、科研院所、社会团体等行政事业单位和企业的2014年会计信息质量进行了检查,全市共检查单位32家,其中,行政事业单位22户,国有及国有控股企业7户,民营企业3户。共查出问题资金1459.54万元。其中:会计核算不实742.38万元,财政资金违规2.1万元,其他违规问题714.88万元。至年底,对被检查单位的处理处罚和整改工作已经完成,收缴6户单位罚款7.9万元,纠正违规问题金额330万元,其中调整事项300.62万元,追缴财政资金2.1万元,补缴税款11.56万元。在会计基础工作方面存在的问题有:会计处理不正确,会计凭证不合规,会计稽核不完整,财务人员无会计从业资格证。

【政府采购监管】 2015年,全市全年实际完成采购项目1706个,较上年增加421个,增加率24.6%,采购预算26.554亿元,实际采购规模达到211876万元,节约资金18018.54万元,资金节约率为8.5%。坚持以公开招标为主的采购方式,公开招标率占83%,工程类采购规模较大,占采购总额的70%以上。市本级其中:实际完成采购项目367个,较上年增加121个,增长率32%,采购预算13.43亿,实际采购规模达到12.43万元,节约资金9801.5万元,资金节约率为7.8%,有效地降低了财政支出,最大限度地发挥了资金使用效益。

【清理规范涉企收费工作】 2015年,根据《三门峡市人民政府关于印发2015年推进简政放权放管结合转变政府职能工作方案的通知》有关要求,市财政部门积极开展清理规范涉企收费、公布基金目录工作。一是先后二批次公布取消停征和免征的49项行政事业性收费。根据省财政厅、省发改委《关于取消停征和免征一批行政事业性收费的通知》自2015年1月1日起,取消或暂停征收征地管理费等12项中央级设立的行政事业性收费,对小微企业(含个体工商户)免征房屋登记费等42项中央级设立的行政事业性收费。根据省财政厅、省发改委《关于取消和暂停征收一批行政事业性收费有关问题的通知》,自2015年11月1日起在取消和暂停征收婚姻登记记录证明收费等37项行政事业性收费项目。二是集中开展清理规范涉企收费检查。2015年6月,按照《省财政厅、省发改委、工信厅关于抓紧做好涉企收费专项清理规范工作的通知》要求,市财政局、市发改委、市工信局联合对全市行政机关、事业单位、代行政府职能的社会团体收取的涉企行政事业性收费和政府性基金,行政审批前置、涉及市场临管和准入以及其他具有强制垄断性的涉企经营服务性收费,行业协会商会涉企收费等进行了一次专项清理规范。通过与部分企业座谈,听取有关情况的介绍,深入到部分县(市、区)企业实地检查,未发现三门峡市有超出中央和省级已公布的行政事业性收费或基金项目的收费行为。三是2015年3月至6月,先后公布减免养老和医疗机构行政事业性收费,免征小微企业有关政府性基金,清理涉及稀土、钨、钼等矿产品的收费基金,取消有关水运涉企行政事业性收费项目。先后转发了省财政厅、省发改委《关于减免养老和医疗机构行政事业性收费有关问题的通知》《财政部 国家税务总局对小微企业免征有关政府性基金的通知》《财政部 发改委关于清理涉及稀土、钨、钼收费基金有关问题的通知》《关于取消有关水运涉企行政事业性收费项目的通知》,对涉及减免或取消的收费项目给予公布。四是2015年12月,先后重新发布住建部、证监会、银监会等部门行政事业性收费项目。转发了财政部、发改委《关于重新发布中央管理的住房城乡建设部门行政事业性收费项目的通知》《关于重新发布中国证券监督管理委员会行政事业性收费项目的通知》《关于重新发布中国银行业监督管理委员会行政事业性收费项目的通知》《关于重新发布中国保险监督管理委员会行政事业性收费项目的通知》《关于重新发布中央管理的人力资源社会保障部门行政事业性收费项目的通知》《关于重新发布中央管理的食品药品监督管理部门行政事业性收费项目的通知》,对所属部门的行政事业性收费项目予以公布。五是公布有关收费基金目录清单。2015年6月,转发了《河南省财政厅关于公布〈河南省政府性基金目录清单〉的通知》,明确了24项河南省政府性基金的项目名称、管理方式、征收的政策依据等内容。对于目录清单之外的政府性基金项目,一律不得征收。按照《河南省发展和改革委员会、河南省财政厅关于停止征收价格调节基金的通知》,自2015年6月1日起,全省停止征收价格调节基金有关要求,2015年10月对《河南省政府性基金目录清单》进行了更新。

【农村综合改革财政奖补项目】 2015年,三门峡市计划实施农村综合改革财政奖补项目127个,其中:村内道路修建项目69个,村内农田水利设施项目11个,桥涵建设项目1个,村容美化亮化项目9个,村内环卫设施项目2个,村文化活动中心建设项目15个,其他公共设施6个。项目预计受益人数15.6676万人,项目计划投资总额36018.31万元。村民筹资及筹劳折资150.38万元,村集体投入4114.96万元,社会捐赠或赞助18204.27万元,整合到项目中的财政支农资金4311.77万元,财政奖补资金9237.83万元,其中:申请省级财政奖补资金6725万元,市级配套资金749.85万元,县级配套资金1762.98万元。

【财政科研】 2015年,市财政科研部门紧紧围绕财政工作中的热点难点问题,多次深入县乡开展调查研究,先后撰写了《构建新型农村社会救助体系问题研究》《打好转型发展攻坚战》《加快推进农业现代化的财政政策建议》《现代财政制度视角下县乡财政体制改革探讨》等具有一定深度和参考价值的调研报告和理论研究文章,被各类专业期刊采用31篇,其中被全国经济类核心期刊《中国财经信息资料》采用1篇,《中国财政》采用2篇,《河南财政》采用23篇,被《三门峡日报》《三门峡学刊》各采用1篇,有3篇调研报告入选三门峡市委政研室编撰的《全市重点课题调研成果汇编》。同时有5项调研课题在省、市级获奖。其中:被省社科联、省经济学团体联合会评为"河南省社科联优秀调研成果"二等奖2项,被三门峡市委政研室评为"全市优秀调研报告"一等奖1项,二等奖2项。

(李少民　王向红)

国家税务

【概况】 2015年,全市国税系统站位大局,攻坚克难,各项工作保持了良好发展态势,取得了较好成绩。市委、市政府主要领导先后多次对国税工作做出重要批示,给予充分肯定。2015年,全市国税系统共获得全省国税系统目标管理先进单位、机关党的工作先进单位、档案工作先进单位、全市行政服务工作先进单位、全市企业服务活动先进单位、全市扶贫开发工作先进单位、全市对外开放工作先进单位、全市反腐倡廉建设优秀单位、全市党委系统信息工作先进单位、市直先进基层党组织等市级以上荣誉20余项。对于国税部门团结拼搏、攻坚克难、挖潜增收所取得的成绩,市政府给予了全市通令嘉奖。

组织收入 2015年,全市国税系统按照"分析所指、工作所向"的工作要求,把影响收入的原因吃准、吃透,把解决问题的措施想足、定准,大力实施税源专业化管理,不断完善领导联点包片制度,坚持基层班子管户带行业,实行税收收入目标责任制,上下一心、共克时艰,实现了税收收入较快增长。全年累计组织税收收入505434万元,增收31664万元,同比增长6.68%,收入总量首次突破50亿元,总量和增幅在全省分别排名第13位和第5位。完成地方级收入151881万元,增长10.39%,地方级收入规模和增幅在全省排名第11位和第3位。其中,完成市及市以下地方级收入143388元,同比增收11339万元,增长8.59%;完成市本级收42529万元,同比增收6416万元,增长17.77%。实现了税收与经济协调发展。

执行政策 严格执行税收政策,加大税收执法监控和考核,强化数据管理和通报,深入开展税收执法"回头看",不断规范税收执法行为;加大税收政策宣传,定期召开税收政策发布会、送法上门、开展税收宣传月活动,提升纳税人税法遵从度。

纳税服务 牢固树立"全员服务""全程服务""个性化服务"等理念,不断提高纳税服务效能。稳妥推进办税服务厅实体化,扩大即办业务范围,推行"一站式""一窗式""限时制"等多项服务。开展个性化服务,坚持定点联系服务企业制度,定期提供纳税服务和纳税辅导。加强办税服务厅规范化和标准化建设,开展"群众满意的基层站所"评比。完善"12366"纳税服务平台,快速解决各类涉税咨询、投诉和举报。从稳增长、调结构、促改革、惠民生的大局出发,保证企业不折不扣享受各项税收优惠。在扶持新兴企业创业方面,运用税收政策引导新兴产业发展,22户企业申报研发费加计扣除税收优惠8212万元,申报税率优惠7160万元。在促进小微企业创业方面,为7.9万户次小规模纳税人减免增值税2631万元,为1519户小型微利企业优惠所得税额435万元。在支持重点群体创业就业方面,17户企业享受残疾人工资加计扣除优惠,减免税额316万元。同时,积极服务领导决策。围绕经济转型、产业发展等重点课题,撰写的《从工业增加值角度看工业增加税管理》《三门峡国税局全力助推地方企业"走出去"》、等《国税专报》得到市委市政府领导肯定,《三门峡文化产业发展建议》被列入市人代会议案并被作为重点督办项目。

税务稽查 全市国税稽查部门实施专业化分类稽查,重拳治理各类涉税违法行为,坚持快查、快审、快入库,先后对成品油销售行业、疑点增值税专用发票领域和重点税源企业进行系列专项检查,全年稽查查补入库5354万元,有力地震慑了各类涉税违法行为。

【加强风险防控】 2015年,全市国税系统强化风险教育,先后举办风险管理培训3期,通过短信、微信平台定期进行风险提醒,引导干部职工和纳税人提高风险防范意识。强化执法监督,依据总局明确的87项税务行政审批事项,发布税收行政权力清单和责任清单,定期开展执法督察、巡视检查、回头自查,有效提高了执法准确率。强化风险应对,统筹运用纳税评估、税务稽查、反避税、税务审计等应对措施，形成风险分析、应对、反馈、整改、提升的一体化管理机制。强化检查惩戒，评估入库税款3887万元，特别纳税调整税款1.37亿元，稽查查补入库5354万元。全年风险管理成果达到2.26亿元，收入贡献率4.46%，同比增长2.72个百分点。商品混凝土行业、车购税风险管理经验被《河南法制报》和省局刊发，申请注销纳税人风险评定量化计分办法、铝矿石购销行业纳税评估模型被总局、省局借鉴采用。

【强化税种管理】 2015年，全市国税系统税种管理更加精细。增值税管理方面，先后对陆路货物运输、矿产经销等7个行业开展检查，取得各项管理成果1387万元。强化"营改增"行业后续管理，全市登记试点纳税人较年初增长92%，税收收入突破2亿元。坚持试点先行，先易后难，在全省率先提前完成增值税发票升级版推行工作。企业所得税管理方面，注重汇缴数据增值，汇缴入库1.4亿元、评估入库1621万元，申报率达到100%。全年共实现所得税收入14亿元，增幅达38.7%，再创历史新高。大企业和国际税收管理方面，强化定点联系企业风险应对，排查涉税风险点70个，补缴入库696万元。着力反避税调查，采用收益法调增非居民企业所得税1.9亿元。消费税管理方面，落实卷烟批发环节消费税税率调整，累计增收6917万元。车购税管理方面，重点实施联管联控，全面推行窗口通办，与公安、车管部门联合开展比对、分析和监控，管理成效得到总局、省局领导肯定。

【税收宣传】 2015年4月1日，全市税务系统第24个全国税收宣传月启动仪式暨一季度发票抽奖活动在灵宝市举行。围绕"新常态 新税风"的活动主题，国税、地税部门公布了双方共同推出的宣传合作项目，联合发布了纳税信用评定等级A级纳税人名单，现场进行了普通发票抽奖活动，共抽出了576个中奖发票号码，最高奖值10000元。《河南日报》、网易、中国网、大河网、映象网、河南电台、《三门峡日报》《黄河时报》等多家主流媒体，纷纷进行报道，取得了较好的宣传效果。此次活动的举办，是国税、地税部门分设21年来首次大规模的税收宣传合作，标志着三门峡市税务系统税收宣传月活动正式拉开序幕，也意味着2015年国地税合作进一步向纵深发展。宣传月期间，三门峡市国税系统围绕10件实事、10项重点工作及"优化服务年"各项工作安排，提升宣传站位，创新宣传项目，聚焦工作重点，陆续推出小微企业政策落实深度采访报道、"寻找最美税务人" 活动、税企高层对话恳谈会、便民办税春风行动等丰富多彩的宣传项目，确保税收宣传月活动深入推进。

【国税文化建设】 2015年，三门峡市国税局高度重视用好文学力量，积极倡导，大力扶持，挖掘、展现、打造国税文化，以文学凝聚正能量，弘扬主旋律，营造爱文好艺、宽松活泼的良好氛围，搭建税收文学爱好者互相切磋、共同提高的平台。年初，由全省国税系统文学协会编辑的《天中税韵》(第二辑)系列丛书正式发行，三门峡市国税系统王家臣、郑莉萍、王洋鸿、郭海涛、孙秋亮、李京成6位文学骨干的作品合集《虢风雅集》作为系列丛书的一部，结集出版。12月4日，全省国税系统文学协会年会在三门峡召开，全省国税系统文学协会理事代表及各省辖市国税局文学协会负责人、会员代表参加了会议。三门峡市国税系统郑莉萍、孙秋亮荣获"全省税收文学创作突出贡献奖"。 (孙秋亮)

地方税务

【概况】 2015年，全市地税系统以全面深化"三个服务"，奋力建设"六个地税"，加快推进税收现代化的总体工作思路为统领，站位全局，勇于担当，克难攻坚，砥砺奋进，各项工作成效明显，实现了"十二五"完美收官。

组织收入 2015年，面对经济下行压力增大、国家结构性减税政策陆续出台、"营改增" 扩围效应逐步显现等严峻的形势，市地税局落实河南省地税局分税种促收、挖掘征管潜力促收入、强化稽查促收入等一系列工作部署，相继采取促收保收督导服务、开展税源普查和清欠等工作措施，积极争取各级党委、政府支持帮助，带领广大干部职工盯紧目标不放松，集中精力抓攻坚，税收收入逐月增长，5月份实现正增长，6月份实现"双过半"、创单月收入最高纪录，年底圆满完成了河南省地税局和市政府确定的收入目标。2015年共入库各项收入55.16亿元，其中，地方级税收48.55亿元，同比增长2.3%，增收1.11亿元。市县级税收48.23亿元，同比增长3.3%，增收1.53亿元，完成政府目标44.1亿元的109.37%，占全市财政一般预算收入的51.3%。在河南省地税局绩效考核和市政府综合目标考核中均被评为先进单位。

税收征管 强化税源管理工作。开展营业税、土地增值税和契税、耕地占用税清查，查补税款2.26亿元。做好纳税评估工作。开展"全面纳税评估大干五十天"活动，入库税款2566万元。2015年，存量房纳税评估系统评估房产3174套，增收税款约1700万元。严格落实营业税、个人所得税、个体工商户起征点调整、支持小微企业发展、节能减排等结构性减税政策，依法减免税收1.59亿元，较好地支持了地方经济发展。先后开展"企业服务行动计划""便民办税春风行动""双百企业服务行"等一系列活动，有效支持了企业发展，地税部门的舆论关注度和社会满意度不断提升。完善征管质量考核办法，加强征管数据管理。加强重点企业、重点行业、主体税种管理，加强产业集聚区、工业园区、重点建设项目的税源监控，积极推进税源专业化管理。2015年10月1日起三门峡市全面推行"三证合一、一照一码"登记制度，全市地税系统共办理702户纳税人税务登记，进一步简化了税务登记手续。

依法治税 强化普法教育，规范执法行为，严格落实规范行政处罚裁量权"一个标准，四项制度"，预先审核处罚案件27起。强化税务稽查，组织企业自查224户，查处税务违法案件

38起，查补入库地方各税1.07亿元，同比增长73%。建立法律顾问制度，梳理6大类82项行政职权目录及责任清单，主动接受社会监督。落实税收优惠政策，为4230户减免营业税1880万元。深入开展“六五”普法教育、税法宣传和依法治理工作，建立基层法制员制度，统一税务行政处罚裁量标准，开展服务型行政执法建设，开展执法督察、巡访监督和经济责任审计，规范执法行为，提升执法水平。

科技兴税 加强信息管税建设。顺利实现金税三期税收管理信息系统上线，做好税收征管业务档案电子管理系统推广工作，为税收征管改革奠定良好基础。大力推进网上申报、网上办税、网络发票，网上申报户数7245户，占企业总户数的91.71%。“金税三期”上线运行，推进财税库银横向联网，全面实现税款电子入库。改造高清视频会议系统，改版内外网站，推广应用腾讯通软件和移动办公系统，信息管税水平和工作效率不断提升。

纳税服务 深入开展“便民办税春风行动”，举办税收政策大讲堂、实体纳税人学堂等28个，培训4637人次。开展“税务人走进纳税人”大走访活动，共收集纳税人意见建议341个，现场答复办结248个，事后限时办结82个，回访企业200余户，纳税人满意率100%。与国税、银监部门开展“银税互动”，助力小微企业发展，为1305户小微企业落实税收优惠政策资金178.3万元。编印《办税服务指南》6期，开通“三门峡地税”微信公众号，已有175人关注，线上回答纳税人问题43个。“12366”纳税服务平台纳税人满意率达94%。出台国地税合作方案，联合开展2014年度企业信用等级评定A级纳税人207户，联合开展“寻找最美纳税人”活动，实现全市范围国地税办税服务厅窗口互设，进一步提升了办税效率。湖滨区办税服务厅入选全国百优政务大厅典型案例、河南省人民满意的公务员示范岗、河南省青年文明号。加强办税服务厅规范化建设，试行“免单”“免填单”和“简化填单”服务，开展“提效能、创品牌、树形象”等一系列优化服务活动，推行“一窗式”管理、“一站式”服务，构建平等、互信、合作、共赢的新型征纳关系，服务质效和纳税人满意度不断提升。

【湖滨区地税局办税服务厅入选“全国政务大厅百优典型案例”】 8月20日，在经过全国数十名权威专家为时3个月的评审推荐，三门峡市地税局下属单位湖滨区地税局办税服务厅不负组织的期望和重托，在全国近300家参选单位中脱颖而出，成功入选“全国政务大厅百优典型案例”，是全省地税系统唯一一家入选单位。该项活动是由中国行政体制改革研究会、《紫光阁》杂志、人民网、中国政府网共同举办，通过展示典型经验，搭建学习交流平台，深入推进简政放权、深化行政体制改革。

【全市推进服务型行政执法建设工作观摩会在市地税局举行】 2015年9月29日上午，全市推进服务型行政执法建设工作观摩会在地税局举行，这次观摩活动由三门峡市政府法制办组织，全市市直各单位主管法制工作领导、法制科长、各县(市、区)法制办主任、三门峡日报、三门峡电视台等主要新闻媒体等共70余人参加。市地税局介绍了该局在服务型执法建设中的工作举措和成效，与会人员实地观摩了湖滨区地税局办税服务厅的贴心服务和特色服务，与会代表给予高度评价。三门峡市法制办主任崔晓战要求各单位要以观摩活动为契机，积极借鉴学习地税部门的好经验好做法，积极奋进，推进全市服务型执法建设工作深入开展。 (王　萌)

·编辑　张怡杰·

2015年4月1日，三门峡市税务系统第24个全国税收宣传月活动启动仪式在灵宝黄金股份有限公司举行

综　述

【概况】 2015年，全市金融系统紧紧围绕市委、市政府中心工作，不断加强金融创新和银企对接，努力扩大资本市场融资，稳步推进企业上市挂牌，全面提升金融服务水平，全市金融运行呈现平稳健康发展态势，为促进全市经济社会平稳发展提供了强有力的金融支撑。

至年末，全市金融机构新增贷款84.72亿元，完成省定年度目标任务的141.2%，超额完成省定目标。2012年2月，市政府与省农发、工、农、中、建5家国有银行签订了总金额1075亿元的战略合作协议，协议期为5年，从2012年3月开始落实资金到位进度。2015年，5家国有银行共落实资金319.46亿元，占本年度计划落实资金215亿元的158.59%；自签订以来，累计落实资金1236.21亿元，占总协议金额的115%。3月28日，组织举行了“2015年重点项目银企对接会暨贷款项目签约仪式”，14家金融机构与39家项目单位在会上进行了贷款项目签约，达成协议总金额220亿元。5月22日，市政府与中原银行签订了总金额180亿元的战略合作协议，协议期为5年； 8月31日，举行了市商务中心区银企对接会暨贷款项目签约仪式，农行、中行、建行、邮储银行、洛阳银行、中原银行、广发银行等7家金融机构分别与义乌商贸城、明珠大厦、湖滨大厦等11家五证齐全、资信优良的建设项目单位，达成贷款协议总金额15.9亿元。6家农信社法人机构中湖滨、渑池、卢氏3家已成功组建农商行，3家已开业农商行按照现代银行制度的要求，明晰发展战略，加快转型发展，各项业务稳健发展，公司治理的有效性持续提升；义马农信联社于12月2日获准筹建农商行。1月，成功引进太平财险公司在三门峡市设立分支机构，入驻后三门峡市的保险机构已达22家；至12月末，全市共有保险主体22家，其中财险主体13家，寿险主体9家，分支机构134个；累计实现保费收入27.83亿元(财险保费收入5.44亿元，寿险保费收入22.39亿元)，赔付2.65亿元。对有新三板挂牌意向的企业，根据企业实际情况，采取不同形式、有针对性沟通、协调、辅导，深入企业，具体开展业务辅导，强力推进企业“新三板”工作。至年底，有4家公司在“新三板”挂牌。同时，按照境内外证券市场的上市条件和规则，对上市后备企业进行增补调整，增补后定重点上市后备企业将达到27家，排全省第三位。

（何千国）

中国人民银行三门峡市中心支行

【概况】 至2015年末，中国人民银行三门峡市中心支行(以下简称“人行三门峡市中支”)机关内设16个部门，下辖5个县(市)支行，共有职工247人。当年，分层次、分行业举办银企对接会、放贷签约仪式15次，开展以缓解企业融资难融资贵为主题的调研、帮扶活动69次，疏通了基层货币政策向实体经济的传导机制。推动129家用户在应收账款融资平台注册并融资4.3亿元，服务4家企业在新三板挂牌，先后帮助4家涉外企业实现境内外融资1.89亿美元，扩宽了企业融资渠道。至年末，各项贷款余额671.8亿元，较年初新增84.7亿元，是上年同期2.2倍。全市社会融资规模总量94.03亿元，是上年同期19倍。在扩总量的同时，注重借助专项信贷政策优化信贷结构，加快推进“两权”抵押贷款试点，推动地方政府建立定向支持小微企业和精准扶贫的担保基金、风险救助基金1.5亿元，扩大新型农业经营主体主办行制度成果，支持创新创业的小额担保贷款发放额完成年度目标1.2倍，积极做好民贸和民族特需商品生产企业贷款贴息工作，被市政府授予民族团结进步模范集体。

【提升金融服务水平】 2015年，人行三门峡市中支深化农村支付环境建设，在助农取款服务点行政村基本全覆盖的基础上，加快惠农支付点建设并覆盖全辖所有乡镇，率先在全省建成金融综合服务站78个。提升服务信息化水平，在全省率先实现公交系统金融IC卡“闪付”功能应用，国库直接支付业务种类和地域范围不断增加和拓宽，指导全省唯一试点市——灵宝市完成乡镇国库集中支付电子化改革，实现了乡财县管，经验做法被推广复制到全省70多个县(市)。优化征信服务，义马市小微企业和卢氏县农村信用体系建设同时入选全省试验区创建名单，服务3家小贷公司和1家担保公司接入征信系统，对1家小贷公司开展了信用评级。加强人民币管理，依托代理发行库和人民币清分中心，投放、回笼小面额人民币3.4亿元，优化了县域人民币流通环境。构建辖区灵宝市与陕西省潼关县跨省人民币管理及反假货币合作机制，探索解决跨区域现金投放和回笼难题。做好外汇管理与服务，建立“黄河金三角”区域外汇管理与服务协作机制，实现了豫晋陕3省4市外汇信息共享、执法监管互助和服务升级。落实外汇管理简政放权各项措施，继续开展“访银行、走企业、下基层”活动，积极主动帮助涉外主体协调解决融资难题，前11个月全市进出口总额同比增幅位列全省第一。

【维护金融稳定】 2015年，人行三门峡市中支按月召开经济金融分析例会，与金融办、银监分局、保险业协会建立金融稳定沟通协调机制，实现监测分析全覆盖。推动存款保险制度、利率市场化改革政策有效落地，开展金融稳定现场评估，举办重大事项报告制度培训2次，按月监测9家法人金融机构运营情况，对指标偏离严重的2家机构及时提示预警风险，确保法人机构稳健运营。以防范不良贷款增加为重点，密切关注产能过剩行业企业资金断裂风险，推动地方政府建立“一企一策”、分类处置帮扶机制，配合政府部门打击和处置非法集资。根据地方经济特色建立了煤炭、黄金、铝3个特色行业监测制度，上报的调研信息被中办国办采用2篇、总行采用16篇，被上级行领导和市委市政府领导批示19篇，《河南金融年鉴》工作被郑州中支评为一等奖，政务信息继续稳居分行河南辖区各市中支第一。

【法治银行建设】 2015年，人行三门峡市中支突出金融法治宣传教育实效，举办存款保险知识竞赛，在《三门峡日报》开设“金融周刊”，开展法治讲座和知识测试，组织副科长以上干部到监狱接受警示教育等，增强了干部职工法治思维、金融从业人员合规操作意识和社会公众金融知识素养。认真落实行政执法人员持证上岗和资格管理制度，规范行政许可处罚行为，梳理政务公开事项和权力清单并公示，实行行政处罚集体决策并依法公开，未出现行政复议诉讼纠纷。按程序开展综合及专业执法检查8次，共处罚金40余万元，约谈金融机构27次、82人次，清理整顿财政专户31个，创新实施“2+3”比对模式加强财政性存款交存，树立了基层央行权威。健全金融消费权益保护工作体系，受理并妥善处理19起咨询投诉，金融消费权益保护信息管理系统在市、县两级全面上线运行。实施专业风险隐患排查和各类安全生产检查20余次，突出问题导向抓好隐患整改，累计投入90余万元完成消防、安防和科技信息安全等12项设施改造。规范业务操作，开展应急演练6次，安全调拨押运发行基金34次、51亿元，会计、支付结算、货币金银、国库等部门累计办理业务54万笔、金额1895亿元，实现了基础业务零差错。 (李晓宇)

中国银行业监督管理委员会三门峡监管分局

【概况】 2015年，面对经济增速下行、利率市场化持续推进、基准利率下调等复杂多变的金融形势，中国银行业监督管理委员会三门峡监管分局（以下简称三门峡银监分局）以科学发展观为统领，按照“稳增长、促改革、调结构、惠民生”的总体工作思路，不断加强风险管控，深入开展“员工行为整治年”活动，强化消费者权益保护工作，引导银行业金融机构加大对地方经济的支持力度，积极推进银行业机构改革。连续出台《三门峡银行业“抱团帮扶”工作指引》《三门峡市企业信贷主办银行管理办法》《三门峡银团贷款业务发展指导意见》等三个规范性文件和《三门峡市企业信贷主办银行行长联席会议制度》(合称一会三规)，建立“一会三规”工作机制，着力解决企业融资难题。内引外联，推进农信社组建农商行工作。制订下发《三门峡银行业“员工行为整治年”活动工作方案》。制订《三门峡银监分局村镇银行内控机制建设》。强化监管手段运用，逐步实现EAST现场检查系统的普及与应用。2015年，三门峡银监分局被评为“2014—2015年度银监会系统文明单位”；荣获监管统计竞赛、重点调研课题及行业监测分析工作优秀单位称号；信息宣传工作在全省系统排名第一；分局2015年的工作得到市政府的通令嘉奖。

【打造金融服务实体经济新常态】 2015年，三门峡银监分局着力强化支持力度，出台《三门峡银监分局关于三门峡银行业支持经济转型升级稳健发展的实施意见》，要求银行业金融机构紧紧围绕三门峡市建设成为中原经济区重要支撑、区域合作示范城市、豫晋陕黄河金三角区域中心城市的发展定位，以深入推动三门峡七大产业集聚区建设为己任，充分发挥各银行机构的优势，围绕三门峡的铝工业、能源工业、黄金及有色金属加工、果品加工、煤化工、贸易物流及现代服务业等主导产业的发展进度，为其提供优质多样的金融服务。强力支持重点领域建设，组织银行业机构制定“十三五”规划，协调银行业机构与政府签订重点项目信贷支持战略合作协议，实际到位资金274.53亿元，占年度计划落实比例的 127.69%。新增重点领域重大项目贷款 29 笔 34.62 亿元，占全部新增贷款的 37.33%。建立"一会三规"工作机制，切实解决企业融资难题。2015 年共受理"抱团帮扶"申请企业 132 家，纳入抱团帮扶 58 年，累计发放帮扶资金 100 多个亿。全市小微企业金融服务专营部门实现全覆盖，全年累计投放小微企业贷款 304.58 亿元，较上年同期多投放 132.35 亿元，同比增长 76.84%；小微企业贷款新增 16.21 亿元，增速 10.55%，贷款户数净增 598 户，申贷获得率提高 3.66 个百分点。全市涉农贷款较年初增加 54.51 亿元，较上年多增 39.32 亿元，增速 14.92%。

【深化银行业机制体制改革】 2015 年，三门峡银监分局多措并举加快地方法人银行业机构改革进程。一是重点推进农信社组建农商行工作。2015 年农村信用社改革工作取得了阶段性成效，义马联社成功引入 8 家民营企业投资，引入资金 14100 万元，扩股股本 6000 万股，通过股金溢价资金处理不良资产 8100 万元，制约改革问题得到根本解决，已获批筹建农商行。二是持续推进新型农村金融机构建设。积极与中原银行及其他实力较强的省内外主发起行对接，推动在陕县设立村镇银行；鼓励村镇银行向乡镇下沉服务网点，增设支行 2 家；引导卢氏德丰村镇银行优化主发起行与民间资本股本结构，促使其股权结构更加合理。

【风险防范与合规建设常态化】 2015 年，三门峡银监分局加强房地产信贷、票据、信用卡等业务风险监管，加大银行业风险防范工作力度，维护银行业安全稳健经营。采取置换、核销、清收等方式，加大不良贷款处置力度。建立大额不良贷款风险监测通报制度；对大、中、小 3 类 12 家典型企业融资成本按月监测、分析变化情况及原因；开展信用风险调查，查摸机构信用风险底数和趋势变化情况；坚持重点行业风险分析联席会议制度，加强对重点行业信用风险管控；坚持非现场季度分析通报制度，突出对房地产贷款、域外信贷、信用卡、表外业务信用风险监控，提高信用风险防控针对性。2015 年，辖区银行业机构共清收不良贷款 1.91 亿元，通过抱团帮扶使 2 家中型企业 9 亿元贷款资金化险为夷。制定《村镇银行驻行式监管办法》，开展驻行式监管，对村镇银行内控机制建设、风险防控措施及成效实行动态监管；向中原银行发出《关于促请切实履行卢氏德丰村镇银行主发起行责任的函》，督促其切实履责。组织开展"2015 年三门峡银行业员工行为整治年"活动，组织银行业机构从业人员签订承诺书，全方位、多角度开展员工行为排查，防止社会金融风险向银行业传染。全年组织银行业机构开展各类风险排查 157 次，发现和查处柜面业务、信贷业务、安全保卫等问题和风险隐患 414 个，已整改、化解 375 个，处理违规人员 484 人次，罚款 15.13 万元。

【依法行政工作持续加强】 2015 年，依法行政工作一是严格高管人员管理。充实高管人员试题库，对高管人员考试采取全程电子监控措施；严格农村中小法人机构高管人员任职资格审核，认真落实"基层高管人员履职报告"测评制度和"从业人员处罚登记制度"。二是强化依法行政工作，全年共出台和修订各类依法行政文件 5 个，下发行政许可批复类文件 42 个，受理并核准机构申请 29 个，核准高管任职资格 43 个。召开 1 次行政许可委员会工作会议，完成义马联社组建农商行事宜的受理上报，召开 1 次行政处罚委员会工作会议。三是强化监管手段运用，当年累计向银行业金融机构下发监管通报 35 份，提出非现场监管建议、要求 166 项，已落实 143 项；下发风险提示 5 次，开展监管会谈 13 次，约见高管会谈 6 次。全年组织现场检查 22 项，累计工作日 1857 个，查出问题 186 个，提出监管建议 164 条，对辖内 4 家机构做出罚款 80 万元的行政处罚决定。

【金融生态环境持续改善】 2015 年，三门峡银监分局强力推进与各部门的协作，全市金融生态环境持续优化。一是持续推进银行业网点服务提升活动。对近三年的人大、政协提案，排出社会关注度最高的十大亟待解决问题，列出时间表，逐一督促改进，并向社会各界发放金融服务工作问卷 6000 余份，仔细查找金融服务薄弱环节。年末全市行政村基础金融服务覆盖率达 97.71%，机构金融服务达标率 78.57%，比计划多 18 家。5 个网点通过省银行业协会"百佳营业网点"验收。二是努力增加公众对现代金融的了解。开展"金融知识进万家"、"第四届小微企业金融服务宣传月"等活动，在"新浪·河南"建立"防下行，银行业在行动"专栏，在《三门峡日报》开辟每周金融专版，组织辖内银行制作金融服务实体经济专题宣传片 12 期，在三门峡广播电视台新闻频道、民生频道黄金时段持续滚动播放。三是切实保护消费者合法权益。将消费者权益工作评价结果与银行业金融机构风险评级、年度高管人员综合考评等监管内容挂钩，并纳入银行服务达标评比。组织开展服务收费专项检查，取消不合理收费项目 80 项、降低收费标准 23 项、整合精简收费项目 252 项(其中 23 项降低收费标准)，较年初减少收费项目 322 项，责成银行清退不合理收费 63.72 万元。

(石莉荟)

中国农业发展银行三门峡市分行

【概况】 2015 年，中国农业发展银行三门峡市分行辖陕州区、灵宝、卢氏、渑池、义马 5 个县(市、区)支行和 1 个营业部，是三门峡区域唯一的国家政策性金融机构。2015 年，面对外部经济下行的巨大压力和艰巨繁重的工作任务，全行上下按照"从严治行树形象、转型创新促发展、强化监管防风险"的总体工作思路和"整体工作上台阶、条线工作争亮点"的总体工作目标，着力抓好业务发展、存款组织和信贷风险防控工作，业务运行趋稳向好。至年末，各项贷款余额 189204 万元；各项存款日均余额 132053 万元，较年初上升 54256 万元；实现中间业务收入 66.44 万元;实现人均利润 8.88 万元。

【夏粮收购】 2015 年，针对夏粮生产和收购呈现出的产量高、品质好、农民售粮积极性高和仓容充足的新形势，全行积极应对,早作准备。夏收伊始，按照上级行、中储粮公司、市粮食局的要求密切配合,签订了三方监管协议,制定了“多布点,早启动,早收粮，快收粮，多收粮，收好粮”的收购方案,对辖区内小麦生产形势、市场形势、资金需求预测及收购工作准备情况等进行摸底,在较短的期限内完成了对购销企业的贷款资格认定和评级、授信工作。托市收购启动后,及时召开专题会议,成立了收购资金供应管理工作领导小组,下发收购资金供应管理工作的通知,明确相关部门和人员的具体职责，收购工作进展顺利。至年底,累计发放收购贷款 2.2 亿元,收购小麦 1.95 公斤,贷款和收购量是去年同期的 3 倍，为托市以来收购投放贷款和收购数量最多的一年，有效发挥了农发行维护粮食安全的职能作用,促进了农民增收。

【中长期项目营销】 2015 年，农发行三门峡市分行强力推进中长期项目营销工作。制定中长期项目奖励办法,明确全年营销目标任务,建立营销组织，筛选营销项目,加大奖惩力度,从制度层面激发发展的原生动力；组织县支行行长到洛阳、漯河等地学习中长期贷款项目,复制他行成功模式,快速掌握项目操作要领,加快发展速度;印制中长期贷款项目宣传册，详细介绍中长期项目各项贷款品种及土地流转、空心村、宜居村贷款政策,推介农发行业务;市分行行长亲自上阵,与各县书记、县长沟通协调,宣传农发行业务范围和信贷政策,对接指导重点项目。除已批复的 17 个重点项目外，至年末，又储备项目 13 个,资金 40 亿元。

【重点建设基金】 2015 年，农发行三门峡市分行抢抓机遇,拓展蓝海,用好用活政策,支持地方经济发展。积极向市委、市政府主要领导汇报，与发改委、金融办、财政等有关部门及时沟通协调,与各县(市、区)书记、市长及时对接,形成联动联调互助机制。打破常规,客户、信贷、县支行等多部门密切配合,从项目筛选、资料准备、整理初评、上报复审，一直到项目审批各环节，落实专人全程跟进，坚持靠前协调、靠前服务。在 4 个月的时间里,配合市发改委共上报重点建设项目投资需求 4 批,获批项目 16 个,资金 6 亿元,项目总投资近 65 亿元。所投项目涵盖三门峡各县(市、区)扶贫搬迁、集中供水供暖、城市水网改造、河道治理、棚户区改造、水利建设、生态综合整治、医药物流、产业转型升级等所需资金大,见效慢的民生项目。项目基金到位后,采取投贷结合方式,根据项目总投资需求和实施进度，后续申报利率优惠、还款期限长的贷款,支持项目顺利实施,共投放贷款资金 50 亿元。

【经营管理】 2015 年，农发行三门峡市分行夯实财务基础管理，开源节流促使各项财务指标逆势趋好。一是通过会计辅导、远程监控系统、坐班主任异地交流等形式，对县支行进行现场指导,规避业务操作风险,规范操作流程,降低差错率。二是下大力气清产核资。在总行组织的资产摸底清查中,按照要求,组织办公室、客户、风险、资金计划等部门相关人员对各项资产进行了清查核实。各职能部门认真负责,对信贷资产的分类、利率的执行、固定资产的盘点等重要事项进行登记填制，核对上报报表的钩稽关系，确保报表上报的及时、准确。尤其是对固定资产历史遗留问题,逐笔、逐项摸清来龙去脉以及资产未确权原因，为下步清理工作打下良好的基础。三是做好基建装修项目工作。对列入省分行营业用房购置及维修改造的陕县支行营业用房构建项目,卢氏、灵宝、义马和市分行机关大楼的装修改造等五个项目进行督促实施,对房屋的设计、招标等装修程序严格把关，每个环节都公开透明,确保符合政策及相关制度要求。至年底,省以下财补资金收息 312 万元，完成省分行下达任务的 145%,各项收入 14617 万元，支出 13516 万元（其中，管理费用中油料费同比减少支出 12 万元,会议费同比减少支出 5 万元，招待费同比减少支出 30 万元)，实现账面利润 1101 万元,完成省分行年度计划的 169%。

【依法从严治行】 2015 年实施依法从严治行，一是组织开展“依法从严治行”大讨论活动。要求每个员工都要撰写体会文章,提高员工依法合规意识。二是先后制定了中长期贷款营销、存款组织、绩效考核、部室管理、宣传报道、劳动纪律等 8 个管理奖惩办法。从制度层面上规范员工合规行为，激发工作热情。三是市分行纪委和监察部门工作关口前移,对信贷、财务、安全、舆情、担保、非法集资、越级上访等各类风险认真排查，发现苗头，提前介入,把问题隐患消灭在萌芽状态。经内外部检查，全年没有发现大的违规违纪问题。四是扎实开展“员工行为整治年”和“学法用法,知法守法”系列活动。“学法用法、知法守法”电视大赛，荣获全市金融系统团体第二名，同时 2015 年全国金融机构安全评估，荣获全市金融系统第一名。 （龚震）

河南省农村信用社联合社三门峡市办公室

【概况】 2015 年，河南省农村信用社联合社三门峡市办公室（以下简称市农信办)充分发挥管理、指导、协调、服务职能,指导全市农村信用社(含农商行,下同)秉承服务“三农”、改善民生的企业使命，深入贯彻落实科学发展观,不断推进体制改革,积极调整发展方式,强力推动规范化管理,着力提高发展质量和经营效益，注重提升金融服务水平，坚持依法合规经营和保持和谐稳定，实现了全市农信社业务稳中有进、管理日益规范、改革成效显著的良好局面。至年底,市农信办内设综合科、业务科、稽核科 3 个科室和信息科技中心、银行卡中心 2 个中心,下辖

4家农商银行、2家农信联社、165个营业机构，在岗员工2137人。

【发展趋势总体向好】 2015年，全市农信社各项存款余额237.30亿元，占全市银行业金融机构存款余额1037.59亿元的22.87%，较年初增加24.75亿元，增幅11.64%，高于全市银行业金融机构存款增幅（10.12%）1.52个百分点，占全市银行业金融机构新增存款95.32亿元的25.97%；各项贷款余额150.41亿元，占全市银行业金融机构贷款余额671.76亿元的22.39%，较年初增加10.97亿元，考虑不良贷款核销和置换因素（3.49亿元），实际较年初增加14.46亿元，增幅7.87%，占全市银行业金融机构新增贷款84.72亿元的12.95%，小微企业贷款实现“三个不低于”监管目标，增幅15.21%，高于各项贷款增幅（7.87%）7.34个百分点；实现各项收入16.41亿元，同比增加1.33亿元，增幅8.82%；实现经营利润4.54亿元；银行卡、支农支小、农民金融自助服务等工作均完成年度目标任务。

【社改行工作纵深推进】 2015年，为深入推进农信社体制改革，加快农商行组建步伐，找到适合三门峡市实际的农信社改制路径，市农信办组织考察组到安徽阜阳、湖北三峡、吉林九台3地进行了全面、深入调研。在学习总结先进改革经验的基础上，制定了三门峡市农信社改制组建农商行工作实施方案，成立了深化农信社体制改革工作领导小组，统筹协调推进全市农信社体制改革工作。年末，义马农商行获准筹建；陕州区、灵宝市2家农信联社紧盯“时间表”，着力优化各项指标，改革工作稳步推进。

【服务功能明显增强】 2015年，全市农信社认真贯彻落实中央、省委关于发展普惠金融的部署，主动对接广大群众日益增长的现代金融需求，着力打通金融服务“最后一公里”。一是率先在全省投入警银亭建设。灵宝市联社率先在全省开展了警银亭建设，渑池、卢氏2家农商行也相继开展了警银亭建设，在有效弥补城区网点建设不足的同时，实现了社会治安、金融业务拓展等多方共赢，赢得了社会各界的广泛赞誉。二是农民金融自助服务优势凸显。至年末全市农信社农民金融自助服务点已达261个，使农村客户足不出村就可以享受到农信社便捷的金融服务。三是客户端手机银行业务全面开办。使广大客户真正享受到了随时随地、高科技、现代化的贴身服务。至年末全市农信社客户端手机银行开户数达9284户。四是银联钱包营销活动精彩纷呈。通过系列营销活动的开展，特约商户交易量持续增加，金燕卡用卡环境持续得到改善。陕州区联社在商圈拓展方面积极营销，与黄河电影院联合开展了“6.2元看电影活动”，积极创新POS接入方式，拓展优质特约商户，布放MIS(密思)POS机具28台，该业务属于全市农信系统内独创业务。五是金融IC卡行业应用有效推广。渑池农商行在全省率先实施了公交车刷卡乘车项目，为75辆公交车安装了POS机具，开启了全省农信系统IC卡电子现金公交行业应用的先河。六是社保卡发放工作扎实推进。至年末，全市农信社已发行社保卡17.87万张。

【风险管控有效增强】 2015年，全市农信社牢固树立风险意识，培育合规文化，强化制度约束，依法办事、合规经营的自觉性主动性持续增强。一是认真做好流动性风险防范工作，加强日常监测，及时提示风险，各县级行社流动性管理能力不断增强，业务运行整体平稳。二是全面加强审计监督，分层次开展审计检查，全年共实施现场审计23项，大力开展社团贷款、新增不良贷款等专项检查，堵塞管理漏洞，狠抓问题整改，规范经营管理行为，一些违规问题被主动发现并及时纠正。三是积极推进流程银行建设，试点县级行社增至3家，渑池农商行试点工作成效显著、特色鲜明，示范引领作用突出。四是狠抓案件风险防控工作，不断完善案防工作体系，深入排查案件风险，始终保持案防工作高压态势，实现了全年“零发案”。陕州区联社创新内控管理方式，根据营业网点内控管理情况实行“三色分级”管理，对员工违规行为实行“积分台账式”管理，加大了监督检查的力度、广度和深度，保证了各项业务的稳健快速发展。五是切实加强安保能力建设，严格做好安全保卫工作，智能安防系统覆盖所有营业网点，实现了全年安全运营无事故。湖滨农商行分别荣获省公安厅、省银监局、湖滨区2015年度安全保卫工作“先进单位”称号。六是狠抓审计队伍建设，全市农信社87人顺利通过审计从业资格考试，各县级行社均已按要求配齐了审计人员。

【科技支撑有效发挥】 为满足新一代IT系统网络需求，2015年，市农信办对网络进行了改造，简化了网络结构，提高了网络安全性；通过3G网络平台实现了间联POS认证接入，为社保卡激活提供了有力的技术支持；做好综合业务系统应用支持，接受应用支持咨询1.17万人次，各类应用支持1125项；对辖内6家行社的网点按照60%的检查面进行了抽查，及时发现存在问题，积极督促整改，做到防患于未然；实施重要信息系统应急演练，通过开展应急演练，提高科学应对突发事件的能力，确保了重要信息系统安全稳定运行；加大科技创新步伐，陕州区联社投入实施了MIS（密思）-POS和校园一卡通项目建设，灵宝市联社开展了绩效考核系统和智能WIFI系统建设。

【社会形象提升】 2015年，全市农信社金融服务提升活动深入开展，组织开展了“十佳网点”“十佳柜员”“十佳小微企业客户经理” 及银行业协会“星级网点”“明星大堂经理”，省银行业协会百佳网点、百佳柜员、百佳小微企业客户经理评选活动，加大对优质服务典型的表彰力度，调动全员规范服务、真诚服务、热情服务的积极性，促进了客户满意度的大幅提升。灵宝市联社营业部被中银协评为“2015年度三星级营业网点”；义马、渑池、湖滨、卢氏农商行营业部，陕州区联社营业部被省联社评为“文明规范优质服务百佳优秀网点”；湖滨农商行侯争朝、渑池农商行杜灿、灵宝市联社袁程维被省联社评为“文明规范服务百佳小微企业客户经理”；陕州区联社张艳、义马农商银行李明、卢氏农商行王艳红被省联社评为“文明规范服务百佳柜员”。信访稳定工作扎实有效，处理上访诉求的主动性不断增强，上访人数及频次明显减少。媒体宣传及舆情应对处置力度不断加大，全年未出现较大的负面舆情和损害农信社形象的问题。（段红涛）

中原银行股份有限公司三门峡分行

【概况】 2015年，是中原银行三门峡分行合并成立后的开局之年，分行积极传导总行的经营理念，适应改革发展新常态，各项工作稳步开展。至年末，分行资产总额114.97亿元，，各项存款余额111.52亿元，各项贷款余额80.46亿元。

【与三门峡市政府签订支持实体经济合作协议】 2015年5月20日，中原银行与三门峡市政府签订支持实体经济战略合作协议，未来5年将为三门峡市提供不低于180亿元综合融资。协议签署后，三门峡分行制定一系列措施促使协议尽快落地。一是突出营销重点。积极向总行申请授信22亿元，支持义煤集团、大唐电力、东方希望铝业、灵宝黄金股份、金盛矿业、开曼铝业等重点企业；与河南南车、蒙华铁路等重点项目的合作也进一步推进。二是想方设法为企业服务。积极推进与河南能化集团战略合作，为集团4.5万名员工办理社保卡业务。三是加强与县市地方政府沟通，主动走访市财政局、市社保局、市住建局、市公路局等单位，定制个性化服务方案。四是积极拓展银证储备贷款，加强与政府融资平台各方的深入合作。

【服务小微与“三农”】 2015年，为了更好地服务小微企业和“三农”，中原银行三门峡分行一是探索批量营销新模式。与三门峡农业局签订合作协议，推出“1+N农户贷款”“合作式种子基金业务”等新信贷产品。为3家农业龙头企业签订1500万元授信支持，与近10家农村专业合作社达成授信合作意向。二是搭建政、银、保“三位一体”融资服务平台。与三门峡市工商联(三门峡市小微企业商会)、中华联合财产保险三方战略合作协议，通过市工商联推荐商户并为符合条件的涉农客户提供融资担保，中华联合财产保险提供保险，切实解决部分农业企业、农民专业合作组织、家庭农场等各类新型农业生产经营主体资金短缺、融资难问题，同时有效降低信用风险。三是采用“批发+零售”双轮驱动模式，优化贷款流程，以灵活的融资期限、放款和担保方式及还款方式等，为小微企业提供个性化服务。四是积极参与银企对接。全年5次参与银（政）企项目对接活动，签约企业12户，累计发放贷款3.25亿元。

【大集中项目收官】 2015年11月6日，中原银行三门峡分行顺利进行新业务系统上线切换，实现了与郑州、开封、安阳、鹤壁、新乡、濮阳、许昌、南阳、商丘、信阳、周口、驻马店、平顶山等13个地市中原银行核心业务系统的统一管理，标志着中原银行大集中项目收官。新系统上线后，业务流程更加规范，增加一些新产品、新功能，在保证原有业务种类延续性的同时，通过引入参数化的核心系统创建了金融产品工厂，为随后陆续推出的新产品提供了系统支撑。系统成功切换意义重大，先进、科学、高效的新综合系统的上线将是今后业务发展的坚实基础，是实现中原银行“三大战略”的重要依托，是从同业“跟随者”到“领跑者”的重要支撑，也为市民提供了更为便利、多样化的优质服务。

【拓展金融服务】 2015年，中原银行三门峡分行按照淡旺季和节气变化设定贴近客户生活的营销主题，吸引客户的持续关注，先后策划了“贺新春”营销活动、元宵节、劳动节、儿童节、七夕情人节、教师节、中秋节、国庆节、重阳节等10余次节日主题营销活动，与建业集团合作开展“浓情进万家”社区营销活动，开展“贷您乐享、精彩有礼”零售信贷主题活动等。长期持续有效的活动，吸引了客户对行零售产品的持续关注，为市民提供了丰富的产品和服务。拓展校园“一卡通”项目，实现批量获客。以成功施行三门峡市外国语高中校园“一卡通”项目为模板，先后落地陕州中学、渑池一高等3个“一卡通”项目，累计为三门峡市中学生开卡8000余张，为广大师生提供更便捷服务。积极拓展社保卡项目。为三门峡市9万人办理社保卡业务。传统特色业务和总行创新业务“两个轮子一起转”。“崤函微贷”“崤函崤企贷”“信誉宝”等传统特色业务精耕细作，同时利用各种途径全方位、多渠道进行新产品宣传，在“国庆、中秋双节特供理财产品”销售中创造了1.77亿元的成绩；代理业务也不断丰富，实现了水电暖、燃气、有线电视的代收等；代发工资、社保卡、贵金属等业务全面拓展，网银、手机银行、POS机安装等业务稳步增长。至2015年末，个人手机银行新增9662户，累计25512个；企业网银累计1458户；微信银行新增8807个，POS商户达到100户。

【稳健经营】 2015年，中原银行三门峡分行一是强化内控管理，深入开展柜面业务及员工行为风险排查，进一步推进“依法合规、从严治行”专项治理年活动；全年年累计对分行大库盘点4次，开展全行会计业务检查5次；开展离任审计18人次，对13家支行进行全面业务审计。二是建立全面风险管理机制。分行成立了风险与内控委员会，制定相关制度和流程，并严格落实；完善授信项目审查、审批机制，明确权限和责任，加强贷后管理等。三是齐心协力压降不良。分行把降旧控新作为头等大事来抓，实行“一户一策”、领导分片包干、清单制和奖惩制度等，全面梳理、明确措施，打响不良资产控制、盘活、清收的攻坚战。截至

2015年末,压降存量不良贷款1.83亿元,不良率3.94%。（水燕妮）

中国邮政储蓄银行股份有限公司三门峡市分行

【概况】 2015年，中国邮政储蓄银行三门峡分行（以下简称邮储银行三门峡市分行)坚持稳中求进的总基调,主动适应经济发展新常态，以提高发展质量和效益为中心,突出创新驱动,狠抓管理升级,强化风险控制,夯实发展基础,圆满完成全年各项工作目标。至年底，邮储银行三门峡市分行下辖灵宝市、义马市、陕州区、渑池县、卢氏县5个县(市、区)支行和中心、崤山、城南、上阳路、经一路、黄河东路、和平西路7个城区支行。全市共有邮储网点59个,其中:自营网点19个,代理网点40个,ATM自助柜员机128台。在册职工398人,其中大专及以上学历362人，本科学历191人，研究生学历13人。当年实现收入2.93亿元,完成省分行计划的105%；实现利润1.31亿元,完成省分行计划的103%;人均劳动生产率为74万元。整体资产质量保持稳定,不良贷款率为0.26%。全行储蓄余额规模达到36.1亿元,净增7.1亿元,列全省系统内第8位，完成省分行计划的192%,列全省系统内第1位。电子银行业务稳步发展。新增网银客户2.08万户,手机银行客户2.27万户,累计业务交易量426万笔，交易金额63亿元。信用卡业务创新发展。全行累计新增发卡1.03万张，完成省分行计划的103%,列全省系统内第7位。公司业务以打造存款结算与资产业务双驱动的发展新格局，实现多元化均衡发展。公司存款持续增长。全行自营公司存款结余32.98亿元,净增4.68亿元。公司贷款保持前列。公司贷款累计发放15笔共计7.78亿元,列全省系统内第6位，净增3.88亿元，贷款结余13.78亿元,列全省系统内第5位。票据业务规模增长。全年营销票据贴现业务62笔共20.22亿元，列全省系统内第6位;票据承兑业务13笔2.29亿元,承兑量列全省系统内第2位。零售信贷业务以“提能力、稳增长、促创新、控风险”为主线,实现稳健增长。个人零售贷款结余22.82亿元，净增1.18亿元。优质单位职工保证贷款全年成功放款2.6亿元，实现净增1.7亿元。全年发放组织起来就业贷款6676万元,列全省系统内第2位。陕州区支行荣获“三门峡市五一劳动奖状”;陕县支行营业部荣获三门峡银行业协会2015年度“十佳优秀网点”称号;市分行崤山支行荣获三门峡银行业2015年度“文明规范服务”先进单位称号;

【支持小微企业发展】 2015年，邮储银行三门峡市分行深入开展“一县一品一特色”工程,积极推动产品创新,大力支持全市小微企业发展。至年底，全行发放小微企业贷款15.21亿元,贷款余额为14.27亿元。一是与工商联共同发放助业贷款,向61家小微企业授信2801万元。二是加快推进再就业不贴息贷款、组织起来再就业贷款等新产品。与人社局联合发放再就业贷款4.81亿元，扶持6003名下岗人员再就业。三是在全国大力推进“大众创业　万众创新”的形势下,助力青年大学生创业,开展“创富大赛”活动,向创业大学生发放贷款450笔,金额4300万元。

【服务“三农”】 2015年,邮储银行三门峡市分行坚持把服务三农、发展农村经济作为重点工作，不断扩大涉农贷款覆盖面,加大对全市农村创业群体的信贷支持力度。至年底,全行累计发放各类涉农贷款3.35亿元,为1829户客户解决了资金周转难题。一是结合各地农户需求,开办了涉农企业惠农贷款、“惠农贷”小额担保贷款、惠民扶贫贴息小额贷款等产品,有效缓解了农户资金短缺问题。二是与农业局签订战略合作协议,召开全市“三农”发展放贷现场会,为9家涉农企业签订贷款投放合同书,投放贷款2100万元。

【加强合规管理】 2015年，邮储银行三门峡市分行开展了防范员工参与“非法集资、民间借贷”排查活动,排查率达100%,并实行员工自保、互保,杜绝参与任何形式非法集资活动。组织开展了“员工行为整治年”活动,在年度评比中被三门峡市银监分局授予“员工行为整治年”活动先进单位。深入开展了“学法用法　知法守法”竞赛活动,被三门峡市银监分局授予“优秀组织单位”。开展了“合规回头看”活动,整改问题496条,整改率达99%,通过多项合规活动的开展，及时整改了各类风险隐患，有效避免各类风险事件的发生。

【“学法用法、知法守法”知识竞赛动员大会】 2015年5月21日，邮储银行三门峡市分行召开“学法用法、知法守法”知识竞赛电视电话动员大会,重点部署依法治行工作。通过活动,进一步强化员工的法治意识和法律素养,营造“学法用法、知法守法”的良好氛围,强力推进依法治行、依法合规经营。

【举办预防职务犯罪法制报告会】 2015年6月24日,邮储银行三门峡市分行邀请三门峡市检察院法制宣讲团,为全行党员干部举办了“送法进企业”法制报告会,县(市)分支行领导班子成员以及市分行全体党员70多人聆听了报告会。通过以案说法,增强党员干部对职务犯罪危害性的认识,广大干部职工心中有戒,坚守底线,依法履职,严控风险,确保全行各项工作稳步发展。

【参加三门峡市金融服务“三农”发展放贷签约会议】 2015年7月3日,邮储银行与三门峡市农业局签订金融服务“三农”意向书,与三门峡德安饲料股份有限公司、灵宝市果通农产品有限责任公司等9家涉农企业签订贷款投放合同书，计划投放涉农贷款2100万元,全力推动现代农业发展,为全市涉农企业发展提供信贷资金支撑。

【举办“如何当好支行长”主题演讲比赛】 2015年9月6日,邮储银行三门峡市分行举办了“如何当好支行长”主题演讲比赛,5个县(市)支行行长,19个二级支行行长参加了比赛。经过激烈角逐,和平西路支行行长陈芳芳获得一等奖,义马市支行行长张斌、经一路支行行长田晨获得二等奖,城南支行行长高岩林、崤山支行行长梁娜和黄东支行行长吕雪琴获得三等奖。

【参加邮储银行河南省分行8周年庆职工运动会】 2015年11月14日,邮储银行三门峡市分行参加邮储银行河南省分行8周年庆职工运动会,夺得了男子篮球赛、4×100米男女混合接力团体冠军,乒乓球女子单打、男子100米短跑单项亚军,女子100米短跑单项第三名,以团体总分第一的优异成绩获得省分行颁发的运动会组织奖,取得了自银行成立以来的最好成绩。(刘瑞莉)

中国工商银行股份有限公司三门峡分行

【概况】 2015年,中国工商银行股份有限公司三门峡分行(以下简称工行三门峡分行)三门峡分行在岗员工695人,营业网点23个,其中分行营业部1个,一级支行9个(县支行5个,市区支行4个),二级支行13个。分行本部内设14个部室,4个直属中心。当年,在严控风险的前提下,不断加大有效信贷投放力度,全力支持三门峡市经济发展。突出信贷转型发展,积极尝试新的贷款业务品种,调整客户结构,尝试投行新业务,继续在网贷通、黄金质押、黄金租赁等多个新产品上下功夫,加大贷款投放力度,小微企业贷款实现了余额、增量市场占比双第一,多角度满足企业融资需求。突出资产质量,突出重点产品和重点客户营销,突出特色发展战略,贵金属业务再上新台阶,国际业务跨境人民币单项指标系统排名前列。把金融服务创新作为服务回报社会的不竭动力,实现和谐共赢的共同发展。在全国292家二级分行行长经营绩效考核中排名200位,较2014年度提升27个位次。全行各项存款(本外币,不含同业,银监会口径)余额99.36亿元,各项贷款余额114.34亿元,较年初净增19.17亿元;实现中收8338万元,实现净利润15941万元,不良率0.62%,低于全省平均水平0.37个百分点。银行卡、机构、国际业务,小企业、内控合规、运行管理和贵金属等专业在全省排名前列,10个一级支行在全省支行行长绩效考评中,有7家支行位次上升。工行三门峡分行再次获得“三门峡市五一劳动奖状”,上官路支行和渑池会盟路支行获得三门峡市“工人先锋号”称号,涧南支行获“2014年度中国银行业文明规范服务千佳示范单位”“中国银行业文明规范服务五星级营业网点”称号,是三门峡市金融行业唯一一家获此殊荣的支行。

【贷款营销亮点突出】 2015年,工行三门峡分行克服市场流动性偏紧、信贷规模紧张等困难,在严控风险的前提下,不断加大有效信贷投放力度,公司客户本外币贷款余额76.1亿元,较年初新增12.53亿元,本外币表外融资余额10.32亿元,累计办理23.02亿元。积极学新创新用新,营销发放三门峡鑫都置业金三角物流港经营物业贷1.4亿元,发放二仙坡绿色果业观光农业项目全省首笔林权质押贷款6000万元,打破了长期以来银行贷款抵押以房地产为主的单一格局。按照监管口径,小微贷款余额12.9亿元,同比增幅为20.7%,申贷获得率94.52%,高于同期1.5个百分点。实现客户数、申贷获得率“两个不低于”目标。国际业务国际结算累计办理3.08亿美元,结售汇累计办理1.07亿美元,国际贸易融资1.36亿美元,国际业务中收346万元,对公外汇存款504万美元,5项核心指标均超额完成全年任务,国际结算、中间业务收入2项指标较同期增幅200%左右,对公外汇存款、国际结算、国际贸易融资业务量翻了三番以上;办理了首笔远期结售汇、跨境结售汇业务。

【特色贵金属业务】 2015年,工行三门峡分行在黄金价格下行,租赁费率下调等不利因素影响下,黄金租赁业务日均余额2.5吨,同比增长0.7吨,贵金属租赁收入1932万元,同比增长471万元;实现全省最大一笔个人积存金销售;实现实物销售82万元,重点产品“火猴迎新”销售量全省第五名;大力发展黄金仓储业务,办理黄金出入库146吨,黄金仓储收入突破270万元,实现历史新突破,在全省乃至全国均名列前茅,连续多年荣获上海黄金交易所“优质服务仓库”和“业务操作无差错先进仓库”称号。

【互联网金融业务】 2015年,工行三门峡分行新增工银e支付客户数37347户,交易额9210万元;工银e支付有效个人客户渗透率46%;新增工银e投资客户交易终端客户数352户;新增手机银行客户30030户;手机银行交易额89亿元;营销线上收单商户上海亿博天诚科技有限公司,上线7个月交易总额超过20亿元,中收达到358万元,在全国工行系统线上交易规模名列前茅;融e购B2C商城非金融商品交易额178万元;新增注册客户13329户。

【重点项目】 2015年,工行三门峡分行在各家银行激烈竞争情况下,成功争取万达集团三门峡广场项目基本结算账户落户工行;成功代理湖滨区财政国库集中支付清算业务。对政府土地拆迁资金、银医一卡通、校园一卡通、社区一卡通、大型国企公务卡、大型商户及行业集团客户MIS项目等实施立项管理,严格项目评估审核,预拨费用专款专用,项目实施后进行综合评价,并按年对所立项目实施情况进行通报、考核和评比。

【营销团队建设】 2015年,工行三门峡分行相继组建了投资银行业务团队、银行卡收单团队、理财投资团队、贵金属业务团队、银行卡分期付款营销团队等7个团队,团队之间能够加强沟通交流,分享信息、客户、培训等资源,扩大营销效果。还面向全行公开选拔6名产品培训营销人员，作为营销队伍的核心团队、营销大项目的排头兵，在众多对外营销活动中逐渐崭露头角，至年底发放农保卡20万张。

【完善机制体制】 2015年，工行三门峡分行稳妥推进内设机构改革工作。市行本部机构由原来34个精简到18个，减少47%；管理人员总人数由改革前101人降到92人，初步完成机构改革既定第一阶段任务。建立健全各种机制体制。年初制订了干部履职管理办法、支行行长绩效考评办法、支行费用挂钩办法等，推进客户经理综合营销积分考核、营业网点柜员绩效考核，改变全产品计价考核模式，深化营销机制创新，建立培训营销团队等，提高了全行创新能力、营销能力和市场竞争能力。网点标准化改革工作全面完成。23个营业网点对外柜口由原来130个柜口减少到100个，普通区高低柜配比为1.48:1。低柜业务可分离率(22.7%)、柜员当班率(68.7%)、柜员人均工作量波动率(24.3%)均超过全省、全国平均水平。通过系列改革，进一步激发了基层活力和干部员工工作积极性，转变了干部作风，提升了执行力。

（王　治　张　玫）

中国农业银行股份有限公司三门峡分行

【概况】 2015年，中国农业银行股份有限公司三门峡分行(以下简称农行三门峡分行)始终坚持"控风险、稳发展、强管理、保位次"的总体工作要求，以领导班子经营管理目标责任制和综合绩效考核办法为导向，以重点业务推进活动为抓手，迎难而上，拼搏进取，积极推动各项业务持续有效发展。至年末，农行三门峡分行下辖7个县级支行、38个营业机构，在岗员工800余人；全行各项存款余额139亿元，其中：储蓄存款余额81.74亿元；各项贷款余额57.14亿元；全年累计投放贷款34.35亿元，同比多投放6.88亿元，贷款增幅7.65%，年末各项贷款余额57.12亿元，其中：法人客户贷款余额42.88亿元。

【支持重点企业发展】 2015年，农行三门峡分行围绕支持重点企业、重点项目和实体小微企业，加大信贷投放力度，促进地方经济发展。全年累计投放法人客户贷款31.39亿元，同比多投放9.94亿元，贷款增幅为15.51%，主要投向义煤集团、中原黄金冶炼厂、开曼铝业(三门峡)三门峡有限公司、河南骏通车辆有限公司、三门峡市中心医院等核心客户。

【拓宽融资渠道】 2015年，农行三门峡分行围绕全方位满足客户金融服务需求，整合金融产品资源，加大产品营销力度，为支持企业发展进一步拓宽融资渠道。全年累计办理国内保理业务4.26亿元，办理福费廷二级市场买入业务6.59亿元，国内信用证业务余额较年初增加2.87亿元，银行承兑汇票余额较年初增加3.96亿元，银行承兑汇票贴现余额较年初增加2.35亿元。

【中间业务】 2015年，农行三门峡分行实现中间业务收入12029万元，计划完成率122.63%，同比增收3845万元，增幅为46.98%。其中：零售中间业务收入5290万元，计划完成率113.03%；对公中间业务收入3670万元，计划完成率100.55%；委托资产处置收入2991万元，计划完成率202.25%。

【"三农"金融服务】 2015年，农行三门峡分行新增新型农业经营主体贷款131户，计划完成率104.8%；惠农卡累计发卡99561张，较年初净增3784张，惠农通有效服务点较年初净增364个；社保卡发卡10.4万张，市场份额为16.54%；新增涉农代理项目3个，归集资金2558万元。

【国际业务】 2015年，农行三门峡分行加大国际业务营销力度，推动国际业务快速发展。全年新增国际结算客户44户，累计办理国际结算业务19512万元，进口押汇3308万美元，跨境人民币结算9907万元，结售汇业务10572万元。

【基础管理】 2015年，农行三门峡分行以运营基础管理"三化三铁"、信贷基础管理"三化三无"创建、安全保卫"三化三达标"和"平安农行"建设工程为抓手，做实做细信贷、运营、安保基础管理，扎实开展案件综合治理、信用风险防控、员工行为管理、内外部检查发现问题整改，从严整饬行风行纪，严查重处违规行为，进一步强化内部管理，狠抓案件风险防控，实现了全年安全稳健运行。

（马建华　朱春江）

中国银行股份有限公司三门峡分行

【概况】 2015年，中国银行股份有限公司三门峡分行（以下简称中行三门峡分行）紧紧围绕市委、市政府"稳增长、保态势、抓落实"总体要求，深入研究社会需求，不断完善服务功能，积极为社会提供优质、高效、全方位的金融服务，主动维护消费者的合法权益，全力服务实体经济发展，完成党风廉政建设目标，加强信息宣传，维护信访稳定，做好计划生育工作，较好地完成各项责任目标。至12月末，各项贷款新增14.87亿元，完成市政府下达目标任务7亿元的212.42%；累计投放各类贷款89.81亿元，有力地支持地方经济发展；认真落实与市政府签署的五年投放255亿元的战略合作协议，2015年到位资金98.24亿元，年度履约率达192.62%；不良贷款率为0.35%，控制在省行和银监局要求指标内；全年无重大经济、刑事案件和安全责任事故发生，保证安全营运。

【支持重点项目】 2015年，中行三门峡分行充分发挥信贷资源优势，紧紧围绕产业集聚区、战略性新兴产业、传统重点产业给予支持。一是加大对三门峡产业集聚区内项目的支持，协调信贷资源，予以重点倾斜。二是加大对高端装备制造、新材料、新能源、低碳经济为特征的战略性新兴产业的服务力度，“一对一”量身定制服务方案，成熟一个支持一个。三是继续对煤炭、贵金属冶炼、氧化铝、火力发电等三门峡当地传统重点产业予以大力支持，全年累计投放贷款44.5亿元，全力支持重点项目建设。

【支持小微企业】 2015年，中行三门峡分行积极筛选一批在当地有特色、拥有资源优势、有市场、有信用的小微企业进行全力支持。一是建立长效服务机制。配置专兼职中小企业客户经理20人以上，将小微企业金融服务延伸到全市14家营业网点，从定目标、建机制、有方法、重考核、善总结“五步工作法”着手，不断加大小微企业金融产品创新力度，全力提升服务小微企业水平。二是创新解决融资难题。通过创新“通、宝、贷”系列30余个产品解决小微企业融资难题。既有存货通、再保通、专利通宝等解决担保难题的产品，也有政银助业通、联保通、互助通宝等批量贷款产品，更有充当“红娘”帮助小微企业“走出去”的跨境投资撮合服务等。三是有效降低融资成本。对小微企业减免各类服务收费30余项，有效降低小微企业的融资成本。四是积极转变发展思路。通过实际行动强化“风雨同舟”的服务理念，对小微企业不随意压贷、抽贷，通过循环贷款、展期、产品组合、债务优化等措施，有效降低小微企业资金周转压力。

【支持外向型企业】 2015年，中行三门峡分行充分发挥外汇和国际贸易结算业务品牌优势，为企业提供专业、快捷、高效的结算融资服务。一是在市场、客户细分的基础上，全面提供保函、保理、贸易融资、国际结算、信用证等多项业务品种，满足客户多元化金融需求，提供全方位的金融服务。二是积极推广跨境贸易人民币结算业务、跨境汇利达、跨境投融资及买方信贷等新产品，以创新产品拓宽服务渠道。三是依托国际结算业务的融资方式，开办供应链融资等国内结算融资业务。针对企业上下游产品供应链和资金链，积极推介融易达、融货达等供应链融资产品，有效缓解企业资金周转压力。

【支持企业“走出去”】 2015年，中行三门峡分行积极响应国家“一带一路”发展战略，充分发挥外汇和国际贸易结算品牌优势，竭诚提供专业、快捷、高效的结算融资服务，全力支持外向型企业发展。一是在市场、客户细分的基础上，全面提供保函、保理、贸易融资、国际结算、信用证等多项业务品种，满足客户多元化金融需求，提供全方位的金融服务。二是积极推广跨境贸易人民币结算业务、跨境汇利达、跨境投融资及买方信贷等新产品，以创新产品拓宽服务渠道。三是依托国际结算业务的融资方式，开办供应链融资等国内结算融资业务。针对企业上下游产品供应链和资金链，积极推介供应链融资产品，有效缓解了企业资金周转压力。全年叙做内保外贷9480万美元、办理外币保函2810万美元，国际结算市场份额和跨境人民币结算市场份额均列三门峡当地金融机构首位。

【拓宽融资渠道】 2015年，中行三门峡分行不断创新表外产品，有效解决企业资金需求。一是大力发展投行业务，带动表外信贷规模增长，做好重点企业、有发展潜力企业的贷款整合，加强投行重点产品推广，通过中银上市通、租赁通、并购、发债、股权投资、银团贷款、跨境直贷等产品，带动资产规模扩张，解决企业融资难问题。二是积极推进国际结算新产品拓展，为企业提供全方位、多样化的融资服务，加快应付账款融资、经销商融资、协议融资等创新产品推广；密切关注汇率、利率走势，关注市场机遇，有效推广组合融资产品，大力推广“贸易通”产品，推动进口开证、国内证开证、保函业务和外汇资金业务的发展。全年通过黄金租赁、承兑汇票、保函、投行等途径累计为企业解决32.45亿元的融资需求。

（李　娜）

中国建设银行股份有限公司三门峡分行

【概况】 2015年底，中国建设银行股份有限公司三门峡分行（以下简称建行三门峡分行）下辖15个支行级单位，25个营业机构网点，在岗员工621人。各项存款余额141.16亿元，各项贷款余额101.78亿元，实现中间业务收入1.81亿元，实现考核利润3.06亿元。实现经济增加值1.39亿元，实现考核利润3.06亿元，创历史新高。一般性存款余额达141.16亿元，规模位居金融同业第一位。各项贷款余额达101.8亿元，较年初新增22.46亿元，同业占比37.1%，位居第一。其中：个人贷款余额超15亿元，个人住房贷款新增1.87亿元，位居同业第一。不良贷款率0.18%，资产质量四行最优。与政府签订的战略合作协议全年目标46亿元，实际完成目标62.39亿元，超额完成目标任务。对公理财售额11.2亿元，创历史最好成绩。两金一险及人民币理财销售133.98亿元，市场占比43%，系统内排名第7，同业排名第一。全年实现安全运营。未发生案件、重大风险和重大安全事故。

（宋粉霞）

中国人民财产保险股份有限公司三门峡市分公司

【概况】 2015年，中国人民财产保险

股份有限公司三门峡市分公司（以下简称“人保财险三门峡市分公司”），坚持“人民保险，服务人民”的企业宗旨和“目标导向、聚焦问题、缺口管理、过程监控、一跟到底”的工作方法，践行“以市场为导向、以客户为中心”的经营理念，全年实现保费收入2.16亿元，同比增长11.41%，超越全市财险市场增速4.84个百分点；市场份额39.09%，在全省系统位居第一；实现利润1357万元；累计承担各类保险责任金额465亿元，处理各类赔案17026件，赔款金额1.07亿元。上缴国家各类税金1038万元，代收车船税499万元。当年获得省公司系统2015年度唯一一个“卓越奖”奖杯荣誉和“市级文明单位”称号。

【保费首次突破2亿元大关】 2015年，是人保财险三门峡市分公司新班子组建后的第一年，面对经济发展下行压力不断加大、市场竞争不断加剧的情况，紧紧围绕省公司“业务发展对标市场、市场份额稳中有升，成本优势有效发挥、盈利能力优于行业”的发展目标，直面挑战，迎难而上，对标市场，坚定信心，业务得到稳健发展。至12月14日，保费收入达到20193.85万元，首次突破了2亿元大关，实现了历史性跨越。而且，完成省公司下达的年度目标任务，获得省公司系统2015年度唯一一个“卓越奖”奖杯荣誉称号。

【服务“三农”】 2015年，人保财险三门峡市公司紧紧围绕合规发展的主旋律，以维护农民利益为核心，坚持政府主导、市场运作，紧紧围绕农业增效、农民增收和农村稳定这一主题，取得了能繁母猪、烟叶、小麦、玉米、林业保险业务的快速发展。全年农险累计实现签单保费收入2012万元，业务同比增速47.72%，承担农业保险责任19.35亿元，为农民送去了坚实的保障和优质的服务，完成了陕县雏鹰农牧、大地牧业、义马新大、义新等大型规模养殖场和灵宝育肥猪保险的县域统保工作，育肥猪保险业务实现了超常规发展，全面有效拉动业务增长速度。

【民生类保险】 2015年，人保财险三门峡市分公司把关系公众利益密切的环境安全、食品安全、医疗安全、生产安全、交通安全、消防安全、校园安全等七大领域作为责任保险发展重点。全年实现责任险保费收入3015.88万元，同比增长22.42%，提供风险保障174亿元。其中，为卢氏县“两属、两户”（军、烈属，低保户、五保户）农房保险提供了3.10亿元风险保障，为三门峡驻地部队军人提供保险保障1.72亿元，为湖滨区17526名低保户人员提供风险保障9000万元，为地方经济发展、军人献身国防事业做出了积极贡献。

【支持政府重点项目开展】 2015年，人保财险三门峡市分公司为支持三门峡市委、市政府经济战略实施，积极开展重点项目风险保险工作。先后为大有能源、开祥化工、金茂化工等重点企业，以及S331线三南界岭东至官坡段改建工程、G310线灵宝焦村至豫陕界段改造工程、国道310线陕县甘壕至陕湖交界段大修工程、国道G209线卢氏县五里川至三南界改建等工程项目提供了风险保障，大力支持了地方政府重点项目进展。

【大灾理赔】 受厄尔尼诺现象影响，2015年下半年，三门峡地区多次遭遇冰雹等极端灾害天气，仅人保财险三门峡市分公司承保的灵宝、渑池和陕县三个县（市）烟叶受灾面积就达15000亩以上，估损金额达800多万元。为了认真做好农险理赔工作，人保财险三门峡市分公司迅速启动大灾预案，成立了专门的农险理赔领导小组，从全市系统抽调业务技能强、服务水平高的查勘人员，并由分管理赔和农险工作的主管领导亲自带队分赴各县、市，深入田间地头进行现场查勘定损，切实把政府的支农惠农政策落实到每一位受灾农户。12月1日，人保财险三门峡市分公司在灵宝市召开了烟叶雹灾理赔兑现大会，向2015年夏秋之交多次遭受冰雹灾害的灵宝市朱阳镇等5个乡镇1628户烟农兑付赔款527万元，并向受灾乡镇烟农代表现场发放了赔款支付凭证。 （潘 飞）

中国人寿保险股份有限公司三门峡分公司

【概况】 2015年，中国人寿保险股份有限公司三门峡分公司（以下简称中国人寿三门峡分公司）紧紧围绕“重价值、强队伍、优结构、稳增长”的经营思路，以“感恩、执行、创新、超越”的公司文化引领发展，凝神聚气致力于打造“一流品牌、一流文化、一流管理、一流队伍”，四个一流的最终目标。至2015年底，全市保费总规模达到了8.12亿元，同比增长15.82%。其中新单保费38657.19万元，完成率113.45%，同比增长41.45%。短险同比增长47.9%，增幅全省第一；总保费同比增长超过15%，增幅全省第三。全年处理赔案3504件，5日结案率达到99.01%。当年，中国人寿三门峡分公司分别被市总工会授予“五一劳动奖状”，被市人行授予“反洗钱A级单位”，被市文指委评为“诚信红榜企业”；中国人寿三门峡分公司崤山路客服中心被市总工会授予“工人先锋号”，中国人寿灵宝支公司被中国人寿总公司授予“青年文明号”荣誉称号。

【举办社会监督员座谈会及总经理接待日活动】 2015年3月12日上午，中国人寿三门峡分公司召开社会监督员座谈会。邀请来自保险行业协会、金融、纠风、全市各家媒体等部门的社会监督员和客户代表为公司的发展提出意见和建议、接受批评、共同探讨中国人寿三门峡分公司的发展大计。当天，中国人寿三门峡分公司还举办了总经理接待日活动。总经理接待客户28人，针对客户提出的问题一一进行了答复解决。

【开展“激情六月中国人寿特惠专享”优惠活动】2015年6月16至6月30日中国人寿客户节期间，中国人寿三门峡分公司联合三门峡笆篱纯童装店开展“激情六月中国人寿特惠专享”优惠活动。让客户体验“国寿1+N”高品质服务，真正做到想客户之所想，办客户之所需，急客户之所急。

【举办VIP客户红酒品鉴会】中国人寿三门峡分公司为了感谢VIP客户对公司一直以来的信任和支持，充分体现对VIP客户的尊重，2015年6月24日，在灵宝阳光山庄特别召开“VIP客户”红酒品鉴会暨会员利益派送会，邀请国家一级品酒师张晓毅先生到会，从红酒的制作过程、功效和作用进校了详细的介绍，并为到会VIP客户赠送了涵盖10多个项目的市中心医院的免费体检卡。

【开展VIP客户住院探望活动】2015年，中国人寿三门峡分公司为了体现对客户的关爱，启动了住院探视服务，所有在三门峡住院的VIP客户，公司领导都在第一时间前往探视。2015年6月23日，中国人寿保险股份有限公司三门峡分公司客服人员接到灵宝柜面经理来电，反映灵宝公司的VIP客户王女士正在住院，6月24日，中国人寿三门峡分公司领导等精心选购鲜花和营养品到三门峡市中心医院探望。

【举办“牵手国寿　孝善为先”少儿书法绘画大赛】2015年，中国人寿三门峡分公司开展“牵手国寿　孝善为先”少儿书法绘画大赛，大赛报名人数达8000多人，筛选出优秀作品1000多幅。

【启动全市农村小额保险】为了解决农村意外伤害的高额费用，帮助老百姓摆脱“因病致贫、因病返贫”的现实。2015年6月，中国人寿三门峡分公司推出了农村小额保险，政府支持下发了《农村小额保险推广实施方案》，由于政府宣传、支持到位，老百姓对此项工作认识明确，参保踊跃。至年底全市有千余人意外出险，中国人寿三门峡分公司累计赔款达196万余元。为了保证发生保险事故的老百姓能够及时得到理赔，中国人寿三门峡分公司在各县(市)建立小额保险专项工作理赔平台，方便当地出险人员及时得到理赔，承担了造福社会大众的社会责任，从根本上提升了人民群众的保障水平。

【开展城乡居民大病补偿】2015年，为了履行央企的社会责任，中国人寿三门峡分公司独家承办全市新农合大病和城镇居民大病补偿工作，对2014年至2015年8月31日前发生的新农合大病和城镇居民大病进行二次报销。因许多出险的老百姓根本不知道这项政策，为了确保所有人员能够享受这项政策补贴，中国人寿三门峡分公司利用遍布各乡村的服务网络，制定《新农合大病通知单》，通过新农合大病保险服务专员、村医等渠道联系到每位参合人员，帮助开展资料收集等大病保险理赔工作，并列出支付时间表，及时通报督导。全年三门峡市新农合大病补偿4308人次，补偿金额1186.82万。城镇居民大病补偿387人，补偿金额325.15万。为减轻异地居住人员看病和转外就医人员的经济压力，积极发挥人员、队伍、网络等优势，建立跨区域、跨部门的合作协查机制，持续开展异地核查。为了提升农村小额保险和大病补偿等政策性业务的服务水平，积极开展“一村一室一员”政策性保险服务专员队伍建设，逐步在各村设立服务室，打造“15分钟保险服务圈”，将服务延伸到群众身边，让群众足不出户就能享受更加优质、快捷的保险服务。(董江辉)

中原证券股份有限公司黄河金三角示范区分公司

【概况】2015年黄河金三角示范区分公司市场份额0.214‰，同比下降7.76%(市场份额前高后低，年初低起点起步，上半年攀升至0.25‰的峰值，7月后受股灾以及高佣金影响下降)；净佣金1.28‰，同比下降14.98%(降幅低于公司4个百分点，为公司0.64‰整体水平的两倍，是公司分支机构中最高)；融资融券累计开户2384户，新增两融客户455户；贯彻落实“六位一体”产业链，协同当地金融办开展企业培训，和产业集聚区接洽联系，积极联系企业，推动企业在股权交易中心信息展示和挂牌；中原E融新开551户，处于公司营业部前列；组织港股开户，有效开立43户。

【围绕活动促营销】2015年，黄河金三角示范区分公司四个季度相继开展了营销活动。其中“开门红”和“不忘初心　携手共赢”新增“中行三方存管”客户573户，公司排名第一；“财富中原”品牌切实推广，宝典、管家签约20120户，覆盖率60%，超额完成公司既定目标任务；开办“财富中原大讲堂”，全年举办课程157场，成为服务客户的重要载体；“赢在中原”实盘理财大赛，共130余名客户参与，在5月和6月的爆发组赛报中，分公司客户收益率位居赛组第一，在7月爆发组和耐力组参赛中，13名客户晋级大师赛，荣获2015年度实盘大赛“最佳组织奖”。举办“2015企业挂牌与上市实务”专场培训会，参会企业50余家。

(范艳丽)

·编辑　周　箐·

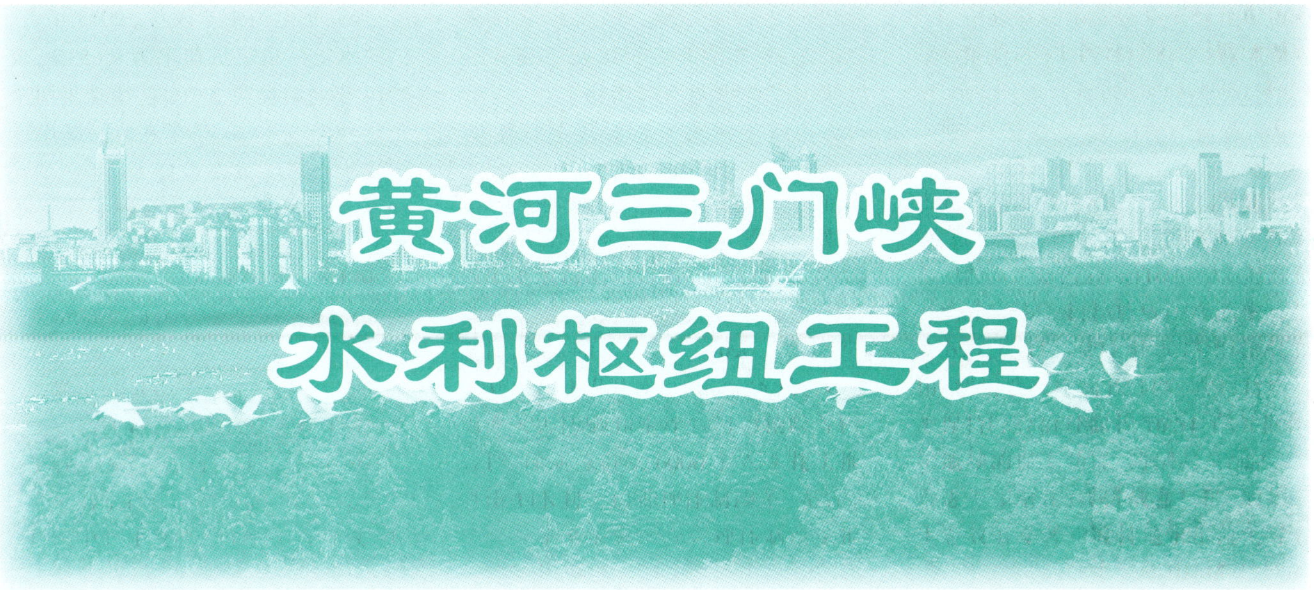

黄河三门峡水利枢纽工程

综　述

【概况】 2015年，三门峡黄河明珠(集团) 有限公司 (三门峡水利枢纽管理局)(以下简称明珠集团或三门峡枢纽局) 主要负责三门峡和故县两座水利枢纽的管理和运行维护，承担着黄河防洪、防凌、灌溉、供水、调水调沙、发电等任务，是以电力生产为支撑，融电站运行管理、水电施工、机电检修、金属冶炼、宾馆旅游、监理咨询、国际贸易、房地产开发为一体的大型企业集团。明珠集团围绕枢纽防汛和生产经营中心工作，坚持“电力支撑、项目带动、结构调整、稳健发展”的工作方针，积极适应新常态，探索新思路，谋求新作为，各项工作均取得较好成绩。圆满完成防洪防凌、调水调沙运行及桃汛试验等任务，在三门峡水库库区减淤、非汛期运用、洪水资源化管理等方面进行积极探索，实现了枢纽综合效益最大化，为确保黄河安澜作出了积极贡献；强力推进重点项目建设，按期完成三门峡水电厂2号机组增容改造工作，小水电开发、郑州东区运河广场项目、三门峡明珠家园与明珠大厦项目取得积极进展，风电、光伏等新能源项目扎实开展前期工作；稳步拓展外部市场，努力提质增效，经济运行总体保持稳中向好的发展态势，全年实现收入13.08亿元。2015年，明珠集团先后被评为全国职工职业道德建设先进单位、河南省企事业单位内部治安保卫工作先进集体。 (孙淑兰)

工程效益

【概况】 2015年，三门峡枢纽局按照黄河防总要求，统筹兼顾、科学调度，在确保防洪安全的前提下，深入探索水、沙、电一体优化调度途径，全面抓好水库各项管理运用工作。开展了“利用并优化桃汛洪水过程冲刷降低潼关高程试验”，配合黄委会进行调水调沙生产运行，完成各项水库调度运用任务，确保防洪安全，最大限度地发挥工程效益。配合三门峡市政府完成第二十一届三门峡国际黄河文化旅游节暨投资贸易洽谈会期间水库水位控制任务，促进了地方经济、社会的发展。

(孙淑兰　王海军)

【三门峡水库来水来沙情况】 2015年，三门峡水库潼关以下库区入库水量197.93亿立方米，入库沙量531.2亿千克。出库水量182.24亿立方米，出库沙量507亿千克。水库淤积泥沙24.2亿千克。非汛期 (1月至6月、11月至12月)入库水量136.7亿立方米，较2014年同期(121.5亿立方米)偏多15.2亿立方米，较多年 (1986年至2014年) 同期均值133.3亿立方米偏多3.4亿立方米；入库沙量246.2亿千克，出库沙量0亿千克，库区潼关以下淤积246.2亿千克。2015年3月中、下旬，黄河防总开展了第10次利用并优化桃汛洪水过程冲刷降低潼关高程试验。汛期(7月至10月)潼关站汛期入库水量61.23亿立方米，入库沙量285亿千克，分别占年总水量的30.9%、总沙量的53.7%。汛期，黄河潼关站共出现一次洪水过程，最大洪峰流量为1900立方米/秒。在汛期各月水、沙量分配中，水量以10月份最大、8月份最小，水量分别占汛期总水量的28.8%和21.7%；沙量以8月份最大、7月份最小，沙量分别占汛期总沙量的57.3%和11%。

【防凌运用】 三门峡水库是黄河下游防凌工程体系的重要组成部分，配合小浪底水库共同承担黄河下游的防凌任务。2015年，三门峡枢纽局严格执行黄河防总调度指令，认真落实各项防凌措施，于10月底，转为非汛期运用方式。凌汛期 (2015年11月至

2016年3月)没有发生特殊凌情,控制水位318米,平稳控制下泄流量,累计出库水量63.30亿立方米,完成了承担的黄河防凌任务,确保了黄河下游防凌安全。

【桃汛运用】 按照利用并优化桃汛洪水过程冲刷降低潼关高程试验要求,2015年3月初,控制库水位318米;3月12日,库水位缓慢下降至317米,控制库水位平衡运用至18日。之后,水库水位逐步下降。23日11时,潼关站桃汛洪水流量上涨到1070立方米/秒,8时三门峡水库水位为316.86米,满足了桃汛试验对三门峡水库起调水位317米对接的要求。26日9时,开启6台机组(2号机正进行改造)运行水库自然回蓄方式进行控制运用,27日8时,库水位蓄至317.60米。桃汛期间,潼关站洪峰流量1700立方米/秒,最大日均流量1400立方米/秒,最大十日水量7.77亿立方米。三门峡站洪峰流量1140立方米/秒,最大日均流量952立方米/秒,最大十日水量6.66亿立方米。

【调水调沙】 2015年6月29日,黄委会组织的汛前黄河调水调沙正式开始,首先由小浪底水库加大下泄流量。7月8日8时,三门峡水库水位为317.68米,在6台机组满负荷运行泄流的基础上,逐步开启枢纽底孔和隧洞,依次按2600立方米/秒控泄3小时、按3000立方米/秒控泄3小时、按4000立方米/秒控泄3小时、按5000立方米/秒控泄16.5小时直至敞泄运用。9日9时30分,全部开启12个底孔、2条隧洞,水库进行敞泄运用。10日9时,逐步关闭枢纽泄流设施,水库开始回蓄,转入汛期正常运用。此次调水调沙,三门峡水库运用历时49小时,期间最大入库流量430立方米/秒,最大出库流量5430立方米/秒;入库水量0.53亿立方米,出库水量4.65亿立方米,弃水量3.69亿立方米;最大出库含沙量为256千克/立方米,出库沙量68.4亿千克,净排沙量约65.8亿千克。三门峡水库调水调沙运用特点:一是在与万家寨下泄大流量对接上与往年有较大不同。往年多在高水位对接或水库刚敞泄时对接;三门峡水库敞泄运用结束已转为蓄水运用后29小时,万家寨水库下泄流量过程才演进至潼关站;二是万家寨水库前期入库流量小,起调水位低,调水调沙运用期间下泄的水量少,水库运用历时短。三是三门峡水库运用历时短,排沙量少。

【防汛工作】 2015年,三门峡枢纽局及早动手,通过强化防汛责任制、修订完善防汛预案、开展防汛检查等措施,扎实做好备汛工作。加强三门峡及故县两枢纽工程管理,做好防汛设施维修养护工作,完成三门峡枢纽3号底孔大修、2号隧洞工作闸门大修等防汛工程项目,确保了汛期正常使用。汛期,三门峡水库发生一次入库洪水过程,潼关站洪峰流量1900立方米/秒(8月4日)。三门峡枢纽闸门共启闭72次,调度指令正确执行率100%,确保了黄河防洪安全,充分发挥了三门峡、故县两枢纽的综合效益。

【洪水泥沙调度】 2015年汛期,三门峡水库共出现一次入库洪水过程,含沙量较高,水库相应进行了敞泄排沙运用,运用时段为8月4日8时至6日9时,历时49小时。汛期共进行两次敞泄排沙运用(含调水调沙),累计历时98小时;汛期入库沙量285亿千克,出库沙量507亿千克,潼关以下库区冲刷222亿千克,排沙比为178%,保持了水库的有效库容。

(贾美平)

【电力生产】 2015年,在黄河来水同比减少37.59%和一台机组增容改造退出运行的情况下,明珠集团通过优化水库调度,开展节水发电,加强设备运行维护,最大限度地利用了水资源,提高了电力生产效益。2015年,三门峡水电厂机组负荷率为95.53%,较2014年同期提高2.61%。明珠集团全年累计发电17.68亿千瓦时,其中三门峡水电厂完成发电量16.14亿千瓦时,故县水电厂完成发电量1.31亿千瓦时,银河水电站完成发电量0.23亿千瓦时。三门峡水电厂汛期发电3.0007亿千瓦时。

(孙淑兰)

枢纽管理

【概况】 2015年,明珠集团坚持“电力支撑,项目带动,结构调整,稳健发展”的工作方针,不断加强枢纽工程管理、企业经济建设,进一步加强党的建设、工团组织建设和精神文明建设,企业面貌得到持续改善,综合实力不断增强。

【工程管理】 2015年,三门峡枢纽局进一步加强枢纽工程管理,开展了三门峡与故县两枢纽大坝安全鉴定工作,完成大坝注册登记换证,取得了注册登记证书。认真做好大坝安全监测和地震监测工作,适时加大重点区域的巡视检查力度,共计开展大坝水工建筑物及其上下游两岸护坡巡检24次。继续加大坝区绿化美化力度,对重点区域进行了合理规划改造和苗木移栽,完成了坝区灌溉系统完善工程等项目,枢纽工程面貌和坝区环境得到进一步改观。认真做好坝前清污工作,及时调整清污方式,汛期累计清理污物1万余立方米,日最高清污量达400立方米以上。

【水政、渔政管理】 2015年,黄委三门峡水政监察支队强化库区取水许可监督管理和河道巡查,对三门峡库区防洪水位335米以下的违章建设项目开展了全面普查。加大对库区取水单位的监管力度,开展了划界确权的前期工作。黄委故县水库水政监察支队积极开展河道巡查和专项水行政执法检查，加强库区上游采砂监管和大坝两侧非法开采石英矿的复查，维护了库区良好水事秩序，故县水库水质继续保持了地表水二类标准。故县水库渔政管理站充分发挥自身职能，主动服务渔业生产，维护了库区渔业资源管理秩序。

【安全生产】 2015 年，明珠集团不断强化职工安全意识，加强安全生产监督和隐患排查治理，修订完善相关制度，深入推进标准化管理，安全生产保障能力持续提升，安全形势是近年来最为稳定的一年。至 2015 年 12 月 31 日，三门峡水电厂和故县枢纽局分别实现连续安全生产 6409 天和 7281 天。

【科技创新】 2015 年，明珠集团进一步加强科技创新工作，规范科技进步奖的评审奖励机制，《黄河三门峡水利枢纽 450 吨门机关键技术研究与应用》获黄委科技进步二等奖，5 项成果通过黄委三新成果认定，5 项成果荣获中原水力发电科技奖。加强专业技能人才队伍建设，大力推进劳模(技师)工作室创建和职工技能竞赛活动，职工魏磊当选为“第六届河南省技术能手”，张新超等 3 人获得“黄委技术能手”荣誉称号。

【项目建设】 2015 年，明珠集团按科学安排投资计划，规范项目建设管理程序，加强项目建设全过程管理，重点项目建设得到强力推进。三门峡水电厂 2 号机组增容改造项目顺利完成，沙坡脚水电站主体工程完工。明珠大厦和明珠家园项目严把工程安全、质量和工期三关，主体工程顺利实现封顶。黄委招待所原址土地置换顺利完成，郑州东区运河广场项目土地成功摘牌，如期取得了土地权证。白刚玉项目完成可研报告审查、施工图设计和项目预算。积极跟踪黄藏寺、古贤等重大水利工程项目的进展，配合做好郑州二里岗仓库开发的前期工作。开展风电、光伏等新能源项目的前期工作，为企业发展进行了项目储备。

【机组改造】 三门峡水电厂 2 号机组改造工程于 2014 年 11 月 16 日开工，2015 年 10 月 27 日机组并网发电。该项目共划分 7 个分部工程、23 个单元工程，改造项目主要包括水轮机及转轮室，发电机定、转子改造部件，监控系统，励磁系统，压油泵系统，调速器测速，自用变，在线监测系统，封闭母线及机压设备等内容。改造后，机组运行的安全可靠性、稳定性、自动化程度显著提高，特别是转子改造后彻底消除了磁轭变形影响机组安全稳定运行的隐患，机组在满负荷状态运行时振动摆度仅 0.1 毫米左右，机组性能得到质的飞跃。11 月 2 日，3 号机组改造工作正式启动。

【经济发展】 2015 年，明珠集团积极应对经济下行的压力，主动适应新常态，稳步拓展外部市场，在抓好电力生产的同时，积极支持和鼓励各子公司创新发展，不断提高各子公司的内生动力和经营活力，在金属冶炼、水电施工、机电检修、宾馆经营、工程监理、水产养殖、房地产开发、旅游服务等产业中优化结构，挖潜增效，提高经济增长质量和经济效益，全年实现收入 13.08 亿元，经济运行总体保持了稳中向好的势头。

【企业改革与管理】 2015 年，明珠集团坚定不移地推进企业改革，制定全面深化改革实施方案，完善相关制度 33 项。组织开展了关系企业改革发展的重大课题研究，编制完成《“十三五”企业发展规划》。积极探索项目建设新的管理体制，在沙坡脚水电站、明珠家园等重点项目推行了经营期目标责任制。创新大学生招聘模式，择优录用了 38 名高校毕业生，实现了“按计划招聘”。进一步优化人力资源配置，积极稳妥做好昌鸿公司职工再就业工作。强化资金管理，统筹做好资金调度、融资安排和税收筹划，编制完成了“十三五”筹资投资规划。巩固和深化银企关系，累计获得银行授信额度 10.9 亿元。抓住有利时机，成功发行短期融资券 1 亿元。加强企业内部风险控制，积极开展审计监督和合同审查，全年完成审计项目 23 项，审计金额 28.3 亿元，审议合同 145 份，标的额 6.9 亿元，规范了企业经营行为，降低了经营风险。

【和谐企业建设】 2015 年，明珠集团进一步重视和加强企业核心价值观教育，大力弘扬汛期发电精神，不断提高职工文明素质和企业文明程度，营造和谐企业氛围。各级工会和共青团组织围绕生产经营中心工作，深入开展劳动竞赛、班组建家、劳模巡视和青年岗位建功、创新创效等活动，取得明显成效。坚持以文化促和谐，积极推动全民健身运动的蓬勃开展，组织举办了广播操比赛、篮球比赛、羽毛球比赛、诗歌朗诵会等职工喜闻乐见的文化体育活动，进一步促进职工身心健康，增强企业凝聚力。 （孙淑兰）

·编辑 张怡杰·

宏观调控

【概况】 2015年，三门峡市发展和改革委员会积极抢抓国家“一带一路”战略、河南省“三大国家战略”规划和晋陕豫黄河金三角区域合作规划机遇，全力以赴稳增长、保态势、抓落实，全市经济社会保持了平稳健康发展的良好势头。着力加强经济运行调节。坚持逐月研判经济形势，认真落实中央、省委、省政府出台的一系列稳增长的举措，并结合实际出台《促进经济平稳健康发展若干政策措施》《促进房地产市场平稳健康发展的意见》、产业集群培育计划、稳增长保态势若干重大专项工作方案等长短结合、标本兼治的应对措施。着力扩大有效投资。实施扩大有效投资“双十”行动计划，全年完成投资576.8亿元。23个省重点项目完成投资200.9亿元，245个市重点项目完成投资858.2亿元，省市重点项目均提前三个月完成年度投资目标。中金黄金产业园一期、连霍高速改扩建等48个项目建成，总投资350亿元的义煤综能煤化工产业园、总投资260亿元的同人铝业铝精深加工产业园、蒙华铁路等200多个重大项目正在加快推进，成为带动和支撑三门峡市转型发展的主导力量。着力强化资金保障。为55个项目争取国家专项建设基金共39亿元，可带动全社会固定资产投资711亿元。着力优化企业服务。借助蒙华铁路建设、渑垣高速开工、保障房建设等项目建设机遇，组织重点项目建设单位与本地企业进行购销对接，带动水泥、新型墙材、铝型材、有色、装备制造等企业拓展市场、稳定生产。采取县市领导分包服务机制，对生产经营困难的骨干企业“一企一策”进行帮扶救助，分类指导帮助骨干企业运行。在铝工业企业方面，提出降低用电过网费、缓缴2015年度所欠缴纳的地方税款等措施建议，协助稳定生产；为4个企业争取到直供电政策，每年可为企业降低成本1亿元。持续推进企业上市，4家公司在“新三板”挂牌，8家公司在上海股权托管交易中心挂牌，27家公司进入省上市“后备队”。认真开展物价稳控和收费检查工作，居民消费价格温和增长1.5%。

【经济发展跃上新台阶】 2015年，全市生产总值达到1260.6亿元，同比增长3.5%。其中，第一产业实现增加值118.5亿元，增长5%；第二产业实现增加值757.7亿元，增长2.3%；第三产业实现增加值384.4亿元，增长7%。规模以上工业实现增加值602亿元，增长1.8%。一般公共预算收入达到93.9亿元，增长1.6%。全社会固定资产投资达到1551亿元，增长15.9%。社会消费品零售总额达到396.9亿元，增长11.6%。进出口总值达到4.4亿美元，增长84.9%。城镇居民人均可支配收入和农民人均纯收入分别达到2.38万元和1.1万元，实际增长5.4%和8.4%。节能减排完成省定目标。

【转型发展步伐加快】 2015年，三门峡市把解决当前困难与促进长远发展结合起来，全力推动转型发展、创新发展、绿色发展。推进工业提质转型。围绕黄金及有色金属、铝及精深加工等主导产业加快接续产业发展。义腾新能源耐高温陶瓷涂覆隔膜等高新技术项目、骏通车辆1万辆多功能起重举升类专用车等装备制造项目、灵宝汇源杜仲产业园等食品医药项目顺利实施。黄金工业、铝工业、装备制造等产业集群发展规划编制完成。服务业进一步提速扩量。现代物流业加快发展，着力推进“一带一路”大宗商品交易中心等一批现代物流项目建设。黄河公园等4家景区成功创建国家AAAA级景区，总数达到12家，居全省第4位。服务业增加值占地区生产总值的比重由2011年底的22.5%提升至2015年底的30.3%。农业进一步做特增效。粮食总产7.2亿千克，夏秋粮单产、总产均创历史最高水平；果品总产23亿千克，增长6.3%；食用菌产量突破1.76亿袋；烟叶栽植1.46万公顷，收购57.5万担，规模和质量继续保持全省首位；肉蛋奶产量持续增长。特色农业产值占农业总产值比重达85%以上。新业态、新模式、新技术进一步蓄能发展。推荐上报创新平台20家,新认定院士工作站、省市级重点实验室等各类创新平台15家,全年各类创新平台超140家。"阿里巴巴·三门峡产业带"运营平稳,培育省、市电商示范企业28家,全市网店总数达到2067个。农业电子商务千县万村计划和阿里巴巴"淘宝村"项目加快推进,卢氏县被确定为全国电子商务进农村综合示范县。参加省"互联网+"开放合作大会,举办中国(三门峡)首届互联网金融中原大会,与中国互联网金融董事长联盟签署战略合作框架协议。狠抓节能减排,万元地区生产总值能耗、万元工业增加值能耗分别下降0.7%和2.1%,全面完成河南省下达三门峡市的"十二五"节能任务。

【科学载体承载力提升】 2015年,三门峡市不断强化产业集聚区、商务中心区、特色商业区建设,提升科学发展承载能力。产业集聚区加快升级。产业集聚区与所在乡镇管理套合工作启动,湖滨机电制造业产业园创建省级产业集聚区工作取得重大进展;三门峡产业集聚区开展"五规合一"试点工作,在2015年全省产业集聚区观摩中取得小组第一,创业服务中心被认定为国家级孵化器;渑池县产业集聚区进入全省"十快"。全市产业集聚区规上工业主营业务收入达1877亿元,占全市工业主营业务收入的比重比2014年提高1个百分点。"两区"建设加快推进。三门峡市商务中心区和义马市特色商业区发展规划调整获批。"两区"建成区面积达到4.6平方千米,入驻企业941个,从业人员4.3万人;累计完成投资193.8亿元,其中基础设施建设完成投资40.9亿元。高阳山温泉度假区等11个项目建成投用,万达城市广场、明珠大厦等39个在建项目扎实推进。

【强化基础设施建设】 2015年,三门峡市全力克难攻坚,一批重大基础设施项目取得重大进展。现代交通体系不断完善。三淅高速全线通车,连霍高速洛阳至灵宝段(豫陕交界)改扩建项目实现通车;国道209线卢氏县城至五里川段改建等工程全部完工;国道310线灵宝焦村至豫陕界段改造工程加快推进。能源设施加快建设。大唐三期、华能渑池热电进展顺利;大唐岭西、东村风电场首批机组建成投产。全市风电装机规模已经达到34万千瓦,占全省总量一半以上,风电装机规模、核准容量、运行效益均居全省首位。

【改革开放持续深化】 2015年,三门峡市重点领域改革不断推进。行政、工商、交通运输、价格改革全面深化,公务用车制度改革顺利推进。持续推动开放合作。先于晋陕豫黄河金三角区域其他地市率先争取省政府出台《河南省晋陕豫黄河金三角区域合作规划实施方案》;铁路口岸和综合保税区申报工作顺利推进,将三门峡铁路口岸上报国家"十三五"口岸发展规划;组织承接北京非首都功能疏解中产业转移工作;央企合作、国外贷款项目、南水北调对口协作工作有序开展,8个2015年京豫对口协作项目加快推进,与北京怀柔区签订产业合作框架协议。

【城乡统筹加快推进】 2015年,灵宝市被列入省级城镇化综合试点城市,三门峡市城镇化率达到51.36%。城市基础设施不断完善,魏野路、康园路(虢国路—五原路)新建工程、虢国中路改造工程建成通车,市区新增供热面积30万平方米,完成雨污分流管道改造10.35万米,市污水处理厂达到8000万千克/日的设计处理能力。上村一期等一批旧城区和城中村改造项目进展顺利。农村公路建设、农网升级改造、农村安全饮水工程等任务圆满完成。

【民生不断改善】 2015年,三门峡市坚持把保障改善民生作为出发点和落脚点,人民群众从改革发展中得到更多实惠。省、市重点民生工程顺利实施。研究拟订2015年度全市十项重点民生工程。商务中心区3所小学建设、保障性安居工程、道路畅通工程、城市管理年活动、农村安全饮水工程等任务圆满完成。加强就业和社会保障工作。持续实施"崤函创业扶持行动",发放创业担保贷款6.1亿元,扶持创业7702人;全市城镇新增就业6.1万人,城镇登记失业率为2.8%。全年开工建设保障房4624套,建成2425套。深入推进扶贫开发。解决3.7万农村贫困人口脱贫问题,对40个贫困村实施整村推进,建设25个扶贫搬迁安置点,搬迁贫困群众1094户4584人。社会事业全面发展。在全省率先取消高中教育择校费,河南科技大学应用工程学院首批本科专业招生,学前教育行动计划二期、职教攻坚二期等工程深入实施,通过国家二类城市语言文字工作评估验收。县级公立医院改革扎实推进,市中心医院晋升"三级甲等医院";基层医疗卫生服务体系持续完善,140个卫生项目获得上级无偿资金支持。函谷关文化产业园入选省级文化产业示范园区,实施三门峡庙底沟和灵宝市北阳平遗址2个抢救性文物保护项目,"政府采购百场戏""舞台艺术送农民"扎实开展。"单独二孩"政策全面落实。大力实施"蓝天碧水"工程。完成绿化造林任务5.11万公顷;确定白天鹅和红腹锦鸡为三门峡市"市鸟"。 (杨 洁)

安全生产监督管理

【概况】 2015年,三门峡市安全生产形势继续保持稳定好转的良好态势。全市全年共发生各类生产经营性伤亡事故55起,死亡38人,其中工矿商贸事故死亡9人、生产经营性道路交通事故死亡29人。全市各生产经营单位共组织举行各类应急演练活动284次(综合演练46次、专项演练238次),参演企业职工达4.1万余人次。

【安全生产监督管理体制机制建设】 2015年,市安全生产监督管理局提请市委、市政府出台《中共三门峡市委三门峡市人民政府关于进一步加强安全生产工作的意见》。同时,对各县(市、区)、三门峡经济开发区和产业聚集区贯彻落实意见精神开展督促检查,全面落实"五级五覆盖"和企业安全生产责任"五落实五到位"。五级五覆盖:在省、市、县(区)、乡镇(街道)、行政村(社区)五级做到"五个覆盖",即"党政同责"全覆盖,"一岗双责"全覆盖,"三个必须(管行业必须管安全、管业务必须管安全、管生产经营必须管安全)"全覆盖,"政府(行政)主要负责人担任安委会主任"全覆盖,"安全生产部门定期向本级纪检、组织部门报送安全生产情况"全覆盖。企业安全生产责任"五落实五到位":各类企业必须落实"党政同责"要求,明确董事长、党组织书记、总经理对本企业安全生产工作共同承担领导责任;必须落实安全生产"一岗双责",明确所有领导班子成员对分管范围内安全生产工作承担相应职责;必须落实安全生产组织领导机构,成立安全生产委员会,由董事长或总经理担任主任;必须落实安全管理力量,依法设置安全生产管理机构,配齐配强注册安全工程师等专业安全管理人员;必须落实安全生产报告制度,定期向董事会、业绩考核部门报告安全生产情况,并向社会公示;必须做到安全责任到位、安全投入到位、安全培训到位、安全管理到位、应急救援到位。全年全市有76个乡镇(街道办事处)、246个行政村(有工矿企业的)达到"五覆盖"的要求,覆盖率达100%;621家企业中的364家印制张贴了"五落实五到位"规定挂图,覆盖率为58.6%;223家规模以上企业中的173家达到"五落实五到位"规定要求,覆盖率为77.6%,共配备注册安全工程师342人。

【开展春季安全生产专项整治行动】 2015年1月中旬至4月底,市政府在全市范围内组织开展春季安全生产专项整治行动。全市共出动9760余人次,检查企事业单位和场所4390个次,排查一般隐患12670条,完成整改12629条,整改率达99.7%。

【开展安全隐患大排查大整治专项行动】 "2015·5·25"鲁山特大火灾发生后,三门峡市委、市政府高度重视,迅速行动,自6月1日起至9月底,在全市范围内集中开展安全隐患大排查大整治专项行动。全市开展自查自纠的企事业单位4106家,企事业单位参加检查人员2793人次,排查安全隐患1868项,完成整改1753项。各级各有关部门共成立督促检查组121个,出动督促检查人员1396人次,督促检查企事业单位1218家,发现问题431项,督促整改350项。

【开展"查尽责、除隐患、保安全"活动】 2015年,市政府安委会办公室将市委明确的排查消除10个方面安全隐患任务明确到34个部门,还将其他负有安全监管职责的部门也纳入到"查尽责、除隐患、保安全"活动中来,确保活动全覆盖、无遗漏、无死角。全市各类企事业单位计有6861人次参加安全隐患排查治理,共排查出安全隐患8046项,全部建立整改台账,其中7986项整改到位。全市各级政府有关部门抽调5419人次的机关干部和460余人次的安全专家参加"查尽责、除隐患、保安全"活动督导检查工作,先后发现并及时督促各生产经营单位整改安全隐患2291条,也全部建立督查台账,其中1924条整改到位。

【开展安全生产"打非治违"和专项整治行动】 2015年,三门峡市持续深化安全生产"打非治违"和专项整治行动,推动"查尽责、除隐患、保安全"活动取得实效。矿山方面:出动60余人次,对辖区内煤炭生产企业进行检查,共检查7座矿井,发现35条问题和隐患,其中20条责令现场整改,剩余15条按规定移交县级煤炭部门督促整改;组织有关专家对全市152个非煤矿山企业生产系统、136个排土场进行安全评估,排查1900条隐患,完成整改1895条,剩余5条按时间要求落实整改措施。危险化学品、易燃易爆物品方面:全市危险化学品领域共组织检查企业721家,排查安全隐患665条,整改到位594条;关闭取缔非法生产经营单位28家,责令存在重大安全隐患停产停业整顿企业14家。油气输送管道方面:全市原有长输管道安全隐患38处,此次专项整治活动中完成整改35处,占92%。

【安全生产宣传教育培训】 2015年,全市共组织发放各类安全生产宣传资料2万余册,发放《安全生产知识口袋书》4000册,组织举办安全生产案例分析活动113场次。全市共组织开展各类安全生产业务培训63个班次,累计培训各类企业主要负责人、企业安全管理人员3400余人,各类特种作业人员2900余人,各类农民工1.8万余人。组织开展内容丰富、形式多样、声势浩大、场次众多的"安全生产宣传月"活动。在市区繁华地段悬挂横幅,展出板面,设立咨询台,采用群众喜闻乐见、易于参与的形式开展宣传教育活动,努力营造人人关注安全、重视安全、参与安全的良好氛。 (张宗敏)

国土资源管理

【概况】 2015年,三门峡市国土资源局牢固树立和切实贯彻创新、协调、绿色、开放、共享发展理念,坚持耕地保护和资源节约基本国策,持续深化国土资源领域改革创新,着力提高资源供给质量效益,全面推进法治国土建设,积极服务地方经济社会发展,为三门峡市实现提前一年建成小康社会奋斗目标提供了有力的资源支撑。省国土资源厅授予市国土资源局"全省国土资源系统行政服务窗口先进集体"称号,市委、市政府授予市国土资源局"全市目标管理工作先进单位""全市政风行风建设先进单位""全市安全生产工作先进单位""全市计生工作先进单位"称号。

【耕地保护】 2015年,三门峡市严格落实耕地保护责任,确保耕地保有量不少于17.71万公顷、基本农田面积不低于17.01万公顷的基本目标。根据摸底并结合上一轮基本农田划定成果,全市4697.52公顷耕地待全省统一调整后可以划入基本农田。全市高标准基本农田项目共计5个,总面积24577公顷,其中在建4个,总面积20588公顷。推进补充耕地储备项目建设。全市共有7个项目(其中在建项目6个),可新增耕地面积共计1202.38公顷。

【建设用地管理】 2015年,三门峡市共取得12批用地批复,面积559.75公顷。市批农转用2批次,面积35.23公顷,其中耕地31.18公顷。全市累计上报城乡批次用地和单独选址项目用地11批次,总面积177.13公顷,其中农用地129.95公顷,农用地中耕地89.03公顷,保障了省、市重点项目的用地需求。保障省、市联审联批项目用地,共办结省、市联审联批项目205个。

【土地利用】 2015年,全市国有建设用地供应土地73宗、191.96公顷,收缴土地出让金11.14亿元。强化土地资源节约集约利用。按照简政放权、提高效率、激励约束的原则,将计划指标分配按照城镇工矿剩余规模、征地率、供地率、新增建设用地单位地区生产总值地耗、固定资产投资等五项因素权重进行分配,在此基础上按照各县(市、区)违法用地情况和耕地保护情况进行奖罚,最终确定分配方案,以确保辖区节约集约用地。提高土地利用效率。2010年至2014年全市经国务院、省政府批准的各类项目用地面积9202.45公顷,已完成供应面积6290.67公顷,供地率位居全省前列。强化批后监管。依托土地市场监测与监管系统,提高建设用地批后监管水平,积极探索开竣工保证金制度,从建设用地批后公示、批后监管警示、批后审查把关、开竣工验收等方面,建立健全市国有建设用地批后监管制度。建立诚信档案,对不执行申报制度的单位,限制其参加土地竞买活动,从而减少土地闲置浪费,提高土地利用效率。新一轮基准地价更新成果通过省国土资源厅的检查验收,经市政府批准,4月1日通过《三门峡日报》、市国土资源局门户网站等渠道公布实施。

【规划科技】 2015年,市国土资源局在土地规划方面,一是调整完善土地利用总体规划。完成全市土地利用总体规划中期评估,根据2013年底全市地籍变更数据,摸清各县(市、区)实有耕地、基本农田数量与规划确定的耕地和基本农田目标之间的差别。通过对2010年至2014年全市报批用地情况的梳理,摸清中心城区和各县(市、区)新增建设用地规模指标的使用情况。按照前五年使用情况和未来五年保障情况进行分析测算,摸清家底,理清思路,完成调整完善前期工作。二是做好建设项目用地预审工作。完成新增G344(原S331线)卢氏官坡至豫陕界段改建工程、灵宝市北阳平遗址·西坡遗址保护设施、陕县甘山风电场项目、卢氏县第二城市生活垃圾处理场等26个项目的用地预审和初审工作,并对三门峡西部城市污水管网项目、开发区截污干管工程等6个不涉及新增用地项目进行用地预审情况审查并出具情况说明。涉及能源、交通、水利、垃圾处理厂、污水处理厂等多个行业项目,总面积236.93公顷,涉及项目金额约41.67亿元。三是做好年度土地利用计划管理工作。2015年省国土资源厅下达三门峡市新增建设用地计划412.8公顷(其中农用地353.47公顷,农用地中耕地259.6公顷),存量建设用地挖潜任务412.8公顷,增减挂钩周转指标93.33公顷。至年底,各县(市、区)共上报21批城镇建设用地,使用计划指标总量为307.25公顷,占用农用地计划293.24公顷,占用耕地计划205.87公顷,保障了三门峡市商中心务区和产业集聚区发展及重点项目用地。四是推进城乡建设用地增减挂钩工作。做好全市城乡建设用地增减挂钩试点开展情况专项检查工作,对2009年以来经省国土资源厅审批的增减挂钩试点项目进行全面核查。配合省国土资源厅检查组重点对三门峡市已到期使用周转指标的城乡建设用地增减挂钩试点项目拆旧复垦情况进行督查,并对现场进行实地踏勘,督促陕县抓紧完成拆旧复垦任务。督促开展挂钩在线备案工作,并组织开展挂钩项目拆旧区与2014年土地变更调查新增耕地图斑复核工作。五是在下达年度计划指标时,将增减挂钩指标同时下达给各县局。全市符合挂钩结余指标省域内有偿调剂使用的5个县(市、区)均没有结余指标,也没有申请需要使用外地市结余指标的。矿产规划方面,一是严格执行矿产规划,做好矿业权报件合规性审查。全年共完成65个采矿权和46个探矿权项目,及省、市2015年探矿权挂牌出让计划的14个普查区合规性审查。二是编制完成《三门峡市“十三五”时期矿产资源节约集约利用问题》专项研究,提出三门峡市“十三五”时期节约集约和综合利用主要目标任务8项:全面调查资源节约与综合利用现状及潜力;大力推广先进适用的技术与装备;大力推进综合利用示范基地和示范工程;加强综合利用产、学、研一体化平台建设;大力发展矿业循环经济;全面开展矿产资源综合评价;严格矿产资源勘查开发准入管理;建立资源节约与综合利用激励引导机制,并提出规划实施的保障措施。科技管理方面,5个项目被列入省国土资源厅2015年科技项目计划;组织矿业开发中心两个项目申请省级专家成果鉴定,其中《灵宝市地质与矿产调查评价》被鉴定为国家先进成果,《卢氏县地质与矿产调查评价》被鉴定为省级领先成果;编制《三门峡市国土资源科技创新调研工作报告》。

【地籍管理】 2015年,国有土地使用权登记发证工作:市国土资源局完成万达广场等39宗土地的初始(变更)登记;完成龙腾置业等34宗土地的抵押登记,办结龙腾置业等28宗土地的抵押登记;办理个人住房分割登记3000余宗。农村集体土地确权登记发证工作:全市6个县(市、区)共完成宅基地使用权地籍调查28.09万宗,调查面积2.64万公顷;完成宅基地地籍调查结果公示5.36万宗;完成集体建设用地使用权地籍调查2104宗,面积653.88公顷。年度土地变更调查及遥感监测工作:国土资源部共下发三门峡市2014年度遥感监测图斑1123个,涉及面积966.67公顷。市国土资源局集中力量、科学安排,一方面组织各县(市、区)对接收的1123个图斑进行实地核查,掌握真实情况,切实做好内业核判和变更工作。另一方面,协调相关部门共享数据,全面掌握年度土地利用现状变化情况,确保变更调查成果的准确性和现势性,并利用技术手段现场会审各县图斑核查成果,保证上报数据的准确和统一。耕地后备资源调查评价工作:根据评价结果,全市可开垦土地3.76万公顷,可复垦土地659.16公顷,耕地后备资源总面积3.82万公顷。不动产统一登记制度建设工作:市、县两级不动产登记所涉及相关职能部门职责整合及职能划转、机构设置等全部到位,市本级及所辖各县(市)均成立行政机构不动产登记局和具体办事机构事业单位不动产登记中心。

【矿产资源管理】 2015年,全市采矿权数量减少到274个。全市保留煤矿31个,矿区面积208平方千米,核定生产能力由整合前的51.3亿千克/年提高到210.6亿千克/年;金矿、铁矿、铜矿、硫铁矿、锑矿、铅矿和铝土矿等7个省定矿种整合重点矿区11个,整合矿业权77个,整合后矿业权减少为47个,减少39%,并通过国土资源部等十二部委组织的验收;参与市定矿种资源整合的矿区13个,采矿权49个,通过整合减少到13个,减少36个,减少73%。完成矿业权年检工作。全市采矿权年检矿山274个,探矿权年检矿山127个,年检率均为100%。矿产资源补偿费应收尽收。全市共征收矿产资源补偿费7408.92万元,其中渑池县1975.68万元、湖滨区11.6万元、陕县1400万元、灵宝市3950万元、卢氏县71.64万元。按时完成矿产资源补偿费网络直报任务。全力推进整装勘查工作,找矿成果显著。曹窑以西煤下铝项目落实项目资金1402万元,共完成钻孔331个,有效进尺95522.57米。初步估算,探获铝土矿资源量1630亿千克。小秦岭金矿整装勘查项目投入勘查资金2.15亿元,累计开工钻孔115个,完成钻探12.5万米、坑探6360米。

【地质环境管理】 2015年,全市共排查出地质灾害隐患点480处,其中特大型7处、大型21处、中型45处、小型407处,崩塌112处、滑坡254处、泥石流17处、其他97处,威胁人员35324.1万人及财产59240万元。市国土资源局指导渑池县、陕县完成高标准"十有县"(有制度、有机构、有经费、有监测、有预警、有评估、有避让、有宣传、有演练、有效果)建设工作,通过省国土资源厅终验。加快重点工程项目实施。推荐12个项目申报2015年度至2016年度河南省地质环境项目,项目总投资28937.86万元,申请财政资金28802.4万元,配套资金5435.46万元;推荐15个项目申报2017年度至2018年度河南省地质环境类项目。大力实施矿山地质环境恢复治理保证金制度。全年缴纳保证金2520.16万元。推进地质灾害应急中心建设。通过政府公开招标的方式,使用地质灾害防治专项经费397038元采购一批应急设备。加强应急值守和应急处置。完善汛期地质灾害气象风险预警制度,做好汛期地质灾害气象风险预警工作,根据气象天气预报向公众正式发送气象风险预警7期,汛期共发送预警预报短信共63次6808条;要求各单位制定汛期值班表,24小时领导带班、干部值班,值班期间保持值班电话24小时畅通;严格执行地质灾害灾情险情月报、周报和日报制度,不虚报、瞒报和延报。完善群测群防体系建设。将全市所有地质灾害隐患点全部纳入群测群防体系;对群测群防监测员进行系统培训,保证监测和通信工具配备到位。在地质灾害隐患点的醒目位置设立警示标志牌,提高群众的防灾自救能力。对全市已发现的各类地质灾害隐患点,填制"地质灾害防灾工作明白卡",发放到受灾害威胁的群众手中,并张贴在墙上。汛期共发放"两卡"8285份。对地质灾害防治相关责任人及群测群防员进行地质灾害防治知识培训,培训人数达到1046人。汛期共组织应急演练24次,参加人数2682人。

【执法监察】 2015年,土地卫片执法方面,根据省国土资源厅下发的地籍变更调查数据核查,三门峡市新增建设用地443宗,面积508.93公顷,其中耕地376.03公顷。往年批准2015年建设1宗,面积0.19公顷,为耕地;合法用地181宗,面积458.54公顷,其中耕地337.57公顷;违法用地261宗,面积50.19公顷,其中耕地38.27公顷;立案查处247宗,结案237宗,收缴罚没款423.3373万元,没收构筑物42939平方米,拆除建筑物155995平方米,落实党政纪处分15人,追究刑事责任2人。矿产卫片执法方面,省国土资源厅下发三门峡市矿产疑似违法图斑38个,经核查,合法图斑4个、实地伪变化图斑2个、违法图斑32个,其中无证开采14个、越界开采17个、以采代探1个。非立案处理7个,立案查处图斑25个,结案25个,共收缴罚没款59.52万元,没收违法所得39.02万元,落实党政纪处分4人,追究刑事责任2人。 (赵汉卿)

工商行政管理

【概况】 2015年,三门峡市工商局深化商事制度改革,加强事中事后监管,强化消费维权,多项工作取得较好成效,被市委、市政府授予"全市经济社会发展突出贡献奖",再次被省委、省政府授予"省级文明单位"称号,通过"省级文明单位标兵"和"省级服务型行政执法示范点"验收,赢得国家工商总局政策支持,为促进全市经济社会平稳较快发展作出了积极贡献。市四大班子和市纪委领导对工商工作分别作出重要批示,给予充分肯定。

优化环境,服务企业发展。赢得政策支持。为落实国务院《晋陕豫黄河金三角区域合作规划》,市工商局结合区域实际起草支持区域合作发展意见21条,提请晋陕豫三省工商局呈送国家工商总局。7月10日,《工商总局关于支持晋陕豫黄河金三角区域合作发展的若干意见》正式出台,为三省工商部门服务区域经济发展提供强力支持。牢固树立服务理念。全年开展行政指导5997次、行政约谈1803次。9月29

日，全市推进服务型执法建设工作示范单位现场观摩会在市工商局召开。12月17日，市工商局作为市直部门唯一的服务型执法建设先进典型，通过"省级服务型行政执法示范点"验收。陕县工商局完成招商引资项目10个，签约项目金额1亿元，吸收国内资金400万元。服务水平不断提升。持续开展"商标建设年"活动，全市有效注册商标达到3100件，驰名商标有1件，河南省著名商标达到46件，地理标志证明商标数量位居全省第三。实施"崤函创业扶持行动"，全市工商系统帮助企业办理动产抵押54件、股权出质登记121件，为企业融资41.26亿元。工业园工商分局全年办理动产抵押登记11件，为企业融资8.05亿元。

坚持宽进严管、放管结合，履行好市场监管职责。全市2014年度企业公示率达91.7%，比全省平均数高出6.3个百分点，名列全省第一。建立随机抽取被检查对象、随机选派检查人员的"双随机"抽查机制，3次抽查市场主体共630户，列入经营异常名录242户次。至12月底，公示企业即时信息2671条，公示行政处罚信息39条，列入经营异常名录175户。完善信用约束机制，营造"诚实守信者处处受益、违法失信者寸步难行"的社会氛围。市工商局推选省级文明经营企业10户、文明市场4个、文明商户19户，评选全市"红榜"诚信示范企业15户；推荐国家级"重合同、守信用"企业4户，省级"重合同、守信用"企业11户；通报失信被执行人和失信企业193户。

完善机制，做好消费维权工作。加强商品质量监管。市工商局组织抽检儿童用品、建材、节能灯具、地板类、电线电缆等重点商品31种101个批次，严厉打击销售"三无"、假冒伪劣等违法行为，查处消费侵权案件777件。完善维权体系。推进"12315""五进"工程，建立完善维权服务站点162个。制定"12315""五率"考核标准，在全省工商系统"五率"抽查中市工商局电话接听率达到94.6%，位列全省第一。提升维权能力。市工商局培训基层监管人员622人次，市场经营者1383人次。招募消费维权志愿者40名，聘请5名律师组成法律顾问团。全年受理消费者咨询、投诉、举报6507件，处理率达到99%以上，为消费者挽回经济损失68.39万元。

加强重点领域市场监管执法工作，维护公平竞争市场秩序。市工商局先后开展"中原红盾"农资市场专项治理、保护地理标志商标专用权、2015红盾网剑、"春风行动"等专项行动6次，办理案件1375起。深入开展"三查三保"活动，发现市场安全隐患13处，上报隐患8处，下发整改通知书9份。开展非法集资风险排查集中行动和涉嫌非法集资广告专项整治行动，发布手机警示短信93万条，张贴通告5615份，签订《诚信经营抵制非法集资承诺书》786份。加强综合治理。查处无照经营、超范围经营门店78户，取缔黑网吧7户。查处传销窝点6个，教育遣散传销人员60余人，移送案件2起，刑事拘留4人；查处传销案件3起，上缴罚没款125万元。监测广告80924条次，发现涉嫌违法广告186条次，责令限期整改98条，下发停播整改通知书13份，查处违法广告案件37起。4月14日，市综治委组织6个县(市、区)和15个市直单位到市工商局交流综治工作经验。经济检查支队依法查处非法传销案件，收缴罚没款80万元。湖滨工商分局经检队查处网络传销案件，罚没款30万元。步行街工商所查处一起传销案件，收缴罚没款15万元，首开全市工商所查处传销案件先例。

【工商登记制度改革】 2015年，全市工商系统把深化改革作为转变职能的"先手棋"，全面推进工商登记制度系列改革，在稳增长、调结构、促就业、惠民生工作中发挥了重要作用。"三证合一、一照一码"改革全面实施。7月14日颁发全市首批"三证合一"营业执照，9月28日完成市场主体"三证合一、一照一码"登记制度改革。至12月底，全市共发放"一照一码"营业执照3900余张。"先照后证"改革深入推进。先后3次清理前置审批226项，取消40项，改为后置审批147项，保留前置审批39项，严格规范工商登记程序，严格履行"双告知"职责，实现工商登记和审批监管的有序衔接。创业门槛不断降低。落实注册资本认缴登记制，放宽住所条件改革，简化登记手续和登记文件，将外资企业、股份公司以外的企业登记权下放到各县(市、分)局，将个体工商户名称核准和农民专业合作社注册登记权下放到工商所，将冠三门峡企业的名称核准权委托至各县(市、分)局。全市市场主体总量达到84378户，同比增长13.24%；新登记市场主体同比增长10.81%，平均每天新登记46户。全市户籍人口中，平均每27个人就有1户在工商部门注册登记的市场主体，高出全省平均水平9个百分点。 (李坤昂)

物价管理

【概况】 2015年，三门峡市发展和改革委员会物价办坚持把保持价格总水平基本稳定作为首要任务，把保障改善民生作为出发点、落脚点，在深化价格改革、调控、监管等方面取得较好成绩，全年居民消费价格总水平比2014年上涨1.5%。

深化重点领域价格改革，切实保障和改善民生。推进教育收费改革。为规范非义务教育收费，促进公办普通高中健康发展，组织召开全市普通高中学费调整听证会，在采纳16名听证代表意见的基础上，经市政府批准后，确定全市普通高中教育学费标准：全面取消高中教育择校费用，市辖区普通高中为每生每期1100元，县（市、区）普通高中为每生每期875元，体育艺术类每生每期增加200元。推进供热价格改革。对全市集中供暖企业经营情况开展专项调查，并将调查报告上报市委、市政府，为11月2日大唐集团、法国电力集团、三门峡市政府在北京人民大会堂签署的《中国大唐集团公司与法电集团关于三门峡市热电联产项目合作意向书》提供了切合实际的理论支持和成本依据。落实上级部门各项价格政策。进一步推进天然气定价机制改革，逐步理顺天然气与可替代能源的比价关系，降低非居民用天然气销售价格，非居民销售气价统一降低0.7元/立方米。配合2015年国家的19次成品油价格调整，加强成品油市场动态和价格监测，做到市场供应有序、价格出台平稳。严格贯彻执行全省电价、电力服务价格调整方案，根据省发改委文件精神，制定渑池县产业集聚区电价政策企业名单。转发国家发展和改革委员会关于《放开烟叶收购价格的通知》《放开部分铁路运输价格的通知》《国家发改委关于理顺非居民天然气价格的通知》等通知，做好价格调整的宣传解释工作。

强化市场监管和反垄断执法，维护市场秩序。加强市场价格监管。开展明码标价专项检查，全市主要商场、农贸市场的标价率和标价准确率大为提升。重点做好节假日期间的市场价格监管工作，组织召开价格政策提醒告诫会，对全市价格执行情况进行拉网式检查巡查，价格举报电话实行24小时值班，及时受理群众举报。密切关注宽带网络的提速降费问题，对群众反映的宽带网络建设过程中的不合理收费现象加大监管力度，为"互联网+"发展提供有力支撑。开展价格收费专项检查。组织开展涉企收费专项检查。对辖区内商业银行、住房和城乡建设局、质量技术监督局、环保局、工商局及交通局等相关单位的收费执行情况进行检查，共收缴入库1727万元。在全市范围开展教育收费专项检查。共成立15个检查组，对38个重点学校和幼儿园进行重点检查，收缴罚没款11.6万元，退还学生或家长8.3万元。在全市开展涉车收费重点检查，对涉及机动车交易评估、机动车安全性能检测、营运车辆二级维护检测以及综合性能技术等级评定的12个企业进行检查。畅通社会价格监督体系。以全省联动、四级联网的"12358"价格举报信息系统为平台，畅通群众维权渠道，做好价格检查工作，切实解决群众反映的价格问题。依托三门峡价格信息网的"投诉建议"栏目，密切关注群众举报的不合理收费情况，迅速反映、及时处理。与新闻媒体保持畅通联系，鼓励其进行价格舆论监督，拓宽社会监督渠道。

开展成本监测和监审，做好价格调控和价格服务。做好成本监测和监审工作。开展各种农本调查8项，完成价格成本监测3项，每月上报主要农产品、副食品价格监测表36份，进行生猪预警周报调查40余次，完成调查分析材料12篇。完成重要商品(义煤集团原煤)生产成本监测工作，按时完成省定品种城市供水成本（三门峡市自来水公司)、发电成本(三门峡华阳发电有限公司)、教育成本(三门峡职业技术学院)监测监审工作。监审市中心医院8号病房楼床位费定价成本，核减成本777.82万元，核减比例82.19%；监审卢氏县人民医院新建病房楼床位费定价成本，核减成本366.49万元，核减比例46.62%。做好价格检查和调控工作。拓宽监测范围，增加监测频次。将原有的1个市场监测组改为3个市场监测组，监测数据覆盖市区所有主要市场；启动节假日价格监测日报制度，增加监测频次和范围，加强对重要商品供求及价格情况苗头性、趋势性和关联性分析，做好预警预报和价格调节工作。按时报送价格监测表102份，以短信方式向市主要领导发送市区主要农副产品价格共计2128条次，发送市区平价店特价农副产品价格共计2016条次。探索建立价格基金由财政预算安排使用的方式及程序。做好价格鉴定认证，依法出具鉴定结论。开展涉案、涉纪检监察案件的涉案财物价格鉴定和认定工作，市价格认证中心办理各类价格鉴定认定案件226件，金额410万元，其中刑事案件219件，金额290万元；涉纪案件5件，金额90万元；复核案件2件，金额30万元，及时、高质量出具结论书，有效地配合了司法机关和纪检监察机关的办案工作。

重视价格知识宣传，提高物价管理水平。利用3月15日消费者权益日、5月1日《中华人民共和国价格法》颁布纪念日以及法定节假日，组织人员到大张广场等场地进行价格宣传，现场接受政策咨询。以"12358"热线为平台，做好举报电话受理、解答、调查、处理、回复工作，维护价格系统良好的窗口形象。在市主要媒体、市发改委网站、市价格信息网及时公布价格动态，回应社会关切的热点价格问题。提升物价管理水平。举办全市价格举报人员培训班，邀请省价格监督检查局、市信访局、市法制办领导讲解相关法律及案例，提升全市价格检查人员协调化解各种价格纠纷的能力和水平。组织物价执法工作人员参与省、市举办的执法知识培训，进行执法知识学习，所有一线价格检查人员均考取执法资格证，做到持证执法。组织开展全市执法案卷评查活动，规范执法行为。

（冯　燕）

审　计

【概况】 2015年，三门峡审计部门依法履行审计监督职责，大力推进对公共资金、国有资产、国有资源、领导干部履行经济责任情况的审计监督全覆盖，有效发挥国家审计在经济社会发展中的基石和重要保障作用。全年全市共完成审计项目207个，查出违规金额195541万元，管理不规范金额936797万元，审计发现非金额计量问题103个，审计促进增收节支和避免损失24533万元，移送司法机关、纪检监察机关和有关部门处理事项18件，向社会公告审计结果118篇。市审计局获"河南省社会扶贫先进集体""全省审计机关文明单位创建工作先进单位""全市政风行风建设先进单位""全市平安建设先进单位""全市人口计划生育先进单位""全市人民满意公务员示范单位"等多项称号。

【政策措施贯彻落实跟踪审计】 2015年，市审计局组织全市审计机关对实行精准扶贫、减少农村贫困人口，夯实农业基础、推进现代农业发展，加强科技资金管理、推进科技服务业发展，加快发展养老、健康服务业，促进对外贸易稳定增长和内贸流通健康发展，促进高校毕业生就业，加快城市基础设施建设，加快重大水利工程建设、解决农村人口农村饮水安全问题，促进生态环境保护和节能环保产业发展等重要政策措施落实情况开展审计，揭示部分项目资金未落实、建设程序不完善、建设进展缓慢、未达预期效益等问题,促进政策作用有效发挥。

【财政审计】 2015年,全市完成本级预算执行审计和财政决算审计项目25个,重点关注预算编制及执行、专项资金管理使用、政府非税收入征收管理、“三公一费”支出、国有资产管理、财政存量资金、政府性债务、政府采购、“吃空饷”等情况,注重揭示财政管理存在的共性问题,促进厉行节约和财政资金高效使用。全市审计机关审计结果均受到同级人大常委会和政府的充分肯定。

【政府投资项目审计】 2015年,市审计局组织对市文体中心、黄河公园、山口水库、职教园区项目、中心商务区、市实验中学教学楼、市产业集聚区创业服务中心等69个项目实施跟踪审计或预算执行及结算审计,持续开展城镇保障性安居工程跟踪审计,重点关注资金管理、项目安全、项目质量和项目建设合规性,审计核减政府投资额2亿元,为政府节约了大量的建设资金,对基本建设工程规范运作起到促进作用。

【经济责任审计】 2015年,市审计局突破以往离任审计的滞后性,关口前移,加大任中审计比重,不断增强经济责任审计的时效性和建设性。共组织对48名领导干部实施经济责任审计,审计查出领导干部负有直接责任问题金额1845万元,负有领导责任问题金额66666万元,有效促进了领导干部经济权力规范运行。

【专项审计及审计调查】 2015年,市审计局组织开展全市社会抚养费专项审计调查,重点审查社会抚养费的征收、管理分配使用、“收支两条线”贯彻执行等情况,发现和揭示应收不收、私自征收、降低标准、坐支截留、违规出借等违法违纪行为,确保社会抚养费依法征收、规范管理。开展三淅高速、郑卢高速征地拆迁补偿费专项资金审计,重点关注补偿标准的制定、补偿资金的管理、补偿资金的支付三大环节,保证高速公路征地拆迁补偿专项资金管理和使用规范化、透明化,维护和保障被征地拆迁民众的合法权益。开展土地出让金审计,重点查处是否存在违规出让土地或应征未征、擅自减免、截留、挤占挪用土地出让金以及人为加大土地开发成本支出而降低土地出让实际收益等问题,摸清市土地出让金收支规模及土地供应存量,查处土地交易中的违法违纪行为,规范土地转让市场秩序。

【外资运用审计】 2015年,市审计局配合省审计厅对亚洲开发银行贷款农村新能源生态建设项目二期、亚洲开发银行贷款高效农业项目和日元贷款河南造林项目等3个项目进行审计,及时向省审计厅提交审计报告。通过审计,提高了国外贷援款项目管理水平和项目绩效。 (武云景)

统 计

【概况】 2015年,三门峡市市、县两级统计部门以统计“四大工程”(统一的基本单位名录库、企业一套表、统一的数据采集处理平台、企业联网直报)建设为重点,积极适应经济新常态,充分发挥统计职能,着力深化统计改革,全面推进依法统计,不断强化统计基础,努力提升统计服务水平,各项工作都取得明显成效。市统计局被省委、省政府命名为2015年度省级文明单位,被市委、市政府及有关部门评为“党建工作先进单位”“目标管理工作先进单位”“平安建设先进单位”“督查工作先进单位”“政务信息工作先进单位”“全市机构编制工作先进单位”“全市政府法制工作先进单位”“档案工作先进单位”“妇女工作先进集体”等。在省统计局开展的年度统计工作考核中,市统计局有11个专业获优秀,11个专业获良好;地调队有2个专业获优秀,6个专业获良好。

【统计调查工作】 2015年,市统计局全面完成各种统计年报和定期统计报表上报工作,及时、全面、准确地反映三门峡市的经济社会发展情况。第三次全国经济普查后续工作如期完成,完成普查数据汇总与普查公报发布工作;开展普查资料的开发应用工作,经济普查年鉴交付印刷;组织开展普查工作总结和评先表彰工作;利用普查成果,对基本单位名录库进行全面更新,对联网直报单位进行重点核实和比对。1%人口抽样调查工作完成。全市共抽取295个调查小区,涉及2.26万户、6.83万人。全市共有462名调查指导员和调查员参与此项工作,并顺利完成入户摸底、现场登记、质量抽查、数据汇总等阶段工作任务。第三次全国农业普查前期准备工作扎实推进。根据国务院部署,2016年开展第三次全国农业普查。市统计局及时提请市政府下发《关于做好第三次全国农业普查工作的通知》,成立三门峡市第三次全国农业普查领导小组,并测算、编制农业普查经费预算,为全市第三次全国农业普查工作顺利开展打下了坚实的基础。

【“四大工程”建设】 2015年,市统计局深入推进“四大工程”建设,进一步提高统计能力、统计数据质量和政府统计公信力。一是提高基本单位统计数据质量,夯实名录库基础。各级名录库管理人员充分利用三门峡市第三次经济普查数据和部门行政登记资料,全面更新基本单位名录库,对部门登记注册的新增、变更和注销单位资料进行认真核实、实地调查,做到新增和变更基本单位资料的全面准确,不断夯实名录库基础。二是扎实安排部署,明确工作职责,规范工作流程,推进“五区”(城市新区、产业集聚区、专业园区、商务中心区、特色商业区)统计调查单位核实和申报工作。三是坚持数据评审制度,严把数据质量关。各专业强化对企业统计人员的重点辅导、一对一业务指导,实现培训服务全覆盖。同时,要求企业统计人员依据各种原始记录上报数据,确保数据真实客观。专业人员定期督导检查软件使用及报表填报情况,并对每个企业的报表进行严格审核，对存在逻辑错误或者与实际情况不符的，依法进行查询、核实，从源头上保证统计数据质量。

【统计服务与监督】 2015年，市统计局按时发布《三门峡市2014年国民经济和社会发展统计公报》，及时编辑出版《2014年国民经济统计资料提要》，公开出版发行《三门峡统计年鉴(2015)》。每月5日、15日、20日分别向市委、市政府主要领导和相关领导提供手机短信统计服务。规范统计咨询服务。在改善服务态度方面，对已经正式确定和发布的统计数据，承诺既可以电话提供，又可以现场提供，做到有求必应、随到随办，对暂时不能公布和提供的统计数据，耐心做好解释工作；在提高服务质量方面，针对社会公众需求最多的城乡居民收支、职工平均工资等指标数据，建立数据提供模板，随时更新提供，提高提供效率。增强服务针对性。围绕全市中心工作和社会各界关注的经济运行中的热点、难点问题，及时跟踪开展专题调查；根据经济形势变化的需要，有针对性地邀请发改、工信、财政、金融、税务、供电、交通、商务等部门及有关骨干企业参与分析研究工作，听取其对全市经济形势的看法和判断；不断完善信息共享机制，向党政领导和相关部门提供优质的统计咨询服务。全面提升服务效果。利用《三门峡日报》等新闻媒体和统计信息网络平台，加大宣传力度，扩大服务领域。全年市统计局共撰写统计分析资料193篇，被国家、省、市网站(非统计网站)和《三门峡日报》等新闻媒体采用273篇次，采用率141.5%；被国家、省统计网站、领导批示及“两办”信息刊物采用376篇次，采用率达194.8%。准确、及时、全面地为市政府系统目标管理运行监测和考核评价提供统计数据。做好全市各项经济指标的统计监测预警工作，针对重点目标、重点项目、重点工作推进过程中出现的问题，认真剖析，提出合理建议。

【统计基础建设】 2015年，市统计局统计信息化建设取得新进展。全力做好普查和各项统计调查的技术支持工作。搭建三门峡统计数据采集平台，圆满完成全市第三次经济普查数据汇总和资料汇编工作；精心组织，顺利完成全市人口抽样调查数据处理工作。强化系统网络和应用管理。不断加强网站群应用、统计视频会议系统应用的管理，进一步提升门户网站的形象和技术管理水平。强化网络信息安全工作。组织全市网络信息安全培训、客户端安全管理系统升级培训，完成重要信息系统安全自查和整改，开展安全隐患大排查大整治专项行动，进行统计信息网络系统应急演练，全面提升网络信息安全工作水平。加强应用开发。开通“三门峡统计”微信公众号，搭建三门峡“最美基层统计人”评选微信投票平台，开发党政目标考核问卷调查数据处理和全市教育卫生系统绩效评价及满意度调查数据处理程序，信息化服务能力进一步提升。

【统计法制】 2015年，市统计局积极推进服务型统计执法机关建设，印发《2015年度推进服务型行政执法建设工作方案》，出台《三门峡市统计行政执法用语规范》；开展推进服务型行政执法建设观摩、研讨、经验交流活动，并就服务型行政执法建设工作进行督导。开展行政执法调研，深入企业开展法律援助志愿服务活动。认真部署并按时完成统计“六五”普法自查工作。及时完成市统计局权力清单、责任清单编制工作，绘制行政职权流程图。加强统计执法队伍建设。组织开展专业法律知识和综合法律知识培训考试，举办乡镇统计业务骨干和辅助调查员岗位知识培训班。开展统计诚信体系建设。在全市范围内开展“统计诚信单位”认定工作，对全市33家“2015年统计诚信单位”进行通报表彰。查办统计违法案件。开展农业统计调查基层基础工作和数据质量检查，加强对联网直报单位统计数据质量的监督检查力度，开展经常性统计执法活动，保障源头统计数据质量的提高。全年市、县两级统计部门对158家统计调查单位进行统计执法检查，共立案查处108起，其中市统计局直接查处案件52起。在全省统计执法案卷评查活动中，市统计局办理的《灵宝市×××公司提供不真实统计资料》案被评为“2015年度全省统计执法优秀案卷”。

【统计新闻宣传】 2015年，市统计局加大与官方媒体的合作力度，同时，通过网络、微博、微信等新媒体开展全方位统计宣传。一是开辟《走近统计》专栏。8月，市统计局在《三门峡日报》开设“走近统计”宣传专栏，连续刊发文稿24篇，向社会公众介绍统计工作、诠释统计指标、解读统计数据、回答热点问题。二是“三门峡统计”微信公众号上线运行。8月，市统计局开通政务微信公众号“三门峡统计”，及时发布统计工作动态，传播统计知识，拉近统计与老百姓生活的距离。三是强力宣传《河南省统计管理条例》(以下简称《条例》)。市统计局主要领导做客三门峡人民广播电台《政风行风热线》栏目，就新《条例》的宣传贯彻向听众进行介绍。市统计局及时向市四大班子领导发放《中华人民共和国统计法》和《河南省统计管理条例》宣传资料，在《三门峡日报》全文刊登《河南省统计管理条例》和答记者问，在三门峡电视台滚动播出《条例》宣传标语，联合湖滨区统计局开展《条例》广场宣传活动。四是精心组织第六届“中国统计开放日”活动。邀请市委宣传部领导、部分市人大代表、市政协委员、市级新闻媒体代表和统计调查对象代表，召开统计工作座谈会，通报统计工作面临的形势和任务、统计部门正在开展的重点工作，并征求社会各界对统计工作的意见和建议。在电视、广播、报纸、网站等新闻媒体开辟宣传专栏，在市区中心地段、街道悬挂横幅、张贴标语、摆放宣传板面，在三门峡统计官方微博、微信刊发统计科普文章，宣传统计知识和法律法规，展示统计发展成果，在市政府大楼的LED屏幕上打宣传字幕、办公区摆放宣传板面，宣传《中华人民共和国统计法》和《统计上严重失信企业信息公示暂行办法》等内容，让社会公众感知统计，增强统计法律意识，真正使统计走近人民群众，让统计服务民生。五是首次开展“最美基层统计人"评选活动。面向各县(市、区)统计局、各乡(镇、街道)统计工作站在职工作人员,组织开展"最美基层统计人"评选活动,以"贴近实际、贴近生活、贴近群众"为原则,以"凡人善举、爱岗奉献、开拓创新"为评选标准,采取微信网络平台投票和评选委员会投票相结合的方式,经基层推荐、资格审查、网上投票、评委会评议和公示等程序,最终评选出16名优秀基层统计人员,在系统内营造了讴歌先进模范人物、倡导良好社会风气的良好氛围。

(卫　丹)

质量技术监督

【概况】 2015年,三门峡市质量技术监督管理局(以下简称市质监局)扎实开展"忠诚履职、主动作为、我为三门峡发展作贡献"主题活动,深入实施质量强市战略,加强质量监督,严打质量违法,强化特种设备、危险化学品和重点工业产品安全监管,全面提升三门峡制造质量水平,发挥质监职能在"稳增长、保态势、促转型"中的积极作用,项目建设和各项质监业务均取得新的成效,为三门峡质监"十二五"圆满收官奠定了坚实基础。申报创建国家电梯应急处置服务平台建设试点城市,使三门峡市成为全国首批25个试点城市之一。指导帮助"灵宝苹果"参与2015年中国品牌价值评价活动,使"灵宝苹果"以171.08亿元的品牌价值跻身全国初级农产品类地理标志产品十强。市质监局获得各级表彰10余次,综合业务工作、执法打假工作、特种设备安全监管工作受到省质监局表彰。

【质量提升】 2015年,市质监局在推动市、县政府将质量工作纳入经济社会发展规划和政府责任目标考核体系的基础上,按照部门职责分工,将质量工作目标任务予以细化分解、层层落实,确保了质量工作的顺利开展。制定印发《2015年质量工作考核方案》,起草印发《贯彻质量发展纲要2015年行动计划》,起草《三门峡市推动"三个转变"建设质量强市的实施方案》,征求意见并提请市政府印发。

【质量强市】 2015年,市质监局组织16个质量立市成员单位和企业开展质量月宣传活动。根据质量强省领导小组的要求,上报工业产品质量状况合格率指标,对全市625家规模以上企业的产品分类和产值数据进行分析,提出采矿业、制造业、建筑业、农林牧渔、电力、热力、燃气等21个行业500余家企业的全市质量状况调查方案。完成全国质量强市示范市创建申报材料的上报,创建工作得到省质监局的肯定和支持。首次安排部署并配合完成省政府对三门峡市的质量考核工作,上报三门峡市考核证明材料4册1400余页。在实地核查中,省政府考核组对三门峡市的质量安全和质量发展工作给予较高评价。

【认证监管工作】 2015年,市县两级均成立认证执法监管领导小组,明确认证监管工作专职人员,拟定认证执法监管总体计划,制定专项监督检查和日常巡查计划,落实认证工作分析预警制度。协助中国国家认证认可监督管理委员会在灵宝市召开有机产品示范县创建现场监管培训会。建立全市检测机构QQ群,对全市53家实验室进行动态监管系统的数据录入和材料审核。认证监管行政执法工作实行案件"五审查"制度,对流通领域经销的认证产品进行专项监督检查。开展2015年实验室能力比对实验,建立全市54个检验检测机构的监管档案,对13家企业47个证书的产品进行日常监管,对5家有机产品认证企业进行现场监督检查,对226个体系认证企业进行抽查。全年全市企业获得质量管理体系、职业健康安全、环境管理体系认证证书231张、3C认证产品41个。灵宝市被中国国家认证认可监督管理委员会批准为国家有机产品认证示范区创建单位,是全省被批准的两个县(市)之一。

【服务发展】 2015年,市质监局以"稳增长、保态势、促转型"为目标,出台服务经济发展实施方案,建立计量、特种设备、法律宣传、工业企业、质量管理、食品安全、标准、纤维检验、打假保优、产品检验等10个质量专业服务队,主管领导分头带队,深入推进13项服务企业活动,着力服务黄河金三角经济区共同发展、产业集聚区集约发展、商务中心区快速发展、优势企业优先发展。全年共有826人次参与服务,共服务各类企业207家,为企业查找解决问题347个,培训人员4961人次,减免费用193万元,增加效益2149万元,减少损失830万元。建立产品技术研发机构5个,减免各类费用140余万元,促进产业集聚区管理水平和产品质量提升。

【品牌建设】 2015年,全市有2家企业(河南骏通车辆有限公司、河南振宇食品有限公司)申报河南省质量诚信企业,1个QC班组(国网河南省电力公司三门峡供电公司)获得国优信得过班组奖,8个QC成果获省一等奖,12个QC成果获得省二等奖,渑池县产业聚集区成为河南省知名品牌示范。市质监局对灵宝、陕县、卢氏3个产业集聚区进行基础完善工作,指导义马申报煤化工产业集聚区,并对市产业集聚区、经济开发区进行重点培育。

【项目建设】 2015年,三门峡市申报创建国家电梯应急处置服务平台建设试点城市,成为全国首批25个试点城市之一。市质监局建设集电梯安全应急处置、质量安全信息分析预警、12365执法打假指挥调度等多种功能于一体的市质量技术监督信息指挥中心。筹建省黄金贵金属制品质量监督检测中心,初步具备矿石中金、铜、铅、锌、硫、碳砷等元素品位的检验能力,被列入省发展和改革委员会重点支持的项目之一,为三门峡市黄金工业转型升级提供技术支撑。强化国家铝质检中心项目能力建设,市委、市政府在国家铝质检中心机构人员编制和相关经费保障方面给予大力支持,明确国家铝质检中心为副处级规格。承办铝工业转型发展论坛和主题座谈会,邀请全国铝行业专家为三门峡市铝工业转型发展支招,推动全市铝产业招商引资,受到市委、市政府好评。发挥"国字号"质检技术机构优势,持续强化国铝中心检验检测能力建设,申报参加能力验证和测量审核8项,其中5项能力验证结果均为满意,其他能力验证项目仍在进行;在国家核心期刊发表论文7篇,获得国家实用新型专利一项,被省科技厅确定为2015年科技立项4项。

【检验检测工作】 2015年,市质监局持续强化检验检测能力建设,新建常用玻璃量具检定装置、医用数字摄影(CR、DR)系统辐射源检定装置、电子天平检定装置、水泥软链检定装置、医用注射棒和输液棒检定装置、膜式燃气表检定装置等计量检定标准6项,申报社会公用计量标准4项,申报强检计量检定装置项目3项,均通过省质监局计量标准考核复查和审批。参与地方规程的编订,与省计量院合作起草1项(医用乳腺摄影系统x射线辐射源检定规程)地方计量检定规程,合作编写1项(体部立体定向放射外科γ辐射治疗源检定规程)地方计量检定规程并通过审批。加强与高校、科研单位和质检同行的合作,将检验业务拓展到陕西、山西等地。三门峡市纤维检验所赴新疆开展棉花入库公检,以4个参检小组中最低的差错率受到中国纤维检验局好评。强化机动车安检机构监管,市质监局对辖区内所有获证机动车安检机构进行两次全覆盖检查,共检查安检机构12家次,发现问题47项,全部整改到位。

【标准化工作】 2015年,省铝及铝制品标准化技术委员会在三门峡市挂牌成立。3个省级农业标准化示范项目建设通过考核。完成生态观光农业标准化示范区和生态功能苹果种植标准化示范区等2个2015年度省级农业标准化示范项目建设工作。完成《地理标志产品 卢氏核桃》和《甲醇蛋白》等2项河南省地方标准的修改完善和报批,并获准发布。全市完成代码新办证3536个,换证4268个,完成年度报告5809个,认定小微企业4774家。完成商品条码注册24家,是年度目标任务的100%。完成条码续展26家。

【特种设备安全监管】 2015年,市质监局开展电梯安全大会战、质量安全大检查、气瓶"两站"(气瓶充装站和检验站)治理、大型游乐设施安全大检查、工业锅炉能效测试普查等特种设备专项排查整治活动,对公共场所的电梯、景区内游乐设施和观光车等进行重点检查,查处和治理一批安全隐患,确保了重点部位和薄弱环节的特种设备安全。共组织市县两级检查组12个,督促620家特种设备使用单位开展隐患自查,排查各类隐患99项,完成整改96项、责令停止使用2台,使用单位主动停用1台。对全市265台自动扶梯、24台自动人行道、24家危化品生产企业和43家气瓶充装站全部排查一遍,排查治理各类隐患20项。

【特种设备安全宣传】 2015年,市质监局编写印制2000套《电梯安全知识手册》、1.6万余册《特种设备安全进校园画册》等宣传资料,发放到辖区内的16所中小学校和38家电梯维保单位、127家电梯使用单位,强化特种设备安全宣传。

【工业产品质量监管】 2015年,市质监局按照"全覆盖、零容忍、严执法、重实效"的总要求,以消费品、食品相关产品等重点工业产品为主,开展质量安全大检查,对全市35家危化品生产企业进行安全隐患大排查,发现安全隐患19个,下发督办通知书5份,立案查处无证生产企业5家,全部整改验收。制定《获证企业日常巡查计划》,对全市16家获证企业进行重新分类,实现动态监管,依法对获证企业提交的自查报告进行年度审查,全年共巡查企业116家次,发现问题56个,全部整改到位。

【重点消费品和电子商务产品质量监管】 2015年,市质监局开展专项检查、节假日检查等,共检查企业32家次,查出质量安全隐患6处,并督促企业整改到位。成立推进电子商务产品监管工作领导小组,制定《促进电子商务行业健康发展的实施方案》,对全市50余家电子商务企业进行摸底调查,建立档案。同时,启动全市产品质量安全风险防控工作,成立领导小组,制定质量安全风险防控预案,针对突出问题和潜在风险,及时发布产品质量安全预警。

【产品质量监督检查】 2015年,市质监局制定《促进产业集聚区发展服务产品质量提升的实施方案》,推动产品质量不断提升。在国家质检总局和省质监局组织的产品质量监督检查中,共抽检三门峡市118家企业生产的水泥、肥料、铝及铝制品等30种174批次产品,其中112家企业生产的167批次产品合格,抽样合格率为96%,居全省前列。市质监局组织监督检查三门峡市工业产品15种159批次,分别占全年目标的100%和106%,合格159批次,抽样合格率为100%,产品质量稳中有升。

【民生计量】 2015年,市质监局制定下发《三门峡市关于贯彻国务院计量发展规划(2013–2020年)的实施意见》及《三门峡市贯彻落实国务院计量发展规划2015年行动计划》。对全市集贸市场在用计量器具进行普查,全年监督检查企业14家,检查产(商)品51批次,其中合格46批次,批次合格率90.19%。进一步提高强检覆盖率,全年共检定计量器具35357台(件)。加强对社会公用计量标准的管理,加强能源计量,引导企业开展节能降耗活动,规模以上工业万元增加值能耗下降13.59%,节能64.81万吨标准煤,降幅列全省前列。

【执法打假工作】 2015年,市质监局提出"从单纯执法到全面履职的转变,从单独执法到联动执法的转变,从注重办大案到注重办高科技案件的转变,从重点查一般案件到重点查质量案件的转变"的"四个转变"的工作思路，分别建立与公安部门的协作会商机制、与检察院的联络机制和黄河金三角跨区域联合执法机制。共处理遗留案件和查办案件25起，处理申诉举报案件24起。组织市县两级质监部门开展"质监利剑"专项执法，出动执法人员3000余人次，检查企业586家次，查处各类违法案件145起。根据国家质检总局统一部署，积极参加"12365"局长接线日活动，现场处理群众对质检部门监管范围内事项的投诉、举报和咨询，树立三门峡质监的良好形象。 （周付民 赵志娜）

食品药品监督管理

【概况】 2015年，三门峡市食品药品监督管理系统紧紧围绕全市工作大局，稳步推进监管体制改革，积极做好食品安全综合协调，持续强化食品药品监管，着力提升保障能力和服务水平，守住不发生区域性、系统性食品药品安全事件的底线，保障了人民群众的饮食用药安全，为全市经济社会发展作出了应有贡献。

【食品药品监管体制机制改革】 2015年，市委、市政府高度重视食品药品监管体制改革工作，及时出台指导意见，并多次召开会议推动改革工作。至年底，全市改革任务初步完成。市政府食品药品安全委员会办公室和市食品药品监督管理局合署办公，原市质量技术监督局和市工商局承担的食品生产和流通环节的监管职能划归市食品药品监督管理局。全市6个县（市、区）、三门峡经济开发区和产业集聚区，也按照市级模式成立监管机构，实现食品安全属地管理。各乡（镇、街道办）由乡（镇、街道办）长（主任）担任食品安全委员会主任。全市共设立44个食品药品监督管理所，作为县食品药品监管局派出机构，每所编制5人至10人，共计242人，对全市76个乡（镇）、街道办做到全覆盖。各行政村和社区均配备食品药品安全协管员，构建市、县、乡、村四级食品药品监管网络体系。基本实现体制改革到位、机构设置到位、职能整合到位、人员划转到位、履行职责到位。

【食品流通安全监管】 2015年，市食品药品监督管理局开展食品流通市场质量监测，推动食品流通监管向纵深发展。全年共抽检流通环节食品201个批次，其中米面及粮食制品36个批次，肉制品11个批次，食用油9个批次，糖果制品8个批次，豆制品9个批次，果蔬制品20个批次，粽子、月饼等糕点23个批次，酒水饮料类28个批次，速冻方便食品等小食品25个批次，坚果炒货等11个批次，调味品17个批次，其他食品4个批次。以婴幼儿配方乳粉抽检工作为抓手，打开流通环节食品安全监管新局面。全年共抽检婴幼儿配方乳粉122个批次，覆盖21个品牌，重点检测三聚氰胺、黄曲霉毒素M1、蛋白质、脂肪等项目，所检项目均符合国家标准。以安全隐患大排查行动为契机，推动流通环节食品安全监管上新台阶。在摸清底数、建立档案、落实企业主体责任的基础上，重拳出击，不断加大隐患排查力度，全面加强食品流通环节监管和整治。共出动执法检查人员13714人次，检查食品生产企业、集贸市场、商场超市、食品经营户、食品添加剂经营户、保健食品经营户及餐馆食堂等各类食品单位20194户次，发现各类隐患、问题1781个。查处不符合食品安全标准的食品案件（已结案）44件，罚没金额13.8万元，查处不符合食品安全标准的食品2511.5千克。

【餐饮食品安全监管】 2015年，市食品药品监督管理局开展专项整治。先后组织开展元旦、春节、中秋、国庆和国家领导人到三门峡市考察、省委书记郭庚茂到三门峡市调研、人大政协会议、中新马三国艺术家学术交流活动、黄河旅游节普通高招等重要节日和重大活动餐饮食品安全保障检查，共出动执法人员4050人次、682车次，检查餐饮单位、学校食堂2090家次，下达监督意见书162份，没收不合格食品36千克。推进农村集体聚餐、农村小餐饮许可、餐饮类食品摊贩备案工作。坚持试点带动，稳步推进，通过摸底调查，确定渑池县、三门峡经济开发区、灵宝市为试点。推进明厨亮灶示范单位工作。上半年认定297个示范单位，全市举办厨房开放日137家次，实行明厨亮灶183家，其中学校食堂124家。先后3次组织餐饮单位负责人156人次到示范单位参观学习。餐饮示范单位开展社会群众监督参观活动56次，参观群众达635人次，收集消费者意见建议303条、合理化建议298条，确定整改事项241项，监管部门阳光公示129次。深化学校食堂食品安全管理。由市食品药品安全委员会办公室牵头市食品药品监督管理局、市教育局等部门联合开展两次专项检查，共检查学校食堂506所，下达监督意见书498份，整改食品安全隐患836处。

【药品、医疗器械安全监管】 2015年，市食品药品监督管理局始终把基本药物监管作为重点，不断完善药品、医疗器械监管机制，提高监管效能，确保药械安全。建立药品生产监管权力清单。明确监管主体，将药品生产监管工作关口前移，加强日常监管工作力量。扎实开展专项整治。先后组织开展药品生产质量安全大检查及胶囊剂药品、中药材专业市场和中药材中药饮片生产经营活动专项整治、药品标签和说明书专项检查等，确保辖区内药品生产企业的生产安全、质量安全；做好新版药品GMP（药品生产质量管理规范）认证等工作。加强基本药物生产监管，开展基本药物过程监管和基本药物针对性的抽验。监督抽查基本药物生产企业2家，抽验基本药物8批次。做好基本药物电子监管工作，基本药物入网率达100%。加强医疗机构制剂监管，对医疗机构制剂室进行监督检查，覆盖面达100%。同时，严厉打击制售假劣药品违法行为。

（马海英 李 婧）

·编辑 卢亚杰·

科技

综　述

【概况】 2015年是实施"十二五"规划的收官之年，三门峡市深化体制和机制改革，加快实施创新驱动战略，进一步聚焦全市经济社会发展目标，为全市实施转型发展战略提供坚强科技支撑。市科技局狠抓农业新品种的引进推广，健全农业科技创新体系，促进科技成果推广，加大科技示范，强化科技富民工程，全年共引进新品种66个，推广先进实用技术26项。组织实施已列的国家、省、市各类科技项目36项。民生科技创新能力进一步提升，社会发展科技体系更加完善，围绕环境污染治理、资源综合利用等重点领域攻克8项技术难题，开发新产品10个。共推荐申报河南省科技进步奖项目5项，其中一等奖1项、二等奖2项、三等奖2项。组织省、市有关专家对30项成果进行了评审，经评委评审、市政府批准，共对28项成果予以奖励，其中一等奖5项、二等奖10项、三等奖13项。强化人才引进与合作，全市共引进院士为代表的中高级人才341名，培养中高级人才300名，与142个国内外高校、研发机构开展合作，对177个协作项目进行研发，解决技术难题284项，转化科技成果111项，开发新产品135个，增强了企业创利能力。知识产权促进经济发展方式转变作用进一步发挥，全市专利申请量678件，授权量473件，有效发明专利204件，发明申请占申请量24.7%，发明授权占授权量12.2%。专利法律法规宣传和行政执法力度不断加大。全年共组织大型科技下乡活动五次，为扶贫村及文明单位帮扶村送去科普书籍3000余册。全年发布各类科技信息、科技动态、公告通知100余条，编辑了《科技信息》十二期，内容涉及工业、农业、现代服务业等多个行业，方便让全市相关行业企业随时掌握科技相关政策和科技最新动态信息，获得广泛好评。

(裴泽涛　安星瑞)

科技计划管理

【概况】 2015年市科技局牵头组织上报省级以上各类项目38项，已到位26项资金976万元，后续将到位资金近2000万元，推荐上报各类创新平台20家，新认定各类企业创新平台17家，全市各类平台达到127家，基本完成"十三五"科技规划编制，全面总结回顾了十二五科技工作，分析了面临的形势任务，提出了十三五工作的主要目标。2015年市科技局在深化改革工作方面，一是牵头修订了《市科技局职责、内设机构及人员编制规定》，从精简内设机构，提高工作效能出发，对现有职责进行了重新梳理。二是开展了责任清单和行政职权清理，按照依法行政的要求，对梳理的每项职权查找出法律法规、行政规章和规范性文件的实施依据，做到"法无授权不可为，法定职责必须为"，取消了不属于行政职权的事项，局职权目录由16项精减为6项。三是牵头和参与起草出台了《三门峡市人民政府关于创新机制全方位加大科技创新投入的若干意见》《关于加快大众创业万众创新工作的实施意见》，对实施创新驱动发展战略、建立多元化科技投入体系、加强项目和资金管理等改革事项提出了指导意见和举措，为推进改革提供了政策保障。四是认真贯彻落实国家、省关于深化财政科技计划和资金管理改革的意见和精神，进一步强化网上申报、公开公示、专家评审等过程管理，推动科技计划进一步优化调整，探索后期补助与前期立项结合方式，提高科技资金管理水平和使用效益。

【科技项目管理】 2015年市科技局一是抓上级项目争取。牵头组织上报重大科技专项、自主创新产品、科技条件建设等省级以上各类项目38项，已到位26项资金976万元，后续将到位资金近2000万元。二是抓项目验收。牵头召开会议，针对2014年存在问题进行明确规范，包括材料的完善、审核，专家的选择尤其是专家组长，以及委托各县验收等等，配合各业务口完成了46个2013年市级项目验收工作。二是牵头完成了2015年度市级科技计划编制工作，安排51个课题580万元，其中后补助项目19个270万元，占资金总数的47%。项目资金已经及时下达到三门峡各县(市、区)。

【科技平台建设】 2015年市科技局实施“创新平台振兴行动计划”，培育完善企业各类研发机构。推荐上报各类创新平台20家，新认定院士工作站、省市级重点实验室、市级工程技术研究中心等各类企业创新平台17家，苹果、黄金两个省级产业创新联盟已经同意组建，全市各类平台达到127家，其中省级以上78家，包括联盟2家，院士站15家，工程中心23家，重点实验室1家，省级企业技术中心、工程实验室38家，市级中心42家，市级实验室6家。抓好考核。省级优秀2家，良好13家，合格2家，警告1家，撤销2家。抓好统计。平台仪器总值5.47亿元，中高级技术人员1.1万人，解决技术难题252项，开发新产品102个，获得专利229项。 （刘 涛）

高新技术及其产业化

【概况】 2015年实现高新技术产业增加值103.71亿元，比2014年增长5.7%，占当年规模以上工业增加值的比重为17.2%。全市被认定的37家有效期内高新技术企业实现总营业收入142.6亿元，上交税额6.57亿元，净利润6.46亿元，总减免税额9561万元，其中享受高企减免税6372万元，三门峡速达公司申报的“电动汽车动力系统”省级工程技术中心通过认定，认定市级工程技术中心8家。在新材料产业方面有12家高新技术企业，年增加值期平均增长10%；在生物产业方面，10家企业在技术联盟的带动下，整体运行平稳。高新技术增加值比2014年同期平均增速达到14.5%；在现代装备制造业方面，以水工机械、化工机械、煤矿机械、特种车辆、数控机床、精密量仪为代表的现代装备制造业，全市共认定高新技术企业16家，上半年仍保持7%的增长速度。仪器设备生产、销售均保持15%增长水平；煤化工产业方面，在企业规模不断扩大，产业链条延伸，抵御风险能力方面持续增强。黄金产业方面，受国际金价影响，亏损严重，多金属资源综合利用技术推广和中金整体搬迁改造升级项目的实施，实现了矿产品吃干榨净综合利用和生态环保效应，为企业打赢稳增长保卫战创造了条件，奠定了基础；铝及铝制品产业，氧化铝企业在中科院国家“863”计划项目支持下，围绕低品位矿产开发利用，已展开全方位技术攻关；电解铝企业随着国家电价调整和节能减排项目实施，已出现恢复增长势头；在铝制品加工方面，全市6家企业基本与2014年持平。

【高新技术企业认定与培育】 通过调研摸底，2015年全市共新申报认定高新技术企业9家，经省专家组评审8家企业通过认定；3家高新技术企业复审全部通过；申报高新技术后备企业11家；截至2015年底，全市共有国家高新技术企业39家。

【高新技术项目实施与管理】 2015年共申报省级各类科技计划项目24项，其中科技重大科技专项3项、科技小巨人计划项目14项、瞪羚企业计划3项、科技攻关计划项目4项。经省专家组评审共有8个项目列入省级科技计划项目，其中科技小巨人计划项目4项，瞪羚企业计划2项，科技攻关计划项目2项，争取省级项目经费支持341万元。市级全年共征集科技计划项目51项，11项列入2015年科技计划，10项列入2015年度市级科技项目政策后补支持计划。全年共组织专家对2014年前的国家、省、市41项科技计划项目进行了验收，其中国家中小企业创新基金项目7项；省高新技术产业化项目2项，成果转化项目2项，创新资金项目12项；市级科技计划项目18项。据不完全统计，在已完成的各类科技计划项目中，共开发新产品81个，攻克技术难题39项；获得发明专利12项，实用新型专利26项。

【2014年度企业研发项目鉴定】 2014年度全市符合高新技术领域的企业共有145家，实际申报研发项目鉴定的企业55家，416个研发项目，经专家鉴定确定316个项目符合国家重点支持的高新技术领域范围，项目涉及高新技术领域7大类21小类，其中电子信息技术7项，生物与新医药技术29项，新材料技术55项，高技术服务业102项，新能源及节能技术15项，资源与环境技术24项，高新技术改造传统产业84项，企业研发经费加计扣除额可达2亿元。

【中小企业备案和创新平台建设】 根据省科技厅科技型中小企业管理办公室工作部署和科技型中小企业备案管理办法，积极组织辖区内从事高新技术领域的企业进行申报备案工作，截至2015年年底，三门峡市已备案企业103家。三门峡速达公司申报的“电动汽车动力系统”省级工程技术中心通过认定，认定市级工程技术中心8家。

（李选林）

农业及社会发展科技

【概况】 2015年全市大力引进推广新品种和新技术，围绕特色产业，引进新品种66个，通过园区和基地筛选、示范和推广50个，为特色农业品种改良和结构优化奠定了基础。狠抓科技创新体系建设，加强科技示范基地和园区管理，推进科技成果转化步伐，富民强县工程顺利实施,申报了省级科普示范基地(河南省仰韶大杏科普示范基地),获得资金支持25万元。申报了省创新性农业产业化集群1家。加强对三门峡市申报的河南省14家“节能减排科技创新示范企业”强化管理,跟踪服务。宣传和筛选推广节能、绿色建材等10项节能减排技术,向国家推荐4项成果推广技术,推荐两家企业的2项技术列入省推广技术目录。开展节能减排科普知识宣传3次。与发改委、工信局、财政局、环保局联合制定和出台有关政策和文件,推广节能减排技术。围绕环保、医疗、农村信息化等积极实施惠民计划工程项目。2015年,市科技局组织申报了两项科技惠民计划项目,分别为灵宝高山果园的《苹果园智能技术示范与推广》,和渑池县天元污水处理厂的《序批式沉淀改良型氧化沟成果应用》项目,已经通过省科技专家评审,列入省级计划。农业咨询服务中心组织的中农绿康抗重茬生物肥料2015年在烟草、果树、蔬菜等得到大面积示范推广,烟草上推广600余公顷,果蔬上推广130余公顷,取得明显成效,有效地改良了土壤,提高了农作物的质量和产量,果蔬平均增产18%。

【科技项目管理及科技服务】 2015年,市科技局在项目申报、筛选和立项中,突出创新能力建设和关键技术攻关和成果的转化推广工作。主动谋划、加强管理,由河南仰韶生化工程有限公司承担的国家高技术研究发展计划(863计划)项目《新型糖酶创制与创新应用关键技术研究》通过中期评估。该项目协作单位有河南工业大学、河南农业大学、福建福大百特生物科技有限公司、福州大学、江南大学。项目执行期为:2013年至2017年,总投资1093万元,其中国拨资金693万元。全年累计申报省科技攻关计划项目3个,科技重大专项2项,其中仰韶生化公司的“高活性食品蛋白酶的研发与应用”项目已经省公示立项。申报立项省科技特派员项目5项。安排实施市级农业科技计划项目15项。实施科技传播工程6项。申报科普传播工程项目6项。

【重点领域科技攻关和研发】 2015年市科技局围绕生态整治和环境污染治理,以清洁生产、资源的高效综合开发利用、节能技术为重点,加强关键技术的研发与应用。一是组织实施三个省重大专项通过验收。分别是《清洁镀金新材料研究与产业化开发》《冶炼废渣氨法生产氧化铁关键技术研究及工业化示范》《从氧化铝分解母液中回收金属镓关键技术研究及产业化示范》。二是组织申报省重大科技专项2项。分别是灵宝黄金股份公司的《黄金湿法冶炼的清洁生产关键技术研究与工业示范》,中原黄金冶炼厂有限公司的《富氧底吹熔炼——吹炼冶铜关键技术研究及工业示范》。三是围绕黄金矿产资源、医疗卫生、生物技术、节能环保等领域安排科技攻关项目,解决8项技术难题。开发新产品10个。

【科技研发平台建设】 2015年市科技局把创新战略联盟和工程技术中心建设作为科技创新发展,农业科技推动的新引擎。加强对已命名的省级工程技术研究中心的动态管理,新申报省级工程技术研究中心两家,分别是灵宝和卢氏的核桃加工工程技术研究中心。2015年灵宝帅华牧业的杜仲生物发酵工程技术研究中心已被省科技厅命名。大力培育创新战略联盟,优化“生物产业技术创新战略联盟”盟员企业,入盟单位达到20家,促进技术协作、资源共享,开展技术合作交流5项次,谋划开发新产品5个,开展生物技术培训5次。依托河南高山果业集团在郑州组织召开了苹果技术交流合作研讨会议,谋划申报了河南省苹果产业科技创新战略联盟,经得到省科技厅批准筹建。加强省、市级工程技术中心、重点实验室、节能减排科技创新示范企业和企业技术中心、创新战略联盟等科技创新平台的管理。指导河南中原黄金冶炼厂有限责任公司召开重点实验室专家研讨交流会。积极组织申报省黄金产业科技创新战略联盟,该联盟涉及省内外16家企业和科研单位。中赢橡胶公司加入了省级资源综合利用创新战略联盟。

【中药现代化示范工程】 2015年卢氏县创建了河南省连翘中药材中药现代化示范基地;通过创建中药现代化示范基地,卢氏县强化管理、选育除个连翘新品种,扩大种植面积达2000公顷,通过培训和规范种植技术提升了连翘的品质。推荐的灵宝金地杜仲公司申报杜仲中药材示范基地被省科技厅命名为省级中药材现代化示范基地,该基地开展杜仲的新品种选育和推广,开展规范化标准化杜仲种植和示范,发展杜仲3300多公顷,开展杜仲系列产品如胶囊、饮料、茶叶、饲料添加剂等开发。支持渑池县开展金银花规范化种植,发展5000亩,开发茶叶、饮料等产品。 (彭增康)

科技成果及推广

【概况】 2015年三门峡市共推荐申报河南省科技进步奖项目5项,其中一等奖1项,二等奖2项,三等奖2项。组织省、市有关专家对30项成果进行了评审,经评委评审、市政府批准,共对28项成果予以奖励,其中一等奖5项,二等奖10项,三等奖13项。对符合鉴定条件的科技成果及时组织专家进行鉴定,经市级以上科技部门组织鉴定的科技成果21项,这些项目技术水平达到国内领先水平10项,国内先进水平3项,省内领先水平6项,省内先进水平2项。

2015年度三门峡市科技进步奖项目

表1

项目名称	奖励等级	主要完成人	主要完成单位	推荐单位
8-12微米高档高温高延伸率电解铜箔的研究与应用	一等奖	何成群、赵原森、王建智、王建波、柴云、周赞雄、任伟、白啦啦、赵姣姣、张欣、韩树华、郭稳平、李清超、李继峰、段晓翼	灵宝华鑫铜箔有限责任公司	灵宝市科学技术局
汽车多种燃料控制器	一等奖	刘生全、李复洁、李海龙、马荣贵、马志义、赵维、李阳阳、霍苏萍、刘浩、赵永涛、李强、孙志春、金盼盼、张腾、包伟	三门峡速达交通节能科技股份有限公司	三门峡经济开发区经济发展局
豫西"三软"煤层底板水害预测及治理技术应用	一等奖	张根东、张公慈、尹士献、汤淮、张彦宾、赵永康、宋少东、吴德富、王百战、李宏艳、平国强、刘传祥、谷浩博、梁晓雷、罗振刚	三门峡龙王庄煤业有限责任公司 河南理工大学	渑池县科学技术局
雏鹰黑猪生态养殖新模式	一等奖	李连成、吴冬寒、李展、曹俊青、梁忠涛、朱应斌、李俊才、郑禄学、吴志强、李钊、薛海荣、张建业、侯建业、王欧阳、白润成	三门峡雏鹰农牧有限公司	三门峡市畜牧局
"二仙坡"绿色优质苹果综合生产管理技术集成创新与应用示范	一等奖	赵跃文、赵跃进、易卿、韩平巷、李泽义、赵洁、陈玮、刘晓东、成珍、岳晓禹、赵跃民、王云玲、闫军营、孙辉、李枝茂	三门峡二仙坡绿色果业有限公司 河南省农业微生物工程技术研究中心 三门峡龙飞生物工程有限公司	陕县科学技术局
污氮气制取纯氮研究应用	二等奖	李雪平、程延峰、刘志辉、王峰、李惠英、邓峰、刘广州、李英伟、陈丽、韩大明	河南省煤气(集团)有限责任公司义马气化厂	义马市科学技术局
拜耳法赤泥洗液生产拟薄水铝石技术开发与应用	二等奖	谢义荣、贾传宝、张强、彭益云、张天恩、李明、李秀学、李平、王岗、任巨金	河南双旭材料科技有限公司	渑池县科学技术局
香菇标准化高产高效栽培技术集成研究与应用	二等奖	杜适普、石景尚、刘小奎、魏银初、赵建选、班新河、闫红、郭杰、兰红礼、张永民	三门峡市农业科学研究院	三门峡市农业局
三门峡市耕地地力评价及其应用研究	二等奖	赵霆、杜建刚、张拴牛、杨慧霄、张娟、石玉昆、韩冬良、张雁、焦健、王朝伟	三门峡市土壤肥料管理站 三门峡市农业技术推广站 陕县土壤肥料管理站 卢氏县农业技术推广中心 湖滨区农业技术推广站 灵宝市土壤肥料管理站 渑池县土壤肥料管理站	三门峡市农业局

续表 1

项目名称	奖励等级	主要完成人	主要完成单位	推荐单位
三门峡苹果气象灾害监测预警预报方法研究	二等奖	布亚林、吉志红、张燕燕、陈敏、张婷婷、郭兰、宋嘉、韩立新、魏璐璐、张潜玉	三门峡市气象局观测站	三门峡市气象局
保护地草莓高产高效栽培技术研究	二等奖	辛万强、吴卫华、翟玉洛、吴升元、陈慧敏、张自由、张邓灵、杨刚、高阳、张莹	三门峡恒硕农产品有限公司 三门峡市农业科学研究院	湖滨区科学技术局
有计划的岗位培训(S-OJT)在专科护理程序化管理的研究	二等奖	杨晓存、张君平、董玉红、杨风涛、赵群凤、朱松梅、高金亚、王晓冰、许换娜、尤小丽	河南省三门峡市中心医院	三门峡市卫生局
中西医结合治疗重症急性胰腺炎的临床研究	二等奖	毛天敏、白洪祥、杨林、李晓辉、韩智敏、马相民、林海辰、张继业、何锦来、杨丽娟	河南省三门峡市中心医院	三门峡市卫生局
中心性浆液性脉络膜视网膜病变抗幽门螺旋杆菌感染及低剂量光动力治疗	二等奖	穆雅林、党亚龙、徐科、张纯、苏光明、刘江川、赵满丽、马也璞、吴文涛、李东正	黄河三门峡医院	中国水利水电第十一工程局有限公司
三门峡市手足口病病原分离及肠道病毒基因特征分析	二等奖	武恕星、吴彦领、武景福、卫成、杨洁、刘楠	三门峡市疾病预防控制中心	三门峡市卫生局
"三软"煤层岩巷返修复合支护技术研究	三等奖	张根东、张公慈、尹士献、赵永康、张彦宾、周晓阳、付腾飞	三门峡龙王庄煤业有限责任公司 河南理工大学	渑池县科学技术局
苹果园杂草种群结构、发生规律及防除和利用对策研究	三等奖	翟玉洛、高九思、白建伟、闫红、王婕、尚婕、王海祥	三门峡市农业科学研究院	三门峡市农业局
豫西地区蓝莓栽培关键技术研究	三等奖	张改香、彭兴龙、牛正权、陈博、孟昭伟、孟海波、张建忠	三门峡市林业工作总站 三门峡天赐农业技术有限公司	三门峡市林业和园林局
豫西地区薰衣草引进示范推广及栽培技术研究	三等奖	张建忠、孟昭伟、张华、张晨旭、师东梅、杜靖、杨关锋	三门峡市林业工作总站 三门峡市涧河管理处	三门峡市林业与园林局

续表 1

项目名称	奖励等级	主要完成人	主要完成单位	推荐单位
新优园林地被植物引种栽培和园林应用研究	三等奖	崔维、张红涛、陈治华、马安民、韩延峰、许冬丽、水润廷	三门峡市园林科学研究所	三门峡市林业和园林局
野生连翘叶茶开发加工与研究	三等奖	范春霞、赵怀清、董南亚、赵康、姚随让、王丽娜、贾惠文	渑池县韶山农产品有限公司 渑池县韶山茶叶专业合作社	渑池县科学技术局
三门峡高山番茄规模化嫁接新技术研究与应用	三等奖	穆瑞霞、张盈盈、师峰杰、樊秋红、李泽义、李岩、陈海燕	三门峡市思瑞达农业种植有限公司	灵宝市科学技术局
腹腔镜下双侧子宫动脉阻断术在子宫肌瘤剔除术中临床应用研究	三等奖	曲丽霞、权丽丽、祝莉、王珂、陈晓霞、喇慧、绳娜	河南省三门峡市中心医院	三门峡市卫生局
负性生活事件护理干预对肿瘤患者生活质量影响的应用研究	三等奖	范慧娟、杨晓存、陈姣红、赵伟青、张向前、撖书杰、吕粉婵	河南省三门峡市中心医院	三门峡市卫生局
覆膜支架腔内修复术治疗 DeBakeyⅢ型夹层动脉瘤临床研究	三等奖	贾明选、郭亮、刘书文、马文杰、王盛超、张晓雷、蔡晓博	黄河三门峡医院	中国水利水电第十一工程局有限公司
经脐单孔法腹腔镜下小儿疝囊高位结扎术的临床应用	三等奖	张建法、张立、吕西良、曹宏伟、彭登峰、王涛、赵东波	黄河三门峡医院	中国水利水电第十一工程局有限公司
葛根高良姜植物饮料	三等奖	周占祥、周智渊、杨益民、曹江波、王社英	三门峡乐华康源生物科技有限责任公司	三门峡产业集聚区管委会经发局
增加皮肤水分的保健胶囊	三等奖	郜战长、陈小军、王随国、陈玮、李海峰、张自芳、何艳	三门峡山水方正生物科技有限公司	三门峡产业集聚区管委会经发局

（吕雪雅）

科技人才开发与对外合作

【概况】 2015年市科技局争取省开放合作项目1项,中科院成果转化项目1项,新建院士工作站1家。争取科技孵化器、创新平台、合作项目等省财政资金560万元。组织实施省市科技合作、花甲专家和杰出创新人才等项目10项,组织验收省市合作项目5项。市政府与中科院河南中心签订战略合作协议,共建黄河金三角成果转化转移中心。完成登记技术合同交易额4400万元,可减免企业所得税约860万元。全市共引进院士为代表的中高级人才341名,培养中高级人才300名,与142个国内外高校、研发机构开展合作,对177个协作项目进行研发,解决技术难题284项,转化科技成果111项,开发新产品135个,增强了企业创利能力,科技人才引进和技术合作再上新台阶。

【实施科技合作项目】 2015年市科技局争取、实施一批省市科技合作项目,引进一批人才、研发转化科技成果、解决技术难题。成义电器的“智能检波传感器”项目列入中科院科技成果转化项目;奥泉农业科技公司承担的“生态营养水农作物增产提质”项目获得省科技开放合作计划支持;推荐华鑫铜箔的“6微米两面光铜箔”、骏通车辆公司的“多轮驱动特种列车”申报国家“十三五”重点研发项目,组织骏通车辆公司申报河南省2015年、2016年重大科技专项项目。协调三门峡市两家黄金企业牵头与运城市、渭南市、临汾市三省四市9家企业申报国家“十三五”重点研发项目“金银铜钼多元共伴生矿产资源生态化利用与产业绿色化升级”。

【创新合作平台】 2015年,灵宝市矿产技术中心与中科院地球物理所合作建立院士工作站获批,至此三门峡市院士工作站达16家,位居全省第3位。依托仰韶生化公司建设的“河南省酶制剂研发与应用院士工作站”被评为2016年度优秀院士工作站。推荐国家铝及铝制品质检中心申报“河南省产业技术创新平台”。与中科院河南科技创新与育成中心签订战略合作协议,联合建设“中科院河南中心黄河金三角分中心”,同时中科院过程所、地球物理所分别与金源公司等4家企业签订了技术合作或共建研发平台合同。黄河金三角分中心2015年成功申报了2项省级项目(成义电器的成果转化和灵宝黄金股份的重大专项)、组织参加了1次对接会(林州)、配合中科院河南中心组织了1次调研,调研了仰韶生化等12家企业,征集了45项技术需求和技术难题。 (杨占江)

专利和知识产权

【概况】 2015年市科技部门努力提升知识产权创造、运用、保护和管理能力,增强知识产权制度在调整产业结构,促进经济发展方式转变中的作用发挥,全市专利申请量678件,授权量473件,有效发明专利204件,发明申请占申请量24.7%,发明授权占授权量12.2%。积极开展知识产权宣传活动。组织开展“4·26”世界知识产权日、“全国第十五届科技活动周”活动,到三门峡市职业技术学院,做了题为《创新与知识产权保护》专题讲座。联系并促成三门峡职业技术学院与郑州联科专利事务所确定了合作事项。在陕县产业集聚区组织了一期企业知识产权培训。

【企业专利拥有情况】 2015年市科技局培育知识产权优势企业,灵宝市金源矿业公司经过多年培育,形成了企业知识产权管理机制,专利产出数量质量提升,企业专利拥有量373余件,其中有效发明专利27项,占全市有效发明专利的13%,灵宝市华鑫铜箔公司、河南中原黄金冶炼厂有限责任公司、河南骏通车辆公司、奥科化工、义煤集团等一批骨干企业的有效发明专利拥有量占全市有效专利发明拥有量的66%,三门峡市企业在多金属、煤化工、精细化工、精密量仪、新材料、装备制造等特色领域初步形成了核心专利群,企业的知识产权优势和核心竞争力显著提升。

【知识产权保护及专利行政执法工作】 2015年市科技局按照《河南省2015年知识产权执法维权“护航”专项行动工作方案》要求,在全市各县(市、区)开展假冒专利商品专项集中执法检查活动2次。对市区、各县市区25家大型零售超市、家电商场、医药超市进行了假冒专利商品专项执法检查活动,共检查涉及专利的商品186件,共检查出19家商场销售商品涉嫌假冒专利商品46件,下发了整改通知书,后整改合格已全部结案。积极开展服务型行政执法建设,制定了《三门峡市知识产权局专利行政指导制度》,制作了《专利行政建议书》,提出了加强对经营专利产品管理的建议。独立处理专利纠纷案件1起。 (王河生)

科学技术普及

【概况】 2015年科技局切实加大宣传,普及科技知识并引导公众参与到科技创新的步伐中来。全年共组织大型科技下乡活动5次,为扶贫村及文明单位帮扶村送去科普书籍3000余册;宣传版面50余块;宣传资料5000余份。牵头组织全市“第十五届科技活动周”启动仪式,紧紧围绕“创新创业,科技惠民”这一主题开展科普宣传活动。共有十二家市直单位约70人参加了此次活动。组织志愿者进街道、社区、学校开展科普宣传工作五次,发放生活知识手册2000余本,各种宣传资料3000余份。更新和改版科技宣传网站,网站正常运行以来,各种科技活动及政策和工作的上传下达都在有条不紊中进行。做到每周有更新,点击率始终处于市直单位网站的上游水平,新科技网自9月20日正式上线以来点击率已达到1.5万人次,起到了良好的科学普及效果。 (茹 蔚)

科技信息咨询与服务

【概况】 2015年市科技局为上级部门和有关企业提供精准决策信息，指导科技创新和科技改革，特别针对三门峡市优势产业煤化工、黄金冶炼加工和电解铝等产业提供了及时的科技信息服务。全年发布各类科技信息、科技动态、公告通知100余条，编辑《科技信息》12期，内容涉及装备制造业、煤化工、铝加工、农业、现代服务业等行业信息，有效记录三门峡市2015年科技发展状况和科技成就，为企业和其他单位提供科技文献查询服务，科技信息决策和传递作用进一步凸显。

（张 劲）

地震测报

【概况】 2015年，市地震局持续强化震情跟踪研判、震害基础防御、地震应急防范三项重点工作，明确任务，强化措施，狠抓落实，加快健全和完善全市防震减灾体系，做好防震减灾各项工作。2015年荣获“2015年度全省防震减灾综合评比优秀单位”称号。强化监测与合作，震情跟踪研判能力不断提升。起草印发了《关于切实加强防震减灾工作的意见》(以下简称《意见》),《意见》保障了地震台网规划的实施,建立市、县两级群测群防工作经费保障机制,确定了补助标准,落实了经费补助渠道。强化了抗震设防执法检查与管理,健全完善了地震应急准备措施。加强了对防震减灾工作落实情况的监督检查，对防震减灾工作机制体制不健全、措施不落实、履行职能不到位的部门和单位,依法追究有关领导和直接责任人的责任;持续落实3个制度、实施1个督查、确保3个不变。认真做好节日期间震情保障工作，牢固树立震情第一意识,熟悉应急细则,明确工作要求,做好日报告、零报告、周会商;全力实施“一县一台”规划,确保房屋土建、台基制作、环境建设、仪器安装等工作落实到位;坚持震情会商,强化群测群防。2015年共召开月度地震会商会12次,为市领导提供震情简报12期。综合分析全市及周边的地震形势、前兆观测资料,按时完成《2016年度地震趋势研究报告》。严格执行《三门峡市地震宏观测报点建设和运行管理办法》,坚持零报告制度和重大异常随时报告制度,做到异常不过夜,落实不过天。2015年观测数据连续、准确,宏、微观无异常。加强抗震设防，优化减灾环境。不断加大建设工程抗震设防管理力度,逐步增强全社会抗震设防意识,全市震害防御工作已步入法制化管理轨道。按照“法定职责必须为,法无授权不可为”的原则研究制定了市地震局行政职权目录、清单,并由市政府办印发。严格落实行政执法责任制,组织行政执法人员参加法律知识培训,落实执法人员持证上岗和资格管理制度,严格审查、发放行政执法证件,确保行政执法主体合法、资格合格。加强对行政执法违法行为的监督和责任追究力度,及时纠正和查处违法行为,全面推进全市依法减灾治理体系和治理能力现代化。加强科普示范学校和安全示范社区创建工作。2015年全市成功创建省级科普示范学校9所,市级科普示范学校8所,省级地震安全示范社区1个,全面完成了省里确定的“到2015年底各县(市、区)在小学、初中、高中各建1所省级科普示范学校”的目标。完善应急预案,应急机动适应能力逐步提高。认真履行指挥部办公室职责,督促地震应急预案的修订完善;加强应急防范准备，成立了地震应急工作领导小组,制定了《三门峡市地震局2015地震应急准备工作方案》,转发了《河南省地震系统地震应急三级联动制度》，进一步完善地震应急预案和指挥体系建设,规范地震应急指挥技术系统建设,提升地震应急机动适应性能力,做好灾情速报和地震志愿者队伍管理工作,不断加强地震应急科普宣传教育;认真开展并全面完成了地震应急数据收集工作;积极开展市防震减灾指挥中心升级改造工作。

【组织召开第39届晋陕豫三省交界地震联防区工作年会】 2015年7月7日至9日,市地震局组织召开第39届晋陕豫三省交界地震联防区工作年会,河南省地震局副局长王士华、监测预报中心主任王志铄，山西省监测预报处副处长吴东，三门峡市政府党组成员水选民，市政协副主席地震局局长姚龙以及三省七市（山西运城、临汾,陕西西安、渭南、咸阳,河南洛阳、三门峡）会议代表70余人参加了会议。会议指出,经济社会发展的背后,离不开良好的防震减灾发展环境。联防区各地市同处汾渭构造带上，是防震减灾中的一个命运共同体，震情形势不容乐观,需要大家高度关注,共同应对。联防区年会作为一个区域性的震情会商交流平台，已经延续了39年,大家在这个平台上,紧盯震情形势和防震减灾发展趋势,坚持信息共享、区域共防的合作机制,相互交流、相互学习、相互补充、相互提高,并建立完善了震情联合会商、台站资料共享、紧急震情联合考察、应急救援联合处置等一系列区域联防制度和机制，为三省七市党委、政府防震减灾事业发展提供了宝贵的决策或建议，为区域经济发展和社会稳定提供了重要的地震安全保障。会上,省地震局副局长王士华就震情形势、区域合作和市县工作发表重要讲话；三门峡市地震局和西安市地震局就地震联防轮值进行了交接,并交接“地震联防杯”;三省七市会议代表逐一发言，对当时地震形势及往后趋势进行了会商、分析和研判,对三省七市防震减灾工作进行了交流。

【开展防震减灾科普知识宣传】 2015年市地震局坚持把握内容、对象、时段“三个重点”,一是充分利用“5·1防震减灾法颁布日”“5·12防灾减灾日”“科普宣传周”和“7·28唐山地震纪念日”等重要时段，扎实开展防震减灾知识进机关、进乡村、进社区、进校园、进党校、进企业“六进”活动。二是按照“走出去”的工作思路,主动与各县(市、区)相关部门衔接和沟通,科学安排宣传时间,统筹协调场地人员,确保宣传效果。为增强群众互动参与性,先后投入2.5万元定制了防震减灾宣传品(水杯、围裙、环保袋、凉扇等),在宣传现场免费向群众发放。三是结合精神文明创建，充分发挥防震减灾宣传志愿者主动性和积极性，组织志愿者参与宣传活动。深入社区、街道、广场等开展宣传。四是组织省、市级“防震减灾科普示范”学校开展科普知识展览、知识竞赛及应急演练。五是录制“防震减灾科普访谈”节目巡回播出，精选科普知识网站刊发。六是突出城乡防震减灾科普宣传教育，提高农民群众积极、科学参与防震减灾的主动性。2015年三门峡市地震系统共组织大型宣传活动11场次，组织开展防震应急演练16场次，累计展出宣传版面230余块，发放防震减灾宣传品2000余份，宣传页、宣传册10000余份，解答群众现场咨询问题150余条。（阴岩峰）

气象工作

【概况】 2015年三门峡市气象部门围绕苹果、烟叶、大枣、核桃等特色作物，建成“三站合一”气象科技服务示范园6个。安装气象灾害预警机8个、大喇叭1006个、电子显示屏38个，气象信息服务站42个；发展气象信息员2000余人。市气象局编写农业气象周报44期、产量预报4期、土壤水分监测239期、作物病虫害预报4期、农用天气预报604期、专题气象服务信息45期。为农业生产管理部门防灾减灾提供决策依据。三门峡市气象部门在灵宝市部分乡镇开展分管副镇(乡)长负责当地气象灾害防御管理工作，并向其他县(市、区)推广。积极开展气象信息员培训，完成15个乡镇信息服务站站长的气象防灾减灾培训工作；完成13个标准化气象灾害防御乡镇建设，组织完成1至2个气象灾害防御示范乡（镇）初审并上报中国局；完成450以上人次的气象信息员气象灾害防御知识培训工作。2015年新建城市多要素自动气象站4个。做好气象灾害防御应急工作，根据省局、市局气象台预报预警，6月23日启动重大气象灾害(暴雨)Ⅳ级应急响应，要求各单位严格按照Ⅳ级应急响应的相关规定做好应急响应工作。在森林火险高发期、“三夏”“三秋”期间，及时利用森林火点气象遥感监测卫星数据，做好森林防火及秸秆焚烧火点监控。2015年，为市防火办提供卫星遥感监测资料21期，发布森林防火气象等级预报225期。为市防火办监测火点、扑火、救火提供了决策依据。

【天气气候预报预测及气象服务工作】 2015年市气象局在春运期间共制作《春运专题预报》43期发送至地方领导、春运领导小组成员及各相关单位；三夏期间，为三门峡广播电台提供24小时精细化预报，制作《三夏专题气象服务》31期；高考期间，制作发布《高考专题天气预报》8期，服务广大考生和家长；第21届三门峡国际黄河旅游节期间，制作旅游节专题天气预报10期，为节会提供优质服务。“三秋”期间制作“秋收秋种天气预报”共10期，服务广大农民朋友。2015年起，每天早晚发布“空气污染气象条件预报”，累计发布608期，及时提醒有关部门和公众及时采取相应措施。

【人工影响天气工作】 2015年3月16日，市气象局对新型装备作业点作业人员进行火箭和高炮全面培训，并组织作业人员对新一代火箭发射系统进行演练；同各县(市、区)气象局签订人工影响天气安全生产责任书，防范和遏制人影安全事故发生；2015年10月中旬对全市28门高炮逐一进行年检，对易损零部件进行了维修、维护，确保人影作业安全。2015年，全市共开展增雪、增雨、防雹作业253门次，共发射三七炮弹6394发，五七炮弹10发，火箭弹249枚。（王小萌）

·编辑　赵玉丽·

2015年5月14日，以“体验科学”为主题的“中国流动科技馆”河南巡展活动在三门峡市渑池县启动

教育

综 述

【概况】 2015年，全市共有各级各类学校745所(不含成人教育学校)，在校生375665人，教职工32204人，其中专任教师27198人；占地总面积9338373.82平方米，校舍建筑总面积4396031.07平方米，固定资产340105.61万元。723所基础教育学校中，有普通高中18所、普通初中106所、小学251所(另有教学点428处)、幼儿园343所、特殊教育学校5所，基础教育学校数占全市学校数的97.05%；在校生340251人，其中普通高中44772人、普通初中75160人、小学146003人、幼儿园73816人、特殊教育500人，基础教育阶段在校生占全市各级各类学校在校生数的90.57%；教职工29318人，其中专任教师25002人。22所职业教育学校中，有高等职业学校1所(三门峡职业技术学院)、普通中等专业学校7所、成人中等专业学校6所、职业高中8所；在校生35414人，教职工2886人，其中，专任教师2196人。全市有职业技术培训机构745所，教学班(点)1784个，培训结业学员32.87万人次，注册学生32.87万人；教职工数686人，专任教师327人，其中，农村成人技术培训学校729所，培训结业学员30.15万人次，注册学生30.15万人；教职工数524人，专任教师264人。农村成人技术培训学校基本上均附设在农村中小学。全市有民办教育学校266所，其中中等职业学校3所、民办普通中学3所（九年一贯制学校2所，十二年一贯制学校1所)、小学3所、幼儿园257所，在校生55332人，教职工5239人，其中专任教师3317人。民办幼儿园257所，在校生48710人，教职工4884人，其中专任教师3025人；民办小学3所，在校生3366人，教职工3人，其中专任教师0人(三所学校均属于民办公助的性质，教职工均有政府教育部门提供，所以除校长本人在该校统计外，其他教师均统计在编制所在单位)；民办普通中学3所，其中九年一贯制学校2所、十二年一贯制学校1所、初中在校生1055人，高中在校生983人，教职工239人，其中专任教师214人；民办中等职业学校3所，在校生1218人，教职工113人，其中专任教师78人。

【教育经费】 2015年，三门峡市教育部门公共财政预算安排的教育经费拨款352273.9万元，比上年增长9.54%，其中县(市、区)财政拨款308740.2万元，比上年增长13.13%；市本级财政拨款43533.7万元，比上年减少10.56%。全年共收到教育费附加12545.6万元，比上年实际收到数减少6787.4万元，减少35.11%。多渠道投入21526.7万元，其中学杂费收入19575.3万元，社会和群众捐资助学87.1万元，其他投入1864.3万元。全市教育经费总支出407165.8万元，增长1.63%。

【督导工作】 2015年，三门峡市成立了教育督导委员会，聘任了新一届专兼职督学85人。紧紧围绕湖滨辖区(含市直学校和开发区学校)创建国家义务教育发展基本均衡区这一中心工作，强化部门之间的横向联系和上下级间的纵向联系，构建了推进辖区均衡发展的联动机制，会同市委组织部、人大、政协、发改委、财政局等部门对湖滨辖区41所义务教育学校进行了三轮督导，三门峡市的“全域部署、统筹协调、三方联动、协力推进”的工作经验被第27期《河南教育信息》刊登，并被推荐到国务院教育督导委员会。加大督政力度，对陕县、渑池县人民政府2014年度教育工作进行督导评估并及时下发督查件，要求限期整改。完成了省职业教育、新学期开学工作、中小学教师队伍建设等3项专项督导检查。

【安全稳定工作】 2015年，三门峡市教育部门抓好排查整改，成立了7个安全督查组，深入各县(市、区)和市直学校开展了四轮督查工作；相继开展了“安全隐患大排查大整治专项行动”“夏季消防安全集中整治专项行动”“查尽责、除隐患、保安全活动”“进一步组织开展学校安全大检查深化‘打非治违’

专项整治活动”“全市校车安全情况专项大检查”等，建立全市教育系统安全隐患汇总台账1个，共排查出安全隐患和问题865处，完成整改785处。做好信访工作，2015年以来，全市教育系统开展矛盾纠纷排查3次，排查出不稳定因素3起，接待群众来访178人次，受理信访案件24起，信访立案5件、结案5件，办理网上信访案件17件，协助政府复查复核信访案件3起，组织召开矛盾化解协调会3次，化解原计划外民办教师等群体性事件3起，维护了教育系统稳定大局。

【学生资助工作】 2015年，市教育局率先在全省实施扩大生源地信用助学贷款适用范围，对中等职业学校学生全部免除学费并提高中职学生和普通高中学生国家助学金标准资助政策。当年，全市办理申请贷款学生5325人，同比增长近4倍再创新高。全市有4.2万名家庭经济困难学生得到了政府、学校和社会的有效资助，落实发放各项资助资金共计9639.23万元(不含卢氏县)。加强市、县两级学生资助管理中心管理，市、县两级学生资助管理中心2014年生源地信用助学贷款工作考核全部达标合格。

【全市纪念抗战胜利70周年合唱比赛暨第六届中小学生艺术展演举行】 2015年6月10日至12日，在全国上下隆重纪念抗日战争胜利70周年活动之际，全市第六届中小学生艺术展演和纪念抗战胜利七十周年合唱比赛分别在文博城大剧院、实验小学多功能厅举行。展演包括合唱、舞蹈、综合类三场比赛和师生书画展，来自灵宝、湖滨区及直属中小学、幼儿园近20个单位选送的60余个节目和600余幅书画作品参加了展演。

基础教育

【概况】 2015年市教育局大力提升教育治理能力，全面提高教育教学质量；逐步推进三项改革，即办学体制机制、管理体制、中小学招生制度改革；稳步实施四项工程，即教育行政机关干部队伍、校长队伍、教师队伍和班主任队伍素质提升工程；持续强化十项工作，即学校建设标准化、学校管理法治化、德育工作实效化、课堂教学高效化、教育手段现代化、教师研修校本化、学生体艺培养特色化、学校文化建设品牌化、安全稳定常态化和学校组织保障立体化；最终实现一个目标，即构建“体系完整、结构合理、协调发展、人民满意”的大教育格局。普通高中改造项目建设方面，全市12所项目高中共投入改造资金32889万元(中市、县财政配套31689万元)，购置仪器设备5719台(套)，改扩建校舍面积218606平方米。至2015年11月10全市教育系统“全面改薄工作”(改造薄弱学校，推进教育均衡)累计投入资金29894.97万元元、支出资金13398.8万元，中小学校舍建设开工学校79所，已竣工52所，竣工建筑面积191482平方米，设施购置项目学校36所，购置图书48436册，课桌凳2836套，计算机、教学仪器设备3535台(件套);2014至2015年全市扩充城镇义务教育资源工作涉及学校共计59所(其中列入“全面改薄”学校27所)，已有18所学校已完工并交付使用。改善农村学校办学条件促进城乡教育均衡发展，改造农村中小学危旧校舍。全市大力实施“班班通”多媒体教学工程。为开展教育教学和教育科研活动，推进信息技术与学科教学的深度融合提供了技术平台。先后组织开展“一师一优课、一课一名师”和市第三届青少年动漫节、第四届中小学电脑作品评比、第十九届教育信息化大赛等活动，推动信息技术与教育教学实践活动深度融合。其中，在“一师一优课、一课一名师”活动中，全市参与学校682所，报名人数10970人，晒课8249节，获省级优课一等奖8节、二等奖31节、三等奖58节，有30节优课入围国家级优课评选，总数列全省第8，中小学电脑作品评比活动有24件中小学电脑作品获省级奖项、4件作品荣获国家级奖项，教育信息化大赛有8件作品获得省级奖励。共有22项信息技术“十二五”规划课题获省教育厅立项，较2014年提高了60%，课题立项数目在全省名列前茅。2015年全市普通高考成绩再创新高，普通类(文、理)报考12838人(不含艺术体育类)。一本上线1596人，比上年增加233人。二本上线4749人，比上年增加405人；三本上线7848人，比上年增加176人。其中，市直高考成绩显著。一本上线579人，比上年增加170人；二本上线1140人，比上年增加339人；三本上线1485人，比上年增加441人。

【全市教育系统“三项改革”】 2015年，市教育局在调查研究和考察学习的基础上，制定了《大力提升教育能力，全面提高教育教学质量的实施意见》，稳步推进“办学体制机制、管理体制、中小学招生制度改革”三项改革，着力解决制约教育发展的热点、难点等瓶颈问题。一是制定《湖滨城区小学盟校制发展实施办法》，突破行政区域界线，把市区的阳光小学、外语小学、育才小学等7所优质学校和其他7所薄弱学校一对一结成盟校，实行盟校内“对外名称、规划发展、招生宣传、教学资源、教师管理、教学管理、校本研修、工作考核”等八个一体化深度融合发展，有利于化解湖滨城区小学教育发展不够均衡，学生“上学难”“择校热”等突出问题。二是公办普通高中不再招收择校生、不再收取择校费，扩大市提前录取批次学校名额，民办高中面向全市实行注册制招生，2015年高中录取的一年级新生2018年须在学籍所在高中参加高考报名，省、市级示范性高中不低于统招计划的50%指标直接分配到辖区内各初中学校，有利于调动了各个学校办学积极性，减轻家长负担。三是加强对教育教学工作的管理与指导，相继印发《关于进一步加强中小学德育工作的实施意见》《三门峡市学校文化建设基本要求》《关于全面推进中小学教师校本研修工作的指导意见》《深化高效课堂构建和开展校本研修工作实施意见(试行稿)》《关于进一步加强学校体育和艺术教育工作的实施意见》《三门峡市幼儿园等级评定标准实施办法(试行)》等一系列文件，为学校教育教学工作提供了制度框架和发展的基本遵循。

【教学研究】 2015年市教育局成立全市高中学科教研基地和市区初中、高中教研协作区、市直学校体音美中心教研组，完成了直属小学教研协作区换届工作。启动市级校本研修试点工作，举办了“三门峡市推进校本研修工作专题报告会”，在全市确定了15所首批试点学校，组织全市中小学综合实践活动课程和校本课程建设优秀成果评选工作，推荐上报省级优秀成果18个。先后举行全市初中微型课观评及专题讲座、青年英语教师诵读比赛、市健康优质课评比和市第七届音乐、美术教师基本功大赛等7项学科教学大赛，组织观摩了省中小学7门学科优质课教学评选和第六届河南最具成长力教师颁奖典礼及全国中学6门学科课堂教学展示，举办“英语周报杯”中学生英语综合技能展评等7个学科竞赛，激发了学生学习兴趣。加强教育科研工作，组织开展了“三门峡市中小学群文阅读实践研究”，承办了省基础教育课题管理教研员暨骨干教师培训研修会和省教育厅、教育学会送教科研下基层活动启动仪式。2015年，全市基础教育研究164项课题结题，新立项省教研室重点课题1项、一般课题23项。

【强化德育实效性与针对性】 2015年市教育局持续开展“两创两争”“学雷锋”“认星争优”和“送法进校园”等活动，充分利用抗日战争胜利70周年和建国66周年等重要节点和节日对学生进行社会主义核心价值观教育。重视心理健康教育，评选出15所首批全市中小学心理健康教育示范校和100名全市中小学心理健康教育先进工作者。加强农村留守儿童教育管理，各县(市、区)和学校建立“留守儿童之家”235个。评选表彰了一批市级“十佳文明学校”“文明学校”“文明班级标兵”“文明班级”“文明教师标兵”“文明学生标兵”“文明学生之星”“雷锋式学校”“雷锋式班级”“雷锋式青少年”，2名同学当选“第七届河南省美德少年”，3所学校被评为“河南省文明学校”，4个班级被评为“河南省文明班级”，9名教师被评为“河南省文明教师”，11名同学被评为“河南省文明学生”，8名同学被评为全省“阅读之星”，市教育局被河南省精神文明建设指导委员会评为全省未成年人思想道德建设工作先进单位。

2015年9月25日，三门峡市第三实验小学举办经典诗文朗诵比赛

【教育技术现代化建设】 2015年市教育局制订了《关于进一步加强全市教育信息化工作的考评实施意见》。开展全市“三通两平台”普查，推进教育信息化“三通两平台”建设，全年全市累计投入2900余万元，建成计算机教室、电子备课室62个，配置多媒体设备229套，添置计算机2310台、教学点数字教育资源播放设备18套、录播教室2套、红外电子白板32套、触控一体机53台，添置更新班班通156套，为52所学校建设校园内部网、安装视频会议终端和安防监控设备，其中市直投入资金200万余元，建成计算机教室2个，添置班班通设备36套。市部分学校完成了网络学习空间人人通建设任务。

【学前教育普惠发展】 2015年市教育局全力实施第二期学前教育三年行动计划，积极扩充学前教育资源，截至2015年12月，全市新建公办幼儿园2所、改扩建7所，新建民办幼儿园4所、改扩建28所，新建、改扩建幼儿园共投入资金8899.402万元。全面推进幼儿园等级评估工作，认定8所市级示范性幼儿园。指导成立三门峡市学前教育协会，首批会员单位达到93家，促成7所省级示范性幼儿园与7所薄弱幼儿园进行结盟发展。做好学前融合教育试点工作，陕县实验幼儿园成为全省首批学前融合教育试点幼儿园之一。

【三门峡市第三届青少年动漫节举办】 2015年5月23日，市教育局与三门峡职业技术学院共同举办三门峡市第三届青少年动漫节。市教育局及职业技术学院领导到活动现场观看动漫作品展示、动漫文艺节目演出。全市21所动漫实验学校和市区中小学师生共同参与了动漫节的所有活动。动漫节期间，展出全市21所市级动漫实验学校作品1369件和职业技术学院创意作品、科技制作作品共同展出，参观人数近30000人次。此次动漫节增加了动漫嘉年华COSPLAY人物巡游活动、动漫社团大秀场、街舞大比拼、周边产品售购和各种体验项目。

【三门峡市第二届“阳光体育”学生运动会】 2015年10月13日，市教育局第二届“阳光体育”学生运动会开幕式在三门峡市文博城体育馆举行。三门峡市领导及市教育系统领导出席开幕仪式。市委副书记郭绍伟致开幕词，副市长李庆红主持开幕仪式。市教育局全体人员，市直中小学学校校长、参赛运动员、部分学生观众共计两万余人参加开幕式。19个单位参加百人方阵

2015年5月18日,三门峡市阳光小学1600余名师生齐诵贺敬之的名作《三门峡·梳妆台》

入场式表演,来自市第三实验小学、市阳光小学、市外中的1500名学生表演大型团体操。三门峡市第二届"阳光体育"学生运动会为期四天,共24个代表团参加比赛,参与学生1323人,教练277人。

【三门峡市校外教育工作现场会在灵宝市召开】 2015年10月31日,市教育局校外教育工作现场会在灵宝市青少年学生校外活动中心召开。全市各县(市、区)教体局主管副局长、青少年校外活动中心工作人员和教师代表40余人参加会议。全体参会人员参观了灵宝市青少年校外活动中心,观摩、点评了校外活动中心教师讲授的实践教育优质课。

【三门峡市小学语文教学与信息技术整合示范课大赛在陕县举行】 2015年3月12日至13日,三门峡市小学语文教学与信息技术整合示范课大赛在陕县陕州小学举行。来自全市的11名优秀语文教师为前来观摩的200余名教师献上了精彩的课堂盛宴。

职业教育

【概况】 2015年三门峡市制定了《三门峡中等职业学校专业建设规划(2015-2018年)》,印发了《三门峡市人民政府关于实施职业教育攻坚二期工程加快发展现代职业教育的实施意见》。2015年5月河南科技大学应用工程学院在三门峡职业技术学院挂牌成立并顺利开展首批本科专业招生。职教园区已经完成校区一期工程的主要建筑共计93449.69平方米,累计投入资金17349.7万元,周边通道、给水、电力等建设也取得了一定进展。启动第一批省级品牌示范专业建设工作,三门峡中专的建筑专业和灵宝职业中专的机电专业被确定为第一批省级品牌示范专业。三门峡中专数字化校园建设方案已过省教育厅评审,获省教育厅奖补资金50万元。举办了全市中等职业教育信息技术应用等15个专业33个项目的技能竞赛活动,组织参加了河南省中职学校学生技能竞赛活动,其中三门峡市取得省中职学校学生技能竞赛7个一等奖、18个二等奖、13个三等奖、1个团体一等奖。组织初中校长到职业学校实地考察并指导工作,举办首届职业教育活动周,组织近3000名初中学生到职业学校参观、体验,组织职业学校教师入校、入村、入户宣传职业教育政策等,营造了有利的招生氛围,超额完成了招生目标,依托阳光工程、雨露计划以及全民技能振兴工程,开展各类职业培训38476人次。

【职业教育教师培训】 2015年三门峡市举办了近千名教师参加的全市中职学校教师微课设计制作、课题研究、心理健康教育等应用能力培训,组织19名青年教师赴企业参加为期2个月的企业实践、45名教师参加国家级和省级教师骨干教师培训、3名教师到北师大开展专项培训;组织举办中等职业学校班主任素质能力展示、中职学校优质课评选和成人中初等学校优质课教学评选活动,并择优推荐参加省级竞赛。2015年,全市荣获省班主任大比武一等奖2个、二等奖4个,省成人优质课教学评选一等奖1节、二等奖2节,14篇论文、17个课件在省职业教育优秀教学论文、优秀教学课件评选中获奖,15名教师分获省中职学校教师优质课比赛一、二、三等奖。积极做好首批"双师型"教师认定工作,175名教师通过省级认定。

【职业教学研究】 2015年三门峡市结项的职业教育教改研究项目有1个被评为省优秀项目,新立项省职业教育教学改革研究项目10项,其中有4项分获5000元研究资助。协同开展中职学校学生职业技能等级鉴定,有800名学生取得中级资格证书。推选陕县大风车幼儿园申报省级投资规模较大民办学校奖励。对全市所有民办学校(办学机构)开展年检,认定245家合格、16家限期整改、取缔4家,撤销10个高校成人教育校外教学点、17个校外教学点限期整改。

【灵宝职专荣膺"国家中等职业教育改革发展示范学校"称号】 2015年3月20日,灵宝职专荣膺"国家中等职业教育改革发展示范学校"揭牌仪式举行。自2011年示范校建设启动以来,通过政府投入和学校自筹资金先后投入4000余万元用于学校建设,学校容校貌焕然一新,实训设施更加完善,学生技能极大提高。2014年该校被人社部、财政部、教育部三部委正式命名为"国家中等职业教育改革发展示范学校"。

高等教育

【概况】 2015年,三门峡职业技术学

院毕业各类学生6365人,其中普通专科生4678人,成人教育学生1687人。报到各类全日制学生6488人，其中，本科生113人，普通专科生5698人，五年一贯制学生677人。成人教育招收学生1602人。在校学生20881人，其中普通专科生13164人，各类学生7717人。在职教职工916人，其中教授、副教授215人,博士、硕士246人。学院占地93.3公顷,建筑面积38万平方米。设有11个教学院(部)、54个招生专业，其中中央支持的提升专业服务产业发展能力立项建设专业2个(旅游管理、汽车检测与维修),省级教学改革试点专业3个(供用电技术、室内设计技术、建筑工程技术),省级专业综合改革试点3个(会计电算化、物流管理、动漫设计与制作)。学院内有省级特色专业建设点6个（汽车检测与维修技术、供用电技术、旅游管理、机电一体化、生物技术及应用、建筑工程管理);省级教学团队4个(汽车检测与维修技术、机电一体化技术、旅游管理、供用电技术)；省级精品课程3门(单片机实践与仿真技术、机械零部件测绘与CAD、发酵技术)。学院内有各类专业实训基地、实训室109个,其中，中央财政支持的职业教育实训基地2个(建筑技术、机电一体化实训基地),省级示范性实训基地7个(电子商务、电工电子技术、生物技术、机电技术、商务技术、软件技术、自动控制技术);与企业共建校外实习实训基地121个,其中河南省首批高等职业教育示范性综合实训基地1个（河南环发工程有限公司校外实训基地),高校工程技术研究中心建设项目2个（酶制剂研究中心、节能照明工程技术研究中心)，产学研共建工程研发创新平台建设项目1个（纯电动轿车及关键零部件河南省工程实验室)。图书馆藏图书100余万册。《三门峡职业技术学院学报》为公开发行刊物，每年发行4期,入选全国高职高专核心期刊,被评为全国高校优秀社科期刊,《古都名城研究》栏目被评为全国高校社科期刊特色栏目。当年,学院团总支荣获“全国五四红旗团委(团支部)”,成为河南省获此殊荣的唯一一所高职院校。在省教育厅开展“河南高校年度大学生社会实践团队”评选活动中,基础部实践团队获得“河南省百佳社会实践团队”称号。学院被省教育厅选为河南省高等学校思想政治教育研究会心理健康教育专业委员会会员单位。

【骨干院校建设】 2015年，三门峡职业技术学院省级骨干院校建设进入第三年,按照学院“三年三步走”的教学改革发展规划,开展“说项目”活动,印发了《关于开展“说项目”活动的通知》《关于举行“说项目”教学大赛的通知》,在全院范围内开展了“说项目”活动暨“说项目”教学大赛活动,邀请戴士弘教授到校做专题辅导讲座,300余名教师参加了由教研室、院部、学院组织的“说项目”比赛。通过“说项目”活动,对原有的课程设计进行了全面、深刻的反思和检验，进一步完善课程的整体设计、单元设计,提高了课程教学的针对性、可操作性和实效性,有效地提高教师的教育教学能力和课堂教学效果,促进交流与学习。

【实训基地建设】 2015年，三门峡职业技术学院投入资金1172万元, 全面完成全民技能振兴工程高技能人才培养示范基地的各项建设任务，建成汽车检测与维修实训室、会计电算化实训室、建筑工程仿真实训室、室内设计技术实训室等25个实训室,根据“六步四结合”课程教学模式改革需要,共升级改造综合实训楼62个实训室。全年在河南省教育厅、河南省卫生厅及行业协会等部门举办的职业技能大赛中,荣获一等奖1个,二等奖8个,三等奖8个，优秀奖14个，院校荣获2015年全国职业院校技能大赛高职组河南省选拔赛优秀组织奖。

【教学工作】 2015年，三门峡职业技术学院印发了《学生学业预警实施办法》,按照工作程序、审批权限,帮扶要求实施学生学业预警，促进了教风学风的进一步好转。印发了《教材出版基金管理办法(试行)》,设立资助教材出版的专项基金，与大象出版社出版签订合作协议,从314门按照“六步四结合”课程教学模式实施的课程中遴选了23门优秀课程,作为首批教材基金项目资助出版。

【承办河南科技大学应用工程学院】 2015年4月17日,河南省教育厅下发《关于同意成立河南科技大学应用工程学院的批复》文件(豫教发规〔2015〕62号),同意河南科技大学与三门峡市政府合作举办河南科技大学应用工程学院，河南科技大学应用工程学院依托三门峡职业技术学院，由河南科技大学与三门峡市政府共同管理，是河南科技大学二级学院，河南省教育厅负责指导学院教育教学工作。学院全日制普通本科生在校生规模暂定为600人。2015年开始面向全国招生,招

2015年5月29日,三门峡职业技术学院在文博城大剧院举办“感恩母校·放飞梦想”欢送2015届毕业生典礼暨文艺演出大会

生专业为护理学、车辆工程、土木工程、电气工程及其自动化等4个专业，计划招生120人。2015年高招，一志愿报名891人，实际录取122人，录取最高分468分，超出河南省三本分数线85分，录取最低分452分，超出三本分数线69分，其中27人超过河南省二本分数线。

【三门峡市卫生学校整体并入三门峡职业技术学院】 2015年6月16日，三门峡市编制委员会印发了《关于市卫生学校并入三门峡职业技术学院编制有关问题的通知》，将三门峡市卫生学校整体并入三门峡职业技术学院，为三门峡职业技术学院二级机构，名称调整为三门峡职业技术学院医护学院，挂三门峡市卫生学校牌子，保留三门峡市卫生学校法人资格。调整后，其主要职责、机构规格、内设机构、领导职数、人员编制和经费形式维持不变。

【三门峡市众创空间暨创业孵化基地建设启动仪式】 2015年12月7日，三门峡市众创空间暨创业孵化基地启动仪式在三门峡职业技术学院举行。三门峡市委常委、组织部部长、高校工作委员会主任赵予辉，市委常委、宣传部部长、市电子商务发展领导小组组长吕挺琳共同为“三门峡市众创空间暨创业孵化基地”揭牌。三门峡市政协副主席卢群召、学院党委书记郑建英、院长吴勇军，市商务局、人社局、科技局、工信局等14个相关单位的负责人和学院师生代表300余人参加启动仪式。学院承办的三门峡市众创空间暨创业孵化基地，建成了创业服务、创客、电子商务创业孵化、电子商务创业支持、电子商务创业培训、电子商务企业运营和电子商务仓储中心等7个中心，基地占地面积达到1.3万平方米，实现创业1000人以上，带动就业3000人以上。

【开设文物建筑专业】 2015年3月获得河南省教育厅批准三门峡职业技术学院设立文物建筑专业，这是河南省首个开设文物建筑专业的高等院校，2015年首届招生47人。

【科研工作】 2015年三门峡职业技术学院与三门峡产业集聚区共同申报的“纯电动轿车及关键零部件河南省工程实验室”被省发改委批准为产学研共建工程研发创新平台建设项目，实现了学院省级科研平台零的突破；学院建设的省高校酶制剂工程研究中心项目顺利通过省教育厅验收。两个校区合作项目获得专项奖励补助资金300万元。其中，学院与三门峡豫西机床有限公司合作的科技成果转让项目《YX-TK338型转向节数控镗床等》获奖励补助资金100万元，与三门峡鹏飞电子有限公司合作的资源共享项目《河南省高校节能照明工程技术研究中心》获奖励补助资金200万元。全年新增科研项目81项，获得各项科研成果496项，其中项目类成果73项，核心期刊发表49篇，专利20项。学院获得“省社科联2015年调研课题组织工作先进单位”“三门峡市政研工作先进集体”。

【对外合作交流】 2015年三门峡职业技术学院与韩国庆旼大学、韩国灵山大学、韩国安东科学大学、美国路易斯克拉克州立大学、台湾华夏科技大学、台湾远东科技大学等6所国外和中国台湾地区高校建立了合作关系，使合作和联系的国外和中国台湾地区院校及机构达到16所。学院与韩国安东科学大学建立合作关系以来首次开启两校互访，5月24日至29日，韩国安东科学大学国际交流学院副院长陈旭音一行20人组成的中国文化探访团到学院进行友好交流访问，两校在建筑信息、美容艺术及医疗工科等专业的交换生、留学生项目开展合作进行了洽谈。9月21日至26日，学校党委委员袁文山率领师生一行18人的访问团，赴韩国安东科学大学进行为期一周的文化探访活动。6名在校学生赴韩国灵山大学进行6个月的交流学习。

【灵宝华苑职业中等专业学校委托学院管理】 2015年8月13日，三门峡职业技术学院与灵宝华苑职业中等专业学校签署委托管理协议，灵宝华苑职业中等专业学校委托学院进行管理。9月6日上午，委托管理启动仪式在灵宝华苑职业中等专业学校校园举行。三门峡市人民政府副市长李庆红，学院党委书记郑建英、院长吴勇军等领导出席仪式。灵宝市职专、灵宝市各乡教办、灵宝市初中的领导和灵宝华苑职业中等专业学校的全体师生参加了仪式。李庆红、郑建英等共同启动了两校委托管理启动球，同时为“三门峡职业技术学院现代职业教育体系建设示范学校”揭牌。

【学报工作】 2014年国务院批准了《晋陕豫黄河金三角区域合作规划》，为了给晋陕豫黄河金三角区域合作联动与一体化发展提供理论支撑，2015年《三门峡职业技术学院学报》开辟了《晋陕豫黄河金三角研究》特色栏目，同时对《古都名城研究》及《高职教育研究》的文章进行精选汇辑，编撰出版了《多维视角下的古都名城研究》及《多维视角下的高职教育研究与实践》两部大型学术文献集，12月面向全国公开发行。学报全年共有43篇论文被《复印报刊资料》目录索引，占到全年发文量的1/3。

【学生资助工作】 2015年三门峡职业技术学院建立录取报到“绿色通道”，400余名新生通过“绿色通道”入学。全年为462名学生发放国家助学贷款197.02万元，为10名学生发放国家奖学金8万元，为397名学生发放国家励志奖学金189.5万元，为2526名学生发放国家助学金757.8万元。安排勤工助学岗位113个，发放勤工助学资金20余万元。

【招生与就业】 2015年三门峡职业技术学院共报到各类全日制学生6488人，其中，本科生113人，普通专科生5698人，五年一贯制学生677人。成人教育招收学生1602人。学院获得“河南十大优秀公办单招院校”称号。全年举办了两次大型毕业生就业双选会和30场招聘会，共有330余家用人单位来校招聘，为毕业生提供近3000个就业岗位。毕业生中入伍士官12人、义务兵79人，有284名学生参加特岗教师考试，465人通过专升本上线，上线比例达到95.5%。全院毕业生就业率多年保持在96%以上，专业对口率和就业质量明显提高。

【大学生思想政治工作】 2015年三门峡职业技术学院围绕"学会做人、学会做事、学会学习、学会创新"培养目标，强化全员育人、文化育人、环境育人，推进学生综合素质提升工程。坚持全体师生周一升国旗和国旗下讲话，利用传统媒体和微信矩阵等新媒体弘扬社会主义核心价值观。学院3名教师获得省级思想政治工作先进个人，140人获得省级优秀毕业生，46人获得省级三好学生，20人获得省级优秀学生干部，获得省级先进班集体20个。学院被中央文明委评为全国未成年人思想道德建设先进单位，被河南省国学文化促进会、河南省孝文化促进会评为弘扬传统文化先进学校。

【校园文化】 2015年三门峡职业技术学院承办了市第三届青年创新创意大赛、三门峡市第三届青少年动漫节，开展了第九届心理健康教育宣传月活动、第三届心理剧大赛、大学生心理健康节、"诚信校园行"微传播作品设计大赛、"学雷锋·树新风" 主题志愿服务活动等。开展文明教室、文明餐厅、文明宿舍、文明校园"四个文明"建设，加强学生文明养成教育。加强对学生会、团干和70个学生社团5000余名会员的管理，开展了"社团文化周" 等丰富多彩的校园文化活动，促进了学生成长成才。2015年1月，《科技文化艺术节暨青年创新创意大赛》项目被省教育厅确定为2015年河南省第一批高校校园文化建设特色品牌重点建设项目。

【后勤保障】 2015年三门峡职业技术学院全年投入2800多万元，完成了综合楼实训室整合改造、普通话测试室装修改造、消毒中心翻新、新东大门南侧场地平整、砚池广场以东道路建设、体育训练中心及1号教学楼屋面防水、6号9号公寓楼涂料粉刷、9号公寓楼暖气管道改造、轻钢房拆除及场地硬化、公寓楼屋面晾衣绳整修及屋面漏水整修、广播站装饰、专家周转房暖气安装和文博城工程训练中心的规划建设，校园设施更加完善。确定了数字校园建设规划方案，启动了一期5个项目的建设。学院被评选为"全国绿化模范单位"和"河南十大最美校园"。

【师生获奖】 2015年，三门峡职业技术学院在第八届河南省高职院校技大赛中，学院参加了风力互补发电系统安装与调试、现代电气控制系统安装与调试、电子商务、导游、测绘等19个项目的比赛，共获得二等奖6项、三等奖6项、优秀奖14项，学校荣获大赛优秀组织奖。其中，电气工程学院学生常光跃、付昆鹏、陈欢获得风力互补发电系统安装与调试项目二等奖，张飞、蒋佳锴获得现代电气控制系统安装与调试项目二等奖，经济管理学院学生牛银宽、钱宏迪获得普通话导游项目二等奖，建筑工程学院学生韩君、路鹏辉、马帅鹏、董南获得二等水准测量项目二等奖，汽车学院学生武爱民、侯灿杰、张超获得汽车故障诊断项目三等奖，孔祥辉、宗涣涣获得汽车营销项目三等奖，医护学院学生彭帅丽、胡晓凤获得护理技能项目三等奖，建筑工程学院学生韩君、路鹏辉、马帅鹏、董南获得1:500数字测图项目三等奖，食品园林学院学生张芳、王骞获得工业分析检验项目三等奖。在河南省第十四届大学生科技文化艺术节中，学院共获得5个一等奖、5个二等奖、9个三等奖。在河南省红十字会、河南省教育厅组织的 "河南省第三届红十字青少年 '博爱中原·文明河南' 红十字知识与应急救护技能"竞赛中，学院获得优秀组织奖，教师何雪梅荣获"优秀辅导奖"，医护学院学生黄超、焦玉娇、王珮安荣获"优秀参与奖"。教师员莹获得"河南省学术技术带头人"荣誉称号。 （雷旭锋 王 燕）

师资队伍建设

【概况】 2015年，全市初中教师学历合格率达99.6%，高中教师学历合格率达97.9%。市教育部门推荐考察和调整科级干部35人，其中提拔任用16人，调整交流19人。完成直属学校公开招教工作，面向社会公开招聘中小学幼儿园教师58名。教师节期间，三门峡市外国语高中等2个单位评为河南省教育系统先进集体；耿翠霞等20人为河南省优秀教师；谢东方等3人为河南省教育系统先进教育工作者。三门峡市政府表彰尤向阳等148名教师为"有突出贡献的优秀教师"、于淑梅等48名为 "有突出贡献的先进教育工作者"、市人社局、市教育局表彰霍海波等293名为"优秀教师"。经层层选拔、逐级推荐，最后确定刘炬、杜振龙、段春生3人为 "河南省教育厅优秀教育管理人才"；李秋峰、张丽萍、张冬梅、朱桂丽、刘鑫荣等5名被评为"市教育系统专业技术关键人才"。

【全市教科研队伍研修班在东北师范大学开课】 2015年8月1日，三门峡市基础教育教科研队伍研修班开班仪式在东北师范大学教师发展学院举行。全市中小学部分校长、业务校长、教科室主任及市、县教研室部分教研员等60余人参加此次为期9天的培训研修。

【三门峡市教育管理干部能力提升培训班在京举办】 2015年5月15日，"三门峡市教育管理干部能力提升培训班" 在百年名校北京师范大学本部圆满落下帷幕。此次培训班于5月11日开班，为期5天。共有63名市、县教育行政机关干部参加了此次培训。

【三门峡市教育局在市实验小学举办直属学校"校长讲校"活动】 2015年11月6日，三门峡市教育局直属学校"校长讲校"活动在市实验小学多功能厅举办。19所直属学校的班子成员、教师代表及局机关全体人员共400余人参加了这次"校长讲校"活动。

（何雪峰）

·编辑 赵玉丽·

文化

文化事业

【概况】 2015年,三门峡市文化广播电视新闻出版系统各项工作保持了良好的发展态势,多项工作走在了全省、乃至全国前列,得到了上级有关部门的充分肯定。全市有世界文化遗产1处,全国重点文物保护单位10处、省级文物保护单位36处、市级文物保护单位112处。全年争取到国家、省级非遗保护专项资金93.5万元,完成了全市的稀有剧种抢救和传统美术抢救工程任务。公布了第四批市级非物质文化遗产名录代表性项目10个和代表性传承人42人。做好全省抗战胜利70周年展览项目上报工作,共上报展览项目3个。当年,深入推进文化体制改革,贯彻落实《三门峡市深化文化体制改革第二批改革事项及责任分工》文件精神,做好市戏曲研究中心(原市豫剧团)改制、广播电视台合并的后续工作,成立了三门峡广播电视台新媒体发展有限公司,促进传统媒体和新媒体融合发展。开展了县级有线广播电视网络整合及运营服务工作调研,积极协调省网络公司推进有线电视网络整合。深化和完善文化事业单位改革,市博物馆建立理事会及义马市文化馆法人治理结构试点工作取得新进展。义马文化馆成立了文化馆理事会。完成三门峡市《关于加快构建现代公共文化服务体系的实施意见》《三门峡市基本公共文化服务实施标准》和《关于做好政府向社会力量购买公共文化服务工作的实施意见》制定工作。推进简政放权和职能转变,完成了市局行政职权清单清理规范工作。三门峡市文化市场综合执法支队被文化部表彰为“全国文化市场综合行政执法先进集体”;渑池县曲剧团、灵宝市广播电视中心在第六届全国服务农民、服务基层文化建设先进集体表彰中分别被中宣部“双服务”评选工作办公室表彰为“先进文艺院团”“全国村村通先进集体”;市文化广电新闻出版局先后获得“全省‘扫黄打非’工作先进集体”“全省文物统计工作先进单位”“全省文化信息宣传工作先进单位”等称号,并获“河南省全国第一次可移动文物普查工作优秀组织奖”。

(王　瑜)

2015年8月13日晚,三门峡市戏曲研究中心创作的现代豫剧《红高粱》在省人民会堂演出

社会文化

【概况】 2015年,三门峡市文化广电新闻出版局积极贯彻落实中办、国办

《关于加快构建现代公共文化服务体系的意见》,组织召开了全市推进现代公共文化服务体系建设现场会。投资1.2亿元的渑池县综合文化服务(文化艺术)中心项目已开工建设;群艺馆入驻三门峡文博城文化活动中心项目稳步推进;灵宝市、三门峡印象·天鹅城演艺基地省级公共文化服务体系示范区、示范项目创建工作通过省中期评估。数字图书馆建设顺利开展。三门峡市数字图书馆建设已投资126万元购置设施设备,准备安装实施;义马市、陕州区已完成数字图书馆建设任务。完成了全国第四次文化馆评估定级验收工作;制定出台了三门峡市《公共图书馆、文化馆(站)公共文化服务绩效考核暂行办法》,对全市"两馆一站"工作进行年度考评;按照省"三区"人才支持计划要求,选派25名文化工作者赴卢氏县开展文化服务活动。做好"两馆一站"免费开放,充分发挥文化阵地作用,开展了"2015全民阅读""少年儿童阅读年"、暑期少儿免费培训、"教你一招"基层文艺骨干培训、"结对子、种文化"等活动;在全省基层文化工作先进单位表彰中,三门峡市有9个基层文化馆站荣获河南省先进馆站称号,基层文化创建和文化服务水平进一步提升。在文化活动和文艺创作方面,贯彻落实习近平总书记文艺座谈会重要讲话精神和省市文艺工作座谈会精神,深入开展"春满中原""春节戏曲展演""星光秀""百城万场""书香三门峡"等各类文化活动1000余场,受益群众达百万人次。积极开展"深入生活、扎根人民"主题实践活动,创作完成大型舞台剧《柏树下的女人》,积极打造了《甘棠遗爱》《仰韶女儿》《渑池会》《曹端还乡》等一批剧目;实施文化惠民工程,全市投入369万元完成送戏下乡1136场,其中,市级"政府采购百场戏"200场;完成全年"舞台艺术送农民"124场、农村公益电影放映16104场;完成了全市1342个行政村农家书屋补充更新出版物配送任务。加强民间文化社团组织管理,完成了业务主管的23家社团、协会年检审核工作。积极打造"美丽三门峡"文化品牌,举办了"美丽三门峡"群众文化活动之"唱响崤函"文艺大赛,比赛涉及独唱、大合唱、戏曲演唱、小品相声等四个专场,参与大赛演出人员达2000余人。配合组织开展了2015"清风中原"廉政戏剧《全家福》在全市的巡演活动;积极参与第21届黄河文化旅游节,策划组织了旅游节开幕式文艺演出相关节目,承办了"黄河三门峡 美丽天鹅城"系列书画摄影展、第二届"中流砥柱"中国(三门峡)黄河大合唱艺术节、"丝路甄宝走进虢都"第三届大型综合鉴宝活动,丰富了节会文化内涵,提升节会水平,扩大三门峡影响。开展"中原文化大舞台"活动,组织戏曲演出28场,电影放映300场;剧目《曹端还乡》参加了"许昌杯"第六届黄河戏剧奖大赛,荣获银奖;市戏曲研究中心历史剧《虢都遗恨》参加了临汾市帝尧文化旅游节戏曲展演活动,豫剧《红高粱》参加了河南省纪念抗战胜利70周年演出季活动。全年组织参加了第十二届河南省"群星奖"音乐舞蹈大赛、第八届河南省少儿文化艺术节、河南省小戏小品大赛、河南省艺术摄影大赛等文艺赛事,取得了良好的成绩。

【三门峡国际文博城、渑池仰韶文化艺术品雕刻有限公司入选第二批"河南省特色文化基地"】 2015年1月,由中共河南省委宣传部、省文化厅、省文联联合开展的第二批"河南省特色文化基地"评选活动结果揭晓,三门峡国际文博城、渑池仰韶文化艺术品雕刻有限公司入选河南省特色文化基地名单。三门峡国际文博城是全市集文化、体育、会议、会展等多种服务功能于一体的地标性建筑。建成以来成功承办了"中国特色商品交易博览会""中国(三门峡)国际黄河文化旅游节"等多个国家级、省级大型活动,成为三门峡市一张崭新的文化名片。渑池仰韶文化艺术品雕刻有限公司位于渑池县仰韶乡仰韶镇,占地4000余平方米,年产各类雕刻艺术品5万余件,是国内最大的虢州石砚艺术品生产基地。产品辐射国内各大艺术场馆及台湾地区以及东南亚地区,先后荣获三门峡市以及河南省知名文化产品、优秀旅游产品、"河南省非物质文化遗产""中国旅游商品大赛优秀奖"等荣誉称号。

【开展"春满中原"系列群众文化活动】 2015年2月11日,三门峡市启动"春满中原"文化活动,春节期间全市累计开展各类文化活动400余场次,活动类型有戏曲展演、文化庙会、社火表演、灯谜竞猜、曲艺表演、撰写春联、歌舞表演等多种形式。其中三门峡市戏曲研究中心(原市豫剧团)从正月初六开始,在文博城搭台免费为市区群众公演,活动于正月初十结束,活动的成功举办受到了社会各界的广泛赞誉;湖滨区充分利用艺术中心、剧场、影剧院、俱乐部、广场等演出场所,开展各类惠民演出和公益演出活动,深入基层开展非遗项目展演、"爱心春联下基层"活动、"美丽湖滨"群众文艺活动会演等活动,大大丰富了群众的节日文化生活。陕县积极筹备了大型灯展猜谜活动,同时还组织了"2015年春节文化荟萃"展演活动,活动内容有民间剪纸、书画、摄影作品展览、舞蹈等优秀节目表演,受到了群众的喜爱。义马市举办了艺术氛围浓厚的"春节晚会",以及送春联、非遗成果展览等活动,得到市民的一致好评。元宵节期间,三门峡市市区、陕县,湖滨区、灵宝、义马、渑池等地都组织了社火表演活动。

【三门峡成为全省乃至中西部地区首个中国合唱协会合唱基地】 2015年5月20日,"中流砥柱"第二届中国(三门峡)黄河大合唱艺术节合唱比赛颁奖仪式暨千人大合唱在三门峡天鹅湖国家城市湿地公园三河广场举行。此次合唱活动正值纪念抗日战争及世界反法西斯战争胜利70周年之际,来自沿黄九省(区)以及广东、江苏、河北和三门峡当地的30支合唱团1000余名合唱团成员齐聚黄河岸畔,放声高歌。当天现场,中国合唱协会还为"中国合唱协会(三门峡)合唱基地"授牌。三门峡市也成为中国合唱协会在全国的第八个合唱基地,也是全省乃至中西部地区第一个基地。

【三门峡市“星光秀第三季”百城万场广场文化活动】 2015年5月17日，2015年“星光秀第三季”百城万场广场文化活动拉开序幕。首场演出节目异彩纷呈，市知名声乐老师徐素琴老师现场献唱，省少儿艺术节获奖的小选手到场驻唱，金秋艺术团和市模特队带来精彩的舞蹈和模特表演，文艺演出受到观众一致好评。2015年活动主要围绕“美丽三门峡”唱响崤函为主题，秉承“发现新人、培养新人、推出新人”繁荣峡市群众文化，打造三门峡市知名文化品牌为目的。活动由三门峡市文化广电新闻出版局主办，三门峡市群众艺术馆承办，三门峡市文明办、三门峡市经济开发区管委会、湖滨区文化馆协办。在前两届星光秀活动圆满举办的基础上，创新活动形式、丰富节目内容，探索建立文化志愿者体系，让更多喜爱艺术的群众加入进来，为更多百姓提供展示平台，为广大群众送上一道丰富的文化大餐。（王　瑜）

文化遗产

【概况】 2015年三门峡市文物部门贯彻落实习近平总书记关于文物保护的重要指示精神，积极助推“一带一路”战略，构筑“早期中国”文明长廊。加强非物质文化遗产保护工作。至2015年底，全市有省级以上传统村落30处，其中中国传统村落9处、河南省传统村落21处。陕县地坑院群文化生态保护实验区内有地坑院1万余座、非物质文化遗产项目111项、非遗项目传承人131人，还有多个省级非遗传习所和展示馆，是国家现存规模最大，保护最为完整的文化生态群落。2015年相继举办了全市首批市级非物质文化遗产代表性传承人和全省非物质文化遗产保护工作培训班；组织开展了“红红火火过大年”非物质文化遗产民俗文化活动、古迹遗址日、博物馆日、“中国第十个文化遗产日”等系列活动，有效地宣传全市文化遗产保护成果，增强民众文化遗产保护意识。加强非遗保护工作。全年争取到国家、省级非遗保护专项资金93.5万元，完成了全市的稀有剧种抢救和传统美术抢救工程任务。4项非遗项目入选第四批省级非物质文化遗产名录代表性项目及扩展项目名录；公布了第四批市级非物质文化遗产名录代表性项目10个和代表性传承人42人。实施课题带动工程，积极开展理论研究，《中国民间剪纸集成·河南卢氏卷》出版发行；《灵宝道情皮影戏》编印发行；《三门峡历史文化丛书》7个文化专题书籍完成了初稿编撰工作。

【第十个“中国文化遗产日”庆祝活动】 2015年6月13日，为庆祝第十个“中国文化遗产日”，三门峡市文化广电新闻出版局组织举办了以“保护成果，全民共享”为主题的系列宣传活动。市群艺馆和市非物质文化遗产保护中心在活动现场开展“三门峡市非物质文化遗产展演暨锣鼓书展演”，展出“三门峡市非物质文化遗产保护成果图片展”，向广大市民呈现三门峡市非物质文化遗产现状和保护工作取得的成效。活动现场，开展了宣传资料发放、咨询解答等活动。市博物馆积极参与“文化遗产日”宣传活动，制作宣传展板3块，发放宣传册百余张，普及文化遗产保护知识，提高公众对文化遗产保护重要性的认识。虢国博物馆积极组织展板参与全市宣传活动，为广大市民发放宣传页1000余份，手提袋500个，扑克牌800盒；对参观的游客赠送精美礼品，组织“小小讲解员”对游客提供免费讲解服务，举办虢国历史及玉器知识专题讲座，有利于提高广大群众的文物保护意识，使更多的人了解了三门峡悠久的历史和丰富的文化遗产，营造全民热爱文化遗产、自觉保护文化遗产的浓厚氛围。

【4个“非遗”代表性项目入选第四批河南省非物质文化遗产代表性项目和扩展项目名录】 2015年9月22日，《河南省人民政府关于公布第四批河南省非物质文化遗产代表性项目和扩展项目的通知》正式发布，三门峡市共有4个项目上榜。此次入选的4个项目包括3个“非遗”代表性项目和1个“非遗”扩展项目。其中，3个“非遗”代表性项目分别为：传统戏剧类的灵宝蒲剧、陕州梆子，传统技艺类的陕州糟蛋；1个“非遗”扩展项目为传统美术类的灵宝面塑。灵宝蒲剧是一种舞台艺术表演形式，主要有锣、钹、鼓、板胡、二胡、唢呐、三弦等伴奏，表演者以蒲剧曲调唱出剧中人物的喜怒哀乐，并伴有道白和吟诵。陕州梆子是陕县近年来最为流行的剧种，该剧唱腔慷慨激昂、腔高板急、板式繁多，表演中有“要翎子”“要帽翅”等多种特技。陕州糟蛋加工技艺已有一百多年历史，为古陕州四大名吃之一，采用鲜鸡蛋经糯米酒糟长时间自然光照和发酵而成深加工项目。灵宝面塑制作独特、色彩丰富，早期为祭品，后来普及用作儿女婚嫁、小孩百日、老人祝寿时讨个欢喜和吉利。此次4个项目入选，使全市省级非遗项目增至31项。

【2015“重走丝绸之路”在渑池县仰韶文化博物馆启动】 2015年9月19日，大型公益活动2015“重走丝绸之路”在渑池县仰韶文化博物馆启动。活动由全国非国有博物馆协作体承办，由协作体顾问宋同昌先生发起，邀请著名丝绸之路考古专家、学者组成顾问团队，最终以精心组队的文化学者、资深文物摄影师、敦煌艺术家、翻译、摄影摄像、商贾、自由创作人等8位成员、2辆越野车成行，以全程自驾的方式由北京出发，经哈萨克斯坦、乌兹别克斯坦、土库曼斯坦、伊朗、阿塞拜疆、格鲁吉亚、土耳其、希腊、阿尔巴尼亚，到达意大利米兰后原路返回，全程27000多千米，历时近3个月。此次活动之所以选择在渑池县仰韶文化博物馆作为出发点，就是重新唤起人们对丝绸之路在华夏文明发展进程中，在文化交流传播方面的特殊作用的认识，引导人们以更加开放的心态吸收和接纳来自全世界的文化成果，实现中华民族的母体文化与世界文化更好的交流和融合。

现场绘制戏曲脸谱

【全市第四批非遗项目名录及非遗项目代表性传承人名单公布】 为加强非物质文化遗产保护与传承工作，市文化广播电视新闻出版局组织开展了第四批市级非物质文化遗产代表性项目和非物质文化遗产项目代表性传承人认定、命名工作，经过逐级推荐、申报，专家委员会评审，相关媒体公示等程序，2015年9月，第四批市级非物质文化遗产代表性项目名录由三门峡市人民政府正式公布，此批非遗项目名录有10项，其中民间文学类1项、传统美术类1项、传统舞蹈类2项、传统技艺类3项、传统医药类3项。随后，三门峡市第四批非物质文化遗产项目代表性传承人名单也由三门峡市文化广电新闻出版局公布，确定老子传说传承人黄清华、齐天圣鼓传承人蔡挑文、陕州澄泥砚传承人王跃泽等42位民间艺人为第四批市级非遗项目代表性传承人。非遗项目及项目传承人的公布，将对全市非物质文化遗产进行有效保护，防止人走艺绝，使珍贵的文化遗产继承下来，对推动全市非物质文化遗产保护工作起到了重要作用。

【陕县地坑院文化生态保护实验区成功创建省级文化生态保护实验区】 2015年11月，河南省文化厅公布了第二批河南省文化生态保护实验区3个，三门峡市“陕县地坑院文化生态保护实验区”名列其中。陕县地坑院文化生态保护实验区是全市唯一一个以非物质文化遗产项目与其依存的环境进行整体性保护的文化生态保护实验区。 （王 瑜）

文化产业

【概况】 2015年，三门峡市抢抓“一带一路”战略机遇，一方面进行文化体制改革，贯彻落实《三门峡市深化文化体制改革第二批改革事项及责任分工》文件精神，做好仰韶文化产业园、函谷关文化产业园等文化产业园区建设，开展了第六批省级文化产业示范基地、第五批市级文化产业示范基地（园区）推荐认定工作，公布命名了23个市级文化产业示范基地（园区）。至此，全市有省级文化产业示范基地5个，省级文化产业园区1个；市级文化产业示范基地（园区）51个。贯彻落实国务院推进文化创意设计与相关产业融合发展相关政策，加强与相关部门的沟通，召开全市文化产业工作推进会，明确了推进文化产业与相关产业融合发展的责任分工；举办全市文化产业管理干部及企业负责人培训班，指导文化企业快速发展；做好企业跟踪服务，指导虢州石砚、仰韶彩陶、虢国雕塑等文化产品进行技术创新，推动仰韶文化科技有限公司在韩国设立仰韶文化传播中心，推进华通数码科技有限公司在深圳成功上市；做好文化产业招商引资，吸纳80个文化企业、产业项目进入全市文化产业招商引资项目库，超额完成了年度一亿元招商引资目标任务。为6个文化企业争取到2015年省级文化产业资金扶持670万元。积极组织文化产业企业参加了第21届国际黄河文化旅游节经贸项目签约大会、第五届中国（北京）国际电影节、第十届中国（义乌）文化产品交易博览会、深圳文博会、第八届厦门“海峡两岸”文化产业博览会、第二届中原（鹤壁）文化产业博览会等节会展销，推动三门峡文化走出去，提升了三门峡文化企业知名度。

【参加全国第十届文化产品交易博览会】 按照省文化厅的统一安排，三门峡市文化广播电视新闻出版局组织三门峡市中国印文化协会、三门峡市书画家协会两家文化企业于2015年4月27日参加了浙江义乌开幕的第十届文化产品交易博览会。两家企业以黄河澄泥印、三门峡山水画为主打产品，具有浓郁的地方特色，在会展中有效的宣传了三门峡文化，扩大了三门峡的影响力。展会结束后，全市中国印文化协会代表三门峡向活动组委会呈交了”文交盛会、十载华章“的篆书印刻作品。

市场管理

【概况】 2015年，三门峡市文化广电新闻出版局按照“先照后证”审批要求，规范文化市场行政审批程序，补录技术监管与平台应用前的审批事项，完成了技术监管系统运用后全市378家文化市场经营单位换发新证工作，完成了年度全市文化市场统计和全市网吧市场调查摸底工作；完成全市398家出版印刷复印企业年检换证和35家内资申报及审批工作。开展全市文化市场重大火灾隐患集中排查整治、全市省直新闻单位驻地方机构清理整顿和全市文化市场经营单位、农村文化市场、演出市场整治活动。以创建平安文化市场为抓手，进一步加强文化、文物、广电、新闻出版市场领域的执法检查和案件查处力度,开展了"净网""护苗""清源""秋风"等"扫黄打非"专项整治行动和文化市场"闪电"系列行动,开展文化市场安全隐患大排查大整治专项行动及"查尽责、除隐患、保安全"活动,全年全市共检查文化市场经营单位4076家次,立案154起,办结148起,确保了春节、两会、抗战胜利纪念日、国庆节等重要时期文化市场的安全稳定,推动文化市场健康有序发展。三门峡市积极探索服务型执法和交叉巡查执法工作,在开展服务型行政执法"整体推进年"活动中,三门峡市文化广播电视新闻出版局被省新闻出版广电局确定为省新闻出版广电系统培育服务型行政执法示范点;全年组织参加或举办了全省文化市场突发事件应急处置培训班等文化市场法规、业务培训12次,开展了侵权盗版及非法出版物集中销毁活动等各类文化执法活动6次。

【河南省文化市场突发事件应急处置培训班在三门峡市举办】 2015年4月29日至30日,全省文化市场突发事件应急处置培训班在三门峡市举办。全省18个省辖市和10个直管县文化市场管理部门负责人参加培训。此次培训分别从学习解读《文化市场突发事件应急管理办法》、开展文化市场安全生产管理工作研讨、全面部署全省文化市场监管工作等三个方面进行。通过培训,参训学员普遍反映此次培训内容丰富,具有较强的针对性、实用性,进一步创新全省文化市场管理理念,提升文化市场突发事件应对能力,确保文化市场安全。

【开展文化市场"闪电二号"行动】 2015年5月28日18时至5月29日12时,三门峡市开展了文化市场"闪电2号"行动,全市共出动文化执法人员88人次,出动执法车辆19台,分别对全市的网吧、歌舞娱乐场所、校园周边出版物市场进行了突击检查。共检查各类文化经营场所150家。重点对网吧接纳未成年人进入、不核对登记上网消费者的有效身份信息、网吧经营者为上网人员提供公卡或身份证号、未安装使用或擅自卸载经营管理技术措施的行为。依法查处含有暴力、封建迷信、色情等违法违规的出版物进行了检查。从检查结果看,全市文化市场经营秩序基本良好,没发现违规经营行为。对于存在的安全隐患和问题的文化经营单位,执法人员当场给予警告,并要求立即整改,对整改情况进行复查,检查共责令整改安全隐患3处。

(王　瑜)

文物博物

【概况】 2015年三门峡市深入推进全市文物保护管理及利用工作。全国第一次可移动文物普查工作进展顺利,全面完成了三门峡市总量51652件可移动文物普查任务。做好文物安全及考古勘探工作。严格落实文物安全目标责任制,先后开展了古建筑类全国重点文物保护单位重大隐患排查、全市文物保护工程、考古发掘工地检查、基层文物库房安全检查、田野文物安全检查、文物古建筑冬季防火等检查,全市文物单位未发生火灾、被盗和生产性死亡事故,实现了第23个馆(库)藏文物安全年。强力推进了陕县崤函古道石壕段世界文化遗产、北阳平遗址、仰韶村遗址相关保护工作;召开了庙底沟遗址公园设计初评会,庙底沟遗址本体保护工程开工;做好了卢氏城隍庙、陕县安国寺、卢氏清真上寺、灵宝菩萨堂、渑池不召寨遗址、虢国博物馆二期、宝轮寺塔等文物保护规划、抢修保护工程、审批立项等工作。积极开展了第七批省级文物保护单位申报工作,全市有19处文物保护单位拟列入此批省保名单。全年争取文物保护专项资金4990万元。在博物馆建设方面。完成了全市博物馆年检、基层文物收藏单位藏品保管情况检查、田野零散石刻集中保管等工作。渑池县仰韶文化博物馆被批准为国家AAAA级旅游景区;市博物馆被评为全省免费开放工作先进单位,该馆2015年举办的《铭记历史　警示未来》和《名州望郡——陕州历史文化展》入选首届全国博物馆展览季推荐目录;虢国博物馆全年争取资金485万元用于馆舍环境改善、展览提升、文物保护等;此外,积极服务经济建设,做好了三门峡市商务中心区、万达广场、上村城中村改造等省、市重点项目的文物勘探发掘工作。

【文物安全】 2015年三门峡市各文物单位加大检查力度,实现了23个馆(库)藏文物安全年。先后开展了古建筑类全国重点文物保护单位重大隐患排查、基层文物库房安全检查、2015年重点文保工作专项督查、全市文物保护管理机构调查、全市文物保护工程及考古发掘工地检查等,全面掌握了全市文博单位安全现状,提高了各文博单位预防事故、排除隐患的现场处置能力。召开全市文物安全工作会议,组织参加了全省文物系统夏季消防安全集中整治专项行动动员部署及业务培训,全面完成辖区内10家全国重点文物保护单位综合管理系统的基本信息录入工作,并配合文化行政执法支队做好田野文物安全督查。积极做好省级以上传统村落文物保护专项督察工作。重点督查了陕县庙上村、南沟村,渑池赵沟村、陶村,灵宝朱阳村、西路井村,义马石佛村等传统村落的建筑消防设施设备及防火措施、文物安全责任制落实及应急管理措施等情况,及时查找和整治文物安全隐患,摸清了三门峡市传统村落文物建筑保护领域基本情况。

【文物保护】 2015年三门峡市文物部门一是落实打造"一线三支点"的"早期中国"文明长廊建设,完成了《庙底沟遗址本体保护工程》《庙底沟边坡加固工程》经费申报;积极响应国家"一带一路"经济带建设,陕县崤函古道石壕段世界文化遗产监测工程、考古调查工程前期工作顺利推进;组织召开北阳平遗址、西坡遗址保护设施建设项目可研报告评审会。做好了卢氏城隍庙、灵宝北阳平遗址、陕县安国寺、卢氏清真上寺、灵宝菩萨堂等文物遗迹的保护规划、抢修保护工程、审批立项及开工建设等工作。投资254万元的仰韶村遗址旧村修缮及景观工程项目也基本完工。做好2016年文物保护项目储备,完成2015年省级文物保护专项补助资金落实、2016年省级文物保护专项资金申报工作，并配合搞好基础建设的文物勘探、考古发掘工作,共受理文物勘探5处,考古发掘申报2处。积极争取国家重点文物保护专项资金。2015年共获国家重点文物保护专项资金3539万元,资金主要用于崤函古道石壕段遗址、庙底沟遗址、虢国墓地、灵宝北阳平遗址、陕县安国寺等保护规划编制、工程项目建设。五是继续做好第七批国保单位和第三批市保单位“四有”建档工作,及第七批省级文物保护单位组织申报工作。

【可移动文物普查】 2015年市文物部门加强对全市普查工作的指导，督促各文物收藏单位做好普查数据登录工作。完成全市可移动文物普查申报藏品总量51652件录入工作。组织成立了三门峡市数据审核专家组,参加省普查办组织的数据审核专家培训班,定期通报普查数据登录情况。配合省普查办专家完成了辖区5个县（市、区)及市直的市博物馆、虢国博物馆、市文物陈列馆共计5676件三级以上文物藏品复核鉴定。经鉴定,其中一级文物1542件、二级文物578件、三级文物2049件、一般文物1507件。做好全市田野零散石刻集中保管工作,对全市134件散存田野石刻文物进行集中保管。

【文物宣传】 2015年三门峡市积极部署“6·13”中国文化遗产日的宣传工作。组织全市文物系统悬挂、张贴展示2015年度“中国文化遗产日”主题和宣传口号的标语、旗帜,营造浓厚的节日氛围；组织市直文博单位在大张广场进行版面宣传，集中展示了三门峡市近年来文化遗产保护工作成果，发放宣传资料、纪念品等;做好各免费开放单位游客接待和安全保障工作，虢国博物馆还根据自身情况，为参观游客的客人提供精品礼品,组织“小小讲解员”免费讲解等。

【虢国珍宝赴杭州参展】 2015年8月，应中国文字博物馆和中国丝绸博物馆之邀请，虢国博物馆精心挑选了青铜器、玉器、麻织品等18件(套)精品文物，与中国文字博物馆和中国丝绸博物馆共同举办展览。其中10件青铜器和5件玉器参加了中国文字博物馆的10月份《汉字》巡展;巡展第一站是杭州博物馆，另外2件玉器和1件麻织品于9月15日参加中国丝绸博物馆的《丝绸之路:起源、发展与交流展》展览,历时一个月。此次三门峡市组织参展虢国精品文物不仅有兽叔盨、丰白簠、梁姬罐等青铜器,玉璧、玉饰品等玉器，而且还有首次公开展出的麻织品。虢国瑰宝赴杭展出,不仅展示了古虢国留下的珍贵文化遗产,增进了馆际合作交流，并且对扩大虢国文化的影响力、提升三门峡知名度将起到很好的作用。

【传统村落文物保护专项督查】 2015年9月，市文物管理部门组织人员先后赴各县(市、区)开展了省级以上传统村落文物保护专项督察工作。此次专项检查以陕县庙上村、南沟村,渑池赵沟村、陶村,灵宝朱阳村、西路井村,义马石佛村等传统村落文物保护工作情况为主,重点对传统村落擅自迁移、拆除文物建筑本体行为、文物建筑消防设施设备及防火措施、文物安全责任制落实情况及应急管理措施、其他违反文物保护法律法规的行为等进行实地督查。通过专项督察,摸清了全市传统村落文物建筑保护领域基本情况,及时查找和整治文物安全隐患,进一步推动全市传统村落文物保护工作迈上新台阶。

【抢救发掘一批北朝墓】 2015年10月，三门峡市文物考古研究所在配合湖滨区上村佳苑安置房工地建设时,抢救发掘一批北朝墓。该批墓葬主要由墓道、甬道和墓室构成,方向基本为150度至160度之间。墓道为长斜坡状,墓门用砖或土坯封堵,墓室为穹隆顶(俗称蒙古包),平面多为圆形,大部分带一到两个耳室,以多人合葬为主。出土器物主要有陶罐、陶壶、铜簪、铜手镯。从出土的墓志砖上有太和十四年及墓葬形制、出土器物等推断为南北朝时期北魏墓葬。具有明确纪年的北魏墓葬的发现在三门峡市比较罕见，为研究三门峡市北朝时期的历史提供了新的资料。 （王 瑜）

广播电影电视

【概况】 根据市编委《三门峡广播电视台主要职责、内设机构和人员编制规定》文件精神,2012年11月,三门峡人民广播电台、三门峡电视台、三门峡电视公共频道合并成立三门峡广播电视台。2015年1月,三门峡教育电视台整体并入三门峡广播电视台。三门峡广播电视台为正处级事业单位，核定事业编制195名（全供事业编制96名,自收自支事业编制99名)。领导职数为正处级2名、副处级3名、正科级17名、副科级25名。经费实行差额预算管理。主要职责是围绕全市中心工作开展广播电视宣传，做好中央电视台一套、中央人民广播电台一套、河南卫视一套节目的无线转播。年底,有职工211人,其中在编172人,实行人事代理11人,台聘职工25人,临时人员3人。现有干部38人,其中县级干部4人,科级干部34人。有专业技术人员119人,其中副高级职称4人,中级专业职称50人。至2015年底前广播电视台设置了党政办、总编室、目标办3个职能科室,新闻中心、产业中心、技术中心3个业务中心和新闻、公共、图文、科教4个电视频道,新闻、交通2套广播频率,1个广播电视网,1个经营部门广告部。2015年市广播电视台组织参加了全省广播电视技术能手竞赛、科技创新奖、科技论文奖、广播电视节目制作技术质量奖等评比，获得全省广播电视技术能手竞赛二等奖1个；广播节目技术质量奖一等奖1个(灵宝台音乐节目《雪》)、二等奖2个、三等奖4个；电视节目技术质量奖三等奖3个;优秀科技论文奖2个。

（薛珺晓）

【广电舆论宣传】 2015年，三门峡市强化舆论宣传，通过电视、广播、网络、微信公众号、新闻客户端等多媒体形式传递最新动态信息，建立全媒体舆论宣传机制，完成全市“转型发展”、两会、黄河文化旅游节、“三严三实”活动的等重点工作和重大活动的专题报道。按照“正面宣传，提升形象”的要求，加强与中央、省主要新闻媒体的沟通，精心筹划报道选题，在提升三门峡的知名度和美誉度上做文章。全年电视新闻被省以上台采用369条（省台发稿351条，中央台发稿18条），广播新闻被省以上台采用610条（省台发稿596条，中央台发稿14条），自采电视新闻3262条，广播新闻3794条。围绕全市中心工作，做好了转型升级、黄河文化旅游节等重大活动宣传报道工作，开设《转型发展进行时》《践行“三严三实”，开展“三查三保”》《加强作风建设，推动转型发展》《学习谷文昌，做四有干部》《洁城行动，我做贡献》等专栏，充分发挥发挥典型宣传的导向性、基础性作用，对外典型宣传报道成效显著。推出了《关注大天鹅迁徙——最大数量大天鹅飞抵河南三门峡》《黄河文化旅游节，走在“一带一路”上》等反映三门峡美丽风景的电视节目，有力地宣传了三门峡，叫响“美丽三门峡，魅力天鹅城”品牌。 （王　瑜）

【广电栏目建设】 2015年三门峡市广电系统以“加大栏目建设力度，倾力打造品牌栏目”为目标，强化广电节目品牌建设，完成“文化三门峡”电视专题片评比；2015年，三门峡广播电视台共有19件作品获河南省新闻奖，4件作品获省技术类奖项。公共频道《百姓》栏目制作了多期关注民生的节目，科教频道开办的少儿综艺栏目《奔跑吧少年》；新闻广播开展了“广播服务季”活动，《有事您说话》栏目推出《记者到现场》《记者有话说》小版块，加大了对舆论舆情的引导掌控，体现主流媒体的责任；图文频道改编拍摄了微电影《陷阱》；新闻中心强化重大新闻走出去现场报道，增强了新闻的时效性、贴近性；交通广播《车来车往》栏目在元宵节、旅游节期间开辟了特别节目“畅通有我”，为群众出行提供帮助和参考；产业中心策划组织了2015春晚、“3·15”晚会、建党94周年知识竞赛、抗战胜利70周年吟诵会、全市朗诵比赛、美丽湖滨演讲比赛、第九届青歌赛等7场大型活动；交通广播的“爱心送考”公益已经连续举办五届；新闻广播举办了“‘3·15’《有事您说话》现场维权直播”，创新推出了“听众服务季”9场次服务活动；公共频道先后举办了福利院义卖活动和大型关爱老人“金婚庆典、情暖夕阳”活动、三门峡首届微商创业大赛等；图文频道举办的微电影演员选秀大赛，选拔出27名有潜力的新人演员；科教频道开展“庆六一·献爱心”活动、“水上冲关”等活动，丰富广播电视节目内容，提高了三门峡影响力，取得了良好的社会效益和经济效益。 （王　瑜）

【电影事业】 2015年三门峡市加强对黄河影城、合鑫横店影院、大地影城的业务指导，对其安全、消防等重大事项作为重点项目进行督导。全市县级数字影院建设步伐加快，大地影城对外营业，至2015年底全市数字电影院线已达6家，实现了县级城市全覆盖。加强电影市场的监管，对其市县区域内的影院是否存在违规放映情况进行检查，进一步规范全市电影市场放映秩序。农村公益电影放映工程圆满完成年度放映任务。按照“企业经营、市场运作、政府购买、农民受惠”的农村电影发展思路，逐步建立公共服务和市场运作相协调、固定放映和流动放映相结合的农村电影服务体系。2015年由市惠农农村数字电影院线公司承办全市农村电影放映工程，11月15日全面完成“每一行政村一月一场电影”农村公益放映16104场任务。加大对农村院线的监管力度，针对在实施公益电影放映工程中出现的问题，督促其整顿工作作风、改进工作方法，稳定放映队伍。完成了2015年省委宣传部下达全市的“中原文化大舞台”电影放映300场的任务，取得了良好的社会反响。 （王　瑜）

【广电基础设施建设】 2015年，三门峡市“十二五”高山无线发射台站基础设施建设顺利推进，三门峡电视发射台基础设施建设项目已竣工；卢氏县塔子山发射台基础设施建设项目正在有序推进；灵宝市女郎山发射台基础设施建设项目已获市发改委批准，正在进行工程前期准备。三门峡市已初步建成有线与无线结合的城乡广播电视覆盖网。做好了中央广播电视节目数字化无线覆盖工程前期准备工作。圆满完成了“十二五”广播电视村村通工程盲村覆盖建设抽查验收工作，全市广播电视综合覆盖率分别达96.8%和97.4%。 （王　瑜）

【新媒体建设】 2015年三门峡广播电视台根据手机终端与移动互联网信息传播特点、用户时间碎片化和使用随身化特点，利用微信公众平台等新媒体手段，打造传媒新业态，开辟广播电视传统平台之外的收视渠道。一是大力推进网站建设，完成了网站主页、平台及相关模块的功能拓展与升级，逐步细化优化网站板块栏目设置，充实与完善实时视频直播功能，吸引更多的听众和观众参与其中。二是初步搭建电视、广播与互联网融合的媒体新闻资讯平台。以新媒体互联网的传播理念整合新闻资源，搭建完成了“黄河三门峡”新闻客户端和公众微信号，加入全省“蜻蜓FM”新闻广播网上直播、腾讯手机电视“摇一摇”等网络信息发布平台。三是深入渑池、义马、灵宝、陕县、产业集聚区等地进行客户端的推广，宣传介绍客户端，现场为用户解决客户端下载、安装等方面的疑难。四是与全市42家单位建立了新闻稿件的传送关系，日更新新闻量20条以上，资讯类信息基本做到了每日更新，客户端的内容日益丰富。至2015年底，“黄河三门峡”客户端用户已达15000多人。微信公众号自2015年正式上线以来，参与了全市各个重大活动的报道，从“两会”“旅游节”到“白天鹅为三门峡带来的生态文明”等多项专题性报道，三门峡广播电视台网站、客户端、微信公众号推送的相关视频专题浏览量达到了4.6万次。至2015年底，该台微信公众号已经累计发布稿件近2000条，其中本台稿件698条，自采自编稿件386条，关注用户1万户，在三门峡地区影响力日益广泛。2015年，台内各栏目及各个重大活动，网站、客户端、微信公众号等新兴媒体积极配合，适时推出宣传性报道、动态性报道。实现电视屏、手机屏双向互动。 （薛珺晓）

【行业监管】 2015年三门峡市加强辖区内广播电视播出机构开办的视听节目网站的日常监管，强化安全播出监督检查，组织开展了广播电视行业网络与信息安全检查、视听节目网站综合整治、全市互联网广播电视接收设备专项整治、全市广播电视发射台站电磁辐射专项检查、违法违规广告专项整治、打击非法电台电视台专项行动、全市宾馆酒店接收境外卫视节目情况检查等，进一步加强辖区内广播电视播出机构开办的视听节目网站的日常监管，强化安全播出监督检查和广电安全防范。 （王 瑜）

【三省四市广播电视联盟第二次会议在三门峡市召开】 2015年为促进三省四市广播电视旅游联盟发展，5月22日，黄河金三角三省四市广播电视联盟第二次会议在三门峡市召开，来自运城、渭南、临汾和三门峡市的四家广播电视台及旅游部门负责人参加会议。三省四市广播电视旅游联盟的主要任务是进一步深化各地广播电视台文化旅游节目之间的交流与合作，推动文化旅游节目的发展和创新，有效拉动“黄河金三角”地区各类文化旅游产品和服务的整体推广和宣传。会上，与会人员围绕黄河金三角三省四市广播电视旅游联盟协议书进行了讨论，同时就如何加强交流、增进配合，加快新媒体整合，借助广播电视平台宣传推广旅游产业做了深入的探讨。 （王 瑜）

【三门峡市2015农村公益电影放映工程】 2015年3月底全省启动2015年农村公益电影放映工程，三门峡市文化广播电视新闻出版局下发了《关于做好2015年农村公益电影放映工程的意见》，与三门峡市惠农农村电影院线公司签订了《电影放映目标管理责任书》及《农村公益数字电影放映协议书》，并于4月初正式启动2015年农村电影放映工程。截至2015年底，已经放映4728场。2015年公益电影放映工程突出公益，注重服务。在公益电影放映之前进行了百姓喜欢的电影类型调查，从片源上入手，组织了一批思想性、艺术性、观赏性较强的国产优秀影片投放农村市场，满足了农民观众的观看需求。 （王 瑜）

【三门峡广播电视台与山东手机台·轻快云平台签订战略合作协议】 2015年12月12日，在三门峡广播电视台演播大厅，该台与山东手机台·轻快云平台签订战略合作协议，联手打造三门峡新媒体与传统媒体融合发展的移动互联网全新运营平台——三门峡手机台。山东广播电视台“轻快APP移动互联网融媒体云平台”(简称轻快云平台)是山东手机台独立设计、自主研发的，平台具有无须下载、可被搜索、多媒体展现形式、推广渠道多元化的特性。基于轻快APP搭建的“轻快手机台”依托于山东手机台的全媒体播出发布平台，可实现电视、广播在手机端的直播，栏目点播，轻快摇、轻快刮、轻快砸等深度互动，有效扩大传统广播电视的收听、收视范围，并可为广电频道、栏目提供矩阵传播及实时精准的后台大数据统计分析，提高广告和产业收入，快速融入移动新媒体。同时，轻快云平台面向全国地方广播电视台推出“1+N+N”合作模式，通过轻快手机台+轻快App代理+轻快电商等诚信广电产业，能够有效助推广播电视台以极低的成本实现高效果的移动互联转型、融合发展和新型经营创收，更能有效助推地方政府移动互联网+、掌上智慧城市和新型电商的快速建设，2015年入选中央文化产业发展专项资金国家重点项目。 （薛珺晓）

新闻出版

【概况】 2015年，三门峡市文化广电新闻出版系统围绕全市重点工作，突出抓好“扫黄打非”和新闻出版监管工作，积极促进全市新闻出版业繁荣发展，各项工作取得较好的成绩。完成新闻出版单位年检工作。完成63家印刷企业、6家出版物批发企业和229家出版物零售企业年检工作。对有违法违规经营行为或经营不规范的印刷企业暂缓年检7家，注销3家。圆满完成17家连续性内资准印证上报年审工作，审批通过一次性内资49件。加强新闻媒体管理。召开全市省直新闻单位驻地方机构清理整顿工作会议，要求各新闻单位要对照国家有关新闻采编和记者站、记者证的管理规章，围绕清理整顿重点，对机构设立、人员使用和开展业务情况进行自查自纠。完成新闻出版产业统计和版权保护工作。督促全市5家出版物印刷企业、1家专项制版企业、15家抽样调查印刷复制企业、8家发行单位按时完成新闻出版产业统计报表工作。组织全市印刷复制企业法律法规培训班。培训班发布了《三门峡市印刷复制行业诚信建设“红黑榜”制度》，印发了《印刷复制行业法律法规汇编》。另外，还针对培训内容组织了考试，并将考试成绩作为年度核验的重要参考指标，成绩合格的还将颁发《三门峡市印刷业经营者法规培训合格证书》。参会企业负责人还向新闻出版管理部门递交了《诚信守法经营承诺书》和《安全生产目标管理责任书》。全面完成全市1342个行政村农家书屋补充更新出版物配送，依托农家书屋推进“书香三门峡”活动。在组织市直机关捐书活动中，收到捐赠图书7000余册，均按照有关分类，配送给农家书屋。在扫黄打非方面，一是中共三门峡市委常委会议专题研究部署了全市“扫黄打非”工作，会议决定，市文化广播电视新闻出版局要加挂三门峡市“扫黄打非”办公室牌子，增加工作经费10万元，新增了“反违禁和非法出版物科”；二是召开了全市“扫黄打非”工作会议。三是研究制定《三门峡市2015年度扫黄打非行动方案》，并由市委办、政府办联合下发各县(市、区)；四是扎实开展专项行动。深入开展查堵违禁出版物专项治理“清源”行动、网络淫秽色情信息专项治理“净网”等行动，持续加强日常监管。针对出版物市场出现的新情况、新变化，进一步增大“扫黄打非”工作的覆盖面和渗透力，采取定时巡查、临时抽查、错时检查、暗访检查等方式，突出强化对非法出版物生产、存储、运输等重点领域、重点环节、重点部位的监管，基本形成了全时段、全方位的监控格局；对游商地摊、印刷发行“黑窝点”等重点难点问题的治理。完善“扫黄打非”基层网络建设。发放《三门峡市“扫黄打非”举报奖励办法》宣传单20000余份，收到举报线索128件，立案15起，办结15起。全年全市共出动执法人员2980余人(次)，出动车辆986余台次，检查文化市场经营场所5434余家次，检查快递、物流、仓储企业87家，立案15起，办结15起，查处非法发行教辅材料案件1起，查处取缔黑网吧11家，打掉非法游商摊点23个，收缴各类非法出版物10230余册，监测音频视频广告2416条次，删除网上不良信息500余条，推动了“扫黄打非”斗争的深入开展。

【集中销毁侵权盗版及非法出版物】 2015年4月20日，三门峡市举行侵权盗版及非法出版物集中销毁活动。市委常委、宣传部部长吕挺琳出席活动，并作重要讲话。他强调，各级各部门要进一步明确指导思想、主要任务和工作重点，严厉打击各类侵权盗版行为，切实维护著作权人的合法权益；要加强对出版物和文化产品生产经营活动的管理，堵住盗版源头，深挖非法印刷复制窝点；要加强对出版物集中场所以及制作、零售、出租等经营单位的日常监管，彻底查处违法违规案件，为全市经济社会发展创造良好的舆论氛围和文化环境。活动现场共销毁侵权盗版及非法图书、音像制品、电子出版物和非法报刊11770余件。举办此次活动，充分表明了市委市政府保护知识产权、打击侵权盗版的坚强决心，对于震慑违法犯罪分子、调动广大群众支持和参与“扫黄打非”斗争的积极性具有重要意义。

【召开印刷复制行业法律法规培训会议】 2015年11月18日，市文化广播电视新闻出版局召开了印刷复制行业法律法规培训会议，全市60家印刷企业负责人和县(市)区新闻出版行政管理部门有关同志参加了会议。会议对全市印刷复制行业现状进行了分析。会议为全市印刷企业发展指明了方向。会议认为印刷企业要进行结构调整、转型升级，主动实施“互联网+”，开拓新市场、变革原有的生态链，积极向向出版、文化、创意设计等领域拓展，积极融入“一带一路”等走出去战略，大力开拓海外市场。会议还发布了《三门峡市印刷复制行业诚信建设“红黑榜”制度》。参会企业向市文广新局递交了《诚信守法经营承诺书》和《安全生产目标管理责任书》。 (王 瑜)

三门峡日报

【概况】 2015年，三门峡日报社紧紧围绕全市中心工作，精心策划推出一大批新闻价值高、社会影响大的重大战役性报道，为全市经济社会发展营造了良好的舆论氛围。同时，强化内部精神文明建设，加强精细化管理，在充分发挥党报的政治功能前提下，从实际出发，解放思想，攻坚克难，积极实施战略转型，大胆探索传统媒体与新兴媒体的融合，谋求报业全媒体发展、多元化经营。从社会舆论多层次的实际出发，充分利用新媒体平台，在新闻产品优质化、特色化、平台化、可视化、定制化上下功夫，积极抢占舆论制高点，努力打造黄河金三角地区最具影响力和综合实力的党报传媒品牌。三门峡日报社获得了文明河南建设奖、外宣贡献奖、务实宣传奖、全市“改善农村人居环境 建设美丽乡村工作”先进单位等多项荣誉。

【“节会”报道】 2015年，《三门峡日报》全媒体报道是第21届中国(三门峡)国际黄河文化旅游节暨投资贸易洽谈会的一大亮点。节会期间，该报将采访设备搬到活动现场，第一时间报道节会进展，新媒体编辑在第一时间迅速发布到西部在线网、三门峡网、“爱上三门峡”新闻客户端、三门峡日报官方微博、微信等新媒体平台，实时更新，节会盛况经该报新媒体第一时间发布后，迅速在朋友圈广为转发，引发“刷屏潮”。据统计，截至6月10日，由“三门峡日报微信”刊发的《2015中国·三门峡横渡母亲河激情上演，高清大片奉上！》微信点击阅读已达38748人次，腾讯视频点击86761次；《三门峡的彩虹跑，你见过吗？》微信点击阅读24965人次，腾讯视频点击34168次。节会期间，《三门峡日报》《西部晨风》两张报纸则有针对性地进行了全方位报道和挖掘，《三门峡日报》共开设“访谈”“数字”“表情”“观点”“影像崤函”等栏目，细致深入地对节会进行报道。《西部晨风》开设了“游热点”“游现场”“游微说”“游声游色”等专栏，及时呈现节会现场的最新动态，颇富感染力。《三门峡日报》共出版8期52版，其中社论2篇、稿件79篇、通版6个，图片152张；《西部晨风》共出版7期28版，其中稿件44篇、专版4个、图片57张；新媒体平台共发布原创稿件307篇，其中微博55条，网站专题、客户端153篇(图)，视频13个，微信30篇，手机报56篇。

【策划推出"三严三实"专题教育系列评论】 为了推进全市"三严三实"专题教育的开展,《三门峡日报》结合全市实际,策划推出了"恪守'三严三实'力戒'十不十欠'"系列评论。自2015年6月30日至7月16日,共推出十篇系列评论,有效地扩大了"三严三实"专题教育的影响力。

【《三门峡日报》"我为正能量代言·凡人善举"专栏获好评】 2015年下半年,由省委宣传部牵头,河南日报报业集团、省新闻出版广电局、省文明河南办公室等联办的"我为正能量代言"主题活动在全省展开,《三门峡日报》及时在《西部晨风》头版开设了"我为正能量代言·凡人善举"专栏,刊发大量积极向上、催人奋进的新闻报道,在社会上引起强烈反响。该栏目在《西部晨风》一二版相继刊发了《市福利院俩儿童获爱心救治》等33篇报道,讲述了平凡百姓积极践行社会主义核心价值观的不凡行为,以及他们在助人为乐、见义勇为、诚实守信、爱岗敬业、孝老爱亲等方面的先进事迹。通过对这些"正能量"事迹的汇聚、挖掘报道,这些先进典型的形象更加生动、亲切,更深入人心。这些"正能量"不断得到传播和强化,引导和鼓励着广大干部群众学习先进典型,在工作和生活中更好地践行社会主义核心价值观。

【全市网络宣传暨《三门峡日报》通讯员工作会议召开】 2015年9月25日,全市网络宣传暨《三门峡日报》通讯员工作会议召开。会议传达了市委办《关于进一步加强全市网络宣传和管理工作的实施意见》,对全市网络宣传和管理工作提出要求。会议表彰了王绍刚等《三门峡日报》"十大杰出通讯员"、张兵波等"十佳优秀通讯员"和申耀等85位"优秀通讯员"。会议指出,要充分认识网络宣传的极端重要性、紧迫性。要把传统媒体和新兴媒体的融合发展作为宣传工作的重中之重,积极推动传统媒体和新兴媒体在内容、渠道、平台、经营、管理等方面深度融合。整合组建中国三门峡网。中国三门峡网是全市继《三门峡日报》、三门峡广播电视、《黄河金三角时报》之后的第四大媒体,让中国三门峡网快速成长为新型主流媒体。要把中国三门峡网办成一流网站。

【举办"纪念中国人民抗日战争暨世界反法西斯战争胜利70周年宣传报道座谈会"】 2015年8月28日,由三门峡日报社主办的"纪念中国人民抗日战争暨世界反法西斯战争胜利70周年宣传报道座谈会"在报社召开,该次座谈会特邀抗战老战士、老同志代表,党史专家学者、军人以及金融、企业等各界人士参加了座谈。在观看了由报社制作的《回眸崤函抗战》专题片后,三位老战士李汉民、杨茂林和王建民分别讲述了他们亲历的抗战烽火。张兰印等分别回忆了他们的亲戚为抗击日寇壮烈牺牲的往事,或回忆日寇在豫西犯下的滔天罪行。96548部队胡海洋,武警三门峡支队李俊杰,分别代表军人表达了强国强军的决心。党史办人员用大量数据和史料披露了三门峡伤亡的巨大数字,揭露了日本侵略者的暴行,令人感叹与深思。全国"爱国拥军模范"毛兆祥,抗战人物传记《好汉赵耕郊》作者之一王长江,灵宝市抗日战争纪念馆筹备人、抗战纪实《函谷烽火》编者之一彭军平,灵宝市摄影家协会李辉,抗日日记《烽火晋察冀》作者之一梁山松,《三门峡抗战》一书编者张杰等,也分别讲述了各自的抗战情结和爱国情怀。座谈会上,报社党委书记、社长李万泉还向与会者详细介绍了该报开展纪念抗战报道的情况。由市委宣传部、市委党史方志办、三门峡日报社联合举办的《崤函抗战》纪念专栏,也在《三门峡日报》三版推出。

【新华社世界问题研究中心研究员解国记到报社"传经授道"】 2015年6月26日,三门峡日报社邀请新华社世界问题研究中心研究员、《新华每日电讯》原总编辑、党组书记解国记"传经授道"。解国记先后担任过新华社河南分社副社长、新华社黑龙江分社社长、《新华每日电讯》总编辑。担任总编辑期间,为读者当"新闻秘书"、替读者选新闻精品的办报主旨,使《新华每日电讯》成长为一家新锐中央级全国时政大报。他被媒体誉为"一个为民请命的记者""操持成全国百万大报"的总编。座谈会上,解国记围绕舆论监督的话题,从舆论监督的采写空间、舆论监督的编辑空间、未来舆论监督空间、舆论监督报道的把握四个方面展开。通过讲述自身采访的大量新闻案例,他认为舆论监督工作要发挥党和政府与人民群众沟通桥梁的作用,处理好与监督对象的关系,善于进行舆论监督报道;在报纸编辑上,一张报纸如果缺少舆论监督稿件既不符合客观实际,也会使报纸失去影响力。随后,解国记分析了主导媒体之外的三个舆论场:网上中国,主导口头话语体系;微信中国,主导微信话语体系;外媒中国,主导段子话语体系。指出舆论监督的空间设想:要把握党性原则,人民至上;为党分忧,为民请命;抑恶扬善,纠错矫偏的原则;绝不能搞颜色革命,颠覆政权;图谋钱财,敲诈勒索;挟嫌怀怨,公报私仇;在操作层面,题材把握方面:监督的内容必须是党和政府明令禁止,人民群众深恶痛绝的;时空把握方面:不要集中于某个时段,不集中于某个地域(系统部门);文风把握方面:要客观准确全面,理直气和,留有余地。 (冯 燕)

·编辑 赵玉丽·

卫 生

【概况】 2015年，三门峡市卫生局以服务全民健康、保障人人享有基本医疗卫生服务为目标，以医药卫生体制改革为重点，全力做好医疗卫生服务和重大疾病防控工作，中西医并重，强化卫生监督执法，加强农村三级卫生服务网络和城市社区卫生服务体系建设，不断提高突发公共卫生事件的应急处置能力，各项工作进展顺利。至年底，全市共有卫生机构485个，其中医院、卫生院132个。政府规划三级医院3家，分别是三门峡市中心医院、黄河三门峡医院和市中医院；二级医院10家，分别是三门峡市第三人民医院、卢氏县人民医院、灵宝市第一人民医院、陕县人民医院、义马市人民医院、义煤集团总医院、渑池县人民医院、渑池县中医院、卢氏县中医院、灵宝市中医院；其余为一级医院和未评定等级医院。妇幼保健院、所、站5个，疾病预防控制中心(防疫站)7个，卫生监督检验所7个。卫生机构病床床位12931张，其中医院、卫生院12129张。卫生技术人员13774人，其中，执业医师和执业助理医师5150人，注册护士5163人，疾病预防控制中心(防疫站)卫生技术人员258人，卫生监督检验所卫生技术人员120人。农村乡(镇)卫生院75个，床位2322张，卫生技术人员2054人。

【新农合保障】 2015年，全市参合农民1623752人，参合率101.06%，较2014年提高了1.5个百分点，参合农民占全社会人口比例为71.59%。新农合人均筹资水平从2014年的380元提高到470元，全市年度新农合筹资总额7.63亿元，其中，财政补助6.17亿元，家庭账户1.46亿元。根据筹资水平变化及2014年度基金运行情况，调整优化补偿方案，住院费用补偿封顶线提高到20万元，提高普通门诊和慢性病门诊费用补偿比例，扩大参合农民受益范围。全年，全市新农合共补偿医疗费用6.96亿元，享受新农合补偿的参合人员612.86万人次。全市共办理农村居民重大疾病救治781人，涉及救治病种25个，医疗总费用2019.04万元，新农合补偿1575.64万元，平均补偿比例78.04%。办理2015年度符合新农合大病保险4159人次，补偿资金1130.11万元。选择“子宫平滑肌瘤”等25种常见病开展新农合定额补偿。符合条件的参合人员在各级医疗机构住院治疗，新农合基金按规定的定额标准，对其住院医疗费用予以补偿。充分发挥新农合的经济杠杆和利益导向作用，引导患者分级、有序就诊。办理2015年度符合新农合分级诊疗17112人次，补偿资金3135.06万元。参合农民在省内省、市两级跨区域即时结报定点医疗机构住院全面实行即时结报，在非跨区域即时结报定点医疗机构和统筹地区内定点医疗机构住院全部实行直补。全市即时结报177916人，补偿新农合资金5.04亿元。

【县级公立医院综合改革】 2015年，三门峡市卫生局协调各有关部门和有关科室，开展县级公立医院综合改革运行情况监测。至年底，9家医院改革医院门诊人次和住院人次分别为118.44万人次和10.14万人次，分别较未改革的同期上升了6.0%和4.32%。各改革医院严格执行药品“零差率”销售政策，次均门诊药品费用下降到了67.33元/人，次均住院药品费用下降到了1582.16元，次均药品总费用同比下降3.57%。县级公立医院改革破除“以药补医”机制，药占比由52.63%，下降到34.88%。有效调动医务人员工作积极性，人员支出占比由32.61%，增涨至41.26%。加大财政投入、理顺价格体系，重建补偿机制，让县级公立医院回归公益性。及时足额下拨县级公立医院综合改革补偿资金。医院因药品“零差率”销售减少的合理收入中的20%部分由省、市、县三级按4:2:4的比例予以补偿。省、市两级财政补助资金于10月全部拨付至各县。督导各县(市、区)在综合改革过程中探索体制机制方面的改革。指导渑池县积极探索全员聘用新机制，公开招聘医务人员，有效缓解了医务人员不足的状况；指导义马市开展64个病种82个治疗方式的新农合按病种付费的支付方式改革，纳入率达到了90%以上。

【卫生下乡对口支援工作】 2015年，三门峡市卫生局组织专家参加市文明办组织开展的卫生文化科技三下乡活动，三人被评为先进个人；督导落实三级医院对口支援县医院，促进县医院服务能力的提升；在“爱耳日”“爱眼日”“科技周”等主题日，组织专家上街义诊，进行卫生科普宣传。全年全市各医疗机构共组织下乡义诊35次，诊治患者7200余人次，发放宣传资料3.5万份。

【农村卫生工作】 2015年，三门峡市卫生局加快100所高标准村卫生室建设进度，10月，建设任务全部完成，1500万元市、县建设资金财政部门已落实到位。按照《河南省卫生计生委关于印发河南省乡村医生执业再注册工作方案的通知》精神，指导各县（市、区）全面展开乡村医生再注册工作。按照《河南省卫生计生委关于做好2015年“建设群众满意的乡镇卫生院”活动的通知》精神，组织人员于5月18日至21日对各县（市、区）上报的6家乡镇卫生院进行了市级复核。12月17日，国家卫计委办公厅关于《公布2014-2015年度群众满意的乡镇卫生院名单的通报》，湖滨区会兴街道卫生院、卢氏县五里川中心卫生院榜上有名。按照《河南省卫生计生委关于印发2014年河南省农村卫生人员培训计划等文件的通知》要求，加强基层医疗卫生机构人员培训，提高服务能力。

【重大传染病防控】 2015年，三门峡市卫生局强化县级以上医院疾病预防控制工作。根据全省统一安排，要求二级以上公立医疗机构于6月20日前设立疾病预防控制科室，全市二级以上公立医疗机构共14家已全部按照要求设立疾病预防控制科，具体承担医院疾病预防控制等公共卫生工作的综合管理、组织协调和技术指导等工作。建立“三省四市”（运城市、临汾市、渭南市、三门峡市）公共卫生协作区。继2014年三门峡市与运城市建立公共卫生联防联控工作机制后， 8月，全面启动了晋陕豫黄河金三角区域公共卫生协作，三省（山西省、陕西省、河南省）四市（运城市、临汾市、渭南市、三门峡市）共同制定《晋陕豫黄河金三角区域公共卫生协作方案》。各市充分利用各自优势开展相互支援行动，实行重大传染病疫情联防联控工作机制；建立重大传染病和突发公共卫生事件防控联合演练机制、建立信息交流平台。在加快跨区域公共卫生协作机制建设的同时，三省四市将适时启动创建医疗卫生数据库和信息平台建设，完善双向转诊、新农合定点医疗机构互认、即时结算等工作，探索总结跨区域医疗合作新模式。做好重大、重点传染病和突发疫情防控工作。2015年度报告法定传染病7225例，发病率为322.29/十万，与上年同期比下降12.46%。报告前5位分别为：手足口病、肺结核、乙肝、丙肝、梅毒，占发病总数的79.68%，全市无重大传染病疫情发生，整体疫情形势平稳。完成冷链运转11次，累计下发疫苗646949剂次。全市所有接种单位实行全程预约接种，接种门诊分别实行了日、周、旬接种，村级接种点实行月运转，一类疫苗累计报告接种率均达95%以上。

【卫生项目建设】 2015年，三门峡市卫生局共争取中央投资卫生项目145个。其中，市儿童医院项目1个，县中医院项目1个，县妇幼保健院项目1个，乡镇卫生院周转宿舍建设项目5个，乡镇卫生院建设项目8个，村卫生室建设项目128个；总建设规模74615平方米，其中新建66901平方米，改造7714平方米；总投资达22279万元，其中，中央投资6411万元，地方政府配套15868万元。

【食品安全综合协调与卫生执法监督】 2015年，三门峡市卫生局积极开展食品安全与重大活动的保障工作。按照《2015年河南省食品安全风险监测方案》要求，依托市卫生监督中心、市疾控中心开展了面与面制品、速冻食品、蔬菜等食品的农药残留等项目的监测。全年购买、抽检食品1300余份，完成肉制品、乳制品等100余类食品中化学污染物和食源性致病菌监测，对三门峡市油饼、油条中的铝和熟肉制品中的亚硝酸盐等项目进行快速检测。选定市中心医院、陕县第一人民医院等7家医院为三门峡市食品安全监测哨点医院，加强三门峡市食源性疾病/异常健康事件监测，向有关监管部门实施监管提供了重要依据。在黄河国际文化旅游节，加强对食品安全、卫生防疫、医疗保健工作的组织协调，积极开展专项整治行动。加快县级卫生监督机构建设。灵宝市卫生监督大队业务用房投入使用，渑池县、义马市、陕县卫生监督机构业务用房建设项目主体工程基本完工利用国家卫生监督能力建设项目资金，采购快速检测设备、执法工具和办公设备。基层卫生监督执法装备条件明显改善。积极开展“卫监行动”和“亮剑行动”。针对三门峡市实际，突出重点，先后组织了声势浩大的打击黑诊所以及口腔、医学美容非法行医为主要内容的“亮剑—秋风行动”。全市共取缔“黑诊所”243家，清理非法广告278块，没收各类医疗器械391件；立案查处221起，罚款人民币9.4万元。加大餐饮具集中消毒企业监督检查力度，产品抽检合格率达93%以上；检查游泳场所6家，池水卫生主要指标合格率90%以上，游泳场所卫生条件和卫生管理制度落实情况整体良好；检查供水卫生设施27个，建立了有效的安全预警和应急救援机制，抽检水样65份；检查各类学校100余个，学校卫生监管持续加强。

【免疫规划县级技术人员培训】 2015年8月30日至9月2日，三门峡市举办免疫规划县级技术人员培训班。各县（市、区）疾病预防控制中心主管主任、免疫规划科长、业务骨干、各乡镇（社区）业务骨干等共136人参加了培训。培训班邀请了国家卫计委免疫规划专家委员会委员（原海南省CDC主任医师） 孙莲英教授、河南省疾控中心主任刘国华、河南省疾控中心免疫规划所所长张延炀、省儿童信息系统网络管理(金卫信)工程师张坤乾、三门峡日报社记者王旭国等专家授课。

(张文青)

体　育

【概况】 2015年,三门峡市体育工作以“发展体育运动,增强人民体质”为宗旨,以“竞技体育创金牌、群众体育创品牌、体育产业创效益”为目标,积极实施“面向省运”的竞技体育精品战略,强化全民参与科学健身的自觉行动,狠抓体育场地设施建设、群众体育组织、网络和活动建设,强化竞技体育人才队伍建设,体育工作取得新成效。

【全民健身活动】 2015年元旦期间,组织举办“庆元旦”豫晋陕黄河金三角地区第四届毽球邀请赛,来自黄河金三角地区的350余名毽球爱好者积极参与活动;积极组队参加国家、省级群众性体育活动。在春节期间,积极组队参加“全民健身、幸福中原” 2015年河南省第七届万村千乡农民篮球赛北部比赛、南北决赛和“全民健身、幸福中原”2015年全省新春系列比赛5项(乒乓球、羽毛球、健身秧歌、抖空竹、毽球),羽毛球项目获一等奖1个,二等奖2个,三等奖2个,健身秧歌获集体一等奖1个,集体二等奖1个,参加河南省第四届万村千乡农民篮球总决赛荣获一等奖;组织开展春节期间系列群众体育活动。春节期间,联合市文明办和市农业局,在全市组织举办了羽毛球、围棋、象棋、扑克双升比赛活动。全市70多个乡镇600多个行政村和32个社区,都不同层次地举办了以登高、篮球、羽毛球、象棋、围棋、拔河、秧歌为主的健身活动1000余场次,参与群众达30万人次;组织举办了河南省第七届万村千乡农民篮球赛。组织举办了全市70多个乡镇600多个行政村的农民篮球赛,从各乡、镇级的决赛到各县(市、区)的决赛,再到市一级的决赛,直接参与的运动员达1万余人。3月3日至6日,在陕县张湾乡蔡白村举行了三门峡赛区比赛,参与群众达2000余人;成功组织举办了全市范围的“健康徒步、绿色骑行3510大行动”。5月9日上午在黄河公园东大门举行了以“绿色环保、低碳文明、健康活力、快乐激情”为主题的全民健身“3510大行动”,来自市直机关的2500余名干部职工和市户外协会的1000余名会员参加了启动仪式。启动仪式结束后,所有参加活动人员又进行了自行车绿色骑行、健康徒步走活动。此次活动的成功举办,除了引导人们积极投身健康、绿色、环保的生活方式中外,在三门峡市掀起了新一轮的全民健身热潮;成功举办了“2015中国·三门峡横渡母亲河活动”。由国家体育总局游泳运动管理中心、中国游泳协会、河南省体育局和三门峡旅游节组委会主办,市体育局承办的“2015中国·三门峡横渡母亲河”活动,5月23日在三门峡天鹅湖国家城市湿地公园黄河水域隆重举行。全国31个省、自治区、直辖市(含港澳台)175支代表队5000余人参加横渡。新华社、中央人民广播电台、中国体育报、河南日报、河南电视台、广东电视台、山西电视台、三门峡日报、三门峡电视台、新华网、人民网等国家、省、市级媒体也都在第一时间进行了报道。在2015中国体育文化·体育旅游博览会上,“中国·三门峡横渡母亲河”活动被评为2015中国体育旅游精品线路;组织举办了三门峡市第八届全民健身节系列比赛活动。三门峡市第八届全民健身节系列比赛活动从4月持续到7月中旬,共举行信鸽、太极拳剑、乒乓球、围棋、羽毛球、健身秧歌、健身气功、篮球、扑克双升等9项比赛活动,直接和间接参与群众达3000余人次;各县(市、区)品牌活动形式多样。义马市的“职工篮球联赛”,渑池的“仰韶大峡谷漂流活动”和“乒乓球联赛”,湖滨区的“老年门球赛”和“健身秧歌活动”,陕县的“山地自行车邀请赛”,卢氏的“双胞胎大峡谷漂流活动”,特别是灵宝的“豫西春节农民篮球赛”长期以来影响极好,比赛规模越来越大,各村从初一打到十五,群众参与热情之高,历时之久,人数之多,开创了豫西地区农民体育活动的最高纪录,已经成为豫西农民春节期间必不可少的节目之一。2015年,全市共组织举办各级各类体育竞赛和健身活动900余场次,涉及十余个健身项目,直接和间接参与体育活动人数达60余万人次。

【体育健身设施建设】 2015年,三门峡市体育局争取国家、省体育设施建设专项资金1500余万元用于改善三门峡市城乡的公共体育健身设施。在市区涧河南路投资400余万元修建大型体育健身公园;在市体育馆投资80余万元建成2个多功能运动场;在市体育馆投资100余万元建成全市唯一一个拆装式游泳池;投资260万元在全市新建100套农民体育健身工程(一场两台)和80套新型农民体育健身工程(一场一路径),已进入招标阶段,年底前,将实现全市农民体育健身工程全覆盖;投资23万元建设3套乡镇体育健身工程,投资100万元建设28套全民健身路径工程,投资75万元建设3个多功能运动场,投资400万元在陕县、义马分别建设一个户外全民健身活动中心;配合市委农办投资100万元在全市新建40至50个美丽乡村示范村以健身路径为主的健身工程。全市拥有“一场两台”农民体育健身工程的行政村达1100余个,各级各类体育场地达3000多个。累计新修健身路径258条,安装健身器械2500余件。

【老年体育】 2015年,三门峡市城乡形成了银发健身热潮,举办的市级柔力球、健身球操、健身秧歌、太极拳剑、广场舞等多个项目的健身比赛交流活动达20余次。在河南省第十二届老年人体育健身大会上,三门峡的健身秧歌、广场舞、柔力球等五个项目成绩位列全省前三名。三门峡选送的五个健身节目参加了省老健会闭幕式展演,是选送节目最多的城市之一。在河南省首届老年人文体健身优秀节目大赛上,三门峡选送的3个节目全部荣获金奖,三门峡市荣获优秀组织奖,一举摘走了大型节目、中型节目和组织奖的最高奖项，成为该届老年人文体健身优秀节目大赛的焦点。

【体育社会化和产业化】 2015年，三门峡市强力推进体育旅游，形成了以“横渡母亲河活动”为龙头，带动食、宿、游、购第三产业发展的格局。体育健身、体育技能培训、体育竞赛表演、体育彩票销售为主体的体育产业市场体系逐渐形成。三门峡体育彩票分中心以基层市场开发为重点，在培训和宣传营销上采取了一系列行之有效的措施，彩票销售增速逐年攀升。全年，体育彩票销售量达2.39亿元，较上年全年增长30%，有力地支持了三门峡体育事业的发展。

【体育组织建设】 2015年，三门峡市举办二级社会体育指导员培训班4期，参训人员达200余人，组织参加省一级社会体育指导员培训6期，参训人员58人，为三门峡市全民健身活动的广泛开展贡献了力量。三门峡的体育人口达45%以上，在河南省名列前茅。全市100%的城市社区和60%以上的行政村建立了基层健身健身站点，各级社会体育指导员4700余人，达到了全市总人口的2‰以上，超出了全民健身示范城市的创建标准。

【确定27所校园足球特色学校】 2015年4月13日，三门峡市召开校园足球工作会议，选定全市7所高中、9所初中、11所小学共27所学校为校园足球特色学校，并明确了足球特色学校的发展蓝图。此次选定的7所高中包括三门峡市第一高级中学、实验高中、外国语高中，灵宝市实验高级中学，陕县陕州中学，义马市高级中学和卢氏县第一高级中学；9所初中包括三门峡市第二中学、外国语中学、阳光中学、第五中学，灵宝市第二初级中学、第二实验中学，卢氏县育才中学，陕县第一初级中学和义马市第一初级中学；11所小学包括三门峡市第二实验小学、第三实验小学、第一小学、外国语小学、阳光小学，灵宝市第一小学、第二小学，陕县实验小学、陕州小学和义马市外国语小学、东区小学。根据要求，27所被选定的校园足球特色学校要将足球项目列入学校教学课程，纳入学校“阳光体育”活动计划，因地制宜创造条件开展相应活动，注重与“阳光课间”活动有效对接；必须完善专门开展足球活动的场地条件，满足训练和比赛使用；积极参加各级各类校园足球师资培训，有具备一定足球业务能力和热爱足球事业的足球指导教师；加大足球教学的比例，每周体育课堂教学中应至少安排一节足球课，每周的“阳光课间”活动应有不少于2小时的足球活动时间，保证全校不少于50%的学生参加足球活动；必须组织校内各班级、各年级之间的比赛，并建立相应的竞赛制度；每所学校应至少组建男、女足球队各一支，参加校际、全市和省内联赛；挖掘校园足球活动在素质教育方面的积极作用，积极开展以足球为主题的文化活动，如在学校网站设立足球活动专栏，举办足球知识讲座、知识竞赛、征文活动和板报比赛等，让校园足球活动成为学校德育、体育教育的一部分，形成具有特色的校园足球文化，努力培养道德品质高、文化素质高、运动水平高的青少年足球后备人才。同时，要求各学校高度重视安全问题和意外伤害处理，凡是被确定开展校园足球活动的特色学校，都必须为学生购买意外伤害责任险。为更好地开展全市校园足球工作，市教育局与市体育局还专门联合成立了三门峡市青少年校园足球工作领导小组，负责全面工作。

（张　睿　全小燕）

【举办“体彩杯”体育传统项目学校田径赛暨苗子运动员选拔赛】 2015年7月14日至16日，由市体育局、市教育局联合主办的2015年三门峡市“体彩杯”体育传统项目学校田径赛暨苗子选拔赛在市体校举行。此次比赛全市共有近300名运动员参赛，组别设置为初中组（甲组）和小学组（乙组）。比赛项目分初中、小学组男女100米、200米、400米、800米、1500米，以及男女跳高、跳远、铅球和4×100米接力项目。最终，三门峡市第四小学、灵宝市第一小学、三门峡市外小代表队分获小学组团体总分前三名，三门峡市第二中学、灵宝市体校、义马市第一初级中学分获初中组团体总分前三名。义马市第二初级中学、三门峡市育才中学、卢氏县实验小学、三门峡市第三实验小学为评为“体育道德风尚奖”代表队。

【全市青少年体育夏令营开营】 2015年，为加强三门峡市青少年体育工作，选拔优秀体育苗子，丰富青少年的暑假文化生活，7月20日上午，由市体育局主办、市体校承办的2015年三门峡市青少年体育夏令营在市体校运动场开营，共有从“全市体育传统项目学校田径比赛暨苗子选拔赛”中筛选出来的40余名苗子运动员将参加为期12天的夏令营活动。营地实行封闭式管理，食宿由主办方免费统一安排，并为全体营员办理保险。营地共开设有射击、射箭、摔跤、柔道、跆拳道、举重、田径、篮球等8个体育项目，学生可以根据自己的喜好选择自己喜欢的项目参加训练，授课教师都是市体校的专业教练员。营地每天晚上还安排专职教师对营员进行文化课辅导，使营员在参加运动训练的同时，不耽误文化课的学习，做到学习训练“两不误”。

【史梦瑶获第十三届亚洲射击锦标赛气步枪个人冠军】 2015年11月3日，三门峡市籍射击运动员史梦瑶在科威特进行的第十三届亚洲射击锦标赛女子青年组气步枪个人比赛中，以资格赛416.8环、决赛209.6环的成绩夺得冠军。（张　睿　李国宣）

·编辑　张怡杰·

精神文明创建活动

综　述

【概况】 2015年，全市精神文明建设工作以文明河南建设为统领，以形成“做文明人、办文明事”社会风尚为目标，积极培育和践行社会主义核心价值观，坚持围绕中心、服务大局，进一步提高公民文明素质和社会文明程度，为三门峡的发展提供了强大的精神动力和良好的社会环境。（王群旺　卢丽娜）

公民道德建设

【概况】 2015年，三门峡市以深化培育和践行社会主义核心价值观，大力推进文明河南建设为核心，以“践行价值观、文明我先行”活动为总抓手，以“学唱做”活动为总载体，在全市开展了一系列公民道德宣传教育活动。

【讲文明树新风公益广告刊播】 2015年，全市各级各类媒体媒介紧紧围绕社会主义核心价值观、文明河南建设主题，及时刊播公益广告作品，设计制作贴近生活、新颖美观、群众喜闻乐见的公益广告，拿出重要版面、黄金时段、显著位置持续进行刊播，形成规模，形成声势，形成广泛社会影响。出台了《关于在全市开展社会主义核心价值观文明河南建设和弘扬三门峡精神公益广告宣传建设工作实施方案》，全面加强“图说我们的价值观”公益广告建设，传播核心价值，引领社会新风。市黄河公园被河南省委宣传部、省文明办评为社会主义核心价值观主题公园。一是加大传统媒体、新媒体及户外广告牌刊播力度。在报纸、期刊、广播电视等传统媒体，互联网、手机等新兴媒体上设有“图说我们的价值观”专题专栏，确定60%的户外广告牌进行刊播公益广告。至年底，“图说我们的价值观”公益广告刊播；户外平面及围挡类1791块3120平方米；车体类公交车80辆、出租车400台；道旗类5200余块，3850平方米；户外电子屏820块，全天滚动播放。同时，印制“图说我们的价值观”张贴画20余万张。二是把核心价值观24字融入庙会等文化活动中。设计和制作了一批具有喜庆色彩的核心价值观公益广告和善行义举榜投放到庙会场内，引导人们在共赏民俗文化中潜移默化核心价值观的内涵和要求，营造欢度节日、人人践行核心价值观的浓厚氛围，收到好的社会效果。在春节庙会大舞台上举办了“文明餐桌”道德讲堂活动，通过身边人讲身边事和节目表演的形式，展现“文明餐桌”的宣讲主题，传承道德文化，践行节俭理念，推广善行义举，受到了良好的社会效果。元宵节期间，在市区庙会、公园、酒店、群艺馆等人群聚集地开展“文明河南　暖暖新年”观灯猜谜语活动，设置核心价值观灯笼200余个，灯谜3000余条，参与群众达万余人，活动现场工作人员还燃放炫丽的烟花，增添了浓浓节日气氛。三是把核心价值观主题春联送进千家万户。组织创作了一批核心价值观主题春联和年画，印制10万余套，采取发放、赠送、张贴等形式，送进百姓家中，组织志愿者深入街道、广场、景区进行张贴。四是开展纪念抗战胜利70周年公益广告宣传活动。下发了《关于进一步做好纪念抗日战争胜利70周年公益广告宣传工作的通知》，并在市文明网进行发布。开办了“纪念抗日战争暨世界反法西斯战争胜利70周年”主题道德讲堂活动。市委常委、宣传部部长吕挺琳出席活动。组织了“铭记历史警示未来——纪念抗战争胜利70周年图片展”，分八个部分再现了中华儿女同仇敌忾、救亡图存的爱国情怀和爱国将士铁骨铮铮、视死如归的英雄气概。参观人数达10万人次。

【“践行价值观　文明我先行”主题活动】 2015年，三门峡市围绕培育和践行社会主义核心价值观，大力推进文明河南建设，弘扬三门峡精神宣传教育内容，在全市开展了丰富多彩的群众性文体活动。第三届“文明河南建设"书法、美术作品大赛优秀作品,在三门峡博物馆展出;"践行价值观,文明我先行"文明旅游知识电视大赛成功举办,市委常委、宣传部长吕挺琳,市人大常委会副主任肖群兰,副市长李琳,市政协副主席马仰峡出席观看。春节期间,组织开展了"文明河南 暖暖新年"主题活动,把社会主义核心价值观24字融入到了百姓生活之中。在三门峡火车站广场启动了"文明服务暖暖新年"志愿服务活动,开展了引导咨询、秩序维护、义诊送药、义务书写社会主义核心价值观春联志愿服务和走访慰问、文明执法等系列活动,市领导与来自市直机关的1400余名志愿者参加了此次活动。共展出宣传板面100余块、发放交通安全宣传资料30000余份、发放核心价值观春联12000余幅。组织为获得2014年度"文明诚信商户"荣誉称号的个体户上门集中服务活动。印制《春运期间致全市驾驶人的一封信》、春运动漫宣传挂图,在市区主干道路沿线悬挂春运交通安全宣传标语4000余幅。组织媒体、网络,集中曝光春运期间查处的客车超员、酒后驾车等严重交通违法行为。开展"美丽三门峡"残疾人游览、"我为文明旅游做义工"和手机"随手拍"游客摄影作品征集大赛等"文明出游"系列宣传教育活动,用《文明公约》《文明出行指南》引导游客言谈举止,营造"做文明人,办文明事"社会氛围。

【"道德讲堂"建设】 2015年,市文明办坚持每月一期总堂,用总堂引领全市道德讲堂活动开展,逐步将道德讲堂建成面向全民培育和践行社会主义核心价值观的新平台,成为省心修身、崇德向善的新阵地。各县(市、区)、市直各级文明单位纷纷申请承办总堂。陕县各类道德讲堂活动在城乡全面展开;灵宝市道德讲堂活动先进经验在中国文明网、三门峡日报刊发。各地道德讲堂总堂全面建成并定期开展活动,全市各级各单位道德讲堂开展1200余场次。

【"学唱做"活动】 2015年,三门峡市充分发挥道德模范的榜样引领作用,始终坚持把道德模范基层巡讲、故事汇基层巡演活动与道德讲堂活动相结合,形成学习宣传道德模范和身边好人的合力,着力在全社会营造崇尚、热爱、学习、争当道德模范氛围。1月,组织财政系统"好人就在身边"主题道德故事汇巡演活动。5月开始,与市总会联合在全市开展了道德模范事迹报告会90余场次。7月开始,选拔30个道德模范故事汇优秀节目,编排成4个整场晚会分赴各级各单位巡演。8月12日,三门峡市4个故事汇节目参与了"河南省道德模范在身边"基层巡演活动,同时,在灵宝市、湖滨区开设了两个专场,受到省文明办领导好评。

【"我推荐、我评议身边好人"活动】 2015年,市文明办始终坚持面向基层,突出群众推、推群众,切实把群众身边看得见、摸得着,事迹可信、可敬、可亲、可学的道德楷模推选出来,在全社会树立了有德光荣鲜明导向,营造好人受崇的良好氛围。共发掘身边好人4500余人,其中入围"中国好人榜"好人15人;4人被评为全省文明市民;评出第八届三门峡市道德模范20人、三门峡好人69人、三门峡市百名孝星100人。

【公民道德宣传教育】 2015年,市文明办充分利用报纸、广播电视、网站等新闻媒体积极宣传道德模范和身边好人的善行义举,并在全市主流媒体、媒介、网站和单位、农村、社区的公示栏、宣传栏开辟专栏,建立"善行义举榜",广泛宣传道德模范和身边好人的善行义举,大力宣传道德新风,倡树道德典范,营造崇德向善的社会风尚,形成"人人做好人、好人做好事、好事就上榜、好人有好报"的社会氛围。全年,在中央文明办未成年人思想道德建设简报刊登信息1篇,中国文明网刊登信息192篇,河南文明网刊登信息236篇,三门峡文明网刊登信息3100余篇;省精神文明建设简报刊登信息8篇;《文明伴我行》电视栏目播出27期,"文明三门峡巡礼"广播播出48期。

【道德模范关爱活动】 2015年2月9日,市委常委、宣传部部长吕挺琳等人对全市生活困难道德模范进行走访慰问,为他们送去慰问金及米、面、油等生活用品。春节期间,全市共走访慰问道德模范41人,送慰问金8.2万余元和价值3万余元生活用品。送去了党委、政府的关怀、关心和关爱,送去了新春的祝福和问候。

【"我们的节日"活动】 2015年,市文明办利用春节、元宵、清明、端午、中秋、重阳等传统节日,开展民俗表演、诗歌朗诵等具有民族特色的传统文化体育主题系列活动,引导人们认知、认同、喜爱和过好传统节日,弘扬中华优秀传统文化,建设中华民族复兴的共有精神家园。开展"金婚庆典·情暖夕阳"大型公益活动。为20对金婚老人赠送了项链、喜酒、蛋糕等礼品;开展"久久重阳书画展"和老年体育活动,展出老年人书画、摄影作品363件;"久久重阳"养老助力夕阳红活动,为300余名离退休人员上门认证服务,为65岁以上老年人免费体检。

【孙梅丽当选河南省道德模范】 2015年,三门峡市爱心之家志愿者协会会长孙梅丽被中共河南省委宣传部、省文明办、省军区、省总工会、团省委、省妇联命名为河南省助人为乐道德模范。

【5人入选"河南好人榜"】 2015年,三门峡市共有5人入选"河南好人榜",分别是:三门峡市工商局湖滨分局吴颖、三门峡市义马义煤公司千秋煤矿家属李双叶、河南振宇食品有限公司总经理宋振廷、三门峡龙飞生物工程有限公司董事长赵跃进、义煤集团天新矿业有限责任公司采爆队维修工平保民。

(王群旺 卢丽娜)

未成年人思想道德建设

【概况】 2015年,三门峡市充分发挥

学校、家庭、社会"三结合"教育网络作用，加强社会主义核心价值观学习教育，开展"中国梦"学习教育，着力培养未成年人社会责任感、创新精神和实践能力，积极教育和引导广大未成年人自觉践行《河南省未成年人文明行为规范》，引导未成年人身体力行"心向党、爱劳动、有礼貌"的价值追求，积极营造良好的社会文化环境，全面加强和改进我市中小学生思想道德建设工作，呈现出积极健康的良好态势，形成全社会共同关心支持未成年人思想道德建设的良好局面。

【未成年人心理健康教育工作】 2015年，三门峡市在依托三门峡市未成年人心理健康辅导中心的基础上，充分调动发挥各职能部门作用，扎实推进未成年人心理健康教育工作持续开展。各县(市、区)都结合实际开展形式多样的心理教育进社区、进学校、进乡村活动。2015年，三门峡市未成年人心理健康辅导中心被中央文明委授予"第三届全国未成年人思想道德建设先进单位"称号。

【"乡村学校少年宫"建设】 2015年，三门峡市继续对中央和省资助的项目严把项目选址、器材采购、场所修缮、运转补贴四个环节，多次对乡村学校少年宫建设和使用管理情况进行督导，同时，引导和鼓励各地自筹资金，因地制宜建设乡村学校少年宫。积极探索城市学校少年宫建设的路径和办法。2015年，三门峡市争取省彩票公益金支持项目学校8所、中央彩票公益金支持项目学校6所。至年底，全市共有中央、省专项彩票公益金支持乡村学校少年宫项目学校共55所。12月19日，三门峡市在义马市召开乡村学校少年宫项目推进会暨骨干人员培训班。会上，市文明办、市财政局、市教育局主管领导分别对全市已建成和在建的乡村学校少年宫提出了具体要求，对进一步加强全市乡村学校少年宫建设工作做出了安排部署，对三门峡市优秀少年宫进行了表彰。在2015年省文明办征集的乡村学校少年宫优秀案例活动中，灵宝市焦村一中的《爱乐合唱团》获得三等奖，渑池县天池镇笃忠中心小学的《小小发明家》获得优秀奖。

【青少年道德教育活动】 2015年，市文明办围绕立德树人，扎实推进青少年思想道德教育，继续深入组织开展了清明期间"网上祭英烈"、六一期间"学习雷锋、做美德少年"网上签名寄语、七一期间"童心向党"、十一期间"向国旗敬礼"网上签名寄语等活动，通过各种道德实践活动的广泛开展，使全市广大学生对如何做一个有道德的人、如何做一个文明学生、如何做一个对社会有益的人。积极教育和引导广大未成年人自觉践行《河南省未成年人文明行为规范》，引导未成年人身体力行"心向党、爱劳动、有礼貌"的价值追求。教育引导了青少年增强道德意识，强化道德养成，培育道德素质，激发爱国情感，增强青少年的民族自信心和自豪感。5月，三门峡市评选表彰了20名第六届"三门峡市美德少年"，充分发挥"美德少年"的模范带头作用。陕县西张村镇第二初级中学的任盼盼、三门峡市外国语中学的宋昊怡被评为第七届省"美德少年"。

【净化社会文化环境工作】 2015年，三门峡市继续开展违规网吧、淫秽口袋书和有害卡通画、互联网有害信息集中整治行动，社会文化环境明显改善。暑假期间，印发了《关于暑假期间在全市开展文化市场集中整治行动的通知》，积极组织协调各有关职能部门，采取日常管理和集中整治相结合的工作机制不断加强对违规网吧、图书市场、文化娱乐业和互联网有害信息等进行整治，使未成年人成长环境得以净化优化。7月29日至7月31日，市文明办联合市文广新局、市公安局、市工商局等有关部门组成两个督查组，对全市暑期文化市场集中整治情况进行了暗访。共暗访网吧35家，查出问题网吧8家，并在三门峡文明网进行实名通报，同时，要求逐一上报处理结果。进一步规范了文化市场秩序，赢得了社会各界的普遍好评。

(王群旺　卢丽娜)

城乡创建

【概况】 2015年，全市城乡创建工作以精神文明建设创建活动为抓手，在全市大力开展创建文明单位、文明社区、文明景区、文明行业、文明村镇、文明农户等系列创建活动，涌现出一大批先进单位、先进个人，推动各项工作迈上新台阶。

【省级文明单位标兵】 2015年，全市共有3个单位被省委、省政府命名为省级文明单位标兵，分别是：三门峡市工商行政管理局、三门峡市湖滨区人民法院、灵宝市人民检察院。

【省级文明单位】 2015年，全市共有37个单位被省委、省政府命名为省级文明单位，分别是：三门峡市统计局、三门峡市中级人民法院、三门峡市食品药品监督管理局、中共三门峡市委党校、中共三门峡市委市直机关工作委员会、三门峡市医药总公司、中共三门峡市委宣传部、三门峡无线电管理局、三门峡市公安局、三门峡市烟草专卖局、三门峡市人大常委会办公室、三门峡市林业和园林局、三门峡市黄河河务局、三门峡市湖滨区司法局、三门峡市湖滨区财政局、三门峡市湖滨区地方税务局、三门峡市环境卫生管理处、中国水利水电第十一工程局有限公司、中共义马市委办公室、义马市人民政府办公室、义马市机关事务和房产管理局、义马市水利局、渑池县审计局、渑池县安全生产监督管理局、渑池县人民政府办公室、陕县人民法院、陕县人大常委会办公室、陕县农村信用合作联社、三门峡市强制隔离戒毒所、灵宝市地方税务局、灵宝市第一高级中学、灵宝市人力资源和社会保障局、中共卢氏县委办公室、卢氏县农业畜牧局、卢氏县公路管理段、卢氏县人民政府办公室、三门峡市外国语中学。

【市级文明单位】 2015年，全市共有115个单位被市委、市政府命名为市级文明单位，分别是：中共三门峡市委三门峡市人民政府信访局、三门峡市人民政府金融工作办公室、三门峡市安全生产监督管理局、国家统计局三门峡调查队、三门峡市人民防空办公室、三门峡市地震局、共青团三门峡市委员会、中国人保财险三门峡市分公司、中共三门峡市湖滨区委办公室、三门峡市湖滨区教育科技体育局、三门峡市湖滨区人民政府会兴街道办事处、三门峡市湖滨区人民政府车站街道办事处、三门峡市湖滨区高庙乡人民政府机关、三门峡市绿化工程管理处、三门峡市公路局湖滨分局、三门峡市教师进修学校、三门峡市第三实验小学、三门峡市康复医院、三门峡市建设工程质量监督站、三门峡市路灯管理所、三门峡市公共交通公司、义马市煤化工产业集聚区管理委员会、义马市交通运输局、义马市商务局、义马市粮食局、义马市卫生和计划生育委员会、义马市物价管理办公室、义马市残疾人联合会、义马市供销合作联社、义马市煤炭管理办公室、义马市财政局新区财税所、义马市公安消防大队、义马市第三小学、义马市第五小学、义马市青少年活动中心、中国邮政集团公司河南省义马市分公司、义煤集团天新矿业有限责任公司、中共渑池县委政法委员会、中共渑池县委县直机关工作委员会、渑池县发展和改革委员会、渑池县住房和城乡规划建设局、渑池县水利局、渑池县机构编制委员会办公室、渑池县食品药品监督管理局、渑池县旅游局、渑池县黄河河务局、渑池县公安消防大队、渑池县劳动就业培训中心、渑池县社会失业保险中心、渑池县工伤生育保险中心、渑池县第二高级中学、陕县住房和城乡建设局、陕县食品药品监督管理局、陕县公安局、陕县商务局、陕县畜牧局、陕县人口和计划生育委员会、陕县教育体育局、中共陕县县委党校、陕县总工会、陕县公安交通警察大队、国家统计局陕县调查队、陕县农业机械总公司、陕县菜园乡财税所、陕县西李村乡财税所、陕县西张村镇财税所、陕县店子乡财税所、陕县工商行政管理局温塘工商所、陕县国土资源局张汴国土资源所、陕县第二高级中学、陕县初级实验中学、河南高速公路发展有限责任公司三门峡分公司观音堂收费站、河南高速公路发展有限责任公司三门峡分公司三门峡西收费站、中国邮政储蓄银行股份有限公司陕县支行、陕县人口和计划生育宣传技术服务站、灵宝市人民政府办公室、政协灵宝市委员会机关、灵宝市人民政府信访局、灵宝市住房和城乡建设局、国家统计局灵宝调查队、灵宝市教育体育局、中共灵宝市委党校、灵宝市交通运输局、灵宝市疾病预防控制中心、灵宝市地方税务局城关分局、灵宝市焦村镇财政所、灵宝市大王镇财政所、灵宝市豫灵镇财政所、灵宝市阳平镇财政所、灵宝市地方税务局阳平税务所、灵宝市地方税务局朱阳税务所、灵宝市寺河乡财政所、灵宝市川口乡财政所、灵宝市第三高级中学、灵宝市实验中学、灵宝市第一人民医院、灵宝市图书馆、河南小秦岭国家级自然保护区管理局大湖管理处、河南小秦岭国家级自然保护区管理局泉家峪管理处、三门峡市烟草公司灵宝市分公司白羊烟叶工作站、河南省交通运输厅高速公路三门峡管理处、河南小秦岭国家级自然保护区管理局文峪管理处、三门峡市河西林场老鸦岔金矿、河南小秦岭国家级自然保护区管理局科研所、国网河南灵宝市供电公司寺河供电所、国网河南灵宝市供电公司西阎供电所、国网河南灵宝市供电公司程村供电所、灵宝市涧东区火车站社区居委会、卢氏县人力资源和社会保障局、卢氏县卫生和计划生育委员会、卢氏县城乡居民社会养老保险中心、中国邮政集团公司河南省卢氏县分公司、三门峡市群众艺术馆、三门峡市陕州公园管理处、三门峡市公安局产业集聚区分局。

【市级文明乡镇】 2015年，全市共有10个乡镇被市委、市政府命名为市级文明乡镇，分别是：渑池县张村镇、渑池县陈村镇、渑池县仁村镇、陕县宫前乡、陕县大营镇、灵宝市豫灵镇、灵宝市苏村乡、灵宝市大王镇、卢氏县官坡镇、卢氏县汤河乡。

【市级文明村】 2015年，全市共有31个村被市委、市政府命名为市级文明村，分别是：湖滨区高庙乡位家沟村、湖滨区磁钟乡南鹿坡村、义马市新区办事处付村村、义马市新区办事处郭庄村、渑池县陈村乡南庄村、渑池县仁村乡雪白村、渑池县仰韶镇韶华村、渑池县陈村乡滹沱村、渑池县坡头乡坡头村、渑池县天池镇陈沟村、渑池县南村乡南村村、陕县西张村镇张二村、陕县西张村镇人马寨村、陕县张湾乡西灌村、陕县宫前乡宫前村、陕县大营镇吕家崖村、陕县西李村乡柳沟村、陕县西张村镇水淆村、陕县宫前乡头峪村、灵宝市涧东区尹庄村、灵宝市阳平镇大湖村、灵宝市川口乡川口村、灵宝市尹庄镇车窑村、灵宝市涧西区建设村、灵宝市涧西区西华村、灵宝市西阎乡大字营村、灵宝市大王镇大王村、卢氏县官坡镇兰草村、卢氏县徐家湾乡徐庄村、卢氏县汤河乡汤河村、卢氏县汤河乡底里坪村。

【农村精神文明创建活动】 2015年，全市农村群众性精神文明创建活动以“乡风文明”为目标，以“村容整洁”为切入点，以文明单位结对帮扶为手段，以“清洁家园行动”为载体，开展农村精神文明创建活动。文明单位结对帮扶活动，全市共有406个文明单位帮扶118个行政村。各级文明单位成立专门组织，制定帮扶计划，完善帮扶方案，签订帮扶协议，主要领导亲自抓，分管领导具体抓，配设专职人员负责日常工作，做到人员落实、资金落实、项目落实。建立领导小组工作例会制度，实行台账管理，同时，市文明办还不定期深入各结对帮扶村进行督导，确保各项帮扶工作落到实处。2015年以来，各文明单位到帮扶村举办政策法律、科技卫生、道德规范、文明礼仪等知识培训班320期，邀请专家、知名人士、产业带头人讲课850次，培训农民6.6万多人次，使家家户户都有了科技明白人，农民文化素质、科技致富本领和生产技能得到明显提高。全市文明单位帮助帮扶村组建文体队伍170支，培训文艺骨干960人，为帮扶村送图书2万册、安装健身器材150套。修建文化大院8个，广大农民求知、求乐、求健、求美的愿望得到进一步满足,思想素质和文明素养进一步提升,打架、赌博等农村陋习明显减少,乡风文明建设进一步加强，村风民风有了明显改善。深入开展了农村“清洁家园行动”。把村容整洁作为农村精神文明建设的主攻方向和工作目标来抓,开展以整治垃圾为主要内容的“清洁家园行动”,清理疏通沟渠85公里,绿化村庄街道98公里，粉刷墙面42万平方米，建设文明宣传墙9200平方米，新建垃圾池600个，使农村整体环境得到明显改善。全市已有部分帮扶村基本达到“道路硬化、饮水安全化、村庄园林化、农户沼气化”标准,已初步呈现新农村雏形。推进了星级文明户创评活动。按照抓点带面、逐步推进的原则，继续在全市县级以上文明村开展创评活动。在创评工作中认真落实“四到户三上墙”的具体要求,使创评标准、申报、评议、挂牌“四到户”和创评标准、评议结果、星级标牌“三上墙”要求家喻户晓,人人皆知,形成良好的社会氛围，积极引导群众积极参与创评活动。在全市81个市级文明村已全部开展了创评活动。

【三门峡市文明风景旅游区】 2015年,市文明办、市旅游局、市林业和园林局联合下文，命名6个景区为2015年度三门峡市文明风景旅游区，分别是:三门峡市黄河公园、三门峡市陕州公园、三门峡涧河公园、黄河丹峡、陕州地坑院文化旅游区、八路军渑池兵站纪念馆。

【三门峡市文明社区】 2015年，全市共有11个社区(小区)被市文明委命名为“三门峡市文明社区(小区)”,分别是：湖滨区车站街道办事处迎宾社区、湖滨区涧河街道六西社区、湖滨区涧河街道办事处五原路社区、义马市泰山路办事处狂口社区、义马市千秋路办事处千秋矿社区、渑池县会盟丽景小区、陕县嵩基温泉花园小区、陕县龙飞花城小区、灵宝市涧西区黄河北路社区、灵宝市涧东区金城花园小区、灵宝市涧西区管委会康乐社区。

【三门峡市文明服务示范窗口】 2015年,全市共有39个单位被市文明委命名为三门峡市“文明服务示范窗口”,分别是:三门峡市人才交流中心、三门峡市人民检察院控申接待大厅、中国银行三门峡分行营业部、中国建设银行渑池支行营业部、三门峡市城乡规划局窗口、渑池县地税局城关税务分局、灵宝市国税局办税服务大厅、三门峡市虢国博物馆、三门峡市住房保障便民服务大厅、三门峡市工商局湖滨分局前进工商所、义马市千秋路供电营业厅、三门峡市中心医院医学影像科、三门峡市公安局东城分局会兴派出所、三门峡市公交公司IC卡管理中心、中石化三门峡崤山路加油站、中国移动三门峡分公司六峰路营业厅、三门峡市黄河公园管理处、河南省交通运输厅高速公路三门峡管理处灵宝路政大队、义马市人力资源和社会保障局综合服务大厅、义马市地方税务局办税服务厅、义马市人民法院立案庭、渑池县工伤生育保险中心、渑池县公安局交警队车管所、渑池县果园乡果园供电所、湖滨区劳动就业社会保险服务大厅、三门峡市人民公园管理处、陕县城乡居民社会养老保险中心、陕县行政审批服务中心住建局窗口、中国邮储银行陕县支行营业部、灵宝市公共交通有限公司、灵宝市烟草专卖局行政服务大厅、灵宝市朱阳信用社、灵宝市第一人民医院康复医学科、卢氏县招投标交易中心、卢氏县地方税务局办税服务厅、卢氏县国家税务局办税服务厅、卢氏县供电公司靖华路营业厅、三门峡市陕州公园管理处、中国邮政储蓄银行股份有限公司三门峡市火车站营业所。

(王群旺　卢丽娜)

·编辑　张怡杰·

2015年7月12日,全省“道德模范在身边”基层巡演活动在灵宝市南田村人口文化大院举行

社会生活

人口和计划生育

【概况】 2015年，全市人口计生系统一手抓机构融合，转变职能，改进作风；一手抓改革发展，攻坚克难，求实求效，全面完成各项目标任务。全市人口自然增长率为3.39‰，符合政策生育率98.83%，出生统计准确率97.29%，避孕措施落实率98.2%，流动人口均等化服务覆盖率93.12%，计划生育奖励落实率100%，免费孕前优生健康检查覆盖率98.45%。

市党政主要领导、分管领导定期不定期深入基层对人口计生工作进行督导，对热点、难点问题进行调研，有力促进了人口计生工作的顺利开展。4月23日，市委、市政府召开全市人口和计划生育工作会议，深入贯彻全省计划生育工作电视电话和全省卫生计生工作会议精神，全面总结2014年全市人口计生工作，表彰先进，研究分析当前形势，安排部署今年工作。市委书记、市长出席会议并对人口计生工作提出明确要求。各县(市、区)党委书记向市委书记递交《目标责任书》，会议对67个先进单位进行了表彰。6月24日，市委副书记郭绍伟到市人口计生委调研座谈，并对下步工作提出了明确要求。9月11日至12日，省政协副主席高体健、钱国玉带领省政协调研组一行到三门峡市，就《河南省人口与计划生育条例》贯彻落实情况进行专题调研。高体健对三门峡市认真贯彻《条例》和在各项工作中取得的成绩给予充分肯定，并就做好下一步工作提出明确要求。

坚持目标管理。年初，明确目标任务，将人口计生工作目标纳入各级政府和相关部门目标管理之中。坚持实行党政、相关部门、人口计生“三线”考核，根据平时掌握、年终检查、科室评议进行综合评估，并依据考核结果实现奖惩。相继在年初、半年召开全市人口计生委主任和主任座谈会议，每季度召开委机关科室汇报会，听取工作汇报、安排部署工作。按照省卫生计生委《河南省2015年计划生育目标管理责任制考核细则》要求，结合三门峡市实际，制定了计划生育目标管理责任制考核细则。12月，市人口计生委县级领导带领20余名工作人员分为两组，对各县(市、区)2015年度人口和计划生育工作完成情况进行全面考核。

强化宣传教育。坚持“围绕中心、服务大局、突出重点、正面引导”的原则，充分发挥宣传教育先行先导作用。在全市开展《彩虹总在风雨后》计生题材影片放映月活动，全市共观看1113场，观看人数45259人。在第26个“世界人口日”到来之际，举办了全市人口计生系统科技、文化、卫生“三下乡”暨纪念“7·11”世界人口日宣传纪念活动，市委、政府分管领导亲自出席活动，对人口计生系统6名服务楷模、54名服务标兵进行了表彰，并邀请医疗专家在活动现场开展义诊咨询服务活动，以实际行动开展精神文明帮扶，传播先进文化，弘扬婚育新风。从群众的需求出发，把人口文化大院建成集人口计生宣传教育、科技普及、文化娱乐、才艺展示、弘扬传统美德等为一体的村级人口文化活动阵地。2015年，全市新建三星级人口文化大院24个、人口文化广场15个。

政策稳妥实施。认真贯彻落实新修订《河南省生育服务证管理办法》，稳妥有序实施单独两孩政策。按照新标准界定独生子女，鼓励符合条件的独生子女积极申报生育二孩。实行首接责任制、代理代办制、一次告知制度。同时，每月统计一次各地受理、办理单独二孩生育服务证数量，及时掌握办证和生育情况，发现问题及时解决。2015年，全市共受理单独二孩申请709份，发证705张，生育237人。

开展优质服务。深入开展春、秋季“生殖健康进家庭”优质服务活动。及时召开活动动员会，安排部署集中服务活动。在全市推行诚信康检管理制度，实行查环、查孕、查病相结合，遵循知情、自愿、安全、有效的原则，切实维护育龄妇女采取避孕节育措施的知情选择权，并根据服务对象需求开展倡导型、特需型生殖健康服务，建全育龄人群健康档案，规范普查项目。2015年，全市聘请医院专家322名，在康检现场免费妇科病普查77721人，乳腺病普查100670人。全市完成四项手术21338例。流动人口服务管理水平不断提升。简化工作流程，完善服务措施，全面推进“三纳入六公开九免费”的流动人口均等化特色服务模式，形成“全覆盖、同待遇、共享受、促融合”的全员流动人口基本公共服务政策体系。全市流入已婚育龄妇女享受计划生育基本免费项目服务率达98%。加强流动人口信息平台建设。流动人口计划生育管理信息系统县、乡两级应用、通报接受和确认率均达到100%。

综合治理。建立了出生人口实名登记和上报制度、有奖举报制度，形成了“党政负责、部门配合、群众参与”的工作机制。加强B超管理，严格实行“一机一牌、一机一号、一机双人、一门双锁”制度。坚持打防并举，进一步完善监管体系，堵塞监管漏洞，全力查办案件。组织人员先后对各县(市、区)出生人口性别比综合治理工作开展情况进行了专项督查，并对督查情况及时通报。市政府办下发《关于进一步做好综合治理出生人口性别比偏高问题工作的实施意见》，明确相关部门职责，对进一步做好综合治理出生人口性别比偏高问题有关工作进行安排部署。市人口计生委、市卫生局、市公安局、市工商局、市食药局和市妇联联合下发了《关于在全市联合开展整治“两非”专项行动的通知》，在全市联合开展整治“两非”专项行动。召开全市综合治理出生人口性别比偏高工作现场会，表彰先进，交流经验，促进工作再上新台阶。

惠及计生家庭。大力推进计划生育家庭奖励优惠政策落实。核准奖扶对象。按照“三级审核三级公示”的程序和“应享尽享”的原则，2015年全市共确认奖扶对象22747人，比2014年增长24%，其中农村奖扶对象11751人、特扶对象531人、扩大奖扶对象6928人、农村独女户奖扶对象3511户、手术并发症人员26人，各项资金已全部发放到位。落实城乡一体化的计划生育奖励扶助政策。及时将城镇独生子女父母奖励扶助有关文件在市、县人口计生网站公布，组织人员深入基层对城镇独生子女父母奖扶工作进行调研，根据实际情况和遇到的问题，制定了9条规定，并在市广播电视台等媒体开设专栏对政策进行解读。2015年，全市城镇独生子女父母奖励扶助对象为9988人，全部发放到位。加大对计划生育特殊困难家庭扶助力度。市人口和计划生育领导小组出台了《关于进一步做好计划生育特殊困难家庭扶助工作的意见》，将女方年满49周岁的独生子女伤残、死亡家庭符合国家有关特别扶助条件夫妻在国家、省规定的基础上，每人每月增加100元的特别扶助金；对独生子女死亡未再生育或收养子女的夫妻，女方年满55周岁，一次性发放养老补贴金每人不低于5000元。同时在养老、就医、精神慰藉、社会关怀等方面作出规定。全市资格认定292人，资金已全部发放到位。

提高人口素质。在免费孕前优生健康检查农村全覆盖的基础上，从2014年起将城镇居民和流动人口纳入覆盖范围，率先在全省实现免费孕前优生健康检查城乡全覆盖。2015年年初将免费孕前优生健康检查项目城乡全覆盖所需资金60余万元纳入财政预算。8个县(市、区)按照市里模式也纳入了本级财政预算，为免费孕前优生健康检查项目工作开展提供了资金保障，促进工作顺利开展。结合三门峡市实际，制定了《三门峡市免费孕前优生健康检查工作意见》，举办了全市免费孕前优生健康检查项目专题培训，构建了“宣传倡导、健康教育、医学筛查、建立档案、高风险人群筛查、一对一服务、优生咨询和生育指导、追踪随访”服务模式。2015年，全市免费孕前优生健康检查项目目标人群16710对，全市共进行婚前、孕前夫妇培训33456人，优生筛查36032人，发放叶酸营养素13453人份，发现高风险4224人，全部落实了检查、治疗和干预服务，有效减少了出生缺陷发生。

【养老调研工作】 2015年4月1日至10日，市人口计生委组织人员深入渑池县通过入户访问、填写调查问卷、召开座谈会等形式，对城关镇新文东区、陈村乡鱼池村、仰韶镇苏门村、仁村乡雪白村及养老专业机构—金秋乐园等就70岁以上老人城市社区养老、农村养老、机构养老现状进行调研。为确保调研效果，市人口计生委制定了调研方案，设计了调查问卷，召开动员会。此次调研总人口8468人，70岁以上老人370人。从调研情况看，农村养老主要有四种形式，即家庭养老，占调研人数的37.1%；夫妻相依养老，占调研人数61.2%；集中供养，主要是敬老院无儿无女老人，占调研人数1%左右；专业机构养老，只占调研人数的0.7%左右。从调研情况看，主要存在四个问题：一是居住条件差，60%以上老人都是自住，而且条件较差；二是生活困难，在调研的老人中，40%以上都有各种老年疾病，有的需常年吃药，生活困难；三是精神生活匮乏，农村大部分都没有供老年人休闲娱乐的设施；四是子女养老意识淡薄，60%老年人不愿与子女一起生活，20%左右的子女常年不看望老人。

【全市人口计生系统科技、文化、卫生“三下乡”暨纪念“7·11”世界人口日文艺会演】 2015年7月10日，市人口计生委在湖滨区会兴街道新兴村人口文化大院以“倡导婚育新风、传播先进文化、关注弱势群体”为主题举办了全市人口计生系统科技、文化、卫生“三下乡”暨纪念“7·11”世界人口日文艺会演。市人口计生委、市总工会还对人口计生系统6名服务楷模、54名服务标兵进行了表彰。启动仪式结束后，6个县(市、区)选送的13个节目用群众喜闻乐见的形式，讴歌计生工作中的感人事迹，展示计划生育的丰硕成果及和谐计生的崭新气象，展现了30多年来的改革开放的辉煌成就和新农村建设的壮阔历程。经过紧张激烈的角逐，湖滨区选送的《美丽的三门峡》、灵宝市选送的《中国梦》、陕县选送的《母亲》、义马市选送的《戏曲串烧》、渑池县选送的《中国龙》、湖滨区选送的《共筑中国梦》荣获三等奖；卢氏县选送的《阳光路上》、陕县选送的《计生人》、湖滨区选送的《家和万事兴》、卢氏县选送的《不养妈》荣获二等奖；渑池县选送的戏剧小品《傻子相亲》、灵宝市选送的音乐快板《计划生育就是好》荣获一等奖；义马市选送的情景剧《计生风雨情》荣获特等奖；湖滨区、义马市、渑池县荣获组织奖。同时，黄河医院、湖滨区妇幼保健院等医院的知名医生在活动现场开展义诊咨询服务活动，为新兴村近120名农村“三留守”人员开展义诊咨询服务。

【全市计划生育干部专题研修班】 2015年12月21日至27日，三门峡市人口计生委在清华大学举办了全市计划生育干部专题研修班，市、县两级人口计生系统以及市直单位分管和从事计生工作的干部140余人参加培训。此次培训是三门峡市最高规格、较大规模的计生业务培训，培训内容主要包括：“十八届五中全会”精神解读、“人口新常态与人口政策”“新时期计生工作新形势与新任务”“家庭发展支持体系建设”“中国人口流动趋势与做好流动人口服务管理工作”等5个专题，对于全市计生干部进一步学习贯彻落实十八届五中全会精神，明确当前人口和计划生育工作的新形势、新任务，做好全市人口计生工作具有重要作用。 （刘媛媛）

民 政

【概况】 2015年，三门峡市民政局以深化民政领域改革为动力，以全面推进民政法治建设、加强党风廉政建设为抓手，以保障基本民生、创新社会治理、融合军民发展、管理专项社会事务为重点，主动作为，敢于创新，善抓落实，示范带动，引领三门峡市民政各项工作取得新成绩、新进展。

【基本民生保障】 2015年，三门峡市市区和各县（市）城市低保标准分别提高到410元、380元，同比增长20.6%、26.7%，比“十一五”末增长78.3%、65.2%；农村低保标准提高到2600元/年，同比增长36.8%，比“十一五”末增长97%；城乡低保人均月补助水平达到225元、115元，同比分别增长15%、16%，比“十一五”末增长48%、103%。农村五保对象集中供养、分散供养标准分别提高到每人每年不低于3800元、2800元，同比分别增长18.8%、26.1%，比“十一五”末分别增长72.7%、86.7%。召开全市社会救助工作联席会议，社会救助信息共享取得了突破性进展，年比对信息21万余人次，提高了社会救助精细化管理水平。扎实开展减灾救灾工作，联合市财政部门出台三门峡市《自然灾害生活救助资金管理暂行办法》，全面落实救灾资金分级负担机制。全年共筹措自然灾害生活补助资金656万元，对2014年至2015年全市10.3万名受灾困难群众给予补助。降低养老服务机构申办门槛，落实床位运营补贴、“以奖代补”资金等扶持政策，大力支持养老服务业发展。落实敬老补贴和市区老人乘车优惠政策。加快推进社会福利和慈善事业发展，及时下拨生活补助资金251万元，为407名孤儿和416名受艾滋病影响等困难人员提供生活保障。灵宝市社会福利中心的管理做法在省政府召开的社会福利工作视频会议上作了典型发言。多渠道募集慈善款物110余万元，救助困难群众达两千余人次；全年销售福利彩票1.6亿元，为三门峡市民政项目建设提供了有力的资金保障。

【民政社会治理工作】 2015年，三门峡市完成第五届城市社区居委会换届选举工作，产生社区“两委”班子134个，“两委”干部729人，社区干部队伍得到了充实优化，基层民主建设得到了加强。持续做好“村务公开明白纸”工作，利用“一栏一纸一网”立体式公开形式深入推进村务公开。深化拓展“四议两公开”工作法，推动行政村和城市社区全面落实基层四项基础制度，促进基层民主和谐。严把社会组织登记关，登记合格率达100%。有序实施四类社会组织直接登记。至年底，全市共登记社会组织818个，同比增长7.2%，比“十一五”增加52%。开展社会组织年检工作，严查非法社会组织和社会组织违法行为，依法依规撤销社会组织6家。加强社会工作人才队伍建设，组织52人参加了社会工作师考试及考前培训。

【双拥优抚安置】 2015年，三门峡市立足实际为部队解决实际困难，助推军民融合深度发展。三门峡市创建全国双拥模范城“五连冠”工作经过初步验收，受到了考评组的高度评价和充分肯定。组织开展“送政策、送温暖、送帮扶”活动，建立优抚对象三级服务网络，全面提升优抚工作服务水平。继续推行优抚对象医疗费结算“一站式”服务，确保重点优抚对象医疗保障得到落实。认真做好烈士褒扬工作，为抗战老兵发放纪念章和一次性生活补助。扎实做好退役士兵安置工作，安置率达100%。组织符合参训条件且有参训意愿的671名退役士兵参加了教育培训。完成军休人员接收安置任务。

【专项社会事务管理】 2015年2月，陕县撤县设陕州区获得国务院批准，标志着三门峡市结束了单区市的历史，已进入“一城两区”时代，成为三门峡市发展史上的重要里程碑。组织地名普查业务培训，确保三门峡市第二次全国地名普查工作有序推进。顺利完成“洛三线”行政区域界线联检工作。继续推进惠民殡葬改革，积极开展了全市殡葬管理服务专项整治活动和“文明祭扫、生态殡葬”主题宣传月活动，不断提高全市殡葬服务水平。扎实做好流浪乞讨人员救助工作，全市累计救助流浪乞讨人员4642人次。婚姻登记日趋规范便民高效，全年共办理婚姻登记2.2万对，登记合格率达100%。

【民政基础设施建设】 2015年，三门峡市占地118亩、总投资6350万元的市殡仪馆异地迁建项目于6月竣工，同年8月投入运营。占地24亩、投资3700万元的市精神卫生中心异地重建项目已建成投入使用。占地23亩、投资2000万元，设计床位300张的市社会福利院老年养护楼项目已完成施工单位招标工作。筹资450万元用于市老年服务中心升级改造项目，除消防工程和室外改造任务外，其余已基本完工。下拨180万元资金，已建成94家农村幸福院。下拨358.5万元资金，全面推进县级社会福利中心建设；至年底，灵宝市、卢氏县、渑池县三个社会福利中心已建成并投入使用，陕州区、义马市两个社会福利中心已建成，7月投入使用。投资200万元的市军供站军人综合服务用房改建项目主体工程已完工。上述项目建成投入使用后，提升了民政部门保障民生、服务社会的能力和水平。

【安全生产】 2015年，三门峡市深刻汲取“5·25”鲁山特大火灾事故教训，按照“党政同责，一岗双责，失职追责”和“管行业必须管安全、管业务必须管安全、管生产经营必须管安全”的要求，全面落实安全生产层级责任。全市民政系统扎实开展了安全生产隐患排查整治专项行动，共排查安全隐患250处。针对排查出的隐患，各级建立台账，加大督查力度，明确责任措施，逐项整改落实。至年底，已整改到位233处。同时，加大安全生产宣传教育力度，有针对性地开展安全生产培训和应急演练活动，进一步增强了安全防范意识，提高了安全管理水平，全市民政系统的安全生产形势持续稳定。

（赵慧利）

老龄工作

【概况】 2015年，三门峡市认真贯彻落实国家关于发展养老服务业的各项政策，通过加强组织领导，加大政府投入，出台支持政策，优化发展环境，激发社会活力，不断健全养老服务体系，满足多样化养老服务需求，促进了全市养老服务事业的快速发展。三门峡市总人口228.5万人，其中60岁以上人口35万人，占总人口的比重为15.3%。

【规划编制】 2015年，三门峡市按照“统筹安排、同步实施、协调发展”的要求，将发展养老事业纳入三门峡市全面建成小康社会的总体目标，专门制定了《三门峡市养老服务业发展“十三五”规划》，规划着眼长远、立足实际，深入分析了三门峡市养老服务业的现状和问题，提出了总体要求、总体目标，着重规定了加快发展养老服务业的具体措施、健全养老服务业发展的体制机制等内容，力争到2020年，建成以居家为基础、社区为依托、机构为支撑、医养相结合的，功能完善、规模适度、覆盖城乡的养老服务体系。通过编制发展规划，实现了养老服务业发展与全市经济社会五年规划同步实施、同步考核。

【土地供应政策】 2015年，三门峡市严格执行养老服务用地政策，将各类养老服务设施建设用地纳入城镇土地利用总体规划和年度用地计划，合理安排用地需求。对于养老服务设施用地，经养老主管部门认定为非营利性养老服务机构的，其养老服务设施用地可采取划拨方式供地；营利性养老服务设施用地，以有偿方式供应土地；同一宗养老服务设施用地有两个或者两个以上意向用地者的，以招标、拍卖或者挂牌方式供地。新建养老服务机构项目用地涉及新增建设用地，符合土地利用总体规划和城乡规划的，专门在土地利用年度计划指标中优先予以安排。

【护理人员培训】 2015年，三门峡市专门组织社会办养老机构管理人员、护理人员赴北京、郑州参加培训，提高管理护理水平，156名护理人员通过培训考试取得《护理员证书》，全市护理人员持证上岗率45.6%。依托院校和养老机构建立养老服务实训基地，三门峡职业技术学院作为民政部挂牌的养老护理员培训基地，设立专用培训教室、专业设备、教学仪器和实习场地，有民政部职业技能鉴定中心认定的培训师3人、职业技能考评员3人、考务员1人，兼职教师和管理人员5人，按照国家职业资格标准承担初级、中级养老护理员培训工作。

【农村养老服务工作】 2015年，三门峡市加强农村敬老院、幸福院建设，全市建成敬老院71所，床位3952张，较好解决了农村“三无”老人养老问题；依托村“两委”，积极推进农村幸福院建设，2015年再次获批农村幸福院项目51个，争取上级补助资金153万元，至年底，全市已建成农村幸福院124家，设置床位971张。

【公办养老服务设施建设】 2015年，三门峡市充分发挥公办养老机构托底作用，加快养老服务设施建设，为“三无”老人、低收入老人等提供无偿或低收费的供养、护理服务，提供高质量的服务。一是充分发挥三门峡市老年服务中心的引领示范作用，打造养老服务品牌，带动社会办养老机构提升质量和档次。三门峡市老年服务中心设置养老床位100张，筹集资金545万元，启动升级改造工程，将三门峡市康复医院旧址整合并入市老年服务中心，使之规模达到300张床位。二是积极筹建三门峡市社会福利院老年养护楼。该项目主体工程计划投资2000万元，建筑面积13350平方米，设计床位300张，已争取国家资助1100万元，地方自筹资金1056万元，其中征地款376万元，建设资金680万元。三是推进县级综合性养老服务中心建设。灵宝市争取财政资金70万元专项用于其福利中心老人养护楼设施完善，卢氏县、渑池县老年服务中心已完成建设，陕县、义马市社会福利中心主体工程已竣工。四是建设老年体育活动馆。投资120万元建成三门峡市重阳乐园，并投入使用；投资500余万元建成了三门峡市老年体育活动馆，标志着三门峡市老年体育事业步入了新的发展阶段。

【民办养老机构规范发展】 2015年，三门峡市支持社会力量举办养老机构，在资本金、场地、人员等方面进一步降低社会力量举办养老机构的门槛，为社会力量举办养老机构提供便捷服务。特别是在前置审批程序上，对社会力量投资建设的养老服务机构实行备案制，民政部门不再设置前置审批，同时将社会办养老服务机构的许可权限下放县级民政部门，明确规定床位数10张以上即可申办养老服务机构，鼓励各方积极申办养老服务机构。全市已发展民办养老服务机构39家，养老床位3012张，固定资产投入8000余万元，从业人员近400人，收养老年人1400余人。同时，积极倡导养老和医疗相结合，推动医养融合发展。全市依托医疗机构建成了三门峡市老年护理院等3家医养结合型养老服务机构，设置床位330张，运营良好。

（许心远）

人民生活

【概况】 2015年，三门峡市经济社会继续保持健康较快发展，城乡居民生活水平得到进一步提高。全市城镇居民人均可支配收入达到23824.6元、人均消费支出16942.1元，分别比2014年增长7%、8.9%；农村居民人均可支配收入11084.2元，人均消费支出7946.4元，分别比2014年增长9.7%、5%；农村居民家庭恩格尔系数为25.6%，城镇居民家庭恩格尔系数为25.9%。城乡居民居住条件继续改善。城镇居民人均住房建筑面积达到42.7平方米，农村居民人均住房建筑面积达到38平方米。

【城乡居民收入差距继续缩小】 2015年，三门峡市居民收入保持稳定增长态势，居民人均可支配收入达到17314.3元，同比增长8.9%，扣除物价上涨因素，实际增长7.3%。城镇居民人均可支配收入23824.6元，同比增长7%；农村居民人均可支配收入11084.2元，同比增长9.7%。农村居民收入增速高于城镇居民收入增速2.7个百分点，城乡居民收入比（以农村居民收入为1），也从2014年的2.2:1下降至2.1:1，城乡居民收入的差距进一步得到缩小。

【城乡居民工资性收入稳步增长】 2015年，三门峡市居民人均工资性收入10359.4元，比2014年增加890.5元，增长9.4%。工资性收入占居民可支配收入的比重为59.8%，是居民收入增长的主要来源，对可支配收入增长的贡献率为62.6%。

【城乡居民经营净收入保持稳定增长态势】 2015年，三门峡市居民人均经营净收入3971.4元，比2014年增加280.1元，增长7.6%，占居民人均可支配收入的比重为22.9%，对可支配收入增长的贡献为19.7%。

【城乡居民财产性净收入稳定增加】 2015年，三门峡市居民家庭得到的财产性净收入人均为750.1元，比2014年增加65.9元，增长9.6%，占全市居民人均可支配收入的比重为4.3%，对可支配收入增长的贡献率为4.6%。

【城乡居民消费支出稳步增长】 2015年，三门峡市居民人均消费支出12345.3元，比2014年增长7.1%。在八大类消费支出项目中，食品烟酒、衣着、居住、生活用品及服务、交通通信、教育文化娱乐、其他用品和服务分别比2014年增长11.7%、20.7%、7.8%、6.6%、13%、2.6%、12%，人均医疗保健消费支出比2014年下降20.8%，呈现出“七增一降”的态势。

【城乡居民衣着消费彰显个性和时尚】 随着居民收入水平的不断提高，人们在衣着消费上更加注重着装搭配和款式的新潮，除了追求穿着的舒适外，更加重视品味的提高，衣着的消费追求品牌和档次，彰显时尚、个性，消费快速增加。2015年，三门峡市居民人均衣着支出1470.7元，同比增长20.7%。其中，衣类和鞋类支出1185.1元和285.7元，分别增长24.4%和7.4%。

【城乡居民交通通信支出快速增长】 2015年，三门峡市居民人均交通通信支出1619.5元，同比增长13%。其中，人均交通工具和通信工具支出分别比2014年增长8.3%和48.4%，2015年末，全市每百户居民家庭拥有汽车和移动电话18.9辆和244.2部，家用汽车每百户拥有量比2014年增长20%。

【城乡居民教育文化娱乐支出继续增加】 2015年，三门峡市居民人均用于教育文化娱乐支出1541.6元，同比增长2.6%。城乡居民家庭人均用于成人教育方面的支出68.3元，同比增长7.2%，用于学前教育方面的支出为112.0元，同比增长32.1%。城乡居民文化娱乐方面的支出人均646.9元，同比增长13.1%，其中，文化娱乐服务支出426.9元，增长44.1%。

【财政收入低速增长】 2015年，三门峡市财政总收入129.21亿元，比2014年增长2.1%。其中，公共财政预算收入93.94亿元，增长1.6%，总量列各省辖市第13位，增速列第16位。在公共财政预算收入中，税收收入完成62.57亿元，增长4.5%。全年三门峡市公共财政预算支出171亿元，增长3.2%。

（卫　丹）

·编辑　张怡杰·

湖滨区

【概况】 2015年，湖滨区认真贯彻落实市委、市政府的各项决策部署，深入开展“三严三实”专题教育和“我为三门峡发展作贡献”主题实践，克难攻坚，奋力拼搏，经济社会发展保持了健康平稳的良好态势。全年地区生产总值完成81.1亿元，增长7.3%；固定资产投资完成110.2亿元，增长19%；一般公共预算收入完成7.3亿元，增长2.3%；第三产业增加值完成50亿元，增长8.5%；规模以上工业增加值完成19.6亿元，增长6%；社会消费品零售总额完成78.6亿元，增长11.5%；城镇居民人均可支配收入达到2.4万元，增长7.9%；农村居民人均可支配收入达到1.2万元，增长11.5%。当年，全区引进各类项目118个，总投资123亿元，实际到位37亿元，履约率、开工率分别达到90%和70%以上。其中亿元以上项目20个，投资10亿元的颐高电子商务产业园、投资5亿元的通和农贸物流园、投资2.5亿元的辉润光伏发电等一批标志性项目顺利落地。实施重点项目67个，完成投资93亿元，占年目标的107%。其中，列入市重点督导项目10个，完成投资65.4亿元，占年目标的109.4%；列入省重点督导项目3个，完成投资29.3亿元，占年目标的112.7%。筛选“十三五”重大储备项目99个，计划总投资超过600亿元。争取各类政策性资金6.1亿元；成功申报国家专项建设基金项目5个，累计争取基金超过3亿元。棚户区改造方面，上村改造一期征收搬迁基本完成，安置房建设加快推进，二期搬迁全面启动。十一局技校及周边改造取得实质性进展。崖底村、梁家渠村及周边区域改造等项目前期工作基本完成。当年成功创建“全国义务教育发展基本均衡县(市、区)”。完成校舍维修改造项目20个，全面消除中小学校D级危房。城乡学校全部配备“班班通”等现代化教学设备。面向社会公开招录教师30人，全部充实到教学一线。教师进修学校与三门峡职业技术学院探索开展“3+2”合作办学。

【生态农业】 2015年，湖滨区农业龙头企业达到32家，农民专业合作社、家庭农场分别达到63家和12家。成功创建“国家级出口果品质量安全示范区”，东坡黄瓜、富村辣椒等6个产品获得国家无公害农产品质量认证，虢州青茶、虢都香菇酱在第十八届中国农洽会上获得优质产品奖。大力实施“互联网+农业”，农村电商实现行政村全覆盖。高庙乡大安村被评为省级“美丽乡村”建设试点村，获得专项资金1000万元。

【工业发展】 2015年，湖滨区规模以上工业企业达到57家，新增国家高新技术企业8家，高新技术产业增加值完成6.5亿元、增长14.1%。41家规模以上企业与大专院校和科研院所开展了产学研合作。政银企对接深入推进，帮助格瑞特软木、天赐铸造等企业获得信贷融资3.5亿元。弘奥生物在“新三板”正式挂牌，另有3家企业进入挂牌培育期。工业园区建设换挡提速。园区入驻企业85个，增加值完成15.6亿元，税收完成1.3亿元，从业人员5500人，达到省级产业集聚区标准。争取省国土资源开发投资管理中心有偿资金1.5亿元，为会兴片区基础设施建设提供了有力支持。

【商贸经济】 2015年，湖滨区特色商业区日趋繁荣。固定资产投资完成26.2亿元、增长103.4%，新增规上(限上)企业45家，实现税收2亿元，综合发展水平位列全市第一。商贸服务、住宿餐饮、金融保险、文化娱乐等产业快速发展，丹尼斯旗舰店、金逸院线以及国美、苏宁、永乐国内三大电器连锁巨头相继入驻。万达广场实现当年签约、当年开工、当年封顶；大中海商业文化广场示范带动作用逐步显现，嘉亿、宏江等城市综合体建设全面提速。专业市场建设稳步推进，通和农贸物流园等项目进展顺利。休闲旅游业快速发展，胜源家庭农场、岗上人家等7家经营主体获得“国字号”荣誉。新兴服务业日趋繁荣，三门峡电子商务创业园入驻企业达到17家；平安普惠、汇商大通、方正证券、太平保险等7个项目全部营业。

【环境社会治理】 2015年，湖滨区“洁城行动”扎实推进，116条背街小巷得到集中治理，其中42条道路改造全面完工。城区路面洁净度达到“双十”标准，长效管理机制逐步建立。私搭乱建和违法占地专项整治行动深入开展，市容环境明显改善。39个小区实现居民自治，社区管理更加规范。“三查三保”活动深入开展，主体责任、监管责任和属地责任严格落实，保障了生产安全、消防安全和食品药品安全。“平安湖滨”建设扎实推进，各类突发事件得到妥善处置。

【改革创新】 2015年，湖滨区组建环卫局、城管局、食药监局、金融办，合并农业和畜牧、教育和科技、卫生和计生等职能。政府权责清单全面建立，编制并公开39个部门的行政权力运行流程图。承接工业园区“一书四证”核发职能。政府法律顾问、风险评估、决策咨询等机制进一步完善。创新招商模式，分别与北京航科融盛科技发展有限公司、中国中小企业协会高新技术产业分会签订委托招商协议，引进了蓝川科技制造项目。创新投融资模式，工业园区基础设施、康复养老医院二期等5个项目进入省PPP项目库。积极推动校企产学研合作，成义电器、中原量仪分别与中科院、西安交大建立合作关系。建立区级领导分包、“首席服务官”和企业联系人等推进机制，主动服务，跟踪问效。出资1000万元设立中小企业信用风险担保基金，帮助企业担保贷款3800余万元，有效缓解企业融资难、融资贵问题。实施“企业家素质提升工程”，联合西安交大举办工商管理总裁研修班。

【民生事业】 2015年，湖滨区运用政府和社会资本合作模式，建成湖滨区妇幼保健院，并与河南省妇幼保健院组建“医疗联合体”。湖滨区医院与三门峡市中心医院实现联合办院，医疗服务能力明显增强。建成标准化卫生室10所，医疗卫生服务网络进一步完善。成功创建“省级慢性非传染性疾病综合防控示范区”。湖滨区会兴卫生院被评为全国“群众满意的乡镇卫生院”。城乡居民社会养老保险补贴提高到每人每月100元。被征地农民社会养老保险问题得到妥善解决，低保、五保、特困、大病医疗等救助政策全面落实。完善“为民工程”风险补偿贷款基金制度，加大对“三农”信贷支持力度，推进大众创业、万众创新。举办就业创业培训班25期，培训近3000人次。新增城镇就业、下岗失业人员再就业、农村劳动力转移等目标任务均超额完成。公共文化服务体系基本建成，区公共图书馆新建完工，文化阵地持续拓展。举办首届“读书文化节”，组织各类群众文化活动200余场次。成功承办第二届黄河大合唱艺术节和第三届综合鉴宝活动。所有贫困村和贫困户实现精准识别和动态管理。“进村入户扶贫攻坚”活动扎实开展，全面推行领导带头帮扶、个人结对帮扶和集体驻村帮扶，精准施策，稳步脱贫。整合涉农资金2650万元，实施扶贫搬迁、整村推进等各类项目65个，贫困人口实现脱贫3126人，扶贫工作走在全市前列。

【“美丽湖滨”建设表彰动员大会】 2015年3月3日，湖滨区委召开“美丽湖滨”建设表彰动员大会。会议对2014年度“美丽湖滨”建设中涌现出的党政目标考评优秀单位，招商引资、项目建设、培优育强、平安建设、城乡环境综合治理、农业农村等工作先进单位(先进集体)和先进个人，特别贡献单位(集体)以及“湖滨好人”等82家单位和172名个人进行表彰。

【湖滨区义务教育基本均衡发展工作接受评估验收】 2015年5月20日至22日，河南省义务教育发展基本均衡县(区)第一评估验收组在组长马大健的带领下，对三门峡市湖滨区义务教育基本均衡发展工作进行评估验收。省评估验收组先后实地核查杨家沟小学、黄底小学、大安中学等12所抽取的中小学，巡查了区域内的三门峡市教师进修学校、三门峡市特殊教育学校、三门峡市第三中学等6所学校，详细了解各学校教学仪器、设备、图书、功能室的配备以及学生使用、人均拥有等情况，查看教育办公条件，全面深入了解区政府在落实均衡教育方面做的工作。

【“百姓宣讲直通车”深入基层开展宣讲】 2015年7月23日，湖滨区“百姓宣讲直通车”进基层宣讲第一场巡演活动在湖滨区交口乡杨家沟举办。此次进基层宣讲巡演活动是由湖滨区委宣传部、湖滨区文化旅游局、湖滨区文联、湖滨区文明办、湖滨区妇联等单位共同举办，以“信仰、信心、信任”为主题，以群众喜闻乐见的文艺形式，将“中国梦”和社会主义核心价值观送到农村、社区等基层一线。中共三门峡市委宣传部副部长刘玉森等与广大群众一起观看演出。

【纪念抗战胜利70周年大型公益书画笔会】 2015年8月30日，由中共湖滨区委宣传部、湖滨区文学艺术界联合会主办，三门峡市文化艺术院承办、圣唐乳业卡倍多羊奶粉全国连锁协办的“纪念中国人民抗日战争暨世界反法西斯战争胜利70周年大型公益书画笔会及‘万人签名’活动”在湖滨广场举行。活动的主题是“铭记历史、缅怀先烈、真爱和平、开创未来”。来自三门峡及山西的70名书画家在70米白色长卷上现场创作书画作品。文明单位职工、机关干部、学生、三门峡爱心志愿者协会志愿者等人签名留念。活动结束后，由书画家题写的70米书画长卷和70米“万人签名”条幅由湖滨区党史方志办公室进行保存并适时进行展出。

【成义电器智能传感器项目等3个重点项目开工】 2015年12月25日，三门峡市2016年重点项目集中开工暨成义电器智能传感器项目启动仪式在湖滨机电制造业园区举行。当天集中开工的32个项目，总投资128.7亿元，涉及能源、食品加工、机械化工、基础设施等多个领域。其中湖滨区开工3

个重点项目，分别是总投资5亿元的成义电器智能感应式传感器、总投资6.81亿元的崖底村及周边棚户区改造、总投资2.5亿元的辉润光伏发电。三门峡市领导及湖滨区四大班子领导出席仪式。

2015年湖滨区各乡和涉农街道办事处基本情况

表2

指　　标	单　位	会兴街道	崖底街道	交口乡	磁钟乡	高庙乡
总人口	人	14197	24648	20511	9252	12167
粮食总产量	万千克	133.1	85.6	546.4	395.4	792.2
油料总产量	万千克	80.7	20.0	16.5	40.5	59.0
蔬菜总产量	万千克	653.5	647.0	4864.8	1384.5	924.5
水果总产量	万千克	871.8	177.9	1223.3	1278.3	617.1
棉花总产量	万千克	0.5	0.4	0.2	0.8	1.3
猪肉总产量	万千克	54.6	42.6	120.2	101.0	53.6
牛存栏	头	368		717	1470	1955
猪存栏	头	4810	3680	12282	9323	8170
羊存栏	只	3700	1080	1519	2785	4539
农林牧渔业总产值(现价)	万元	13933	4279	25993	20584	13932
农业总产值	万元	7546	2919	21263	15062	7493
工业企业个数(规模以上)	个	9	2	4	4	3
工业产品营业利润(规模以上)	万元	3491	146	819	607	626
地方财政收入	万元	3775	4143	4851	2258	3275
地方财政支出	万元	3090	3379	3567	1671	3317
党(工)委书记	—	吕宏伟	莫极端	钱钺茂(1月离任) 董兴连(1月任)	高苏星(5月离任) 李　伟(6月任)	任宏廷(5月离任) 高苏星(6月任)
乡长(街道办主任)	—	卫清波	李伟(5月离任) 杜元华(6月任)	张永星	张洪波	卫　兵

(马红丽)

义马市

【概况】 义马地处河南西部,1981年建市,是一座新兴的煤炭工业城市,总面积112平方千米,其中耕地面积3652公顷;总人口17.09万人,其中涉农人口4.77万人,人口自然增长率为3.97‰。现辖新区、东区、泰山路、千秋路、常村路、朝阳路、新义街7个街道办事处,33个社区居委会,其中2个涉农办事处、20个涉农社区居委会。义马地理位置优越,陇海铁路、310国道、连霍高速公路三大交通动脉横贯东西,是洛阳、三门峡经济隆起带和沿黄河经济带以及豫晋陕黄河金三角经济协作区的重要组成部分。义马资源丰富,素有豫西"百里煤城"之称,是中国重要的能源基地之一,煤炭总储量达79亿吨,境内有国家特大型煤炭企业——义煤集团公司。义马所产煤易于开采利用,适宜造气发电,是优良的动力和煤化工用煤,境内有全国重点工程——河南煤气化工程,即河南煤业化工集团有限责任公司义马气化厂。除煤炭资源外,铝土、玻璃石英砂、火礁岩、重晶石、硫铁矿等矿产资源也很丰富,其中铝土矿已探明储量达1.02亿吨。面对日益严峻的外部环境和经济下行压力,义马市认真落实上级党委政府各项决策部署,大力开展"二次创业",努力打造"精品城市",坚持"项目指挥长负责制"、"半天工作法"和"督查奖惩"三项制度不动摇,全力以赴稳增长、保态势、抓落实,经济社会保持了持续健康发展的良好态势。全年地区生产总值完成137.5亿元,比上年下降9.5%。其中,第一产业增加值1.0亿元,增长5.6%;第二产业增加值106.1亿元,增长12.2%;第三产业增加值30.3亿元,增长7.4%。规模以上工业企业增加值完成92.1亿元,下降13.4%。粮食总产量0.98万吨,增长19.5%。公共财政一般预算收入完成12.8亿元,财政一般预算支出15.2亿元。全社会固定资产投资完成212.6亿元。社会消费品零售总额完成35.0亿元。商品进出口总额1928.9万美元。实际利用外资17517万美元。城镇居民人均可支配收入完成23396.8元,人均消费性支出12649.5元;涉农居民人均可支配收入14031.5元,人均生活费支出7648.7元。城乡居民年末储蓄存款余额59.5亿元。2015年义马市特色商业区建设规划调整方案已获批,面积由0.58平方千米扩大到1.89平方千米,为下一步优化产业布局、拓展发展空间奠定了良好基础。2015年义马市新发展家庭农场8家、专业合作社29家、农业龙头企业5家、农产品电子商务网店8家;建成有机蔬菜基地26.67公顷,部分菜品春节期间将陆续上市;涉农社区土地确权登记颁证工作顺利推进,全年流转土地86.67公顷。

【第三产业】 2015年义马市出台了《关于促进银行业金融机构支持县域经济社会发展的实施意见》,鼓励金融机构加大对域内企业的服务力度,着力解决企业融资难题。积极开展"助保贷""小巨人"企业融资培育,首批助保贷已发放贷款330万元;全市担保公司和小贷公司累计为中小企业和个体工商户担保贷款157笔3.55亿元。狠抓企业入库工作,全年新增规模以上企业11个,入库5家,新增第三产业法人单位182个。

【重点项目建设】 2015年义马市坚持"建成项目抓管理、抓达产达标,在建项目抓质量、抓进度,新上项目抓落地、抓开工,前期项目抓储备、抓入库"的思路,全年实施重点项目83个,总投资245.36亿元。其中,列入省级重点项目的开祥化工综合物料及节能减排清洁生产技改项目,年度计划投资15亿元,实际完成投资15.68亿元,争取中央专项基金1.11亿元;列入三门峡市重点项目28个,年度计划投资56.39亿元,实际完成投资103.12亿元。

【生态环境改善】 2015年义马市累计投入超过3亿元用于大气污染处理设施改造,电力行业脱硝工程全部完成并投入运行;加大涧河流域治理力度,出境断面水质稳定达标;全年环境空气质量优良天数达305天,可吸入颗粒物浓度(PM10)比上年同期下降10.7%;完成林业建设总任务2.88万亩,义务植树40万株,常窑水库水源地保护工程、农村饮水安全工程全面完工,顺利通过省级园林城市复查和卫生城市届满复查复核,被评为全省首个国家水土保持生态文明县(市)。

【民生事业】 2015年义马市全年用于民生事业的投入达到6.68亿元,占公共财政预算支出的43.8%。积极落实各项就业创业优惠政策,新增就业岗位3770个,安排下岗失业人员再就业1830人。城镇职工基本养老保险、城镇基本医疗保险、城乡居民基本养老保险参保人数逐年上升,新农合参合率达100%,居民基础养老金稳步提高,发放标准居三门峡市前列。低保标准提高到每人每月400元,五保集中供养标准提高到每人每年4800元,分散供养标准提高到每人每年3600元,低保五保位居全省前列,基本实现应保尽保。教育质量稳步提升,高中招取得较好成绩。深入推进公立医院改革,实施药品"零差率"销售,有效减轻了群众就医负担。

【招商引资】 2015年义马市按照"三专一委托"招商要求,围绕煤化工、装备制造、新能源新材料和电子信息等主导产业,依托电子信息和装备制造两个专业园区,初步制定了招商引资专项优惠政策,先后组织参加了第九届中博会、第九届投洽会、第二十一届三门峡国际黄河文化旅游节、厦洽会等商业节会,广泛开展交流合作,共签约项目22个,签约金额105.2亿元,其中履约17个、开工12个,累计完成投资35.19亿元。先后组织有关部门到孟州、台前、开封等地进行考察对接,与河南"云书网" "喜乐购网"签订了合作协议。成功申报国家2015年专项基金项目5个,争取资金2.59亿元。

【城乡一体化建设】 2015年义马市坚持打造“精品城市”理念,立足“小而精、绿而美、秀而活”的发展定位,持续加大城市建设投入力度,大力开展城市管理年活动,着力推进城乡统筹协调发展,城镇化质量总体水平在全省20个县级市中位居第一。

【规划编制及中心城区建设】 2015年义马市《义马市城乡总体规划(2013—2030年)》已完成报批,《义马市“十三五”基础设施重点项目》编制和地下管线普查工作已结束,《涧河及石河生态综合整治规划》编制已完成,涧河及石河生态综合整治工程争取中央专项基金6400万元。建成后,可以增加城区面积400余公顷,能够有效扩大城市空间,提升城市品位。在中心城区建设上,高标准完成了天山路、经七路建设和嵩山路、快速通道西段、银杏路改造等工程,对香山南街、和平路等城市道路和管网进行了升级改造,开工建设了银北二路、嵩山南路等工程;市直幼儿园扩建完成并投入使用,市医院迁建、老干部活动中心、春天幼儿园等工程进展顺利,体育馆和水厂扩建及供水管网改造项目均争取到中央专项基金1900万元。

【美丽乡村建设】 2015年义马市河口、石门两个省级美丽乡村建设试点共争取上级财政“一事一议”支持资金2358万元,目前已基本建成;苗元、南河、付村等3个社区编制完成了美丽乡村发展规划,实施了硬化、亮化、绿化、净化、美化工程,获得上级奖补资金300多万元;河口社区成功获批全省首批水美乡村和美丽宜居乡村,苗元社区入选全省第四批特色旅游名村。在涉农社区全面实施环境综合整治工程,建立了长效保洁机制,将清洁保障费用纳入财政预算,涉农社区人居环境显著改善,基本达到了“三无一规范一眼净”标准。

【安全生产】 2015年义马市切实加强安全生产工作,加快安全社区、安全标准化企业创建,全面建立起了生产安全事故预警机制,完善了生产安全事故应急救援预案,加大煤矿安全监管和危险化学品安全防范力度,生产安全事故同比下降20%以上,无较大以上生产安全事故发生,安全生产形势持续平稳。建立完善以技防为平台、以人防为机动、以企地协作为联动的治安防控体系,连续5年被省委省政府授予“全省平安建设先进市”荣誉称号。以全面推进信访法治化建设为契机,进一步规范信访秩序,畅通信访渠道,加大问题矛盾排查和解决力度,构建起了“访、信、网、电”一体化的投诉受理平台,信访量同比下降15%,被评为全省信访工作先进单位。

【开祥化工成为全国首家两化融合贯标同意推荐认定企业】 2015年1月25日,开祥化工顺利通过国家工信部委托的评估审核组评审,成为全国首家通过两化融合贯标第二阶段评审并同意推荐认定的企业。两化融合贯标试点企业是国家工信部在全国工业和信息化工作会议中作出的重要决定,目的是推进两化深度融合,提升信息产业支撑能力,推动形成国际标准,推进智能制造生产模式的集成应用,使互联网在工业领域的集成创新和应用发挥重要作用,发展网络制造新型生产方式。据了解,开祥化工近年来深度推进企业信息化和工业化融合管理,显著地提高了经营效益和管理效率。该公司通过两化融合,实现了生产管控、业务管控和行政办公系统的融合,各项生产经营成本大幅降低,整体产业链协同效益每年约1.7亿元,2014年实现人均产值350万元、人均利润26万元。

【义马市开展防汛抢险实战演练】 2015年7月23日,义马市开展了“2015年防汛抢险实战演练”防汛演练。此次防汛抢险实战演练按照“不预设课目、不定时间、不定地点、提前不通知”的要求,通过预警平台发布各项防汛预警、抢险指令,有关单位按照短信通知组织人员进行应急抢险。此次防汛抢险演练共出动抢险突击队、民兵、交警、医护人员、通信保障、电力抢修、消防官兵870人;组织警车、急救车、通信电力保障车、车载发电机、消防车36辆;麻袋1500条,锨、镐各150把,雨衣120件、雨鞋120双,以及水泵及管道等防汛设备20台套。此次防汛抢险实战演练,旨在进一步提高义马市防汛指挥协调能力、抢险应急处置能力,增强了广大人民群众的躲灾避灾意识、避险自救知识和防汛自救能力,为全市安全度汛奠定坚实的基础。

【“百姓宣讲直通车”进基层活动】2015年7月15日晚,义马市“百姓宣讲直通车”进基层宣讲巡演活动启动仪式在新区办事处梁沟社区举行。据了解,“百姓宣讲直通车”进基层宣讲巡演活动是河南省委宣传部在新形势下对基层理论宣讲工作的一次新尝试。义马市的“百姓宣讲直通车”活动由市委宣传部主办,来自社会各界的文艺理论志愿者组成的宣讲巡演队伍,将走进全市7个办事处35个社区,借文艺搭台、用理论唱戏,用百姓身边的故事、群众喜闻乐见的艺术形式,把党的理论创新成果、惠民政策、科技知识向老百姓说清楚、讲明白,进一步深化广大群众对中国特色社会主义、“中国梦”和社会主义核心价值观的认知认同。

【义马市5个项目获省工业和信息化科技成果奖】 2015年8月26日,河南省工业和信息化委员会印发了《关于公布2015年度河南省工业和信息化科技成果奖获奖项目名单的通知》,义马市5个项目荣获2015年度河南省工业和信息化科技成果奖。其中,气化厂的污氮气制取纯氮研究应用、义煤集团煤生化高科技工程有限公司的20万吨/年甲醇蛋白工业化生产示范项目、石壕矿的石壕洗煤厂提高浮选精煤产率的研究分别获二等奖;千秋矿21采区两翼冲击地压差异性与新井煤柱区冲击地压危险性地质分析、河南南车重型装备有限公司的电机车用变频调速器分别获三等奖。

【义马市一带一路大宗商品交易中心项目举行首发仪式】 2015年9月10日，义马市举行"一带一路"大宗商品交易中心项目铁路集装箱首列发运仪式，首列2700吨氧化铝粉发往新疆。"一带一路"大宗商品交易中心项目，是义马市立足转型发展，加快转变经济发展方式、培育新兴产业所取得的重大成果，对义马市摆脱资源依赖、加快新兴产业建设、抢占未来发展制高点具有十分重要的意义。首趟专列的发运，将会极大地推动现代物流、商贸服务等第三产业发展壮大，为义马市产业结构调整和经济转型升级注入强大动力。

【义马市新型硬岩掘进机填补国内技术空白】 2015年10月14日，义马市河南南车重型装备有限公司举行T1.14智能硬岩掘进机下线仪式。此次下线的T1.14智能硬岩掘进机是南车公司引进德国技术开发，具有世界领先地位的高端悬臂掘进机，具有基于岩石构造形成机理的特殊破碎技术，具有"一创、三亮、三化、六巧"的特点。随后，出席仪式的各级领导和嘉宾一同为新产品举行了揭幕仪式并现场观看了产品功能演示。

【义马市与省新华书店发行集团签署电子商务战略合作框架协议】 2015年11月18日，在"2015年河南省'互联网+'开放合作大会"上，义马市与河南省新华书店发行集团成功签署《电子商务战略合作框架协议》。据了解，云书网将依托中原出版传媒集团优势资源，利用河南省新华书店既有的渠道、物流、经验和服务模式，结合义马市化工、电子、机械制造、三产服务、流通商贸、农副产品、特色农业等实际，以便农、惠农为切入点，以为群众提供精细化服务为突破口，重点"解决电商下乡最后一千米"问题，旨在"扎根农村、实施本土化服务、助推县域经济发展"。

义马市"一带一路"大宗商品交易中心项目一角

【义马市入围全国中小城市综合实力百强县排名61名】 2015年11月25日，《中国中小城市绿皮书2015》发布，2015年度中国中小城市综合实力百强县市(全国科学发展百强县市)公布，义马市入围全国中小城市综合实力百强县排名61名。

【义马春天幼儿园奠基仪式举行】 2015年12月25日，三门峡市2016年重点项目集中开工暨义马春天幼儿园奠基仪式举行。义马春天幼儿园项目位于义马市千符路中段以东，银北二路以南，总投资9800万元，规划用地56.37亩，该项目引进民营资本建设，是适应新世纪现代化要求的生态式幼儿园，被列入河南省学前教育第二轮"三年行动计划"，被三门峡市政府确定为"十件实事"和"重点项目工程"。

【义马市发现一保存完好宋代砖雕墓】 2015年12月23日，义马市二十铺集中居住区(泰山路一处工地)发现一座内部构造精美、保存完好的宋代砖雕墓。据了解，这座宋代砖雕墓墓穴坐北朝南，由穹顶、券顶墓道和主墓室组成，墓室为仿木建筑结构墓，每面墙壁均砌出柱和斗拱，砖雕图案有直棂窗、雕花格子窗等。该墓室的砖雕保存相对完好，墓室内部构造精细、砖雕精美、布局紧凑、保护完整。考古人员在墓室清理中发现有人物砖雕、花卉砖雕，砖雕上的内容包含有二十四孝故事，其中的鹿乳奉亲、哭竹生笋故事充分体现了中国源远流长的孝爱文化。专家表示，从墓葬规格看，墓主人或为有钱的大户人家。经过抢救性清理发掘，墓室内共发现4组人物砖雕和10多幅花卉砖雕，未发现有其他随葬品。砖雕墓葬在宋、金时期比较盛行，这座墓葬砖雕精美，与当地发现的其他砖雕墓葬不同的是，该砖雕墓葬系现场雕刻，为研究豫西南地区宋代砖室墓结构形制和宋代殡葬风俗提供了宝贵的实物资料。对于了解当时生产力、建筑材料和墓葬内装饰材料的变化过程，有一定的研究价值。12月29日，整个墓室已经基本清理完毕，所有文物已经入库，下一步文物部门计划对砖雕古墓进行整体提取，条件许可时会将其复原。

2015年义马市东区、新区办事处基本情况

表3

项　　目	新区办事处	东区办事处
党委书记	茹灵午	王海燕
主　　任	陈保峰	李小青
总人口(人)	29548	18821
总面积(平方千米)	65.00	47.00
耕地面积(公顷)	1050.0	990.0
农业总产值(万元)	9800.0	8727.60
工业总产值(亿元)	44.35	39.40
工业品销售收入(亿元)	43.90	38.20
农民人均纯收入(元)	12375	12508
粮食总产量(千克)	463.80	457.00
油料总产量(万千克)	8.30	30.00
棉花总产量(万千克)	0.80	1.50
肉类总产量(万千克)	342.70	146.30
烟叶总产量(万千克)	5.50	1.20
蔬菜总产量(万千克)	781.80	1963.20
果品总产量(万千克)	41.50	30.50
牛存栏(头)	338	77
猪存栏(头)	18482	20788
羊存栏(只)	5521	4751
禽存栏(只)	49765	36982

(史书现)

渑池县

【概况】 2015年渑池县较好完成了县十三届人大五次会议确定的目标任务。全年地区生产总值完成229.2亿元,增长5.6%;一般公共预算收入完成19.77亿元,超出计划0.8个百分点;固定资产投资完成298亿元,增长16%;社会消费品零售总额完成48.7亿元,增长11.6%;城镇居民人均可支配收入、农民人均纯收入分别增长7.5%、10%;节能减排完成市定目标。加强生态文明建设,以创建省级环保模范城、省级园林城为目标,大力实施“蓝天”“碧水”工程;完成营造林7600公顷,全县森林覆盖率达30.1%。黄河丹峡启动AAAAA提升工程;仰韶文化博物馆顺利通过国家AAAA级景区验收,被授予“河南省科普教育基地”;赵沟古村旅游设施逐步完善,被省旅游局评为河南省乡村旅游示范村。特色商业区稳步推进,培育了以万洋商贸城为龙头的高端家具建材市场和以博长汽贸城为依托的汽车贸易专业市场,累计完成固定资产投资10.2亿元,入驻企业78家。金融保险、健康医疗、电子商务等新兴业态蓄势待发,第三产业规模持续扩大,实现增加值55.8亿元。共引进投资5000万元以上项目15个,引进资金72.8亿元,其中省外资金57.8亿元,实际利用外资2.07亿美元,实现出口创汇1248万美元。创新企业资本运作模式,康耀电子成功在新三板挂牌,杏福源、仰韶旅游成功在上海股权托管交易中心挂牌。加快行政体制改革,24个政府部门机构改革、事业单位分类改革有序推进;食品药品监管、交通执法体制改革基本完成;卫计委等4个新组建机构顺利实现整合;公务用车按要求统一封存。文化事业日益繁荣,《曹端还乡》在全省巡演,渑池县曲剧团受到中宣部表彰;继续保持全国文化工作先进县和文物工作先进县称号。广电事业稳步发展,有线电视改造快速推进。维护社会和谐稳定,重点围绕发展、改革、民生和民主法治抓社会管理创新。全面消除安全隐患和社会风险,集中开展安全隐患大排查大整治行动和食品药品专项治理,安全形势总体平稳,社会大局和谐稳定;切实防范社会风险,严厉打击非法集资活动,维护健康稳定的社会秩序。民兵预备役、计划生育、民族宗教、档案史志、统计、审计、气象、人防等工作都取得了新的成绩。

【工业发展】 2015年渑池县围绕铝及氧化铝精深加工延链、补链,着力做大做强铝工业,谋划实施了东方希望3亿千克氧化铝技改、1亿千克拟薄水铝石、鑫恒齐1000万千克大孔拟薄水铝石、500万千克石油催化剂载体等项目,推动传统产业走向产业链末端、价值链高端。大力发展高新技术产业,积极培育战略新兴产业,装备制造、新材料、新能源、电子信息、生物医药等一批新建项目顺利推进;规划实施风电项目10个,新能源与传统能源比例达到1:1,高新技术产业增加值占工业增加值比重达16.2%。将产业集聚区作为转型升级的主战场,强力推进产业集聚区“三上一提高”,区内路网实现大循环、大贯通,园区经济总量和税收比重均占全县总量的75%以上。

【特色农业】 2015年渑池县粮食总产量达1.9亿千克。柳庄果蔬、宏远食品双椒被评为市级农业产业化集群,全县农业产业化集群达到8个;新增市级农业产业化龙头企业6家;新发展现代特色示范园5个。抢抓“互联网+”机遇,积极搭建农村电商平台,建成“云书网”村级服务站228个、农村网点338个。林权制度改革不断深化,渑池县作为全国10个集体林改试点县之一,在全国深化集体林改现场会上作典型发言。农村土地承包经营权确权登记颁证工作全面实施,新增流转面积1113.33公顷,累计流转土地16666.67公顷。农田基本水利建设持续增强,一批重大水利工程全面实施,农业生产、农民生活保障能力不断提升。

【城乡发展】 2015年渑池县落实市“两大三小”组团部署,编制完成了《渑义核心共享协调区规划》,连接渑义的重要通道韶州路即将全线贯通。实施城市重点项目25个,完成投资11.2亿元,中医院迁建、御景国际、万洋国际二期等15个重点项目全部达到计划进度。第一、第三污水处理厂升级改造工程顺利完工,热力、燃气、污水等管网覆盖面不断扩大。“四城联创”持续深化,深入实施“美化、绿化、亮化、硬化”四化工程,中心城区更加规范有序。创建人居环境达标村38个、美丽乡村示范村25个。

【项目建设】 2015年渑池县坚定不移推进项目建设,全县38个市重点项目完成投资106.3亿元,占年度任务的120.6%,华宇兴陶瓷、康耀电子等26个项目建成投产。投资28.8亿元的华能2×35万千瓦热电联产项目主体完工,投资55.5亿元的垣渑高速开工建设,为经济转型增添了支撑和后劲。以去库存、稳市场为重点,制定出台促进房地产市场平稳发展的意见,刺激了房产消费。扎实搞好企业服务,研究出台鼓励东方希望满负荷生产渡过难关等措施,落实真金白银给予扶持;组织银企对接,共落实贷款27.7亿元;积极争取国家专项建设基金,全县共有3个项目获得支持,争取专项建设基金5.42亿元,可带动近30亿元其他投资。

【民生建设】 2015年渑池县加大民生投入,积极实施省、市“十项民生工程”,全年民生支出占财政支出的71.2%,一大批民生项目建成投用,努力扩大就业,建成创业基地和企业孵化基地各1家;新增城镇就业9975人,转移就业农村劳动力5288人。提高社保覆盖面,发放城乡低保金3272.3万元,惠及城乡8494户18890人;建成各类保障性住房300套。全面发展社会事业,实施了仰韶高中、韶州中学、妇幼保健院改造等一批社会关切的民生项目,开工建设综合文化服务中心。高度重视人才工作,先后招聘卫生、教育等专业技术人才110名。实施精准扶贫,因地制宜、分类实施,扶持5600名贫困群众实现稳定脱贫。

【河南东腾电器(长虹)项目落户县产业集聚区】 2015年1月8日,河南东腾电器年产20万台空调和40万台洗衣机项目在渑池县产业集聚区举行开工仪式。项目由天池镇政府2014年5月份引进,是由四川钎秋电器投资在渑池县产业集聚区兴建的控股企业,总投资5亿元,占地10公顷,建筑面积10万平方米,年产20万台空调和40万台洗衣机,计划工期两年,建成后产值可达8亿元,利税8000万元,安排200人就业。

【央视纪录片《记住乡愁》栏目组到渑池县采风】 2015年1月7日,中央电视台中文国际频道百集大型纪录片《记住乡愁》栏目组到渑池县采风。纪录片将在全国选取100个古老的村落,挖掘优秀传统,寻找并留住记忆深处的乡愁。段村乡赵沟古村入选《记住乡愁》拍摄计划。栏目组与相关单位负责人及赵沟村10余名群众进行座谈,先期了解赵沟古村的历史、文化传承、独特民俗等具体情况,积累收集采访素材。

【不召寨村被评为“2014年度全省扶贫开发整村推进示范村”】 2015年1月12日,河南省从2011年至2013年实施整村推进的贫困村中,评选出100个脱贫致富效果好的村为“2014年全省扶贫开发整村推进示范村”,渑池县坡头乡不召寨村荣列其中,受到省政府的表彰。不召寨村按照上级扶贫开发纲要(2011~2020年)要求,经过4年的发展,2014年底人均纯收入则达到9840元。全村现有耕地面积130.67公顷,其中花椒种植面积106.67公顷,花椒亩均收入6000元,成立了渑池县首家花椒专业合作社,发展社员166人,并带动周边1100户从事花椒种植,花椒产品注册了“韶山红”商标。被誉为“中原花椒第一村”。在改善基础设施方面,不召寨村累计争取各级扶贫资金95万元,实施了花椒晾晒加工项目和花椒新品种改良项目。投入民生资金34万元,硬化村组道路2.2千米。投入资金20万元,新建了占地800余平方米主体文化休闲广场。

【河南承明LED(MO源)光电新材料项目在渑池县开工奠基】 2015年3月26日,LED外延原材料高纯金属有机化合物(MO源)光电新材料项目正式落地开工,标志着渑池县产业集聚区又添一新成员,至此集聚区内企业已达181个。该项目位于天坛工业园区经十一路东北侧,由河南省承明光电新材料股份有限公司投资兴建,首期总投资8500万元,建设项目为800平方米的研发和质量中心、年产0.2万千克三甲基铟、年产0.5万千克三乙基镓、年产0.2万千克三甲基铝及配套附属设施,首期项目达产后,预计年可实现产值3亿元、利税1.5亿元。

【渑池县仰韶镇荣膺“全国文明村镇”称号】 2015年3月,渑池县仰韶镇荣膺“全国文明村镇”称号。此次评比活动,全国共评选出1159个“全国文明村镇”,仰韶镇是三门峡市唯一获此荣誉的乡镇。

【河南省明清古建筑群渑池赵沟古村景区试营业】 2015年5月1日,渑池县段村乡赵沟古村景区试营业,吸引了大批游客参观游览。赵沟古村是三门峡乃至河南省明清古建筑群保护最好的村落之一,已有上千年历史。该村集古槐、古庙、古民居等特色为一体,已成功申报并被批准为中国传统古村落、历史文化名村、省级文物保护单位、省级千年古村落、省级旅游示范村、市县级重点项目。景区总投资1700万元,已建成客服中心、停车场、餐饮住宿和景区标示等设施,还规划了5大功能区,即服务区、古村观光区、农业观光采摘园、书山体验区和大凡沟森林休闲区。

【渑池县举办首届仰韶彩陶文化艺术节】 2015年5月23日,首届黄河丹峡仰韶彩陶文化艺术节在黄河丹峡景区开幕。首届黄河丹峡仰韶彩陶文化艺术节是第二十一届中国(三门峡)国际黄河文化旅游节的专题旅游活动之一。活动以“品味仰韶文化、观赏峡谷奇观、饱览山水灵气、体验壮阔之旅”为主题,吸引了来自省内及黄河金三角地区的近千名游客和中国摄影协会的摄影家们聚首黄河丹峡。

【渑池县交通事故快速理赔服务中心揭牌】 2015年7月1日,渑池县公安局道路交通事故快速理赔服务中心成立。渑池县公安局道路交通事故快速理赔服务中心是公安机关改革创新、便民利民的又一举措。快速理赔不仅能缓解交通拥堵,节约驾驶员和人民群众的时间和精力,也能节省警力资源,节省保险理赔的成本,是一件多方受益的好事。轻微事故发生后,当事人用手机拍照事故形态及双方当事人正面头像及行驶证、驾驶证,然后发送至该中心微信平台,在24小时之内双方相约到理赔中心处理。如果事故双方就赔偿未达成协议,通过民警调解、司法调解的途径进行,如果仍然达不成协议,双方通过交通事故巡回法庭诉讼解决。

【河南省首次直升机飞播造林在渑池县韶山林区试点飞播】 2015年7月21日,河南省首次直升机飞播造林在渑池县韶山林区试点飞播。此次渑池县韶山林区飞播面积共约667公顷、飞行20个架次、每个架次需要10分钟、飞行时间比固定翼飞机飞行时间可节省4.27小时。飞播树种主要为黄连木、臭椿,每亩播量450千克,共需撒播种子4500千克,其中黄连木3000千克、臭椿1500千克。在播种过程中工作人员通过接种布观测到,每平方米的落种粒数可达到15至20粒,播种效果较好。

【《刘少奇与抗日战争》陈列展览在渑池县博物馆开展】 2015年7月29日,由中国中共文献研究会刘少奇思想生平研究分会、中共长沙市委宣传部、中共三门峡市委宣传部主办,刘少奇纪念馆、中共渑池县纪委、中共渑池县委宣传部、渑池县文广新局、渑池县刘少奇旧居纪念馆承办的《刘少奇与抗日战争》陈列展览渑池站巡展活动在渑池县博物馆开展。三门峡及渑池县主要领导,中共长沙市委副秘书长、刘少奇纪念馆党组书记文方,刘少奇同志纪念馆馆长黄可,刘少奇长孙阿廖沙,各界新闻媒体记者以及社会各界人士300余人参加活动。此次活动在渑池县展览一个月,陈展面积300余平方米,展线长180米,共展出图片、资料320余张,实物50多件。展览从"领导建立抗日民族统一战线""领导创建华北敌后抗日根据地""领导开创华中敌后抗日根据地""领导夺取抗日战争最后胜利"等4个部分,直观、形象地展现了刘少奇在九一八事变后,正确执行党的抗日民族统一战线政策,成功领导华北地区的抗日救亡运动和他在全民族抗日战争时期,在三大战略区独当一面地开辟敌后抗日根据地,领导创建和发展华北、华中抗日根据地,为党的建设和发展,为抗日战争的胜利所做出的伟大贡献。

【《豫西抗日烽火》摄制组到渑池县采访拍摄】 2015年8月3日,河南省委党史研究室《豫西抗日烽火》摄制组到达渑池,对渑池进行为期一周的实地拍摄。《豫西抗日烽火》是一部为抗日战争胜利70周年献礼的电视专题片,由省委党史研究室策划制作,内容是反映豫西各地军民抗日的历史故事及遗迹。摄制组在渑池的一周内,先后到城关、果园、南村、陈村等乡镇,拍摄了八路军渑池兵站站部,豫西特委扩大干部会议旧址,刘少奇旧居,豫西公学旧址等处。

【渑池县首部公益微电影上映】 2015年8月9日,由渑池县本土人士自创、自编、自演的公益微电影在会盟广场奥斯卡影院成功上映。此部微电影以父母为题材,分三部分进行演绎,影片内容寓意深刻,受到了观众好评。第一部《归宿》,拍摄点为仰韶镇张沟村;第二部《常回家看看》,拍摄点为会盟广场某小区;第三部《别看不起你的父亲》。

【渑池县客运11路城乡公交班线开通】 2015年8月19日,渑池县城关客运站至英豪镇七里村11路城乡公交班线开通。此次11路公交车共投放16辆宇通E6型新能源纯电动空调公交车,线路为城关客运站至英豪镇七里村,途径人民后街、仰韶大街、新华街、会盟路、310国道等16个站点,往返40千米,营业时间为早6点至晚19点,10分钟一班,两小时循环发车一次,采取上车自动投币,票价按区间收取1到4元。通车后将使更多市民和群众乘坐到舒适便捷、经济实惠的公交车,为沿线群众提供了更为良好的交通服务。

【河南省养生堂生物科技有限公司在上海股权托管交易中心挂牌】 2015年8月20日,河南省养生堂生物科技有限公司正式在上海股权托管交易中心挂牌。河南省养生堂生物科技有限公司位于渑池县吕祖山,始建于2001年,是一家集塑料制品、食品饮料、瓶(桶)装矿泉水生产销售、矿产品销售、农家乐餐饮、旅游开发、造林育林为一体的综合性企业,公司资产5179余万元,其中,固定资产2020万元。

【渑池县第一条日产50万千克面粉生产线正式投产】 2015年9月9日,渑池县第一条日产50万千克面粉生产线在雪莲面业正式投产。该生产线是国内最先进生产工艺的全微机管理制粉设备,自动化程度高,集原料选配、计量、制粉、包装、清理、储存等工艺,组成一个连续封闭、自动化控制的生产系统,可生产精粉、饺子粉、烩面粉等多种专用粉,投产后预计用工150余人,实现年产值1.8亿元,利税1000万元。

【全国科普示范县检查验收组到渑池县检查验收】 2015年10月14日,全国科普示范县检查验收组到渑池县检查验收科普示范县创建工作。检查验收组成员先后来到俊雄牧业、仰韶遗址博物馆、青少年科技活动中心、曹端小学、英豪镇金银花基地进行实地察看,详细了解渑池县科普示范县创建工作开展情况。通过查阅资料、听取汇报、实地察看,检查验收组对渑池县高度重视科普工作,扎实开展创建全国及省科普示范县建设给予了充分肯定。检查验收组认为,渑池县构建科普工作机制,加大科普经费投入,提升科普服务能力和公众科学素质,让科普深入基层、深入群众,提高了群众对科普的认识,形成了科普工作的亮点。希望渑池县要进一步重视、支持科协工作,加大对科普的投入,努力提高全民科学素质,让科普更加深入人心,努力把科普工作提高到一个新水平。

【垣渑高速(河南段)建设工程开工】 2015年11月30日,垣渑高速(河南段)建设工程开工仪式在渑池县仰韶镇举行。垣渑高速公路工程是河南省重点工程之一,项目工程南起河南渑池,北至山西垣曲,路线全长约63千米,其中河南段长约42千米,山西段长约21千米。该工程将山西蒲掌至东镇高速公路和连霍高速公路渑池段联系在一起,是河南、山西两省重要的省际通道之一。该工程建成后,渑池的交通区位优势将更加凸显,与晋南的联系将更加便捷,对改善渑池乃至整个豫西地区的公路交通环境,完善全省路网建设、促进河南与山西的交流合作起到显著的推动作用。

【河南科技学院教育实习基地落户渑池】 2015年12月10日,河南科技学院教育实习基地在渑池县鑫地牧业有限公司挂牌成立。渑池鑫地牧业有限公司成立于2012年,是一家集种猪繁育、生猪育肥、种植业开发为一体的现代种养结合型、生态循环型的大型农业现代企业。该教育实习基地落户渑池,将对渑池县畜牧养殖技术发展提供有力支持。会上,石线伟对河南科技学院教育实习基地落户渑池县表示祝贺,希望企业在做好管理、生产的同时,加强与院校的技术合作,加大新技术引进力度,为渑池县畜牧产业不断壮大探索新途径。

2015年渑池县各乡镇基本情况

表4

乡镇	总人口(人)	粮食总产量(万千克)	油料总产量(万千克)	肉类总产量(万千克)	烟叶总产量(万千克)	水果总产量(万千克)	牛年末存栏(头)	猪年末存栏(头)	羊年末存栏(只)	规模以上工业增加值(万元)	规模以上工业利润(万元)	乡镇固定投资(万元)	地方财政收入(元)	党委书记	乡镇长
城关镇	72472	776.60	58.10	79.20	0	214.80	1336	7843	2250	76507	26090	186548	71798	赵忠民	程洪海
英豪镇	35883	2439.40	253.50	404.10	32.60	1036.00	7013	32984	7724	82208	34244	354912	6815	左中军	张江涛
张村镇	22924	1228.40	130.40	287.70	20.00	823.10	10415	17157	7657	167267	63704	410643	12502	郭红军	陈丛勤
洪阳镇	22109	1172.30	90.40	477.30	33.00	917.50	11142	42870	18445	115703	55442	167414	6222	常若宇	董润海
天池镇	43513	2878.60	267.30	502.70	309.70	432.00	8046	25723	22009	78522	40851	100345	9623	张光华	张　涛
仰韶镇	38234	2108.20	174.90	677.20	67.80	3765.80	1262	35237	9718	203355	105059	785455	15160	张希保	—
仁村乡	17613	1161.60	40.50	149.70	18.00	495.00	7565	10850	10720	45915	23276	165024	9800	马万智	刘玉峰
果园乡	40274	2903.40	335.80	327.70	152.00	1659.00	1371	16861	7891	119353	58499	226025	15500	张捍伟	马今军
陈村乡	34019	1912.30	188.60	339.90	38.00	1417.20	22420	26740	21165	99907	52516	142325	16021	吴天敏	周　勇
坡头乡	15850	1225.10	166.60	91.70	71.00	257.90	900	4712	5074	59103	20679	106427	7643	侯建星	闫昭伟
段村乡	9046	918.10	156.40	222.80	24.10	5613.30	4690	11764	23390	83060	36407	95028	1052	赵正华	—
南村乡	5741	569.70	175.60	228.60	14.90	1483.00	19069	10083	23734	58941	30377	98785	1464	宋黎静	闫保伟

（张丽敏）

陕　县

【概况】 2015年，陕县地区生产总值完成157亿元，增长7%；公共财政预算收入完成13亿元，增长1%，规模全市排名第三；固定资产投资完成275.6亿元，增长16.1%，全市排名第五；规模以上工业增加值完成58.5亿元，增长9.2%，全市排名第二；社会消费品零售总额完成41.6亿元，增长11.7%，全市排名第二；农民和城镇居民人均可支配收入分别达到9831元、23077元，分别增长10%、7.4%。2015年，陕县推进各项改革，政府权力清单全面建立，推行工商税务“三证合一”登记制度，全县新增市场主体2045家，增长8.4%。扩大开放合作，全年签约项目26个，总投资137.4亿元，履约率73%，开工率57.7%，资金到位率28.4%。谋划实施PPP项目4个；报批国家专项建设基金4批次，获批5个项目争取资金1.83亿元；对外贸易不断深化，全县实际利用外资1.59亿美元，实际引进省外资金63.3亿元，出口创汇1840万美元。总部经济实现税收3.6亿元，其中县级税收2.24亿元。蒲剧成功申报河南省非物质文化遗产项目。地坑院文化生态保护实验区成功入选河南省文化生态保护实验区，是三门峡市唯一的个文化生态保护实验区。加强生态文明建设，实施“蓝天碧水”工程，完成市政府下达的污染治理目标任务；抓节能减排，万元工业增加值能耗下降2.3%，比市定目标下降1.6个百分点；全面提升林业生态建设水平，生态建设营造林9200公顷，森林抚育和改造5733.33公顷。创新社会治理，预防和化解社会矛盾。

【现代农业】 2015年陕县粮食总产1.24亿千克。“果、烟、林、菜、牧、菌”六大特色支柱产业不断壮大，果品总产5.65亿千克，产值12亿元，成功举办2015中国苹果年会暨苹果产销对接会；完成烟叶收购228.6万千克，实现税收1142.5万元；林业总产值达28.1亿元；蔬菜产量3.8亿千克，产值4.5亿元；新发展各类规模养殖场15个，畜牧业总产值达8.95亿元。新建食用菌示范园4个，全县食用菌产量达4500万千克。农村土地承包经营权颁证工作加快推进。加大土地流转力度，全县新增耕地流转面积1426.67公顷，新增市级农民专业合作社9家，新发展家庭农场50家；发展农业电子商务，与阿里巴巴集团签订了农村淘宝合作项目，全县农业电商产业年网络销售收入达1.2亿元。加快农业基础设施建设，投资1.1亿元。完成投资7640万元，新建、扩建农村公路项目43个91千米，进一步改善了农村群众出行条件。

【工业经济】 2015年陕县强化企业服务，帮助企业协调贷款40.5亿元；引导企业实施技术改造项目25个，建成21个，累计完成投资2.95亿元。新增规模以上企业2家。全县规模以上工业总产值完成316.8亿元，增长8.5%。化工园区大环评规划通过省级批复，新建道路4条，供水、排水、双回路供电系统建成投用，创业服务中心建设加快；引进国家项目资金10亿元，到位2.5亿元；引进招商项目7个，总投资20亿元。全年园区完成固定资产投资61亿元，工业增加值25亿元，实现主营业务收入75亿元，税收3.6亿元。专用汽车(装备制造)产业园区全年园区固定资产投资完成8亿元，主导产业工业总产值完成34亿元，实现利润8000万元。

【第三产业】 2015年陕县以旅游业为龙头，打造三产服务业高地。高阳山温泉度假区温泉中心、滑雪场等项目建成营业，日接待游客最多突破3000人。陕州地坑院文化旅游区有力推进，与陕西马嵬驿集团签订合作协议，实现“强强联合”；并与腾讯科技有限公司签订智慧旅游项目，是“互联网+县域旅游”的首次探索。成功举办“高阳山温泉杯”全国山地自行车邀请赛、首届“中国·陕县地坑窑院、温泉之乡”全国摄影大赛；甘山国家森林公园开发项目进展顺利；地坑院、剪纸等文化元素入选中国河南精华宣传片登陆韩国光华门和美国纽约时代广场，陕县知名度进一步提升。2015年，接待国内外游客292万人次，旅游收入23.1亿元。中汇五彩城建成营业；三门峡卷烟物流中心项目主体已建成；鼎晨商贸城市综合体主体封顶，县内现代物流、金融服务、健康养老、电子商务等现代服务业快速发展。2015年，特色商业区固定资产投资21.9亿元；税收收入6359万元，限上企业个数达44个，从业人员达4006人。在全市重点项目及“两区”建设观摩中排名第三。

【项目建设】 2015年陕县坚持把项目建设作为带动投资的重要抓手，解决了1万辆起重举升类专用车、1亿千克废旧润滑油再生基础油、大唐风电等项目进地问题，促使项目顺利开工建设。特别是60兆瓦光伏发电项目，一期20兆瓦工程已并网发电；风电装机规模达到27.5万千瓦，占全市总量80%以上，占全省总量近1/3；年产2亿克拉树脂金刚石研发制造项目建成，填补了国内技术空白。全县82个重点建设项目，建成28个，在建42个，前期12个，累计完成投资100.4亿元，占年计划投资95亿元的105.8%。其中，列入市重点项目23个，建成14个，在建9个。

【城乡建设】 2015年陕县25项城建重点工程，累计完成投资11.2亿元。云泉路铁路涵洞建成通车，城市框架不断拉大；持续实施城市亮化、绿化、净化、美化等工程。观音堂副中心城区扎实推进，西出入口改造提升工程和观音大道建设全面完工，中心城区形象初步显现。全县城镇化率达43.5%。美丽乡村建设全面提速，累计完成投资1.7亿元，4个省级示范村正在有序建设，新增市级示范村14个，全部通过市级验收，全县市级示范村达27个。在全县210个行政村配备保洁员1047人，农村人居环境得到明显改善。

【民生事业】 2015年陕县全年财政用于民生支出18.88亿元，占公共预算支出的86.1%。全面推进“双创”工作，发放小额无息贷款8825万元，帮扶1183人创业，新增城镇就业9626人，城镇登记失业率2.7%。社会保险制度体系不断完善，发放城乡低保金2961.4万元，受益群众1.9万人；新农合参合人数27.7万人，参合率达99%，受益农民达49.5万人次，补偿金额1.15亿元。加大扶贫开发力度，农村贫困人口实现稳定脱贫9000人，对11个贫困村实施整村推进，解决了21650人的行路难问题。争取国家和河南省财政新能源汽车推广应用补贴资金1404万元，购置24台纯电动客车。新增地热供暖小区3个、供热面积10万平方米。

【“南沟剪纸”商标注册成功】 2015年3月，陕县西张村镇南沟村农民申报的“南沟剪纸”商标正式通过国家工商总局商标局核准注册，这是继“陕州剪纸”商标注册成功后，陕县又增添的一枚剪纸艺术类商标。南沟村素有“中国剪纸第一村”之美誉，拥有省、市级非物质文化遗产项目代表性传承人18名。其中黑色剪纸和边唱边剪两种剪纸艺术形式是其独特之处。南沟村先后被省文化厅命名为“河南省特色文化产业村”等，成功入选第二批中国传统村落名录。“南沟剪纸”也被列入河南省非物质文化遗产保护名录。

【陕县组团参加第九届中国（河南）国际投资贸易洽谈会】 2015年4月20日至22日，第九届中国(河南)国际投资贸易洽谈会在郑州国际会展中心举行，陕县组团参加，共签约2个项目，分别是产业集聚区投资6000万元的年产200万千克对甲砜基苯甲醛项目和店子乡投资2.5亿元的白龙峡怡康农业综合开发项目。在形象展方面，大营麻花、菜园老陕州面豆、西李村乡新品种“玉露香”梨等百余个品种的展示，受到海内外客商的一致好评。三门峡天瑞科技有限公司与中国旅游对韩专线就杏仁油、甜杏仁等系列产品的初步合作达成意向。

【首届“地坑窑院、温泉之乡”全国摄影大赛举行颁奖典礼】 2015年5月19日，首届“中国·陕县地坑窑院、温泉之乡”全国摄影大赛颁奖典礼在三门峡国际文博城科技馆举行。这次大赛是2014年4月由中共陕县县委、县政府，中国图书出版社有限公司，港深珠澳摄影联盟共同主办。重点拍摄突出地坑窑院建筑特色、天鹅、豫西剪纸、名胜古迹、本地风光、城乡建设、特色温泉、特色食品等民俗文化主题照片。此次活动邀请了来自豫晋陕三省以及港深珠澳等城市的120余名摄影家到陕县地坑院、崤函古道、甘山森林公园、二仙坡等景区（点）开展摄影创作活动，共征集展现陕县人文、历史、自然风貌的摄影作品2200余幅，最终评出获奖作品80余幅。一等奖获得者是许昌市老干部摄影学会副秘书长安洪欣。此次摄影大赛是“黄河三门峡·美丽天鹅城”系列书画摄影展的一项重要活动，大赛获奖作品将在北京、深圳和台湾等地进行巡回展出。

【陕县在三门峡黄河文化旅游节期间签约项目合作大单】 2015年5月19日，在第二十一届中国(三门峡)国际黄河文化旅游节暨投资贸易洽谈会集中签约仪式上，陕县成功签约项目14个，签约金额45.37亿元。签约的这14个项目涉及高新技术、新能源、化工、农业产业化、文化教育、特色旅游等多个领域。其中，一产项目4个，投资总额6.37亿元；二产项目6个，投资总额29.3亿元；三产项目4个，投资总额9.7亿元。

【陕县政府与河南中原黄金冶炼厂有限责任公司签约】 2015年5月21日，陕县政府与河南中原黄金冶炼厂有限责任公司举行氟化工产业园项目合作框架协议签约仪式。中国黄金集团公司副总经理、河南省黄金公司总经理、中原黄金冶炼厂有限责任公司董事长任文生，河南中原黄金冶炼厂有限责任公司党委书记申学礼，县领导等出席签约活动。该氟化工产业园项目总投资50亿元，占地400公顷，分三期实施。一期投资10亿元，占地100公顷，建立2亿千克氢氟酸生产基地；二期投资25亿元，占地166.67公顷，建立氟树脂、氟橡胶生产基地；三期投资15亿元，占地133.33公顷，建立氟化学品生产基地。主要原材料为中原黄金冶炼厂有限责任公司技改项目投产后的年产量12亿千克副产品硫酸。

【“高阳山温泉杯”全国山地自行车邀请赛在陕县举办】 2015年5月21日，“高阳山温泉杯”全国山地自行车邀请赛在陕县举办。经过激烈角逐，来自四川省成都市的选手霍海兵以56分59秒的成绩夺得男子青年组冠军，来自湖北省武汉市的选手陈湘源以57分42秒的成绩夺得男子中年组冠军，来自广东省深圳市的选手何冲以69分32秒的成绩夺得女子组冠军。邀请赛是第二十一届中国(三门峡)国际黄河文化旅游节暨投资贸易洽谈会活动之一，由陕县县委、县政府承办，共有来自北京、上海、黑龙江、山西、陕西、河南、浙江、四川、广东等20个省、自治区、直辖市和台湾地区的31个车队近600名“骑友”报名参加。比赛起点设在陕县城区陕州路与云泉路交叉口，终点设在的甘山国家森林公园大门口。选手一路沿云泉路、高阳山至北营地坑院旅游专线、省道318线，经张汴乡北营村、南营村、张汴村、刘寺村，西张村镇辛庄村、庙上村，最终到达甘山国家森林公园，全程28千米。

【陕县举行“互联网+”“智慧旅游”分享会】 2015年6月10日，陕县县委宣传部联合腾讯、大豫网在县多功能会议厅举行“互联网+”“智慧旅游”陕县分享会。县领导与各乡镇、县直各单位、各景区、景点、温泉酒店负责人，全县骨干网络宣传员一同参加活动。活动中，腾讯公司专家分别以智慧陕县、陕县旅游体验建议、陕县智慧旅游推广方案为主题进行了深入浅出、图文并茂、通俗易懂的讲述，同时对陕县旅游产品打造“智慧旅游”网络营销方面提出许多宝贵的意见。

【陕县举行2015政银企座谈会】 2015年6月16日，陕县举行2015年政银企座谈会，来自全县的15家县直单位、9家银行业金融机构、3家小额贷款公司和35家规模企业负责人及21家个体工商户代表参加会议。银企双方共达成贷款意向75笔，资金达35亿元。其中，骏通车辆、龙飞生物、鸿美铝业、锦荣水泥、春天置业等9家企业与银行机构代表现场签订了贷款合作协议。

【澳大利亚慈善机构到陕县开展捐赠活动】 2015年7月7日，澳大利亚魏基成“天籁列车”慈善机构助听器捐赠活动在陕县举行。此次捐赠活动，向陕县聋哑儿童康复中心捐赠了一批价值约70万元的助听器和教学仪器。“天籁列车”助听器捐赠项目是由中国侨联海外顾问、知名旅澳华人、慈善家、澳大利亚ABC纸业集团董事长魏基成先生创立的慈善活动品牌，是一个非营利的私人捐赠慈善活动，目的是为了帮助无力购买助听器的听力障碍者免费取得助听器。

【陕县首家科技型中小企业在上海股权托管交易中心挂牌】 2015年8月4日，河南方泰实业有限公司在上海股权托管交易中心挂牌，成为陕县首家在上海股权托管交易中心挂牌的中小企业。河南方泰实业有限公司是一家高科技型企业，主要设备从俄罗斯引进，其主导产品单零箔及双零箔广泛应用于电器、装饰、制盖、化工、医疗器械、食品包装等领域。

【四川省达州市党政考察团到陕县考察非物质文化遗产保护工作】 2015年8月10日，由中共四川省达州市委书记焦伟侠率领的达州市党政考察团陕县，考察非物质文化遗产——地坑院规划保护工作。中共达州市委副书记郭亨孝，达州市委常委、秘书长李天满，达州市副市长吴应刚等随同考察。中共三门峡市委常委、秘书长高战荣，副市长王振清等陪同考察。

【"2015中国苹果年会暨三门峡苹果产销对接会"在陕县举办】 2015年9月17日至18日，"2015中国苹果年会暨三门峡苹果产销对接会"在陕县二仙坡绿色果业公司高山果园举办。中国果品流通协会会长赵显人、常务副会长鲁芳校，河南省政府副秘书长胡向阳，省供销合作总社监事会主任刘延生及三门峡市领导出席活动。来自全国各地的果品生产主管单位、科研院所、果品经销企业、合作社、电商、新华社、中央电视台、人民网、凤凰网、等数十家企业及新闻媒体参加开幕式。开幕式后，与会者一同来到二仙坡国家苹果产业体系三门峡培训中心广场参观三门峡特色果品展览，实地考察了国家脱毒果树组培基地、二仙坡果品育苗基地及生产基地。当天下午的苹果产销形势分析暨签约仪式上，来自全国十多个省份的300多名客商现场签约果品购销协议2050万千克。

【陕县3部电视作品获第三届"全国市县电视台推优活动"奖】 2015年9月，在第三届"全国市县电视台推优活动"评选中，陕县广播电视台选送的3部电视作品全部获奖。"全国市县电视台推优活动"由中国电视艺术家协会主办，中国视协市县电视委员会承办。本次推优活动全国共有800余部作品参评。陕县广播电视台选送的3部作品全部获奖，专题片《崤函古道》获得电视专题类一等奖，《陕州映像——那人那河》获得优秀电视栏目二等奖，综艺晚会《地坑院里过大年》获得优秀电视综艺晚会二等奖。

【全省首家大型生态种鸡养殖场落户陕县】 2015年10月13日，河南羽丰禽业有限公司4.8万只青脚麻鸡祖代种鸡场落户陕县，该公司位于陕县西李村乡李村村。公司与河南省农科院畜牧兽医研究所技术合作，共同开发实施国家科技攻关项目河南青脚麻鸡祖代种鸡培育及产业化开发项目，该项目属于创新型农业高新技术项目，已成功申请国家专利，技术居国内领先水平。青脚麻鸡主要特色是生产性能优异，肉质优于国内同类产品，青脚为其特色标记。该公司总投资8800万元，建设期为6个月，实施鸡—沼—果新型生态环保养殖模式，有效解决养殖过程中的污染问题，真正实现清洁环保养殖。

【陕县黄河金三角医疗养老示范区等3个项目集中签约】 2015年10月26日，陕县举行黄河金三角医疗养老示范区、陕州航科总部经济综合体、陕县益康佳苑健康养老中心等三个项目集中签约仪式。省政协副主席、省工商联主席梁静，省工商联秘书长、党组成员孔火团，市领导出席活动。项目投资方企业和金融机构、新闻媒体、有关乡镇、县直单位代表参加活动。3个项目涉及养老休闲、商务流通等方面，总投资45亿元。其中，黄河金三角医疗养老示范区项目投资18亿元，在已有项目转型的基础上，引进养老房产新模式，努力打造规模化、规范化和资本化的"医养游一体化"健康养老示范项目。陕州航科总部经济综合体项目投资15亿元，在商务中心区建设金融服务综合体，为总部经济企业提供运营服务。陕县益康佳苑健康养老中心项目总投资12亿元，建设集养老养生、医疗保健、运动休闲等功能为一体的医疗养老示范园区。上午10时38分，黄河金三角医疗养老示范区等三个项目正式启动。

【陕县土特产"亮相"第八届（郑州）国际绿色食品博览会】 2015年11月27日至29日，第八届中国（郑州）国际农产品贸易对接会暨2015年中国（郑州）国际绿色生态健康食品博览会在郑州国际会展中心举办。陕县商务局组织三门峡老刘氏麻花作坊、三门峡恒诺商贸有限公司、老陕州面豆（菜园）、三门峡天瑞科技开发有限公司、河南安科福德食品有限公司、三门峡二仙坡绿色果业有限公司等6家企业参展，参展产品主要有苹果、麻花、面豆等30余种。

【陕县举行2016年重点项目集中开工仪式】 2015年12月25日，陕县举行2016年重点项目集中开工暨高阳山温泉度假区旅游基础设施项目建设启动仪式。中共三门峡市委常委、宣传部部长吕挺琳等领导及开工项目方代表、各乡镇及县直相关单位负责人参加活动。集中开工的6个项目，总投资12.8亿元，涉及旅游、能源、农业等领域，分别是高阳山温泉旅游度假区旅游基础设施建设项目，总投资5亿元，主要建设温泉中心与主题酒店区域内的步行道、行车道、休闲广场等设施；中电投陕县盘陀山风电场项目，总投资4.3亿元，总装机容量4.4万千瓦；陕县瑞光20兆瓦光伏电站项目，总投资1.6亿元，建成后年平均发电量2400万度；陕县400公顷农业土地流转及规模化经营建设项目，总投资1.8亿元，新建400公顷苹果及松树种植基地；河南田园畜牧业有限公司大型沼气工程建设项目，总投资750万元，新建1000立方米CSTR厌氧反应器2座；陕县黄土高原综合治理项目，总投资650万元，计划造林1113.33公顷。

2015年陕县各乡镇基本情况

表5

乡镇	户籍总人口(人)	粮食总产量(万千克)	油料总产量(万千克)	棉花总产量(万千克)	肉类总产量(万千克)	烟叶总产量(万千克)	水果总产量(万千克)	大牲畜存栏(头)	生猪存栏(头)	山绵羊存栏(只)	耕地(公顷)	公共财政预算收入(万元)	公共财政预算支出(万元)	农民人均纯收入(元)	党委书记	乡镇长
大营镇	27025	570.00	9.50	3.20	99.50	0	3133.00	9673	4730	4133	823.00	3801.00	9801.00	11425.00	蔡跃斌	王兆海
原店镇	22184	58.80	0.30	0.70	13.60	0	1255.80	75	313	477	131.27	7373.00	5415.00	10610.00	孙丽松	张海东
西张村镇	54606	1431.50	0	0	610.0	19.50	15000000.00	2506	65000	9386	4986.00	4872.00	5193.00	12500.00	赵　勇	张　冬
观音堂镇	36465	1448.60	40.40	0	493.30	373.90	84.10	4453	23094	7713	3456.00	7439.00	8285.00	9361.00	贺清平	王居明
张汴乡	12052	1256.00	3.10	1.10	50.10	2.50	980.00	225	5054	284	25000.00	2902.00	2902.00	8650.00	王长龙	韩　锋
张湾乡	22989	763.60	38.50	1.80	113.90	0	8778.60	1949	6040	6393	2704.85	2716.00	3503.00	10201.00	詹建民	贠育红
菜园乡	36909	1739.80	1.50	0	148.90	62.10	11941.30	6257	5031	4475	3358.00	4305.00	4293.00	8757.00	孟繁昌	张智华
张茅乡	19599	1086.00	26.20	0.60	20.30	48.20	304.80	8895	4078	8430	3043.00	4112.00	4144.00	10917.00	王兆海	成晓峰
王家后乡	17811	633.30	11.50	0	24.00	0	127.40	721	1925	2256	1431.00	18250.00	6359.00	10475.00	杨赞云	张县委
硖石乡	11406	575.00	40.00	0	192.10	0	58.30	2515	2437	4836	1278.41	3514.00	3260.00	9392.00	尚　捷	朱晓博
西李村乡	23364	2150.00	122.50	7.90	432.00	39.60	20.00	32495	152385	34928	4534.00	2660.00	1501.00	10023.00	刘　阳	王跃泽
宫前乡	14637	1436.80	70.20	0	88.40	87.30	82.30	5927	5538	7550	3108.00	4060.00	3572.00	9946.27	李金萍	刘茂民
店子乡	4018	111.40	3.60	0	85.60	24.20	0	5672	4216	5618	340.00	1952.00	1952.00	9249.00	卫旭辉	郭　磊

（张素娥　薛欣欣）

灵宝市

【概况】 2015年,灵宝市统筹稳增长、调结构、促改革、强支撑、控风险、惠民生,较好完成了灵宝市十三届人大五次会议确定的目标任务。全年完成地区生产总值481.7亿元,增长4.2%;完成固定资产投资348.5亿元,增长18%;社会消费品零售总额达到139.6亿元,增长11.6%;公共财政预算收入完成18.3亿元,增长1.9%;城镇居民人均可支配收入达到24158元,增长7.6%;农民人均纯收入达到12793元,增长9.6%。全年规模以上工业企业完成增加值256.7亿元,增长3.3%;实现利税157.9亿元、利润150.8亿元。有色金属冶炼及精深加工产业集群。农副产品精深加工产业集群。汇源果汁杜仲饮料项目一期工程快速推进,3条生产线投入生产;国人酒业一期项目开工建设,海升果业万吨果胶果渣项目试生产。闽钱二期、佳福等食用菌加工出口项目投入运营,全年出口创汇3649万美元。高成长性接续产业集群方面万达石材循环经济产业园一期工程试生产,九晟建材、豫西轴承技改等项目建成投产,宝一讯二期改扩建项目开工建设,力源锂离子蓄电池等项目进展顺利,产业规模持续壮大。基础设施日益完善,河道治理、病险水库除险加固等项目完成年度建设任务,全年实施"一事一议"筹资筹劳项目49个,完成投资951.7万元。劳务经济发展壮大。全年转移农村富余劳动力12.7万人(次),实现劳务收入10.6亿元。生态环境方面,全年空气环境优良天数位列全省县级前列,4条主要河流水质明显改善,环境保障能力持续增强。完成省级林业生态建设提升工程8800公顷、通道绿化80千米,成功创建省级生态村3个,三门峡市级绿化模范乡镇1个、绿化模范村5个。2015年4月,灵宝市继2013年以后再次获得全国普法办公室表彰的第三批"全国法治县(市、区)创建活动先进单位"。2015年6月,《2015年中国工业发展报告》发布了2014年全国工业百强县(市)排行榜单,灵宝市榜上有名,位列第72位。

【农业发展】 2015年,灵宝市特色农业巩固提升,积极探索果品产业转型发展新模式,新建集中连片矮砧苹果示范园136公顷,改造果树3933.33公顷,果品产业社会化科技服务体系建设工程启动实施;食用菌生产总规模达到1.12亿袋,总产值突破11亿元;合同种植烟叶3666.67公顷,实现税收5015万元。核桃、大枣、蔬菜、中药材总面积分别达到22000公顷、7333.33公顷、8266.67公顷、6666.67公顷,特色农业规模优势不断壮大。产业化水平稳步提升,全年全市农业龙头企业稳定在65家以上,新发展农民专业合作社50家、家庭农场12家,总数分别达到400家、100家。年内,新增土地流转面积1000公顷,总面积达到13333.33公顷。品牌建设取得新突破。灵宝川塬古枣林入选第三批中国重要农业文化遗产;"灵宝香菇"通过国家生态原产地产品保护认定。

【现代服务业】 2015年,灵宝市旅游品牌持续提升。以函谷关为龙头,大力实施骨干景区提升工程,燕子山、娘娘山成功创建国家AAAA级旅游景区。灵宝旅游知名度和影响力持续提升,被确定为河南省十大旅游重点县市。商贸服务业发展壮大。全年实施重点商贸流通项目28个,完成投资33.6亿元。恒隆广场商贸综合体快速推进,商业部分主体建成;函谷大酒店改造提升项目建成运营;鸿丰公司5亿千克果蔬物流项目竣工投用。电子商务高速发展。积极对接各类电商平台,成功引进实施阿里巴巴"农村淘宝"项目,市级运营服务中心及第一批52个村级服务站建成运营;"互联网+农业"工作扎实推进,完成31个美丽乡村和45个贫困村电子商务服务网点建设;新农村益联社等本土电子商务企业发展迅速,全市涉农电商发展到368家,基本实现村级全覆盖。房地产市场稳中有升。制定出台了一系列刺激房地产消费的政策措施,成功举办秋季房展会,全年商品房销售面积达到39.1万平方米,增长41.3%。全年第三产业增加值完成114.1亿元,增长6.7%。

【城乡建设】 2015年,灵宝市城市建设改造步伐加快。在改造提升旧城区的基础上,强力推进城市北区与东拓展区一体联动发展,中航星城区域项目快速推进,五龙路断密涧河桥工程进展顺利,金水路、天宝路等路网工程建成投用;第三污水处理厂启动建设,城区出口绿化提升改造工程全面完成,新建改造绿化面积3.8万平方米,城市功能更加完善。城市管理不断规范。持续加大违法违章建筑查处力度,实施重点市场、重点路段、餐饮夜市等专项整治,加强重点区域交通疏导管理,逐步提升环卫机械化水平,城市精细化管理更趋规范。智慧城市创建有序实施。编制完成了顶层设计及运营中心建设等实施方案,智慧教育、智慧交通、智慧公安等重点领域基础架构基本完成。现网运行基站达到1242个,实现了3G/4G网络全覆盖。城市西区、特色小城镇和美丽乡村建设持续推进。城市西区综合开发有序开展,商铺建设及招商工作全面完成。依托蒙华铁路、干线公路、产业集聚区、省际边沿合作等,带动各中心城镇规划、建设和管理水平逐步提升,节点支撑作用不断增强。美丽乡村示范村和"两带一区"建设进展顺利,农村人居环境集中整治行动深入开展,农村环境面貌持续改观。成功申报省级美丽乡村建设试点2个,新创建三门峡市级美丽乡村建设示范村13个。

【社会及民生事业】 2015年,灵宝市加大财政民生投入,稳步实施省、三门峡及灵宝市确定的为群众办实事项目,一批事关人民切身利益的实事、难事得到妥善解决。扎实推进"双创",完成全民技能振兴工程培训1.1万人(次),发放小额担保贷款1.5亿元,扶持创业1770人,新增城镇就业人员14900人,下岗失业再就业6450人;安兴小区保障性住房及配套工程基本完工;实施精准扶贫项目26个,实现7400人稳定脱贫;大中型水库移民避险解困试点项目顺利推进,建成联建移民小院226套;社会保险制度体系不断完善,城乡低保、农村五保集中供养等覆盖面不断扩大。社会事业方面持续巩固义务教育均衡发展成果,8所农村薄弱学校改扩建工程全面竣工,西华小学综合楼工程主体封顶,灵宝市第四小学建成招生;北阳平遗址保护开发工作有序推进,全年送戏下乡320场,放映农村公益电影5136场;广泛开展全民健身活动,积极创建全民健身示范市;新医院综合大楼主体工程封顶,中医楼主体通过验收,灵宝市一院成功创建三门峡首家县级"二甲"医院,全市医疗服务水平不断提升。2015年9月28日,白虎潭水库主体工程竣工,其建成将对流域防洪、供水、灌溉、发电、旅游开发等方面起到积极作用。

【交通建设】 截至2015年9月23日,灵宝市国道原级改造、新改建县乡公路等重大交通项目累计完成投资2.21亿元。2015年,灵宝市强力实施交通项目建设,着力于公路干线改造,进一步健全交通基础设施。国道310线焦村至豫陕界原级改造工程全长59.97千米,总投资21462万元,涉及焦村镇、西阎乡、阳平镇、故县镇、豫灵镇。目前,该工程已完成任务的80%,累计完成总投资17300万元。国道209线大王镇路井至川口段原级改造工程已竣工通车,完成投资4450万元。该项目全长15.14千米,总投资4558万元,涉及大王镇、阳店镇、川口乡、寺河乡。新改建县乡公路方面,2015年上级共下达灵宝市县乡公路建设项目5个30.5千米,总投资3694.4万元。其中,国家、省补助1550.1万元,地方自筹2144.3万元;危桥改造项目3个,总投资380万元;通村公路建设项目(含"十、百、千"项目)共55个99.053千米,总投资4952.2万元。其中国家、省补助1981.06万元,地方自筹2971.14万元。至9月20日张村至阳平街公路改建工程完成投资181万元,洞口至翻里改建工程完成投资67万元,李家沟至底董公路改建工程完成投资74万元。此外,G209至X011(接燕子山景区)公路改建工程、太张民心桥、底董桥、周家原连心桥等项目也在顺利推进。

【灵宝市与河南中旅集团就亚武山景区开发签订战略合作协议】 2015年2月14日,灵宝市与河南中旅集团就亚武山风景名胜区开发签订战略合作协议。灵宝市与省中旅集团就亚武山景区旅游开发的正式签约,既是深入实施"旅游兴市"战略的又一成果,也标志着灵宝市山水景区积极"走出去",在引进战略合作伙伴、推动经营和管理体制改革上迈出了新的步伐。

【央视《乡约》栏目相约函谷关】 2015年4月23日,中央电视台《乡约》栏目"走进灵宝"专题节目在函谷关历史文化旅游区进行录制。《乡约》栏目是央视唯一一档走进地方进行拍摄的大型户外访谈节目,收视率在央视七套24个栏目中稳居第一,央视栏目收视率综合排名第六名。该栏目由全国金话筒奖获得者肖东坡主持,栏目曾先后获得"中国最具品牌价值电视栏目""中国十大最具原创精神电视栏目""中国十大最具商业投资价值的电视栏目"等众多荣誉。此次《乡约》栏目"走进灵宝"专题节目,由中共灵宝市委宣传部主办,函谷关历史文化旅游区承办,在函谷关关楼广场进行拍摄。节目通过才艺展示、嘉宾发言、观众互动等环节,充分展示了灵宝市的历史文化、风土人情、优美景色,对于宣传灵宝美好形象、提升函谷关历史文化旅游区知名度具有重要意义。

【第二十一届三门峡黄河文化旅游节期间灵宝市成功签约项目13个】 2015年5月19日,在第21届中国(三门峡)国际黄河文化旅游节暨投资贸易洽谈会集中签约仪式上,灵宝市成功签约项目13个,金额达45.33亿元。此次签约的13个项目涉及高新技术、装备制造、农业产业、文化教育、特色旅游、商贸服务和基础设施等领域。其中,第一产业项目2个,金额1.74亿元;第二产业项目4个,金额12.35亿元;第三产业项目7个,金额31.24亿元。此次黄河文化旅游节,灵宝市还邀请陕西圣冠达置业有限责任公司、江苏省英海投资发展有限公司等8家企业负责人参加了经贸客商餐叙会,组织客商进行了面对面的沟通和交流,为灵宝市发展提出了意见建议。

【"千人穿越函关古道"活动】 2015年5月24日,第21届中国(三门峡)国际黄河文化旅游节活动之一的"千人穿越函关古道"活动启动仪式在函谷关关楼广场隆重举行。活动分为"入关仪式""西楼闯关""徒步穿越,古道寻宝""幽谷留言"四大部分,活动中穿插了查验关文、关前喊关、古道寻宝等活动,让游客在穿越古道过程中进行寻宝,激发了游客兴致,增加了活动的趣味性。启动仪式结束后,工作人员向游客发放入关文书,游客持入关文书步行至西关楼,经过查验关文、关前喊话等环节进入古道,线路起点为西关楼,终点为"西原大战"遗址古道驿站,成功穿越古道的游客除了可以获得丰厚的奖品外,还可以领取留言条,写下当时所感所悟,悬系于留言林中,为活动画上圆满句号。

【豫灵产业园污水处理厂项目开工建设】 2015年7月13日,豫灵产业园污水处理厂项目开工建设。该项目占地1.48公顷,总投资7737.71万元,其中厂区工程投资5432.42万元,管网工程投资2305.29万元。设计日处理污水规模2000万千克,收水面积2.3平方千米。根据产业园发展实际,先期投资4000万元,建设日处理1亿千克污水处理厂,项目采用二级生物处理和深度处理相结合的污水处理工艺,经处理后的污水达到了《城镇污水处理厂污染物排放标准》一级标准。项目计划2015年年底建成试机,项目投产后,将增强集聚区的环境承载力,极大地改善豫灵产业园投资环境,促进项目入驻。

【吉尔吉斯共和国贾拉拉巴德州访问团到灵宝市考察】 2015年7月31日,吉尔吉斯共和国贾拉拉巴德州州长艾加姆别尔吉耶娃一行到灵宝市考察黄金开采项目。在灵宝考察期间,艾加姆别尔吉耶娃一行参观了函谷关古文化旅游区，并到黄金股份公司以及所属的华鑫铜箔公司、黄金冶炼分公司、鸿宇电子有限公司进行考察。艾加姆别尔吉耶娃盛赞三门峡“黄河明珠”名不虚传，欢迎三门峡企业到吉尔吉斯参与基础设施等方面建设，希望双方进一步推动开展多领域多层次多形式的合作。

【玉瑞公司核桃油系列产品上市】 2015年9月11日，灵宝市玉瑞生物科技有限责任公司“亚武山”核桃油系列产品上市发布会举行。此次产品发布会是玉瑞公司转型成功的标志，从饮品到油品，从单干到合作，从传统到高端，玉瑞公司走出了一条不同寻常的创业路。

【电影《箭鱼》在函谷关景区开机】 2015年9月22日，电影《箭鱼》在函谷关景区举行开机仪式暨新闻发布会。电影《箭鱼》根据周浩晖的同名小说《箭鱼》改编，由著名导演丁亚执导，青年演员梁笑、赫林主演。影片以真实故事背景为依托，主要讲述了灵宝市公安干警维护国家财产和人民群众生命安全的故事。这部电影总投资600万，拍摄周期20天左右，计划于2016年4月22号参加北京电影节，5月20号全国公映，9月21号参加唐山金鸡百花奖映播。

【灵宝市新增两家AAAA级景区】 2015年11月，全省乡村旅游示范县、示范乡(镇)、示范村、示范休闲农庄名单公布，灵宝市娘娘山景区、燕子山景区被评为国家AAAA级旅游景区。至此，灵宝市已拥有国家AAAA级旅游景区4家，其余两家分别为函谷关景区和汉山景区。同时灵宝市寺河乡、焦村镇获河南省乡村旅游示范乡(镇)。

【2015中国品牌价值评价信息发布——“灵宝苹果”获第十名】 2015年12月12日，2015中国品牌价值评价信息发布会在北京举行。灵宝市“灵宝苹果”登上2015中国品牌价值评价初级农产品(含花卉)类地理标志产品第十名，品牌强度820，区域品牌价值171.08亿元。“十二五”期间，“灵宝苹果”被国家质检总局确定为首批15个国家生态原产地产品保护之一，先后获“中国生态原产地知名品牌”“中国知名品牌”“中国十大苹果”“中国果品区域公用品牌50强”等称号，连续六年位居全国县级第一。至2015年底，灵宝市苹果种植面积达6万公顷，占全市农业总产值的52.81%，苹果人均收入9300元。

【《灵宝简明通志》编纂工作启动】 2015年，《灵宝简明通志》编纂工作由市委党史地方志办公室负责组织实施，旨在探究灵宝文明起源、挖掘灵宝宝贵文化资源、客观真实地记载灵宝(阌乡)在发展过程中所发生的重大事件，向人们展示较为完整的灵宝发展历史。记载内容包括自然、人文、政治、经济、文化、军事、人物等方面，起迄年限为上起黄帝，下迄公元1949年9月。计划编纂三卷，分别为自然物产卷、风情人物卷、建制百科卷。规划编纂时间为5年，分为准备、编纂、评审出版三个阶段。据了解，现时期编纂《灵宝简明通志》主要是通过挖掘灵宝市宝贵文化资源，加深全市人民对灵宝地方历史的学习和了解，激发广大干部和群众建设“富裕文明、生态宜居”美丽灵宝的热情和干劲，为灵宝市加快推进全面建成小康社会提供可靠翔实的资料借鉴和精神动力支撑。

【灵宝市与潼关县联手打造黄河金三角工业新区】 2015年，灵宝市与潼关县正式签订建立黄河金三角工业新区合作协议，决定在相邻的灵宝市豫灵产业集聚区和潼关县工业园区的基础上，组建一个大的一体化工业区，即黄河金三角工业新区，进一步促进区域协调发展，联合提升工业发展水平，推进灵宝与潼关两地产业联盟、企业合作，着力打造中西部有色金属深加工基地。据了解，该协议的目的和意义在于，遵循《晋陕豫黄河金三角区域合作规划》中“永济—潼关—灵宝—芮城”次区域合作规划，共同推进黄河金三角工业新区建设。同时，以工业新区发展为基础，整合两县市的资源优势，形成区域联动、资源共享，政策通用、市场共建的大产业格局；依托两县市现有的黄金产业基础，以有色金属采选冶炼及精深加工为重点，推进企业兼并重组，构建黄金勘探—冶炼及综合回收—精深加工贸易—黄金文化旅游产业链；合力消除黄河金三角工业新区的障碍因素，建立区域工业合作机制、区域工业无壁垒工业标准体系和工业投诉处理联动机制，打造经济发展安全、文明、健康、和谐的良好环境，实现区域工业一体化。组建黄河金三角工业新区，双方采取互利互惠原则。两县市政府和所属企业在新工业区内的工业发展规划、基础设施建设、产品开发、产品宣传促销等方面实现互利互惠、多方共赢。新工业区内双方之间提供的优惠政策平等享受。

【灵宝市9家企业入库全国规模以上工业企业名录】 2015年，为促进工业经济健康持续发展，灵宝市在加大结构调整的同时，重点抓好工业企业入国家规模以上名录库工作，并取得了明显成效。全市共申报入全国规模以上工业名录库企业9个，主要分布在城东产业集聚区内，分别为灵宝金源朝辉铜业有限公司、灵宝市家宜佳建材有限责任公司、灵宝鸿宇电子有限责任公司、灵宝市宝一讯电子有限公司、灵宝市通用电器有限责任公司、河南孟成生物药业股份有限公司、河南和意服饰有限责任公司、灵宝市远村天然食品有限责任公司、河南东来木业有限责任公司。新入库的工业企业从行业结构上看，以高新技术产业为主，打破了全市传统的资源型工业结构，不仅为全市整体经济持续发展注入新的活力，更为全市高新技术产业良好发展奠定基础。所申报的9个企业均已通过省、国家审批，成功进入全国规模以上工业企业联网直报平台，入库企业个数之多、规模，属历年来之最。 (赵　阳)

2015年灵宝市各乡镇基本情况

表6

乡镇	总人口数(人)	粮食总产量(万千克)	棉花总产量(万千克)	油料总产量(万千克)	烟叶总产量(万千克)	肉类总产量(万千克)	水果总产量(万千克)	大牲畜存栏(头)	生猪存栏(头)	山绵羊存栏(只)	农业总产值(万元)	农村工业总产值(万元)	乡级财政收入(万元)	农民人均纯收入(元)	党委书记	乡镇长
城关镇	8857	190.50	0	0	0	47.40	342.00	375	3218	1956	11566	853937	2873.47	13321	杨东克	张博博
尹庄镇	47964	1052.30	7.0	15.30	0	338.93	6550.70	1961	21667	8240	50500	586800	4008	11330	郭辉平	张金科
朱阳镇	45916	2238.20	0	2.40	464.10	151.30	7676.00	21102	15573	16644	81700	349000	3335	13190	王先层	袁　峰
阳平镇	75369	3087.40	6.70	109.10	4.50	340.19	15939.30	11307	27427	6136	76894	1443000	1709	13300	陈　伟	屈跃民
故县镇	42190	1774.50	7.30	71.60	25.70	395.20	7321.40	1839	36168	2850	29900	1523600	6796.3	12955	郭振水	杨晓波
豫灵镇	61485	2647.60	11.90	105.20	0	145.10	9836.30	5920	11070	8889	51000	49622	12600	13803	许志忠	杜继英
大王镇	68261	2178.00	7.90	93.60	0	165.30	7689.20	2256	8116	9514	110000	100132	696	12948	王胜民	秦剑波
阳店镇	59919	2117.50	7.40	20.30	0	166.90	11232.30	1438	21620	3886	57000	137000	1016	10964	王晓东	杨强强
函谷关镇	26263	831.10	1.60	23.00	0	183.72	8924.00	1763	9660	2826	36000	49000	714	12088	吴　波	李　刚
焦村镇	53560	1275.70	8.20	201.70	0	427.40	13895.00	453	26670	8920	98522	142621	877.56	12705	索　磊	张琳凡
川口乡	30272	1157.20	5.00	22.50	19.80	100.84	5768.90	2038	9419	6700	33280	20127	937	10640	王　伟	樊志刚
寺河乡	7162	223.80	0	0	0	46.30	9139.00	6714	2595	2883	15000	60000	415	10606	张建霞	张玉峰
苏村乡	27379	1437.70	2.40	0	133.50	202.61	19669.80	13913	8401	19944	14000	39799	1530.57	11753	杨　娟	段建强
五亩乡	37424	1160.90	1.40	19.20	262.50	154.03	12226.10	11951	6712	19493	36100	490400	2920	11650	杜华卫	胡雅震
西阎乡	53897	1734.20	9.80	156.50	0	95.18	12723.00	1559	6701	9880	51000	275000	787.4	11456	王宏伟	毋润芳
涧东区	62504	19.50	0	0	0	6.90	74.20	0	998	0	—	—	—	—	倪卫波	—
涧西区	43724	11.00	0	0	0	7.80	45.50	0	900	396	—	—	—	—	李建华	—

（赵　阳）

卢氏县

【概况】 2015年，卢氏县委、县政府紧紧围绕“生态旅游名县、特色农业强县”总体定位，深入实施“生态立县”战略，较好完成了县十二届人大五次会议确定的各项目标任务。完成地区生产总值78.2亿元，增长7.5%；公共财政预算收入5.63亿元；固定资产投资110.6亿元，增长18.6%；规模以上工业增加值13.7亿元，增长11.8%；社会消费品零售总额36.5亿元，增长13%；城镇居民可支配收入21283元，增长7%；农民人均可支配收入7408元，增长11.1%。物流、餐饮等产业发展迅速，第三产业增加值29.9亿元，增长6.2%。2015年，卢氏县《卢氏县乡村旅游发展规划》编制完成，《大鲵湾生态旅游区旅游发展总体规划》通过评审；豫西大峡谷景区新一轮优化升级改造项目投用，双龙湾西虎岭农家风情园、红石谷·樱桃沟、冠云山、大鲵湾等景区建设顺利推进；文峪乡庙沟村、横涧乡淤泥河村等5个乡村旅游点配套设施更加完善；成功举办第九届全国双胞胎漂流大赛、第八届中国中西部(双龙湾)亲水狂欢节等节会赛事活动，旅游影响力显著增强。全年接待游客56.6万人(次)，旅游业总收入9.5亿元。2015年，卢氏县第三产业蓬勃发展，被国家财政部、商务部确定为第二批全国电子商务进农村综合示范县，卢氏县大众电商创业园暨阿里巴巴农村淘宝服务中心建成，实现全县农村电子商务全覆盖。2015年，卢氏县严格落实安全生产“一岗双责”制度，安全生产形势保持稳定；新建一批科技防控设施，开展社会治安专项整治行动，社会治安稳定。坚持县级领导接访、带案下访制度，加强三级网络建设和矛盾纠纷排查，及时消除隐患，无越级上访事件。老年人、残疾人权益得到保障。机关事务、农机、红十字、工会、共青团、妇女儿童、工商联、史志档案、编制等工作取得新进展。

【现代农业】 2015年，卢氏县粮食产量1.1亿千克；烟叶产值3.25亿元；引进羊肚菌、蛹虫草等食用菌新品种6个，发展食用菌9198万袋，产值6.86亿元，出口创汇3115万美元，荣获“十二五”百项优秀成果2个(全国优秀食用菌主产基地县、全国优秀食用菌工作创新奖)。新发展中药材800公顷，繁育优质中药材种苗150万株，产值3.2亿元。大牲畜饲养量12.8万头(只)，卢氏鸡饲养量620万只，畜牧业产值4.8亿元。引进水果品种20余个，新发展果树12866.67公顷，实现产值1.5亿元，荣获“河南省引进国外智力成果示范推广基地”称号。建设东明黑马渠、杜关石峪、范里大原3个万亩核桃基地。完成农业实用技术培训2.35万人(次)，劳务输出8万人(次)；新增市级龙头企业2家，市级以上龙头企业达到17家；新引进农业出口企业2个、农业出口企业达到7家；新增家庭农场2家、专业合作社12家、特色农业示范园区3家；完成土地流转面积6153.33公顷；全县“三品一标”新认证5个，累计达到44个。荣获河南省著名商标5个，成为河南省地理标志产品最多的县。

【工业化集群建设】 2015年，卢氏县总投资130.73亿元的13个工业项目累计完成投资17亿元，“三个百亿级产业集群”初具规模。总投资80亿元的中金集团中原矿业公司夜长坪钼矿改扩建、总投资10.8亿元的中昊乐氏同仁药业三门峡莘原制药200亿片(袋)中药制剂项目快速推进；北方公司120万千克选厂二期改扩建、中金公司五里川锑矿开发利用等项目稳步推进；官坡石材开发、华阳食品核桃仁加工二期等项目竣工投产；天宝蜂业有限公司3000平方米标准化厂房建成投用。产业集聚区1172.6米道路路基、供排水等配套设施建成。区内累计入驻项目32个，其中建成投产29个，完成年度固定资产投资45.3亿元，实现营业收入40.3亿元、税收1.06亿元。

【招商引资】 2015年，卢氏县完成招商引资27亿元，实际利用省外资金26.5亿元；组织参加各类经贸节会16次，签约项目26个、金额79.2亿元。总投资373.3亿元的79个重点项目，累计完成投资66.2亿元；中昊乐氏同仁药业三门峡莘原制药年产200亿片(袋)中药制剂项目快速推进，5个生产车间主体完工。共争取国家专项建设基金2.43亿元。与北京怀柔在招商引资、项目建设等领域进行合作。5月19日，在国际文博城会展中心多功能厅举行的经贸客商交流推介大会暨签约仪式上，卢氏县签约项目12个，签约金额31.45亿元。

【脱贫攻坚】 2015年，卢氏县争取政策性资金4082万元，扶持10个乡镇22个村2162户群众发展中药材、林果、食用菌等增收项目，实施科技扶贫项目4个，扶持贫困群众479户1838人；实施搬迁扶贫，范里、文峪等6乡镇7个安置点571套房屋全部完工，可搬迁贫困群众2463人；实施15个村整村推进项目；完成“雨露计划”培训3248人(次)；各驻村工作队为贫困村直接投资3265万元，帮助引进项目310个；成为全省国家农发行支持贫困地区易地扶贫搬迁项目2个县之一，第一批国家专项建设基金7900万元到位，申请国家农发行长期低息优惠贷款2.37亿元。全年脱贫1.34万人，完成市县确定的全年目标。

【城镇化建设】 2015年《卢氏县城市总体规划(2004-2020年)》通过评审，《卢氏县城乡总体规划(2014-2030年)》编制完成。朱阳关等5个乡镇局部控制性和10个乡镇控制性规划编制完成。计划总投资16.9亿元的特色商业区综合开发项目完成投资1.2亿元。总投资2.5亿元的城区燃气门站、供气站等设施建成；东城明珠、鸿泰金地苑等小区通气使用。滨河路、文化路等4条道路亮化工程完工。第二污水处理厂建成投用，第二垃圾处理厂开工建设。新建人防工程4921平方米。完成危房改造9735户。总投资2.3亿元的189个美丽乡村建设项目全部完工，打造了横涧乡淤泥河村、汤河乡汤河村等一批精品示范村;1个国家级、3个省级试点村正在建设,34个示范村全部通过市级验收,被评为“全省改善农村人居环境建设美丽乡村工作先进县”。

【基础设施建设】 2015年,卢氏县蒙华铁路卢氏境内工程开工;三淅高速公路卢氏境内全线贯通;国道209线卢氏县城至五里川段、五里川至三南交界段改建工程完工,国道344线淤泥河口至河口段、省道331线三南界岭东至官坡改建工程建成通车;新增国道344线官坡至豫陕界改建工程立项;100千米通村公路和水毁公路修复工程完成;城西洛河大桥桥面铺设工程完工。投资1872万元建成农村饮水安全工程101处,解决了16个乡镇83个行政村3.4万名农村居民和28所中小学校5800名师生的饮水安全问题;投资1000万元的范里大原核桃基地节水灌溉及饮水工程稳步推进;投资1678万元在朱阳关镇、狮子坪乡治理水土流失47.47平方千米;投资4600万元的洛河、老灌河等河道治理工程完成,新建堤防14.8千米,加固堤防16千米,维修养护堤防2970米。争取四批农配网专项改造资金3711万元。新建4G通信基站200个,实现乡镇政府所在地、景区、高速公路、蒙华铁路沿线等主要区域全覆盖。

【生态建设】 2015年,卢氏县深入实施“蓝天、碧水、绿色、乡村清洁”四大工程,全县生态环境大为改观。整治城区燃煤锅炉、建筑施工粉尘、机动车尾气等污染,大气环境质量优良天数达346天,空气质量达标率97%;加快城区、南水北调水源区污水管网等项目建设,整治洛河、淇河、杜荆河等重点流域水污染,洛河大桥断面水质达到二类标准,老灌河朱阳关断面水质达到三类标准,城市集中饮用水源地取水水质达标率100%;完成林业生态建设14320公顷,在全国造林综合核查中居前列;全面开展农村环境综合整治和生态创建,262个行政村达到“六清三化四规范”标准,示范区生活垃圾定点存放清运率达100%,生活垃圾无害化处理率达70%;1个省级生态村和10个市级生态村分别通过省市验收,成为省、市生态村建设的典型。

【民生事业】 2015年,卢氏县投资2.1亿元的“十项民生工程”全面落实。教育教学质量持续攀升,69人被重点高校录取;总投资707万元的8所学校长效机制项目完成5所,西城区小学开工建设。朱阳关镇、狮子坪乡卫生院新病房楼开工,47个村卫生室全部建成;县医院、中医院实施药品零差价销售,公立医院改革稳步推进;新农合参合率100%。举办纪念抗日战争暨世界反法西斯战争胜利70周年大型红歌会;城隍庙维修项目立项,第一次全国可移动文物普查工作进展顺利;广播电视户户通工程建设规划完成,塔子山转播台基础设施建设工程完工。引进科技专家32人,申请专利10件,实施新品种引进等科技项目59个,申报的三门峡市连翘深加工、三门峡市钨钼综合利用等4个工程技术研究中心获市科技局认定;中金集团夜长坪钼矿尾矿库综合利用新技术通过专家评审。杜关、范里等12所敬老院升级改造及双龙湾镇和瓦窑沟乡2所敬老院改扩建工程完工,在全县19所敬老院实施“温暖工程”;社会福利中心和流浪乞讨救助站正在建设;严格落实拥军优属政策,投资800万元的全县散葬烈士迁建工作完成,蝉联省级双拥模范县五连冠。发放小额担保贷款7325万元,新增城镇就业人数7510人,发放社会保障卡13万余张;城乡居民社会养老保险参保率85%;城市低保标准线由每人每月300元提高到380元,人均月补助水平由205元提高到226元,城乡低保、农村五保实现应保尽保。 (常琳静)

【卢氏—怀柔协作发展战略框架协议签订】 2015年4月25日,卢氏县与北京市怀柔区在雁栖湖旅游服务中心签订协作发展战略框架协议,卢氏县7家企业和单位分别与怀柔区企业签订项目合作意向书或签约,签约金额10.6亿元。

【大鲵湾景区旅游规划通过评审】 2015年5月8日,卢氏县大鲵湾景区旅游规划评审会在迎宾馆五楼会议室召开。评审团听取并观看了规划团队的专家们关于《大鲵湾旅游总体旅游规划和部分区域修建性详细规划》的情况汇报,对规划中存在的问题提出了意见和建议,一致通过该规划。

【河南省、三门峡市文联文艺支教项目服务点授牌仪式举行】 2015年5月18日,中国文联、河南省文明办、河南省文联、三门峡市文联文艺支教项目服务点授牌仪式在卢氏县城关镇中学举行。河南省文联为城关镇中学和育才中学授予“文艺支教志愿服务项目点”牌匾。

【7个重点项目同时开工】 2015年6月17日,卢氏县第二批重点项目集中开工仪式在横涧乡淤泥河村举行,此次集中开工项目共有7个,总投资95.7亿元。分别是横涧乡淤泥河美丽乡村建设项目、卧佛山景区开发项目、蒙西至华中地区铁路卢氏段建设工程、南水北调豫京对口协作项目、范里镇大原村核桃基地提水灌溉项目、官坡镇垃圾填埋场建设项目、中央彩票公益金杜关扶贫项目,2015年计划完成投资10.5亿元。

【中国老区促进会到卢氏县调研】 2015年6月19日至20日,中国老区促进会副秘书长宋红蕾带领调研组,深入卢氏官坡镇凤凰山农业生态观光园、兰草村红二十五军军部旧址、兰草村新型社区参观,了解该村经济发展、群众的经济和生产生活情况,对加快老区建设及老区脱贫工作提出建设性的意见和建议。

【2015年山洪预警及抗洪抢险演练】 2015年7月6日,卢氏县在全县范围内组织开展2015年山洪预警及抗洪抢险演练。卢氏县防汛指挥部成员单

位、各乡(镇)等约2万人参加演练。通过收集汛情、启动县级二级预警、进行视频会商、提升预警等级、下达抢险命令、汇报演练情况等环节,圆满完成了各项预定任务。

【省人大常委会副主任、党组副书记张大卫到卢氏县调研指导工作】 2015年7月10日至12日,省人大常委会副主任、党组副书记张大卫到官道口镇雏鹰农牧生态养殖基地、杜关镇荆彰烟叶合作社、范里镇顺林食用菌专业合作社和大原核桃生态基地,了解卢氏特色产业发展情况;到卢氏产业集聚区察看乐氏同仁药业科技有限公司年产200亿片(袋)中药材制剂项目,和天宝蜂业年产300万千克蜂蜜50万千克王浆花粉蜜项目,指导督促卢氏县“三严三实”专题教育、扶贫开发和经济社会发展工作。

【沙河乡“将军亭”落成揭牌】 2015年7月12日,位于卢氏县沙河乡将军岭上的“将军亭”正式落成。省十届人大常委会副主任、省助残济困总会主席张世军,省外事办原主任蔡留海,省委组织部原常务副部长王忠厚,省外贸厅原厅长侯国富等出席揭牌仪式。将军亭的落成和正在修复的大明禅寺、将军庙、什方院以及旅游公路、登山步道,标志着卢氏扶贫开发和旅游业开发将进入一个新的阶段。

【易地扶贫搬迁7900万元资金项目获批】 2015年9月14日,被列入2015年国家专项建设基金第一批项目名单的卢氏县易地扶贫搬迁项目获批,国家专项建设基金7900万元投放到位。项目后续的2.37亿元扶贫贷款正在申报之中,共可争取项目资金3.16亿元,有效解决卢氏县易地扶贫搬迁中群众自筹资金难题。该项目是三门峡市首个获批的国家专项建设基金项目。

【《卢氏民间剪纸集成》出版发行】 2015年10月,《卢氏民间剪纸集成》正式出版发行,该书共收集了50余位民间剪纸艺人的600余幅剪纸作品,题材涉及历史、人物、戏曲、民俗、传说故事、鸟兽虫鱼、草木五谷、果蔬禽畜等方面。

卢氏老鹳河

【《卢氏历史文化研究》出版发行】 2015年10月22日,《卢氏历史文化研究》出版发行座谈会在县委三楼会议室召开。该书汇集了国家、省、市、县专家学者有关卢氏历史文化研究的最新成果,重点厘清了三个问题:一是卢氏建县于先秦时期,而非汉代。二是卢氏县名来源于卢氏山,而非卢敖。三是卢姓发源地在卢氏县。填补了国内在卢氏历史文化研究方面的一些空白。

【第十五届豫陕鄂三省十一县治安联防协作会议在卢氏县召开】 2015年11月12日,第十五届豫陕鄂三省十一县(河南省卢氏县、西峡县、淅川县、灵宝市、洛宁县和陕西省商南县、丹凤县、山阳县、洛南县,以及湖北省十堰市的郧阳区、郧西县)治安联防协作会议在卢氏县召开。会上,与会各县(市、区)领导分别就强化治安联防协作形式和内容进行深入交流,对今后加强机制建设,丰富协作内涵,加强协作进行规划和设计。

【中国科学院地质与地球物理研究所院士专家到卢氏县考察】 2015年12月28日,中科院院士、中科院地质与地球物理研究所副所长吴福元,中科院院士翟国明及中科院地质与地球物理研究所研究员一行9人到卢氏考察,为卢氏科研示范基地暨院士工作站搬迁新址揭牌,并进行相关合作课题学术交流。

【首个贫困村电子商务标准化示范站运营】 2015年12月12日,卢氏县首个贫困村电子商务标准化示范站——双龙湾久富村电子商务服务站正式运营。该站点可为酒付村及周边5村8000余人提供当地特色产品上行、工业品下行、农业信息发布及电子商务技术培训、应用等功能。

【三淅高速卢氏至西坪段、西坪至寺湾段正式通车】 2015年12月26日,三淅高速卢氏至西坪段、西坪至寺湾段正式通车。该项目2011年12月22日开工,总投资135.48亿元,全长121.7千米,北起三淅高速灵卢段,经卢氏、西峡、淅川,终点与湖北省十堰至郧县高速公路相接,设计时速80千米/小时,是现阶段河南省建设难度最大、桥隧比最高、单千米投资最高的建设项目。 (王欢欢)

2015年卢氏县各乡镇基本情况

表7

乡镇	粮食总产量(万千克)	油料总产量(万千克)	烟叶总产量(万千克)	水果总产量(万千克)	肉类总产量(万千克)	大牲畜存栏(头)	生猪存栏(头)	山绵羊存栏(只)	总人口(人)	农业总产值(万元)	农民人均纯收入(元)	乡级财政收入(万元)	党委书记	乡镇长
城关镇	25.00	—	—	46.01	14.20	210	806	510	37541	2498	11350	9831	杜元恒	卫军强
杜关镇	868.40	0.60	259.70	1071.20	77.80	8177	2132	6158	18507	20930	8121	2033	符永卫 薛黎辉 (4月离任)(4月任)	薛黎辉 张 攀 (4月离任)(4月任)
五里川镇	426.00	—	9.0	1009.30	46.00	2210	1799	1987	20084	23609	7293	1488	季保军 石卢江 (4月离任)(4月任)	陈海涛
官道口镇	1347.10	9.20	234.00	1113.70	147.60	8332	14032	1110	21459	21284	8185	2649	郝建生	张海军
朱阳关镇	295.90	—	3.00	2.90	23.80	173	1223	825	16854	18020	6414	656	吴德方 呼延向阳 (7月离任)(7月任)	段怀成
官坡镇	558.00	—	149.40	225.30	33.50	1592	1065	1519	27241	22495	7056	893	马俊峰	常 勇
范里镇	1950.50	4.10	211.10	952.60	51.40	5685	1369	5961	36764	30635	7837	2735	李经宇 樊卫星 (7月离任)(7月任)	樊卫星 赵双亮 (7月离任)(10月任)
东明镇	1196.40	14.70	212.50	642.20	66.60	3995	1620	3082	30592	23301	8682	3785	李 新	石卢江 田 雨 (4月离任)(4月任)
文峪乡	857.00	7.00	60.00	597.50	68.20	3611	2404	2888	30049	20980	6774	1416	彭光华	王 峰
横涧乡	984.30	—	132.70	327.40	67.00	4751	1844	6495	32272	21068	6839	1281	郭军文	李敏霞
双龙湾镇	366.60	11.00	28.30	159.60	57.90	2278	1574	2535	13813	14320	7366	3736	张锐峰	赵建波
双槐树乡	239.10	—	36.90	237.90	23.20	136	1239	948	12919	17053	6517	1286	马建东	谌建峰
汤河乡	247.30	—	4.00	272.50	46.40	1949	1848	2121	10707	18156	6435	907	薛红军	周靖峰
瓦窑沟乡	217.70	6.20	6.00	141.50	24.00	538	2048	597	13961	20520	6851	633	程 远	李润方
狮子坪乡	331.50	—	14.50	153.10	32.60	903	1999	1038	10778	23550	6907	383	轩辕军	陈文周
沙河乡	969.20	—	269.70	445.10	34.00	2674	1219	1552	14665	20948	7455	3108	张 青 陈东旺 (4月离任)(4月任)	陈东旺 张 磊 (4月离任)(4月任)
徐家湾乡	340.00	0.80	32.10	90.40	57.80	821	1420	1403	9664	15512	6431	1656	方 勇	李栋梁
潘河乡	702.60	8.10	60.60	179.30	54.30	7173	1021	4561	12996	17256	6787	3234	符红林 陈溯源 (10月离任)(10月任)	陈溯源 张东阳 (10月离任)(10月任)
木桐乡	368.40	—	71.50	77.10	46.50	5368	1047	2312	8352	14678	6410	2786	胡 祺	魏海峰

(常琳静 王欢欢)

·编辑 赵玉丽·

2015年新任领导

安 伟 中共三门峡市委副书记、提名为三门峡市人民政府市长候选人、代理市长。汉族，1966年5月出生，河南镇平人，1988年5月加入中国共产党，1991年6月参加工作，历史学硕士，在职经济学博士。

1984年9月至1988年7月，在河南大学政治系学习；1988年7月至1991年6月，为兰州大学马克思主义科学系世界近现代史专业研究生；1991年6月至2009年6月，在河南省委政策研究室工作，历任财贸处副主任干事，财贸处、综合处主任干事，综合处助理调研员、副处长、处长，省委政策研究室副主任(其间：1991年6月至1992年7月，在鄢陵县彭店乡锻炼；2001年2月至2001年6月在河南省委党校第二期青干班学习；2008年12月，获华中科技大学经济学博士学位)；2009年6月至2013年4月，任河南省委副秘书长；2013年4月至2015年4月，任河南省委农村工作办公室常务副主任（正厅级)；2015年4月至7月，任新乡市委副书记；2015年7月至11月，任新乡市委副书记、市委党校校长；2015年11月至12月，任河南省三门峡市委副书记，提名为三门峡市人民政府市长候选人，代理市长。

张松林 三门峡市人大常委会副主任。1963年11月出生，汉族，河南唐河人，1982年7月参加工作，1986年3月加入中国共产党，中央党校大学学历。

1979年9月至1982年7月，南阳师范专科学校化学系化学专业学习；1982年7月至1984年12月，河南第二印染厂子弟学校教师；1984年12月至1986年1月，河南第二印染厂团委副书记；1986年1月至1986年8月，共青团三门峡市委副书记；1986年8月至1989年10月，共青团三门峡市湖滨区委副书记，1988年12月任代理书记；1989年10月至1992年5月，共青团三门峡市湖滨区委书记；1992年5月至6月，三门峡市委组织部工作；1992年6月至1995年6月，三门峡市委组织部正科级组织员；1995年6月至1996年7月，三门峡市委组织部干部一科副科长；1996年7月至1998年8月，三门峡市委办公室正科级秘书，市委组织部正科级组织员；1998年8月至12月，三门峡市教委党委委员、纪委书记；1998年12月至2004年10月，三门峡市委组织部副县级组织员；2004年10月至2007年6月，三门峡市体育局局长、党组书记；2007年6月至2010年7月，义马市委副书记、市长；2010年7月至2012年10月，义马市委书记；2012年10月至2015年4月，渑池县委书记，2014年2月兼任渑池县产业集聚区党工委书记；2015年4月当选三门峡市第六届人民代表大会常务委员会副主任。五届、六届三门峡市委委员。

李庆红 三门峡市人民政府副市长。汉族，1959年11月出生，河南温县人，1983年6月加入中国共产党，1982年8月参加工作，工商管理研究生学历。

1978年9月至1982年7月，在河南大学中文系中文专业学习；1982年8月至1992年3月，历任灵宝市尹庄镇副镇长、副书记、灵宝市委党校副校长、灵宝市委宣传部副部长兼市委党校党总支书记；1992年4月至1993年7月，任三门峡市妇联副主任；1993年8月至1999年3月，先后任湖滨区政府副区长、区委副书记(1995年12月天津大学工商管理研究生毕业);1999年4月至2001年2月,任三门峡市房管局党组书记 (其间2000年3月至5月参加省委党校第二期市直领导干部进修班学习);2001年3月,任中共三门峡市委党校党委书记、常务副校长,三门峡行政学院常务副院长,三门峡市社会主义学院院长 (其间2002年9月至2003年1月参加省委党校第31期中青年干部培训班学习;2003年12月评为政治学副教授。中国共产党河南省第七次、第八次代表大会代表);2011年6月兼任三门峡市教育局局长、党委书记;2012年4月至2015年4月,任市政府党组成员,教育局党委书记;2015年4月至6月,任三门峡市人民政府副市长,教育局党委书记;2015年6月,任三门峡市人民政府副市长。

庆志英　政协三门峡市第六届委员会副主席、党组成员,三门峡市委组织部常务副部长,五届、六届三门峡市委委员。汉族,1964年3月生,河南孟津人,1982年3月参加工作,1984年11月加入中国共产党,河南省委党校研究生学历。

1982年3月至1985年11月,在河南省三门峡市针织厂工作;1985年11月至1987年9月,在河南省三门峡市团委工作;1987年9月至1989年6月,为河南省三门峡市委党校大专班政管专业学生;1989年6月至1997年12月,在河南省三门峡市团委工作,1989年11月录用为干部,1992年3月任副科级协理员,1993年6月任团市委宣传部长,1996年3月任团市委副书记(其间:1993年8月至1995年12月在中央党校函授学院本科班经济管理专业学习);1997年12月至1999年4月,任河南省渑池县委常委、办公室主任;1999年4月至2000年2月,任河南省三门峡市湖滨区委常委、组织部长;2000年2月至2001年11月,任河南省卢氏县委副书记、纪委书记 (1998年9月至2001年6月在河南省委党校行政管理专业在职研究生学习);2001年11月至2004年10月,任河南省卢氏县委副书记;2004年10月至2010年1月,任河南省三门峡市妇女联合会主席、党组书记;2010年1月至2012年3月,任河南省三门峡市委组织部副部长(正县级);2012年3月至2015年4月,任河南省三门峡市委组织部常务副部长;2015年3月,被提名为政协三门峡市第六届委员会副主席候选人,三门峡市委组织部常务副部长;2015年4月,任河南省三门峡市政协副主席、党组成员。

孟　斌　河南省三门峡军分区政治委员。汉族,中共党员,山东费县人,1964年7月出生。1981年10月入伍,研究生学历,大校军衔。

1981年10月入伍,历任师新闻干事,报道组长,原济南军区电视宣传中心副主任,军区新闻处副处长、处长,军区理论研究室主任,军区政治部宣传部副部长等职,曾兼任中央人民广播电台、中央电视台、解放军报、光明日报、经济日报、中国青年报、法制日报特约记者和驻军区记者站站长等职。2015年2月任河南省三门峡军分区政治委员。

梁　维　三门峡市中级人民法院院长、党组书记。汉族,1962年8月生,河南郸城县人,1984年2月加入中国共产党,河南大学经济学硕士学位,中央党校研究生学历。

1979年8月至1980年12月,河南省郸城县虎岗公社林场知青;1980年12月至1981年3月,河南省周口地区群艺馆工作;1981年3月至1983年3月,郑州大学中国语言文学专业进修学习;1983年3月至1986年9月,河南省鹿邑县文化局办事员、股长;1986年9月至1988年1月,河南省鹿邑县文化局副局长、党组成员;1988年1月至1989.年3月,河南省鹿邑县观堂乡党委副书记;1989年3月至1990年1月,河南省鹿邑县观堂乡党委副书记、乡长;1990年1月至1993年12月,河南省鹿邑县辛集乡党委书记;1993年12月至1996年7月,河南省周口地区法院办公室主任;1996年7月至1997年12月,河南省周口地区法院办公室主任、副处级审判员;1997年12月至1998年3月,河南省西华县人民法院代院长;1998年3月至2003年6月,河南省西华县人民法院院长;2003年6月至2004年3月,河南省商水县人民法院院长;2004年3月至2008年12月,河南省周口市中级人民法院副院长、党组成员;2008年12月至2015年3月河南省周口市中级人民法院党组副书记、副院长、正处级审判员(2008年9月至2011年7在中央党校在职研究生班法学理论专业学习);2015年3月至2015年4月河南三门峡市中级人民法院院长候选人;2015年4月,河南三门峡市中级人民法院院长、党组书记。

全国性荣誉称号获得者

全国劳动模范

张福元　河南中原黄金冶炼厂有限责任公司研发中心

正高级职称人员

杨　迪	霍苏萍	杨云霞	王军强
陈启超	焦　健	王军英	戚守登
杜建刚	杨晓存	李　红	董淑霞
潘　华	张中兴	孟智民	吴守方
李万科	楚社录	潘来峰	张瑞萍
邓元龙			

省部级及条线表彰的先进个人

河南省“五一劳动奖章”获得者

王学文　李邦宏　段茜红　张广华
李　巍　罗永福　周世娟　刘　颖
杜宏斌　陈学良　杨红波　林　伟
吴　波

河南省教育厅学术技术带头人

陈波霞　段春生　韩楠梅　何小芬
李江丽　李　梅　李　萍　李卫民
申江波　张洪峰　张腊梅　张顺锋
张伟卫

2015 年河南省优秀教师

蒋卫星　裴黎朋　李丽娜　郭光华
刘建军　卢新平　高彩云　史苏霞
李少茹　陈川元　李秀平　黄伟波
耿翠霞　翟德伟　侯　燕　李小云
刘林锁　邹秀娟　郭新儒　孙国琴

全国质量监督检验检疫工作先进个人

赵　奇

民建全国参政议政先进个人

张景林

民建全省优秀会员

赵经纬

九三学社中央社会服务工作先进个人

姚　龙

九三学社中央优秀社员

楼晓红

九三学社中央参政议政先进个人

焦立群

九三学社河南省委参政议政先进个人

楼晓红

九三学社河南省委社情民意先进个人

焦立群

河南检验检疫系统十大标兵

赵　奇

河南检验检疫系统五大优秀员工

薛亚奇

河南省调查研究先进个人

焦晓君

2015 年度河南省社会科学界联合会先进个人

范晓林

河南省“三八红旗手”

张桂珠

河南省第六次民族团结进步模范个人

薛建峡　穆庆君

市级荣誉称号获得者

2015 年度三门峡 10 快工业企业优秀员工

李应恩　周　冬　任富强　潘光和
任玉桢　韩河宽　卫学武　马运生
宁广州　张赞辉

三门峡市“五一劳动奖章”获得者

周彦森　牛和平　黄春红　王永强
易自龙　杨慧琴　张卫东　强赞业
霍云生　王　乐　邓小京　刘守毅
王军朝　乔建祥　刘武勤　赵党军
张宝卿　路西迎　刘志超　刘土成
于　伟　贾宏祥　姚景珍　张　琳
陈书义　杜振香　南　山　高　雷
张民强　陈　涛　邓　巍　权海林
赵鼎鼎　孔二伟　乔恒鑫　宁小令
王有琳　冯景民　王真真　闫怀珠
侯战辉　王　珂　丁韶龙　胡庆伟
万　峰　何永奇　张跃东　宜　磊
侯晓晶　孙丹萍　梁森林　来克坡
王益虎　郑林涛　雷军华　白利江
李慧娟　杨建州　乔长江　马凤昆
王俊峰　马保国　师安东　张红勋
李强烦　邢宗娟　孙荣保　樊飞飞
绳珊英　李随项　李世平　王　川
刘宏武　尚　智　马金明　程慧娟
李保成　李聪梅　陈世军　何玉萍
王　亮　王建锋　种宗强　刘　明
王　博　赵稳勇　张大晓　姜　洪
侯中强　潘晋立　李江涛　薛占民
高清胜　曹天龙　焦　杰　曲长青
曲　静　张　琦　马　萍

三门峡市五一巾帼奖

牛丽洁　王青丽　马金珂　靳姣娥
张　琳　张新萍　白玉霞　吴　燕
裴　戈

三门峡市职业道德建设十佳职工

李群娥　介金龙　费矿民　赵新辉
李文斌　田永娟　卫旭辉　史永利
杜旭辉　王庆乐

三门峡市模范团干部

侯艺焜　索景斐　王锐锐　魏　宁
秦翠婷　徐江辉　胡瑞利　孔秋椿
周　强　结加甲　高　雯　杨　晶
马伟伟　吕星海　贾　强　马　骥
王江南　高　扬　李亚南　陈　霞
崔　丽　强艺利　李　飞　仝智倍
张　琦　赵晨一　党元晖　郑志康
辛春丽　赵刚刚　范　源　董建勋
强　蕾　刘云娜　钱职礼

三门峡市有突出贡献的优秀教师

霍海波　袁维春　田子欣　杨培红
焦晨霞　杨春晖　张　敏　赵维奇
宋五好　薛新萍　王　红　李贺林
郭程程　郑国富　陈玉琴　张映东
王献宏　员青泽　朱丹果　李少杰
谷文勇　马河荣　赵立新　雷旭锋
张拴刚　杨旭亮　邱　玲　刘珍珍
周冰洁　邢方圆　董赛赛　史晓伟
柴星星　张娜娜　张英丽　宋宏全
朱　雷　李　倩　臧利娟　蒋　勇
郭东彩　李正同　刘岚杨　迎　军
张　蒙　赵金奎　胡　丽　杨晓巧
蔡　波　贺华丽　武颗心　王文华
赵丽华　杨永章　刘晓华　乔月鹏
俞　翔　张红霞　高　倩　张淑意
陈建设　赵建庄　王　岸　王梅银

刘玲芳 姚群珍 单晓霞 刘素霞
王旭峰 李铁贲 翟晓晶 冀红梅
张素娟 吕艳君 曹　宇 范超斌
柴丽丽 牛卫霞 樊勇娜 范焕峡
郭春香 马　靖 宋秀菊 张金红
曹玉萍 李群芳 水栓霞 樊佳莉
梁明琳 张国兰 李慧英 崔丽霞
许　娜 杨　娟 黄　莹 施引娥
毛雅鹏 朱战平 刘慧玲 梁琳婧
苗　玲 闫慧峰 马忠友 王媛媛
高　雯 许永斌 闫　静 张晓晶
王跃华 刘成武 张　进 韩　卓
尚丽峡 徐昀炜 结加甲 李　瑛
秦晓伟 马　鑫 荆海朝 刘海刚
赵珍珍 周　慧 袁　敏 李　丽
王好鹏 林　娟 何小芬 李亚波
王　霖 游治华 韩东峰 张洪杰
李军锋 董亚萍 王海红 张红红
焦红云 姚百鸟 檀兴民 郭清芳
蔡立敏 何安珍 杨　川 姚丽红
上官红军 王艳芳 崔爱萍 孟素平
车海燕 郭艳玲 张二刚 范立波
孟焕茹 赵艳艳 高红涛 邵小飞
宋华东 周晓红 刘红燕 王红梅
贾焕珍 赵建芳 刘　敏 李菊红
贾旭平 赵群峰 侯海燕 梁　翠
侯丽娜 赵　丽 阴娟丽 侯祎玉
张丽英 蔡阳丽 李振星 张　华
刘俊博 李雪花 朱　娜 陈燕燕
薛　园 聂慧泉 崔娟平 肖玉国
薛燕燕 张喜连 乔海东 余　敏
张　敏 王风霞 刘艳平 胡　静
卫立东 李红霞 秦红敏 刘文文
闫云霞 杨恒伟 陈海燕 雷玉龙
员树勋 方　琼 张丹影 程亚丽
张晓薇 李永波 白帅伟 张德志
陈会真 周照星 张好科 李江锋
张书芬 杨　媛 李少辉 尚　美
臧慧娟 王青春 苏旭升 张　杰
李文娟 王雪苗 焦慧玲 王增科
张英洁 焦金娥 邵利亚 孙文敏
张剑茹 荆占武 董伟娟 王伟格
李阿妮 王璇钰 翟　巧 刘建霞
刘照照 董亚红 翟革奔 张晓静
程秋娜 孙彩霞 唐胜庄 张　帅
张　雪 黄丹青 黄赞高 曹海霞
汪娟芳 张振军 侯快丛 伍　晶
胡海军 孙晓波 李卫波 李　方
赵建东 冯卫卫 席亚娟 杨林兵
王肖辉 张　艳 王玉兰 王彦龙
强会君 高颖洁 张建武 曾强军
宋民友 汪建伟 山永伟 宋　珂
周群会 曹慧霞 权向霞 莫金磊
张　丽 祝世华 任穆科 杨美伟
王新方 胡延锋 常惠玲 曾　艳
马　丽 李卢成 骆艳霞 张艳华
许丽丽 王娟华 李玉萍 杨　洁
魏　敏

三门峡市有突出贡献的先进教育工作者

尤向阳 王凤娟 李　佳 刘全刚
晋　一 高天山 牛建红 曹长春
张玉梅 卢艳静 李　莎 张志杰
陈　庆 庞晓梅 张书光 任丽芳
李振民 郑楠楠 黄少华 胡小华
赵东红 韩庆丽 丁　明 李恒森
廖菁华 吴　坤 赵凤春 白景峰
周爱珍 陈宏芬 庞显杰 张娜娜
史海霞 张　涛 朱晓娜 黄晓辉
李幸利 姚光勤 李富英 任彦斋
焦国芬 江玉萍 董占宝 冯少振
杨　帆 邢红菊 李　辉 郑小丁
王志松 李春玲 姚勇梅 张小滔
张丽丽 王丽丽 雷书光 范红涛
史道刚 郝创飞 关万鹏 梁　丽
韩红梅 史秀萍 梁　燕 赵伟红
赵国霞 赵小梅 赵贵芳 仝香花
何建平 张富明 上官慧萍 刘风婷
曲焕丽 王小波 齐丽雅 郭爱梅
杨燕菊 张亚绪 刘月丽 郑园园
李宗民 黄伟波 李建宁 李　娟
杨亚丽 武彩花 田青林 胡树永
尚　潇 罗莉娟 靳新廷 王新燕
胡　彬 任玉成 秦双娟 张春丽
许艳辉 谢忠生 王有森 谢丽培
董宝宁 孟　虎 杨焕丽 张卓程
魏晓锋 苏方芳 赵丽焕 范竹娟
马万江 尚鸿凌 张阳阳 杨红苗
黄方方 孙铛铛 胡项元 王雪荣
李媛媛 孙玉花 党海英 杨丽丽
李美霞 赵彦波 李晓丹 席玲玲
董赞芝 陈陆平 赵亚珍 张佳琦
贺校平 荀曜麟 库朝锋 刘长江
雷红艳 赵有亮 李伟涛 金　燕
赵　波 李　君 胡万龙 郭艳霞
郭　庆 郑　靖 梁秀仓 王润粉
苏　倩 秦国正 罗新江 朱旭瑞
于淑梅 张耀祖 张建波 曹丽华
戴江琴 张　杰 薛院强 赵　鹏
张群锁 张广勋 赵明将 王鹏飞
张　军 常作楼 李予辉 崔建良
范秀梅 王泽华 张体华 刘淑云
赵少才 郭菊萍 薛　葵 田卫平
赵　东 李玖红 贺立圈 李江丽
韩　鹏 刘伟聪 何瑞卿 秦红梅
陈秋娜 许红娟 李　黎 刘渡江
李兵兵 于江丽 郭国华 李凤喜
罗晓平 汤康凯 孟亚斐 马俊花
郑成东 杨率率 张军川 段勤学

三门峡市教育系统专业技术关键人才

单秀华 石晓宏 许永起 水梦仙
朱桂丽 李秋峰 张丽萍

三门峡市“最美少年”

董博闻 胡雯清 卯雨禾 杨心怡
茹屹林 赵胜男 冯艺河 范乐乐
邹轶璇 郭家琛 方伊涵 杨旭冉
郭龙伟 李依洋 朱博文 李翌晨
刘一璇 艾　玥 李梦菡 马亚凤
王石良 王一书 张哲睿 王宇辉
张淙铭

·编辑　周　篝·

2015年三门峡市主要文件目录

中共三门峡市委主要文件目录

3月20日	三发〔2015〕1号	中共三门峡市委　三门峡市人民政府关于加大改革创新力度加快转变发展方式奋力推进农业现代化的实施意见
1月16日	三发〔2015〕2号	中共三门峡市委关于认真学习贯彻《河南省全面建成小康社会加快现代化建设战略纲要》的通知
12月9日	三发〔2015〕3号	中共三门峡市委关于印发《省委第七巡视组反馈意见整改落实方案》的通知
2月13日	三发〔2015〕4号	中共三门峡市委关于废止失效修改一批党的规范性文件的决定
3月9日	三发〔2015〕5号	中共三门峡市委关于2015年度县处级以上党委(党组)中心组分专题集体学习的安排意见
4月23日	三发〔2015〕6号	中共三门峡市委　三门峡市人民政府关于进一步加强安全生产工作的意见
4月30日	三发〔2015〕7号	中共三门峡市委　三门峡市人民政府关于印发《第二十一届中国(三门峡)国际黄河文化旅游节暨投资贸易洽谈会总体方案》的通知
7月31日	三发〔2015〕8号	中共三门峡市委　三门峡市人民政府关于鼓励大学生应征入伍的意见
9月9日	三发〔2015〕9号	中共三门峡市委关于加强市委常委会自身建设的意见
9月11日	三发〔2015〕10号	中共三门峡市委关于印发《市委常委会议议事决策规则》的通知
9月11日	三发〔2015〕11号	中共三门峡市委　三门峡市人民政府关于进一步加强和改进督促检查工作的意见
11月3日	三发〔2015〕12号	中共三门峡市委关于进一步加强和改进党的群团工作的实施意见
11月9日	三发〔2015〕13号	中共三门峡市委关于认真学习贯彻党的十八届五中全会精神的通知
12月23日	三发〔2015〕15号	中共三门峡市委关于组织落实省委第十巡视组专项巡视五县(市)区反馈情况整改工作的实施意见

（市委办）

三门峡市人民政府主要文件目录

1月13日	三政〔2015〕1号	三门峡市人民政府　中国科学院河南产业技术创新与育成中心关于成立中国科学院河南产业技术创新与育成中心黄河金三角分中心的通知
1月12日	三政〔2015〕2号	三门峡市人民政府关于加快“五小水利”工程建设的实施意见
1月23日	三政〔2015〕3号	三门峡市人民政府关于对市人口计生委予以嘉奖的决定
1月23日	三政〔2015〕4号	三门峡市人民政府关于印发三门峡市市级城市基础设施配套费资金使用分配方案(暂行)的通知
2月3日	三政〔2015〕5号	三门峡市人民政府关于为“1·15”持枪抢劫杀人案破获有功单位和个人记功的决定
2月6日	三政〔2015〕6号	三门峡市人民政府关于对全市财政地税国税系统予以嘉奖的决定
2月3日	三政〔2015〕7号	三门峡市人民政府关于印发三门峡市重污染天气应急预案的通知
2月16日	三政〔2015〕8号	三门峡市人民政府关于三门峡市交通运输行政执法体制改革的实施意见
2月26日	三政〔2015〕9号	三门峡市人民政府关于加快核桃等特色经济林产业发展的意见
3月3日	三政〔2015〕10号	三门峡市人民政府关于加快推进大众创业万众创新工作的实施意见
3月12日	三政〔2015〕11号	三门峡市人民政府关于2015年“大旅游”建设的意见
3月17日	三政〔2015〕12号	三门峡市人民政府关于表彰2014年度全市农村公路“好路杯”竞赛活动先进单位的决定
3月20日	三政〔2015〕13号	三门峡市人民政府关于贯彻落实国务院计量发展规划(2013-2020年)的实施意见
3月20日	三政〔2015〕14号	三门峡市人民政府关于创新机制全方位加大科技投入的实施意见
3月20日	三政〔2015〕15号	三门峡市人民政府关于促进高新技术产业特色园区发展的意见
3月24日	三政〔2015〕16号	三门峡市人民政府关于表彰2014年度消防工作先进单位的决定
3月27日	三政〔2015〕17号	三门峡市人民政府关于调整三门峡市部分行政区划的通知
4月1日	三政〔2015〕18号	三门峡市人民政府关于印发三门峡市2015年主要污染物总量减排实施方案的通知
4月13日	三政〔2015〕20号	三门峡市人民政府关于实施职业教育攻坚二期工程加快发展现代职业教育的实施意见
5月4日	三政〔2015〕22号	三门峡市人民政府关于优化城乡基础教育资源配置解决城镇基础教育资源不足问题的意见
5月6日	三政〔2015〕24号	三门峡市人民政府关于加快发展现代保险服务业的实施意见
5月11日	三政〔2015〕25号	三门峡市人民政府关于表彰三门峡市民族团结进步模范集体和模范个人的决定
5月14日	三政〔2015〕26号	三门峡市人民政府关于印发三门峡市2015年防汛抗旱工作方案的通知
6月1日	三政〔2015〕28号	三门峡市人民政府关于印发三门峡市集中开展安全隐患大排查大整治专项行动实施方案的通知
6月1日	三政〔2015〕29号	三门峡市人民政府关于对市体育局予以嘉奖的决定
6月12日	三政〔2015〕30号	三门峡市人民政府关于表彰2014年度全市对外开放工作先进单位和先进个人的决定
6月30日	三政〔2015〕31号	三门峡市人民政府关于印发促进经济平稳健康发展若干政策的通知

7月3日	三政〔2015〕32号	三门峡市人民政府关于印发三门峡市加快推进气象现代化实施方案(2015–2018年)的通知
7月7日	三政〔2015〕33号	三门峡市人民政府关于表彰2014年度征兵工作先进单位和先进个人的通报
7月7日	三政〔2015〕34号	三门峡市人民政府关于扩大农业对外开放促进食品农产品出口的实施意见
7月13日	三政〔2015〕35号	三门峡市人民政府关于认定三门峡市对外劳务合作服务管理中心为三门峡市对外劳务合作服务平台的通知
7月14日	三政〔2015〕36号	三门峡市人民政府关于进一步加强城镇基础设施建设管理工作的实施意见
8月14日	三政〔2015〕37号	三门峡市人民政府关于印发三门峡市行政规范性文件管理办法的通知
8月14日	三政〔2015〕38号	三门峡市人民政府关于加快特色农业示范园区建设的意见
8月17日	三政〔2015〕39号	三门峡市人民政府关于印发三门峡市市区养犬管理办法(试行)的通知
8月22日	三政〔2015〕40号	三门峡市人民政府关于印发中国人民抗日战争暨世界反法西斯战争胜利70周年纪念活动三门峡市空气质量保障方案的通知
8月24日	三政〔2015〕41号	三门峡市人民政府关于建立政府法律顾问制度的通知
8月26日	三政〔2015〕42号	三门峡市人民政府关于对全市教育系统予以嘉奖的决定
8月26日	三政〔2015〕43号	三门峡市人民政府关于对义马市人民政府予以嘉奖的决定
8月26日	三政〔2015〕44号	三门峡市人民政府关于表彰有突出贡献的优秀教师和先进教育工作者的决定
8月28日	三政〔2015〕45号	三门峡市人民政府关于公布第四批市级非物质文化遗产代表性项目名录的通知
9月11日	三政〔2015〕46号	三门峡市人民政府关于鼓励“飞地经济”发展的意见
9月17日	三政〔2015〕47号	三门峡市人民政府关于切实加强防震减灾工作的意见
9月11日	三政〔2015〕48号	三门峡市人民政府关于印发2015年推进简政放权放管结合转变政府职能工作方案的通知
9月24日	三政〔2015〕49号	三门峡市人民政府关于进一步明确县(市、区)重点项目税收管理体制的通知
10月14日	三政〔2015〕50号	三门峡市人民政府关于做好第三次全国农业普查工作的通知
10月31日	三政〔2015〕51号	三门峡市人民政府关于深化户籍制度改革的实施意见
10月24日	三政〔2015〕52号	三门峡市人民政府关于对全市城管环卫系统予以嘉奖的决定
10月24日	三政〔2015〕53号	三门峡市人民政府关于表彰全市城市市容环境卫生行业先进集体和先进个人的决定
10月26日	三政〔2015〕54号	三门峡市人民政府关于取消调整下放行政审批项目和部门具有审批性质的管理事项的决定
10月31日	三政〔2015〕55号	三门峡市人民政府关于印发三门峡市区停车场管理办法的通知
11月21日	三政〔2015〕56号	三门峡市人民政府关于表彰2014年度三门峡市市长质量奖获奖单位和获得“河南省名牌产品”“河南省质量诚信工业企业”称号企业的决定
12月17日	三政〔2015〕57号	三门峡市人民政府关于调整陕县城乡规划和土地管理职能有关问题的通知
12月21日	三政〔2015〕58号	三门峡市人民政府关于严禁向黄河河道倾倒建筑垃圾的通知
12月28日	三政〔2015〕59号	三门峡市人民政府关于授权湖滨区人民政府在湖滨机电制造业园区范围内行使县级人民政府土地管理权限的通知

(市政府办)

统 计 资 料

分县市农林牧渔业总产值

(2015年,按当年价计算)

单位:万元

指　标	全市	湖滨区	义马市	渑池县	陕县	灵宝市	卢氏县	开发区
农林牧渔业总产值	2054637	78721	350904	18938	357520	880225	366813	3572
农业产值	1568650	54283	249024	8185	198545	757746	300447	2259
谷物及其他作物	327186	6545	55682	2672	88940	91284	83522	448
谷物	133816	3764	23516	1964	34513	45642	22007	101
薯类	16294	410	2913	162	6975	3283	2522	8
油料	19438	1107	2092	161	10787	4882	340	8
豆类	25514	714	2993	65	8235	6522	6878	28
棉花	2339	68	212	42	190	1777		6
烟草	115098		18686	157	21566	25128	49560	
其他农作物	14687	482	5270	121	6674	4050	2215	297
蔬菜、食用菌及花卉盆景园艺	439124	28930	41497	4385	32693	181584	143902	186
#蔬菜	201641	15201	23356	4258	31529	113730	11310	95
食用菌	230270	10429	15603	127	1094	66592	132463	1
花卉	4063	1515	1416		20	1062	49	40
水果、坚果(含果用瓜)	766940	18380	150645	808	64112	478198	58473	1625
#苹果	568188	10213	125069	46	28228	403721	6366	675
中药材	35400	428	1200	320	12800	6680	14550	
林业产值	42502	1268	6872	973	5974	10049	17447	
林木的培育和种植	27884	1069	4515	973	4069	8070	8985	
竹木采运	2117	94	564		290	654	506	
林产品	12501	105	1793		1615	1325	7956	
牧业产值	411265	20721	90317	9406	146373	98032	45613	871
牲畜饲养	188634	8065	48103	811	63615	37628	29797	118
猪的饲养	156240	7907	27870	7799	54996	45757	9462	461
家禽饲养	53766	4466	9319	696	22669	12527	3717	142
肉禽	9627	626	1732	343	3018	2983	863	27
禽蛋	44139	3840	7587	353	19651	9544	2854	115
狩猎和捕捉动物	650				220	120	170	
其他畜牧业	11975	283	5025	100	4873	2000	2467	150
渔业产值	21500	1899	3721	164	5298	8048	2276	222
农林牧渔服务业产值	10720	550	970	210	1330	6350	1030	220

主要年份国民经济主要指标

指 标	计量单位	1978 年	1985 年	2005 年	2010 年	2014 年	2015 年
一、人口							
年底总人口	万人	166.41	178.42	221.81	224.70	227.79	228.53
#女性人口	万人	80.02	85.67	108.22	109.18	112.09	111.75
#男性人口	万人	86.39	92.75	113.59	115.52	115.7	116.77
二、年底从业人员	万人	63.6	81.3	123.29	129.56	138.61	139.33
#职工人数	万人	13.01	19.13	23.8	23.38	27.45	26.4
三、工农业总产值	万元	81972	165236	6606088	23642132	38486262	37980302
四、生产总值	万元	53690	129087	3344489	8731076	12400597	12510383
第一产业	万元	17817	35981	328951	696277	1113489	1184690
第二产业	万元	27667	55538	2013063	5943740	7752867	7279038
第三产业	万元	8206	37568	1002475	2091059	3534241	4046655
人均生产总值	元	324	729	15092	39117	55260	55681
五、农林牧渔业							
年底耕地面积	千公顷	189.7	183.1	162.37	162.25	161.91	161.5
农林牧渔业总产值	万元	26981	52860	565515	1204182	1932315	2054637
主要农产品产量							
粮食	吨	428400	402335	488147	632486	597062	715667
棉花	吨	9077	4270	1795	2000	1201	1106
油料	吨	1577	14540	29588	31808	29420	36138
烟叶	吨	1342	28595	34562	35663	39251	41687
水果	吨	65582	87400	1110789	1750125	2164206	2282967
年末大牲畜头数	万头	16.96	28.14	49.39	41.39	32.65	30.38
年末山绵羊只数	万只	45.2	6.06	54.97	32.91	40.15	45.01
年末生猪头数	万头	33.74	32.58	65.37	64.72	75.88	72.40
肉类总产量	吨	12989	14405	67914	78793	110026	108173
#猪牛羊肉产量	吨	12750	14140	63045	72200	101900	99582
六、工业							
工业总产值	万元	54991	112376	6040573	22437950	36553947	35925665
工业增加值	万元			1881723	5624404	7098759	6611592

续表 1

指　标	计量单位	1978 年	1985 年	2005 年	2010 年	2014 年	2015 年
主要产品产量							
纱	吨	9103	8790	9331	14223	21008	20533
原煤	万吨	628	1028	2328	1968	1319	1124
发电量	万千瓦小时	78097	115189	1096333	1357695	1313704	1313745
化肥(折纯)	吨		15048	116669	173583	143792	138639
合成氨	吨	12094	22150	150024	162516	200404	225232
原铝(电解铝)	吨	5812	8691	179155	374473	229154	217819
氧化铝	吨			27460	4209172	5878616	6007984
水泥	万吨	9.13	13.61	164	418	599.28	570.81
中成药	吨		219	2149	2643	7493	8397
七、建筑业							
建筑业总产值	万元			262487	824395	1347898	1166299
房屋施工面积	万平方米	24.32	40.14	150.83	362.97	399.83	433.53
房屋竣工面积	万平方米	10.44	22.22	65.56	180.22	149.16	98.84
八、运输、邮电							
公路货运量	万吨	620	667	3742	3225	4424	4463
公路货物周转量	万吨公里	2883	14270	180426	638899	1407801	1498051
公路客运量	万人		1086	6001	3790	2840	3230
公路旅客周转量	万人公里		33077	194081	182994	148025	161635
邮电业务总量	万元	149	289	94936	179410	170053	299607
电话交换机总容量	门	9092	14367	677037	453886	378108	378112
九、全社会固定资产投资	万元		25469	1792441	6094889	13391049	15489718
# 国有经济单位投资	万元	7675	17535	879672	1805328	3688951	3919987
民间投资	万元			709284	4540261	9647398	11491270
# 固定资产投资	万元			1549691	5708320	13275671	15387698
农户投资	万元		5748	61416	106583	115378	102020
# 第一产业	万元			53390	352020	1115787	1588588
第二产业	万元			1318448	3748112	7474965	7720421
第三产业	万元			420603	2674770	4800297	6180709

注:从 2011 年开始,固定资产投资包括城镇固定资产投资和农村非农户固定资产投资。

续表 2

指　　标	计量单位	1978 年	1985 年	2005 年	2010 年	2014 年	2015 年
十、批发零售贸易餐饮业							
社会消费品零售总额	万元	17974	47546	871067	2026150	3557573	3968605
十一、对外贸易和国际旅游							
出口创汇(海关口径)	万美元			13859	10355	11908	17539
合同利用外资	万美元			7008	24945	107838	29688
实际直接利用外资	万美元			7208	39849	95679	100817
接待旅游外宾人数	人次			17940	51081	92436	97350
十二、财政金融							
财政收入	万元	6359	9192	180765	663984	1208641	1090923
财政支出	万元	3724	9808	339269	1129943	2005683	1943041
银行各项存款余额	万元	11410	41633	1907276	3612336	4512545	4793327
银行各项贷款余额	万元	23310	71472	1186500	1706492	2910943	3457867
十三、人民生活							
全部职工工资总额	万元	8581	20971	315121	701412	1199436	1172807
在岗职工平均工资	元	664	1132	13649	30446	44363	44573
#国有经济单位	元	677	1190	13526	30301	47926	50775
城镇居民人均可支配收入	元			8071.4	14720	22266	23824.6
城镇居民人均消费性支出	元			5762.1	11192.9	19790.3	16942.1
农村居民人均可支配收入	元				5858.5	10102.0	11084.2
农民人均生活消费支出	元		250.7	2030	4125.6	7568.7	7946.4
城乡居民储蓄存款余额	万元	3376	20211	1990380	3928245	5825159	6553077
十四、教育、卫生							
中等专业学校在校学生	人	674	1115	8011	28787	16878	15203
普通中学在校学生	万人	13.6	10.09	18.27	14.68	12.16	11.99
小学在校学生	万人	27.06	21.57	19.80	18.00	14.35	14.60
卫生机构	个	230	276	592	408	485	451
卫生技术人员	人	3292	5854	7913	9657	13774	14000
病床床位	张	3542	5508	6382	8709	12931	13418
十五、物价指数(以上年为 100)							
居民消费价格指数	%			101.9	103.7	101.5	101.5
商品零售价格指数	%			101.5	103.6	100.9	100.0
十六、婚姻							
准予登记结婚	对		13542	12057	19666	21747	20506
准予登记离婚	对		548	1285	2503	4272	4802

注:1.本表价值量指标除邮电业务总量自 1990 年起按 1990 年不变价格计算外,其它价值量指标均按当年价格计算(下同)。
2.1995 年始财政收入为地方财政收入(下同)。
3.银行各项存款贷款从 2002 年起口径调整为国有商业银行。
4.在岗职工工资 1998 年及以前年度为职工口径(下同)。

全部在岗职工人数与工资
(2015 年)

分　类	在岗职工(人)	平均人数(人)	工资总额(万元)	平均工资(元)
总　计	263971	263118	1172807	44573
市　直	34750	35494	187532	52834
开发区	7733	7637	38806	50813
湖滨区	30663	29782	146844	49308
义马市	70492	72978	296692	40655
渑池县	26733	25610	115485	45010
陕　县	19055	18953	87163	45989
灵宝市	59158	57580	228107	39616
卢氏县	15387	15084	72178	47851
按登记注册类型分组				
国有单位	100898	99888	507183	50775
城镇集体	21214	20501	80265	39152
其他单位	141859	142729	585359	41012
按企事业机关分组				
企业	186690	186840	797221	42669
事业	48535	47852	236592	49442
机关	28746	28426	138994	48897
按国民经济行业分组				
农、林、牧、渔业	434	425	1842	43341
采矿业	75599	78054	302160	38712
制造业	38988	38137	145054	38035
电力、热力、燃气及水生产和供应业	7102	7110	47709	67102
建筑业	16186	16308	72227	44289
批发和零售业	23924	23032	96909	42076
交通运输、仓储和邮政业	7977	7727	29858	38642
住宿和餐饮业	1927	1885	5198	27576
信息传输、软件和信息技术服务业	2611	2695	12301	45644
金融业	6851	6892	60686	88052
房地产业	1893	1792	7539	42070
租赁和商务服务业	3168	3152	10098	32038
科学研究、技术服务业	2084	2068	9733	47066
水利、环境和公共设施管理业	2588	2567	10584	41233
居民服务、修理和其他服务业	333	320	1194	37300
教育	26792	26280	135015	51375
卫生和社会工作	13980	13718	77805	56717
文化、体育和娱乐业	1771	1765	6686	37880
公共管理、社会保障和社会组织	29763	29191	140209	48031

注:2012 年起,在岗职工人数、工资总额含劳务派遣。

分县市规模以上工业总产值

(2015年,当年价)

单位:万元

指　　标	全　市	市　直	湖滨区	义马市	渑池县
总　　计	33861792	3853831	866832	3603623	6253764
按轻重工业分	0	0	0	0	0
轻工业	1980243	9813	233011	225156	846221
重工业	31881549	3844018	633821	3378467	5407543
按登记注册类型分	0	0	0	0	0
国有企业	632011	434291	0	0	37092
集体企业	8607093	0	32192	42832	24732
股份制企业	20073776	3419540	723527	3301132	4842878
外商和港澳台商投资企业	2281530	0	106382	45772	757788
其他	2267382	0	4731	213887	591273
按是否公有制分	0	0	0	0	0
公有制	16386141	3842259	47683	1572797	721508
非公有制	17475651	11572	819149	2030827	5532256
按企业规模分	0	0	0	0	0
大型企业	9065677	3532551	0	1337094	1799772
中型企业	11082889	309413	445395	1372912	1878375
小微企业	13713225	11867	421436	893617	2575617
在总计中:高技术产业	471622	0	81736	78826	43144
在总计中:农村工业	3969956	95658	555715	1066687	1068185
在总计中:国有控股企业	7645719	3842259	0	1497089	696776

续表 1

指　标	陕县区	灵宝市	卢氏县	开发区	三门峡 产业集聚区
总　　计	3167570	15308502	555865	109800	142006
按轻重工业分	0	0	0	0	0
轻工业	70206	465466	67721	36039	26610
重工业	3097364	14843036	488144	73761	115396
按登记注册类型分	0	0	0	0	0
国有企业	30893	113794	15941	0	0
集体企业	0	8496055	11282	0	0
股份制企业	1772020	5239001	523872	109800	142006
外商和港澳台商投资企业	1362258	9331	0	0	0
其他	2400	1450322	4770	0	0
按是否公有制分	0	0	0	0	0
公有制	298013	9826733	34752	7982	34414
非公有制	2869557	5481770	521113	101817	107592
按企业规模分	0	0	0	0	0
大型企业	405161	1991100	0	0	0
中型企业	1986748	4738501	280855	0	70689
小微企业	775660	8578901	275010	109800	71317
在总计中:高技术产业	11165	172029	44224	23530	16968
在总计中:农村工业	423934	555961	27489	97732	78596
在总计中:国有控股企业	272409	1279303	23471	0	34414

续表 2

指　　标	全　市	市　直	湖滨区	义马市	渑池县
在总计中：					
内资企业	31580262	3853831	760450	3557852	5495976
国有企业	632011	434291	0	0	37092
集体企业	8607093	0	32192	42832	24732
有限责任公司	7808008	3396666	416596	647301	1331851
国有独资公司	223340	36111	0	165568	0
其他有限责任公司	7584668	3360556	416596	481733	1331851
股份有限公司	3383567	22873	10709	1141324	421613
私营企业	11149584	0	300954	1726394	3680688
私营独资企业	2186481	0	4731	174060	550200
私营合伙企业	80901	0	0	39827	41074
私营有限责任公司	8806201	0	296223	1512507	3080308
私营股份有限公司	76000	0	0	0	9108
其他企业	0	0	0	0	0
港、澳、台商投资企业	1044129	0	106382	45772	757788
合资经营企业(港澳台资)	937748	0	0	45772	757788
港澳台商独资经营企业	106382	0	106382	0	0
港澳台商投资股份有限公司	0	0	0	0	0
外商投资企业	1237401	0	0	0	0
中外合资经营企业	106426	0	0	0	0
中外合作经营企业	0	0	0	0	0
外资企业	1130974	0	0	0	0
外商投资股份有限公司	0	0	0	0	0

续表 3

指　标	陕县区	灵宝市	卢氏县	开发区	三门峡产业集聚区
在总计中：					
内资企业	1805312	15299171	555865	109800	142006
国有企业	30893	113794	15941	0	0
集体企业	0	8496055	11282	0	0
有限责任公司	704825	1156323	68787	20051	65608
国有独资公司	10657	11004	0	0	0
其他有限责任公司	694168	1145319	68787	20051	65608
股份有限公司	0	1765584	21464	0	0
私营企业	1069595	3767415	438392	89749	76398
私营独资企业	2400	1450322	4770	0	0
私营合伙企业	0	0	0	0	0
私营有限责任公司	1067195	2299419	433622	40531	76398
私营股份有限公司	0	17674	0	49218	0
其他企业	0	0	0	0	0
港、澳、台商投资企业	134188	0	0	0	0
合资经营企业(港澳台资)	134188	0	0	0	0
港澳台商独资经营企业	0	0	0	0	0
港澳台商投资股份有限公司	0	0	0	0	0
外商投资企业	1228070	9331	0	0	0
中外合资经营企业	103452	2974	0	0	0
中外合作经营企业	0	0	0	0	0
外资企业	1124618	6357	0	0	0
外商投资股份有限公司	0	0	0	0	0

续表 4

指 标	全 市	市 直	湖滨区	义马市	渑池县
按国民经济行业分					
煤炭开采和洗选业	1136800	0	0	712652	232112
黑色金属矿采选业	341482	0	0	0	101842
有色金属矿采选业	12582978	17810	4396	0	1155603
非金属矿采选业	944284	0	2656	0	852858
农副食品加工业	310539	0	3489	24392	201915
食品制造业	453475	0	8036	82161	275448
酒、饮料和精制茶制造业	351718	0	139038	0	77860
烟草制品业	5454	5454	0	0	0
纺织业	117482	0	44928	268	62136
纺织服装、服饰业	9098	0	0	332	0
木材加工和木、竹、藤、棕、草制品业	481288	0	282837	81039	0
家具制造业	88948	0	0	10764	70702
造纸和纸制品业	50629	0	0	0	0
印刷和记录媒介复制业	14392	0	0	183	0
文教、工美、体育和娱乐用品制造业	14538	0	0	0	14538
石油加工、炼焦和核燃料加工业	101146	0	0	101146	0
化学原料和化学制品制造业	1449882	5283	17198	572422	553810
医药制造业	355294	0	37521	78826	5986
化学纤维制造业	17326	0	0	0	0
橡胶和塑料制品业	259905	0	0	208510	29763
非金属矿物制品业	2247061	14527	42469	414561	1051271
黑色金属冶炼和压延加工业	232200	2073	4995	75438	108174
有色金属冶炼和压延加工业	8663736	3014393	156955	123318	1024484
金属制品业	433198	73	0	162389	204136
通用设备制造业	382315	1616	37896	104407	0
专用设备制造业	844897	8499	23464	648800	60949
汽车制造业	432589	85470	5542	0	0
铁路、船舶、航空航天和其他运输设备制造业	141	0	0	141	0
电气机械和器材制造业	127904	0	11198	12646	77882
计算机、通信和其他电子设备制造业	65402	0	7244	0	37158
仪器仪表制造业	43536	0	36971	0	0
废弃资源综合利用业	4200	0	0	185	0
金属制品、机械和设备修理业	3783	0	0	3783	0
电力、热力生产和供应业	1172936	694273	0	116607	37092
燃气生产和供应业	81751	0	0	51570	0
水的生产和供应业	39488	4359	0	17083	18046

续表 5

指　标	陕县区	灵宝市	卢氏县	开发区	三门峡产业集聚区
按国民经济行业分					
煤炭开采和洗选业	192036	0	0	0	0
黑色金属矿采选业	0	74839	164802	0	0
有色金属矿采选业	180147	11040773	184249	0	0
非金属矿采选业	960	51538	36272	0	0
农副食品加工业	0	54670	14142	0	11930
食品制造业	3294	64390	9354	0	10791
酒、饮料和精制茶制造业	17342	107160	0	6430	3889
烟草制品业	0	0	0	0	0
纺织业	0	0	0	10151	0
纺织服装、服饰业	0	8766	0	0	0
木材加工和木、竹、藤、棕、草制品业	0	113419	3992	0	0
家具制造业	0	7483	0	0	0
造纸和纸制品业	14497	36132	0	0	0
印刷和记录媒介复制业	5847	8362	0	0	0
文教、工美、体育和娱乐用品制造业	0	0	0	0	0
石油加工、炼焦和核燃料加工业	0	0	0	0	0
化学原料和化学制品制造业	164533	136636	0	0	0
医药制造业	11165	165504	44224	12068	0
化学纤维制造业	17326	0	0	0	0
橡胶和塑料制品业	0	14215	0	0	7417
非金属矿物制品业	477422	185577	39655	0	21579
黑色金属冶炼和压延加工业	5006	36515	0	0	0
有色金属冶炼和压延加工业	1438358	2834936	36879	0	34414
金属制品业	0	50748	0	7982	7869
通用设备制造业	42526	184436	0	0	11433
专用设备制造业	74980	0	0	12489	15716
汽车制造业	285791	6568	0	49218	0
铁路、船舶、航空航天和其他运输设备制造业	0	0	0	0	0
电气机械和器材制造业	0	18788	0	7390	0
计算机、通信和其他电子设备制造业	0	6525	0	0	14475
仪器仪表制造业	0	0	0	4071	2494
废弃资源综合利用业	4015	0	0	0	0
金属制品、机械和设备修理业	0	0	0	0	0
电力、热力生产和供应业	202144	100524	22295	0	0
燃气生产和供应业	30181	0	0	0	0
水的生产和供应业	0	0	0	0	0

专 文

关于三门峡市2015年国民经济和社会发展计划执行情况与2016年计划(草案)的报告

——2016年3月21日在三门峡市第六届人民代表大会第六次会议上

三门峡市发展和改革委员会党组书记、主任 刘会林

各位代表:

我受市人民政府委托,现在向大会报告三门峡市2015年国民经济和社会发展计划执行情况与2016年计划(草案),请予审议,并请各位政协委员和其他列席人士提出意见。

一、2015年国民经济和社会发展计划执行情况

2015年是实施"十二五"规划的最后一年,面对复杂多变的经济形势,在市委的正确领导下,在市人大、市政协的监督、支持、帮助下,全市上下抢抓全省"三大国家战略规划"和《晋陕豫黄河金三角区域合作规划》获批机遇,着力稳增长、调结构、促转型、惠民生,经济社会保持了持续健康发展的良好态势,较好地完成了市六届人大五次会议确定的各项任务。初步核算,全年生产总值达到1260.6亿元,增长3.5%,其中,第一产业实现增加值118.5亿元,增长5%,第二产业实现增加值757.7亿元,增长2.3%,第三产业实现增加值384.4亿元,增长7%;规模以上工业实现增加值602亿元,增长1.8%;一般公共预算收入达到93.9亿元,增长1.6%;全社会固定资产投资达到1551亿元,增长15.9%;社会消费品零售总额达到396.9亿元,增长11.6%;进出口总值达到4.4亿美元,增长84.9%;城镇居民人均可支配收入和农民人均纯收入分别达到2.38万元和1.1万元,实际增长5.4%和8.4%;节能减排完成省定目标。

(一)狠抓关键举措,国民经济保持平稳增长。围绕稳增长保态势,精准发力、多策并举,促进经济运行趋稳向好。一是着力加强经济运行调节。坚持逐月研判经济形势,认真落实中央和省委、省政府出台的一系列稳增长的举措,并结合本地实际出台了《促进经济平稳健康发展若干政策措施》、《促进房地产市场平稳健康发展的意见》、产业集群培育计划、稳增长保态势若干重大专项工作方案等长短结合、标本兼治的应对措施。二是着力扩大有效投资。实施扩大有效投资"双十"行动计划,全年完成投资576.8亿元。23个省重点项目完成投资200.9亿元,占年度目标的140.5%;245个市重点项目完成858.2亿元,占年度目标的142%,省市重点项目均提前三个月完成年度投资目标。中金黄金产业园一期、连霍高速改扩建等48个项目建成,总投资350亿元的义煤综能煤化工产业园、蒙华铁路等200多个重大项目加快推进。三是着力强化资金保障。积极争取国家专项建设基金,为55个项目争取专项建设基金共39亿元,位居全省第三位,可带动全社会固定资产投资711亿元。四是着力优化企业服务。借助蒙华铁路建设、渑垣高速开工、保障房建设等项目建设机遇,组织重点项目建设单位与本地企业进行购销对接,带动水泥、新型墙材、铝型材、有色、装备制造等企业拓展市场、稳定生产。采取县市领导分包服务机制,对生产经营困难的骨干企业"一企一策"进行帮扶救助,分类指导帮助骨干企业运行。在铝工业企业方面,提出了降低用电过网费、缓缴2015年度所欠缴纳的地方税款等措施建议,协助稳定生产;根据我市电力资源富集、用电大户较多现状,共为4个企业争取到直供电政策,每年可为企业降低成本1亿元。持续推进企业上市,4家公司在"新三板"挂牌,8家公司在上海股权托管交易中心挂牌,27家公司进入省上市"后备队"。

(二)突出结构调整,转型发展步伐加快。把解决当前困难与促进长远发展结合起来,全力推动转型发展、创新发展、绿色发展。一是工业进一步提质转型。围绕黄金及有色金属、铝及精深加工等主导产业加快接续产业发展。义腾新能源耐高温陶瓷涂覆隔膜等高新技术项目、骏通车辆1万辆多功能起重举升类专用车等装备制造项目、灵宝汇源杜仲产业园等食品医药项目顺利实施。黄金工业、铝工业、装备制造等产业集群发展规划编制完成,装备制造集群发展规划通过专家评审。二是服务业进一步提速扩量。现代物流业加快发展,积极抢抓"一带一路"、"郑欧班列"、郑州航空港经济综合试验区建设机遇,着力推进"一带一路"大宗商

品交易中心等一批现代物流项目建设。旅游业持续提升,黄河公园等 4 家景区成功创建国家 4A 级景区, 总数达到 12 家,居全省第 4 位。成功举办第 21 届黄河旅游节暨投洽会;全年接待国内外游客 2687 万人次,增长 13.2%;旅游总收入 225.6 亿元,增长 11.3%。服务业增加值占 GDP 的比重由 2011 年底的 22.5%提升至 2015 年底的 30.3%。三是农业进一步做特增效。粮食总产 7.2 亿公斤,夏秋粮单产、总产均创历史最高水平;果品总产 23 亿公斤,增长 6.3%;食用菌突破 1.76 亿袋;烟叶栽植 22 万亩,收购 57.5 万担,规模和质量继续保持全省首位;肉蛋奶产量持续增长。全市规模以上农业龙头企业、农民专业合作社、家庭农场分别达到 206 家、1100 家、310 家,特色示范园区达到 140 家。特色农业产值占农业总产值比重达 85%以上。四是新业态新模式新技术进一步蓄能发展。推荐上报创新平台 20 家,新认定院士工作站、省市级重点实验室等各类创新平台 15 家,仰韶生化被评为省级优秀工作站, 全年各类创新平台超 140 家。"阿里巴巴·三门峡产业带"运营平稳,培育省、市电商示范企业 28 家,全市网店总数达到 2067 个。电商交易额 15 亿元,网络零售额 4 亿元,均实现历史性突破。农业电子商务千县万村计划和阿里巴巴"淘宝村"项目加快推进,卢氏县被确定为全国电子商务进农村综合示范县, 行政村建成网店 1326 个。积极参加省"互联网+"开放合作大会,共签约项目 9 个,总投资 2.7 亿元,邀请客商 60 家。成功举办中国(三门峡)首届互联网金融中原大会,与中国互联网金融董事长联盟签署了战略合作框架协议。

(三)加快载体建设,承载能力显著提升。不断强化产业集聚区、商务中心区、特色商业区建设,提升科学发展承载能力。一是产业集聚区加快升级。理顺发展机制,产业集聚区与所在乡(镇)管理套合工作启动,三门峡产业集聚区开展"五规合一"试点工作,湖滨机电制造业产业园创建省级产业集聚区工作取得重大进展, 有望升级为升级产业集聚区。不断提升创新能力,三门峡产业集聚区创业服务中心被认定为国家级孵化器。加快基础设施建设,产业集聚区建成区面积新增 0.92 平方公里,新建道路 21.66 公里,新铺设各类管网 38.87 公里,新建标准化厂房 5.06 万平方米。三门峡产业集聚区在 2015 年全省产业集聚区观摩中取得小组第一,渑池县产业集聚区进入全省"十快"。全市产业集聚区规上工业主营业务收入达 1877 亿元,占全市工业主营业务收入的比重比上年提高 1 个百分点。二是"两区"建设加快推进。三门峡市商务中心区和义马市特色商业区发展规划调整获批。"两区"建成区面积达到 4.6 平方公里,入驻企业 941 个,从业人员 4.3 万人;累计完成投资 193.8 亿元,其中基础设施建设完成投资 40.9 亿元,6 个商务通道建成通车, 3 所小学开工建设。高阳山温泉度假区等 11 个项目建成投用,万达城市广场、明珠大厦等 39 个在建项目扎实推进。

(四)强化基础设施建设,发展后劲蓄积增强。全力克难攻坚,一批重大基础设施项目取得重大进展。一是现代交通体系不断完善。三淅高速全线通车,连霍高速洛阳至灵宝段(豫陕交界)改扩建项目实现通车;国道 209 线卢氏县城至五里川段改建工程、五里川至三南界段改建工程、灵宝路井至川口段改造工程, 以及国道 344 双龙湾镇淤泥河口至河口段改建工程、省道 331 线三南界岭东至官坡段改建工程全部完工; 国道 310 线灵宝焦村至豫陕界段改造工程加快推进。二是能源设施加快建设。大唐三期、华能渑池热电、2015 年农网升级改造等项目进展顺利; 中电投盘陀山、大唐青山, 中国风电杨家湾等风电场项目开工建设; 大唐岭西、东村风电场首批机组建成投产。我市风电装机规模已经达到 34 万千瓦,占全省总量一半以上,风电装机规模、核准容量、运行效益均居全省首位。列入国家核准的风电计划项目 30 个,装机规模 192.6 万千瓦,年可节约标煤 90 万吨,减排二氧化碳 300 万吨,粉尘 600 吨,灰渣 88 万吨。三是水利工程顺利实施。白虎潭水库主体完工,大石涧水库、麻地沟水库等重大农业基建项目前期工作顺利推进, 陕县抗旱应急小水库张家坡水库和池芦水库可研初设已批复。

(五)坚持城乡统筹,新型城镇化科学推进。坚持"一基本两牵动三保障",促进人口集中、产业集聚、土地集约,推动我市城镇化快速发展。一是科学推进新型城镇化。积极推进新型城镇化试点。灵宝市被列入省级城镇化综合试点城市,灵宝市豫灵镇、陕县观音堂镇被评为省第一批重点示范镇,陕县张湾乡七里堡村、义马市常村镇庙元村被列入河南省第一批新农村规划建设引导点; 全市城镇化率达到 51.36%。二是着力提升城市综合承载能力。陕州区正式挂牌,三门峡进入"一城两区"时代。城市基础设施不断完善,魏野路、康园路(虢国路-五原路)新建工程、虢国中路改造工程建成通车,市区新增供热面积 30 万平方米,完成雨污分流管道改造 10.35 万米, 市污水处理厂达到 8 万吨/日的设计处理能力。上村一期等一批旧城区和城中村改造项目进展顺利。三是加快提升休闲文化城市景观。实施"魅力天鹅城·美丽三门峡"洁城行动,城区路面达到"双十"标准。天鹅湖湿地公园、陕州公园、黄河公园"三园"和青龙涧河景观带改造提升项目扎实推进。城市河流清洁行动积极开展,实施河道治理5条,长度14.2公里。全面实施园林精细化管理,巩固"虢国公园看樱花、涧河公园观月季、湿地公园赏牡丹、黄河公园品梅花"格局。

(六)深化改革开放,动力活力持续释放。坚持务实改革的总体要求,坚持机遇共享、发展共进、合作共赢理念,不断扩大开放。一是持续深化改革。政府权力清单全面建立,非行政许可事项全部取消,减少行政审批事项26项;积极推行工商税务"三证合一"登记制度,全市新增市场主体9868家,增长13.2%;交通运输行政执法体制改革全面完成;投融资体制改革持续深化,向社会推介了41个总投资386亿元的重大PPP项目,11个项目纳入全省PPP示范项目库;价格改革全面深化,认真落实城镇居民用水阶梯价格制度,推进天然气定价机制改革,非居民气价每立方米统一降低0.7元;公务用车制度改革快速推进,全市车改接近尾声。二是全面扩大开放。持续推动区域合作。先于晋陕豫黄河金三角区域其他地市率先争取省政府出台《河南省晋陕豫黄河金三角区域合作规划实施方案》。加快建设开放平台。铁路口岸和综合保税区申报工作顺利推进,三门峡铁路口岸建设列入国家"十三五"口岸发展规划。做好招商引资。积极承接北京非首都功能调整中的产业转移,28家企业与我市达成合作意向;大力推行"三专一委托"工作机制,共签约招商项目176个,总投资730.7亿元。做好央企合作工作。今年共引进大唐、中电投风电项目等央企合作项目11个,总投资351亿元,累计完成投资145.6亿元。

(七)办好民生实事,人民生活不断改善。坚持把保障改善民生作为出发点和落脚点,人民群众从改革发展中得到了更多实惠。一是省、市重点民生工程顺利实施。商务中心区3所小学建设、保障性安居工程、道路畅通工程、城市管理年活动、农村安全饮水工程等任务圆满完成。二是加强就业和社会保障工作。持续实施"崤函创业扶持行动",发放创业担保贷款6.1亿元,扶持创业7702人。全市城镇新增就业6.1万人,城镇登记失业率为2.8%。2015年开工建设保障房4624套,基本建成2425套。三是深入推进扶贫开发。解决3.7万农村贫困人口脱贫问题,实施整村推进40个村,建设扶贫搬迁安置点25个,搬迁贫困群众1094户、4584人;解决14.9万农村居民和在校师生饮水安全问题。四是大力发展社会事业。在全省率先取消高中教育择校费,河南科技大学应用工程学院首批本科专业招生,学前教育行动计划一期、职教攻坚二期等工程深入实施,通过国家二类城市语言文字工作评估验收。县级公立医院改革扎实推进,市中心医院晋升"三级甲等医院",基层医疗卫生服务体系持续完善,140个卫生项目获得上级无偿资金支持。函谷关文化产业园入选省级文化产业示范园区,庙底沟和北阳平遗址抢救性文物保护项目顺利实施,"政府采购百场戏""舞台艺术送农民"扎实开展。"单独二孩"政策全面落实。五是认真开展物价稳控和收费检查工作。强化价格监测分析和重要商品价格调控,居民消费价格增长1.5%;开展涉企收费专项检查,收缴罚没款1727万元,开展教育收费专项检查,退还学生或家长8.3万元。六是加强环境和生态保护。大力实施"蓝天碧水"工程。完成绿化造林任务76.7万亩;确定白天鹅和红腹锦鸡为我市"市鸟"。狠抓节能减排,万元GDP能耗、万元工业增加值能耗分别下降0.7%和2.1%,全面完成河南省下达我市的"十二五"节能任务。七是创新社会治理。扎实开展"三查三保",着力消除安全隐患和经济运行风险,全力化解各类社会矛盾,社会大局和谐稳定。

各位代表,在2015年经济形势愈加错综复杂、工作任务十分艰巨、协调任务非常重的情况下,取得这样的成绩实属不易。这是市委坚强领导、市人大、市政协监督支持和全市上下团结一致、共同奋斗的结果。在肯定成绩的同时,也应看到面对经济新常态,我市经济社会发展中还存在不少矛盾和问题:一是当前经济下行压力加大,大宗商品价格持续下跌,对我市能源原材料行业冲击较大,经济运行困难加剧,特别是由于我市二产独大,产业链条短,终端产品、高品质消费品较少,虽然在产业升级上取得了初步成效,但仍未从根本上摆脱资源依赖。二是我市新材料、新能源、电子商务等新兴产业刚刚起步,还处于成长阶段,体量尚小,基础不牢,内生动力不强,难以形成对经济增长的有力支撑。三是财政收入增幅减缓,投资增长后劲不足,消费短期内很难有大的提升,房地产库存增大,经济风险隐患增多,资金、土地、环境等要素制约仍需尽快破解,新型城镇化引领作用发挥不够,持续改善民生的任务依然艰巨。对于这些问题,还需要在今后工作中,采取得力措施,切实加以解决。

二、2016年国民经济和社会发展主要目标及重点工作安排

2016年是全面深化改革的关键之年,也是实施“十三五”规划、全面建成小康社会决胜阶段的起步之年。综合判断,2016年世界经济仍将延续疲弱复苏态势,不确定性、不稳定性仍然较大;国内经济的主要矛盾转化为结构性问题,预计还将在景气周期的阶段性底部延续一段时间,呈L型的增长格局;在此形势下,虽然我市加快结构调整、防范风险任务较为艰巨,但随着省、市诸多国家战略的深入实施,我市将迎来发展黄金期。做好2016年的经济工作,必须全面贯彻落实省委九届十一次全会和省、市经济工作会议精神,加快推进“54321”转型发展战略,把握机遇,坚定信心,因势利导,积极引领经济新常态。

市委经济工作会议明确了2016年的经济社会发展主要预期目标是:地区生产总值增长8%以上;一般公共预算收入增长7%以上;规模以上工业增加值增长9%;固定资产投增长15%以上;社会消费品零售总额增长12%;进出口总值增长10%;城镇居民人均可支配收入实际增长9%以上,农村居民人均可支配收入实际增长10%以上;节能减排、环保等约束性指标完成省定目标。

为实现以上目标,要着力做好八个方面重点工作:

(一)坚持稳增长首要任务,确保经济平稳健康持续发展。继续把发展作为第一要务,长短结合、蓄势储能,奋发有为破难题,凝神聚力促发展。一是发挥投资对稳增长的关键作用。坚持投资拉动,在交通、能源、水利、新型城镇化、高成长性服务业、先进制造业、现代农业、网络经济、生态环保、民生改善等10大领域,继续谋划储备一批重大项目,不断强化经济支撑和发展后劲。改进督导协调和联审联批制度,加快推进总投资525.5亿元的22个省级重点项目,年度完成投资152.9亿元;抓好总投资1844.5亿元的242个市级重点项目,年度完成投资550亿元。启动实施一批“十三五”规划重大工程,发挥项目支撑作用。继续做好国家专项建设债券申报和推进落实工作,使更多项目纳入国家重大工程包。二是发挥消费对增长的基础作用。落实和创新鼓励消费的政策,培育形成信息消费、健康消费、旅游消费、绿色消费和文化体育消费等新的消费领域,多点激活扩大消费。三是发挥出口对增长的促进作用。围绕果品、食用菌等特色农产品加快出口基地建设,强化对出口基地的政策支持和品牌培育力度,推进优势产品走出去,并支持企业通过电子商务或第三方网络平台开拓国际市场。四是强化工业经济回升对稳增长的支撑作用。密切跟踪工业经济形势变化,加强运行调节调控,做到“四个特别关注”(关注经济运行中的苗头性、倾向性、潜在性问题;困难行业和困难企业发展;服务业在稳增长保态势中的重要作用;产业集聚区建设)和“四项对接”(产销、银企、用工、产学研)。力促新上项目尽快开工,加快在建项目建设进度,抓好项目竣工投产。帮助困难企业复工复产,对于停产和产值下降的困难工业企业,领导分工,逐个分析,一企一策,制定解决方案,力促企业尽快复产促销。五是强化要素保障能力。加强煤电油气运调节调控,积极拓宽大用户直供、大工业用电渠道;用好政保贷、助保贷等政策措施,帮助企业解决融资难题。

(二)着力推进结构性改革,持续提高经济发展的质量和效益。围绕“十大产业”升级,加快新旧动能转换,着力提升产业竞争力。大力实施高成长性制造业发展、战略性新兴产业培育和传统支柱产业转型三大工程,建设新型工业化城市;实施服务业“345”提速壮大工程,建设高成长服务业先进市;围绕促进农民增收,做大做强果、菌、烟、林、畜、蔬、药、渔等特色优势农业,建设特色农业强市;积极开展“互联网+”行动计划,实施大数据战略和“智慧三门峡”战略,丰富信息服务,促进信息资源开放共享,建设网络经济大市。

推进工业调结构增效益。以延链补链、降本增效、兼并重组为主攻方向推进能源原材料工业转型发展,并持续培育壮大战略新兴产业。一是改造提升传统支柱产业。加快原铝深加工和特种氧化铝产业,发展黄金及铜、铅等伴生金属精深加工,培育煤基新材料、清洁能源、煤生化和精细化工等产业。重点抓好中金集团黄金产业园、同人铝业年产60万吨铝合金铸造、开祥化工产品结构调整、义煤综能公司甲醇蛋白等项目。二是培育壮大战略性新兴产业。加快发展特种工程材料、生物医药等产业发展,打造中西部地区科技创新高地。重点抓好义腾新能源年产3000万套锂离子电芯、康耀电子年产300万片导电玻璃、乐民同仁药业中药产业园等项目。三是加快发展高成长性制造业。按照“成长性最好、竞争力最强、关联度最高”的标准,结合我市比较优势,重点发展专用车、新能源汽车、汽车零部件、精密量仪等产业,提升整体竞争力。重点抓好骏通车辆年产1万辆多功能起重举

升类专用车、1 万辆多轮驱动车等项目。四是强化载体建设。持续推进产业集聚区“三上一提高”,全市产业集聚区规模以上工业主营业务收入增长 15%以上,占全市工业的比重超过 55%;规上工业增加值增长 10%以上,固定资产投资增长 15%以上,对全市增长的贡献率均超过 60%。

推进服务业扩总量提层级。加快生产性服务业创新发展,实现服务业与工业、农业等在更高水平上有机融合。一是继续抓好“两区”载体建设。一手抓建设,一手抓繁荣,打造城市新中心。加快 22 条道路、青龙涧河大桥、苍龙涧河公园、庙底沟遗址公园等配套基础设施建设;全面建成滨河、龙湖两个安置社区;围绕教育、医疗、商贸持续抓好招商,开工建设 1 所学校和 1 所医院。推进各县(市、区)特色商业区的设施完善和产业提升,加快万达城市综合体、仰韶汽车贸易城等项目建设,努力推动特色商业区建设走在全省前列。二是大力发展现代物流业。发挥区位交通优势,完善布局、提升业态、培育龙头,建设“一带一路”重要节点和晋陕豫黄河金三角区域性物流中心。重点加快三门峡中欧大宗商品物流产业园、三门峡陆港中心等标志性物流项目建设。三是加快完善金融服务业。创新金融发展政策,扩大产业规模,完善金融业态,大力发展消费金融、互联网金融、绿色金融、金融租赁等新兴业态。加快县级农信社改制,义马、陕州区农商银行年内挂牌开业,灵宝农信社达到农商银行组建标准。加快组建村镇银行,实现各县(市)村镇银行全覆盖。鼓励引导域外股份制银行和其他非银行类金融机构设立分支机构,争取国泰君安证券在三门峡设立网点。积极组建黄河金三角商业银行,探索设立创业投资基金和产业投资基金。四是着力提升商务服务业。大力发展电子商务,加快推动市商务中心区电商大厦、颐高集团电商产业园等项目建设。深化大中型企业电子商务应用,引导小微企业依托第三方电子商务服务平台开展业务;挖掘我市资源优势,扶持本土电商企业发展,支持有条件的企业自建网上零售平台;支持传统百货、连锁超市、专业市场等企业开展网络销售,实现实体店和网上商店有机融合。五是大力发展休闲文化旅游产业。围绕“休闲文化城市”建设,深入发掘生态环境优势和历史文化优势,发展文化娱乐、康体养生等休闲旅游产业;整合白天鹅、温泉、地坑院、三门峡大坝、函谷关、二仙坡、甘山、燕子山等独特景观,串联成特色旅游线路。力争年内成功创建 4A 级旅游景区、省级旅游度假区、省级生态旅游示范区各 1 家。积极推进“一带三园五区”建设,加快三门峡旅游综合服务中心、高阳山国际温泉度假区、陕州地坑院文化旅游区等重点旅游项目建设,年内完成投资 16 亿元。完善旅游公共服务体系,积极开拓国内外旅游市场,办好第 22 届黄河旅游节暨投洽会,全力打造黄河之旅国家级旅游线核心城市和新兴旅游目的地城市。

推进农业增特色强优势。一是培育壮大特色农业产业。以“绿色、有机、无公害”为主题,以发展高附加值终端消费品为目标,做大做强果、菌、烟、林、畜、蔬、药、渔等特色优势农业,持续壮大特色农业产业化集群,力争全年果品总产超 20 亿公斤,肉、蛋、奶产量分别达到 11.1 万吨、5.21 万吨和 4.5 万吨,烟叶种植 22 万亩,烟叶收购 60 万担。二是加强农业产品供给侧结构调整。围绕市场需求,调整产品结构。种植业积极选育优良品种,养殖业以屠宰加工带动规模化养殖,农产品深加工拉长产业链条,强化高端特色农产品供给。以培育农产品品牌为重点,积极引导支持重点农业龙头企业打造核心品牌农产品,大力推进地理标志农产品、无公害农产品和绿色食品等标志认证,加强生态原产地产品保护,提高全市特色农产品的市场竞争力。三是构建新型农业经营体系。扩大家庭农场等新型农业经营主体,推动农业规模化、专业化、现代化经营,提高农业生产的组织化程度。四是积极发展农业电子商务。围绕“一村培育一品、一品叫响一店”的总目标,力争 70%以上的行政村达到“一村一品”,涉农网店总数超过 2000 家,网络销售额超过 20 亿元。

(三)科学提升新型城镇化,扎实推进城市转型。全面贯彻落实中央城市工作会议精神,推动城镇化提速提质,加快中心城区转型发展,建设黄河金三角区域中心城市。一是有序推进农业转移人口市民化。坚持“一基本两牵动三保障”,落实推进“三个一批人”,加快户籍制度改革和居住证制度“双落地”,有序推动进城农民市民化。维护进城落户农民土地承包权、宅基地使用权、集体收益分配权,将农民户口变动与“三权”脱钩。2016 年全市常住人口城镇化率比上年提高 1 个百分点。二是优化城镇体系和形态布局。坚持以带状组团式城市为主体形态,围绕建设“一核两翼三带多点”市域城镇空间格局目标,着力构建以中心城区为核心、县(市)城区为依托、小城镇为节点、美丽乡村为基础的新型城镇化体系。持续实施灵宝城区功能改造和建设,加快推进义渑一体化,加快建设生态宜居新卢氏。三是推动主城区转型。提升城市管理水平,深入开展老城区背街小巷整治工程、城市畅通工程,持续开展“以克论净·深度清洁”行动计划。不断完善基础设施,加快打通7条城市断头路,实施黄河路等4条道路养护维修和六峰路涧河桥等7座桥梁加固维修工程;推进经三路等3条雨污水管网改造。提高市政服务供给能力,力争2016年底实现商务中心区集中供热。培育城市园林景观新亮点,重点做好三园改造提升,青龙涧河治理等工作,形成由南环路–六峰路–北环路–209国道及周边城市和自然景观组成的环状景观轴带。四是推进美丽乡村建设。巩固提升138个美丽乡村示范村,新启动62个示范村创建,探索打造6条美丽乡村示范带。持续开展农村环境综合整治,力争95%以上的行政村基本达到“三无一规范一眼净”,40%以上的行政村达到改善农村人居环境达标村标准。五是深入推进城乡一体化。按照产业、村庄、土地、公共服务和生态规划“五规合一”的要求,加快基础设施建设,加大招商引资力度,培育壮大先进制造业和现代服务业集群,合理确定村庄布局。尽快完成《三门峡市城乡一体化示范区总体规划》评审。

(四)全面深化改革开放,增强发展活力动力。抓好重点领域改革,全面深化和扩大开放。一是推进供给侧结构性改革。稳妥有序处置“僵尸企业”;帮助企业降低交易、人工、物流、财务、电力等成本和税费负担;着力化解房地产库存,争取全市房地产销售增长10%以上;切实防范金融风险,坚持一手抓融资保障,一手抓风险防范。二是全面深化改革。继续跟进落实国家、省出台的改革措施,聚焦重点领域和关键环节,确保完成各项重点改革任务。深化投融资体制改革,创新PPP项目收益和分配机制,筛选一批有稳定收益的特许经营项目开展示范,充实PPP项目库;深化价格改革,积极稳妥推进电力、天然气、交通运输、供水、教育、医疗服务、环保等重点领域价格市场化改革;加快推进社会信用体系建设,加快建设统一的信用信息系统平台,构建守信联合激励和失信惩戒机制,探索建设失信黑名单制度。同时,加快推进农村、医药卫生、机关事业单位养老保险制度改革和其他领域改革。三是主动融入国家战略。积极打造丝绸之路经济带重要节点城市;抢抓“郑欧班列”带来的新机遇,发挥通关比较优势,大力培育出口龙头企业;鼓励和引导煤炭、黄金等优势企业“走出去”,在境外建立生产基地。四是不断深化区域合作。推动《晋陕豫黄河金三角区域合作规划》实施,加强区域内实质性合作,主动与其他三市加强基础设施对接,牵头组织成立行业协会等民间组织,突出和彰显三门峡市在黄河金三角发展中的主导地位。在已经开展的跨省医保报销、职业教育合作、社会治安联防等基础上,持续探索推进医疗、教育、文化等公共服务一体化。五是着力抓好招商引资。坚持开放招商“一招求多效”,紧紧围绕我市重点发展的十大产业领域和新技术、新业态、新模式,依托黄金及有色金属、铝工业等优势产业和黄金珠宝加工基地等重点项目开展主题招商;紧盯北京非首都功能转移中的产业转移趋向,积极对接、承接,确保取得突破性成果。加强签约项目的落地服务,提高签约项目“三率”。六是着力抓好环境优化。继续实施重点项目建设行政审批“绿色通道制度”,依法打击对重点项目的“乱收费”、“乱罚款”和强装强卸、非法阻工以及“吃拿卡要”等影响重点项目建设的行为;加强签约项目的跟踪对接服务,及时协调解决项目落地和实施进程中的困难和问题,优化服务环境。

(五)坚持创新驱动发展战略,促进大众创业万众创新。把创新摆在发展全局的核心位置,重点抓好四项工作。一是加强科技创新能力建设。加快高新技术产业和创新平台建设,争取高新技术企业总数达到45家,高新领域企业总数突破150家,新认定市级以上创新平台10家。二是培育壮大新业态新模式。全面落实“互联网+”行动实施方案,突出产业转型升级、新业态新模式培育和公共服务模式创新3个主攻方向,巩固深化“互联网+”开放合作大会和互联网金融中原大会成果,积极筹办“互联网+”峰会。三是推进创新创业。支持小微企业创业示范基地、创业孵化载体、众创空间建设,鼓励发展基于网络技术的众创、众筹、众扶、众包等创新创业新模式。四是培育人才优势。强化科技人才合作,力争与我市建立科技合作关系的高校、科研单位达到150个以上,引进高层次人才600人以上。

(六)加大扶贫攻坚力度,补齐全面小康社会短板。一是增强打赢脱贫攻坚战的政治使命感。落实精准扶贫、精准脱贫基本方略,2016年确保实现3.32万人的脱贫任务。二是加大基础设施建设力度。进一步加大对贫困地区的投入力度,着力改善贫困地区基础设施和基本公共服务,重点解决通路、通水、通电、通网等问题。三是加快推进搬迁项目建设。集中力量投入扶贫搬迁资金11亿元,对1.94万贫困人口实施搬迁。四是开展特色农业扶贫。支持贫困村、贫困户因地制宜发展种养业和加工业，在贫困地区扶持建设一批特色农业基地。五是开展电子商务扶贫。实现贫困村“一村一店”或“一村多店”，在电商平台上建立贫困地区特色展示馆。六是开展旅游扶贫。重点建设曲村地坑院、赵村古村落保护、底里坪温泉度假区、西虎岭双龙湾和新坪豫西大峡谷景区等一批旅游扶贫试点。

(七)加强基础支撑能力建设，争创区域竞争新优势。突出重点，加快推进一批重大基础工程。一是着力强化区域交通枢纽地位。提升城市外部通达能力，做好蒙华铁路的征地拆迁和建设协调工作，确保项目按计划有序推进。加快渑垣高速(渑池段)、芮宝高速黄河大桥及连接线、三门峡黄河公铁两用大桥(含连接线)、禹亳铁路等项目的前期准备工作，争取早日开工建设。深入贯彻省市干线公路改革实施意见，加强协调力度，推进三门峡境内G310南迁、G209、G344等规划项目的升级改造和省道313、244、245线等改建工程，争取早日开工。二是着力完善农业农村基础设施。继续推进农村公路“三年行动计划”，提升农村公路发展水平。实施重点水源和城镇防洪工程，抓好白虎潭水库、大石涧水库、黄河库区治理、中小河流治理、病险水库除险加固等工程。加强农田水利设施建设与配套，完成中型灌区改造任务，集中连片抓好小型农田水利建设，加快解决农田灌溉“最后一公里”问题，不断改善农村生产生活条件。三是着力构建现代能源支撑系统。争取5个以上风电项目列入国家2016年开工计划并确保当年开工，抓好大唐岭西、中电投盘陀山、国电栗子坪等风电场项目建设，力争石泉、盘陀山、青山、赵庄风电场4个项目建成投产。确保鹏辉20MW光伏电站、华宇60MW光伏电站等4个项目建成投产。积极推进三门峡绿能新能源公司垃圾焚烧发电前期工作，力争2016年取得实质性进展。四是着力加快生态环境系统建设。抓好林业生态建设，完成生态造林30万亩，森林抚育和改造20万亩，增强生态涵养能力。划定黄河湿地红线，保护好2.85万公顷黄河湿地，让白天鹅成为三门峡的“永久居民”。实施蓝天、碧水、乡村清洁工程，加强大气污染治理，遏制雾霾天气高发频发态势；继续深化断面水质达标行动，守好水资源管理“三条红线”。推动循环经济和资源综合利用，以产业集聚区、循环经济试点园区为重点，组织实施产业园区循环化改造；建设大宗尾矿共伴生矿综合利用基地；大力推行清洁生产，抓好农业清洁生产“双十”示范工程。

(八)持续保障和改善民生，推动发展成果共享。持续加大民生领域投入力度，重点抓好六个方面的工作。一是抓好十项民生工程。扩大财政民生投入，继续谋划和推进好省、市“十项重点民生工程”。二是积极扩大就业。深入推进全民技能振兴工程，继续实施“崤函创业扶持行动”，全年发放小额担保贷款5亿元以上，确保全市城镇新增就业3.6万人以上。三是加强社会保障。继续完善城镇基本医疗保险制度，加快医疗、失业、工伤、生育保险市级统筹，深化医疗保险付费方式改革，健全社会救助工作机制。加强保障性住房建设，完成保障房任务11118套，其中新开工棚户区改造住房5409套，货币化安置住房5709套。四是推动社会事业发展。强力推进国家全面改薄、省职教攻坚二期和学前教育行动计划二期等工程；着力解决“入园难”“入学难”问题，新建、改扩建16所幼儿园和132所中小学。加强地方病、职业病、慢性病和传染病防治工作；巩固基本药物制度，保持二级公立医院基本药物使用比例不低于45%，三级公立医院不低于30%。完善公共文化基层基础设施，加强文化遗产保护。坚持计划生育基本国策，全面实施“两孩”政策。五是进一步稳控物价。密切关注涉及民生的重要商品价格走势，强化价格监测，严格控制物价涨幅。六是创新社会管理。推进平安三门峡建设，争创全国社会治安综合治理优秀市“四连冠”；扎实开展打非治违专项行动，健全完善食品药品监管体制。同时，做好国防动员、国防教育和国防后备力量建设。

各位代表，完成2016年的经济社会发展工作，任务艰巨、使命光荣。我们将认真贯彻落实省委、市委全会和经济工作会议精神，全面推进“54321”转型发展战略，更加注重供给侧结构性改革，培育经济增长新动能，努力促进经济社会平稳健康持续发展，确保“十三五”实现良好开局，为全面建成小康社会打下坚实基础，为打造更加璀璨夺目的黄河明珠、天鹅之城做出新的更大贡献！

关于三门峡市2015年财政预算执行情况和2016年财政预算(草案)的报告

——2016年3月21日在三门峡市第六届人民代表大会第六次会议上

三门峡市财政局局长 宋 东

各位代表:

我受市人民政府委托,向大会报告三门峡市2015年财政预算执行情况和2016年财政预算草案,请予审议,并请各位政协委员和其他列席人士提出意见。

一、2015年财政预算执行情况

2015年,面对复杂严峻的经济形势,我市财政工作在市委、市政府的正确领导下,在市人大、市政协的监督指导下,深入贯彻十八大和十八届三中、四中、五中全会精神,积极适应经济发展新常态,统筹稳增长、促改革、调结构、强支撑、防风险、惠民生,预算执行进展顺利,有力促进了经济社会持续健康发展。

(一)2015年预算收支情况

1.一般公共预算

全市收支情况。各级人代会批准的2015年全市一般公共收入预算合计1031873万元,执行中县(市、区)调减了收支预算,调减后收入预算合计936871万元,实际完成939398万元,为预算的100.3%,比上年增长1.6%。全市一般公共支出预算合计1347126万元,执行中因中央补助、发行政府债券等因素,支出预算调整为1735570万元,实际完成1728331万元,为调整预算的99.6 %,增长4.3%。

市级收支情况。市六届人大五次会议批准的2015年市级一般公共收入预算130000万元,实际完成130012万元,为预算的100%,增长6%。市级一般公共支出预算为263000万元,执行中因上级补助、发行政府债券、补助县(市、区)等因素,市级支出预算调整为370704万元,实际完成367017万元,为调整预算的99%,下降3.2%。

2.政府性基金预算

全市收支情况。各级人代会批准的2015年全市政府性基金收入预算合计245520万元,执行中市级调减了收入预算,调减后收入预算合计138640万元,实际完成151526万元,为预算的109.3%,下降46.7%;全市政府性基金支出预算合计220276万元,执行中因上级补助、发行政府债券等因素,支出预算调整为216315万元,实际完成214710万元,为调整预算的99.3%,下降38.5%,基金收支下降主要是受经济形势影响,土地类基金收入减少,同时地方教育附加等11项基金转列一般公共预算。

市级收支情况。市六届人大五次会议批准的2015年市级政府性基金收入预算为148489万元,执行中经市六届人大常委会第28次会议批准,市级调减了收入预算,调减后收入预算合计41609万元,实际完成47311万元,为预算的113.7%,下降44.4%,主要是国有土地使用权出让收入减少和地方教育附加等11项基金转列一般公共预算。市级政府性基金支出预算为115537万元,执行中经市六届人大常委会第28次会议批准调整为63319万元,实际完成56162万元,为预算的88.7%,下降40.2%。

3.国有资本经营预算

市六届人大五次会议批准的2015年市级国有资本经营收入预算为1021万元,实际完成1817万元,为预算的178%。根据年初预算安排,调入一般公共预算统筹使用。

4.社会保险基金预算

市六届人大五次会议批准的2015年市级社保基金收入预算为236227万元,实际完成249794万元,为预算的105.7%。市级社保基金支出预算为224495万元,实际完成254464万元,为预算的113.3%。

上述数据在完成决算审查汇总及与省财政结算后还会有所变动,决算结果届时再报市人大常委会审批。

(二)政府债务情况

按照预算法规定,从2015年起,国家对政府债务余额实行限额管理,即年度政府债务的余额不得突破批准的限额。省财政厅核定我市2015年政府债务限额1046400万元,其中:一般债务1001400万元,专项债务45000万元。2015年全市政府债务限额中,市级政府债务限额594068万元(一般债务583768万元,专项债务10300万元),县(市、区)政府债务限额452332万元(一般债务417632万元,专项债务34700万元)。

汇总统计各级政府负有偿还责任的债务余额,截至2015年底,全市政府债务余额966273.67万元,其中,市级政府债务余额567515万元(一般债务557215万元,专项债务10300万元),县(市、区)政府债务余额398758万元(一般债务370112万元,专项债务28646万元)。

(三)落实市人大决议和主要财政工作情况

按照市六届人大五次会议有关决议和审查意见，各级财政主动适应新常态，认真落实积极的财政政策，统筹安排资金，创新理财机制，着力促进经济社会平稳发展。

——积极发挥财政职能，全力支持稳增长保态势。坚持把稳增长保态势作为首要任务，创新财政调控措施，科学谋划，精准发力，较好地发挥了财政调控经济职能。认真落实国家和省实施财政支持稳增长的各项政策措施，统筹安排各类资金用于扩大城市基础设施投资和培育新的增长点。在各部门和各级财政的共同努力下，争取上级补助资金91亿元，争取省代理发行地方政府债券230600万元，其中市级173900万元，有效拉动了投资增长。争取上级新型城镇化转移支付和城乡一体化示范区补助资金9000万元，推进农业转移人口市民化。认真落实促进产业集聚区持续健康发展的财政扶持政策，及时争取上级产业集聚区、服务业“两区”奖补资金11028万元，调动了市县加快科学发展载体建设的积极性。争取服务业发展引导资金2010万元，集中支持了一批重大服务业项目。全面落实中小微企业税收优惠政策，有效缓解了企业融资难问题。筹措资金6003万元，支持实施重点节能工程和淘汰落后产能，加强大气雾霾治理，实施蓝天、碧水、乡村清洁工程和城市河流清洁行动计划，开展重点流域、区域和行业环境综合整治。

——加大财政支农力度，巩固农业基础地位。坚持把解决三农问题作为财政工作的重中之重，认真落实强农惠农政策。全市发放农业支持保护补贴资金20105万元，受益农户44万户。发放大中型水库移民后期扶持补贴资金4691万元，受益移民14万人。拨付大中型和小型水库移民后期扶持项目资金14063万元，解决了历史原因造成水库移民行路难、饮水难、增收难、发展难等大量突出问题。继续实施天然林保护和退耕还林等林业重点生态工程。争取中央及省级退耕还林工程补助资金7186万元，补助森林面积47万亩；争取森林生态效益补偿基金4034万元，补偿森林面积274万亩；争取天保资金2697万元，补助森林面积461万亩。争取各类水利专项资金2.29亿元，实施山洪灾害防治、抗旱水源地提调水、河流小流域治理、病险水库除险加固、水土保持和河道堤防加固工程、农村饮水安全等工程建设项目80余个，极大地缓解了部分农村生产生活用水的困难局面。加大林业资金投入，筹措林业生态建设资金3.7亿元，围绕生态廊道打造、森林资源保护、特色经济林发展、美丽乡村建设等，全面提升林业生态建设质量。加大农村扶贫开发力度，通过各种渠道筹措财政扶贫资金1.83亿元，解决了3.7万农村贫困人口脱贫问题。对40个贫困村实施整村推进，实施异地搬迁建设安置区25个，搬迁贫困群众1094户4584人，扶持3723户贫困户实施到户增收，促进了贫困地区农民收入水平进一步提高。

——健全民生保障机制，促进社会和谐稳定。坚持把保障和改善民生作为财政工作的出发点和落脚点，集中财力解决涉及群众切身利益的问题。全市财政民生支出1262859万元，占财政支出比重达73.1%。全市财政社会保障和就业支出170983万元，增长18.5%。全年新增城镇就业6.1万人、农村劳动力转移就业1.9万人。7.4万名企业离退休人员和25万名60岁以上城乡居民基本养老金足额发放，企业退休人员养老金人均月增加202元，城乡居民基础养老金月人均提高到80元。11.9万名城乡低保对象、0.7万名农村五保供养对象、356名孤儿基本生活得到较好保障。机关事业单位工作人员养老保险制度改革稳步推进。全市财政教育支出352375万元。义务教育学校公用经费基准定额实现城乡统一。免除22.1万名学生义务教育学杂费和教科书费用，资助3.2万名家庭经济困难寄宿生。各类中等职业学校全日制在校生学费全免。全市财政医疗卫生与计划生育支出187579万元，增长24.7%。深化医药卫生体制改革，实现城乡居民大病保险全覆盖，全面推开县级公立医院综合改革。城乡居民医疗保险财政补助标准由每人每年320元提高到380元。基本公共卫生服务经费财政补助标准从年人均35元提高到40元。加强基层医疗卫生机构标准化建设和医疗卫生人才培养，提升基层医疗服务水平。全市财政文化体育与传媒支出24658万元，增长6.8%。深入实施文化惠民工程，免费开放博物馆、图书馆等公共文化服务设施，推进基本公共文化服务标准化、均等化。扶持文艺院团演出和艺术精品创作，加强文物、文化遗产、传统村落保护。设立市级文化产业发展专项资金，推动传统媒体和新兴媒体融合发展。全市新建农民体育健身工程180个，乡镇体育健身工程3个。全市财政公共安全支出94514万元，增长11.8%。深化政法经费保障机制改革，改善基层政法机关执法办案条件，大力支持平安建设和社会治安防控体系建设。加强弱势群体法律援助。支持加大安全监管执法和食品药品安全专项治理力度。

——加快财税体制改革，推进现代财政制度建设。坚持把深化财税体制改革作为重要工作任务抓紧抓实，强化责任担当,科学谋划,主动作为,各项改革扎实有效推进。推进预算管理制度改革。建立健全财政资金统筹使用机制,着力解决资金使用“碎片化”问题,为集中财力办大事提供了制度保障。全面清理盘活财政存量资金,全市共盘活存量资金49.7亿元,及时重新安排用于稳增长等重点领域,提高了资金使用效益。市直86个部门全部公开了部门预算和“三公”经费预算,公开内容更加细化规范,提高了预算透明度。全面落实税制改革政策。按照国家统一部署,稳步推进“营改增”试点工作,全市共有3380户纳税人纳入“营改增”试点范围，共为企业减税2878万元。加快PPP模式推广运用。把推广运用PPP模式作为适应新常态和政府债务监管转型的重要突破口,初步建立了PPP模式政策框架和制度体系。积极谋划实施PPP项目,11个项目纳入全省PPP示范项目,1个项目入选全国第二批PPP示范项目。加强政府债务管理。完成政府存量债务清理核查工作。对政府债务实行限额管理,并分类纳入预算管理,构建了规范的政府举债融资机制。加强政府债务统计分析和动态监控,着力防范债务风险。推进政府购买服务改革。按照《河南省支持社会组织承接政府购买服务工作办法》、《政府购买服务操作指南》等政策制度,积极推动开展试点工作,促进了政府提供公共服务方式和财政投入机制转变。改进财政监督机制。研究制定加强和改进财政监督工作的意见,从加强预算绩效监督、内部控制机制、重点监督检查三个方面,积极推进财政监督工作转型,着力实现以事后检查为主向全过程监督转变。认真开展各项监督检查工作，先后组织开展了盘活财政存量资金专项检查、会计信息质量检查、财政预决算公开检查和财政内部监督检查等检查活动，发现和纠正了一批存在的问题,促进了财政管理水平的提高。

2015年是“十二五”的最后一年。五年来,各级财政部门妥善应对国际金融危机的深层次影响，主动适应经济发展新常态,攻坚克难,砥砺奋进,积极调整支出结构,争取上级各类财政补助政策和资金,支持社会经济全面发展,推动财政发展站到了一个新的历史起点。“十二五”期间,全市一般公共预算收支分别累计完成394亿元和748.2亿元,年均分别增长13.6%和12.7%。其中,2015年全市一般公共预算收支分别完成93.9亿元和172.8亿元,是2010年的1.89倍和1.80倍;县(市、区)平均收支规模达到10.1亿元和16.8亿元,比2010年增加5.2亿元和8.1亿元,全市财政保障能力显著增强。与此同时,财政稳增长保态势职能作用有效发挥,财税体制改革取得重要阶段性成果,财政民生保障机制进一步完善，财政管理基础工作全面加强。这些成绩的取得,是市委科学决策、正确领导的结果,是市人大、市政协及代表委员们严格监督、精心指导的结果,是各县(市、区)、各部门以及全市人民艰苦奋斗、共同努力的结果。

同时,我们也清醒认识到,财政改革发展仍面临不少困难和问题。随着经济发展进入新常态,财政收入中低速增长与财政支出刚性增长之间矛盾日益加剧，收支平衡压力越来越大。财政保障能力与各项事业快速发展的需求相比差距较大。部分支出政策设计不够合理,支出结构僵化、资金使用效益不高等问题依然突出。财政管理基础工作和基层财政建设仍相对薄弱。违反财经纪律现象仍时有发生,财政管理和监督需要进一步加强。我们将高度重视这些问题,采取有力措施加以解决。

二、2016年预算草案情况

2016年是实施“十三五”规划、全面建成小康社会决胜阶段的第一年,也是推进结构性改革的攻坚之年,做好财政经济工作意义重大。

2016年,宏观经济环境依然严峻复杂,各项财政减收增支因素十分集中。收入方面，国家推进供给侧结构性改革,实施大幅度减税降费措施,包括全面实施营改增、推进综合与分类相结合的个人所得税改革、清理取消减少收费等,这些政策在减轻企业负担的同时,也将大幅减少财政收入。同时,我市也有许多积极的增收因素。2016年是我市实施“54321”转型发展战略的开局之年，全市32个总投资128.7亿元的重点项目已集中开工,国道310线南移、三淅高速豫晋省界至灵宝段、国道344、省道313、打造提升旅游度假区、主城区基础设施建设、大唐三期等一批大项目将陆续开工，项目建设将有效发挥促进经济转型发展的支撑和带动作用。我市相继出台了促进房地产健康发展和农民进城购房的激励政策,房地产市场有望探底回升。综合以上因素,为给落实国家减税降费政策预留空间,经过认真测算分析,2016年全市一般公共预算收入预期增长目标为7%以上。这一目标是指导性的,各县(市、区)可以根据本地经济社会发展实际,实事求是安排收入目标,能高则高,宜低则低。支出方面,增支政策多、刚性强。推进脱贫攻坚工程,进一步提高社会保障、教育、医疗卫生等民生政策补助标准,完善村级组织运转经费保障机制等等，都需要大幅增加支出，收支矛盾是近年来最为突出的一年。

2016年全市财政预算编制工作的指导思想是：全面贯彻中央、省、市经济工作会议和财政工作会议的决策部署，紧紧围绕“54321”转型发展战略，坚持稳中求进工作总基调，主动适应经济发展新常态，认真落实积极的财政政策并加力增效，支持推进供给侧结构性改革，充分发挥财税政策促进产业结构调整、经济转型升级和培育发展新动力的重要作用；坚持稳增长、调结构、惠民生、防风险，深入推进财税体制改革，盘活存量，用好增量；坚持依法理财，加大预算统筹力度，集中财力保障重点支出和项目；深化财税体制改革，利用财政资金引导和带动社会资本投入，增加基本公共服务供给；加强政府债务管理，有效防范财政风险，促进经济社会持续健康发展。

根据上述指导思想，2016年预算编制遵循以下基本原则：

统筹财力，保障重点。按照“预算一个盘子、收入一个笼子、支出一个口子”的要求，建立健全财政资金统筹使用机制，纵向盘活结余并统筹结转资金，横向统筹公共财政、政府性基金和国有资金经营三本预算，建立跨年度平衡机制，集中财力保障市委市政府确定的重点支出，促进财政资源优化配置。

有保有压，厉行节约。继续落实中央“八项规定”和国务院“约法三章”要求，压减、调整一般性支出，严控运行经费和楼堂馆所等基本建设支出，循序渐进、量力而行地保障和改善民生。

深化改革，依法理财。充分发挥财税改革的基础性支撑性作用，坚持以法治思维推进财税改革，开展重点领域财政中期规划试点，积极支持养老、公务用车等其他领域改革，落实各项改革政策。全面推进依法理财，解决影响和制约依法理财的突出问题。

清理整合，讲求绩效。科学界定财政支出边界，清理整合专项资金，加强财政资金绩效管理，花钱必问效，无效必问责，创新财政投入引领，撬动社会投入，提高财政资金使用效益，突出政策效应。

(一)2016年主要增支政策

1、设立经济转型发展专项资金5000万元，支持推动供给侧结构性改革。安排3000万元对规模以上优势工业企业、限额以上商业企业增加投资、调整产业和产品结构给予支持。安排补助资金1000万元支持金融机构加大贷款投放力度，支持实体经济发展，推动经济增长。安排1000万元对优势电商企业给予支持，培育和激活市场主体。

2、加大扶贫开发投入。按照十八届五中全会提出的“十三五”时期我国现行标准下农村贫困人口实现脱贫，贫困县全部摘帽”的要求，今后几年我市需完成4万人贫困人口脱贫任务。结合市级财力状况，2016年市级安排精准扶贫资金800万元，增长30%，确保实现精准扶贫、精准脱贫的目标。

3、支持美丽乡村建设。加大美丽乡村建设支持力度，市级安排美丽乡村建设及改善农村人居环境补助资金2620万元，进一步提高农民群众生活品质，推进农村文明建设。

4、机关事业单位工资调整。按照《国务院关于编制2016年中央预算和地方预算的通知》，2016年继续适当提高机关事业单位人员基本工资，按月人均300元预留市级机关事业单位6个月增资经费。

5、提高最低工资标准。按照《河南省人民政府关于调整河南省最低工资标准的通知》精神，从2015年7月1日起，我市城区(除卢氏外)最低工资保障水平从月人均1400元提高到1600元。

6、提高基本公共卫生服务均等化补助标准。根据《国务院关于编制2016年中央预算和地方预算的通知》，2016年基本公共卫生服务经费补助标准由年人均40元提高至45元(市级年人均4元)，市级需安排776万元，新增支出194万元。

7、提高城乡居民医疗保险补助标准。根据《国务院关于编制2016年中央预算和地方预算的通知》，2016年财政对新农合和城镇居民医保补助标准将从年人均380元提高至420元，市级需安排5539万元，新增支出242万元。

8、提高部分优抚对象等人员抚恤和生活补助标准。国家决定从2015年10月1日起，提高残疾军人、烈属、在乡退伍军人老战士、带病回乡退伍军人、无工作单位且家庭生活困难的参战退役人员等生活补助标准，2016年市级需安排1034万元，新增支出66万元。

9、城镇独生子女父母奖励扶助。按照国家要求，从2015年1月1日起，对年满60周岁的城镇独生子女父母，按照每人每月不低于80元发给奖励扶助资金，省、市、县级分别负担60%、20%、20%，2016年市级新增支出355万元。

10、机关事业单位养老保险改革。此项改革从2014年10月1日起实施。2015年7月份市级已按省要求开始预增发月人均300元。随着养老保险制度改革的推进实施,市级年增支17000万元。

11、村级经费保障。按照“百村示范千村提升”工程意见对村级经费保障的新要求，从2016年起，市级财政需对1363个村每村安排1万元,其中包括卢氏352个村,义马20个涉农社区,市级新增支出1363万元。县级按1:2比例承担。

(二)2016年市级财政收支预算

面对严峻的财政收支环境,按照“保基本、保公共、保运转、促发展”的总体要求,本着统筹兼顾、勤俭节约、量力而行、讲求绩效和收支平衡的原则,各部门主动压缩经常性支出,在减轻财政支出压力的同时,也为财政优化支出结构留出了空间。2016年市级一般公共预算、政府性基金预算、国有资本经营预算和社会保险基金预算统筹安排如下:

1.一般公共预算

(1)收入安排

2016年市级一般公共预算收入总计269000万元,其中:市本级一般公共预算收入139000万元,增长7%,与全市增幅持平;上级补助收入60000万元(返还性收入20236万元,一般性转移支付收入27281万元,专项转移支付收入12483万元);体制结算收入40000万元;统筹各项资金安排30000万元,其中:政府性基金预算10000万元、国有资本经营预算3500万元、彩票基金1500万元、新增地方政府债券10000万元、盘活财政存量资金5000万元。

市级一般公共预算收入具体项目情况:

税收收入87700万元,增长10%,其中:增值税21300万元,增长10%;营业税18900万元,增长10%;企业所得税25900万元，增长10%；个人所得税4800万元，增长10%;城建税、房产税、印花税、城镇土地使用税、契税等16800万元。

非税收入51300万元，其中：行政事业性收费收入20000万元;罚没收入9300万元;专项收入13500万元,其中:教育费附加4000万元,地方教育附加1600万元,排污费1000万元,水资源费1000万元,残疾人就业保障金900万元,农田水利建设资金1000万元,森林植被恢复费800万元,政府住房基金3000万元,水土保持费200万元。国有资本经营收入8500万元。

按照以上收入安排意见，税收收入占一般公共预算收入比重为63.1%,比上年提高1.8个百分点,经常性财政收入增幅3%。

(2)支出安排

2016年市级一般公共预算支出总计269000万元,按照法定支出增长应不低于经常性财政收入增幅的要求,重点支出需安排如下:

教育支出45287万元,增长3.3%;

科学技术2375万元,增长4%;

农林水事务支出18253万元,增长3.3%;

文化体育与传媒3620万元,增长3.1%;

医疗卫生与计划生育11631万元,增长3.2%;

节能环保5976万元,增长3.2%。

2.政府性基金预算

2016年市级政府性基金收入预算安排103690万元,比上年增长119.2%。主要收入项目是:城市公用事业附加3200万元,城市基础设施配套费6000万元,国有土地收益基金收入1900万元，国有土地使用权出让收入89000万元,污水处理费收入800万元。按照“以收定支、专款专用、集中财力、确保重点”的原则,与公共财政预算资金统筹安排使用。

3.国有资本经营预算

按照省政府《关于试行国有资本经营预算的意见》和《省级企业国有资本收益收取管理办法(试行)》和《河南省省级国有资本经营预算编报办法(试行)》,根据2015年市级国有企业经营状况,2016年市级国有资本经营预算收入3500万元。按照财政部要求,国有资本经营预算支出与一般公共预算支出统筹使用,调入一般公共预算统筹使用。

4.社会保险基金预算

2016年,市级社保基金收入240470万元,其中财政补贴收入504万元;市级社保基金支出261276万元。主要项目情况：企业职工基本养老保险基金收入160642万元,支出178235万元；失业保险基金收入11006万元，支出14751万元;城镇职工基本医疗保险基金收入64785万元,支出62545万元;工伤保险基金收入2776万元,支出3932万元;生育保险基金收入1261万元,支出1813万元。

三、深化财税体制改革和加强预算管理的主要措施

按照新一轮财税体制改革路线图,2016年重点做好以下工作:

一是继续深化财政体制改革。在省与市财政体制框架下,研究调整完善市以下财政体制。完善转移支付制度,继

续扩大一般性转移支付规模和比例。逐步建立财政转移支付同农业转移人口市民化挂钩机制。健全财力性转移支付稳定增长机制,提高县级财力保障水平。

二是认真落实国家税制改革政策。按照国家统一部署,继续推进营改增试点,将建筑业、房地产业、金融业和生活服务业纳入营改增范围,全面完成营改增任务;进一步实施消费税改革,调整消费税征收范围、环节、税率;积极推进资源税费改革,全面实施资源税从价计征,清理规范相关收费基金。清理取消各种不合理收费。

三是加快推进中期财政规划管理。健全完善三年滚动财政规划编制办法、程序和内容,形成比较成熟的规划编制框架、制度体系和工作机制。市级在重点领域开展中期财政规划编制工作,选择部分县(市、区)开展编制试点。

四是加大财政资金统筹力度。按照国家要求,从2016年起将水土保持补偿费、政府住房基金费两项基金转列一般公共预算。三年内逐步取消一般公共预算中以收定支的规定,2016年先行取消城市维护建设税、矿产资源补偿费、探矿权采矿权使用费和价款等专项收入专款专用，对相关领域支出统筹安排保障。加大国有资本经营预算调入一般公共预算的力度。继续清理整合专项资金,专项资金数量要明显减少。

五是进一步盘活财政存量资金。继续抓好财政存量资金收回统筹使用工作，对结余资金和连续两年未用完的结转资金,一律收回统筹使用。各级财政安排的运转类支出一般不办理结转。建立健全财政存量资金与预算安排统筹结合的机制,对2015年末财政存量资金规模较大的县(市、区)或部门,适当压缩2016年财政预算规模。

六是进一步加强政府债务管理。落实政府债务限额管理制度,各级政府债务余额不得突破批准的限额。完善政府债务管理,规范政府举债行为,加强政府债务支出项目储备库建设,提高债券资金使用绩效。分类推进融资平台公司市场化转型和融资,厘清政府和企业责任。建立债务风险预警机制及应急处置机制,督促积极化解债务风险。全面构建地方政府债务监管体系,防范中长期财政风险。

七是创新财政投入方式。积极推广PPP模式。创新公共服务供给机制,通过特许经营、股权合作、财政补助、调整价格等政策,拉动社会资本进入公共服务领域。积极争取省级PPP开发性基金和新型城镇化基金，助推更多项目落地；探索通过以奖代补的措施引导和鼓励地方融资平台存量项目转型为PPP项目。探索设立产业发展基金,支持企业发展。

八是依法加强财政收支管理。依法加强税收和非税收入征管,做到应收尽收,坚决不收“过头税”“过头费”,严禁虚收空转和乱收乱罚。大力推进综合治税,健全完善税收征管机制,强化纳税评估和税务稽查,堵塞跑冒滴漏。坚决落实国家统一制定的结构性减税、普遍性降费政策,建立完善涉企收费监管机制，切实减轻企业负担，支持实体经济发展。“三公”经费总体只减不增,严格控制一般性支出增长,健全厉行节约长效机制。落实部门预算执行主体责任制度,细化明确预算执行时间节点要求，切实提高预算执行及时性均衡性有效性。

九是进一步严肃财经纪律。严格执行预算法和财政违法行为处罚处分条例等法律法规，建立健全嵌入预算执行流程、覆盖财政资金运行全过程的监管机制,加大对违反财经纪律行为惩戒力度，确保各项财税政策有效落实和财政资金安全运行。

各位代表,完成2016年预算意义重大,任务艰巨。我们要在市委的正确领导下,在人大、政协的监督支持下,与时俱进,务实发展,攻坚克难,圆满完成各项财政工作任务,确保“十三五”开好局、起好步,为推动三门峡经济社会转型发展,提前全面建成小康社会做出新的更大的贡献!

·编辑 张怡杰·

索　引

说　明

一、本索引采用主题分析法编制，按主题词首汉语拼音顺序排列，同音字按声调排列，声调相同按笔画排列，笔画相同按下一字的音序排列。

二、特载、大事记、附录3个类目的具体内容未作索引，仅以其类目名称标引。

三、类目用黑体字标引，参见用宋体字标引。索引款目后的阿拉伯数字表示内容所在的页码，数字后的拉丁字母(a、b、c)分别表示从左到右的第一、二、三栏。

四、内容交叉的款目，在索引中重复使用，以便参见。

A

B

C

D

E

F

G

H

L

M

N

P

Q

R

S

Y

Z